21 世纪高等院校教材

税法教程新编

（第三版）

主　编　吴佩江
副主编　陈兆明　罗关良

浙江省高等教育重点建设教材

科学出版社
北　京

内 容 简 介

本书根据2010年注册会计师考试大纲以及税法的最新调整进行编排，全面而系统地阐述了税法相关内容，即税法概论、增值税法、消费税法、营业税法、城市维护建设税法、关税法、资源税法、土地增值税法、房产税法、城镇土地使用税法、耕地占用税法、车辆购置税法、车船税法、印花税法、契税法、企业所得税法、个人所得税法、国际税收协定、税收征收管理法、税务行政法制、税务代理、税务咨询和税务筹划。每章均附有注册会计师近几年的例题以及作者根据内容设计的习题，并附有详细分析和参考答案。

本书是浙江省高等教育重点建设教材项目，配备多媒体教学课件。本书第一、二版广受欢迎，多次重印。本书可作为普通高等院校及有关专科院校（高职）会计、财务管理等专业的教学用书，也可作为从事财务管理和会计工作人士以及有关法律工作者的参考用书。

图书在版编目（CIP）数据

税法教程新编/吴佩江主编. —3版. —北京：科学出版社，2009
21世纪高等院校教材
ISBN 978-7-03-024111-5

Ⅰ.税… Ⅱ.吴… Ⅲ.税法-中国-高等学校-教材 Ⅳ.D922.22

中国版本图书馆CIP数据核字（2009）第024781号

责任编辑：王伟娟 张 宁/责任校对：张 琪
责任印制：张克忠/封面设计：陈 敬

科 学 出 版 社 出版
北京东黄城根北街16号
邮政编码：100717
http://www.sciencep.com
新科印刷有限公司 印刷
科学出版社发行 各地新华书店经销
*
2004年8月第 一 版 开本:787×1092 1/16
2007年11月第 二 版 印张:27 1/2
2009年3月第 三 版 字数:652 000
2017年1月第十五次印刷

定价：42.00元

（如有印装质量问题，我社负责调换）

第三版修订说明

税法是会计专业和财务管理专业的必修课程，也是注册会计师考试的主要课程之一。本书是浙江省高等教育重点建设教材项目，并配备多媒体教学课件。由于税法经常修改和变动，因此有必要及时编写新的税法教程。本书第一、二版广受欢迎，多次重印。

本书按照我国 2011 年注册会计师考试大纲以及税法的最新调整进行。新的修订版所包含的税法最新规定截止日期为 2011 年 11 月 30 日。每章最后一节均附有例题，有分析和参考答案两部分。例题大部分是注册会计师近几年试题，部分为作者根据内容设计的习题，并附有详细分析和参考答案。需要强调的是，本书每章所附的注会试题的分析及其参考答案，均为当时的税法规定所解答。不涉及税法有关规定修改后的规定。为了保持原貌，均不作根据新规定的调整。

全书共分二十二章，分别为：第一章税法概论；第二章增值税法；第三章消费税法；第四章营业税法；第五章城市维护建设税法；第六章关税法；第七章资源税法；第八章土地增值税法；第九章房产税法；第十章城镇土地使用税法；第十一章耕地占用税法；第十二章车辆购置税法；第十三章车船税法；第十四章印花税法；第十五章契税法；第十六章企业所得税法；第十七章个人所得税法；第十八章国际税收协定；第十九章税收征收管理法；第二十章税务行政法制；第二十一章税务代理；第二十二章税务咨询和税务筹划。

第一版由吴佩江（浙江大学）主编，参加编写的有应飚（浙江大学，第二章增值税法和第十七章税收征收管理法）；于而立（温州大学，第三章消费税法）；陶媛媛（上海安永华明会计师事务所，第四章营业税法）；李丽（宁波大学，第五章城市维护建设税法）；朱孔阳（嘉兴海关，第六章关税法）；刘利群（中国计量学院，第七章资源税法）；姜晓慧（浙江工商大学，第八章土地增值税法）；谭莹（宁波市国税局，第九章城镇土地使用税）；叶慧（湖州市国税局，第十章房产税法）；方顺清（杭州市国税局，第十一章车船使用税法）；施慧光（浙江人民出版社，第十二章印花税法）；王虹（浙江少年儿童出版社，第十三章契税法）。

第二版修订工作由吴佩江主持，来自七所高校的老师和会计事务实际工作者（会计师事务所、海关和国税局）参加。具体分工如下：吴佩江主编，副主编方志明（永盛联合会计师事务所）、罗关良（浙江大学）。吴煜昊（南京大学，第二章增值税）；于而立（温州大学，第三章消费税法，第十三章契税法）；徐安军（德清县教育局，第四章营业税法）；李丽（宁波大学，第五章城市维护建设税法）；朱孔阳（嘉兴海关，第六章关税法）；刘利群（中国计量学院，第七章资源税法）；姜晓慧（浙江工商大学，第八章土地增值税法）；谭莹（宁波市国税局，第九章城镇土地使用税）；袁爱群（浙江大学房产处，第十章房产税法）；卢悦（东北财经大学，第十一章车船税法，第十二章印花税法）；黄雪峰（浙江大学，第十六章税收征收管理法）。

第三版由吴佩江全面负责修订，参加本次修订的还有：严志义（中国农业银行无锡支行）、王静（浙江桐乡国立税务师事务所）、方丹茛（浙江韦宁会计师事务所有限公司）、张雪山（中国银行浙江省分行信用卡部）、陈兆明（淮阴工学院经济管理学院，第二章增值税法；第三章消费税法；第四章营业税法）、谭伟荣（石河子大学经贸学院财会系，第二十一章税务代理；第二十二章税务咨询和税务筹划）、张小真（浙江大学管理学院）。

本书虽然经过认真编写和总结提高，力争做到完善和正确。但限于作者的水平和能力，错误和瑕疵一定还会存在。谨请使用者不吝指正。

电子邮箱为：wupj@zju. edu. cn

吴佩江

于浙江大学管理学院

2011 年 12 月 20 日

目　　录

第一章　税法概论

第一节　税法的概念

一、税法的定义、特征

税法是以宪法为依据、用于调整国家与纳税人之间在征收与缴纳税收方面权利与义务关系的法律规范总称。国家为了保证国家的财政收入就一定会有税收，有税收必定要有税法。国家用固定的法律形式——税法来有效地实现税收。

根据税收的定义，我们可以总结出税收具有三个特性：强制性、无偿性和固定性。①强制性是指税收是以国家政治权力为依托，用法律形式来规定，纳税人必须依照税法的规定，按时足额地纳税。②无偿性是指国家征税以后，纳税人缴纳的货币或实物就转变为国家所有，纳税人得不到任何报酬，不存在等价的交换，也不再返还。无偿性是税收这种特殊分配手段本质的体现。③固定性一般是指在征税之前，国家采取法律的形式，把每种税的征收对象、纳税义务人以及征收数额和比例都规定下来，以便由纳税人和税务机关共同遵守。

税法由国家最高权力机关或其授权的行政机关规定的有关调整国家在筹集财政资金方面形成的税收关系的所有法律规范组成。我国税法的渊源形式和其他法律制度一样，也有宪法、法律、法规、规章以及法律解释和国际条约等形式。分别是全国人民代表大会制定的宪法；全国人民代表大会及其常务委员会制定的税收法律，如《中华人民共和国个人所得税法》（以下简称《个人所得税法》）；国务院制定的税收行政法规，如《增值税暂行条例》；省级人民代表大会制定的地方税收法规，如《浙江省个体工商户税收征收管理条例》；国家财政部（Ministry of Finance）、国家税务总局（State Administration of Taxation）和国家海关总署（China Customs）制定的部颁规章，如《增值税暂行条例实施细则》；地方政府制定的地方规章，如《浙江省实施〈契税暂行条例〉办法》；至于法律解释又可分为立法解释、司法解释和行政解释，立法解释是全国人民代表大会及其常委会对我国现行有关法律条文所作的解释，如《关于外商投资企业和外国企业适用增值税、消费税、营业税等税收暂行条例的决定》；司法解释是我国行使司法权的机关所作的法律解释，如最高人民法院、最高人民检察院等所颁布的《关于办理伪造、倒卖、盗窃发票刑事案件适用法律的规定》；行政解释是我国行使行政权的机关所作的法律解释，如国家税务总局所颁布的《增值税若干具体问题的规定》。另外，我国参加或签订的国际条约或协定也对我国有约束力。

需要说明的是：地方税收法规，除了海南省以及民族自治地区按照全国人民代表大会授权进行税收立法外，其他省市一般都无权自定税收地方法规，只能在上位法所规定的范围内作出实施性的地方税收法规，如浙江省所制定的《浙江省个体工商户税收征收管理条例》就是在《中华人民共和国税收征收管理法》（以下简称《税收征管法》）的授权下所作的地方实施性的地方税收法规。

我国的税收法律主要分为税收法律、税收法规和税收规章。处于前面的称作上位法，处于后面的称作下位法。上位法和下位法是相对的，例如税收行政法规相对于宪法和税收法律来讲是下位法，相对于税收地方法规和税收规章来讲是上位法。下位法与上位法相抵触，则以上位法为准。

我国税法是我国经济法体系中一个重要的部门法，它除了具有经济法的一些基本特征以外，还具有其自身的特点：①在确定税法主体的权利义务关系上，征纳双方的权利义务具有一种不对等性，一方代表国家强制征收，另一方为纳税义务人必须尽纳税义务无偿缴纳。②在处理税务争议所适用的程序上，税法与其他部门法也有所不同。

我国税法又是我国法律体系一个重要组成部分。税法本身除制定一系列税收实体法、税收程序法、税收争讼法和税收处罚法外，还包括其他法律规定的条款，如行政法律法规中的《中华人民共和国行政许可法》（以下简称《行政许可法》）、《中华人民共和国行政处罚法》（以下简称《行政处罚法》）、《中华人民共和国行政复议法》（以下简称《行政复议法》）、《中华人民共和国行政诉讼法》（以下简称《行政诉讼法》）和《中华人民共和国国家赔偿法》（以下简称《国家赔偿法》）等。还包括《中华人民共和国刑法》（以下简称《刑法》）等其他法律法规中的一些规定。因此，学习税法也要注意和理解它与其他法律之间的相互关系和联结。从根本上来讲，税法应当包括经济法、民法、行政法和刑法等广泛内容。

我国税法实施原则是：①上位法优于下位法；②同一层次的法律中，特别法优于普通法；③国际法优于国内法；④实体法从旧，程序法从新。

税法的渊源形式和其他法律制度一样，也有宪法、法律、法规、规章以及法律解释和国际条约等形式。具体例子见表 1-1。

表 1-1 税法渊源形式例解

渊源形式		制定机关	例解
宪法		全国人大	
法律		全国人大及其常委会	税收征收管理法
行政法规		国务院	税收征收管理法实施细则
地方性法规①		省级人大常委会	浙江省个体工商户税收征收管理条例
部颁规章		国家部委（国家税务总局）	发票管理办法实施细则
地方规章②		省级政府	浙江省实施《契税暂行条例》办法
法律解释	立法解释	全国人大及其常委会	关于外商投资企业和外国企业适用增值税、消费税、营业税等税收暂行条例的决定
	司法解释	最高人民法院 最高人民检察院等	关于办理伪造、倒卖、盗窃发票刑事案件适用法律的规定
	行政解释	国家税务总局	增值税若干具体问题的规定

续表

渊源形式	制定机关	例解
国际条约	指我国参加或签订的国际条约或协定等	中国政府和孟加拉人民共和国政府避免双重征税协定

注：①地方性税收法规，除了海南省以及民族自治地区按照全国人大授权进行立法外，其他省市一般都无权自定税收地方性法规，只能在上位法所规定的范围内作出实施性的地方性法规。

②地方税收规章的制定都必须在税收法律、法规明确授权的前提下进行。

从表 1-1 可知，处于上位的是上位法，处于下位的是下位法。上位法和下位法是相对的。例如行政法规相对于宪法和法律来讲是下位法，相对于地方性法规和规章来讲是上位法。下位法和上位法发生抵触时，下位法要服从上位法。

二、税收法律关系

（一）税收法律关系的概念和特征

税收法律关系是指国家与纳税人在税收征收管理活动中所发生的、由税法所确认和调整的、国家赋予强制力保证实施的、以征纳关系为内容的权利和义务关系，是国家参与国民收入分配和再分配的经济关系在法律上的表现，是一种意志关系。

税收法律关系与其他经济法律关系以及其他民事法律关系相比较，有其自身明显的特征：①税收法律关系的一方可以是企业、事业单位或个人（总称为纳税义务人，以下简称纳税人），但另一方必须是国家或代表国家的税务机关。②在民事法律关系中，民事主体双方的权利和义务是对等的，任何一方只要有一定的权利，就必须承担相应的义务；同样，任何一方只要履行了一定的义务，也就享有一定的权利。双方主体地位是平等的，实行的是等价交换。税收法律关系则不同，作为国家或代表国家的税务机关，有按税法规定无偿地向纳税人征收税款的权利；而如无税法规定的减免理由，纳税人必须按时足额地向税务机关缴纳税金，并且一般不受客观条件的影响。如有拖欠税款、骗税、偷税、抗税的行为，纳税人要承担相应行政责任、经济责任甚至刑事责任。③纳税人只要完成了纳税义务，就意味着将一定的货币资金的所有权或支配权交给国家，成为国家的财政收入，由国家统一支配、使用。从法律意义来说，这是一种财产权利的单向转移，是无偿的，这同商品买卖法律关系是不一样的。④税收法律关系的产生不以当事人双方的意志为转移，而是以按照国家的意志和政策通过税法的规定为前提的。例如，原先根据《车船使用税暂行条例》的规定，新购置的车辆如果暂不使用的（即尚未享受市政建设利益的），可不申报纳税。但 2007 年国家出台了《车船税暂行条例》，而废止了《车船使用税暂行条例》，这样暂不使用也得缴纳车船税。

（二）税收法律关系的三要素

税收法律关系和其他法律关系一样，也是由主体、内容（权利和义务）及客体三个要素构成，它们是一个不能割裂的整体，缺少任何一个要素都不能构成税收法律关系。

1. 税收法律关系的主体

税收法律关系的主体是指参加税收关系中的有关当事人，包括税收权利的享有者和税收义务的承担者两方面，其主体资格都是由国家法律直接规定的。

我国税收法律关系主体分为征税主体和纳税主体。

所谓征税主体是指国家权力机关、行政管理机关和税务职能机关分别行使税收立法权、税收行政管理权和税收的征收和监督权等。具体来讲，权力机关有：国家最高权力机关——全国人民代表大会及其常务委员会，根据宪法规定的权限，制定国家税收法典；制定并颁布具有全国性意义的税收单行法律；授权国务院制定并颁布税收单行条例，是国家行使征税权力的重要主体。地方权力机关根据《中华人民共和国宪法》（以下简称《宪法》）有关规定，可以因地制宜地规定并颁布地方性税收法规，还可以制定具体的实施办法，这些也属规范性法律文件。行政管理机关有：国家最高行政管理机关——国务院，负责管理全国税收工作，并由它所属的财政部、国家税务总局、海关总署来组织实施税法，实现税收职能。而地方行政机关在税收管理活动中，依据政治经济形势的发展，在国务院的领导下参与税收管理权限的划分。税务职能机关有：国家税务机关是税收征管执行机关，既是国家税收征收机关又是国家税收管理职能机关。它在直接参加税收管理的活动中，是以国家代表的身份出现的。

纳税主体是指纳税义务人以及其他负有纳税义务的单位和个人。具体来讲分为：企业、单位和公民个人。企业又可分为以下几大类：国有企业、集体所有制企业、私营企业、外商投资企业和外国企业、联营企业、股份制企业等。单位分为行政机关和事业单位。它们以法人名义参与某些经济活动，从事预算外收入行为，按规定应向国家纳税时，便成为纳税主体。法律规定，这类单位缴纳税款不准用预算外拨款。此外，由行政机关和事业单位附设的招待所、宾馆、印刷厂、劳动服务公司等单位，按照税法规定必须纳税时，也是纳税主体。公民个人包括负有纳税义务的中国公民、港澳台同胞和外国公民。

2. 税收法律关系的内容

税收法律关系的内容具体是指征纳双方所享有的权利和应承担的义务，广义上来讲还应包括税收立法中和征纳过程中双方所享有的权利和应承担的义务。权利和义务是税收法律关系中最实质的东西。我国关于征纳双方所享有的权利和应承担的义务，主要规定在《税收征收管理法》中，当然还包括在其他有关的税收法律文件里。

税收法律关系内容有以下 3 个特征：

（1）在整个征纳税的执行过程中，征税主体享有单方面征税权利，纳税主体则只负有单方面缴纳税款的义务。而且，权利主体的权利不得放弃，义务主体的义务不得推卸、转让。否则双方当事人（或负责人）都要承担法律责任。

（2）在制定税收法规和进行税收监督的过程中，权力机关授权的行政机关以及它们的上下级之间因此而产生的税收法律关系，其权利以“职权”的形式出现，其义务以“责任”的形式出现。因为在这一特定过程中，其权利义务合而为一，征税主体享有权利本身，对国家来说又是必须履行的义务。

（3）在出现了税法规定的新的法律事实的特殊场合，纳税主体不能按时、足额缴纳应纳的税款时，征纳双方的权利义务就不再是单方面的了，纳税主体依法享有请求减税、免税的权利，征税主体也同时负有按税法的规定给予减、免税的义务。

3. 税收法律关系的客体

税收法律关系的客体是指主体之间权利、义务共同指向的对象和实现的目标，也就是税法构成要素中的征税对象。它同征税客体不同，后者指国家对什么东西征税，如财产、所得、行为等，而前者指征纳双方之间、国家机关之间共同实现的目标和指向的对象，包括货币、实物和行为3个方面。

（1）货币。征税机关要征收的和纳税人要缴纳的东西是以货币形式实现的。如对所得额的征税，对财产额的征税和对流转额的征税，就是通过计算比例所得出来的应纳税款来征收的，这是税收法律关系中最常见的客体。

（2）实物。少量的税收以实物的形式缴纳。

（3）行为。是指在税法制定和执行过程中，发生于行政机关和权力机关之间、税务机关与行政机关、税务机关与税务机关之间拟订税收指标的行为和金库对税款核实报解和管理权限等行为。

（三）税收法律关系的产生、变更和终止

我国制定的税法是引起一种税收法律关系的前提条件，而作为税法本身并不能产生具体的某一种税收法律关系。具体的某一种税收法律关系的产生、变更和终止必须是有能够引起这种税收法律关系的产生、变更或终止的客观情况，也称税收法律事实。

所谓税收法律事实，按其与纳税人的意志有关与否，分为行为和事件两种情况。税收法律行为一般指纳税人的活动，即只有税法的实施和纳税人的经济活动，才能产生税收法律关系；税收法律关系事件是指与纳税人意志无关的客观现象，它是税收法律关系变更或终止的直接原因。

所谓税收法律关系的产生是指，纳税义务人发生了我国税法规定的应纳税的行为和事件，新的纳税义务人就出现了。

所谓税收法律关系的变更是指，出现了修改或规定新的税收优惠；征收程序有了变动；纳税义务人的收入或财产状况发生了变化，如收入的增加超过了免征额或者收入的减少不够起征点；由于灾害造成财产的重大损失致使纳税人难以履行纳税义务。

所谓税收法律关系的终止是指，纳税义务人履行了纳税义务；纳税义务人产生了符合免税的条件；某些税法的废除或征税对象的变更；纳税义务人的消失等。

三、我国税法构成要素

我国税法条文是由总则、纳税主体、征税客体、税目、税率、纳税环节、纳税期限、纳税地点、税收优惠、罚则、附则等要素构成。下面分别就每个要素进行一些解释。

1. 纳税主体

纳税主体，又称纳税义务人，是指税法规定的直接负有纳税义务的社会组织和个人，是纳税义务的承担者。纳税主体在税法中的作用表现在两个方面：一是纳税主体是税款的直接缴纳者。在税法中，不仅要规定征税客体、税率等计税办法，还要规定税额计算的结果和由谁来支付，没有纳税主体，就无法实现税收的目的。二是纳税人是履行纳税义务的法律承担者。在征纳关系中，税务机关代表国家依法征税，纳税人代表缴纳方将税款按时、足额缴纳入国家金库。如果纳税人无正当理由而拒绝承担纳税义务，就要承担法律上的责任。

2. 征税客体

征税客体又称征税对象，即纳税主体所指向的对象，这是税法的最基本内容，是征税的直接依据。每一种税法都有明确规定的征税客体，如流转类的各项产品的销售收入额、收益税类的收益额、财产税类的财产数量或价值等。

3. 税目（tax category）

税目是指税法中规定征税对象的具体项目，是征税范围的具体体现。它不能作为一个独立的要素，税目的作用在于明确征税客体的范围或区别征税客体的不同情况，制定高低不同的税率。这样可以贯彻国家的经济政策，对国家限制发展的征税项目，可以制定较高的税率，对国家鼓励发展的征税项目，则可以制定较低的税率，从而体现鼓励或限制的政策。

4. 税率（tax rates）

税率是对征税对象的征收比例或征收额度。税率可分为比例税率、累进税率和定额税率。而累进税率又可分为全额累进税率、超额累进税率和超率累进税率。

（1）比例税率（flat rate）。比例税率是指不分征税客体数量大小，只限定一个比例的税率，它通常用于对流转额的征税。比如增值税的税率都是固定的比例税率，不因产品销售额的大小而改变，在计算上简便，在征纳上方便，同时不影响流转额，负担是相同的。比例税率的缺点是不能调节收入的悬殊情况，不能充分贯彻税收的合理负担原则。我国现采用比例税率的税种有增值税、营业税、资源税、企业所得税。

（2）累进税率（progressive rate）。累进税率是指随着征税客体数额的增加，所负担的税率也随之增加的一种税率。即按征税客体数额的大小，划分若干等级，对不同等级规定高低不同的税率，征税客体数额越大，税率越高。累进税率包括全额累进税率、超额累进税率和超率累进税率。其中，全额累进税率是指对征税客体的全部数额都按照与之相适应的等级税率征税。超额累进税率是指根据征税客体数额的不同等级部分，按照规定的每个等级的适用税率计算征收的一种累进税率。超率累进税率是指对纳税人的全部利润，按不同的销售利润划分为若干个等级，分别适用不同的税率计算征收的一种累进税率。我国现只采用超额累进税率和超率累进税率两种。我国现采用超额累进税率的税种有个人所得税。我国现采用超率累进税率的税种有土地增值税。

（3）定额税率（normquota tax rate）是指对征税客体为实物时使用的税率，它适用于从量计征的税种，即对一定数量的商品，征收一定数额的税款。我国现采用定额税率的税种有资源税、车船使用税等。

5. 纳税环节

纳税环节是指应税商品在其整个流转过程中，税法规定应当缴纳税款的环节。一般商品从生产到消费往往需要经过许多环节，在税收上只选择其中一个环节，即规定缴纳税款的环节。确定在什么环节纳税，关系到对商品的生产、流通是否有利和国家财政收入能否得到保证，关系到物价的制定和地区间税款收入的管理以及企业的经济核算。如增值税的纳税环节为工业产品在工业销售环节纳税和商业批发、零售环节纳税，所得税在分配环节纳税等。

6. 纳税期限

纳税期限（the assessable period for tax payment）是指纳税人发生纳税义务后，向国家缴纳税款的期限。例如，营业税的纳税期限分别为 5 日、10 日、15 日或者 1 个月。而对于营业税纳税义务人的具体纳税期限，由主管税务机关根据纳税人所纳税额的大小分别核定，不能按照固定期限纳税的，可以按次纳税。

7. 纳税义务发生时间（the timing of tax liability arising）

纳税义务发生时间是指纳税人发生应税行为应当承担纳税义务的起始时间。纳税义务发生时间和纳税期限的法律规定，共同界定了纳税义务人履行义务的期限，如不在规定的期限内履行纳税的法定义务，则要受到法律的制裁。

8. 纳税地点

纳税地点（tax payment place）是指根据各个税种纳税对象的纳税环节和有利于对税款的源泉控制而规定的纳税人（包括代征、代扣、代缴义务人）具体纳税地点。如进口货物的增值税，应当由进口人或其代理人向报关地海关申报纳税。

9. 税收优惠

税收优惠（tax preference，减税免税）是指税法对同一税中某一部分特定的纳税人、应税产品等给予减轻或免除税负的一种优待规定。减税是对应征税款减征一部分；免税是对应征税款全部予以免征。减税免税等措施总称为税收优惠。

10. 罚则

罚则即违章处理，是对纳税人有欠税、骗税、偷税、抗税和不按规定办理税务登记、变更登记、纳税申报以及拒绝税务机关进行纳税检查或不据实报告财务、会计和纳税情况等违反税法行为所采取的惩罚措施，是税法强制性的突出表现。

税法还有总则和附则。前者包括立法依据、立法宗旨和适用原则等方面的内容；而后者一般规定与该法紧密相关的内容，比如废止该法和该法生效日期等。

四、税法的分类

税法有几种分类方法：依内容和效力的不同，可分为税收基本法和税收普通法；依功能和作用的不同，可分为税收实体法和税收程序法；依征税对象的不同，可分为流转税法、所得税法、财产行为税法和资源税法；依照税收收入归属和征收管理权限的不同，可分为中央税法和地方税法；按照主权国家行使税收管辖权的不同，可以分为国内税法、外国税法和国际税法。

1. 税收基本法和税收普通法

所谓税收基本法是税法体系的主体和核心。按照通常的立法原则，基本法一般包括：税收制度的性质、税务管理机构、税收立法与管理权限、纳税人的基本权利与义务、税收征收范围（税种）等。我国目前还没有制定统一的税收基本法。税收普通法是根据税收基本法的原则，对税收基本法规定的事项分别立法进行实施的税收法律。例如，以宪法为依据而调整个人所得税税收关系的法律规范《中华人民共和国个人所得税法》等。

2. 税收实体法和税收程序法

所谓实体法就是具体规定有关当事人的权利和义务的法律；而程序法是为保证实体法规定的有关当事人权利和义务得以实施所需的程序和手续的法律。因此，税收实体法主要是指确定税种立法，具体规定各税种的征收对象、征收范围、税目、税率、纳税地点等税收法律，如《中华人民共和国企业所得税法》等。税收程序法是指税务征收管理方面的法律，主要包括税收管理法、纳税程序法、发票管理法、税务机关组织法、税务争议处理法等，如《中华人民共和国税收征收管理法》、《中华人民共和国海关法》、《中华人民共和国进出口关税条例》、《中华人民共和国税收票证管理办法》等。但现代立法上有一个趋势，体现实体法和程序法相结合的法律已成为经济立法的一个普遍特点。如《中华人民共和国税收征收管理法》总体上是程序法，但也规定了纳税人的许多权利，从这一点来讲，也有实体法的内容和规定。

3. 依征税对象的不同的分类

依征税对象的不同，税法可分为以下几类：①流转税（turnover tax）法。对商品生产、流通、消费的流转额课税的税法，叫流转税法。主要包括：增值税法、营业税法、消费税法和关税法等。②所得税（income tax）法。对纳税主体的所得课税的税法，叫所得税法。主要包括：企业所得税法、外商投资企业和外国企业所得税法、个人所得税法和关税法等。③财产行为税法。对财产、行为课税的税法，叫财产行为税法。主要包括：房产税法、印花税法、车船税法、契税法等。④资源税（resource tax）法。

对自然资源课税的税法，叫资源税法。主要包括：资源税法、土地增值税法、城镇土地使用税法等。

4. 中央税法和地方税法

按照税收收入归属和征管管辖权限的不同，又可以分为中央税法和地方税法。我国现行税种可以分为中央税、地方税和中央与地方共享税3类。

5. 国内税法、国际税法和外国税法

按照主权国家行使税收管辖权的不同，又可分为国内税法、国际税法和外国税法。国内税法一般是按照属人原则或属地原则或两者的结合来规定一个国家的内部税收制度。国际税法是指国家间形成的税收制度，主要包括双边或多边国家税收协定、税收条约和国际惯例等。外国税法是指外国制定的税收制度。

五、税法的作用

税法的作用就是调整参与税收征纳过程中的主体之间所发生的社会关系。我国税法调整的对象，总的来说是参与税收征纳过程的主体之间所发生的社会关系，具体来讲有税务机关与纳税人之间的经济关系、征纳程序关系，以及国家权力机关与各执法机关等之间的行政管理权限关系。这里的社会关系一般是指代表国家行使征税权的税务机关向负有纳税义务的社会组织和个人征收现金或实物的经济关系，以及税务机关与纳税人在征纳过程中的征纳程序关系。还调整着国家权力机关、国家行政机关、税务机关在管理国家税务活动中发生的一种行政权限关系。具体来讲，是指：①税务机关与社会组织、公民个人发生的经济关系，包括调整各种经济性质的企业、个体经济和公民个人收入等。②税务机关与社会组织、公民个人在税收征纳过程中的征纳程序关系，包括税务管理、税款征收、税务检查和违法处理等。③国家权力机关与国家行政机关之间、上级国家机关与下级国家机关之间因税收管理权限的划分所产生的具有责权性质的行政管理权限关系，包括中央与地方之间的税收立法权限、税种的开征与停征、税目与税率的调整以及减税与免税。

第二节　税法地位及与其他法律的关系

一、税法的地位

税法是我国法律体系的一个重要组成部分。税法本身除制定一系列的税收实体法、税收程序法、税收诉讼法和税收处罚法外，还包括其他法律规定的条款，如行政法律法规中的《行政处罚法》、《行政复议法》、《行政诉讼法》和《国家赔偿法》等，还应包括《刑法》等其他法律法规中的一些规定。因此学习税法也要注意和理解税法与其他法律之间的相互关系和联结。从根本上来讲，税法应当包括经济法、民法、行政法和刑法等广泛内容。

二、税法与其他法律的关系

税法与宪法的关系：宪法是我国的根本大法，是制定一切法律法规（当然也包括税法）的基本依据，宪法是至高无上的，税法要服从宪法的基本精神和基本原则。税法就是根据我国宪法有关的规定所制定的。

例如，《宪法》第 56 条规定：中华人民共和国公民有依照法律纳税的义务。宪法的这一规定，是立法机关制定有关税法并据以向公民征税以及公民必须依照税法规定纳税的法律依据。

税法与民法的关系：我国民法是调整平等主体（包括公民、法人和其他组织三者）之间财产关系和人身关系的法律规范总称，其调整方法具有等价和有偿的特点；而税法是调整国家行政管理机关（主要是税收管理的立法机关和税务机关）与被管理者（纳税人）之间的征纳关系的法律规范总称，其调整方法具有强制性的特点。

税法与经济法的关系：税法也属经济法范畴，但前者是带有强制性无偿性和固定性特点，后者却是带有随意性和可伸缩性的特点。例如，税法没有调解的可能，但经济法中的经济纠纷却是必须以调解作为司法救济的前置条件。

税法与刑法的关系：税法只是调整税收征纳关系的法律规范，而刑法是犯罪与刑事责任（刑罚）的法律规范。税法与刑法都规定了违反税收征收管理的法律责任，但税法只规定了违反者的经济责任和行政责任；而刑法却是规定了违法者的刑事责任和经济责任等。因此讲，违法不一定是犯罪，而犯罪却一定是违法的。违反税法不一定要承担刑事责任，只有达到刑法所规定的量刑标准才称犯罪，才需承担刑事责任。从承担法律责任的后果来讲，情节严重的才要承担刑事责任。

第三节　我国税收立法原则

立法应当体现人民的意志，发扬社会主义民主，保障人民通过多种途径参与立法活动。立法应当从实际出发，科学合理地规定公民、法人和其他组织的权利与义务，国家机关的权力与责任。我国立法有普遍适用原则，而税收立法还有自身的立法原则。我国税收立法的特有原则是根据我国的社会性质和具体国情确定的，是税收立法机关根据社会经济活动、经济关系，特别是税收征纳双方的特点确定的，并贯穿于税收立法工作始终。其特有原则包括如下几个方面。

一、从实际出发原则

税收立法必须根据经济、政治发展的客观需要，反映客观规律，即从中国国情出发，充分尊重社会经济发展规律和税收分配理论。

二、公平原则

在市场经济体制下，参与市场竞争的各个主体需要有一个平等竞争的市场环境，而税收的公平也是实现平等竞争的重要条件，因此在税收立法中一定要体现公平原则。公平原则主要体现在以下3点：

（1）税收负担能力。应当贯彻负担能力大的多纳税，负担能力小的可适当少纳税；

（2）所处生产和经营环境。因为客观环境优越而取得超额收入或级差收益者应当多纳税，反之可适当少纳税；

（3）税负平衡。不同地区、不同行业间及多种经济成分之间的实际税负必须尽可能公平。

三、民主决策原则

民主决策原则主要体现在以下3个方面：

（1）税收立法过程要公开，充分倾听人民群众的意见和建议；

（2）要严格按照法定程序来进行税收立法工作，以全国人民代表大会及其常务委员会为主来开展立法工作；

（3）对税收立法议案要进行充分的辩论，征求收各方面意见，以求达成共识。

四、原则性与灵活性相结合原则

在税收立法时，对所规定的税收法律、法规、规章的条款做到明确、具体、严谨、周密，这就是原则性要求。但为了保证税法制定后能在全国范围内实施，就要求必须坚持原则性与灵活性相结合。例如，为了照顾不同地区的特殊情况和特点，地方在遵守国家法律法规前提下，可以授权地方制定适合当地的具体实施办法等。

五、税法的稳定性、连续性与废、改、立相结合原则

税法的一大特征就是固定性。即在一定时期要保持其稳定。但这种稳定不是绝对的，要根据社会政治、经济状况的变化进行相适应的调整。这种相适应的调整包括废止已不适应的有关规定，修改现行的有关规定，以及制定新的有关税收法律等。这种调整还要保持税收立法的连续性，即税收法律不能出现真空状态，还要有税法在实施过程中；同时修改和新的立法应保持与原有税法的承续性。这就是税法的稳定性、连续性与废、改、立相结合原则。

第四节　我国税法的制定与实施

一、税法的制定，即税收立法机关、税收立法程序

所谓的税收立法，是指有立法权的国家机关依据法定程序，遵循必要的原则，运用成熟的立法技术，制定、公布、修改、补充以及废止有关税收法律的活动。我国可以制定税收法律的立法机关有：全国人大及其常委会制定税收法律，国务院以及财政部（包括国家税务总局）和国家海关总署等各部委制定行政法规和行政规章，地方人大及其常委会制定地方性法规，民族自治地方的人大有权依据当地民族政治经济文化特点制定自治条例和单行条例，省级及法律授权的各级地方政府制定税收地方规章。

对于税法来讲，我国实行“统一税法”原则。中央集中中央税、共享税以及全国统

一实行的地方税的立法权，并赋予地方适当的税收立法权。

1. 全国人大及其常委会制定税收法律

我国《宪法》第 58 条和《中华人民共和国立法法》（以下简称《立法法》）第 7 条都规定，全国人民代表大会和全国人民代表大会常务委员会行使国家立法权。据此，全国人大及其常委会制定税收立法中基本的、全局性的法律。譬如，国家税收的性质、税收法律关系中征纳双方权利与义务的确定等。迄今为止，全国性的税收法律有《税收征管法》、《个人所得税法》、《企业所得税法》等。

全国人大常委会还颁发了一些决定，如 1993 年 12 月全国人大及其常委会的《关于外商投资企业和外国企业适用增值税、消费税、营业税等税收暂行条例的决定》等。这些属于法律解释范畴，也在税收法律范畴之内。据《立法法》第 47 条规定，全国人民代表大会常务委员会的法律解释同法律具有同等效力。

全国人大及其常委会所批准的我国参加或签订的国际条约或国际协定，从本质上来讲也是税收法律。如《中国政府和孟加拉人民共和国政府避免双重征税协定》。

2. 全国人民代表大会及其常务委员会授权立法

根据《立法法》第 56 条规定，应当由全国人民代表大会及其常务委员会制定法律的事项，国务院根据全国人民代表大会及其常务委员会的授权决定先制定的行政法规，经过实践检验，制定法律的条件成熟时，国务院应当及时提请全国人民代表大会及其常务委员会制定法律。如国务院制定的《增值税暂行条例》。这些授权国务院立法的暂行条例的法律效力高于行政法规。

3. 国务院制定税收行政法规

国务院作为国家权力机关的执行机关即最高国家行政机关，拥有广泛的行政立法权。据《立法法》第 56 条规定，国务院根据宪法和法律，制定行政法规。行政法规的立法目的是保证宪法与法律的充分和有效实施。例如，根据《税收征管法》，国务院制定的《税收征收管理法实施细则》就是税收行政法规。

4. 地方人大及其常委会制定的地方性法规

根据《立法法》第 63 条规定，省、自治区、直辖市的人民代表大会及其常务委员会根据本行政区域的具体情况和实际需要，在不与宪法、法律、行政法规相抵触的前提下，可以制定地方性法规。较大市的人民代表大会及其常务委员会根据本市的具体情况和实际需要，在不与宪法、法律、行政法规和本省、自治区的地方性法规相抵触的前提下，可以制定地方性法规，报省、自治区的人民代表大会常务委员会批准后施行。地方性法规如浙江省人大制定的《浙江省个体工商户税收征收管理条例》。

根据《立法法》第 65 条规定，经济特区所在地的省、市的人民代表大会及其常务委员会根据全国人民代表大会的授权决定，制定法规，在经济特区范围内实施。

根据《立法法》第 66 条规定，民族自治地方的人民代表大会有权依照当地民族的政治、经济和文化的特点，制定自治条例和单行条例。

5. 国务院税务主管部门制定的税收部颁规章

根据《立法法》第71条规定，国务院各部、委员会、中国人民银行、审计署和具有行政管理职能的直属机构，可以根据法律和国务院的行政法规、决定、命令，在本部门的权限范围内，制定规章。部门规章制定的事项应当属于执行法律或者国务院的行政法规、决定、命令的事项。有权制定税收规章的是国务院税务主管部门，具体包括：国家财政部、国家税务总局和国家海关总署等。例如，财政部制定的《营业税暂行条例实施细则》、国家税务总局颁发的《税收票证管理办法》、国家海关总署颁发的《海关征收进口货物滞报金办法》等。

6. 地方政府制定的税收地方规章

根据《地方各级人民代表大会和地方各级人民政府组织法》第7条规定，省、自治区、直辖市的人民代表大会以及省、自治区的人民政府所在地的市和经国务院批准的较大的市的人民代表大会，根据本行政区域的具体情况和实际需要，在不同宪法、法律、行政法规相抵触的前提下，可以制定和颁布地方性法规，报全国人民代表大会常务委员会和国务院备案。但按照我国“统一税法”的原则，地方所制定的有关法规和规章，都必须在税收法律、行政法规的明确授权前提下进行，并且制定的地方法规和地方规章不得与税收法律、行政法规相抵触。没有税收法律法规的授权，地方无权自定税收法规和规章，凡越权自行制定的都没有任何法律效力。在国务院制定并实施的诸如契税、城市维护建设税、房产税等地方税种暂行条例中，授权省、自治区、直辖市人民政府可根据该条例制定本地的实施细则。如浙江省人民政府制定了《浙江省实施〈契税暂行条例〉办法》。

还需指出的是：我国还有一定数量的司法解释和行政解释。前者是最高人民法院或最高人民检察院所作的司法解释，如最高人民法院所发布的《关于办理伪造、倒卖、盗窃发票刑事案件适用法律的规定》；后者是行政机关所作的行政解释，如国家税务总局所发布的《增值税若干具体问题的规定》等。

二、税法的实施，即税法多层次的特点

1. 法律的实施

我国法律的实施就是国家法律在社会生活中的具体运用和实现。法律的实施具体分为两个方面：一方面要求国家机关及其工作人员严格执法、适用法律、保证法律的实施；另一方面也要求国家机关、个人和社会组织都必须遵守法律。这就是执法、司法和守法。

2. 税法的实施

我国税法的实施也是我国法律实施的一个具体方面。包括两个方面，即税收执法和

税收守法。所谓税收执法就是要求税务机关及其工作人员正确运用税收法律，并对违法者实施制裁；所谓税收守法就是要求税务机关及其工作人员、公民、法人和其他社会组织严格遵守税收法律。

第五节　我国现行税法体系

我国现行的税法体系由税收实体法和税收程序法（即税收征收管理法律制度）所构成。税收实体法体系有许多税种，按其性质和作用大致可分为如下几类。

一、流转税

流转税是以流转额为征税对象，选择其在流转过程中的特定环节加以征收的税。“流转额”包括商品销售收入额，也包括各种劳务、服务的业务收入额；在附加性质的税中，则以主税的税额为征税对象。

流转税的特点包括：

(1) 对流转额的征税，是以商品交换和有偿提供劳务为前提，充分反映商品经济的性质和要求。因此，流转税的税目与税率设计、纳税环节与方法等，都同现实经济的客观需要紧密相连，以具体经济条件为最终依据。

(2) 对流转额的征税，与商品销售环节和劳务提供过程有密切联系，它通常是在法定的销售行为或劳务活动完成，收入取得之后加以征收的。

(3) 流转税的计税依据，与商品价格及劳务收费标准密不可分；税额直接成为商品价格或劳务收费标准的有机组成部分。增值税以不含税的销售额作为计税依据，价税分离，但对最终消费者来说，仍然价税合一。

(4) 征收流转税，只与法定流转对象的流转有关，一般不考虑纳税主体的盈利状况，只要发生法定的流转额，都须依法纳税。

(5) 流转税的税目设计很具体、细密，以适应商品流转和劳务交换的各种情况；并且只对税法中列明的项目加以征税，税法未具体列明的不征税。

(6) 流转税一般采用比例税率，同一种征税客体，不论数额大小，均按同一比例征税。其税种包括：增值税、消费税、营业税、城市维护建设税、关税。

二、资源税

资源税是对我国境内从事国有资源开发，就资源和开发条件的差异而形成的级差收入征收的一种税。而且只对税法规定的资源征税，对未列入的不征税；只限于对因资源的贫富及开发条件不同而形成的级差收入征税。其税种包括：资源税、土地增值税、城镇土地使用税等。

三、所得税

所得税又称收益税，是以纳税人的纯收益或者总收益额为征税对象，增减法定项目后加以征收的税。收益额主要指各类经营利润所得和法定的其他所得。收益税主要是在国民收入形成后，对生产、经营者的利润和个人的纯收入发挥调节作用。

所得税的特点是：

（1）征税对象是纳税人的所得额或收益额。

（2）以纳税人的实际负担能力为征收原则。

（3）一般多采用累进税率。这一方面可使税收充分，较有弹性，税收能随经济和税基的发展而相应增加；另一方面也体现了税收政策上的公平、合理原则。

（4）计税依据的确定，可以区别纳税主体和征税客体的不同性质，规定不同的增减项目，依法分别计算。这样便于充分发挥税收对不同主体的经济活动和收入的调节作用。

（5）在征收方法上，对企业一般是按全年所得额征税，分期预缴、年终汇算清缴，多退少补。所以，对收益的征收税收，具有周期性和连续性，使纳税人的义务履行程序规范化，也使国家及时收税，便于财政调度。

所得税包括：企业所得税、个人所得税等。

四、特定目的税

特定目的税是为了达到特定目的而对特定对象和特定行为所征收的税。特定目的税包括固定资产投资方向调节税、城市维护建设税、土地增值税等。

五、财产行为税

财产行为税主要是对某些财产和行为所征收的税。又分为财产税和行为税。

以法定财产为征税对象，根据财产占有或者财产转移的事实，加以征收的税又称财产税；财产税以纳税人所占有或转移的财产（包括动产与不动产）为征税对象，客体范围严格依法限定；立法精神在于确认、保护财产权，以及有效利用应税财产，征收标的性质单一，通常作为地方税；面向财产所有人或使用人征收，无税负转移作用，故作为“直接税”，与所得税有相辅相成的功能。财产税包括房产税、契税等。

行为税是发生特定行为，依据法定计税单位和标准，对行为人加以征收的税。行为税的特点是：第一，征税客体为特定行为，而计税依据为该种行为所负载的资金量或实物量。第二，税率适用具有多样性，以适应特定行为的不同性质。第三，应税行为差异大，税源分散，纳税环节和方法灵活。第四，应税行为发生的重复性、连续性不强，征收标的消失快，义务履行往往带有间断性（甚至是一次性的）。包括城市房地产税、车船税、车船使用牌照税、印花税。

我国税法按照税收收入归属和征管管辖权限的不同，又可以分为中央税法和地方税法。现行税种可以分为中央税、地方税和中央与地方共享税三类。

中央税有：关税，海关代征消费税和增值税，消费税，中央企业所得税，地方银行和外资银行及非银行金融企业所得税，铁道部、各银行总行、各保险总公司等集中交纳的营业税、所得税和城市维护建设税。

地方税有：营业税（不包含铁道、银行总行、保险总公司等集中交纳的营业税），地方企业所得税（不包含地方银行和外资银行及非银行金融企业所得税），个人所得税，城镇土地使用税，固定资产投资方向调节税，城市维护建设税，房产税，车船税，印花税，屠宰税，筵席税，农牧业税，农林特产税，耕地占用税，契税，土地增值税。

中央和地方共享税：凡是征收的税款由中央和地方政府分享的税种，都是共享税。作为共享税的税种，主要是为了兼顾各方面的经济利益，调动地方组织财政收入的积极性。其中，增值税：中央75%，地方25%；营业税：金融、保险企业按照提高3%税率缴纳的部分归中央；资源税：海洋石油资源税100%归中央，其余资源税100%归地方；证券交易印花税：中央88%，地方12%。

第六节　我国税收管理体制

一、税收管理体制的概念及内容

税收管理体制是在各级国家机构之间划分税收管理权限的制度。税收管理权限的划分有纵向划分和横向划分的区别。纵向划分是指税权在中央与地方国家机构之间的划分；横向划分是指税权在同级立法、司法、行政等国家机关之间的划分。

税收管理权限按大类可划分为税收立法权和税收执法权。税收立法权和税收执法权属于不同的范畴，前者为国家最高权力机关的权力；而后者的管理权是一种行政权力，属于政府及职能部门职权范围。具体的税收管理权限包括：税收立法权、税收法律法规解释权、税种的开征和停征权、税目和税率的调整权、税收的加征和减免权等。

二、税收立法权的划分

（1）全国性税种的立法权，包括全部中央税和在全国范围内征收的地方税税法的制定、公布和税种的开征、停征权属于全国人民代表大会及其常务委员会。

（2）经全国人民代表大会及其常务委员会的授权，全国性税种可先由国务院以“条例”或“暂行条例”的形式发布实施。经一段实施期后，再行修订并通过立法程序，由全国人民代表大会及其常务委员会正式立法。

（3）经全国人民代表大会及其常务委员会的授权，国务院有制定税法实施细则、增减税目和调整税率的权力。

（4）经全国人民代表大会及其常务委员会的授权，国务院有税法的解释权；经国务院授权，国家税务主管部门（财政部和国家税务总局、国家海关总署）有税收条例的解释权和制定税收条例实施细则的权力。

（5）省级人民代表大会及其常务委员会有根据本地区经济发展的具体情况和实际需要，在不违背国家统一税法、不影响中央财政收入、不妨碍全国统一市场的前提下，开征全国性税种以外的地方税种的税收立法权。该立法权包括地方税种的开征、停征等，但所立税法在公布实施前须报全国人大常务委员会备案。

（6）省级人民政府在税收法律、行政法规的明确授权的前提下，可以制定地方规章。但不得与税收法律、行政法规相抵触。没有税收法律法规的授权，地方无权制定税收法规和规章。经省级人民代表大会及其常务委员会授权，省级人民政府有本地区税法的解释权和制定税法实施细则、调整税目、税率的权力，也可在上述规定的前提下制定一些税收征收办法，还可以在全国性地方税条例规定的幅度内，确定本地区适用的税率或税额。上述权力除税法解释权外，在行使后和发布实施前须报国务院备案。

须注意的是，地区性地方税收的立法权应只限于省级立法机关或经省级立法机关授权的同级政府，不能层层下放，所立税法可在全省（自治区、直辖市）范围内执行，也可只在部分地区执行。

三、税收执法权的划分

(1) 根据按收入归属划分税收管理权限原则，对中央税，其税收管理权由国务院及其税务主管部门（财政部和国家税务总局）掌握，由中央税务机构负责征收；对中央与地方共享税，其管理权限按中央和地方政府各自的收入归属划分，由中央税务机构负责征收，共享税中地方分享的部分，由中央税务机关直接划入地方金库；对地方税，其管理权由地方人民政府及其税务主管部门掌握，由地方税务机关负责征收。

(2) 地方自行立法的地区性税种，其管理权由省级人民政府及税务主管部门掌握。

(3) 属于地方税收管理权限，在省级及其以下的地区如何划分，由省级人民代表大会或省级人民政府决定。

(4) 根据国务院的有关规定，省级人民政府可以根据本地区经济发展的实际情况，自行决定继续征收或者停止征收屠宰税和筵席税。继续征收地区，省级政府可以根据《屠宰税暂行条例》和《筵席税暂行条例》的有关规定，制定具体征收办法，并报国务院备案。而对于其他全国性的地方税种，除少数民族自治区和经济特区外，各地均不得擅自停征。

(5) 经全国人民代表大会及其常务委员会和国务院批准，民族自治地方可以拥有某些特殊的税收管理权，如全国性地方税种某些税目税率的调整权以及一般地方税收管理权以外的其他一些管理权等等。

(6) 经全国人民代表大会及其常务委员会和国务院批准，经济特区在享有一般地方税收管理权外，也可以拥有一些特殊的税收管理权。

(7) 涉外税收必须执行国家统一税法，涉外税收政策的调整权集中在全国人民代表大会常务委员会和国务院，各地一律不得自行制定涉外税收的优惠措施。

(8) 为了更好地体现公平税负、促进竞争的原则，保护市场的正常秩序，在税法规定之外，一律不得减税免税，也不得采取先征后返的形式变相减免税。

(9) 地方税收管理权的行使，包括少数民族自治地区和经济特区税收管理权的行使，都必须以不影响国家宏观调控和中央财政收入为前提。

四、税务机关的设置和税收征管范围的划分

现行税务机构设置是中央政府设立国家税务总局（正部级），省及省以下税务机构分为国家税务局（State Taxation Bureau）和地方税务局（Local Taxation Bureau）两

个系统。国家税务局、地方税务局对各自负责征收管理的纳税人实施统一代码，分别登记、分别管理。

国家税务总局对国家税务局系统实行机构、编制、干部、经费的垂直管理，协同省级人民政府对省级地方税务局实行双重领导。

（一）国家税务局

省级国家税务局是国家税务总局直属的正厅（局）级行政机构，是本地区主管国家税收工作的职能部门，负责贯彻执行国家的有关税收法律、法规和规章，并结合本地实际情况制定具体实施办法，局长、副局长均由国家税务总局任命。

（二）地方税务局

地方税务局系统包括省、自治区、直辖市地方税务局，地区、地级市、自治州、盟地方税务局，县、县级市、旗地方税务局、征收分局、税务所。

省级地方税务局是省级人民政府所属的主管本地区地方税收工作的职能部门，一般为正厅（局）级行政机构，实行地方政府和国家税务总局双重领导，以地方政府领导为主的管理体制。

省以下地方税务局实行上级税务机关和同级政府双重领导，以上级税务机关垂直领导为主的管理体制。即地区（市）、县（市）地方税务局的机构设置、干部管理、人员编制和经费开支均由所在省（自治区、直辖市）地方税务局垂直管理。

国家税务总局对省级地方税务局的领导，主要体现在税收政策、业务的指导和协调，对国家统一的税收制度、政策的监督，组织经验交流等方面。省级地方税务局的局长人选由地方政府征求国家税务总局意见之后任免。

（三）税收征收管理范围划分

我国有关法律法规规定，我国税收分别由财政、税务、海关等系统负责征收管理。

国家税务局系统负责征收管理中央税、中央与地方共享税以及与此相关的滞纳金、补税、罚款等。其中不实行所得税分享的铁路运输（包括广铁集团）、国家邮政、中国工商银行、中国农业银行、中国银行、中国建设银行、国家开发银行、中国农业发展银行、中国进出口银行以及海洋石油天然气企业，由国家税务局负责征收管理。

地方税务局系统负责征收管理地方税以及与此相关的滞纳金、补税、罚款等。除储蓄存款利息所得以外的个人所得税（包括个人独资、合伙企业的个人所得税），仍由地方税务局负责征收管理。

海关系统负责征收和管理关税、行李和邮递物品进口税以及负责代征进出口环节的增值税和消费税。

其中，关于集贸市场和个体工商户税收征管范围的划分，按照收入归属原则，由国家税务局和地方税务局分别征收管理。即增值税、消费税由国家税务局负责征收管理，营业税、个人所得税和其他税收由地方税务局负责征收管理。为加强税收征管，降低税收征收成本，避免工作交叉，方便个体工商户纳税，经国家税务局、地方税务局协商一致，其各自负责征收的税种可以相互委托代征，相互委托代征不收取代征手续费。集贸市场内的个体工商户按此规定执行。

对采取“定期定额”办法征税的个体工商户，其应当缴纳的税收由国家税务局、地方税务局分别征收管理。凡涉及国家税务局、地方税务局交叉征管的，其缴纳增值税、消费税的应纳税销售额由国家税务局确定；资源税的应纳税额、个人所得税的应纳税所得额由地方税务局确定。为有效实施征收管理，方便纳税人纳税，国家税务局、地方税务局应当加强协调，做好税额的确定工作。

对未取得营业执照的纳税人应缴纳的税收，国家税务局、地方税务局可按上述的征管范围进行征收管理。鉴于未取得营业执照的纳税人流动性较大，为了减少税收收入流失，堵塞税收管理漏洞，防止重复征税，降低征收费用，双方税务局应当进行协商，尽可能相互委托代征。国家税务局、地方税务局相互委托代征税款的，要严格按照收入归属入库。其中：

（1）关于涉外税收增值税、消费税，由国家税务局负责征收管理。营业税、个人所得税及其他地方税种由地方税务局负责征收管理，也可以委托国家税务局代征。

（2）关于联营企业，股份制企业所得税中央与地方所属企、事业单位组成的联营企业、股份制企业的所得税，由国家税务局负责征收管理。

（3）证券交易税（未开征前对证券交易征收的印花税）由国家税务局负责征收管理。

（4）教育费附加（铁道、银行总行、保险总公司缴纳的除外）由地方税务局负责征收管理。为简化征收手续，随增值税、消费税附征的教育费附加也可以委托国家税务局代征。

（5）关于发票管理问题的划分为：①增值税专用发票的管理由国家税务局按照现行有关规定执行。②普通发票的管理按流转税管理归属划分。纳税人缴纳增值税、消费税所需填开的普通发票由国家税务局负责印制、发放、管理；缴纳营业税（中央集中缴库单位缴纳的营业税除外）所需填开的普通发票由地方税务局负责印制、发放、管理。③农产品收购发票，由国家税务局负责印制、发放、管理；交通运输发票（中央集中缴库单位使用的除外）由地方税务局负责印制、发放、管理。

（6）关于税务检查问题的划分为：①国家税务局、地方税务局分别负责各自所管理税种的税务检查工作。必要时国家税务局、地方税务局可以联合组织检查，但对检查结果应当分别做出处理决定。②国家税务局、地方税务局在检查中发现属于对方管辖的税收问题时，应当互相通报，分别查处。③国家税务局、地方税务局采取相互委托代征税收的，其检查工作也要相应委托对方负责。

自2002年1月1日起，按国家工商行政管理总局的有关规定，在各级工商行政管理部门办理设立（开业）登记的企业，以及在其他行政管理部门新登记注册、领取许可证的事业单位、社会团体、律师事务所、医院、学校等缴纳企业所得税的其他组织，其企业所得税由国家税务局负责征收管理。但下列办理设立（开业）登记的企业仍由地方税务局负责征收管理：①两个以上企业合并设立一个新的企业，合并各方解散，但合并各方原均为地方税务局征收管理的；②因分立而新设立的企业，但原企业由地方税务局负责征收管理的；③原缴纳企业所得税的事业单位改制为企业办理设立登记，但原事业单位由地方税务局负责征收管理的。在工商行政管理部门办理变更登记的企业，其企业所得税仍由原征收机关负责征收管理。

2001 年 12 月 31 日前已在工商行政管理部门和其他行政管理部门登记注册，但未进行税务登记的企事业单位及其他组织，在 2002 年 1 月 1 日后进行税务登记的，其企业所得税按原规定的征管范围，由国家税务局、地方税务局分别征收管理。

税法概论例题

一、单项选择题

【例题 1-1】 《中华人民共和国营业税暂行条例》的法律级次属于（　　）

A. 财政部制定的部门规章　　B. 全国人大授权国务院立法

C. 国务院制定的税收行政法规　　D. 全国人大制定的税收法律

（2008 年注册会计师考试单项选择题）

【分析】 根据《立法法》第 56 条规定：应当由全国人民代表大会及其常务委员会制定法律的事项，国务院根据全国人民代表大会及其常务委员会的授权决定先制定的行政法规，经过实践检验，制定法律的条件成熟时，国务院应当及时提请全国人民代表大会及其常务委员会制定法律。如国务院制定的《增值税暂行条例》。

【参考答案】 B

【例题 1-2】 下列法律中，明确确定“中华人民共和国公民有依照法律纳税的义务”的是（　　）

A.《中华人民共和国宪法》

B.《中华人民共和国民法通则》

C.《中华人民共和国个人所得税法》

D.《中华人民共和国税收征收管理法》

（2009 年注册会计师考试单项选择题）

【分析】 本题考核税法与宪法的关系，我国《宪法》第十五条规定：“中华人民共和国公民有依照法律纳税的义务”。

【参考答案】 A

【例题 1-3】 下列关于税收法律关系的表述中，正确的是（　　）。

A. 税法是引起法律关系的前提条件，税法可以产生具体的税收法律关系

B. 税收法律关系中权利主体双方法律地位并不平等，双方的权利义务也不对等

C. 代表国家行使征税职责的各级国家税务机关是税收法律关系中的权利主体之一

D. 税收法律关系总体上与其他法律关系一样，都是由权利主体、权利客体两方面构成

（2010 年注册会计师考试单项选择题）

【分析】 税法是产生税收法律关系的前提条件，但产生具体的税收法律关系的是法律事实，而不是税法本身，故选项 A 错误；包括税收法律关系在内的我国民事法律关系中的权利主体双方法律地位都是平等，这一点没有错，但是税收法律关系中的双方的

权利义务并不对等，故选项B错误；而对于选项D，我们知道税收法律关系在总体上与其他民事（经济）法律关系一样，都是由主体、客体和法律关系内容三个要素构成，故为错误。

【参考答案】 C

【例题 1-4】 下列各项税收法律法规中，属于部门规章的是（　　）。

A.《中华人民共和国个人所得税法》　B.《中华人民共和国消费税暂行条例》

C.《中华人民共和国企业所得税法实行条例》

D.《中华人民共和国消费税暂行条例实施细则》

（2011年注册会计师考试单项选择题）

【分析】 税收法律是全国人大及其常委会制定的，故选项A错；流转税（增值税、消费税和营业税）是全国人大或人大常委会授权立法，故选项B错；税收行政法规是属于国务院制定的，故选项C错。

【参考答案】 D

二、多项选择题

【例题 1-5】 下列关于我国税收法律级次的表述中，正确的有（　　）

A.《中华人民共和国城市维护建设税暂行条例》属于税收规章

B.《中华人民共和国企业所得税法实施条例》属于税收行政法规

C.《中华人民共和国企业所得税法》属于全国人大制定的税收法律

D.《中华人民共和国增值税暂行条例》属于全国人大常委会制定的税收法律

（2009年注册会计师考试多项选择题）

【分析】 请查看教材中的税法渊源图表。

【参考答案】 B C

【例题 1-6】 下列关于税法原则的表述中，正确的有（　　）。

A. 新法优予旧法原则属于税法的适用原则

B. 税法主体的权利义务必须由法律加以规定，这体现了税收法定原则

C. 税法的原则反映税收活动的根本属性，包括税法基本原则和税法适用原则

D. 税法适用原则中的法律优位原则明确了税收法律的效力高于税收行政法规的效力

（2010年注册会计师考试多项选择题）

【分析】 以上命题全部正确。

【参考答案】 A B C D

【例题 1-7】 某房地产开发企业2010年需要缴纳的下列税种中，应向该市地方税务局主管税务机关申报的有（　　）。

A. 营业税　B. 车辆购置税　C. 印花税　D. 土地增值税

（2011年注册会计师考试多项选择题）

【分析】 车辆购置税由国家税务局征收，故选项B不选。

【参考答案】 A C D

第二章　增值税法

增值税（valueadded tax）是对在我国境内销售货物或者提供加工、修理修配劳务，以及进口货物的单位和个人，就其取得的货物或应税劳务销售额或进口货物金额计算税款，并实行税款抵扣制的一种流转税。

增值税法是指国家制定的调整增值税征收与缴纳之间权利义务有关的法律规范总称。除2009年1月1日起实施的重新修订的《中华人民共和国增值税暂行条例》（以下简称《增值税暂行条例》）和《中华人民共和国增值税暂行条例实施细则》（以下简称《增值税暂行条例实施细则》）外，财政部、国家税务总局还制定了不少部颁规章，这也是增值税法的组成部分。如《增值税部分货物征税范围注释》、《增值税一般纳税人纳税申报办法》、《货物期货征收增值税具体办法》、《增值税若干具体问题的规定》等。

第一节　增值税征税范围及纳税义务人

一、征税范围

根据《增值税暂行条例》规定，增值税的征税范围为在我国境内销售货物或者提供加工、修理修配劳务以及进口货物。

销售货物与进口货物中所称的货物，是指有形动产，也包括电力、热力、气体在内，不包括有形不动产和无形资产；所称销售货物，是指有偿转让货物的所有权。所称有偿，包括从购买方取得货币、货物或其他经济利益。

提供加工、修理修配劳务中所称加工是指受托加工货物，即委托方提供原料及主要材料，受托方按照委托方的要求制造货物并收取加工费的业务；如不符合这个要求，如受托方提供原料并按委托方要求制造货物则属于受托方自制货物。

修理修配是指受托方对损伤的和丧失功能的货物进行修复，使其恢复原状和功能的业务，修理修配的对象为增值税的应税货物，如修理汽车、家用电器等。如加工、修理修配上述以外的其他劳务则为增值税的非应税劳务，即营业税范围的应税劳务。所称提供加工、修理修配劳务，是指有偿提供加工、修理修配劳务。但单位或个体经营者聘用的员工为本单位或雇主提供加工、修理修配劳务，不包括在内。

二、增值税征税范围的特殊规定

（一）增值税征税范围的特殊项目

根据我国《增值税若干具体问题的规定》的规定，属于增值税征税范围的特殊项目主要有：①货物期货（包括商品期货和贵金属期货），应当征收增值税；②银行销售金银的业务，应当征收增值税；③典当业的死当销售业务和寄售业代委托人销售物品的业务，均应征收增值税；④集邮商品（如邮票、首日封、邮折等）的生产、调拨，以及邮政部门以外的其他单位和个人销售集邮商品的；⑤基本建设单位和从事建筑安装业务的企业附设的工厂、车间生产的水泥预制构件、其他构件或建筑材料，用于本单位或本企业的建筑工程的，应在移送使用时征收增值税。但对其在建筑现场制造的预制构件，凡直接用于本单位或本企业建筑工程的，不征收增值税；⑥缝纫，应当征收增值税。

其中不征收的有：①融资租赁业务，无论租赁货物的所有权是否转让给承租方，均不征收增值税；②因转让著作所有权而发生的销售电影母片、录像带母带、录音磁带母带的业务，以及因转让专利技术和非专利技术的所有权而发生的销售计算机软件的业务，不征收增值税；③供应或开采未经加工的天然水（如水库供应农业灌溉用水，工厂自采地下水用于生产），不征收增值税。

（二）视同销售货物行为

视同销售货物行为是指，货物在本环节没有直接发生有偿转移，也要按照正常销售货物行为来征收增值税。视同销售货物行为均应征收增值税。

单位和个体经营者的以下行为视同销售货物行为：①将货物交付他人代销；②销售代销货物；③设有 2 个以上机构并实行统一核算的纳税人，将货物从一个机构移送其他机构用于销售，但相关机构设在同一县（市）的除外；④将自产或委托加工的货物用于非应税项目；⑤将自产、委托加工或购买的货物作为投资，提供给其他单位或个体经营者；⑥将自产、委托加工或购买的货物分配给股东或投资者；⑦将自产、委托加工的货物用于集体福利或个人消费；⑧将自产、委托加工或购买的货物无偿赠送他人。

视同销售货物情况下应当计算销项税额。这时确定销售额的顺序为：①当月货物平均售价；②近期同类货物平均售价；③组成计税价格。

三、纳税义务人和扣缴义务人

增值税纳税义务人是指在中华人民共和国境内销售货物或者提供加工、修理修配劳务以及进口货物的单位和个人。这里所称在中华人民共和国境内（以下简称境内）销售货物，是指所销售的货物的起运地或所在地在境内；所称在境内销售应税劳务，是指所销售的应税劳务发生在境内；所称单位，是指国有企业、集体企业、私有企业、股份制企业、其他企业和行政单位、事业单位、军事单位、社会团体及其他单位。其中包括在中国境内设立的中外合资经营企业、中外合作经营企业和外资企业，以及在中国境内设立机构、场所从事生产、经营，和虽未设立机构、场所，而有来源于中国境内所得的外国公司、企业和其他经济组织；所称个人，是指个体经营者及其他个人。企业租赁或承包给他人经营的，以承租人或承包人为纳税义务人。增值税扣缴义务人是指境外的单位或个人在境内销售应税劳务而在境内未设有经营机构的，其应纳税款以代理人为扣缴义务人，没有代理人的，以购买者为扣缴义务人。

增值税纳税义务人（包括纳税义务人和扣缴义务人）主体资格认定如图 2-1 所示。

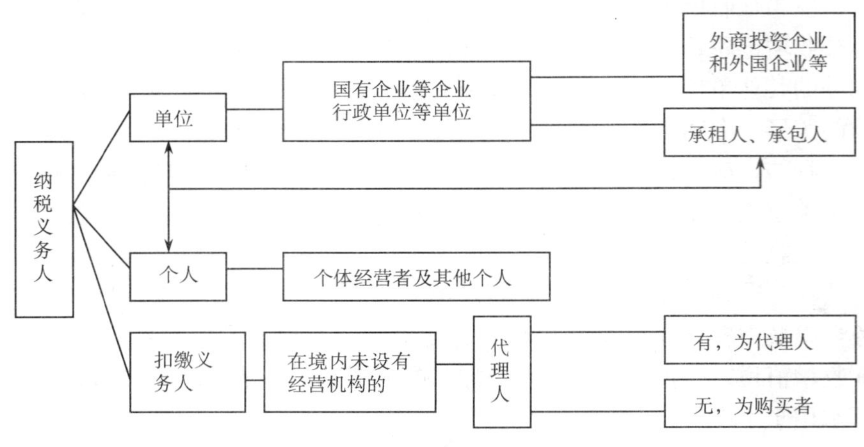

图 2-1　增值税纳税义务人主体资格认定

第二节　一般纳税人和小规模纳税人的认定及管理

按照增值税法有关征收管理规定，增值税纳税义务人分为一般纳税人和小规模纳税人。这种分法主要是考虑纳税人的年应纳税销售额大小以及会计核算制度是否健全来分类的。认定一般纳税人还是小规模纳税人的权限，在县级以上税务机关。

一、小规模纳税人的认定及管理

小规模纳税人的认定标准是：

（1）从事货物生产或提供应税劳务的纳税人，以及从事货物生产或提供应税劳务为主，并兼营货物批发或零售的纳税人，年应征增值税销售额在 100 万元以下的。

（2）从事货物批发或零售的纳税人，年应税销售额在 180 万元以下的。年应税销售额超过小规模纳税人标准的个人、非企业性单位、不经常发生应税行为的企业，视同小规模纳税人。这里所称会计核算不健全是指不能正确核算增值税的销项税额、进项税额和应纳税额。

除上述这个认定标准以外，如存在以下几个方面情形的，则会对此作一些调整。这几个方面的情形是：

（1）一般纳税人若财务不健全，税务机关在征税时采用一般纳税人的税率，但不得抵扣进项税额。

（2）年应税销售额未超过标准的小规模企业（未超过标准的企业和企业性单位），账簿健全，能准确核算并提供销项税额、进项税额，并能按规定报送有关税务资料的，经企业申请，税务部门可将其认定为一般纳税人；从事货物零售业务的小规模企业，不认定为一般纳税人。

（3）对那些非营利性纳税人，虽然年应税销售额达到或超过一般纳税人的标准，财务也比较健全，但一年中销售发生的次数很少，也可视为小规模纳税人。

为了加强专用发票的管理，又不影响小规模企业的销售，对会计核算暂时不健全，但能够认真履行纳税义务的小规模企业，经县（市）主管税务机关批准，在规定期限内其销售货物或提供应税劳务，可由所在地税务所代开增值税专用发票。在专用发票单价栏和金额栏分别填写不含其本身应纳税额的单价和销售额；税率栏填写适用的增值税征收率；税额栏填写其本身应纳的税额，即按销售额依照适用的征收率计算的增值税额。

基层税务机关要加强对小规模生产企业财会人员的培训，帮助建立会计账簿，只要小规模企业有会计、有账册，能够正确计算进项税额、销项税额和应纳税额，并能按规定报送有关税务资料，就可以认定为增值税一般纳税人。

对没有条件设置专职会计人员的小规模企业，在纳税人自愿并配有本单位兼职会计人员的前提下，可采取以下措施，使兼职人员尽快独立工作，进行会计核算。这些措施包括：

（1）由税务机关帮助小规模企业从税务咨询公司、会计师事务所等聘请会计人员建账、核算。

（2）由税务机关组织从事过财会业务，有一定工作经验，遵纪守法的离、退休会计人员，帮助小规模企业建账、核算。

（3）在职会计人员经所在单位同意，主管税务机关批准，也可以到小规模企业兼任会计。小规模企业可以单独聘请会计人员，也可以几个企业联合聘请会计人员。

需强调的是，年应税销售额未超过标准的小规模企业，会计核算健全，能准确核算并提供销项税额、进项税额的，可申请办理一般纳税人认定手续。已开业的小规模企业，其年应税销售额超过小规模纳税人标准的，应在次年 1 月底以前申请办理一般纳税人认定手续。

二、一般纳税人的认定办法

为了加强对增值税一般纳税人（以下简称一般纳税人）缴纳增值税的管理，国家税务总局又制定《增值税一般纳税人申请认定办法》等部颁规章。

（一）一般纳税人的认定标准

一般纳税人是指年应征增值税销售额，超过财政部规定的小规模纳税人标准的企业和企业性单位。下列纳税人不属于一般纳税人：

（1）年应税销售额未超过小规模纳税人标准的企业；

（2）个人（除个体经营者之外）；

（3）非企业性单位；

（4）不经常发生增值税应税行为的企业。

（二）一般纳税人的认定办法

凡一般纳税人，均应依照《增值税一般纳税人申请认定办法》向其企业所在地主管税务机关申请办理一般纳税人认定手续。一般纳税人总、分支机构不在同一县（市）的，应分别向其机构所在地主管税务机关申请办理一般纳税人认定手续。纳税人总、分支机构实行统一核算，其总机构年应税销售额超过小规模企业标准，但分支机构年应税销售额未超过小规模企业标准的，其分支机构可申请办理一般纳税人认定手续。在办理认定手续时，须提供总机构所在地主管税务机关批准其总机构为一般纳税人的证明。由于销售免税货物不得开具增值税专用发票，因此全部销售免税货物的企业不办理一般纳税人认定手续。

企业申请办理一般纳税人认定手续，应提出申请报告，并提供下列有关证件、资料：①营业执照；②有关合同、章程、协议书；③银行账号证明；④税务机关要求提供的其他有关证件、资料，这里所说的其他有关证件、资料的内容由省级税务机关确定。

主管税务机关在初步审核企业的申请报告和有关资料后，发给《增值税一般纳税人申请认定表》，企业应如实填写《增值税一般纳税人申请认定表》。企业填报《增值税一般纳税人申请认定表》一式两份，审批后，一份交基层征收机关，一份退企业留存。

一般纳税人认定的审批权限，在县级以上税务机关。对于企业填报的《增值税一般纳税人申请认定表》，负责审批的税务机关应在收到之日起 30 日内审核完毕。符合一般纳税人条件的，在其《税务登记证》副本首页上方加盖“增值税一般纳税人”确认专章，作为领购增值税专用发票的证件。

经税务机关审核认定的一般纳税人，可按《增值税暂行条例》有关的规定计算应纳税额，并使用增值税专用发票。即一般纳税人销售或提供应税劳务可以使用增值税专用发票，购进货物和应税劳务实行税款抵扣制度，其计税方法是当期销项税额减去当期进项税额。对符合一般纳税人条件但不申请办理一般纳税人认定手续的纳税人，应按销售额依照增值税税率计算应纳税额，不得抵扣进项税额，也不得使用增值税专用发票。

新开业的符合一般纳税人条件的企业，应在办理税务登记的同时申请办理一般纳税人认定手续。税务机关对其预计年应税销售额超过小规模企业标准的暂认定为一般纳税人；其开业后的实际年应税销售额未超过小规模纳税人标准的，应重新申请办理一般纳税人认定手续。符合规定条件的，可继续认定为一般纳税人；不符合规定条件的，取消一般纳税人资格。

为了加强对加油站成品油销售的增值税征收管理，规定从 2002 年 1 月 1 日起对从事成品油销售的加油站无论年应税销售额是否超过 180 万元，一律按增值税一般纳税人征税。

一般纳税人和小规模纳税人的认定方法和转换情形如图 2-2 所示。

三、一般纳税人年审与临时一般纳税人转为一般纳税人的认定

为加强一般纳税人的管理，在一般纳税人年审和临时一般纳税人转为一般纳税人过程中，对已使用增值税防伪税控系统但年应税销售额未达到规定标准的一般纳税人，如会计核算健全，且未有下列情形之一者，不取消其一般纳税人资格：①虚开增值税专用发票或者有偷、骗、抗税行为；②连续 3 个月未申报或者连续 6 个月纳税申报异常且无正当理由；③不按规定保管、使用增值税专用发票、税控装置，造成严重后果。

上述一般纳税人在年审后的一个年度内，领购增值税专用发票应限定为千元版（最高开票限额 1 万元），个别确有需要经严格审核可领万元版（最高开票限额 10 万元）的

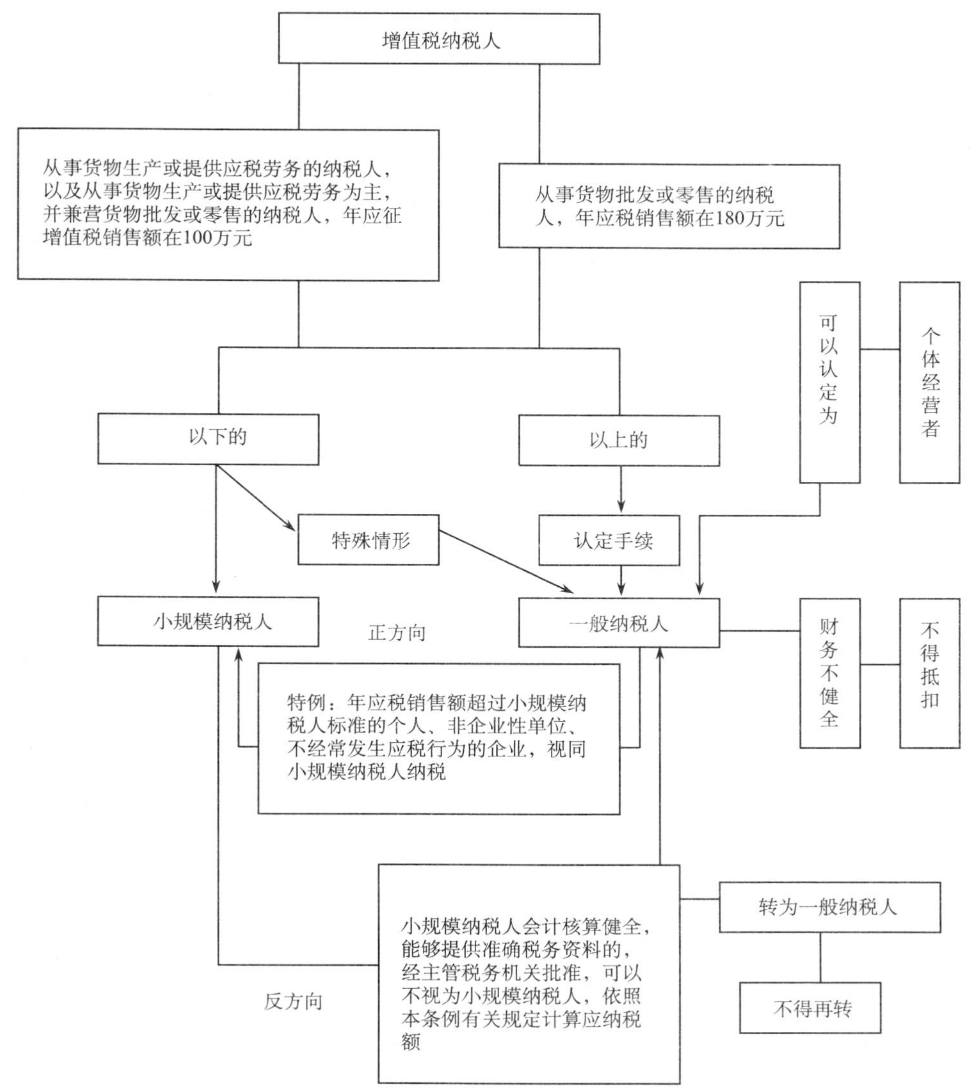

图 2-2　增值税一般纳税人和小规模纳税人的认定标准

增值税专用发票，月购增值税专用发票份数不得超过 25 份。

纳税人一经认定为增值税一般纳税人，不得再转为小规模纳税人；辅导期一般纳税人转为小规模纳税人的，按有关规定执行。

四、新办商贸企业增值税一般纳税人的认定及管理

为进一步做好新办商贸企业一般纳税人认定和增值税管理工作，国家税务总局规定了对新办商贸企业一般纳税人的认定管理办法，规范对商贸企业增值税的征收管理。

（一）对新办商贸企业一般纳税人实行分类管理

对新办小型商贸企业改变目前按照预计年销售额认定增值税一般纳税人的办法。新办小型商贸企业必须自税务登记之日起，一年内实际销售额达到180万元，方可申请一般纳税人资格认定。①新办小型商贸企业在认定为一般纳税人之前一律按照小规模纳税人管理；②一年内销售额达到180万元以后，税务机关对企业申报材料以及实际经营、申报缴税情况进行审核评估，确认无误后方可认定为一般纳税人，并相继实行纳税辅导期管理制度（以下简称辅导期一般纳税人管理）；③辅导期结束后，经主管税务机关审核同意，可转为正式一般纳税人，按照正常的一般纳税人管理。

对设有固定经营场所和拥有货物实物的新办商贸零售企业以及注册资金在500万元以上、人员在50人以上的新办大中型商贸企业在进行税务登记时，即提出一般纳税人资格认定申请的，可认定为一般纳税人，直接进入辅导期，实行辅导期一般纳税人管理。辅导期结束后，经主管税务机关审核同意，可转为正式一般纳税人，按照正常的一般纳税人管理。对经营规模较大、拥有固定的经营场所、固定的货物购销渠道、完善的管理和核算体系的大中型商贸企业，可不实行辅导期一般纳税人管理，而直接按照正常的一般纳税人管理。

（二）对新办商贸企业一般纳税人资格认定的审批管理

对申请一般纳税人资格认定的新办商贸企业，主管税务机关应严格按照一般纳税人认定标准、程序对申请资料进行审核。要与有关人员进行约谈并且派专人（2人以上）实地查验。未经实地查验或查验情况与申请资料不符的，不得认定为一般纳税人。

1. 案头审核

对商贸企业一般纳税人资格认定申请全部资料进行认真审核，审核其资料是否齐全准确。

2. 约谈

约谈的根本目的是通过与约谈对象的直接交流，了解印证纳税人的相关情况，以确认其是否为正常经营户。与企业法定代表人约谈，应着重了解企业登记注册情况、企业章程、组织结构、决策的程序、管理层的情况、经营范围及经营状况等企业的整体情况。与企业出资人约谈，应着重了解出资人与企业经营管理方面的关系。与主管财务人员约谈，应着重了解企业的银行账户情况、企业注册资金及经营资金情况、销售收入情况、财务会计核算情况、纳税申报和实际缴税情况。与销售、采购、仓储运输等相关业务主管人员约谈，了解企业购销业务的真实度。对于约谈的内容，要做好记录，并有参与约谈的人员签字。

3. 实地查验

实地查验是印证评估疑点和约谈内容的重要过程。实地查验时需2名（或2名以上）税务人员同时到场。

查验内容包括：营业执照和税务登记证、企业经营场所的所有权或租赁证明、原材料和商品的出入库单据、运费凭据、水电等费用凭据、法定代表人和主要管理人员身份证明、财务人员的资格证明、银行存款证明、有关机构的验资报告、购销合同原件及公证资料、资金往来账等。在实地查验中，要认真核实区分商业零售企业、大中型商贸企业、小型商贸企业和生产企业，除按照上述查验内容全面核查外，对生产企业要特别检查有无生产厂房、设备等必备的生产条件；对商贸零售企业要特别检查有无固定经营场所和拥有货物实物；对大中型商贸企业要特别核实注册资金、银行存款证明、银行账户及企业人数。

（三）辅导期的一般纳税人管理

一般纳税人纳税辅导期一般应不少于6个月。在辅导期内，主管税务机关应积极做好增值税税收政策和征管制度的宣传辅导工作，同时按以下办法对其进行增值税征收管理：

（1）对小型商贸企业，主管税务机关应根据约谈和实地核查的情况对其限量限额发售专用发票，其增值税防伪税控开票系统最高开票限额不得超过1万元。专用发票的领购实行按次限量控制，主管税务机关可根据企业的实际年销售额和经营情况确定每次的专用发票供应数量，但每次发售专用发票数量不得超过25份。

（2）对商贸零售企业和大中型商贸企业，主管税务机关也应根据企业实际经营情况对其限量限额发售专用发票，其增值税防伪税控开票系统最高开票限额由相关税务机关按照现行规定审批。专用发票的领购也实行按次限量控制，主管税务机关可根据企业的实际经营情况确定每次的供应数量，但每次发售专用发票数量不得超过25份。

（3）企业按次领购数量不能满足当月经营需要的，可以再次领购，但每次增购前必须依据上一次已领购并开具的专用发票销售额的4%向主管税务机关预缴增值税，未预缴增值税税款的企业，主管税务机关不得向其增售专用发票。

（4）对每月第一次领购的专用发票在月末尚未使用的，主管税务机关在次月发售专用发票时，应当按照上月未使用专用发票份数相应核减其次月专用发票供应数量。

（5）对每月最后一次领购的专用发票在月末尚未使用的，主管税务机关在次月首次发售专用发票时，应当按照每次核定的数量与上月未使用专用发票份数相减后发售差额部分。

（6）在辅导期内，商贸企业取得的专用发票抵扣联、海关进口增值税专用缴款书和废旧物资普通发票以及货物运输发票要在交叉稽核比对无误后，方可予以抵扣。

（7）企业在次月进行纳税申报时，按照一般纳税人计算应纳税额方法计算申报增值税。如预缴增值税税额超过应纳税额的，经主管税务机关评估核实无误，多缴税款可在下期应纳税额中抵减。

（四）对转为正常一般纳税人的审批及管理

1. 转为正常一般纳税人的审批

纳税辅导期达到6个月后，主管税务机关应对商贸企业进行全面审查，对同时符合以下条件的，可认定为正式一般纳税人：①纳税评估的结论正常；②约谈、实地查验的结果正常；③企业申报、缴纳税款正常；④企业能够准确核算进项、销项税额，并正确取得和开具专用发票和其他合法的进项税额抵扣凭证。凡不符合上述条件之一的商贸企业，主管税务机关可延长其纳税辅导期或者取消其一般纳税人资格。

2. 转为正常一般纳税人的管理

商贸企业结束辅导期转为正式一般纳税人后，原则上其增值税防伪税控开票系统最高限额不得超过1万元，对辅导期内实际销售额在300万元以上，并且足额缴纳了税款的，经审核批准，可开具金额在10万元以下的专用发票。对于只开具金额在1万元以下专用发票的小型商贸企业，如有大宗货物交易，可凭国家公证部门公证的货物交易合同，经主管税务机关审核同意，适量开具金额在10万元以下专用发票，以满足该宗交易的需要。

第三节 增值税税率与征收率的确定

一、基本税率

增值税一般纳税人在我国境内销售货物或者提供加工、修理修配劳务以及进口货物，适用17%的税率，这是增值税的基本税率。

二、低税率

国家税务总局颁发的《增值税部分货物征税范围注释》对一般纳税人适用13%税率的适用范围作了详细规定，13%税率是低税率（表2-1）。国务院另有规定的除外，我国还对纳税人出口货物，实行零税率。

表2-1 增值税一般纳税人适用的税率

税率	适用范围
基本税率17%	增值税一般纳税人销售或者进口货物，税率为17%
	增值税一般纳税人提供加工、修理修配劳务，税率为17%
低税率13%	增值税一般纳税人销售或者进口下列货物，税率为13%：①粮食、食用植物油；②自来水、暖气、冷气、热水、煤气、石油液化气、天然气、沼气、居民用煤炭制品；③图书、报纸、杂志；④饲料、化肥、农药、农机、农膜；⑤国务院规定的其他货物
零	纳税人出口货物，税率为零；但是国务院另有规定的除外
简易办法	采用简易办法征收增值税的适用4%或6%的征收率

注：自2007年9月1日起，盐适用增值税税率由17%统一调整为13%。下列货物继续适用13%的增值税税率：①农产品。②音像制品。③电子出版物。④二甲醚。

年应税销售额超过小规模纳税人标准的个人、非企业性单位、不经常发生应税行为的企业，视同小规模纳税人纳税，采用简易办法，按4%或6%的征收率来征收增值税。

三、征收率

增值税征收率如表 2-2 所示。

表 2-2　增值税征收率

税率	适用范围
6%	一般纳税人销售自产的下列货物，可选择按照简易办法依照 6%征收率计算缴纳增值税：①县级及县级以下小型水力发电单位生产的电力。小型水力发电单位，是指各类投资主体建设的装机容量为 5 万千瓦以下（含 5 万千瓦）的小型水力发电单位。②建筑用和生产建筑材料所用的砂、土、石料。③以自己采掘的砂、土、石料或其他矿物连续生产的砖、瓦、石灰（不含粘土实心砖、瓦）。④用微生物、微生物代谢产物、动物毒素、人或动物的血液或组织制成的生物制品。⑤自来水。⑥商品混凝土（仅限于以水泥为原料生产的水泥混凝土）。
4%	一般纳税人销售货物属于下列情形之一的，暂按简易办法依照 4%征收率计算缴纳增值税：①寄售商店代销寄售物品（包括居民个人寄售的物品在内）；②典当业销售死当物品；③经国务院或国务院授权机关批准的免税商店零售的免税品。
	一般纳税人销售自己使用过的属于条例第十条规定不得抵扣且未抵扣进项税额的固定资产，按简易办法依 4%征收率减半征收增值税。 一般纳税人销售自己使用过的其他固定资产，按照《财政部 国家税务总局关于全国实施增值税转型改革若干问题的通知》（财税［2008］170 号）第四条的规定执行。 一般纳税人销售自己使用过的除固定资产以外的物品，应当按照适用税率征收增值税。
	纳税人销售旧货，按照简易办法依照 4%征收率减半征收增值税。所称旧货，是指进入二次流通的具有部分使用价值的货物（含旧汽车、旧摩托车和旧游艇），但不包括自己使用过的物品。
3%	小规模纳税人销售自己使用过的除固定资产以外的物品，应按 3%的征收率征收增值税。

第四节　增值税一般纳税人应纳税额的计算

一般纳税人销售货物或应税劳务应纳增值税税额的计算，采用当期购进扣税法，即纳税人销售货物或者提供应税劳务（以下简称销售货物或者应税劳务），应纳增值税税额为当期销项税额抵扣当期进项税额后的余额。

一、销项税额的计算

纳税人销售货物或者应税劳务，按照销售额和规定的税率计算并向购买方收取的增值税额，为销项税额。

当期销项税额计算公式为

$$当期销项税额=销售额\times税率$$

（一）一般销售方式下的销售额

销售额为纳税人销售货物或者应税劳务向购买方收取的全部价款和价外费用，但是不包括收取的销项税额。所称价外费用，是指价外向购买方收取的手续费、补贴、基金、集资费、返还利润、奖励费、违约金（延期付款利息）、包装费、包装物租金、储备费、优质费、运输装卸费、代收款项、代垫款项及其他各种性质的价外收费。但下列项目不包括在内：①向购买方收取的销项税额；②受托加工应征消费税的消费品所代收代缴的消费税；③同时符合以下条件的代垫运费：承运部门的运费发票开具给购货方的；纳税人将该项发票转交给购货方的。凡价外费用，无论其会计制度如何核算，均应并入销售额计算应纳税额。

关于价外费用另有规定如下：

纳税人代有关行政管理部门收取的费用，凡同时符合以下条件的，不属于价外费用，不征收增值税：①经国务院、国务院有关部门或省级政府批准；②开具经财政部门批准使用的行政事业收费专用票据；③所收款项全额上缴财政或虽不上缴财政但由政府部门监管，专款专用。

纳税人销售货物的同时代办保险而向购买方收取的保险费，以及从事汽车销售的纳税人向购买方收取的代购买方缴纳的车辆购置税、牌照费，不作为价外费用征收征增值税。

关于计算机软件产品征收增值税有关问题规定：①嵌入式软件不属于财政部、国家税务总局《关于鼓励软件产业和集成电路产业发展有关税收政策问题的通知》（财税[2000] 25 号）规定的享受增值税优惠政策的软件产品。②纳税人销售软件产品并随同销售一并收取的软件安装费、维护费、培训费等收入，应按照增值税混合销售的有关规定征收增值税，并可享受软件产品增值税即征即退政策。对软件产品交付使用后，按期或按次收取的维护、技术服务费、培训费等不征收增值税。③纳税人受托开发软件产品，著作权属于受托方的征收增值税，著作权属于委托方或属于双方共同拥有的不征收增值税。

对在进口环节与国内环节，以及国内地区间个别货物（如初级农产品、矿产品等）增值税适用税率执行不一致的，纳税人应按其取得的增值税专用发票和海关进口完税凭证上注明的增值税额抵扣进项税额。主管税务机关发现同一货物进口环节与国内环节以及地区间增值税税率执行不一致的，应当将有关情况逐级上报至共同的上一级税务机关，由上一级税务机关予以明确。

对于特殊情形时，有一些特别规定：①纳税人兼营不同税率的货物或者应税劳务，应当分别核算不同税率货物或者应税劳务的销售额。未分别核算销售额的，从高适用税率。②纳税人销售货物或者应税劳务的价格明显偏低并无正当理由的，由主管税务机关核定其销售额。③纳税人有销售货物或者应税劳务的价格明显偏低并无正当理由或者有视同销售货物行为而无销售者，按下列顺序确定销售额：按纳税人当月同类货物的平均销售价格确定；按纳税人最近时期同类货物的平均销售价格确定；按组成计税价格确定。

组成计税价格的公式为

组成计税价格＝成本×（1＋成本利润率）

该公式中的成本利润率为 10%。但属于应从价定率征收消费税的货物，其组成计税价格公式中的成本利润率，为消费税法中规定的成本利润率。

属于应征消费税的货物，其组成计税价格中应加计消费税额。其组成计税价格为

$$组成计税价格=成本\times(1+成本利润率)+消费税额$$

或

$$组成计税价格=成本\times(1+成本利润率)\div(1-消费税率)$$

该公式中的成本是指：销售自产货物的为实际生产成本，销售外购货物的为实际采购成本。

一般纳税人销售货物或者应税劳务采用销售额和销项税额合并定价方法的，按下列公式计算销售额：

$$销售额=含税销售额\div(1+税率)$$

根据销售额以人民币计算的规定，纳税人按外汇结算销售额的，其销售额的人民币折合率可以选择销售发生的当天或当月 1 日的国家外汇牌价。纳税人应在事先确定采用何种折合率，确定后 1 年内不得变更。

（二）特殊销售方式下的销售额

根据营销学理论和实践，为了促销，营销企业会采取多种销售方式销售自己的商品和服务。而销售者采用不同的销售方式所取得的销售额也会有所不同。

（1）采取折扣方式销售是指因购货方购货数量较大等原因而给予购货方的价格优惠。由于折扣是在实现销售时同时发生的，因此税法规定，如果销售额和折扣额在同一张发票上分别注明的，可按折扣后的余额作为销售额诸增值税；如果将折扣额另开发票，不论其在财务上如何处理，均不得从销售额中减除折扣额。而且这里的销售折扣仅限于货物价格折扣，如果是实物折扣则应视同销售中“无偿赠送”处理，实物款额不能从原销售额中减除。

（2）以旧换新是指纳税人在销售自己的货物时，有偿收回旧货物的行为。根据税法规定，采取以旧换新方式销售货物的，应按新货物的同期销售价格确定销售额，不得扣减旧货物的收购价格。

（3）采取还本销售方式是指纳税人在销售货物后，到一定期限由销售方一次或分次退还给购货方全部或部分价款。根据税法规定，采取还本销售方式销售货物，其销售额就是货物的销售价格，不得从销售额中减除还本支出。

（4）采取以物易物方式销售是指购销双方不是以货币结算，而是以同等价款的货物相互结算来实现货物购销。根据规定，以物易物双方都应作购销处理，以各自发出的货物核算销售额并计算销项税额，以各自收到的货物按规定核算购货额并计算进项税额。

（5）对从事热力、电力、燃气、自来水等公用事业的增值税纳税人收取的一次性费用，凡与货物的销售数量有直接关系的，征收增值税；凡与货物的销售数量无直接关系的，不征收增值税。

（6）包装物押金计入销售额问题。根据规定，纳税人为销售货物而出租出借包装物收取的押金，单独记账核算的，时间在 1 年以内，又未过期的，不并入销售额征税；但对因逾期未收回包装物不再退还的押金，应按所包装货物的适用税率计征销项税额。其中，逾期是指按合同约定实际逾期或以 1 年为期限。对收取 1 年以上的押金，无论是否退还均并入销售额征税。对销售啤酒、黄酒所收取的押金，按上述一般押金的规定处理；而对销售除啤酒、黄酒外的其他酒类产品而收取的包装物押金，无论是否返还以及会计上如何核算，均应并入当期销售额征收增值税。此外，还应注意二点：①将包装物押金并入销售额征税时，需要先将该押金换算为不含税价，再并入销售额征收增值税；②包装物押金与包装物租金不同，包装物租金要在销货时作为价外费用并入销售额计算销项税额。

二、进项税额的计算

纳税人购进货物或者接受应税劳务（以下简称购进货物或者应税劳务）支付或者承担的增值税额，为进项税额。进项税额分为准予抵扣和不予抵扣 2 种规定。

（一）准予抵扣规定

下列进项税额准予从销项税额中抵扣：

（1）从销售方取得的增值税专用发票上注明的增值税额。

（2）从海关取得的海关进口增值税专用缴款书上注明的增值税额。

（3）购进农产品（包括免税棉花），除取得增值税专用发票或者海关进口增值税专用缴款书外，按照农产品收购发票或者销售发票上注明的农产品买价和 13％的扣除率计算的进项税额。进项税额计算公式为

准予抵扣的进项税额＝买价×扣除率

（4）购进或者销售货物以及在生产经营过程中支付运输费用的，按照运输费用结算单据上注明的运输费用金额和 7％的扣除率计算的进项税额。进项税额计算公式为

进项税额 ＝ 运输费用金额 × 扣除率

如果纳税人进口货物报关后，境外供货商向国内进口方退还或返还的资金，或进口货物向境外实际支付的货款低于进口报关价格的差额，不作进项税额转出。因此，纳税人进口货物取得的合法海关完税凭证，是计算增值税进项税额的唯一依据，其价格差额部分以及从境外供应商取得的退还或返还的资金，不作进项税额转出处理。

购进农产品的买价，包括纳税人购进免税农业产品支付给农业生产者价款和按规定代收代缴的农业特产税。所称支付给农业生产者价款，是指经主管税务机关批准使用的收购凭证上注明的价款。购买的免税农产品必须是农业生产者（个人、单位、小规模纳税人）自产自销的种植或者养殖的初级农业产品。

对烟叶税纳税人按规定缴纳的烟叶税，准予并入烟叶产品的买价计算增值税的进项税额，并在计算缴纳增值税时予以抵扣。即购进烟叶准予抵扣的增值税进项税额，按照《烟叶税暂行条例》及《财政部　国家税务总局印发（关于烟叶税若干具体问题的规定）的通知》（财税［2006］64 号）规定的烟叶收购金额和烟叶税及法定扣除率计算。烟叶收购金额包括纳税人支付给烟叶销售者的烟叶收购价款和价外补贴，价外补贴统一暂按烟叶收购价款的 10％计算，即烟叶收购金额＝烟叶收购价款×（1＋10％）。

混合销售行为和兼营的非应税劳务，依照规定应当征收增值税的，该混合销售行为所涉及的非应税劳务和兼营的非应税劳务所用购进货物的进项税额，符合规定的，准予从销项税额中抵扣。

另外，增值税一般纳税人外购货物（固定资产除外）所支付的运输费用，以及一般纳税人销售货物所支付的运输费用（计入销项税额中作为销售额的代垫运费除外），根据运费结算单据（普通发票）所列运费金额按7%的扣除率计算进项税额准予扣除，但随运费支付的装卸费、保险费等其他杂费不得计算扣除进项税额。

对于运费还需说明的是：①外购固定资产以及购买或销售免税货物（购进免税农业产品除外）所发生的运输费用不得计算进项税额抵扣。②准予作为抵扣凭证的运费结算单据（普通发票），是指国营铁路、民用航空、公路和水上运输单位开具的货票，以及从事货物运输的非国有运输单位开具的套印全国统一发票监制章的货票。③准予计算进项税额抵扣的货物运输金额是指在运输单位开具的货票上注明的运费和建设基金。④要对增值税一般纳税人申请抵扣的所有运输发票与营业税纳税人开具的货物运输业发票进行比对，凡比对不符的，一律不予抵扣。⑤开具运输发票的纳税人需经其主管地方税务局认定。⑥运输发票的印刷、领购、开具、取得、保管、缴销都由税务机关管理。⑦增值税一般纳税人取得的运输发票的抵扣期限不得超过开具之日起90天。

运输发票抵扣问题的规定：①一般纳税人购进或销售货物通过铁路运输，并取得铁路部门开具的运输发票，如果铁路部门开具的铁路运输发票托运人或收货人名称与其不一致，但铁路运输发票托运人栏或备注栏注有该纳税人名称的（手写无效），该运输发票可以作为进项税额抵扣凭证，允许计算抵扣进项税额。②一般纳税人在生产经营过程中所支付的运输费用，允许计算抵扣进项税额。③一般纳税人取得的国际货物运输代理业发票和国际货物运输发票，不得计算抵扣进项税额。④一般纳税人取得的汇总开具的运输发票，凡附有运输企业开具并加盖财务专用章或发票专用章的运输清单，允许计算抵扣进项税额。⑤一般纳税人取得的项目填写不齐全的运输发票（附有运输清单的汇总开具的运输发票除外）不得计算抵扣进项税额。

生产企业一般纳税人购入废旧物资回收经营单位销售的免税废旧物资可按照废旧物资回收经营单位开具的由税务机关监制的普通发票上注明的金额，按10%扣除率计算抵扣进项税额。

增值税一般纳税人购置税控收款机所支付的增值税税额（以购进税控收款机取得的增值税专用发票上注明的增值税税额为准），准予在该企业当期的增值税销项税额中抵扣。当期应纳税额不足抵免的，未抵免部分可在下期继续抵免。

增值税一般纳税人用于采集增值税专用发票抵扣联信息的扫描器具和计算机，属于防伪税控通用设备，可以按照规定，对纳税人购置上述设备发生的费用，准予在当期计算缴纳所得税前一次性列支；同时可按购置上述设备取得的增值税专用发票所注明的增值税税额，计入当期增值税进项税额。

（二）不得抵扣规定

进项税额不得抵扣的情形有：

（1）纳税人购进货物或者应税劳务，取得的增值税扣税凭证不符合法律、行政法规或者国务院税务主管部门有关规定的，其进项税额不得从销项税额中抵扣。

（2）下列项目的进项税额不得从销项税额中抵扣：①用于非增值税应税项目、免征增值税项目、集体福利或者个人消费的购进货物或者应税劳务；②非正常损失的购进货物及相关的应税劳务；③非正常损失的在产品、产成品所耗用的购进货物或者应税劳务；④国务院财政、税务主管部门规定的纳税人自用消费品（如小汽车、游艇等）；⑤上述四项规定的货物的运输费用和销售免税货物的运输费用。

（3）一般纳税人有下列情形之一者，应按销售额依照增值税税率计算应纳税额，不得抵扣进项税额，也不得使用增值税专用发票：①会计核算不健全，或者不能提供准确税务资料的；②符合一般纳税人条件，但不申请办理一般纳税人认定手续的。这里所称不得抵扣进项税额是指纳税人在停止抵扣进项税额期间发生的全部进项税额，包括在停止抵扣期间取得的进项税额，上期留抵税额以及经批准允许抵扣的期初存货已征税款。纳税人经税务机关核准恢复抵扣进项税额资格后，其在停止抵扣进项税额期间发生的全部进项税额不得抵扣。

而在确定为征收增值税的混合销售行为或兼营非应税劳务行为时，其混合销售或兼营行为中用于非应税劳务的购进货物或者应税劳务的进项税额可以从销项税额中进行抵扣。

（三）进项税额特殊规定

已抵扣进项税额的购进货物或应税劳务发生不得抵扣情况的，这些不得抵扣的情况应将该项购进货物或应税劳务的进项税额从当期发生的进项税额中扣减。无法准确确定该项进项税额的，按当期实际成本计算应扣减的进项税额。这里所说的“从当期发生的进项税额中扣减”，是指已抵扣进项税额的购进货物或者应税劳务是在哪个时期发生上述不得抵扣的5项情况的，纳税人就从这个发生期内的进项税额中扣减，不必追溯到购进这些货物或者应税劳务的进行抵扣进项税额的那个时期。所说的“按当期实际成本计算应扣减的进项税额”是指其扣减进项税额的计算依据不是按该货物或者应税劳务的原进价，而是按发生上述5项情况的当期该货物或者应税劳务的实际成本，即进价＋运费＋保险费＋其他有关费用，按征税时适用的税率计算应扣减的进项税额。如果属于进口货物，是完全适用这个实际成本的计算公式的；如果是国内购进的货物，主要包括进价和运费两大部分。

纳税人兼营免税项目或非应税项目（不包括固定资产在建工程）无法准确划分不得抵扣的进项税额部分，按下列公式计算不得抵扣的进项税额：

不得抵扣的进项税额＝（当月全部进项税额－当月可准确划分用于应税项目、免税项目及非应税项目的进项税额）×（当月免税项目销售额、非应税项目营业额合计÷当月全部销售额、营业额合计）＋当月可准确划分用于免税项目和非应税项目的进项税额。

三、应纳税额的计算

增值税应纳税额计算公式为

应纳增值税税额＝当期销项税额－当期进项税额

因当期销项税额小于当期进项税额不足抵扣时，其不足部分可以结转下期继续抵扣。一般纳税人注销或被取消辅导期一般纳税人资格，转为小规模纳税人时，其存货不作进项税额转出处理，其留抵税额也不予以退税。

增值税一般纳税人购进货物或应税劳务，其进项税额申报抵扣的时间，按以下规定执行：

（1）工业生产企业购进货物（包括外购货物所支付的运输费用），必须在购进的货物已经验收入库后，才能申报抵扣进项税额，对货物尚未到达企业或尚未验收入库的，其进项税额不得作为纳税人当期进项税额予以抵扣。

（2）商业企业购进货物（包括外购货物所支付的运输费用），必须在购进的货物付款后（包括采用分期付款方式的，也应以所有款项支付完毕后）才能申报抵扣进项税额，尚未付款或未开出承兑商业汇票的，或分期付款，所有款项未支付完毕的，其进项税额不得作为纳税人当期进项税额予以抵扣。

（3）一般纳税人购进应税劳务，必须在劳务费用支付后，才能申报抵扣进项税额；对接受应税劳务，但尚未支付款项的，其进项税额不得作为纳税人当期进项税额予以抵扣。

增值税一般纳税人违反上述规定的，按偷税论处，税务机关一经查出，则应从当期进项税额中剔除，并在该进项发票上注明，以后不论其货物到达或验收入库，或支付款项，均不得计入进项税额申报抵扣。

四、一般纳税人简易办法

在特殊情形下，一般纳税人采用简易办法征收增值税，这时适用4%或6%的征收率。这时的计算公式和办法与小规模纳税人相同。

第五节　增值税小规模纳税人应纳税额的计算

一、应纳税额的计算公式

作为小规模纳税人销售货物和应税劳务只能使用普通发票，购进货物或应税劳务即使取得增值税专用发票也不得抵扣进项税，其应纳税额实行简易办法计算，小规模纳税人实行简易办法征收增值税，应纳税额的计算公式为

$$应纳税额 = 应税销售额 \times 征收率$$

小规模纳税人销售货物或者应税劳务，按照销售额和规定的征收率计算应纳税额，不得抵扣进项税额。应纳税额计算公式为

$$应纳税额 = 销售额 \times 征收率$$

其中销售额的确定，比照一般纳税人的销售额的确定规定。

二、含税销售额的换算

小规模纳税人的销售额不包括其应纳税额。小规模纳税人销售货物或应税劳务采用销售额和应纳税额合并定价方法的，销售额计算公式为

$$销售额 = 含税销售额 \div (1 + 征收率)$$

小规模纳税人因销货退回或折让退还给购买方的销售额，应从发生销货退回或折让

当期的销售额中扣减。

三、自来水公司销售自来水应纳税额的计算

自2002年6月1日起，对自来水公司销售自来水按6%的征收率征收增值税的同时，对其购进独立核算水厂的自来水取得的增值税专用发票上注明的按6%的征收率开具的增值税税款予以抵扣。

四、销售特定货物应纳税额的计算

纳税人销售旧货，包括旧货经营单位销售旧货和纳税人销售自己使用过的应税固定资产，无论其是一般纳税人或小规模纳税人，也无论其是否为批准认定的旧货调剂试点单位，一律按4%的征收率计算税额后再按减半征收增值税，但不得抵扣进项税额。其计算公式为

$$应纳增值税税额=售价\div(1+4\%)\times 4\% \div 2$$

纳税人销售自己使用过的属于应征消费税的机动车、摩托车、游艇，售价超过原值的，按照4%的征收率减半征收增值税。售价未超过原值的，免征增值税。旧机动车经营单位销售旧机动车摩托车、游艇，按照4%的征收率减半征收增值税。

下列特殊货物销售行为的征收率为由6%调低至4%：①寄售商店代销寄售物品；②典当业销售死当物品；③经有权机关批准的免税商店零售免税货物。

五、购置税控收款机应纳税额的计算

增值税小规模纳税人购置税控收款机，经主管税务机关审核批准后，可凭购进税控收款机取得的增值税专用发票，按照发票上注明的增值税税额，抵免当期应纳增值税税额，或者按照购进税控收款机取得的普通发票上注明的价款，可抵免税额计算公式为

$$可抵免税额=价款\div(1+17\%)\times 17\%$$

当期应纳税额不足抵免的，未抵免部分可在下期继续抵免。

六、起征点

纳税人销售额未达到国务院财政、税务主管部门规定的增值税起征点的，免征增值税；达到起征点的，依照规定全额计算缴纳增值税。增值税起征点的适用范围只限于个人。

这里所称的销售额，是指小规模纳税人的不含税销售额。

增值税起征点的幅度规定如下：①销售货物的，为月销售额5000—20000元；②销售应税劳务的，为月销售额5000—20000元；③按次纳税的，为每次（日）销售额300—500元。这里所称销售额，是指小规模纳税人的销售额。省、自治区、直辖市财政厅（局）和国家税务局应在规定的幅度内，根据实际情况确定本地区适用的起征点，并报财政部、国家税务总局备案。

第六节　电力产品应纳增值税的计算及管理

2005年2月1日起，生产、销售电力产品的单位和个人为电力产品增值税纳税人，并按《电力产品增值税征收管理办法》规定缴纳增值税。

一、电力产品的销售额

电力产品增值税的计税销售额为纳税人销售电力产品向购买方收取的全部价款和价外费用，但不包括收取的销项税额。价外费用是指纳税人销售电力产品在目录电价或上网电价之外向购买方收取的各种性质的费用。供电企业收取的电费保证金，凡逾期（超过合同约定时间）未退还的，一律并入价外费用缴纳增值税。

二、电力产品的征税办法

电力产品增值税的征收，区分不同情况，分别采取以下征税办法。

（一）发电企业（电厂、电站、机组，下同）生产销售电力产品的增值税计算

（1）独立核算的发电企业生产销售电力产品，按照现行增值税有关规定向其机构所在地主管税务机关申报纳税；具有一般纳税人资格或具备一般纳税人核算条件的非独立核算的发电企业生产销售电力产品，按照增值税一般纳税人的计算方法计算增值税，并向其机构所在地主管税务机关申报纳税。

（2）不具有一般纳税人资格且不具有一般纳税人核算条件的非独立核算的发电企业生产销售的电力产品，由发电企业按上网电量，依核定的定额税率计算发电环节的预缴增值税，且不得抵扣进项税额，向发电企业所在地主管税务机关申报纳税。计算公式为

预征税额 ＝上网电量 × 核定的定额税率

（二）供电企业销售电力产品的增值税计算

供电企业销售电力产品，实行在供电环节预征、由独立核算的供电企业统一结算的办法缴纳增值税，具体办法如下：

（1）独立核算的供电企业所属的区县级供电企业，凡能够核算销售额的，依核定的预征率计算供电环节的增值税，不得抵扣进项税额，向其所在地主管税务机关申报纳税；不能核算销售额的，由上一级供电企业预缴供电环节的增值税。计算公式为

预征税额 ＝ 销售额 × 核定的预征率

（2）供电企业随同电力产品销售取得的各种价外费用一律在预征环节依照电力产品适用的增值税税率征收增值税，不得抵扣进项税额。

（三）发、供电企业实行预缴方式的具体办法

实行预缴方式缴纳增值税的发、供电企业按照隶属关系由独立核算的发、供电企业结算缴纳增值税，具体办法如下：

独立核算的发、供电企业月末依据其全部销售额和进项税额，计算当期增值税应纳税额，并根据发电环节或供电环节预缴的增值税税额，计算应补（退）税额，向其所在地主管税务机关申报纳税。计算公式为

应纳税额＝销项税额－进项税额

应补（退）税额＝应纳税额－发（供）电环节预缴增值税额

独立核算的发、供电企业当期销项税额小于进项税额不足抵扣，或应纳税额小于发、供电环节预缴增值税税额形成多交增值税时，其不足抵扣部分和多交增值税额可结转下期抵扣或抵减下期应纳税额。

（四）发、供电企业的增值税预征率（含定额税率，下同）

发、供电企业的增值税预征率应根据发、供电企业上期财务核算和纳税情况、考虑当年变动因素测算核定，具体权限如下：①跨省、自治区、直辖市的发、供电企业增值税预征率由预缴增值税的发、供电企业所在地和结算增值税的发、供电企业所在地省级国家税务局共同测算，报国家税务总局核定；②省、自治区、直辖市范围内的发、供电企业增值税预征率由省级国家税务局核定。发、供电企业预征率的执行期限由核定预征率的税务机关根据企业生产经营的变化情况确定。

（五）不同投资、核算体制的机组的增值税征收办法

由于隶属于各自不同的独立核算企业，应按上述规定分别缴纳增值税。

（六）其他企事业单位的增值税征收办法

对其他企事业单位销售的电力产品，按现行增值税有关规定缴纳增值税。

（七）发、供电企业实行预缴方式的其他规定

实行预缴方式缴纳增值税的发、供电企业，销售电力产品取得的未并入上级独立核算发、供电企业统一核算的销售收入，单独核算并按增值税的有关规定就地申报缴纳增值税。

（八）实行预缴方式缴纳增值税的发、供电企业生产销售电力产品以外的其他货物和应税劳务，如果能准确核算销售额的，在发、供电企业所在地依适用税率计算缴纳增值税。不能准确核算销售额的，按其隶属关系由独立核算的发、供电企业统一计算缴纳增值税。

三、销售电力产品的纳税义务发生时间

发、供电企业销售电力产品的纳税义务发生时间的具体规定如下：

（1）发电企业和其他企事业单位销售电力产品的纳税义务发生时间为电力上网并开具确认单据的当天。

（2）供电企业采取直接收取电费结算方式的，销售对象属于企事业单位，为开具发票的当天；属于居民个人，为开具电费缴纳凭证的当天。

（3）供电企业采取预收电费结算方式的，为发行电量的当天。

（4）发、供电企业将电力产品用于非应税项目、集体福利、个人消费，为发出电量的当天。

（5）发、供电企业之间互供电力，为双方核对数量，开具抄表确认单据的当天。

（6）发、供电企业销售电力产品以外其他货物，其纳税义务发生时间按增值税有关规定执行。

四、发、供电企业办理税登记、纳税申报

发、供电企业应按现行增值税的有关规定办理税务登记，进行增值税纳税申报。

实行预缴方式缴纳增值税的发、供电企业应按以下规定办理：

（1）实行预缴方式缴纳增值税的发、供电企业在办理税务开业、变更、注销登记时，应将税务登记证正本复印件按隶属关系逐级上报其独立核算的发、供电企业所在地主管税务机关留存。独立核算的发、供电企业也应将税务登记证正本复印件报其所属的采用预缴方式缴纳增值税的发、供电企业所在地主管税务机关留存。

（2）采用预缴方式缴纳增值税的发、供电企业在申报纳税的同时，应将增值税进项税额和上网电量、电力产品销售额、其他产品销售额、价外费用、预征税额和查补税款分别归集汇总，填写《电力企业增值税销项税额和进项税额传递单》（以下简称《传递单》）报送主管税务机关签章确认后，按隶属关系逐级汇总上报给独立核算发、供电企业；预征地主管税务机关也必须将确认后的《传递单》于收到当月传递给结算缴纳增值税的独立核算发、供电企业所在地主管税务机关。

（3）结算缴纳增值税的发、供电企业应按增值税纳税申报的统一规定，汇总计算本企业的全部销项税额、进项税额、应纳税额、应补（退）税额，于本月税款所属期后第2个月征期内向主管税务机关申报纳税。

（4）实行预缴方式缴纳增值税的发、供电企业所在地主管税务机关应定期对其所属企业纳税情况进行检查。发现申报不实，一律就地按适用税率全额补征税款，将检查情况及结果发函通知结算缴纳增值税的独立核算发、供电企业所在地主管税务机关。独立核算发、供电企业所在地主管税务机关收到预征地税务机关的发函后，应督促发、供电企业调整申报表。对在预缴环节查补的增值税，独立核算的发、供电企业在结算缴纳增值税时可以予以抵减。

五、发、供电企业销售电力产品票据的使用

发、供电企业销售电力产品，应按《中华人民共和国发票管理办法》（以下简称《发票管理办法》）和增值税专用发票使用管理规定领购、使用和管理发票。

第七节　几种特殊经营行为的税务处理

一、兼营不同税率的货物或应税劳务

所谓兼营不同税率的货物或应税劳务是指纳税人生产或销售不同税率的货物或既销

售货物又提供应税劳务。对这种兼营行为的税务处理方法为：应当分别核算不同税率货物或应税劳务的销售额；不分别核算销售额的，要从高适用税率。这里所说的分别核算是指对兼营的不同税率货物或应税劳务在取得收入后，应分别如实记账，分别核算销售额，并按不同的税率各自计算应纳税额，以避免适用税率的混乱，出现少缴税款或多缴税款的情形。

二、混合销售行为

一项销售行为如果既涉及货物又涉及非应税劳务（即征应征营业税的劳务），为混合销售行为。混合销售行为中，应税货物与非应税劳务之间有着密不可分的从属关系，即提供非应税劳务是直接为销售应税货物而做出的。

混合销售行为分为 2 种：①从事货物的生产、批发或零售的企业、企业性单位及个体经营者发生混合销售行为，视同销售货物，应当征收增值税；其他单位和个人的混合销售行为，视为销售非应税劳务，不征收增值税。②纳税人销售不同税率货物或应税劳务，并兼营应属一并征收增值税的非应税劳务的，其非应税劳务应从高适用税率。上述所称从事货物的生产批发或零售的企业、企业性单位及个体经营者，包括以从事货物的生产、批发或零售为主，并兼营非应税劳务的企业、企业性单位及个体经营者在内。上述所称非应税劳务，是指属于应缴营业税的交通运输业、建筑业、金融保险业、邮电通信业、文化体育业、娱乐业、服务业税目征收范围的劳务。纳税人的销售行为是否属于混合销售行为，由国家税务总局所属征收机关确定。

混合销售行为的税务处理方法为：从事货物的生产、批发或零售的企业、企业性单位及个体经营者，以及以从事货物的生产、批发或零售为主，并兼营非应税劳务的企业、企业性单位及个体经营者发生混合销售行为，视同销售货物，应当征收增值税；其他单位和个人的混合销售行为，视为销售非应税劳务，不征收增值税。这里需要说明的是：上述征与不征的判断标准是依纳税人的营业主业来判断，实际只交一种税，即以经营货物为主，交增值税，以经营劳务为主，交营业税。纳税人兼营非应税劳务的，应分别核算货物或应税劳务和非应税劳务的销售额。不分别核算或者不能准确核算的，其非应税劳务应与货物或应税劳务一并征收增值税。

三、兼营非应税劳务

纳税人在销售应税货物或提供应税劳务的同时还从事非应税劳务，且二者之间并无直接的从属关系，这样的经营活动称之为兼营非应税劳务行为。这里所称非应税项目，是指提供非应税劳务、转让无形资产、销售不动产和固定资产在建工程等。

纳税人兼营非应税劳务，如果分别核算货物或应税劳务的销售额和非应税劳务的销售额，按各自适用的税率分别征收增值税和营业税。如果不分别核算或者不能准确核算货物或应税劳务的销售额和非应税劳务的营业额的，其非应税劳务应与货物或应税劳务的销售额一并征收增值税，该非应税劳务的销售额应视同含税销售额处理，此时兼营的非应税劳务所用购进货物的进项税额，符合规定的准予税额抵扣。上述所称非应税项目，是指提供非应税劳务、转让无形资产、销售不动产和固定资产在建工程等；所称符合规定准予抵扣的进项税额是指销售方取得的增值税专用发票上注明的税额、从海关取得的完税凭证上注明的增值税额以及购进免税农产品准予抵扣的进项税额。

混合销售行为和兼营的非应税劳务，依照《增值税暂行条例实施细则》的有关规定应当征收增值税的，其销售额分别为货物与非应税劳务的销售额的合计、货物或者应税劳务与非应税劳务的销售额的合计。纳税人销售不同税率货物或应税劳务，并兼营应属一并征收增值税的非应税劳务的，其非应税劳务应从高适用税率。

第八节　进口货物征税

一、进口货物的征税范围及纳税人

进口货物增值税的征税范围：申报进入中华人民共和国海关境内的货物均应缴纳增值税。只要是报关进口的应税货物，不论其是国外产制还是我国已出口而转销国内的货物，也不论是进口者自行采购还是国外捐赠的货物，亦或是进口者自用还是作为贸易或其他用途等，均应按照规定缴纳进口环节增值税。

属于“来料加工、进料加工”贸易方式进口国外的原材料、零部件等在国内加工后复出口的，对进口的原材料、零部件按规定给予免税或者减税。若这些进口免减税的原材料、零部件不能加工复出口而是销往国内的，就要予以补税。对进口货物是否减免税由国务院统一规定，任何地方、部门都无权规定减免税项目。

进口货物的收货人或者办理报关手续的单位和个人为进口货物增值税的纳税义务人。也就是说，进口货物增值税包括了国内所有从事进口业务的企事业单位、机关团体和个人。对代理进口货物以海关开具的税完税凭证上的纳税人为增值税纳税人，在实际工作中一般由进口代理人代缴进口环节增值税。

二、进口货物的适用税率

进口货物增值税税率与第三节税率与征收率相同。

三、进口货物应纳税额的计算

纳税人进口货物，按照组成计税价格和规定的税率计算应纳税款，不得抵扣任何税额。进口货物应纳增值税税额计算公式为

进口货物应纳增值税税额＝组成计税价格×税率

其中

组成计税价格＝关税完税价格＋关税＋消费税

或

组成计税价格＝（关税完税价格＋关税）÷（1－消费税税率）

关税完税价格，一般贸易情形下是指由海关核定的成交价格为基础的到岸价格作为完税价格。其中到岸价格包括：货价、货物运抵我国关境内输入地点起卸前的包装费、运费、保险费和其他劳务费用等构成的一种价格。特殊贸易情形下进口的货物，因没有

成交价格，为此，《进出口关税条例》以及国家海关总署制定的《海关审定进出口货物完税价格办法》和《海关审定加工贸易进口货物完税价格办法》对这类情形下进口货物制定了确定其完税价格的具体办法。

四、进口货物增值税的税收管理

进口货物的增值税的征收管理依据《中华人民共和国税收征收管理法》、《中华人民共和国海关法》、《中华人民共和国进出口关税条例》和《中华人民共和国进出口税则》的有关规定执行。进口货物的增值税纳税义务发生时间为报关进口的当天；纳税地点应当由进口人或其代理人向报关地海关申报纳税；其纳税期限应当自海关填发税款缴款书之日起 15 日内缴纳税款；进口货物的增值税由海关代征。

第九节　出口货物退（免）税

我国的出口货物退（免）税的规定有许多，主要有国家税务总局 1994 年 2 月 19 日以文号［1994］国税发第 031 号颁发的《国家税务总局出口货物退（免）税管理办法》、财政部和国家税务总局 1995 年 11 月 23 日以文号财税字［1995］092 号颁发的《出口货物退（免）税若干问题规定》，国家税务总局 1999 年 6 月 21 日以文号国税发［1999］101 号颁发的《出口货物退（免）税若干问题的具体规定》，以及 2002 年 2 月 6 日国家税务总局颁发的《生产企业出口货物“免、抵、退”税管理操作规程（试行）》等。

一、出口货物退（免）税基本政策

出口货物退（免）税是世界各国一般都采取的税收政策。我国根据出口企业的不同形式和出口货物的不同种类，对出口货物分别采取免税并退税、免税不退税、不免也不退税三种不同的税收政策。

（1）出口免税并退税（又免又退）。出口免税是指对货物在出口环节不征增值税、消费税，把货物出口环节与出口前的销售环节都同样视为一个征税环节。出口退税是指对货物在出口前实际承担的税收负担，按规定的退税率计算后予以退还。

（2）出口免税不退税（只免不退）。出口免税也是指对货物在出口环节不征增值税、消费税，把货物出口环节与出口前的销售环节都同样视为一个征税环节。而出口不退税是指适用这个政策的出口货物因在前一道生产、销售环节或进口环节是免税的，这样在出口时该货物本身就不含税，从而也无须退税的。适用这个政策的出口货物主要有：来料加工复出口的货物、列入国家免税项目的一些产品等。

（3）出口不免税也不退税（不免不退）。出口不免税是指对国家限制或禁止出口的某些货物的出口环节视同内销环节，照常征税；出口不退税是指对这些货物出口不退还出口前所负担的税款。适用这个政策的主要是税法列举限制或禁止出口的货物。

二、出口货物退（免）税的适用范围

1. 出口免税并退税（又免又退）适用范围

（1）下列企业出口的货物，除另有规定外，给予免税并退税：①有出口经营权的内资生产企业自营出口或委托外贸企业代理出口的自产货物；②有出口经营权的外贸企业收购后直接出口或委托其他外贸企业代理出口的货物；③生产企业（不包括 1993 年 12 月 31 日前批准设立的外商投资企业）委托外贸企业代理出口的自产货物；④1994 年 1 月 1 日以后批准设立的外商投资企业自营出口或委托外贸企业代理出口的自产货物。

（2）下列企业的货物特准退还或免征增值税和消费税：①对外承包工程公司运出境外用于对外承包项目的货物；②对外承包修理修配业务的企业用于对外修理修配的货物；③外轮供应公司、远洋运输供应公司销售给外轮、远洋轮而收取外汇的货物；④利用国际金融组织或外国政府贷款采取国际招标方式由国内企业中标销售的机电产品、建筑材料；⑤企业在国内采购并运往境外作为在国外投资的货物。

2. 出口免税不退税（只免不退）适用范围

（1）下列企业出口的货物，除另有规定的外，给予免税，但不予退税：①1993年 12 月 31 日前批准设立的外商投资企业自营出口或委托外贸企业代理出口的自产货物；②属于生产企业的小规模纳税人自营出口或委托外贸企业代理出口的自产货物；③外贸企业从小规模纳税人购进并持普通发票的货物出口，免税但不予退税。但下列出口货物考虑其占有出口比重较大及其生产、采购的特殊因素，特准退税：抽纱、工艺品、香料油、山货、草柳竹藤制品、渔网渔具、松香、五倍子、生漆、鬃尾、山羊板皮、纸制品；④外贸企业直接购进国家规定的免税货物（包括免税农产品）出口的，免税但不予退税。

（2）下列出口货物，免税但不予退税：①来料加工复出口的货物，即材料进口免税，加工自制的货物出口不退税；②避孕药品和用具、古旧图书，内销免税，出口也免税；③出口卷烟：有出口卷烟权的企业出口国家出口卷烟计划内的卷烟，在生产环节免征增值税、消费税，出口环节不办理退税。其他非计划内出口的卷烟照章征收增值税和消费税，出口一律不退税；④军品以及军队系统企业出口军需工厂生产或军需部门调拨的货物免税。

3. 出口不免税也不退税（不免不退）

除经批准属于进料加工复出口贸易以外，下列出口货物不免税也不退税：①国家计划外出口的原油；②援外出口货物；③国家禁止出口的货物，包括天然牛黄、麝香、铜及铜基合金、白银等。

三、出口货物的退税率

根据我国现行的有关规定，从 2004 年 1 月 1 日起我国增值税出口退税率分为 6 档：

17%一档，13%一档，11%一档，8%一档，5%一档和0%一档，具体如表2-3所示。

表2-3 出口退税率

项 目	出口退税率/%
数控机床、加工中心、组合机床等附件一所列明的货物	17
小麦粉、玉米粉、分割鸭、分割兔等附件二所列明的货物	13
汽油（商品代码27101110）、未锻轧锌（商品代码7901）	11
未锻轧铝、黄磷及其他磷、未锻轧镍、铁合金、钼矿砂及其精矿等附件四所列明的货物	8
焦炭、半焦炭、炼焦煤、轻重烧镁、萤石、滑石、冻石等附件五所列明的货物	5
原油、木材、纸浆、山羊绒、鳗鱼苗、稀土金属矿、磷矿石、天然石墨等	0
石油原油及从沥青矿物提取的原油等附件三所列明的货物	取消出口退税

注：①纳税人出口适用税率为零的货物，向海关办理出口手续后，凭出口报关单等有关凭证，可以按月向税务机关申报办理该项出口货物的退税。出口货物办理退税后发生退货或者退关的，纳税人应当依法补缴已退的税款。

②表中所述附件是指财税［2003］222号财政部、国家税务总局关于调整出口货物退税率的通知中所指的附件。

③2004年1月1日起执行，注意：经常有变动。

四、出口货物应退税额的计算

很显然，出口货物只有在适用既免税又退税的政策时，才会涉及如何计算退税问题。由于各类出口企业的出口货物会计核算成本办法的不同，有对出口货物单独核算的，也有对出口货物和内销货物统一核算成本的。因此有3种退税计算办法：①出口企业兼营内销和出口货物，且其出口货物不能单独设账核算的，应先对出口的货物免征出口环节增值税，然后对内销货物计算销项税并扣除当期进项税额后，对未抵扣完的进项税额再用公式计算出口货物的应退税额。这种方法简称为“免、抵、退”办法。②先征后退办法。③适用外贸企业出口退税办法。

（一）“免、抵、退”办法

对于有出口经营权的生产企业和1994年1月1日以后批准设立的外商投资企业，在1995年7月1日以后报关离境直接出口或委托代理出口的自产货物，适用“免、抵、退”办法，其办理出口退（免）税的步骤是：

（1）免税。一律免征本道环节的增值税；

（2）剔除。并按货物所适用的增值税税率与其所适用的退税率之差乘以出口货物的离岸价格折合人民币的金额，计算出出口货物不予抵扣或退税的税额，从全部进项税额中剔除，计入产品成本；

（3）抵税。用剔除后的进项税额余额，抵扣内销货物的销项税额，计算当期应纳税额。其计算公式为

当期应纳税额＝当期内销货物的销项税额－（当期全部进项税额－当期不予抵扣或退税的税额）－上期未抵扣完的进项税额

（4）退税。如果当期应纳税额＜0，同时该企业出口货物占当期全部货物销售额50％以上，则对当期未抵扣完的进项税额按下列公式计算应退税额：

当期出口货物离岸价×外汇人民币牌价×退税率≥当期未抵扣完的进项税额时

退税额＝未抵扣完的当期进项税额

当期出口货物离岸价×外汇人民币牌价×退税率＜当期未抵扣完的进项税额时

退税额＝出口货物离岸价×外汇人民币牌价×退税率

结转下期的进项税额＝当期未抵扣完的进项税额－应退税额

该计算公式所反映的是：以人民币计价的出口货物离岸价与当期未抵扣完的进项税额相比较，哪个小，按小的数额退税。

如果当期应纳税额＜0，但该企业出口货物占当期全部货物销售额不足50％，则对当期未抵扣完的进项税额结转下期继续抵扣，不予办理退税。

如果当期应纳税额＞0，应正常缴税，不存在退税问题。以上当期指一个季度。

“免、抵税额＝出口货物离岸价×外汇人民币牌价×退税率－已退税额”这一计算公式仅适用于用国产原材料、零部件生产的出口产品。对以进料加工方式出口的货物，计算“免、抵”税额时，应根据〈财政部、国家税务总局关于出口货物税收若干问题的补充通知〉（财税字［1997］14号）和财税字［1997］50号文件的有关规定，须从离岸价格中扣除海关核销的进口料件的组成计税价格，具体计算公式为

免、抵税额＝(出口货物离岸价×外汇人民币牌价－海关核销免税进口料件的组成计税价格)×退税率－已退税额

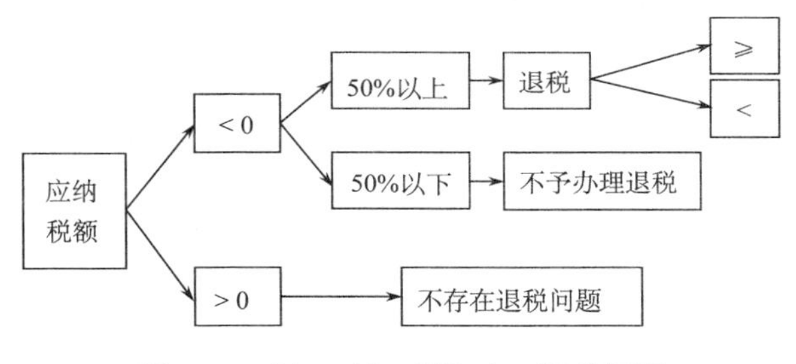

图2-3　“免、抵、退”出口退税框图

（二）“先征后退”办法

对于未按照“免、抵、退”办法办理出口退税的生产企业（主要是无出口经营权企业），直接出口或委托外贸代理出口的货物，适用“先征后退”办法。其办理出口退（免）税的步骤是：

（1）先征税。按照《增值税暂行条例》的有关规定征税，其计算公式为

当期应纳增值税额＝当期内销货物的销项税额＋当期出口货物离岸价×外汇人民币牌价×增值税税率－当期全部进项税额

（2）再退税。由主管出口退税的税务机关在国家出口退税计划内依照规定的退税率审批退税。退税的计算公式为

当期应退税额＝当期出口货物离岸价×外汇人民币牌价×退税率

（三）外贸企业出口退税计算办法

本办法适用有出口经营权的外贸企业收购货物直接出口或委托其他外贸企业代理出口的货物。本办法应依据购进出口货物取得的增值税专用发票上列明的进项金额和该货物适用的退税率计算退税额。其计算公式为

应退税额＝购进货物的工厂销售额×退税率

其中，“购进货物的工厂销售额”不包括购进货物时一并支付的增值税税额。

以上征税税率和退税率均是指出口货物的征税率和退税率。

五、出口货物退（免）税管理

（一）利用“口岸电子执法系统”的出口数据审核生产企业免、退税的出口额

主管税务机关的退税部门或岗位对生产企业申报的免、抵、退税出口额，须在企业申报的当月，与“口岸电子执法系统”出口退税子系统的出口货物报关单（退税）证明联电子数据进行核对。

对生产企业申报的没有电子数据（有纸质报关单的除外）的“免、抵、退”税出口额和有电子数据但企业未在当月申报的出口额，应按企业申报的相对应的出口额或电子数据中的离岸价等计算销项税额，并在当月底前通知生产企业。生产企业须按对应的实际出口额，在次月视同内销货物，按规定计算销项税额并缴纳增值税和消费税。

（二）出口企业出口不予退（免）税的货物的处理

出口企业（包括外贸企业和生产企业，下同）出口《财政部国家税务总局关于调整出口货物退税率的通知》（财税［2003］222号）及其他有关文件规定的不予退（免）税的货物，应分别按下列公式计提销项税额。

（1）一般纳税人计提销项税额的计算公式为

销项税额＝(出口货物离岸价格×外汇人民币牌价)
÷（1＋法定增值税税率）×法定增值税税率

（2）小规模纳税人计提销项税额的计算公式为

应纳税额＝(出口货物离岸价格×外汇人民币牌价)
÷（1＋征收率）×征收率

出口企业以进料加工贸易方式出口的不予退（免）税的货物，须按照复出口货物的离岸价格与所耗用进口料件的差额计提销项税额或计算应纳税额。出口企业以来料加工复出口方式出口不予退（免）税货物的，继续予以免税。

不予退（免）税的货物若为应税消费品，须按现行有关税收政策规定计算缴纳消费税。

（三）重新办理退税手续与退税

对生产企业视同内销已缴纳税款的出口货物，在收齐退（免）税凭证后，可在规定

的出口退税清算期内，向主管退税机关申请办理免、抵、退税手续。对企业出口货物销售额占全部销售额比重过高，致使企业已缴纳税款无法抵扣的，经省级国家税务局批准，可在规定的清算期内按规定的出口退税税率予以退税。

对出口企业提出延期申报出口货物退（免）税的，主管税务机关退税部门除按规定执行外，出口企业提出书面合理理由的，可经地市以上税务机关核准后，在核准期限内申报办理退（免）税。

（四）新发生出口业务的退（免）税

注册开业时间在一年以上的新发生出口业务的企业（小型出口企业除外），经地市税务机关核实确有生产能力并无偷税行为及走私、逃套汇等违法行为的，可实行统一的按月计算办理免、抵、退税的办法。

新成立的内外销销售额之和超过500万元以上的，且外销销售额占其全部销售额的比例超过50%以上的生产企业，如在自成立之日起12个月内办理退税确有困难的，在从严掌握的基础上，经省级国家税务局批准，可实行统一的按月计算办理免、抵、退税的办法。

除上述规定之外，对新发生出口业务的企业，自发生首笔出口业务之日起12个月内发生的应退税额，不实行按月退税的办法，而是采取结转下期继续抵顶其内销货物应纳税额。12个月后，如该企业属于小型出口企业，则按财税［2002］7号文件有关小型出口企业的规定执行；如该企业属于小型出口企业以外的企业，则实行统一的按月计算办理免、抵、退税的办法。

对财税［2002］7号文件规定的退税审核期为12个月的小型出口企业在年度中间发生的应退税额，不实行按月退税的办法，而是采取结转下期继续抵顶其内销货物应纳税额，年底对未抵顶完的部分一次性办理退税的办法。小型出口企业的标准由省级国家税务局根据企业上一纳税年度的内外销销售额之和在200万元以上500万元以下的幅度内，按本省实际情况确定。

（五）其他有关业务的退免税

生产企业出口实行简易办法征税的货物，免征增值税，出口的其他货物实行免、抵、退办法。

小规模纳税人委托其他加工企业从事来料加工业务的，可按照现行有关规定向税务机关申请开具《来料加工免税证明》，加工企业可凭此证明办理加工费的免税手续。

生产型企业集团（或总厂）代理成员企业（或分厂）出口货物后，企业集团（或总厂）可向主管税务机关申请开具《代理出口证明》，由成员企业（或分厂）实行免、抵、退税办法。

经有关部门批准具有对外经济合作经营权的对外承包工程公司，凡不是增值税一般纳税人的，购进与对外承包工作相关的出口货物时，供货生产企业可凭对外承包工程公司提供的对外经济合作经营权批准证书（复印件）等凭证向税务机关申请开具税收（出口货物专用）缴款书。对外承包工程公司凭税收（出口货物专用）缴款书、普通发票或增值税专用发票以及其他规定的凭证，向主管税务机关申请办理与对外承包工作相关的出口货物退税。

保税区内生产企业从区外有进出口经营权的企业购进原材料、零部件等加工成产品出口的，可按保税区海关出具的出境备案清单以及其他规定的凭证，向税务机关申请办理免、抵、退税。保税区内进料加工企业从境外进口料件，可凭保税区海关签发的“海关保税区进境货物备案清单”办理《生产企业进料加工贸易免税证明》等单证。

对通过海关监管仓出口的货物，可凭海关签发的出口货物报关单（出口退税专用）及其他规定的凭证，按现行规定办理出口货物退（免）税。

（六）出口货物专用缴款书的管理

出口企业出口退税时，除出口企业从小规模纳税人购进的出口货物，其出口退税仍实行增值税专用税票管理和出口企业出口的消费税应纳税货物，其消费税专用税票管理仍按有关规定执行外，免予提供增值税专用税票。

利用外国政府贷款和国际金融组织贷款采用国际招标国内中标的机电产品，以及外商投资企业采购的国产设备，在申请退税时，免予提供增值税专用税票。

外贸企业出口的货物、中标企业（不包括生产企业）销售的中标机电产品以及外商投资企业采购的国产设备，凡属于从非生产企业购进的，若退税单证齐全，可按规定申请退税。

（七）出口货物退（免）税认定管理

对外贸易经营者按规定办理备案登记后，没有出口经营资格的生产企业委托出口自产货物（含视同自产产品），应分别在备案登记、代理出口协议签订之日起30日内持有关资料，填写《出口货物退（免）税认定表》，到所在地税务机关办理出口货物退（免）税认定手续。

已办理出口货物退（免）税认定的出口商，其认定内容发生变化的，须自有关管理机关批准变更之日起30日内，持相关证件向税务机关申请办理出口货物退（免）税认定变更手续。

出口商发生解散、破产、撤销以及其他依法应终止出口货物退（免）税事项的，应持相关证件、资料向税务机关办理出口货物退（免）税注销认定。对申请注销认定的出口商，税务机关应先结算其出口货物退（免）税款，再按规定办理注销手续。

（八）出口货物退（免）税申报及受理

出口商应在规定期限内，收齐出口货物退（免）税所需的有关单证，使用国家税务总局认可的出口货物退（免）税电子申报系统生成电子申报数据，如实填写出口货物退（免）税申报表，向税务机关申报办理出口货物退（免）税手续。逾期申报的，除另有规定者外，税务机关不再受理该笔出口货物的退（免）税申报，该补税的应按有关规定补征税款。

出口商申报出口货物退（免）税时，税务机关应及时予以接受并进行初审。经初步审核，出口商报送的申报资料、电子申报数据及纸质凭证齐全的，税务机关受理该笔出口货物退（免）税申报。出口商报送的申报资料或纸质凭证不齐全的，除另有规定者外，税务机关不予受理该笔出口货物退（免）税申报，并要当即向出口商提出改正、补充资料、凭证的要求。税务机关受理出口商的出口货物退（免）税申报后，应为出口商出具回执，并对出口货物退（免）税申报情况进行登记。

出口商报送的出口货物退（免）税申报资料及纸质凭证齐全的，除另有规定者外，在规定申报期限结束前，税务机关不得以无相关电子信息或电子信息核对不符等原因，拒不受理出口商的出口货物退（免）税申报。

（九）出口货物退（免）税审核、审批

税务机关应当使用国家税务总局认可的出口货物退（免）税电子化管理系统以及总局下发的出口退税税率文库，按照有关规定进行出口货物退（免）税审核、审批，不得随意更改出口货物退（免）税电子化管理的审核配置、出口退税税率文库以及接收的有关电子信息。

税务机关受理出口商出口货物退（免）税申报后，应在规定的时间内，对申报凭证、资料的合法性、准确性进行审查，并核实申报数据之间的逻辑对应关系。

（十）出口货物退（免）税的违章处理

出口商有下列行为之一的，由税务机关责令限期改正，可以处以 2 000 元以下的罚款；情节严重的，处以 2 000 元以上 10 000 元以下的罚款：①未按规定办理出口货物退（免）认定、变更或注销认定手续的；②未按规定设置、使用和保管有关出口货物退（免）税账簿、凭证、资料的。

出口商拒绝税务机关检查或拒绝提供有关出口货物退（免）税账簿、凭证、资料的，由税务机关责令改正，可以处 10 000 元以下的罚款；情节严重的，处以 10 000 元以上 50 000 万以下的罚款。

（十一）取消出口货物退（免）税清算的管理

对出口企业上一年度出口货物的退（免）税，主管其出口货物的退（免）税的国家税务局不再进行出口货物的退（免）税清算。对上一年度出口货物，出口企业应在规定的退（免）税电报期限内，向税务机关申报出口货物的退（免）税。税务机关按现行出口退税管理规定，受理、审核、审批出口企业口货物的退（免）税。

第十节　增值税征收管理

增值税由税务机关征收，进口货物的增值税由海关代征。个人携带或者邮寄进境自用物品的增值税，连同关税一并计征。

一、纳税义务发生时间

增值税纳税义务发生时间是指纳税人发生应税行为应当承担纳税义务的起始时间。纳税义务发生时间和纳税期限的法律规定，共同界定了纳税义务人履行义务的期限，如不在规定的期限内履行纳税的法定义务，则要受到法律的制裁。

增值税的纳税义务发生时间为：①销售货物或者应税劳务，为收讫销售款或者取得索取销售款凭证的当天；②进口货物，为报关进口的当天。

上述规定的销售货物或者应税劳务的纳税义务发生时间，按销售结算方式的不同，划分为：①采取直接收款方式销售货物，不论货物是否发出，均为收到销售额或取得索取销售额的凭证，并将提货单交给买方的当天；②采取托收承付和委托银行收款方式销售货物，为发出货物并办妥托收手续的当天；③采取赊销和分期收款方式销售货物，为按合同约定的收款日期的当天；④采取预收货款方式销售货物，为货物发出当天；⑤委托其他纳税人代销货物，为收到代销单位销售的代销清单的当天；⑥销售应税劳务，为提供劳务同时收讫销售额或取得索取销售额凭据的当天；⑦纳税人发生视同销售货物行为，为货物移送的当天。

销售自产货物提供增值税劳务并同时提供建筑业劳务征收增值税，纳税义务发生时间的确定为：纳税人销售自产货物提供增值税劳务并同时提供建筑业劳务应征增值税的，也按上述的销售货物或者应税劳务的纳税义务发生时间，按销售结算方式的不同，具体规定执行。

企业在委托代销货物的过程中无代销清单，纳税义务发生时间的确定为：①纳税人以代销方式销售货物，在收到代销清单前已收到全部或部分货款的，其纳税义务发生时间为收到全部或部分货款的当天；②对于发出代销商品超过 180 天仍未收到代销清单及货款的，视同销售实现，一律征收增值税，其纳税义务发生时间为发出代销商品满 180 天的当天。

二、纳税期限

增值税的纳税期限分别为 1 日、3 日、5 日、10 日、15 日或者 1 个月。纳税人的具体纳税期限，由主管税务机关根据纳税人应纳税额的大小分别核定；不能按照固定期限纳税的可以按次纳税。纳税人进口货物，应当自海关填发税款缴纳证的次日起 7 日内缴纳税款。

纳税人以 1 个月为一期纳税的，自期满之日起 15 日内申报纳税；以 1 日、3 日、5 日、10 日或者 15 日为一期纳税的，自期满之日起 5 日内预缴税款，于次月 1 日起 15 日内申报纳税并结清上月应纳税款。扣缴义务人解缴税款的期限，依照前两款规定执行。

纳税人进口货物，应当自海关填发税款缴纳证的次日起 15 日内缴纳税款。

纳税人出口货物适用退（免）税规定的，应当向海关办理出口手续，凭出口报关单等有关凭证，在规定的出口退（免）税申报期内按月向主管税务机关申报办理该项出口货物的退（免）税。具体办法由国务院财政、税务主管部门制定。

出口货物办理退税后发生退货或者退关的，纳税人应当依法补缴已退的税款。

三、纳税地点

增值税的纳税地点分为固定业户、非固定业户及进口货物 3 种情形：

（1）固定业户应当向其机构所在地主管税务机关申报纳税。总机构和分支机构不在同一县（市）的，应当分别向各自所在地主管税务机关申报纳税；经国家税务总局或其授权的税务机关批准，可以由总机构汇总向总机构所在地主管税务机关申报纳税。固定业户到外县（市）销售货物的，应当向其机构所在地主管税务机关申请开具外出经营活动税收管理证明，向其机构所在地主管税务机关申报纳税。未持有其机构所在地主管税务机关核发的外出经营活动税收管理证明，到外县（市）销售货物或者应税劳务的，应当向销售地主管税务机关申报纳税，未向销售地主管税务机关申报纳税的，由其机构所在地主管税务机关补征税款。

（2）非固定业户销售货物或者应税劳务，应当向销售地主管税务机关申报纳税。非固定业户到外县（市）销售货物或者应税劳务未向销售地主管税务机关申报纳税的，由其机构所在地或者居住地主管税务机关补征税款。

（3）进口货物，应当由进口人或其代理人向报关地海关申报纳税。

扣缴义务人应当向其机构所在地或者居住地的主管税务机关申报缴纳其扣缴的税款。纳税人以总机构的名义在各地开立账户，通过资金结算网络在各地向购货方收取销货款，由总机构直接向购货方开具发票的行为，不具备《国家税务总局关于企业所属机构间移送货物征收增值税问题的通知》（国税发［1998］137 号）规定的受货机构向购货方开具发票、向购货方收取货款两种情形之一，其取得的应税收入应当在总机构所在地缴纳增值税。

四、增值税一般纳税人纳税申报办法

根据《税收征收管理法》、《增值税暂行条例》、《发票管理办法》等有关规定，国家税务总局制定了《增值税一般纳税人申报办法》等有关法律文件，规定了增值税的纳税申报办法。

1. 基本要求

凡增值税一般纳税人均按《增值税一般纳税人申报办法》进行纳税。

2. 纳税申报资料

（1）《增值税纳税申报表》及其三个附表（附表一《发票领用存月报表》；附表二《增值税（专用/普通）发票使用明细表》；附表三《增值税（专用发票/收购凭证/运输发票）抵扣明细表》）。

（2）附报资料：①已开具的增值税专用发票和普通发票存根联；②增值税专用发票抵扣联；③海关进口货物完税凭证的复印件；④运输发票复印件（如果取得的运输发票数量较多，经县级国家税务局批准可只附报单份票面金额在一定数额以上的运输发票复印件)；⑤收购凭证的存根联或报查联；⑥收购农产品的普通发票复印件；⑦主管税务机关要求报送的其他资料。经营规模大的纳税人，如上述附报资料很多，报送确有困难的，经县级国家税务总局批准，由主管国家税务机关派人到企业审核。

3.《增值税纳税申报表》及其有关附表的填写要求

增值税一般纳税人应按有关规定及时办理纳税申报，并如实填写《增值税纳税申报表》。增值税小规模纳税人应按有关规定及时办理纳税申报，并如实填写《增值税纳税申报表》。

五、增值税小规模纳税人纳税申报办法

根据《税收征收管理法》、《增值税暂行条例》、《发票管理办法》等有关规定，国家税务总局制定了《增值税小规模纳税人征收管理办法》等有关法律文件，规定了增值税的纳税申报（tax returns filing）办法。

1. 基本要求

凡增值税小规模纳税人均按《增值税小规模纳税人征收管理办法》进行纳税。

2. 纳税申报资料

适用于小规模纳税人的《增值税纳税申报表》。

六、征收机关

增值税由税务机关征收，进口货物的增值税由海关代征。个人携带或者邮寄进境自用物品的增值税，连同关税一并计征，具体办法由国务院关税税则委员会会同有关部门制定。

七、免税权（franchise)

生产和销售免征增值税货物或劳务的纳税人要求放弃免税权，应当以书面形式提交放弃免税权声明，报主管税务机关备案。纳税人自提交备案资料的次月起，按照现行有关规定计算缴纳增值税。

放弃免税权的纳税人符合一般纳税人认定条件尚未认定为增值税一般纳税人的，应当按现行规定认定为增值税一般纳税人，其销售的货物或劳务可开具增值税专用发票。

纳税人一经放弃免税权，其生产销售的全部增值税应税货物或劳务均应按照适用税率征税，不得选择某一免税项目放弃免税权，也不得根据不同的销售对象选择部分货物或劳务放弃免税权。

纳税人自税务机关受理纳税人放弃免税权声明的次月起36个月内不得申请免税。

纳税人在免税期内购进用于免税项目的货物或者应税劳务所取得的增值税扣税凭证，一律不得抵扣。

第十一节　增值税专用发票的使用及管理

增值税专用发票不仅是双方当事人在经济活动中的重要商业凭证，更是纳税人将此作为销货方销项税额和购货方进项税额进行税款缴纳和抵扣的凭证，对增值税的计算和管理起着决定性作用。在这方面，除《增值税暂行条例》及《增值税暂行条例实施细则》和《发票管理办法》外，国家税务总局还专门制定了《增值税专用发票使用规定》。

专用发票的基本联次统一规定为四联，各联次必须按以下规定用途使用：①第一联为存根联，由销货方留存备查；②第二联为发票联，购货方作付款的记账凭证；③第三联为税款抵扣联，购货方作扣税凭证；④第四联为记账联，销货方作销售的记账凭证。

一、增值税专用发票领购使用范围

增值税专用发票只限于增值税一般纳税人领购使用，而增值税小规模纳税人和非增值税纳税人不得领购使用。

增值税一般纳税人有下列情形之一者，不得领购使用增值税专用发票，如已领购使用专用发票，税务机关应收缴其结存的专用发票：

（1）会计核算不健全，即不能按会计制度和税务机关的要求准确核算增值税的销项税额、进项税额和应纳税额者。

（2）不能向税务机关准确提供增值税销项税额、进项税额和应纳税额数据及其他有关增值税税务资料者。

（3）销售货物全部属于免税项目者。

（4）有以下行为，经税务机关责令限期改正而仍未改正者：①私自印制专用发票；②向个人或税务机关以外的单位买取专用发票；③借用他人专用发票；④向他人提供专用发票；⑤未按规定开具专用发票；⑥未按规定保管专用发票；⑦未按规定申报专用发票的购、用、存情况；⑧未按规定接受税务机关检查。

（5）销售的货物全部属于免税项目者。

有上列情形的一般纳税人如已领购使用专用发票，税务机关应收缴其结存的专用发票。另外，国家税务总局还规定，纳税人当月购买专用发票而未申报纳税的，税务机关不得再向其发售增值税专用发票。

二、增值税专用发票开具范围

增值税一般纳税人销售货物（包括视同销售货物）或者应税劳务，以及根据《增值税暂行条例实施细则》规定应当征收增值税的非应税劳务，必须向购买方开具增值税专用发票，并在增值税专用发票上分别注明销售额和销项税额。

下列情形不得开具专用发票：①向消费者销售应税项目；②销售免税项目；③销售报关出口的货物、在境外销售应税劳务；④将货物用于非应税项目；⑤将货物用于集体福利或个人消费；⑥将货物无偿赠送他人；⑦提供非应税劳务（应当征收增值税的除外）、转让无形资产或销售不动产。

向小规模纳税人销售应税项目，可以不开具专用发票。

三、专用发票开具要求

专用发票必须按下列要求开具：①字迹清楚；②不得涂改。（如填写有误，应另行开具专用发票，并在误填的专用发票上注明“误填作废”四字。如专用发票开具后因购货方不索取而成为废票的，也应按“填写有误”办理）；③项目填写齐全；④票、物相符，票面金额与实际收取的金额相符；⑤各项目内容正确无误；⑥全部联次一次填开，上、下联的内容和金额一致；⑦发票联和抵扣联加盖财务专用章或发票专用章；⑧按照规定的时限开具专用发票；⑨不得开具伪造的专用发票；⑩不得拆本使用专用发票；⑪不得开具票样与国家税务总局统一制定的票样不相符合的专用发票。

开具的专用发票有不符合上列要求者，不得作为扣税凭证，购买方有权拒收。

四、专用发票开具时限

专用发票开具时限规定如下：①采用预收货款、托收承付、委托银行收款结算方式的，为货物发出的当天；②采用交款提货结算方式的，为收到货款的当天；③采用赊销、分期付款结算方式的，为合同约定的收款日期的当天；④将货物交付他人代销，为收到受托人送交的代销清单的当天；⑤设有 2 个以上机构并实行统一核算的纳税人，将货物从一个机构移送其他机构用于销售，按规定应当征收增值税的，为货物移送的当天；⑥将货物作为投资提供给其他单位或个体经营者，为货物移送的当天；⑦将货物分配给股东，为货物移送的当天。

一般纳税人必须按规定时限开具专用发票，不得提前或滞后。

增值税一般纳税人在商品交易所通过期货交易销售货物的，无论发生升水或贴水，均可按照标准仓单持有凭证所注明货物的数量和交割结算价开具增值税专用发票。

对于期货交易中仓单注册人注册货物时发生升水的，该仓单注销（即提取货物退出期货流通）时，注册人应当就升水部分款项向注销人开具增值税专用发票，同时计提销项税额，注销人凭取得的专用发票计算抵扣进项税额。

发生贴水的，该仓单注销时，注册人应当就贴水部分款项向注销人开具负数增值税专用发票，同时冲减销项税额，注销人凭取得的专用发票调减进项税额，不得由仓单注销人向仓单注册人开具增值税专用发票。注册人开具负数专用发票时，应当取得商品交易所出具的《标准仓单注册升贴水单》或《标准仓单注销升贴水单》，按照所注明的升贴水金额向注销人开具，并将升贴水单留存以备主管税务机关检查。

上述所称升水，是指按照规定的期货交易规则，所注册货物的等级、重量、类别、仓库位置等相比基准品、基准仓库为优的，交易所通过升贴水账户支付给货物注册方的一定差价金额。发生升水时，经多次交易后，标准仓单持有人提取货物注销仓单时，交易所需通过升贴水账户向注销人收取与升水额相等的金额。

所称贴水，是指按照规定的期货交易规则，所注册货物的等级、重量、类别、仓库位置等相比基准品、基准仓库为劣的，交易所通过升贴水账户向货物注册方收取的一定差价金额。发生贴水时，经多次交易后，标准仓单持有人提取货物注销仓单时，交易所需通过升贴水账户向注销人支付与贴水额相等的金额。

五、电子计算机开具专用发票的要求

使用电子计算机开具专用发票必须报经主管税务机关批准并使用由税务机关监制的机外发票。

符合下列条件的一般纳税人，可以向主管税务机关申请使用电子计算机开具专用发票：①有专业电子计算机技术人员、操作人员；②具备通过电子计算机开具专用发票和按月列印进货、销货及库存清单的能力；③国家税务总局直属分局规定的其他条件。

六、专用发票与不得抵扣进项税额的规定

除购进免税农业产品和自营进口货物外，购进应税项目有下列情况之一者，不得抵扣进项税额：①未按规定取得专用发票；②未按规定保管专用发票；③销售方开具的专用发票不符合本节中有关专用发票开具要求的。有上述所列三项情形者，如其购进应税项目的进项税额已经抵扣，应从税务机关发现其有上述情形的当期进项税额中扣减。

有下列情形之一者，为未按规定取得专用发票：①未从销售方取得专用发票；②只取得记账联或只取得抵扣联。

有下列情形之一者，为未按规定保管专用发票：①未按照税务机关的要求建立专用发票管理制度；②未按照税务机关的要求设立专人保管专用发票；③未按照税务机关的要求设置专门存放专用发票的场所；④税款抵扣联未按税务机关的要求装订成册；⑤未经税务机关查验擅自销毁专用发票的基本联次；⑥丢失专用发票；⑦损（撕）毁专用发票；⑧未执行国家税务总局或其直属省级国家税务局提出的其他有关保管专用发票的要求。

七、开具专用发票后发生退货或销售折让的处理

纳税人在货物购销活动中，因货物质量、规格等原因经常会发生销货退回或者销售折让的情况。为此，增值税法规定：一般纳税人销售货物或者应税劳务采用销售额和销项税额合并定价方法的，因销货退回或折让而退还给购买方的增值税额，按下列方法计算扣减：应从发生销货退回或折让当期的销项税额中扣减；因进货退出或折让而收回的增值税额，应从发生进货退出或折让当期的进项税额中扣减。

销售货物并向购买方开具专用发票后，如发生退货或销售折让，应视不同情况分别按以下规定办理。

购买方在未付货款并且未作账务处理的情况下，须将原发票联和税款抵扣联主动退还销售方。销售方收到后，应在该发票联和税款抵扣联及有关的存根联、记账联上注明“作废”字样，作为扣减当期销项税额的凭证。未收到购买方退还的专用发票前，销售方不得扣减当期销项税额。属于销售折让的，销售方应按折让后的货款重开专用发票。

在购买方已付货款，或者货款未付但已作账务处理，发票联及抵扣联无法退还的情况下，购买方必须取得当地主管税务机关开具的进货退出或索取折让证明单（以下简称证明单）送交销售方，作为销售方开具红字专用发票的合法依据。销售方在未收到证明

单以前，不得开具红字专用发票；收到证明单后，根据退回货物的数量、价款或折让金额向购买方开具红字专用发票。红字专用发票的存根联、记账联作为销售方扣减当期销项税额的凭证，其发票联、税款抵扣联作为购买方扣减进项税额的凭证。

购买方收到红字专用发票后，应将红字专用发票所注明的增值税额从当期进项税额中扣减。如不扣减，造成不纳税或少纳税的，属于偷税行为。

进货退出或索取折让证明单的基本联次为三联：第一联为存根联，由税务机关留存备查；第二联为证明联，交由购买方送销售方为开具红字专用发票的合法依据；第三联，购货单位留存。证明单必须由税务机关开具，并加盖主管税务机关印章，不得将证明单交由纳税人自行开具。一般纳税人取得的证明单应按照税务机关的要求装订成册，并按照有关发票保管的规定进行保管。

八、加强增值税专用发票的管理

（一）关于被盗、丢失增值税专用发票的处理

纳税人必须严格按照《增值税专用发票使用规定》保管使用增值税专用发票，对违反规定发生被盗、丢失专用发票的纳税人，按有关规定处以1万元以下的罚款，并可视情况，对丢失专用发票的纳税人，在一定期限内（最长不超过半年）停止领购专用发票。对纳税人申报遗失的专用发票，如发现非法代开、虚开问题的，该纳税人应承担偷税、骗税的连带责任。

纳税人丢失专用发票后，必须按规定程序向当地主管税务机关、公安机关报失。各地税务机关对丢失专用发票的纳税人按规定进行处罚的同时，代收取“挂失登报费”，并将丢失专用发票的纳税人名称、发票份数、字轨号码、盖章与否等情况，必须经县（市）国家税务机关审核盖章、签署意见后，统一传（寄）中国税务报社刊登“遗失声明”。

（二）关于代开、虚开增值税专用发票的处理

代开发票是指为与自己没有发生直接购销关系的他人开具发票的行为，虚开发票是指在没有任何购销事实的前提下，为他人、为自己或让他人为自己或介绍他人开具发票的行为。代开、虚开增值税专用发票的行为是严重的违法行为，一律按照票面所列货物的适用税率全额征补税款，并按《中华人民共和国税收征收管理法》的规定按偷税行为给予处罚。对纳税人取得代开、虚开增值税专用发票，不得作为增值税合法抵扣凭证抵扣进项税额。代开、虚开增值税专用发票构成犯罪的，按全国人大常委会发布的《关于虚开、伪造和非法出售增值税专用发票犯罪的决定》处以刑罚。

（三）纳税人善意取得虚开的增值税专用发票的处理

购货方与销售方存在真实的交易，销售方使用的是其所在省（自治区、直辖市和计划单列市）的专用发票，专用发票注明的销售方名称、印章、货物数量、金额及税额等全部内容与实际相符，且没有证据表明购货方知道销售方提供的专用发票是以非法手段

获得的，对购货方不以偷税或者骗取出口退税论处。但应按有关规定不予抵扣进项税款或者不予出口退税；购货方已抵扣的进项税款或者取得的出口退税，应依法追缴。

购货方能够重新从销售方取得防伪税控系统开出的合法、有效专用发票的，或者取得手工开出的合法的、有效专用发票且取得了销售方所在地税务机关已经或者正在依法对销售方虚开专用发票行为进行查处证明的，购货方所在地税务机关应依法准予抵扣进项税款或者出口退税。

如有证据表明购货方在进项税款得到抵扣或者获得出口退税前知道该专用发票是销售方以非法手段获得的，对购货方应按有关规定进行处理。

有下列情形之一的，无论购货方（受票方）与销售方是否进行了实际的交易，增值税专用发票所注明的数量、金额与实际交易是否相符，购货方向税务机关申请抵扣进项税款或者出口退税的，对其均应按偷税或者骗取出口退税处理：①购货方取得的增值税专用发票所注明的销售方名称、印章与其实际交易的销售方不符的；②购货方取得的增值税专用发票为销售方所在省（自治区、直辖市和计划单列市）以外地区的，即“从销货地以外的地区获得专用发票”的；③其他有证据表明购货方明知取得的增值税专用发票系销售方以非法手段获得的，即“受票方利用他人虚开的专用发票，向税务机关申报抵扣税款进行偷税”的。

（四）防伪税控系统增值税专用发票的管理

税务机关专用发票管理部门在运用防伪税控发售系统进行发票入库管理或向纳税人发售发票时，要认真录入发票代码、号码，并与纸质专用发票进行仔细核对，确保发票代码、号码电子信息与纸质发票的代码、号码完全一致。

纳税人在运用防伪税控系统开具专用发票时，应认真检查系统中的电子发票的代码、号码是否一致。如发现税务机关错填电子发票的代码、号码的，应持纸质专用发票和税控 IC 卡到税务机关办理退回手续。

对税务机关错误录入代码或号码后又给纳税人开具专用发票的，按以下办法处理：①纳税人当月发现上述问题的，应按照专用发票使用管理的有关规定，对纸质专用发票和防伪税控开票系统中专用发票电子信息同时进行作废，并及时报主管税务机关。纳税人在以后月份发现的，应按有关规定开具负数专用发票；②主管税务机关按照有关规定追究有关人员责任，同时将有关情况，如发生原因、主管税务机关名称、编号、纳税人名称、纳税人识别号、发票代码号码（包括错误的和正确的）、发生时间、责任人以及处理意见或请求等逐级上报到总局；③对涉及发票数量多、影响面较大的，总局将按规定程序对“全国作废发票数据库”进行修正。

（五）代开增值税专用发票管理

代开发票的税务机关应将当月所代开发票逐票填写《代开发票开具清单》，并同时利用代开票汇总采集软件形成《开具清单》电子文档。

增值税一般纳税人使用代开发票抵扣进项税额的，应逐票填写《代开发票抵扣清单》，在进行增值税纳税申报时随同纳税申报表一并报送。纳税人除报送《代开发票抵扣清单》纸质资料外，还需同时报送载有《代开发票抵扣清单》电子数据的软盘（或其他存储介质）。未单独报送或未按照规定要求填写《代开发票抵扣清单》纸质资料及电子数据的，不得抵扣进项税额。如纳税人当期未使用代开发票抵扣进项税额的可不向主管税务机关报送《代开发票抵扣清单》。

增值税例题

一、单项选择题

【例题 2-1】 下列各项中，属于增值税混合销售行为的是（　　）

A. 建材商店在销售建材的同时又为其他客户提供装饰服务

B. 汽车建造公司在生产销售汽车的同时又为客户提供修理服务

C. 塑钢门窗销售商店在销售产品的同时又为客户提供安装服务

D. 电信局为客户提供电话安装服务的同时又销售所安装的电话机

（2006 年注册会计师考试单项选择题）

【分析】 混合销售行为中，应税货物与非应税劳务之间有着密不可分的从属关系，即提供非应税劳务是直接为销售应税货物而做出的。而建材商店在销售建材的同时，不是直接购货方提供装饰服务，而是为其他客户提供装饰服务。因此，该行为是增值税兼营行为。

汽车建造公司在生产销售汽车的同时又为客户提供修理服务，这也是增值税兼营行为。

电信局为客户提供电话安装服务的同时又销售所安装的电话机，这属于营业税混合销售行为。

只有塑钢门窗销售商店在销售产品的同时又为客户提供安装服务，才属于增值税混合销售行为。

【参考答案】 C

【例题 2-2】 下列出口货物，符合增值税免税并退税政策的是（　　）

A. 加工企业对来料加工后又复出口的货物

B. 对外承包工程公司运出境外用于境外承包项目的货物

C. 属于小规模纳税人的生产性企业自营出口的自产货物

D. 外资企业从小规模纳税人购进并持有普通发票的出口货物

（2006 年注册会计师考试单项选择题）

【分析】 对特定企业出口的货物，国家规定了增值税免税并退税政策，其中包括对外承包工程公司运出境外用于对外承包项目的货物。

【参考答案】 B

【例题 2-3】 某生产企业为增值税一般纳税人，2006 年 6 月外购原材料取得防伪税控机开具的进项税额专用发票，注明进项税额 137.7 万元并通过主管税务机关认证。当月内销货物取得不含税销售额 150 万元，外销货物取得收入 115 万美元（美元与人民币的比价为 1∶8），该企业适用增值税税率 17%，出口退税率为 13%。该企业 6 月应退

的增值税为（　　）

A. 75.4 万元　　B. 100.9 万元　　C. 119.6 万元　　D. 137.7 万元

（2006 年注册会计师考试单项选择题）

【分析】 外销货物销售额：115×8＝920（万元）

企业出口货物占当期全部货物销售额：920÷（920＋150）≈86％ 则对当期未抵扣完的进项税额可以退税。

当期免抵退税不得免征和抵扣税额＝920×（17％－13％）＝36.8（万元）

当期应纳税额＝150×17％－（137.7－36.8）－0＝－75.4（万元）

出口免抵退税额＝920×13％＝119.6（万元）

119.6≥75.4 故，退税额＝未抵扣完的当期进项税额＝75.4（万元）

【参考答案】 A

【例题 2-4】 下列行为中，涉及的进项税额不得从销项税额中抵扣的是（　　）

A. 将外购的货物用于本单位集体福利

B. 将外购的货物分配给股东和投资者

C. 将外购的货物无偿赠送给其他个人

D. 将外购的货物作为投资提供给其他单位

（2007 年注册会计师考试单项选择题）

【分析】 其中的 B、C、D 是视同销售，而 A 才是不得抵扣的进项税额。请准确区分视同销售和进项税额不得抵扣的情形。

【参考答案】 A

【例题 2-5】 下列各项中，符合增值税纳税人放弃免税权有关规定的是（　　）

A. 纳税人可以根据不同的销售对象选择部分货物放弃免税权

B. 纳税人应以书面形式提出放弃免税申请，报主管税务机关审批

C. 纳税人自税务机关受理其放弃免税声明的当月起 12 个月内不得申请免税

D. 符合条件但尚未认定为增值税一般纳税人的纳税人放弃免税权，应当认定为一般纳税人

（2008 年注册会计师考试单项选择题）

【分析】 财税［2007］127 号文件《财政部、国家税务总局关于增值税纳税人放弃免税权有关问题的通知》对此作出了一些规定。

“纳税人一经放弃免税权，其生产销售的全部增值税应税货物或劳务均应按照适用税率征税，不得选择某一免税项目放弃免税权，也不得根据不同的销售对象选择部分货物或劳务放弃免税权。”，所以 A 选项不正确；“生产和销售免征增值税货物或劳务的纳税人要求放弃免税权，应当以书面形式提交放弃免税权声明，报主管税务机关备案。”是备案而不是审批，故 B 选项不正确；“纳税人自税务机关受理纳税人放弃免税权声明的次月起 12 个月内不得申请免税。”是次月而不是当月，故 C 选项不正确。

【参考答案】 D

【例题 2-6】 某生产企业属增值税小规模纳税人，2008 年 6 月对部分资产盘点后进行处理：销售边角废料，由税务机关代开增值税专用发票，取得不含税收入 8 万元；销

售使用过的小汽车 1 辆，取得含税收入 5.2 万元（原值为 4 万元）。该企业上述业务应缴纳增值税（　　）

A. 0.42 万元　　B. 0.48 万元　　C. 0.54 万元　　D. 0.58 万元

（2008 年注册会计师考试单项选择题）

【分析】 销售使用过的小汽车售价超过原值的，按售价 4%计算减半征收增值税。

增值税 = 8 × 6% + 5.2 ÷ (1 + 4%) × 4% × 50% = 0.58(万元)

【参考答案】 D

【例题 2-7】 下列各项中，适用增值税出口退税“先征后退”办法的是（　　）

A. 收购货物出口的外贸企业　　B. 受托代理出口货物的外贸企业

C. 自营出口自产货物的生产企业　　D. 委托出口自产货物的生产企业

（2009 年注册会计师考试单项选择题）

【分析】 外贸企业出口适用先征后退的方式。

【参考答案】 A

【例题 2-8】 下列各项中，应当计算缴纳增值税的是（　　）。

A. 邮政部门发行报刊　B. 农业生产者销售自产农产品

C. 电力公司向发电企业收取过网费　D. 残疾人的组织直接进口供残疾人专用的物品

（2010 年注册会计师考试单项选择题）

【分析】 选项 A 属于营业税的征收范围；而选项 BD 属于增值税的免税项目，不计算缴纳。

【参考答案】 C

【例题 2-9】 下列各项中，需要计算缴纳增值税的是（　　）。

A. 增值税纳税人收取的会员费收入　B. 电力公司向发电企业收取的过网费

C. 转让企业全部产权涉及的应税货物转让

D. 燃油电厂从政府财政专户取得的发电补贴

（2011 年注册会计师考试单项选择题）

【分析】 对增值税纳税人收取的会员费收入属于营业税征收范围，不征收增值税，选项 A 错。

《国家税务总局关于转让企业全部产权不征收增值税问题的批复》（国税函〔2002〕420 号）规定，转让企业全部产权涉及的应税货物的转让，不属于增值税的征税范围，不征收增值税。故选项 C 错。

《国家税务总局关于燃油电厂取得发电补贴有关增值税政策的通知》国税函［2006］1235 号规定，因此，各燃油电厂从政府财政专户取得的发电补贴不属于规定的价外费用，不计入应税销售额，不征收增值税。故选项 D 错。

作者注：以上 2 个文件，没有列入 2011 年注会考试大纲的参考法规，故题目属偏。

【参考答案】 B

二、多项选择题

【例题 2-10】 下列各项中，属于增值税征收范围的有（　　）

A. 纳税人随同销售软件一并收取的软件培训费收入

B. 纳税人委托开发的委托方拥有著作权的软件所得的收入

C. 纳税人销售货物同时代办保险而向购买方收取的保险费收入

D. 印刷企业接受出版单位委托印刷有国家统一刊号的图书取得的收入

（2006 年注册会计师考试多项选择题）

【分析】 （1）纳税人销售软件产品并随同销售一并收取的软件安装费、维护费、培训费等收入，应按照增值税混合销售的有关规定征收增值税，并可享受软件产品增值税即征即退政策。

（2）纳税人受托开发软件产品，著作权属于受托方的征收增值税，著作权属于委托方或属于双方共同拥有的不征收增值税。

（3）纳税人销售货物的同时代办保险而向购买方收取的保险费，以及从事汽车销售的纳税人向购买方收取的代购买方缴纳的车辆购置税、牌照费，不作为价外费用征收增值税。

（4）印刷企业接受出版单位委托，自行购买纸张，印刷有国家统一刊号（CN）以及采用国际标准书号编序（ISBN）的图书、报纸和杂志，按货物销售征收增值税。

【参考答案】 A D

【讨论】 根据题意，D 是属于增值税征收范围的。否则本题只有一个正确答案了。但缺少“自行购买纸张”这一条件，实为一个疏忽。

【例题 2-11】 某商场（增值税一般纳税人）与其供货企业达成协议，按销售量挂钩进行平销返利。2006 年 5 月向供货方购进商品取得税控增值税专用发票，注明金额 120 万元、进项税额 20.4 万元并通过主管税务机关认证，当月按平价全部销售，月末供货方向该商场支付返利 4.8 万元。下列该项业务的处理符合有关规定的有（　　）

A. 商场应按 120 万元计算销项税额

B. 商场应按 124.8 万元计算销项税额

C. 商场当月应抵扣的进项税额为 20.4 万元

D. 商场当月应抵扣的进项税额为 19.7 万元

（2006 年注册会计师考试多项选择题）

【分析】 根据规定，从 2004 年 7 月 1 日起，对商业企业向供货方收取的与商品销售量、销售额挂钩（发以一定比例、金额、数量计算）的各种返还收入，均应按照平销返利行为的有关规定冲减当期增值税进项税额。应冲减进项税额的计算公式调整为

当期应冲减进项税额＝当期取得的返还资金÷（1＋所购货物适用增值税税率）×所购货物适用增值税税率

商业企业向供货方收取的各种返还收入，一律不得开具增值税专用发票。因此，当期应冲减进项税额＝4.8÷（1＋17％）×17％≈0.7（万元），实际可抵扣进项税额 ＝20.4－0.7 ＝ 19.7（万元）

【参考答案】 A D

【例题 2-12】 下列税额，可以从销项税额中抵扣或应纳税额中抵免的有（　　）

A. 营业税纳税人购置税控收款机取得的增值税专用发票上注明的税额

B. 增值税一般纳税人购置税控收款机取得的增值税专用发票上注明的税额

C. 增值税小规模纳税人购置税控收款机取得的增值税专用发票上注明的税额

D. 增值税一般纳税人购置防伪税控能用设备取得的增值税专用发票上注明的税额

（2007 年注册会计师考试多项选择题）

（注：2007 注会试题为中华会计网下载，请以正式文本为准，下同）

【分析】 本题考核购置税控收款机以及防伪税控通用设备增值税抵扣的问题。

【参考答案】 A B C D

【例题 2-13】 下列关于软件产品的税务处理中，正确的有（　　）

A. 纳税人转让计算机软件著作权取得的收入应征收增值税

B. 纳税人随同软件产品销售一并收取的维护费应征收增值税

C. 软件产品交付使用后，纳税人按期收取的维护费收入应征收营业税

D. 纳税人受托开发软件产品且著作权属于受托方的，其收入应征收增值税

（2008 年注册会计师考试多项选择题）

【分析】 纳税人受托开发软件产品，著作权属于受托方的征收增值税，著作权属于委托方或属于双方共同拥有的不征收增值税。

【参考答案】 B C D

【例题 2-14】 下列各项中，除另有规定外，可以享受增值税出口免税并退税优惠政策的有（　　）

A. 来料加工复出口的货物

B. 小规模纳税人委托外贸企业出口的自产货物

C. 企业在国内采购并运往境外作为国外投资的货物

D. 对外承包工程公司运出境外用于对外承包项目的货物

（2008 年注册会计师考试多项选择题）

【分析】 其中，选项 AB 均为给予免税，但不予退税。

【参考答案】 C D

【例题 2-15】 增值税一般纳税人销售自产的下列货物，可选择按照简易办法依照 6%征收率计算缴纳增值税的有（　　）

A. 用购买的石料生产的石灰

B. 用动物毒素制成的生物制品

B. 以水泥为原料生产的水泥混凝土

C. 县级以下小型水力发电站生产的电力

（2009 年注册会计师考试多项选择题）

【分析】 用购买的石料生产的石灰不能依照 6%的征收率计征增值税。

【参考答案】 B C D

【例题 2-16】 下列出口货物中，免税但不予退税的有（　　）。

A. 古旧图书 B. 避孕药品和用具 C. 国家计划内出口的原油 D. 来料加工复出口的货物

（2010 年注册会计师考试多项选择题）

【分析】 国家计划外出口的原油是不免不退的，但自1999年9月1日起国家计划内出口的原油恢复按13%的退税率退税。所以选项C错误。

【参考答案】 A B D

三、综合题

【例题2-17】 某有机化肥生产企业为增值税一般纳税人，其生产的化肥一直享受增值税免税优惠。该企业所生产化肥既作为最终消费品直接销售给农业生产者，又作为原材料销售给其他化工企业（增值税一般纳税人）。假定销售给农业生产者和其他化工企业的比例为3：7，每吨化肥的不含税售价为2 500元、成本为1 755元（含从“进项税额转出”转入的255元）。该企业生产化肥的原材料均从一般纳税人处采购并取得增值税专用发票。

近日，该企业的总经理与甲会计师事务所某注册会计师会谈，期间讨论了是否放弃所享受的增值税免税优惠的问题。为提请董事会讨论这一问题并作出决策，该总经理发了一封电子邮件，请该注册会计师就一些问题给予回答。该总经理所提问题如下：

（1）对销售给农业生产者和化工企业的化肥，放弃免税优惠与享受免税优惠相比，增值税的计算有何区别？

（2）以100吨化肥（30吨售给农业生产者，70吨售给化工企业）为例，分别计算免税销售、放弃免税销售情况下这1 00吨化肥的毛利润，从而得出放弃免税销售是否更为有利？（说明：因农业生产者为非增值税纳税人，放弃免税后，为不增加农民负担，销售给农业生产者的化肥含税售价仍为2 500元/吨，销售给化工企业的不含税售价为2 500元/吨。）

（3）假定销售给农业生产者的化肥含税售价仍为2 500元/吨，销售给化工企业的不含税售价为2 500元/吨，以销售总量100吨为例，请计算对农业生产者的销量超过多少时，放弃免税将对企业不利？

（4）如放弃免税有利，可以随时申请放弃免税吗？

（5）如申请放弃免税，需要履行审批手续还是备案手续？

（6）如申请放弃免税获准后，将来可随时再申请免税吗？有怎样的限定条件？

（7）如申请放弃免税获准后，可开具增值税专用发票吗？

（8）可否选择仅就销售给化工企业的化肥放弃免税？

（9）如申请放弃免税获准后，以前购进原材料时取得的增值税专用发票是否可以用于抵扣增值税进项税额？

要求：假定你为该注册会计师，请书面回答该总经理的以上问题。（涉及计算的，请列明计算步骤。）

（2010年注册会计师考试综合题）

【分析】

【参考答案】

（1）就单纯增值税的计算来讲，而享受免税优惠不必计算增值税的销项税，也不得抵扣增值税的进项税。放弃免税优惠就可采用一般纳税人的销项税额减去进项税额。

（2）

【分析】 化肥的增值税税率为 13%。不免税的话，销售额包括增值税。不免税时，“进项税额转出”可从成本中减除。

享受免税销售：

30 吨销售给农业生产者：毛利是（2500－1755）×30＝22350 元

70 吨销售给化工企业：毛利是（2500－1755）×70＝52150 元

毛利共是 22350＋52150＝74500 元

其实就是：(2500－1755）×100＝74500 元

放弃免税销售：

30 吨销售给农业生产者：

毛利是（2500÷（1＋13%）－（1755－255））×30＝21371.68 元。

70 吨销售给化工企业：毛利是（2500－（1755－255））×70＝70000 元。

毛利共是 21371.68＋70000＝91371.68（元）

结论：该企业的免税销售量相对于不免税销售量要小很多时，放弃免税销售更为有利。下面就紧接着计算第三个小问题。

（3）设对农业生产者的销量是 X 时，则企业的免税与否其毛利为相等。

(2500－1755）×100 ＝（2500÷1.13－1500）×X＋（2500－1500）×（100－X）

得：X ＝88.66 吨

结论：当对农业生产者的销量超过 88.66 吨时，放弃免税就会对企业不利。

（4）生产和销售免征增值税货物或劳务的纳税人要求放弃免税权，应当以书面形式提交放弃免税权声明，报主管税务机关备案。

（5）如申请放弃免税，需要履行备案手续。

（6）纳税人自税务机关受理纳税人放弃免税权声明的次月起 36 个月内不得申请免税。

（7）如申请放弃免税获准后，其销售的货物或劳务可开具增值税专用发票。

（8）不能针对某些项目或客户实施选择性免税。

（9）纳税人免税期内购进用于免税项目的货物或者应税劳务所取得的增值税专用发票一律不得抵扣。

第三章　消费税法

消费税（Excise Tax）是以某些特定的消费品（或消费行为）的流转额作为课税对象的一种流转税。在对我国境内销售货物和进口货物征收增值税的基础上，有选择地再对极少数消费品征收消费税。

消费税法是指国家制定的调整消费税征收与缴纳权利义务有关的法律规范总称。除2009年1月1日起实施的重新修订的《消费税暂行条例》以及《消费税暂行条例实施细则》之外，财政部、国家税务总局等部委还制定了不少的部颁规章也是消费税法的组成部分。如：2006年3月20出台的财税［2006］33号财政部国家税务总局《关于调整和完善消费税政策的通知》等。

第一节　消费税纳税义务人与征税范围

一、消费税纳税义务人

在中华人民共和国境内生产、委托加工和进口《消费税暂行条例》规定的消费品（以下简称应税消费品）的单位和个人，为消费税的纳税义务人（以下简称纳税人），应当依照《消费税暂行条例》及其他有关规定缴纳消费税。

单位是指国有企业、集体企业、私有企业、股份制企业、其他企业和行政单位、事业单位、军事单位、社会团体及其他单位。其中包括在中国境内设立的中外合资经营企业、中外合作经营企业和外资企业，以及在中国境内设立机构、场所，从事生产、经营和虽未设立机构、场所，而有来源于中国境内所得的外国公司、企业和其他经济组织。

个人是指个体经营者及其他个人。包括中国公民和外国公民。

二、征税范围

在中华人民共和国境内生产、委托加工和进口应税消费品是消费税的征税对象。“在中华人民共和国境内”是指生产、委托加工和进口应税消费品的起运地或所在地在中华人民共和国境内。

（1）生产应税消费品

生产应税消费品是指出厂的销售环节，以及自产自用于非连续生产应税消费品的移送环节，纳税人应就应税消费品的流转而要缴纳消费税。

纳税人自产自用的应税消费品，用于连续生产应税消费品的，是指作为生产最终应税消费品的直接材料、并构成最终产品实体的应税消费品。纳税人自产自用的应税消费品，除用于连续生产应税消费品外，凡用于其他方面的，于移送使用时纳税。

（2）委托加工应税消费品

委托加工的应税消费品是指委托方提供原料和主要材料，受托方只收取加工费和代垫辅助材料加工的应税消费品。

(3) 进口应税消费品

进口应税消费品是指进口我国消费税法规定的应缴纳消费税的消费品。

(4) 零售应税消费品

零售应税消费品是指，零售包括各种金、银、珠宝首饰及珠宝玉石的应税消费品。

第二节 消费税税目与税率

一、税目

征收消费税的消费品包括：烟、酒及酒精、化妆品、贵重首饰及珠宝玉石、鞭炮焰火、成品油、汽车轮胎、摩托车、小汽车等11个税目，13个子目，7个细目，共21个征税项目。

（一）烟

凡是以烟叶为原料加工生产的产品，不论使用何种辅料，均属于本税目的征收范围。本税目下设甲类卷烟、乙类卷烟、丙类卷烟、雪茄烟、烟丝五个目。其中，卷烟是指将各种烟叶切成烟丝，按照配方要求均匀混合，加入糖、酒、香料等辅料，用白色盘纸、棕色盘纸、涂布纸或烟草薄片经机器或手工卷制的普通卷烟和雪茄型卷烟。烟丝是指将烟叶切成丝状、粒状、片状、末状或其他形状，再加入辅料，经过发酵、储存，不经卷制即可供销售吸用的烟草制品。烟丝的征收范围包括以烟叶为原料加工生产的不经卷制的散装烟，如斗烟、莫合烟、烟末、水烟、黄红烟丝等。

（二）酒及酒精

酒类包括粮食白酒、薯类白酒、黄酒、啤酒、其他酒。酒精包括各种工业酒精、医用酒精和食用酒精。酒精的征收范围包括用蒸馏法和合成方法生产的各种工业酒精、医药酒精、食用酒精。

关于酒的征收范围的确定：①外购酒精生产的白酒，应按酒精所用原料确定白酒的适用税率。凡酒精所用原料无法确定的，一律按粮食白酒的税率征税。②外购两种以上酒精生产的白酒，一律从高适用税率征税。③以外购白酒加浆降度或外购散酒装瓶出售，以及外购白酒以曲香、香精进行调香、调味生产的白酒，按照外购白酒所用原料确定适用税率。凡白酒所用原料无法确定的，一律按照粮食白酒的税率征税。④以外购的不同品种白酒勾兑的白酒，一律按照粮食白酒的税率征税。⑤对用粮食和薯类、糠麸等多种原料混合生产的白酒，以粮食白酒为酒基的配置酒、泡制酒，以白酒或酒精为酒基，凡酒基所用原料无法确定的配置酒、泡制酒，一律按照粮食白酒的税率征税。⑥对用薯类和粮食以外的其他原料混合生产的白酒，一律按照薯类白酒的税率征税。

对以粮食原酒作为基酒与薯类酒精或薯类酒进行勾兑生产的白酒应按粮食白酒的税率征收消费税。对企业生产的白酒应按照其所用原料确定适用税率。凡是既有外购粮食，或者有自产或外购粮食白酒（包括粮食酒精），又有自产或外购薯类和其他原料酒

（包括酒精）的企业其生产的白酒凡所用原料无法分清的，一律按粮食白酒征收消费税。

（三）化妆品

本税目征收范围包括各类美容、修饰类化妆品、高档护肤类化妆品和成套化妆品。其中，美容、修饰类化妆品是指香水、香水精、香粉、口红、指甲油、胭脂、眉笔、唇笔、蓝眼油、眼睫毛以及成套化妆品。舞台、戏剧、影视演员化妆用的上妆油、卸装油、油彩，不属于本税目的征收范围。

（四）贵重首饰及珠宝玉石

各种金银珠宝首饰和经采掘、打磨、加工的各种珠宝玉石。凡用金、银、白金、宝石、珍珠、钻石、翡翠、珊瑚、玛瑙等高贵稀有物质以及其他金属、人造宝石等制作的各种纯金银首饰及镶嵌首饰（含人造金银、合成金银首饰等）。

（五）鞭炮、焰火

各种鞭炮、焰火。通常分为13类，即喷花类、旋转类、旋转升空类、火箭类、吐珠类、线香类、小礼花类、烟雾类、造型玩具类、炮竹类、摩擦炮类、组合烟花类、礼花弹类。体育上用的发令纸，鞭炮药引线，不按本税目征收。

（六）成品油

成品油税目包括汽油、柴油、石脑油、溶剂油、航空煤油、润滑油、燃料油七个子目。

汽油子目。汽油轻质石油产品的一大类，包括辛烷不小于66的各种汽油。列入中国石油天然气集团公司，中国石油化工集团公司统一生产和供应计划的石脑油，以及列入中国石油天然气集团公司，中国石油化工集团公司生产计划的溶剂油水属于汽油的征收范围。

柴油子目。柴油是轻质石油产品的一大类，包括：倾点在－50号至30号的各种柴油。

石脑油子目。石脑油又叫轻汽油、化工轻油，是以石油加工生产的或二次加工汽油经加氢精制而得的用于化工原料的轻质油。石脑油的征收范围包括除汽油、柴油、煤油、溶剂油以外的各种轻质油。

航空煤油子目。航空煤油也叫喷气燃料，是以石油加工生产的用于喷气发动机和喷气推进系统中作为能源的石油燃料。航空煤油的征收范围包括各种航空煤油。

润滑油子目。润滑油是用于内燃机、机械加工过程的润滑产品。润滑油分为矿物性润滑油、植物性润滑油、动物性润滑油和化工原料合成润滑油。润滑油的征收范围包括以石油为原料加工的矿物性润滑油，矿物性润滑油基础油。植物性润滑油、动物性润滑油和化工原料合成润滑油不属于润滑的征收范围。

燃料油子目。燃料油也称重油、渣油。燃料油征收范围包括用于电厂发电、船舶锅炉燃料、加热炉燃料、冶金和其他工业炉燃料的各类燃料油。

（七）汽车轮胎

本税目征收范围包括的汽车轮胎是指用于各种汽车、挂车、专用车和其他机动车上的内、外胎。不包括农用拖拉机、收割机、手扶拖拉机的专用轮胎。子午线轮胎免征消费税。

（八）摩托车

本税目征收范围包括：①轻便摩托车。②摩托车。对最大设计车速不超过 50 公里/小时、发动机汽缸总工作容积不超过 50 毫升的三轮摩托车不征收消费税。

（九）小汽车

汽车是指由动力驱动，具有四个或四个以上车轮的非轨道承载的车辆。

本税目征收范围包括含驾驶员座位在内最多不超过 9 个座位（含）的，在设计和技术特性上用于载运乘客和货物的各类乘用车和含驾驶员座位在内的座位数在 10 至 23 座（含 23 座）的在设计和技术特性上用于载运乘客和货物的各类中轻型商用客车。

用排气量小于 1.5 升（含）的乘用车底盘（车架）改装、改制的车辆属于乘用车征收范围。用排气量大于 1.5 升的乘用车底盘（车架）或用中轻型商用客车底盘（车架）改装、改制的车辆属于中轻型商用客车征收范围。

含驾驶员人数（额定载客）为区间值的（如 8－10 人、17－26 人）小汽车，按其区间值下限人数确定征收范围。电动汽车不属于本税目征收范围。

（十）高尔夫球及球具、高档手表、游艇、木制一次性筷子、实木地板

高尔夫球及球具子目。高尔夫球及球具是指从事高尔夫球运动所需的各种专用装备，包括高尔夫球、高尔夫球杆及高尔夫球包（袋）等。高尔夫球是指重量不超过 45.93 克，直径不超过 42.67 毫米的高尔夫球运动比赛、练习用球；高尔夫球杆是指被设计用来打高尔夫球的工具，由杆头、杆身和握把三部分组成；高尔夫球包（袋）是指专用于盛装高尔夫球及球杆的包（袋）。本税目征收范围包括高尔夫球、高尔夫球杆、高尔夫球包（袋）。高尔夫球杆的杆头、杆身和握把属于本税目的征收范围。

高档手表子目。高档手表是指销售价格（不含增值税）每只在 10 000 元（含）以上的各类手表。本税目征收范围包括符合以上标准的各类手表。

游艇子目。游艇是指长度大于 8 米小于 90 米，船体由玻璃钢、钢、铝合金、塑料等多种材料制作，可以在水上移动的水上浮载体。按照动力划分，游艇分为无动力艇、帆艇和机动艇。本税目征收范围包括艇身长度大于 8 米（含）小于 90 米（含），内置发动机，可以在水上移动，一般为私人或团体购置，主要用于水上运动和休闲娱乐等非牟利活动的各类机动艇。

木制一次性筷子子目。木制一次性筷子，又称卫生筷子，是指以木材为原料经过锯段、浸泡、旋切、刨切、烘干、筛选、打磨、倒角、包装等环节加工而成的各类一次性

使用的筷子。本税目征收范围包括各种规格的木制一次性筷子。未经打磨、倒角的木制一次性筷子属于本税目征税范围。

实木地板子目。实木地板是指以木材为原料，经锯割、干燥、刨光、截断、开榫、涂漆等工序加工而成的块状或条状的地面装饰材料。实木地板按生产工艺不同，可分为独板（块）实木地板、实木指接地板、实木复合地板三类；按表面处理状态不同，可分为未涂饰地板（白坯板、素板）和漆饰地板两类。本税目征收范围包括各类规格的实木地板、实木指接地板、实木复合地板及用于装饰墙壁、天棚的侧端面为榫、槽的实木装饰板。未经涂饰的素板属于本税目征税范围。

二、税率

消费税的税率采用两种不同形式，比例税率和定额税率。其中，酒及酒精税目中的黄酒、啤酒，汽油税目与柴油税目中的汽油和柴油采用定额税率，其他的应税消费品采用比例税率。

纳税人兼营不同税率的应当缴纳消费税的消费品（以下简称应税消费品），应当分别核算不同税率应税消费品的销售额、销售数量；未分别核算销售额、销售数量，或者将不同税率的应税消费品组成成套消费品销售的，从高适用税率。

表 3-1　消费税税目、税率（税额）的确定

税目	征收范围	计税单位	税率（税额）
一、烟（卷烟生产环节（含进口）消费税的从价税税率）			
1. 卷烟	每标准条（200 支，下同）调拨价格在 70 元（含 70 元，不含增值税）以上		56%
2. 卷烟	每标准条（200 支，下同）调拨价格在 70 元（含 70 元，不含增值税）以下		36%
3. 雪茄烟			36%
4. 烟丝			30%
在卷烟批发环节加征一道从价税的适用税率：5%。			
二、酒及酒精			
1. 粮食白酒			20%
2. 薯类白酒			20%
3. 黄酒		吨	240 元
4. 啤酒		吨	220 元注①
5. 其他酒			10%
6. 酒精			5%
三、化妆品	包括成套化妆品		30%
四、贵重首饰及珠宝玉石	包括各种金、银、珠宝首饰及珠宝玉石		10%注②③
五、鞭炮、焰火			15%
六、成品油			
汽油子目		升	1.0 元/升

续表

税目	征收范围	计税单位	税率（税额）
柴油子目		升	0.8元/升
石脑油子目		升	1.0元/升④
溶剂油子目		升	1.0元/升
航空煤油子目	暂缓征收	升	0.8元/升
润滑油子目		升	1.0元/升
燃料油子目		升	0.8元/升
七、汽车轮胎			3%
八、摩托车			
	汽缸容量在250毫升（含）以下的		3%
	汽缸容量在250毫升以上的		10%
九、小汽车			
1. 乘用车	(1) 汽缸容量（排气量，下同）在1.5升（含）以下的		3%
	其中，气缸容量（排气量，下同）在1.0升（含）以下的		1%
	(2) 汽缸容量在1.5升以上至2.0升（含）的		5%
	(3) 汽缸容量在2.0升以上至2.5升（含）的		9%
	(4) 汽缸容量在2.5升以上至3.0升（含）的		12%
	(5) 汽缸容量在3.0升以上至4.0升（含）的		25%
	(6) 汽缸容量在4.0升以上的		40%
2. 中轻型商用客车			5%
十、高尔夫球及球具、高档手表、游艇、木制一次性筷子、实木地板			
高尔夫球及球具子目			10%
高档手表子目			20%
游艇子目			10%
木制一次性筷子子目			5%
实木地板子目			5%

注：①对饮食业、商业、娱乐业举办的啤酒屋（啤酒坊）利用啤酒征税设备生产的啤酒，应当征收消费税。啤酒每吨出厂价格（含包装物及包装物押金）在3000元（含3000元，不含增值税）以上的，税额为250元/吨；每吨出厂价格（含包装物及包装物押金）在3000元（含3000元，不含增值税）以下的，以及娱乐业和饮食业自制的，税额仍为220元/吨。②金银首饰消费税由10%的税率减按5%的税率征收。但减按5%征收消费税的范围仅限于金、银和金基、银基合金首饰，以及金、银和金基、银基合金的镶嵌首饰。不在上述范围内的应税首饰仍按10%的税率征收消费税。③对未镶嵌的成品钻石和钻石饰品的消费税减按5%的税率征收。钻石出口实行零税率。④提高成品油消费税单位税额后，对进口石脑油恢复征收消费税。2010年12月31日前，对国产的用作乙烯、芳烃类产品原料的石脑油免征消费税；对进口的用作乙烯、芳烃类产品原料的石脑油已纳消费税予以返还。航空煤油暂缓征收消费税。对用外购或委托加工收回的已税汽油生产的乙醇汽油免征消费税；用自产汽油生产的乙醇汽油，按照生产乙醇汽油所耗用的汽油数量申报纳税。对外购或委托加工收回的汽油、柴油用于连续生产甲醇汽油、生物柴油的，准予从消费税应纳税额中扣除原料已纳消费税税款。

国家税务总局分别于 2001 年 5 月 1 日和 2001 年 6 月 1 日调整白酒和烟类产品的消费税税率，并规定用混合计算方法来计征消费税（见表 3-2 和表 3-3）。

表 3-2　调整粮食白酒、薯类白酒消费税税率

<table>
<tr><td>税率种类</td><td colspan="2">适用范围</td></tr>
<tr><td>定额税率</td><td colspan="2">粮食白酒、薯类白酒 0.5 元/斤（500 克）或 0.5 元/500 毫升</td></tr>
<tr><td rowspan="2">比例税率</td><td>1. 粮食白酒（含果木或谷物为原料的蒸馏酒）20%</td><td>下列酒类产品比照粮食白酒适用 25%比例税率：
——粮食和薯类、糠麸等多种原料混合生产的白酒
——以粮食白酒为酒基的配置酒、泡制酒
——以白酒或酒精为酒基，凡酒基所用原料无法确定的配置酒、泡制酒</td></tr>
<tr><td>2. 薯类白酒 20%</td><td></td></tr>
</table>

（根据国家税务总局《调整酒类产品消费税政策的通知》自 2001 年 5 月 1 日起执行）

注：从量定额税的计量单位按实际销售商品重量确定，如果实际销售商品是按体积标注计量单位的，应按 500 毫升为 1 斤换算，不得按酒度折算。

卷烟消费税计税办法由《中华人民共和国消费税暂行条例》规定的实行从价定率计算应纳税额的办法调整为实行从量定额和从价定率相结合计算应纳税额的混合计算方法。

表 3-3　调整烟类产品消费税税率

<table>
<tr><td>税率种类</td><td>适用范围</td></tr>
<tr><td>定额税率</td><td>每标准箱（50 000 支，下同）150 元</td></tr>
<tr><td rowspan="3">比例税率</td><td>1. 每标准条（200 支，下同）调拨价格在 50 元（含 50 元，不含增值税）以上的卷烟税率为 45%</td></tr>
<tr><td>2. 每标准条调拨价格在 50 元（不含增值税）以下的卷烟税率为 30%</td></tr>
<tr><td>3. 下列卷烟一律适用 45%的比例税率：
——进口卷烟
——白包卷烟
——手工卷烟
——自产自用没有同牌号、规格调拨价格的卷烟
——委托加工没有同牌号、规格调拨价格的卷烟
——未经国务院批准纳入计划的企业和个人生产的卷烟</td></tr>
</table>

（根据国家税务总局《调整烟类产品消费税政策的通知》自 2001 年 6 月 1 日起执行）

第三节　计 税 依 据

一、从价计征

从价计征的计税依据为销售额。销售额，为纳税人销售应税消费品向购货方收取的全部价款和价外费用。不包括应向购货方收取的增值税税款。如果纳税人应税消费品的销售额中未扣除增值税税款或者因不得开具增值税专用发票而发生价款和增值税税款合并收取的，在计算消费税时，应当换算为不含增值税税款的销售额。其换算公式为

$$应税消费品的销售额 = \frac{含增值税的销售额}{(1+增值税税率或征收率)}$$

纳税人将自产的应税消费品与外购或自产的非应税消费品组成套装销售的，以套装产品的销售额（不含增值税）为计税依据。

纳税人销售的应税消费品，以外汇计算销售额的，其销售额的人民币折合率可以选择结算的当天或者当月1日的国家外汇牌价（原则上为中间价）。纳税人应在事先确定采取何种折合率，确定后1年内不得变更。

实行从价定率办法计算应纳税额的应税消费品连同包装销售的，无论包装是否单独计价，也不论在会计上如何核算，均应并入应税消费品的销售额中征收消费税。如果包装物不作价随同产品销售，而是收取押金，此项押金则不应并入应税消费品的销售额中征税。但对因逾期未收回的包装物不再退还的和已收取1年以上的押金，应并入应税消费品的销售额，按照应税消费品的适用税率征收消费税。

既作价随同应税消费品销售，又另外收取押金的包装物的押金，凡纳税人在规定的期限内不予退还的，均应并入应税消费品的销售额，按照应税消费品的适用税率征收消费税。

对酒类产品生产企业销售酒类产品而收取的包装物押金，无论押金是否返还与会计上如何核算，均需并入酒类产品销售额中，依酒类产品的适用税率征收消费税。

价外费用包括价外收取的基金、集资费、返还利润、补贴、违约金（延期付款利息）和手续费、包装费、储备费、优质费、运输装卸费、代收款项、代垫款项及其他各种性质的价外收费。但下列款项不包括在内：①承运部门的运费发票开具给购货方的。②纳税人将该发票转交给购货方的。其他价外费用，无论是否属于纳税人的收入，均应并入销售额计算征税。

二、从量计征

从量计征的计税依据为销售数量。销售数量是指应税消费品的数量。具体为：①销售应税消费品的，为应税消费品的销售数量；②自产自用应税消费品的，为应税消费品的销售数量；③委托加工应税消费品的，为纳税人收回的应税消费品数量；④进口的应税消费品，为海关核定的应税消费品进口征税数量。

实行从量定额办法计算应纳税额的应税消费品，计量单位的换算标准如下：

1. 啤酒　　1吨=988升
2. 黄酒　　1吨=962升
3. 汽油　　1吨=1 388升
4. 柴油　　1吨=1 176升
5. 石脑油　　1吨=1 385升
6. 溶剂油　　1吨=1 282升
7. 润滑油　　1吨=1 126升
8. 燃料油　　1吨=1 015升
9. 航空煤油　　1吨=1 246升

对啤酒生产企业销售的啤酒，不得以向其关联企业的啤酒销售公司销售的价格作为确定消费税税额的标准，而应当以其关联企业的啤酒销售公司对外的销售价格（含包装物及包装物押金）作为确定消费税税额的标准，并依此确定该啤酒消费税单位税额。

三、复合计征

复合计征的计税依据是应税消费品的销售额和数量。

四、计税依据的特殊规定

卷烟从价定率的计税依据为调拨价或核定价格。其中，计税调拨价格是指卷烟生产企业通过卷烟交易市场与购货方签订的卷烟交易价格。核定价格是指由税务机关按其零售价折算一定比例的办法核定的计税价格。核定价格的计算公式为

某牌号规格卷烟核定价格 ＝ 该牌号规格卷烟市场零售价格 ÷（1 ＋ 35％）

实际销售价格高于计税价格和核定价格的卷烟，按实际销售价格征收消费税；实际销售价格低于计税价格和核定价格的卷烟，按计税价格和核定价格征收消费税。非标准条包装卷烟应当折算成标准条包装卷烟的数量，依其实际销售收入计算确定其折算成标准条包装后的实际销售价格，并确定适用的比例税率。

纳税人通过自设非独立核算并且门市部销售的自产应税消费品，应当按照门市部对外销售额或者销售数量征收消费税。

纳税人用于换取生产资料和消费资料，投资入股和抵偿债务等方面的应税消费品，应当以纳税人同类应税消费品的最高销售价格作为计税依据计算消费税。

纳税人应税消费品的计税价格明显偏低并无正当理由的，由主管税务机关核定其计税价格。

第四节　应纳税额的计算

根据《消费税暂行条例》的规定，消费税实行从价定率或者从量定额的办法计算应纳税额。国家税务总局分别颁布了自 2001 年 5 月 1 日起执行的《调整酒类产品消费税政策的通知》和自 2001 年 6 月 1 日起执行的《调整烟类产品消费税政策的通知》，将涉及的有关酒类与烟类产品实行从价定率和从量定额混合计算方法。

一、生产销售环节应纳消费税的计算

（一）从价定率的计算方法

从价定率应纳消费税税额计算公式：应纳消费税税额 ＝ 销售额×税率

（二）从量定额的计算方法

实行从量定额方法计算公式为：应纳消费税税额＝销售数量×单位税额

（三）从价定率和从量定额（复合计征）的计算方法

对卷烟、粮食白酒、薯类白酒消费税实行从价定率和从量定额相结合计算应纳税额的混合计算方法，其计算公式为

应纳税额 ＝ 销售数量 × 定额税率 ＋ 销售额 × 比例税率

白酒生产企业向商业销售单位收取的“品牌使用费”是随着应税白酒的销售而向购货方收取的，属于应税白酒销售价款的组成部分，因此，不论企业采取何种方式或以何种名义收取价款，均应并入白酒的销售额中缴纳消费税。

（四）自产自用应税消费品应纳税额的计算

（1）用于连续生产应税消费品的含义

纳税人自产自用的应税消费品，用于连续生产应税消费品的，是指作为生产最终应税消费品的直接材料、并构成最终产品实体的应税消费品。

（2）用于其他方面的规定

纳税人自产自用的应税消费品，除用于连续生产应税消费品外，凡用于其他方面的，于移送使用时纳税。

（3）组成计税价格及税额的计算

纳税人自产自用的应税消费品，按照纳税人生产的同类消费品的销售价格计算纳税；没有同类消费品销售价格的，按照组成计税价格计算纳税。

实行从价定率办法计算纳税的组成计税价格计算公式为

组成计税价格 ＝（成本 ＋ 利润）÷（1 － 比例税率）

实行复合计税办法计算纳税的组成计税价格计算公式为

组成计税价格 ＝（成本 ＋ 利润 ＋ 自产自用数量 × 定额税率）÷（1 － 比例税率）

其中，“同类消费品的销售价格”是指纳税人或代收代缴义务人当月销售的同类消费品的销售价格，如果当月同类消费品各期销售价格高低不同，应按销售数量加权平均计算。但销售的应税消费品有下列情况之一的，不得列入加权平均计算：①销售价格明显偏低又无正当理由的；②无销售价格的。如果当月无销售或者当月未完结，应按照同类消费品上月或最近月份的销售价格计算纳税。

“成本”，是指应税消费品的产品生产成本。“利润”，是指根据应税消费品的全国平均成本利润率计算的利润。

国家税务总局所确定应税消费品全国平均成本利润率是：

1. 甲类卷烟　10％
2. 乙类卷烟　5％
3. 雪茄烟　5％
4. 烟丝　5％
5. 粮食白酒　10％
6. 薯类白酒　5％

7. 其他酒	5%
8. 酒精	5%
9. 化妆品	5%
10. 护肤护发品	5%
11. 鞭炮、焰火	5%
12. 贵重首饰及珠宝玉石	6%
13. 汽车轮胎	5%
14. 摩托车	6%
15. 小轿车	8%
16. 越野车	6%
17. 小客车	5%

新增和调整税目全国平均成本利润率暂定如下：

（1）高尔夫球及球具为10%；

（2）高档手表为20%；

（3）游艇为10%；

（4）木制一次性筷子为5%；

（5）实木地板为5%；

（6）乘用车为8%；

（7）中轻型商用客车为5%。

如采用利润率来计算，则组成计税价格计算公式为

组成计税价格 ＝ 成本 ×（1 ＋ 利润率）÷（1 － 消费税税率）

二、委托加工环节应纳消费税的计算

委托加工的应税消费品是指委托方提供原料和主要材料，受托方只收取加工费和代垫辅助材料加工的应税消费品。对于由受托方提供原材料生产的应税消费品，或者受托方先将原材料卖给委托方，然后再接受加工的应税消费品，以及由受托方以委托方名义购进原材料生产的应税消费品，不论纳税人在财务上是否作销售处理，都不得作为委托加工应税消费品，而应当按照销售自制应税消费品缴纳消费税。

对于确实属于委托方提供原料和主要材料，受托方只收取加工费和代垫部分辅助材料加工的应税消费品，由受托方在向委托方交货时代收代缴消费税。

如果受托方对委托加工的应税消费品未代收代缴或少代收代缴消费税，要按照《税收征收管理法》的规定，承担“代收代缴”应承担的有关责任，同时并不能因此免除委托方补缴税款的责任。

委托加工的应税消费品，受托方在交货时已代收代缴消费税，委托方收回后直接出售的，不再征收消费税。

委托加工的应税消费品，按照受托方的同类消费品的销售价格计算纳税；没有同类消费品销售价格的，按照组成计税价格计算纳税。

实行从价定率办法计算纳税的组成计税价格计算公式：

组成计税价格 =（材料成本 + 加工费）÷（1 − 比例税率）

实行复合计税办法计算纳税的组成计税价格计算公式：

组成计税价格=（材料成本+加工费+委托加工数量×定额税率）÷（1−比例税率）

其中，“同类消费品的销售价格”的含义与自产自用时的含义相同。

“材料成本”是指委托方所提供加工材料的实际成本。

委托加工应税消费品的纳税人，必须在委托加工合同上如实注明（或以其他方式提供）材料成本，凡未提供材料成本的，受托方所在地主管税务机关有权核定其材料成本。

“加工费”是指受托方加工应税消费品向委托方所收取的全部费用（包括代垫辅助材料的实际成本）。

委托加工的应税消费品因为已由受托方代收代缴消费税，因此，委托方收回货物后用于连续生产应税消费品的，根据规定，下列应税消费品准予从应纳消费税税额中扣除原料已纳消费税税款：①以委托加工收回的已税烟丝为原料生产的卷烟；②以委托加工收回的已税酒和酒精为原料生产的酒；③以委托加工收回的已税化妆品为原料生产的化妆品；④以委托加工收回的已税护肤护发品为原料生产的护肤护发品；⑤以委托加工收回已税珠宝玉石为原料生产的贵重首饰及珠宝玉石；⑥以委托加工收回已税鞭炮、焰火为原料生产的鞭炮、焰火；⑦以外购或委托加工收回的已税杆头、杆身和握把为原料生产的高尔夫球杆；⑧以外购或委托加工收回的已税木制一次性筷子为原料生产的木制一次性筷子；⑨以外购或委托加工收回的已税实木地板为原料生产的实木地板；⑩以外购或委托加工收回的已税石脑油为原料生产的应税消费品；⑪以外购或委托加工收回的已税润滑油为原料生产的润滑油。

另外，对企业用外购或委托加工的已税汽车轮胎（内胎或外胎）连续生产汽车轮胎；用外购或委托加工的已税摩托车连续生产摩托车（如用外购两轮摩托车改装三轮摩托车），在计征消费税时，允许扣除外购或委托加工的已税汽车轮胎和摩托车的买价或已纳消费税税款计征消费税。即：

实际应纳消费税税额=应纳消费税税额−原料已纳消费税税款

以上“扣除原料已纳消费税税款”的规定，是指当期所实际耗用的委托加工的已税消费品的代收代缴的消费税。

三、进口环节应纳消费税的计算

（一）实行从价定率办法的应税消费品的应纳税额的计算

进口的应税消费品，实行从价定率办法计算应纳税额的，按照组成计税价格计算纳税。组成计税价格计算公式为

组成计税价格 =（关税完税价格 + 关税）÷（1 − 消费税税率）

其中，“关税完税价格”，是指海关核定的关税计税价格。

应纳消费税税额 = 组成计税价格 × 消费税税率

（二）实行从量定额办法的应税消费品的应纳税额的计算

进口的应税消费品，实行从量定额办法计算应纳税额的，计算公式为

应纳消费税税额 ＝ 应税消费品数量 × 消费税单位税额

（三）实行从价定率和从量定额办法的应税消费品的应纳税额的计算

实行从价定率和从量定额办法的应税消费品的应纳税额的计算公式为

应纳消费税税额 ＝组成计税价格 × 消费税税率 ＋ 应税消费品数量 × 消费税单位税额

注意：无论是上述哪种类型，如纳税人应税消费品的计税价格明显偏低又无正当理由的，则由主管税务机关核定其计税价格。

进口的应税消费品，按照组成计税价格计算纳税。

实行从价定率办法计算纳税的组成计税价格计算公式为

组成计税价格 ＝（关税完税价格 ＋ 关税）÷（1 － 消费税比例税率）

实行复合计税办法计算纳税的组成计税价格计算公式为

组成计税价格 ＝（关税完税价格 ＋ 关税 ＋ 进口数量 × 消费税定额税率）÷（1 － 消费税比例税率）

四、进口卷烟应纳消费税额的计算

为统一进口卷烟与国产卷烟的消费税政策，经国务院批准，对进口卷烟消费税税率进行调整。自 2004 年 3 月 1 日起，进口卷烟消费税适用比例税率按以下办法确定：

（1）每标准条进口卷烟（200 支）确定消费税适用比例税率的价格＝（关税完税价格＋关税＋消费税定额税率）÷（1－消费税税率）。其中，关税完税价格和关税为每标准条的关税完税价格及关税税额；消费税定额税率为每标准条（200 支）0.6 元（依据现行消费税定额税率折算而成）；消费税税率固定为 30％。

（2）每标准条进口卷烟（200 支）确定消费税适用比例税率的价格≥50 元人民币的，适用比例税率为 45％；每标准条进口卷烟（200 支）确定消费税适用比例税率的价格＜50 元人民币的，适用比例税率为 30％。

依据上述确定的消费税适用比例税率，计算进口卷烟消费税组成计税价格和应纳消费税税额。

进口卷烟消费税组成计税价格＝（关税完税价格＋关税＋消费税定额税）÷（1－进口卷烟消费税适用比例税率）

应纳消费税税额 ＝进口卷烟消费税组成计税价格 × 进口卷烟消费税适用比例税率 ＋ 消费税定额税

其中，消费税定额税 ＝ 海关核定的进口卷烟数量×消费税定额税率。

五、税额减征的计算

（一）外购应税消费品已纳税款的扣除

下列应税消费品可用销售额扣除外购已税消费品买价后的余额作为计税价格计征消费税：①外购已税烟丝生产的卷烟；②外购已税酒和酒精生产的酒（包括以外购已税白酒加浆降度，用外购已税的不同品种的白酒勾兑的白酒，用曲香、香精对外购已税白酒进行调香、调味以及外购散装白酒装瓶出售等）；③外购已税化妆品生产的化妆品；④外购已税护肤护发品生产的护肤护发品；⑤外购已税珠宝玉石生产的贵重首饰及珠宝玉石；⑥外购已税鞭炮、焰火生产的鞭炮、焰火。以上外购已税消费品的买价是指购货发票上注明的销售额（不包括增值税税款）。

准予从消费税应纳税额中扣除原料已纳消费税税款的计算公式按照不同行为分别规定如下：

1. 外购应税消费品连续生产应税消费品

（1）实行从价定率办法计算应纳税额的

当期准予扣除外购应税消费品已纳税款＝当期准予扣除外购应税消费品买价×外购应税消费品适用税率

当期准予扣除外购应税消费品买价＝期初库存外购应税消费品买价＋当期购进的外购应税消费品买价－期末库存的外购应税消费品买价

其中，外购应税消费品买价为纳税人取得规定的发票（含销货清单）注明的应税消费品的销售额。

（2）实行从量定额办法计算应纳税额的

当期准予扣除的外购应税消费品已纳税款＝当期准予扣除外购应税消费品数量×外购应税消费品单位税额×30％

当期准予扣除外购应税消费品数量＝期初库存外购应税消费品数量＋当期购进外购应税消费品数量－期末库存外购应税消费品数量

外购应税消费品数量为规定的发票（含销货清单）注明的应税消费品的销售数量。

2. 委托加工收回应税消费品连续生产应税消费品

当期准予扣除的委托加工应税消费品已纳税款＝期初库存的委托加工应税消费品已纳税款＋当期收回的委托加工应税消费品已纳税款－期末库存的委托加工应税消费品已纳税款

委托加工应税消费品已纳税款为代扣代收税款凭证注明的受托方代收代缴的消费税。

3. 进口应税消费品

当期准予扣除的进口应税消费品已纳税款 ＝ 期初库存的进口应税消费品已纳税款

＋当期进口应税消费品已纳税款－期末库存的进口应税消费品已纳税款

进口应税消费品已纳税款为《海关进口消费税专用缴款书》注明的进口环节消费税。

（二）税额减征的规定

石脑油、溶剂油、润滑油、燃料油暂按应纳税额的30%征收消费税。航空煤油暂缓征收消费税。子午线轮胎免征消费税。

纳税人销售的应税消费品，如因质量等原因由购买者退回时，经所在地主管税务机关审核批准后，可退还已征收的消费税税款。

对低污染排放小汽车减征消费税。为保护生态环境，促进低污染排放汽车的生产和消费，推进汽车工业技术进步，我国对低污染排放汽车实行减征消费税的优惠政策。自2004年7月1日起，对企业生产销售达到相当于欧洲Ⅲ号排放标准的小汽车减征30%的消费税。对生产销售达到低污染排放限值的小轿车、越野车和小客车减征30%的消费税。

计算公式为：减征税额＝按法定税率计算的消费税额×30%

应征税额＝按法定税率计算的消费税额－减征税额

纳税人销售的应税消费品，如因质量等原因由购买者退回时，经所在地主管税务机关审核批准后，可退还已征收的消费税税款。

对纳税人出口应税消费品，免征消费税；国务院另有规定的除外。

（三）酒类关联企业间关联交易消费税问题的处理

关于酒类生产企业利用关联企业之间关联交易规避消费税问题，根据《税收征收管理法实施细则》第38条规定，纳税人与关联企业之间的购销业务，不按照独立企业之间的业务往来作价的，税务机关可以按照下列方法调整其计税收入额或者所得额，核定其应纳税额：①按照独立企业之间进行相同或者类似业务活动的价格；②按照再销售给无关联关系的第三者的价格所取得的收入和利润水平；③按照成本加合理的费用和利润；④按照其他合理的方法。

白酒生产企业向商业销售单位收取的“品牌使用费”是随着应税白酒的销售而向购货方收取的，属于应税白酒销售价款的组成部分，不论企业采取何种方式或以何种名义收取价款，均应并入白酒的销售额中缴纳消费税。

关于啤酒生产集团为解决下属企业之间糖化能力和包装能力不匹配，优化各企业间资源配置，将有糖化能力而无包装能力的企业生产的啤酒液销售（调拨）给异地企业进行灌装，对此如何征收消费税问题，规定如下：①啤酒生产集团内部企业间调拨销售的啤酒液，应由啤酒液生产企业按现行规定申报缴纳消费税。②购入方企业应依据取得的销售方销售啤酒液所开具的增值税专用发票上记载的销售数量、销售额、销售单价确认销售方啤酒液适用的消费税单位税额，单独建立外购啤酒液购入使用台账，计算外购啤酒液已纳消费税额。③购入方使用啤酒液连续灌装生产并对外销售的啤酒，应依据其销售价格确定适用单位税额计算缴纳消费税，但其外购啤酒液已纳的消费税额，可以从其当期应纳消费税额中抵减。

第五节 出口应税消费品退（免）税

对纳税人出口应税消费品，免征消费税，国务院另有规定的除外。出口应税消费品的免税办法，由国务院财政、税务主管部门规定。

出口应税消费品同时涉及退（免）增值税和消费税，而退（免）消费税与出口货物退（免）增值税在退（免）范围的限定、退（免）办理程序、退（免）审核及管理上有许多一致的规定。本节仅对出口应税消费品退（免）中的特殊的规定作阐述。

一、出口退税率的规定

计算出口应税消费品应退消费税的税率或单位税额，依据消费税法有关规定的税目税额，即该应税消费品消费税的税率（额）。企业出口不同税率的应税消费品，须分别核算、申报，按各自所适用的税率计算退税额，否则只能一律从低适用税率进行退税。

二、出口应税消费品退（免）税政策

对纳税人出口应税消费品，免征消费税，国务院另有规定的除外。这里所说的“国务院另有规定的”是指国家限制出口的应税消费品。国内钻石进入上海钻石交易所视同出口，可享受出口退税并按照有关贵重产品出口退税的规定办理退税。出口应税消费品退（免）消费税分为三类：又免又退、只免不退、不免不退。

1. 出口免税并退税（又免又退）

适用于有出口经营权的外贸企业购进应税消费品直接出口，以及外贸企业受其他外贸企业委托代理出口应税消费品。只有外贸企业出口应税消费品才有退采购环节消费税。

2. 出口免税但不退税（只免不退）

适用于有出口经营权的生产性企业自营出口或生产企业委托外贸代理出口自产的应税消费品。这是因为消费税是在生产销售环节对生产企业一次性征收，由于生产企业出口应税消费品免征了生产环节的消费税，该货物出口时已不含消费税，也就无须再退消费税。这与生产企业出口货物增值税的退（免）政策不同，由于增值税是在货物销售各环节征收，出口货物出口环节的增值税虽然免了，但出口货物耗用原材料负担的进项税额需要退还，才能使出口货物实现零税负。也就是说生产企业出口应税消费品的增值税又免又退，消费税只免不退。

3. 出口不免税也不退税（不免不退）

适用于除生产企业、外贸企业外的一般商贸企业，这类企业委托外贸企业代理出口应税消费品一律不予退（免）税。

三、出口应税消费品退税额的计算

出口企业收购出口应税消费品的应退税额的计算，以消费税税收（出口货物专用）缴款书注明的税额为准。外贸企业从生产企业购进货物直接出口或受其他外贸企业委托代理出口应税消费品的应退消费税税款，分两种情况处理：

（1）属于从价定率计征消费税的应税消费品，应依照外贸企业从工厂购进货物时征收消费税的价格计算应退消费税税款，其应退消费税税款为：

应退消费税税款＝出口货物的工厂销售额×退税率

上述中“出口货物的工厂销售额”不包括增值税，含增值税的销售额应换算成不含增值税的销售额。

（2）属于从量定额计征消费税的应税消费品，应依照货物购进和报关出口的数量计算应退消费税税款，其应退消费税税款为：应退消费税税款＝出口的数量×单位税额

四、出口应税消费品办理退（免）税后的管理

出口的应税消费品办理退税后，发生退关，或者国外退货进口时予以免税的，报关出口者必须及时向其所在地主管税务机关申报补缴已退的消费税税款。

纳税人直接出口的应税消费品办理免税后，发生退关或国外退货，进口时已予以免税的，经所在地主管税务机关批准，可暂不办理补税，待其转为国内销售时，再向其主管税务机关申报补缴消费税。

第六节 消费税征收管理

消费税由税务机关征收，进口的应税消费品的消费税由海关代征。消费税的征收管理，依照《税收征收管理法》及《消费税暂行条例》有关规定执行。个人携带或者邮寄进境的应税消费品的消费税，连同关税一并计征。

一、消费税纳税义务发生时间

（一）一般规定

纳税人生产的应税消费品，于销售时纳税。纳税人自产自用的应税消费品，用于连续生产和应税消费品的，不纳税；用于其他方面的，于移送使用时纳税。而金基合金首饰是在零售环节征收增值税和消费税的。

委托加工应税消费品，由受托方在向委托方交货时代收代缴税款。委托加工的应税消费品，委托方用于连续生产应税消费品的，所纳税款准予按规定抵扣。

进口的应税消费品，于报关进口时纳税。

上述各种情况解释如下：

“纳税人生产的、于销售时纳税”的应税消费品，是指有偿转让应税消费品的所有权，即以从受让方取得货币、货物、劳务或其他经济利益为条件转让的应税消费品。

“纳税人自产自用的应税消费品，用于连续生产应税消费品的”，是指作为生产最终应税消费品的直接材料、并构成了终产品实体的应税消费品。

“用于其他方面的”，是指纳税人用于生产非应税消费品在建工程，管理部门，非生产机构，提供劳务，以及用于馈赠、赞助、集资、广告、样品、职工福利、奖励等方面的应税消费品。

“委托加工的应税消费品”，是指由委托方提供原料和主要材料，受托方只收取加工费和代垫部分辅助材料加工的应税消费品。对于由受托方提供原料生产的应税消费品，或者受托方先将原材料卖给委托方，然后接受加工的应税消费品，以及由受托方以委托方名义购进原材料生产的应税消费品，不论纳税人在财务上是否作销售处理，都不得作为委托加工应税消费品，而应当按照销售自制应税消费品缴纳消费税。

委托加工的应税消费品直接出售的，不再征收消费税。

（二）纳税义务发生时间特殊情况规定

（1）纳税人销售的应税消费品，其纳税义务的发生时间为：①纳税人采取赊销和分期收款结算方式的，其纳税义务的发生时间，为销售合同规定的收款日期的当天。②纳税人采取预收货款结算方式的，其纳税义务的发生时间，为发出应税消费品的当天。③纳税人采取托收承付和委托银行收款方式销售的应税消费品，其纳税义务的发生时间，为发出应税消费品并办妥托收手续的当天。④纳税人采取其他结算方式的，其纳税义务的发生时间，为收讫销售款或者取得索取销售款凭据的当天。

（2）纳税人自产自用的应税消费品，其纳税义务的发生时间，为移送使用的当天。

（3）纳税人委托加工的应税消费品，其纳税义务的发生时间，为纳税人提货的当天。

（4）纳税人进口的应税消费品，其纳税义务的发生时间，为报关进口的当天。

（5）生产企业将自产石脑油用于本企业连续生产汽油等应税消费品的，不缴纳消费税；用于连续生产乙烯等非应税消费品或其他方面的，于移送使用时缴纳消费税。

二、消费税纳税期限

消费税的纳税期限分别为 1 日、3 日、5 日、10 日、15 日、1 个月或者 1 个季度。纳税人的具体纳税期限，由主管税务机关根据纳税人应纳税额的大小分别核定；不能按照固定期限纳税的，可以按次纳税。

纳税人以 1 个月或者 1 个季度为 1 个纳税期的，自期满之日起 15 日内申报纳税；以 1 日、3 日、5 日、10 日或者 15 日为 1 个纳税期的，自期满之日起 5 日内预缴税款，于次月 1 日起 15 日内申报纳税并结清上月应纳税款。

纳税人进口应税消费品，应当自海关填发海关进口消费税专用缴款书之日起 15 日内缴纳税款。

三、纳税地点

（1）纳税人销售的应税消费品，以及自产自用的应税消费品，除国务院财政、税务主管部门另有规定外，应当向纳税人机构所在地或者居住地的主管税务机关申报纳税。

（2）委托加工的应税消费品，除受托方为个人外，由受托方向机构所在地或者居住地的主管税务机关解缴消费税税款。

进口的应税消费品，由进口人或者其代理人向报关地海关申报纳税。

（3）纳税人到外县（市）销售或委托外县（市）代销自产应税消费品的，于应税消费品销售后，回纳税人核算地或所在地缴纳消费税。

（4）纳税人的总机构与分支机构不在同一县（市）的，应在生产应税消费品的分支机构所在地缴纳消费税。但经国家税务总局及所属税务分局批准，纳税人分支机构应纳消费税税款也可由总机构汇总向总机构所在地主管税务机关缴纳。

消费税由税务机关征收，进口的应税消费品的消费税由海关代征。个人携带或者邮寄进境的应税消费品的消费税，连同关税一并计征。具体办法由国务院关税税则委员会会同有关部门制定。

四、纳税申报

消费税纳税人应按有关规定及时办理纳税申报，并如实填写《消费税纳税申报表》。

纳税人生产销售应税消费品，如果不是单一经营某一税率的应税消费品，而是生产销售两种税率以上的应税消费品，这就是兼营行为。而消费税的税率或税额是不同的，为防止税款的流失，规定针对不同的核算方法要分别进行不同的税务处理。

纳税人兼营不同税率的应税消费品，应当分别核算不同税率应税消费品的销售额、销售数量。未分别核算销售额、销售数量，或者将不同税率的应税消费品组成成套消费品销售的，从高适用税率征收消费税。

五、在卷烟批发环节加征一道从价税的特殊规定

卷烟批发环节纳税义务人（以下简称纳税人）为在中华人民共和国境内从事卷烟批发业务的单位和个人。征收范围包括纳税人批发销售的所有牌号规格的卷烟。计税依据为纳税人批发卷烟的不含增值税的销售额。纳税人应将卷烟销售额与其他商品销售额分开核算，未分开核算的，一并征收消费税。适用税率5%。纳税人销售给纳税人以外的单位和个人的卷烟于销售时纳税。纳税人之间销售的卷烟不缴纳消费税。纳税义务发生时间为纳税人收讫销售款或者取得索取销售款凭据的当天。纳税地点为卷烟批发企业的机构所在地，总机构与分支机构不在同一地区的，由总机构申报纳税。卷烟消费税在生产和批发两个环节征收后，批发企业在计算纳税时不得扣除已含的生产环节的消费税税款。

消费税例题

一、单项选择题

【例题 3-1】 某啤酒厂销售 A 型啤酒 20 吨给副食品公司，开具税控专用发票收取价款 58 000 元，收取包装物押金 3 000 元；销售 B 型啤酒 10 吨给宾馆，开具普通发票取得收取 32 760 元，收取包装物押金 1 500 元。该啤酒厂应缴纳的消费税是（　　）

A. 5 000 元　　B. 6 600 元　　C. 7 200 元　　D. 7 500 元

（2006 年注册会计师考试单项选择题）

【分析】 啤酒每吨出厂价格（含包装物及包装物押金）在 3 000 元（含3 000元，不含增值税）以上的，税额为 250 元/吨；每吨出厂价格（含包装物及包装物押金）在 3 000 元（含 3 000 元，不含增值税）以下的，以及娱乐业和饮食业自制的，税额为 220 元/吨。

A 型啤酒的单位售价＝（58 000＋3 000÷（1＋17%））÷20＝3 028.21（元/吨），适用消费税税额为 250 元/吨。

B 型啤酒的单位售价＝（32 760＋1 500）÷（1＋17%）÷10＝2 928.21（元/吨），适用消费税税额为是 220 元/吨。

应纳消费税额＝250×20＋220×10＝7 200（元）。

【参考答案】 C

【例题 3-2】 某卷烟厂 2006 年 6 月收购烟叶生产卷烟，收购凭证上注明价款 50 万元，并向烟叶生产者支付了价外补贴。该卷烟厂 6 月份收购烟叶可抵扣的进项税额为（　　）

A. 6.5 万元　　B. 7.15 万元　　C. 8.58 万元　　D. 8.86 万元

（2007 年注册会计师考试单项选择题）

【分析】 据财税［2006］140 号《关于购进烟叶的增值税抵扣政策的通知》规定，烟叶收购金额包括纳税人支付给烟叶销售者的烟叶收购价款和价外补贴，价外补贴统一暂按烟叶收购价款的 10%计算，即烟叶收购金额＝烟叶收购价款×(1＋10%)。其中，烟叶税税率为 20%。

50×（1＋10%）×（1＋20%）×13%＝8.58（万元）

【参考答案】 C

【例题 3-3】 某小轿车生产企业为增值税一般纳税人，2006 年 12 月生产并销售小轿车 300 辆，每辆含税销售价格 17.55 万元，适用消费税税率 9%，经审查该企业生产的小轿车已达到减征消费税的国家标准。该企业 12 月份应缴纳消费税（　　）

A. 243 万元　　B. 283.5 万元　　C. 364.5 万元　　D. 405 万元

（2007 年注册会计师考试单项选择题）

【分析】 小轿车达到规定的低污染排放标准，可以减征 30%的优惠。

应纳税额＝17.55×300÷（1＋17%）×9%×（1－30%）＝283.5（万元）

【参考答案】 B

【例题 3-4】 下列各项中，应同时征收增值税和消费税的是（　　）

A. 批发环节销售的卷烟

B. 零售环节销售的金基合金首饰

C. 生产环节销售的普通护肤护发品

D. 进口环节取得外国政府捐赠的小汽车

（2008 年注册会计师考试单项选择题）

【分析】 选项 A，消费税征税环节包括生产环节、委托加工环节、进口环节、零售环节，不包括批发环节。选项 B，金基合金属于金银首饰，在零售环节征收增值税和消费税。选项 C，普通护肤护发品不属于应税消费品。选项 D，外国政府、国际组织无偿援助的进口物资和设备属于增值税免税项目。

【参考答案】 B

【例题 3-5】 下列外购商品中已缴纳的消费税，可以从本企业应纳消费税额中扣除的是（　　）

A. 从工业企业购进已税汽车轮胎生产的小汽车

B. 从工业企业购进已税酒精为原料生产的勾兑白酒

C. 从工业企业购进已税溶剂油为原料生产的溶剂油

D. 从工业企业购进已税高尔夫球杆握把为原料生产的高尔夫球杆

（2008 年注册会计师考试单项选择题）

【分析】 选项 A，用于生产汽车轮胎才能扣除；选项 B，已经停止扣除；选项 C，溶剂油用于连续生产不得抵扣。

【参考答案】 D

【例题 3-6】 下列各项中，属于消费税征收范围的是（　　）。

A. 电动汽车　　B. 卡丁车　　C. 高尔夫车　　D. 小轿车

（2010 年注册会计师考试单项选择题）

【分析】 《消费税新增和调整税目征收范围注释》规定，电动汽车不属于本税目征收范围。故选项 A 不选。而《关于沙滩车等车辆征收消费税问题的批复》，明确："沙滩车、雪地车、卡丁车、高尔夫车不属于消费税征收范围，不征收消费税"。故选项 BC 不选。

【参考答案】 D

【例题 3-7】 2010 年 8 月某首饰厂从某商贸企业购进一批珠宝玉石，增值税发票注明价款 50 万元，增值税税款 8.5 万元，打磨后再将其销售给首饰商城，收到不含税价款 90 万元。已知珠宝玉石消费税税率为 10%，该首饰厂以上业务应缴纳消费税（　　）。

A. 4 万元　B. 5 万元　C. 9 万元　D. 14 万元

（2011 年注册会计师考试单项选择题）

【分析】 《关于进一步加强消费税纳税申报及税款抵扣管理的通知》国税函［2006］769 号规定：

二、关于消费税税款抵扣的管理

（一）从商业企业购进应税消费品连续生产应税消费品，符合抵扣条件的，准予扣除外购应税消费品已纳消费税税款。

本题为经过打磨再将其销售，允许扣除上述外购应税消费品的已纳税款。

应纳消费税税额＝90×10％－50×10％＝4（万元）

【参考答案】 A

二、多项选择题

【例题 3-8】 下列各项中，有关消费税的纳税地点正确的有（　　）

A. 纳税人进口应税消费品在纳税人机构所在地缴纳消费税

B. 纳税人自产自用应税消费品在纳税人核算地缴纳消费税

C. 纳税人委托加工应税消费品一般回委托方所在地缴纳消费税

D. 纳税人到外县销售自产应税消费品应回核算地或所在地缴纳消费税

（2006 年注册会计师考试多项选择题）

【分析】 源泉扣缴原则。A. 进口的应税消费品，由进口人或者其代理人向报关地海关申报纳税。B. 自产自用的应税消费品，除国家另有规定的外，应当向纳税人核算地主管税务机关申报纳税。C. 委托加工的应税消费品，由受托方向所在地主管税务机关解缴消费税税款。D. 于应税消费品销售后，回纳税人核算地或所在地缴纳消费税。

【参考答案】 B D

【例题 3-9】 酒类企业中的关联企业不按照独立企业之间的业务往来作价的，税务机关按照规定调整其消费税计税收入额时，可以采用的方法有（　　）

A. 按照成本加合理的费用和利润

B. 按照独立企业之间进行相同业务活动的价格

C. 按照企业开具的增值税专用发票上注明的销售价格

D. 按照再销售给无关联关系的第三者的价格所取得的收入

（2007 年注册会计师多项选择题）

【分析】 请参照相关内容。其中，C 选项没有对收入进行调整，这种方法不能采用。

【参考答案】 A B D

【例题 3-10】 下列各项中，符合应税消费品销售数量规定的有（　　）

A. 生产销售应税消费品的，为应税消费品的销售数量

B. 自产自用应税消费品的，为应税消费品的生产数量

C. 委托加工应税消费品的，为纳税人收回的应税消费品数量

D. 进口应税消费品的，为海关核定的应税消费品进口征税数量

（2007 年注册会计师多项选择题）

【分析】 根据规定，自产自用应税消费品的，为应税消费品的移送数量，而不是应税消费品的生产数量。

【参考答案】 A C D

【例题 3-11】 下列各项中，应当征收消费税的有（　　）

A. 化妆品厂作为样品赠送给客户的香水

B. 用于产品质量检验的高尔夫球杆

C. 白酒生产企业向百货公司销售的试制药酒

D. 轮胎厂移送非独立核算门市部待销售的汽车轮胎

（2008 年注册会计师考试多项选择题）

【分析】 用于产品质量检验耗费的高尔夫球杆是生产经营过程所需要的原材料，不征消费税。轮胎厂移送非独立核算门市部待销售的汽车轮胎，不征消费税，如果门市部已经对外销售了，应当按销售额计征消费税。

【参考答案】 A C

【例题 3-12】 下列各项中，符合消费税纳税地点规定的有（　　）

A. 进口应税消费品的，由进口人或其代理人向报关地海关申报纳税

B. 纳税人总机构与分支机构不在同一县的，分支机构应回总机构申报纳税

C. 委托加工应税消费品的，由委托方向受托方所在地主管税务机关申报纳税

D. 纳税人到外县销售自产应税消费品的，应回纳税人核算地或所在地申报纳税

（2008 年注册会计师考试多项选择题）

【分析】 纳税人的总机构与分支机构不在同一县（市）的，应在生产应税消费品的分支机构所在地缴纳消费税。委托加工的应税消费品，除受托方为个体经营者外，由受托方向所在地主管税务机关代收代缴消费税税款。

【参考答案】 A D

【例题 3-13】 下列各项中，外购应税消费已纳消费税款准予扣除的有（　　）

A. 外购已税烟丝生产的卷烟

B. 外购已税汽车轮胎生产的小轿车

C. 外购已税珠宝原料生产的金银镶嵌首饰

D. 外购已税石脑油为原料生产的应税消费品

（2009 年注册会计师考试多项选择题）

【分析】 外购已税汽车轮胎生产企业不可以抵扣轮胎已纳消费税；外购已税珠宝生产的金银镶嵌首饰不可以抵扣已税珠宝的消费税。

【参考答案】 A D

【例题 3-14】 企业生产销售白酒取得的下列款项中，应并入销售额计征消费税的有（　　）。

A. 优质费 B. 包装物租金 C. 品牌使用费 D. 包装物押金

（2010 年注册会计师考试多项选择题）

【分析】 国税发［2002］109 号《国家税务总局关于酒类产品消费税政策问题的通知》规定，白酒生产企业向商业销售单位收取的"品牌使用费"是随着应税白酒的销售而向购货方收取的，属于应税白酒销售价款的组成部分，因此，不论企业采取何种方式或以何种名义收取价款，均应并入白酒的销售额中缴纳消费税。故选项 C 正确，其他三个选项也有规定，故上述四个命题均属于应当计入销售额计征消费税的项目。

【参考答案】 A B C D

【例题 3-15】 下列各项关于从量计征消费税计税依据确定方法的表述中，正确的

有（　　）。

A. 销售应税消费品的，为应税消费品的销售数量

B. 进口应消费品的为海关核定的应税消费品数量

C. 以应税消费品投资入股的，为应税消费品移送使用数量

D. 委托加工应税消费品的，为加工完成的应税消费品数量

（2011 年注册会计师考试多项选择题）

【分析】 销售数量是指纳税人生产、加工和进口应税消费品的数量。具体规定为：1）销售应税消费品的，为应税消费品的销售数量；2）自产自用应税消费品的，为应税消费品的移送使用数量；3）委托加工应税消费品的，为纳税人收回的应税消费品数量；4）进口的应税消费品，为海关核定的应税消费品进口征税数量。故选项 D 不选。

【参考答案】 A B C

三、计算题

【例题 3-16】 某首饰商城为增值税一般纳税人，2008 年 5 月发生以下业务：

（1）零售金银首饰与镀金首饰组成的套装礼盒，取得收入 29.25 万元，其中金银首饰收入 20 万元，镀金首饰收入 9.25 万元；

（2）采取“以旧换新”方式向消费者销售金项链 2 000 条，新项链每条零售价 0.25 万元，旧项链每条作价 0.22 万元，每条项链取得差价款 0.03 万元；

（3）为个人定制加工金银首饰，商城提供原料含税金额 30.42 万元，取得个人支付的含税加工费收入 4.68 万元（商城无同类首饰价格）；

（4）用 300 条银基项链抵偿债务，该批项链账面成本为 39 万元，零售价 70.2 万元；

（5）外购金银首饰一批，取得的普通发票上注明的价款 400 万元；外购镀金首饰一批，取得经税务机关认可的增值税专用发票，注明价款 50 万元、增值税 8.5 万元。

（其他相关资料：金银首饰零售环节消费税税率 5%）

要求：根据上述资料，按下列序号计算回答问题，每问需计算出合计数：

（1）销售成套礼盒应缴纳的消费税；

（2）“以旧换新”销售金项链应缴纳的消费税；

（3）定制加工金银首饰应缴纳的消费税；

（4）用银基项链抵偿债务应缴纳的消费税；

（5）商城 5 月份应缴纳的增值税。

（2008 年注册会计师考试税法试题计算题）

【分析】 ①成套首饰按金银基首饰适用税率；②销售额不含增值税；③以上外购已税消费品的买价是指购货发票上注明的销售额（不包括增值税税款）。即，计税价格＝销售额－外购已税消费品买价；④没有同类消费品销售价格的，按照组成计税价格计算纳税。组成计税价格计算公式：组成计税价格＝（材料成本＋加工费）÷（1－消费税税率）；⑤纳税人用于换取生产资料和消费资料，投资入股和抵偿债务等方面的应税消费品，应当以纳税人同类应税消费品的最高销售价格作为计税依据计算消费税；⑥准予

从销项税额中抵扣的进项税额。除购进免税农业产品等情形外，限于下列增值税扣税凭证上注明的增值税额。即从销售方取得的增值税专用发票上注明的增值税额或者从海关取得的完税凭证上注明的增值税额。

【参考答案】

（1）销售成套礼盒应缴纳的消费税＝29.25÷（1＋17%）×5%＝1.25（万元）

（2）“以旧换新”销售金项链应缴纳的消费税

应缴纳的消费税＝2 000×（0.25－0.22）÷（1＋17%）×5%＝2.56（万元）

（3）定制加工金银首饰应缴纳的消费税＝（30.42＋4.68）÷（1＋17%）÷（1－5%）×5%＝31.58×5%＝1.58（万元）

（4）用银基项链抵偿债务应缴纳的消费税＝70.2÷（1＋17%）×5%＝3（万元）

（5）商城5月份应缴纳的增值税＝［29.25÷（1＋17%）＋2000×0.03÷（1＋17%）＋（30.42＋4.68）÷（1＋17%）＋70.2÷（1＋17%）］×17%－8.5＝19.77（万元）

【例题3-17】 某白酒生产企业（以下简称甲企业）为增值税一般纳税人，2009年7月发生以下业务：

（1）向某烟酒专卖店销售粮食白酒20吨，开具普通发票，取得含税收入200万元，另收取品牌使用费50万元、包装物租金20万元。

（2）提供10万元的原材料委托乙企业加工散装药酒1 000公斤，收回时向乙企业支付不含增值税的加工费1万元，乙企业已代收代缴消费税。

（3）委托加工收回后将其中900公斤散装药酒继续加工成瓶装药酒1 800瓶，以每瓶不含税售价100元通过非独立核算门市部销售完毕。将剩余100公斤散装药酒作为福利分给职工，同类药酒的不含税销售价为每公斤150元。

（说明：药酒的消费税税率为10%，白酒的消费税税率为20%加0.5元/500克）

要求：根据上述资料，按照下列序号计算回答问题，每问需计算出合计数。

（1）计算本月甲企业向专卖店销售白酒应缴纳消费税。

（2）计算乙企业已代收代缴消费税。

（3）计算本月甲企业销售瓶装药酒应缴纳消费税。

（4）计算本月甲企业分给职工散装药酒应缴纳消费税。

（2009年注册会计师考试计算题）

【参考答案】

（1）计算本月甲企业向专卖店销售白酒应缴纳消费税

＝（200＋50＋20）÷1.17×20%＋20×2 000×0.5÷10 000＝48.15（万元）

（2）计算乙企业已代收代缴消费税

＝（10＋1）÷（1－10%）×10%＝1.22（万元）

（3）计算本月甲企业销售瓶装药酒应缴纳消费税

＝1 800×100÷10 000×10%＝1.8（万元）

（4）甲企业分给职工散装药酒不缴纳消费税。

【例题3-18】 某市烟草集团公司属增值税一般纳税人，持有烟草批发许可证，

2010 年 3 月购进已税烟丝 800 万元（不含增值税），委托 M 企业加工甲类卷烟 500 箱（250 条/箱，200 支/条），M 企业按每箱 0.1 万元收取加工费（不含税），当月 M 企业按正常进度投料加工生产卷烟 200 箱交由集团公司收回，集团公司将其中 20 箱销售给烟草批发商 N 企业，取得含税销售收入 86.58 万元；80 箱销售给烟草零售商 Y 专卖店，取得不含税销售收入 320 万元；100 箱作为股本与 F 企业合资成立一家烟草零售经销商 z 公司。（说明：烟丝消费税率为 30%，甲类卷烟生产环节消费税率为 56%加 0.003 元/支。）

要求：根据以上资料，按以下顺序回答问题，每问需计算出合计数。

（1）计算 M 企业当月应代收代缴的消费税。

（2）计算集团公司向 N 企业销售卷烟应缴纳的消费税。

（3）计算集团公司向 Y 专卖店销售卷烟应缴纳的消费税。

（4）计算集团公司向 z 公司投资应缴纳的消费税。

（2010 年注册会计师考试计算分析题）

【参考答案】

（1）计算 M 企业当月应代收代缴的消费税。

【分析】《财政部 国家税务总局关于调整烟产品消费税政策的通知》（财税〔2009〕84 号）规定，1. 甲类卷烟，即每标准条（200 支，下同）调拨价格在 70 元（不含增值税）以上（含 70 元）的卷烟，税率调整为 56%。

组成计税价格：（800＋500×0.1＋500×150/10000）÷（1－56%）≈1863.63（万元）

应代收代缴的消费税税额：

1863.63×（200÷500）×56%＋200×150÷10000＝417.45＋3＝420.45（万元）

（2）计算集团公司向 N 企业销售卷烟应缴纳的消费税。

批发商之间销售卷烟不缴纳消费税。

（3）计算集团公司向 Y 专卖店销售卷烟应缴纳的消费税。

《财政部 国家税务总局关于调整烟产品消费税政策的通知》规定，在卷烟批发环节加征一道从价税的适用税率：5%。

【分析】 批发卷烟按照 5%的税率即征消费税：320×5%＝16（万元）

（4）计算集团公司向 z 公司投资应缴纳的消费税：320÷80×100×5%＝20（万元）

【分析】 投资零售企业按照批发行为缴纳消费税。

四、综合题

【例题 3-19】 某市一卷烟生产企业为增值税一般纳税人，2004 年 12 月有关经营情况如下：

（1）期初库存外购已税烟丝 300 万元，本期外购已税烟丝取得防伪控系统开具的增值税专用发票，注明价款 2 000 万元，增值税 340 万元；支付本期外购烟丝运输费用 50 万元，取得经税务机关认为的运输公司开具的普通发票；

（2）生产领用库存烟丝 2 100 万元，分别生产卷烟 2 500 标准箱（每标准条 200 支，调拨价格均大于 50 元）、雪茄烟 500 箱；

（3）经专卖局批准，销售卷烟给各专卖商场 1 200 箱，取得不含税销售收入 3 600 万元，由于货款收回及时给了各商场 2%的折扣，销售给各卷烟专卖店 800 箱，取得不含税销售收入 2 400 万元，支付销货运输费用 120 万元并取得经税务机关认定的运输公司开具的普通发票。

（4）取得专卖店购买卷烟延期付款的补贴收入 21.06 万元，已向对方开具了普通发票；

（5）销售雪茄烟 300 箱给各专卖店，取得不含税销售收入 600 万元，以雪茄烟 40 箱换回小轿车 2 辆，大货车 1 辆；零售雪茄烟 15 箱和取得含税收入 35.1 万元；取得雪茄烟过期的包装物押金收入 7.02 万元。

（6）月末盘存发现库存烟丝短缺 32.79 万元（其中含运费成本 2.79 万元），经认定短缺的烟丝属于非正常损失。

（注：卷烟消费税比例税率 45%、雪茄烟消费税比例税率 25%、烟丝消费税比例税率 30%，相关票据已通过主管税务机关认证）

要求：按下列顺序回答问题，每问均为共计金额：

（1）计算 12 月份销售卷烟与取得延期付款补贴收入的销项税额；

（2）计算 12 月份销售雪茄烟与押金收入的销项税额；

（3）计算 12 月份非正常损失烟丝应转出的进项税额；

（4）计算 12 月份应抵扣的进项税额；

（5）计算 12 月份应缴纳的增值税；

（6）计算 12 月份与销售雪茄烟相关的消费税；

（7）计算 12 月份与销售雪茄烟相关的消费税；

（8）计算 12 月份应缴纳的消费税；

（9）计算 12 月份应缴纳的城市维护建设税和教育费附加。

（2005 年注册会计师考试综合题）

【参考答案】

（1）[3 600＋2 400＋21.06÷（1＋17%）] ×17% ＝6 018×17%＝1 023.06（万元）

（2）视同销售每箱雪茄烟的不含税销售价格：600÷300＝2（万元）

销售雪茄烟与押金收入的销项税额：

[600＋35.1÷（1＋17%）＋2×40＋7.02÷（1＋17%）] ×17% ＝ 716×17% ＝ 121.72（万元）

（3）（32.79－2.79）×17%＋2.79÷（1－7%）×7%＝5.1＋0.21＝5.31（万元）

（4）340＋50×7%＋120×7%－5.31＝346.59（万元）

（5）1023.06＋121.72－346.59＝798.19（万元）

（6）计算与销售卷烟相关的消费税额；

[3600＋2400＋21.06÷（1＋17%）] ×45%＋（1200＋800）×0.015＝2738.1（万元）

（7）计算与销售雪茄烟相关的消费税（雪茄烟为从价计征消费税。）

716×25%=179（万元）

（8）计算应缴纳的消费税；

2 738.10+179−2 100×30%=2 287.1（万元）

注：领用烟丝 2100 万元，分别生产卷烟及雪茄烟，须在此扣除烟丝已纳消费税。

（9）计算应缴纳的城市维护建设税和教育费附加。

城建税：（798.19+2287.10）×7% = 215.97（万元）

附加费：（798.19+2287.10）×3%×50% = 46.28（万元）

合计：215.97+46.28 = 262.25（万元）

【例题 3-20】 某汽车制造企业为增值税一般纳税人，2005 年 12 月有关生产经营业务如下：

（1）以缴款提货方式销售 A 型小汽车 30 辆给汽车销售公司，每辆不含税售价 15 万元，开具税控专用发票注明应收价款 450 万元，当月实际收回价款 430 万元，余款下月才能收回。

（2）销售 B 型小汽车 50 辆给特约经销商，每辆不含税单价 12 万元，向特约经销商开具了税控增值税专用发票，注明价款 600 万元、增值税 102 万元，由于特约经销商当月支付了全部货款，汽车制造企业给予特约经销商原售价 2%的销售折扣。

（3）将新研制生产的 C 型小汽车 5 辆销售给本企业的中层干部，每辆按成本价 10 万元出售，共计取得收入 50 万元，C 型小汽车尚无市场销售价格。

（4）销售已使用半年的进口小汽车 3 辆，开具普通发票取得收入 65.52 万元，3 辆进口小汽车固定资产的原值为 62 万元，销售时账面余值为 58 万元。

（5）购进机械设备取得税控专用发票注明价款 20 万元、进项税额 3.4 万元，该设备当月投入使用。

（6）当月购进原材料取得税控专用发票注明金额 600 万元、进项税额 102 万元，并经国税务机关认证，支付购进原材料的运输费用 20 万元、保险费用 5 万元、装卸费用 3 万元。

（7）从小规模纳税人处购进汽车零部件，取得由当地税务机关开具的增值税专用发票注明价款 20 万元、进项税额 1.2 万元，支付运输费用 2 万元并取得普通发票。

（8）当月发生意外事故损失库存原材料金额 35 万元（其中含运输费用 2.79 万元），直接计入“营业外支出”账户损失为 35 万元。

2005 年 12 月该企业自行计算、申报缴纳的增值税和消费税如下：

（1）申报缴纳的增值税=［430+600×（1−2%）+50］×17%−［3.4+102+（20+5+3）×7%+1.2−35×17%］=181.56−102.61=78.95（万元）

（2）申报缴纳的消费税=［430+600×（1−2%）+50］×8%=85.44（万元）

根据上述资料，按下列序号计算有关纳税事项或回答问题，计算事项需计算出合计数：

（1）根据企业自行计算、申报缴纳增值税和消费税的处理情况，按资料顺序逐项指出企业的做法是否正确？简要说明理由。

（2）2005 年 12 月该企业应补缴的增值税。

（3）2005 年 12 月该企业应补缴的消费税。

（4）假定企业少申报缴纳增值税和消费税属于故意行为，按照税收征收管理法的规定应如何处理？

（2006 年注册会计师考试综合题）

【参考答案】

（1）企业的做法是否正确？简要说明理由。

增值税销项税额：

第一笔销售额有误，应以所开具税控专用发票注明应收价款 450 万元为准。

第二笔销售额有误，应以注明价款 600 万元为准，原售价 2%的销售折扣不得扣除。

第三笔销售额有误，C 型小汽车尚无市场销售价格，要以计税价格计算销项税额，不得以成本价计算。

第四笔销售额有误，销售已使用半年的进口小汽车 3 辆，开具普通发票取得收入 65.52 万元，取得的收入已超过销售时账面余值为 58 万元。

增值税进项税额：

第一笔进项税额，购进机械设备所取得税控专用发票 3.4 万元，不应作为进项税额扣除。

第二笔进项税额，支付购进原材料的运输费用 20 万元作为进项税额中不应包括保险费用 5 万元、装卸费用 3 万元。

第三笔进项税额，从小规模纳税人处购进汽车零部件，所支付运输费用 2 万元并取得普通发票。没有进行抵扣。

第四笔进项税额，当月发生意外事故损失库存原材料金额 35 万元作为进项转出，不应包括含运输费用 2.79 万元，该费用要单独计算其进项税额。

消费税：使用的消费税率 8%是正确的。但因为有关销售额有误，所以整个计算有误。

（2）2005 年 12 月该企业应补缴的增值税。（即正确的计算方法。）

当期销项税额：［450＋600＋50×（1＋8%）÷（1－8%）×17%＋65.52÷（1＋4%）×4%×50%］＝189.74（万元）

当期进项税额：102＋1.2－（35－2.7 9）×17%－2.7 9÷（1－7%）×7%＋20×7%＋2×7%＝99.05（万元）

当期应缴纳增值税税额：189.74－99.05＝90.69（万元）

应补缴增值税税额：90.69－78.95＝11.74（万元）

（3）2005 年 12 月该企业应补缴的消费税。

应补缴消费税税额：

［450＋600＋50×（1＋8%）÷（1－8%）×17%］×8%－85.44＝3.26（万元）

（4）假定企业少申报缴纳增值税和消费税属于故意行为，按照税收征收管理法的规定应如何处理？

企业总共少缴纳税额：11.74＋3.26＝15.00（万元）

少缴纳税额占应纳税额比例：15÷（90.69＋85.44＋3.26）×100%＝8.36%

对纳税人偷税的，由税务机关追缴其不缴或者少缴的税款、滞纳金，并处不缴或者少缴的15.00万元税款50%以上5倍以下的罚款。

《刑法》第201条第1款规定：……不缴或者少缴应纳税款，偷税数额占应纳税额的10%以上且偷税数额在1万元以上的，处3年以下有期徒刑或者拘役，并处偷税数额1倍以上5倍以下罚金；偷税数额占应纳税额的百分之30以上并且偷税数额在10万元以上的，处3年以上7年以下有期徒刑，并处偷税数额1倍以上5倍以下罚金。

8.36%＜10%；不构成犯罪的，不依法追究刑事责任。

【例题3-21】 某市卷烟生产企业为增值税一般纳税人，2008年6月有关经营业务如下：

（1）2日向农业生产者收购烟叶一批，收购凭证上注明的价款500万元，并向烟叶生产者支付了国家规定的价外补贴；支付运输费用10万元，取得运输公司开具的运输发票，烟叶当期验收入库；

（2）3日领用自产烟丝一批，生产A牌卷烟600标准箱；

（3）5日从国外进口B牌卷烟400标准箱，支付境外成交价折合人民币260万元、到达我国海关前的运输费用10万元、保险费用5万元；

（4）16日销售A牌卷烟300标准箱，每箱不含税售价1.35万元，款项收讫；将10标准箱A牌卷烟作为福利发给本企业职工；

（5）25日销售进口B牌卷烟380标准箱，取得不含税销售收入720万元；

（6）27日购进税控收款机一批，取得增值税专用发票注明价款10万元、增值税1.7万元；外购防伪税控通用设备，取得的增值税专用发票注明价款1万元、增值税0.17万元；

（7）30日盘点，发现由于管理不善库存的外购已税烟丝15万元（含运输费用0.93万元）霉烂变质。

（其他相关资料：①烟丝消费税比例税率为30%；②卷烟消费税比例税率：每标准条调拨价格在50元以上的（含50元，不含增值税）为45%，每标准条对外调拨价格在50元以下的为30%；卷烟消费税定额税率；每标准箱（250标准条）150元；③卷烟的进口关税税率为20%；④相关票据已通过主管税务机关认证。）

要求：根据上述资料，按下列序号计算回答问题，每问需计算出合计数：

（1）外购烟叶可以抵扣的进项税额；

（2）进口卷烟应缴纳的关税；

（3）进口卷烟应缴纳的消费税；

（4）进口卷烟应缴纳的增值税；

（5）直接销售和视同销售卷烟的增值税销项税额；

（6）购进税控收款机和防伪税控通用设备可以抵扣的进项税额；

（7）损失烟丝应转出的进项税额；

（8）企业6月份国内销售应缴纳的增值税；

（9）企业6月份国内销售应缴纳的消费税。

（2008年注册会计师考试综合题）

【分析】 ①烟叶税税率为20％。②进口货物关税完税价格＝货价＋采购费用（包括货物运抵中国关境内输入地起卸前的包装费、运输费、保险费和其他劳务费等费用）。③纳税人进口货物，按照组成计税价格和规定的税率计算应纳税款，不得抵扣任何税额。进口货物应纳增值税税额计算公式为

进口货物应纳增值税税额＝组成计税价格×税率

其中：组成计税价格＝关税完税价格＋关税＋消费税

或，　组成计税价格＝（关税完税价格＋关税）÷（1－消费税税率）。

④已抵扣进项税额的购进货物或应税劳务发生不得抵扣情况的，这些不得抵扣的情况为非正常损失等，应将该项购进货物或应税劳务的进项税额从当期发生的进项税额中扣减。由于运费的扣除率和外购烟丝的增值税率不同，故要分别计算。

【参考答案】

（1）外购烟叶准予抵扣进项税额

＝[500×（1＋10％）×（1＋20％）]×13％＋10×7％＝86.5（万元）

（2）进口卷烟应纳关税：

进口卷烟应纳关税＝（260＋10＋5）×20％＝55（万元）

（3）进口卷烟应缴纳的消费税

卷烟消费税定额税率，每标准箱（250标准条）150元；即每标准条0.6元；

每条进口卷烟消费税适用比例税率的价格＝[（275＋55）÷（400箱×250条）＋0.6]÷（1－30％）＝（33＋0.6）÷（1－30％）＝48（元）

单条进口卷烟价格小于50元，适用30％消费税税率。

进口卷烟应纳消费税＝400×250×48×30％＋400×150＝150（万元）

（4）进口卷烟应纳增值税

进口卷烟应纳增值税＝（275＋55＋150）×17％＝81.6（万元）

（5）直接销售和视同销售卷烟的增值税销项税额：

销项税额＝[1.35×（300＋10）＋720]×17％＝193.55（万元）

（6）购进税控收款机和防伪税控通用设备可以抵扣的进项税额：

税控机可抵扣税额＝1.7＋0.17＝1.87（万元）

（7）损失烟丝应转出的进项税额

损失烟丝应转出的进项税额

＝（15－0.93）×17％＋0.93÷（1－7％）×7％＝2.46（万元）

（8）企业6月份国内销售应缴纳的增值税

＝193.55－86.5－81.6－1.87＋2.46＝26.04（万元）

（9）每条A牌卷烟不含销售价：13 500÷250＝54（元）适用45％的税率；B牌卷烟进口环节已经缴纳了消费税，再销售不交消费税，只缴增值税。应纳消费税＝[（300＋10）×1.35]×45％＋（300＋10）×150÷10 000＝192.98（万元）

第四章　营业税法

营业税（business tax）是对纳税人从事经营活动所取得的营业额（销售额）征收的一种流转税。其主要的特点：一是征收普遍，其征收范围涉及大部分服务性行业并涉及转让无形资产和销售不动产。二是税率较为简单，除对于娱乐业单独设计了5%～20%不同的税率外，其他营业税只设置了两档，即3%和5%。三是简便易操作，营业税税目、税率设计简单，计算也比较方便。

营业税法是指国家制定的调整营业税征收与缴纳权利义务有关的法律规范总称。除2009年1月1日起实施的重新修改的《营业税暂行条例》以及《营业税暂行条例实施细则》之外，财政部、国家税务总局还制定了不少的部颁规章也是营业税法的组成部分。如：《国家税务总局关于代理业营业额问题的通知》、《关于明确调整营业税税率的娱乐业范围的通知》等等。

第一节　营业税纳税义务人与扣缴义务人

一、营业税纳税义务人

1. 总体规定

在中华人民共和国境内提供《营业税暂行条例》规定的劳务（以下简称为应税劳务）、转让无形资产或者销售不动产的单位和个人，为营业税的纳税义务人，应当依照《营业税暂行条例》及其他有关规定交纳营业税。

上述所称单位，是指国有企业、集体企业、私有企业、股份制企业、其他企业和行政单位、事业单位、军事单位、社会团体及其他单位。其中包括在中国境内设立的中外合资经营企业、中外合作经营企业和外资企业，以及在中国境内设立机构、场所，从事生产、经营和虽未设立机构、场所，而有来源于中国境内的所得的外国公司、企业和其他经济组织。

负有营业税纳税义务的单位为发生应税行为并向对方收取货币、货物或其他经济利益的单位，包括独立核算的单位和不独立核算的单位。

上述所称个人，是指个体工商户及其他有经营行为的个人。企业租赁或承包给他人经营的，承租人或承包人为纳税人。

在中华人民共和国境内是指我国有税收行政管辖权的区域。具体情况是指：①所提供的劳务发生在境内；②在境内载运旅客或货物出境；③在境内组织旅客出境旅游；④转让的无形资产在境内使用；⑤所销售的不动产在境内；⑥在境内提供保险劳务。其中，保险劳务是指境内保险机构为境内标的物提供的保险，不包括境内保险机构为出口货物提供的保险；或指境外保险机构以在境内的物品为标的物所提供的保险。

2. 营业税纳税义务人具体规定

在营业税具体征纳过程中，国家税务总局对一些纳税人作出了具体的规定：①中央铁路运营业务的纳税人为铁道部；②合资铁路运营业务的纳税人为合资铁路公司；③地方铁路运营业务的纳税人为地方铁路管理机构，基建临管线运营业务的纳税人为基建临管线管理机构；④从事水路运输、航空运输、管道运输或其他陆路运输业务并负有营业税纳税义务的单位，为从事运输业务并计算盈亏的单位。

二、营业税扣缴义务人

营业税扣缴义务人为：①中华人民共和国境外的单位或者个人在境内提供应税劳务、转让无形资产或者销售不动产，在境内未设有经营机构的，以其境内代理人为扣缴义务人；在境内没有代理人的，以受让方或者购买方为扣缴义务人。②国务院财政、税务主管部门规定的其他扣缴义务人。

在实际的营业税征纳过程中，在一些实际情况中有可能难以确定纳税人，为此有关部门特规定了营业税扣缴义务人。他们分别为：①委托金融机构发放贷款，其应纳税款以受托发放贷款的金融机构为扣缴义务人。②建筑安装业务实行分包或者转包的，其应纳税款以总承包人为扣缴义务人。③境外单位或个人在境内发生应税行为而在境内未设有经营机构的，其应纳税款以代理者为扣缴义务人；没有代理者的，以受让者或购买者为扣缴义务人。④单位或个人进行演出由他人售票的，其应纳税款以售票者为扣缴义务人。⑤分保险业务，其应纳税款以初保人为扣缴义务人。⑥个人转让专利权、非专利技术、商标权、著作权、商誉等除土地使用权外的其他无形资产的，其应纳税款以受让者为扣缴义务人。⑦财政部规定的其他扣缴义务人。

关于扣缴分包人营业税问题。不论签订建设工程施工合同的总承包人是销售自产货物、提供增值税应税劳务并提供建筑业劳务的单位和个人，还是仅销售自产货物、提供增值税应税劳务不提供建筑业劳务的单位和个人，均应当扣缴分包人或转包人（以下简称分包人）的营业税。如果分包人是销售自产货物、提供增值税应税劳务并提供建筑业劳务的单位和个人，总承包人在扣缴建筑业营业税时的营业额为除自产货物、增值税应税劳务以外的价款。除上述以外的分包人，总承包人在扣缴建筑业营业税时的营业额为分包额。

纳税人提供建筑业应税劳务时应按照下列规定确定营业税扣缴义务人：

（1）建筑业工程实行总承包、分包方式的，以总承包人为扣缴义务人。

（2）纳税人提供建筑业应税劳务，符合以下情形之一的，无论工程是否实行分包，税务机关可以建设单位和个人作为营业税的扣缴义务人：①纳税人从事跨地区（包括省、市、县，下同）工程提供建筑业应税劳务的；②纳税人在劳务发生地没有办理税务登记或临时税务登记的。

第二节 营业税税目与税率

一、营业税税目

营业税的税目是按照行业、应税行为的类别来分别设置的，共有 9 个税目。

1. 交通运输业

交通运输业包括陆路运输、水路运输、航空运输、管道运输、装卸运输 5 大类。

（1）陆路运输是指通过陆路（地上或地下）运送货物或旅客的运输业务，包括铁路运输、公路运输、缆车运输、索道运输及其他陆路运输。

（2）水路运输是指通过江、河、湖、川等天然、人工水道或海洋航道运送货物或旅客的运输业务。尽管打捞不是运输业务，但与水路运输有着密切的关系，所以打捞也可以比照水路运输的办法征税。

（3）航空运输是指通过空中航线运送货物或旅客的运输业务。与航空直接有关的通用航空业务、航空地面服务业务也按照航空运输业务征收营业税。

（4）管道运输是指通过管道设施输送气体、液体、固体物资的运输业务。

（5）装卸搬运是指使用装卸搬运工具或人力、畜力将货物在运输工具之间、装卸现场之间或运输工具与装卸现场之间进行装卸和搬运的业务。

对远洋运输企业从事程租、期租业务和航空运输企业从事湿租业务取得的收入，按“交通运输业”税目征收营业税。

2. 建筑业

建筑业是指建筑、安装、修缮、装饰及其他工程作业。

（1）建筑是指新建、改建、扩建各种建筑物、构筑物的工程作业，包括与建筑物相连的各种设备或支柱、操作平台的安装或装设的工程作业，以及各种窑炉和金属结构工程作业在内。

（2）安装是指生产设备、动力设备、起重设备、运输设备、传动设备、医疗实验设备及其他各种设备的装配、安置工程作业，包括与设备相连的工作台、梯子、栏杆的装设工程作业和被安装设备的绝缘、防腐、保温、油漆等工程作业。

（3）修缮是指对建筑物、构筑物进行修补、加固、养护、改善，使之恢复原来的使用价值或延长其使用期限的工程作业。

（4）装饰是指对建筑物、构筑物进行修饰，使之美观或具有特定用途的工程作业。

（5）其他工程作业是指除建筑、安装、修缮、装饰工程作业以外的各种工程作业，如代办电信工程、水利工程、道路修建、疏浚、钻井（打井）、拆除建筑物、平整土地、搭脚手架、爆破等工程作业。

（6）管道煤气集资费（初装费）业务。管道煤气集资费（初装费）用于管道煤气工程建设和技术改造，在报装环节一次性向用户收取的费用。

3. 金融保险业

金融保险业是指经营金融、保险业务。其中金融业务是指经营货币资金融通活动的业务，包括贷款、融资租赁、金融商品转让、金融经纪业和其他金融业务。保险业务是指通过契约形式集中起来的资金用以补偿被保险人的经济利益的活动。

4. 邮电通信业

邮电通信业是指专门办理信息传递的业务，包括邮政、电信业务。其中邮政是指传递实物信息的业务，包括传递函件或包件、邮汇、报刊发行、邮务物品销售、邮政储蓄及其他邮政服务。电信是指用各种电传设备传输电信号而传递信息的业务，包括电报、电传、电话、电话机安装、电信物品销售及其他电信业务。单位和个人从事快递业务按"邮电通信业"税目征收营业税。

电信单位（指电信企业和经电信行政管理部门批准从事电信业务的单位，下同）提供的电信业务（包括基础电信业务和增值电信业务）按"邮电通信业"税目征收营业税。

5. 文化体育业

文化体育业是指经营文化、体育活动的业务，包括文化业务和体育业务。其中，文化业务是指经营文化活动的业务，包括表演、播映、经营游览场所和各种展览、培训活动，举办文学、艺术、科技讲座、讲演、报告会，以及图书馆的图书和资料的借阅业务等。体育业务是指举办各种体育比赛和为体育比赛或体育活动提供场所的业务。

6. 娱乐业

娱乐业是指为娱乐活动提供场所和服务的业务，包括经营歌厅、舞厅、卡拉OK歌舞厅、音乐茶座、台球、高尔夫球、保龄球场、游艺场等娱乐场所，以及娱乐场所为顾客进行娱乐活动提供服务的业务。娱乐场所为顾客提供的饮食服务及其他各种服务也按照娱乐业征税。

单位和个人开办"网吧"取得的收入，按"娱乐业"税目征收营业税。

7. 服务业

服务业是指利用设备、工具、场所、信息或技能为社会提供服务的业务，包括代理业、旅店业、饮食业、旅游业、仓储业、租赁业、广告业和其他服务业。单位和个人在旅游景点经营索道取得的收入按"服务业"税目"旅游业"项目征收营业税。

双方签订承包、租赁合同，将企业或企业部分资产出包、租赁，出包、出租者向承包、承租方收取的承包费、租赁费按"服务业"税目征收营业税。出包方收取的承包费凡同时符合以下三个条件的，属于企业内部分配行为不征收营业税：①承包方以出包方名义对外经营，由出包方承担相关的法律责任；②承包方的经营收支全部纳入出包方的财务会计核算；③出包方与承包方的利益分配是以出包方的利润为基础。

转让公路桥梁收费权取得收入应当按照规定缴纳营业税，按"服务业"税目中的"租赁"项目缴纳营业税。

8. 转让无形资产

转让无形资产是指转让无形资产的所有权或使用权的行为，包括转让土地使用权、转让商标权、转让专利权、转让非专利技术、转让著作权和转让商誉。以无形资产投资入股，参与接受投资方的利润分配、共同承担投资风险的行为，不征营业税。

土地整理储备供应中心（包括土地交易中心）转让土地使用权取得的收入按“转让无形资产”税目中“转让土地使用权”项目征收营业税。

9. 销售不动产

销售不动产是指有偿转让不动产所有权的行为，包括销售建筑物或构筑物和销售其他土地附着物。在销售不动产时连同不动产所占土地的使用权一并转让的行为，比照销售不动产征收营业税。以不动产投资入股，参与接受投资方的利润分配、共同承担投资风险的行为，不征营业税。

单位和个人转让在建项目时，不管是否办理立项人和土地使用人的更名手续，其实质是发生了转让不动产所有权或土地使用权的行为。对于转让在建项目行为应按以下办法征收营业税：

（1）转让已完成土地前期开发或正在进行土地前期开发，但尚未进入施工阶段的在建项目，按“转让无形资产”税目中“转让土地使用权”项目征收营业税。

（2）转让已进入建筑物施工阶段的在建项目，按“销售不动产”税目征收营业税。在建项目是指立项建设但尚未完工的房地产项目或其他建设项目。

二、营业税税率

1. 税率

营业税的税率是根据《营业税暂行条例》等法规确定的，表 4-1 所示为营业税目及其税率。

表 4-1　营业税目及其税率

税目	税率/%
一、交通运输业	3
二、建筑业	3
三、金融保险业	5
四、邮电通讯业	3
五、文化体育业	3
六、娱乐业	5—20
七、服务业	5
八、转让无形资产	5
九、销售不动产	5

注：①从 2001 年 5 月 1 日起，按 20%税率征收营业税的娱乐业范围包括：歌厅、舞厅、卡拉 OK 歌舞厅（包括夜总会、练歌房等）、音乐茶座（包括酒吧）、高尔夫球、游艺（如射击、狩猎、跑马、游戏机、蹦极、卡丁车、热气球、动力伞、射箭、飞镖等）。

②2001 年 1 月 1 日起对个人按市场价格出租的居民住房，其应缴纳的营业税暂按 3%的税率征收。

③从 2004 年 7 月 1 日起，保龄球、台球按 5%税率征收营业税。

④从 2005 年 6 月 1 日起，对公路经营企业收取的高速公路车辆通行费收入统一按 3%税率征收营业税。

2. 征税对象

营业税的征税对象为应税劳务、转让无形资产或者销售不动产。其中，应税劳务是指属于交通运输业、建筑业、金融保险业、邮电通信业、文化体育业、娱乐业、服务业税目征收范围的劳务。转让无形资产或者销售不动产是指有偿转让无形资产或者有偿转让不动产所有权的行为。这里所称有偿，包括取得货币、货物或其他经济利益。转让不动产有限产权或永久使用权，以及单位将不动产无偿赠与他人，视同销售不动产。但单位或个体经营者聘用的员工为本单位或雇主提供应税劳务，不包括在内。单位或个人自己新建（以下简称自建）建筑物后销售，其自建行为视同提供应税劳务。

有下列情形之一者，为在中华人民共和国境内（以下简称境内）提供应税劳务、转让无形资产或者销售不动产；①所提供的劳务发生在境内；②在境内载运旅客或货物出境；③在境内组织旅客出境旅游；④所转让的无形资产在境内使用；⑤所销售的不动产在境内。

有下列情形之一者，为在境内提供劳务：①境内保险机构提供的保险劳务，但境内保险机构为出口货物提供保险除外；②境内保险机构以在境内的物品为标的提供保险劳务。

3. 征收范围的特别规定

(1) 燃气公司和生产、销售货物或提供增值税应税劳务的单位，在销售货物或提供增值税应税劳务时，代有关部门向购买方收取的集资费（包括管道煤气集资款、初装费等）、手续费、代收款等，属于增值税价外收费，应征收增值税，不征收营业税。

(2) 保险企业取得的追偿款不征收营业税。以上所称追偿款，是指发生保险事故后，保险公司按照保险合同的约定向被保险人支付赔款，并从被保险人处取得对保险标的价款进行追偿的权利而追回的价款。

(3)《财政部国家税务总局关于福利彩票有关税收问题的通知》（财税［2002］59号）规定，“福利彩票机构发行销售福利彩票取得的收入不征收营业税”，其中的“福利彩票机构”包括福利彩票销售管理机构和与销售管理机构签有电脑福利彩票投注站代理销售协议书，并直接接受福利彩票销售管理机构的监督、管理的电脑福利彩票投注点。

(4)《财政部、国家税务总局关于对中国出口信用保险公司办理的出口信用保险业务不征收营业税的通知》（财税［2002］157号）规定，“对中国出口信用保险公司办理的出口信用保险业务不征收营业税”，这里的“出口信用保险业务”包括出口信用保险业务和出口信用担保业务。以上所称出口信用担保业务，是指与出口信用保险相关的信用担保业务，包括融资担保（如设计融资担保、项目融资担保、贸易融资担保等）和非融资担保（如投标担保、履约担保、预付款担保等）。

(5) 随汽车销售提供的汽车按揭服务和代办服务业务征收增值税，单独提供按揭、代办服务业务，并不销售汽车的，应征收营业税。

第三节 营业税计税依据

一、计税依据的一般规定

营业税的计税依据是营业额，营业额为营业税纳税人提供应税劳务、转让无形资产或者销售不动产向对方收取的全部价款和价外费用。价外费用包括向对方收取的手续费、基金、集资费、代收款项、代垫款项及其他各种性质的价外收费。凡价外费用，无论会计制度规定如何核算，均应并入营业额计算应纳税额。

二、计税依据的具体规定

下列情形的营业额计算方法规定为：

（1）运输企业自中国境内运输旅客或者货物出境，在境外改由其他企业承运乘客或者货物的，以全程运费减去付给承运企业运费后的余额为营业额。运输企业从事联运业务的营业额为其实际取得的营业额。

（2）旅游企业组织旅游团到中国境外旅游，在境外改由其他旅游企业接团的，或旅游企业组织旅客在境内旅游，改由其他旅游企业接团的，都以全程旅游费减去付给该接团企业的旅游费后的余额为营业额。旅游业务，以全部收费减去为旅游者付给其他单位的食、宿和交通费用后的余额为营业额。

（3）纳税人从事建筑、修缮、装饰工程作业，无论与对方如何结算，其营业额均应包括工程所用原材料及其他物资和动力的价款在内。纳税人从事安装工程作业，凡所安装的设备的价值作为安装工程产值的，其营业额应包括设备的价款在内。

纳税人以签订建设工程施工总包或分包合同（包括建筑、安装、装饰、修缮等工程总包和分包合同，下同）方式开展经营活动时，销售自产货物、提供增值税应税劳务并同时提供建筑业劳务（包括建筑、安装、修缮、装饰、其他工程作业），同时符合以下条件的，对销售自产货物和提供增值税应税劳务取得的收入征收增值税，提供建筑业劳务收入（不包括按规定应征收增值税的自产货物和增值税应税劳务收入）征收营业税：①具备建设行政部门批准的建筑业施工（安装）资质；②签订建设工程施工总包或分包合同中单独注明建筑业劳务价款。凡不同时符合以上条件的，对纳税人取得的全部收入征收增值税，不征收营业税。以上所称建筑业劳务收入，以签订的建设工程施工总包或分包合同上注明的建筑业劳务价款为准。

纳税人通过签订建设工程施工合同，销售自产货物、提供增值税应税劳务的同时，将建筑业劳务分包或转包给其他单位和个人的，对其销售的货物和提供的增值税应税劳务征收增值税；同时，签订建设工程施工总承包合同的单位和个人，应扣缴提供建筑业劳务的单位和个人取得的建筑业劳务收入的营业税。这里所称自产货物是指：①金属结构件：包括活动板房、钢结构房、钢结构产品、金属网架等产品；②铝合金门窗；③玻璃幕墙；④机器设备、电子通讯设备；⑤国家税务总局规定的其他自产货物。

纳税人销售自产货物、提供增值税应税劳务并同时提供建筑业劳务，应向营业税应税劳务发生地地方税务局提供其机构所在地主管国家税务局出具的纳税人属于从事货物生产的单位或个人的证明，营业税应税劳务发生地地方税务局根据纳税人持有的证明按本通知的有关规定征收营业税。

（4）外汇、有价证券、期货买卖业务，以卖出价减去买入价后的余额为营业额。这里所称外汇、有价证券、期货买卖业务，是指金融机构（包括银行和非银行金融机构）从事外汇、有价证券、期货买卖。非金融机构和个人买卖外汇、有价证券或期货，不征收营业税。

（5）保险业实行分保险的，初保业务以全部保费收入减去付给分保人的保费后的余额为营业额。

（6）单位或个人进行演出，以全部票价收入或者包场收入减去付给提供演出场所的单位、演出公司或者经纪人的费用后的余额为营业额。

（7）娱乐业的营业额为经营娱乐业向顾客收取的各项费用，包括门票收费、台位费、点歌费、烟酒和饮料收费及经营娱乐业的其他各项收费。

（8）财政部规定的其他情况。这里所称的其他情形，包括旅游企业组织旅游团在中国境内旅游的，以收取的旅游费减去替旅游者支付给其他单位的房费、餐费、交通门票和其他代付费用后的余额为营业额。

纳税人提供应税劳务、转让无形资产或销售不动产价格明显偏低而无正当理由的，或单位不动产无偿赠与他人，或单位或个人自建建筑物后销售，其自建行为，主管税务机关有权按下列顺序核定其营业额：①按纳税人当月提供的同类应税劳务或者销售的同类不动产的平均价格核定；②按纳税人最近时期提供的同类应税劳务或者销售的同类不动产的平均价格核定；③核定计税价格公式为

计税价格＝营业成本或工程成本 ×（1＋成本利润率）÷（1－营业税税率）

成本利润率分别为：销售不动产、娱乐业、服务业 20%，通电通信业、金融保险业 15%，交通运输业、建筑业、文化体育业、转让无形资产 10%。

（9）营业税纳税人购置税控收款机，经主管税务机关审核批准后，可凭购进税控收款机取得的增值税专用发票，按照发票上注明的增值税税额，抵免当期应纳营业税税额，或者按照购进税控收款机取得的普通发票上注明的价款；计算可抵免税额公式为

可抵免税额 ＝价款÷（1＋17%）× 17%

当期应纳税额不足抵免的，未抵免部分可在下期继续抵免。

第四节　营业税应纳税额的计算

一、计算公式

纳税人提供应税劳务、转让无形资产或者销售不动产，按照营业额和规定的税率计算应纳税额。计算公式为

应纳税额＝营业额×税率

纳税人按外汇结算营业额的，其营业额的人民币折合率可以选择营业额发生的当天或当月 1 日的国家外汇牌价（原则上为中间价）。但金融保险企业营业额的人民币折合率为上年度决算报表确定的汇率。纳税人应在事先确定选择采用何种折合率，确定后 1

年内不得变更。

营业额减除项目支付款项发生在境内的，该减除项目支付款项凭证必须是发票或合法有效凭证；支付给境外的，该减除项目支付款项凭证必须是外汇付汇凭证、外方公司的签收单据或出具的公证证明。

二、关于营业额问题

纳税人的营业额为纳税人提供应税劳务、转让无形资产或者销售不动产收取的全部价款和价外费用。但是，下列情形除外：

（1）纳税人将承揽的运输业务分给其他单位或者个人的，以其取得的全部价款和价外费用扣除其支付给其他单位或者个人的运输费用后的余额为营业额；

（2）纳税人从事旅游业务的，以其取得的全部价款和价外费用扣除替旅游者支付给其他单位或者个人的住宿费、餐费、交通费、旅游景点门票和支付给其他接团旅游企业的旅游费后的余额为营业额；

（3）纳税人将建筑工程分包给其他单位的，以其取得的全部价款和价外费用扣除其支付给其他单位的分包款后的余额为营业额；

（4）外汇、有价证券、期货等金融商品买卖业务，以卖出价减去买入价后的余额为营业额；（其中，买入价依照财务会计制度规定，以股票、债券的购入价减去股票、债券持有期间取得的股票、债券红利收入的余额确定。）

（5）国务院财政、税务主管部门规定的其他情形。

纳税人按照上述规定扣除有关项目，取得的凭证不符合法律、行政法规或者国务院税务主管部门有关规定的，该项目金额不得扣除。

三、关于营业额的具体规定

（1）单位和个人提供营业税应税劳务、转让无形资产和销售不动产发生退款，凡该项退款已征收过营业税的，允许退还已征税款，也可以从纳税人以后的营业额中减除。

（2）单位和个人在提供营业税应税劳务、转让无形资产、销售不动产时，如果将价款与折扣额在同一张发票上注明的，以折扣后的价款为营业额；如果将折扣额另开发票的，不论其在财务上如何处理，均不得从营业额中减除。

电信单位销售的各种有价电话卡，由于其计费系统只能按有价电话卡面值出账并按有价电话卡面值确认收入，不能直接在销售发票上注明折扣折让额，以按面值确认的收入减去当期财务会计上体现的销售折扣折让后的余额为营业额。

（3）单位和个人提供应税劳务、转让无形资产和销售不动产时，因受让方违约而从受让方取得的赔偿金收入，应并入营业额中征收营业税。

（4）单位和个人因财务会计核算办法改变将已缴纳过营业税的预收性质的价款逐期转为营业收入时，允许从营业额中减除。

（5）保险企业已征收过营业税的应收未收保费，凡在财务会计制度规定的核算期限内未收回的，允许从营业额中减除。在会计核算期限以后收回的已冲减的应收未收保费，再并入当期营业额中。

(6) 保险企业开展无赔偿奖励业务的，以向投保人实际收取的保费为营业额。

(7) 中国境内的保险人将其承保的以境内标的物为保险标的的保险业务向境外再保险人办理分保的，以全部保费收入减去分保保费后的余额为营业额。

境外再保险人应就其分保收入承担营业税纳税义务，并由境内保险人扣缴境外再保险人应缴纳的营业税税款。

(8) 金融企业买卖金融商品（包括股票、债券、外汇及其他金融商品，下同），可在同一会计年度末，将不同纳税期出现的正差和负差按同一会计年度汇总的方式计算并缴纳营业税，如果汇总计算应缴的营业税税额小于本年已缴纳的营业税税额，可以向税务机关申请办理退税，但不得将一个会计年度内汇总后仍为负差的部分结转下一会计年度。

(9) 金融企业从事受托收款业务，如代收电话费、水电煤气费、信息费、学杂费、寻呼费、社保统筹费、交通违章罚款、税款等，以全部收入减去支付给委托方价款后的余额为营业额。

(10) 经中国人民银行、外经贸部和国家经贸委批准经营融资租赁业务的单位从事融资租赁业务的，以其向承租者收取的全部价款和价外费用（包括残值）减除出租方承担的出租货物的实际成本后的余额为营业额。

以上所称出租货物的实际成本，包括由出租方承担的货物的购入价、关税、增值税、消费税、运杂费、安装费、保险费和贷款的利息（包括外汇借款和人民币借款利息）。

(11) 劳务公司接受用工单位的委托，为其安排劳动力，凡用工单位将其应支付给劳动力的工资和为劳动力上交的社会保险（包括养老保险金、医疗保险、失业保险、工伤保险等，下同）以及住房公积金统一交给劳务公司代为发放或办理的，以劳务公司从用工单位收取的全部价款减去代收转付给劳动力的工资和为劳动力办理社会保险及住房公积金后的余额为营业额。

(12) 通信线路工程和输送管道工程所使用的电缆、光缆和构成管道工程主体的防腐管段、管件（弯头、三通、冷弯管、绝缘接头）、清管器、收发球筒、机泵、加热炉、金属容器等物品均属于设备，其价值不包括在工程的计税营业额中。

其他建筑安装工程的计税营业额也不应包括设备价值，具体设备名单可由省级地方税务机关根据各自实际情况列举。

(13) 邮政电信单位与其他单位合作，共同为用户提供邮政电信业务及其他服务并由邮政电信单位统一收取价款的，以全部收入减去支付给合作方价款后的余额为营业额。例如，联通分公司与联通新时空分公司联合开展 CDMA 业务计征营业税的营业额为向用户收取的全部收入减去支付给联通新时空分公司价款后的余额。

(14) 中国移动通信集团公司通过手机短信公益特服号“8858”为中国儿童少年基金会接受捐款业务，以全部收入减去支付给中国儿童少年基金会的价款后的余额为营业额。

(15) 从事广告代理业务的，以其全部收入减去支付给其他广告公司或广告发布者（包括媒体、载体）的广告发布费后的余额为营业额。

(16) 从事物业管理的单位，以与物业管理有关的全部收入减去代业主支付的水、电、燃气以及代承租者支付的水、电、燃气、房屋租金的价款后的余额为营业额。

(17) 单位和个人销售或转让其购置的不动产或受让的土地使用权，以全部收入减去不动产或土地使用权的购置或受让原价后的余额为营业额。

单位和个人销售或转让抵债所得的不动产、土地使用权的，以全部收入减去抵债时该项不动产或土地使用权作价后的余额为营业额。

(18) 部分地区的服务性单位接受机关团体企事业单位的委托，将记载有金额的就餐卡提供给委托方的职工，持卡者到服务性单位指定的餐饮企业消费。服务性单位负责将委托方预付的餐费转付给餐饮企业，并向委托方和餐饮企业收取服务费。对此类服务性单位征收营业税问题，规定如下：服务性单位从事的是餐饮中介服务，应按“服务业”税目“代理业”项目征收营业税。根据《国家税务总局关于营业税若干问题的通知》(国税发［1995］76号) 有关代理业的营业额为纳税人从事代理业务实际取得的报酬金额的规定，服务性单位从事餐饮中介服务的营业额为向委托方和餐饮企业实际收取的中介服务费，不包括其代委托方转付的就餐费用。

(19) 纳税人采用清包工形式提供的装饰劳务，按照其向客户实际收取的人工费、管理费和辅助材料费等收入（不含客户自行采购的材料价款和设备价款）确认计税营业额。

上述以清包工形式提供的装饰劳务，是指工程所需的主要原材料和设备由客户自行采购，纳税人只向客户收取人工费、管理费及辅助材料费等费用的装饰劳务。

第五节　几种特殊经营行为的税务处理

营业税是流转税的一种，是在商品生产流通过程中征收的。因此，也有可能如增值税一样，有不同情况出现。如经批准的药店，不但经营药品的销售，而且还有医师坐堂就诊；如长途汽车站不但经营运输业务而且还在车站经营商品零售等。

一、兼有不同税目应税行为

营业税纳税义务人兼有不同税目的应税行为，应当分别计算不同税目的营业额、转让额和销售额；未分别核算的，从高适用税率来计算应纳税额。其中，营业额为从事交通运输业、建筑业、金融保险业、邮电通信业、文化体育业、娱乐业和服务业取得的营业收入；转让额为转让无形资产取得的收入；销售额为销售不动产取得的收入。

二、混合销售行为

一项销售行为如果既涉及应税劳务又涉及货物，也就是说，所销售的对象既涉及增值税的征税范围，又涉及营业税应税项目的销售行为为混合销售行为。从事货物的生产、批发或零售的企业、企业性单位及个体经营者的混合销售行为视为销售货物，不征营业税而征增值税；其他单位和个人的混合销售行为视为提供应税劳务，应当征收营业税。

三、兼营应税劳务与货物或非应税劳务行为

纳税人兼营应税劳务与货物或非应税劳务行为的，应分别核算应税劳务的营业额与货物或非应税劳务的销售额。不分别核算或者不能准确核算的，其应税劳务与货物或非应税劳务一并征收增值税，不征收营业税。如纳税人兼营免税、减税项目的，应当单独核算免税、减税项目的营业额；未单独核算营业额的，不得免税、减税。

四、营业税与增值税征税范围的划分

营业税与增值税都属于流转税范畴，虽然规定得还是比较清楚的，但具体的征税范围有所交叉，如劳务一般情形下是征收营业税的，但提供加工修理修配劳务就征收增值税；销售货物一般情形下是征收增值税的，但转让不动产是征收营业税的。因此在实际操作中会存在一些具体区别的情形，税法为此作了一些具体的规定。

（一）建筑业务征收问题

建设单位和从事建筑安装业务的企业附设的工厂、车间生产的水泥预制构件、其他构件或建筑材料，用于本单位或本企业的建筑工程的，应在移送使用时征收增值税。但对其在建筑现场制作的预制构件，凡直接用于本单位或本企业的建筑工程的，征收营业税，不征收增值税。

（二）邮电业务征收问题

集邮商品（如邮票、首日封、邮折等）的生产、调拨，以及邮政部门以外的其他单位和个人销售集邮商品的，征收增值税；邮政部门（含集邮公司）销售集邮商品，征收营业税。

邮政部门发行报刊，征收营业税；其他单位和个人发行报刊，征收增值税。

电信部门自己销售电信物品，并为客户提供有关的电信劳务服务的，征收营业税；对单纯销售无线寻呼机、移动电话等而不提供有关的电信劳务报务的，征收增值税。

（三）代购代销货物服务业务征收问题

代购代销货物本身的经营活动就是购销货物，在这一经营活动中货物实现了有偿转让，是增值税的征收范围。

营业税对代购代销货物征税，不是针对货物有偿转让这个经营业务过程，而是对代理者为委托方提供的代购代销货物劳务行为所收取的手续费征税。

其他与服务有关的业务征收问题情形还有许多。请参考所附有关文件。

第六节　营业税税收优惠

一、营业税起征点

营业税起征点是指纳税人营业额合计达到起征点。《营业税暂行条例》规定了营业

税的起征点，纳税人营业额未达到财政部规定的营业税起征点的，免征营业税。达到起征点的，依照规定全额计算缴纳营业税。营业税起征点的适用范围限于个人。

营业税起征点幅度规定如下：按期纳税的起征点为月营业额5000—20000元；按次纳税的起征点为每次（日）营业额300—500元；纳税人营业额达到起征点的，应按营业额全额计算应纳税额。省级人民政府所属税务机关应在规定的幅度内，根据实际情况确定本地区适用的起征点。

二、税收优惠规定

1.《营业税暂行条例》规定的免征营业税项目

营业税的免税、减税项目由国务院规定，任何地区部门均不得规定免税、减税项目。《营业税暂行条例》中规定的减、免征项目有：①托儿所、幼儿园、养老院、残疾人福利机构提供的育养服务、婚姻介绍、殡葬服务；②残疾人员个人提供的劳务；③医院诊所和其他医疗机构提供的医疗服务；④学校和其他教育机构提供的教育劳务，学生勤工俭学提供的劳务；⑤农业机耕、排灌、病虫害防治、植保农牧保险以及相关技术培训业务、农禽、牧畜、水生动物的配种和疾病的防治；⑥纪念馆、博物馆、文化馆、美术馆、展览馆、书画院、图书馆、文物保护单位、举办文化活动的门票收入、宗教场所举办文化宗教活动的门票收入；⑦境内保险机构为出口货物提供的保险产品。

2. 国务院规定的其他减免项目

除《营业税暂行条例》规定外，国务院还规定的减免项目包括：

（1）保险公司开展的1年期以上返还性人身保险业务的保费收入免征营业税。返还性人身保险业务是指保期1年以上、到期返还本利的普通人寿保险、养老年金保险、健康保险。

（2）对单位和个人（包括外商投资企业、外商投资设立的研究开发中心、外国企业和外籍个人）从事技术转让、技术开发业务和与之相关的技术咨询、技术服务业务取得的收入，免征营业税。

（3）个人转让著作权，免征营业税。

（4）将土地使用权转让给农业生产者用于农业生产，免征营业税。

（5）工会疗养院（所）可视为“其他医疗机构”，免征营业税。

（6）凡经中央及省级财政部门批准纳入预算管理或财政专户管理的行政事业性收费、基金，无论是行政单位收取的，还是由事业单位收取的，均不征收营业税。

（7）立法机关、司法机关、行政机关的收费，同时具备以下条件的，不征收营业税：①国务院、省级人民政府或其所属财政、物价部门以正式文件允许收费，而且收费标准符合文件规定的；②所收费用由立法机关、司法机关、行政机关自己直接收取的。

（8）社会团体按财政部门或民政部门规定标准收取的会费，不征收营业税。社会团体是指在我国境内经国家社团主管部门批准成立的非营利性的协会，学会、联合会、研究会、基金会、联谊会、促进会、商会等民间群众社会组织。社会团体会费是指社会团体在国家法规、政策许可的范围内，依照社团章程的规定收取的个人会员和团体会员的款额。各党派、共青团、工会、妇联、中科协、青联、台联、侨联收取的党费、会费，比照上述规定执行。

(9) 下岗职工从事社区居民服务业取得的营业收入，3 年内免征营业税。社区居民服务业是指在社区内主要为社区居民提供服务和方便的行业、活动，包括：①家庭清洁卫生服务；②初级卫生保健服务；③婴幼儿看护和教育服务；④残疾儿童教育训练和寄托服务；⑤养老服务；⑥病人看护和幼儿、学生接送服务（不包括出租车接送)；⑦避孕节育咨询；⑧优生优育优教咨询等。

(10) 对民航总局及地区民航管理机构在开展相关业务时收取并纳入预算管理，实行“收支两条线”的以下 8 项费用不征收营业税：①民用航空器国籍登记费；②民用航空器权利登记费；③民航经营活动主体和销售代理企业经营许可证工本费；④民航安全检查许可证工本费；⑤安全检查仪器使用合格证工本费；⑥民航从业人员考试费、执照工本费；⑦航空业务权补偿费；⑧适航审查费。此前已征税款不再退还，未征税款不再补征。以上收费项目，今后凡经财政部、国家发展和改革委员会发文明确调整为服务性收费的，从调整之日起，征收营业税。

(11) 自 2009 年 1 月 1 日至 12 月 31 日，个人将购买不足 2 年的非普通住房对外销售的，全额征收营业税；个人将购买超过 2 年（含 2 年）的非普通住房或者不足 2 年的普通住房对外销售的，按照其销售收入减去购买房屋的价款后的差额征收营业税；个人将购买超过 2 年（含 2 年）的普通住房对外销售的，免征营业税。

(12) 学生公寓租金收入免税。对社会性投资建立为高校学生提供住宿服务，并按规定标准收取租金的学生公寓，其取得的租金收入，免征营业税。

3. 国家还规定的有关行业税收政策

(1) 对于从事国际航空运输业务的外国企业或香港、澳门、台湾企业从我国大陆运载旅客、货物、邮件的运输收入，在国家另有规定之前，应按 4.65％的综合计征率计算征税。

(2) 中国人民保险公司和中国进出口银行办理的出口信用保险业务，不作为境内提供保险，为非应税劳务，不征收营业税。

(3) 人民银行对金融机构的贷款业务，不征收营业税。人民银行对企业贷款或委托金融机构贷款的业务应当征收营业税。

(4) 金融机构往来业务暂不征收营业税。金融机构往来是指金融企业联行、金融企业与人民银行及同业之间的资金往来业务，包括再贴现、转贴现业务取得的收入。

(5) 对电影放映单位放映电影取得的票价收入按收入全额征收营业税后，对电影发行单位向放映单位收取的发行收入不再征收营业税，但对电影发行单位取得的片租收入仍按全额征收营业税。

(6) 对金融机构的出纳长款收入，不征收营业税。

(7) 为了切实减轻个人买卖普通住宅的税收负担，积极启动住房二级市场，对个人购买并居住超过1年的普通住宅，销售时免征营业税；个人购买并居住不足1年的普通住宅，销售时营业税按销售价减去购入原价后的差额计征；个人自建住房，销售时免征营业税。对企业、行政事业单位按房改成本价、标准价出售住房的收入，暂免征营业税。

最后要强调的是，纳税人兼营免税、减税项目的，应当单独核算免税、减税项目的营业额；未单独核算营业额的，不得免税、减税。

（8）股权转让的营业税问题：①以无形资产、不动产投资入股，与接受投资方利润分配，共同承担投资风险的行为，不征收营业税。②对股权转让不征收营业税。例如：按照国务院的要求中国建筑工程总公司正在进行改制。在改制过程中先对拟分离的专业分公司进行资产评估，再按照中介机构的评估净资产额，以一定比例折合为持有改制后独立法人公司股份，其后将持有的股份平价转让给改制后注册成立的专业分公司。中国建筑工程总公司进行的重组改制过程中发生的转让持有股权行为不属于营业税征税范围，不征营业税。

第七节　征收管理

营业税的征收管理，依照《税收征收管理法》及《营业税暂行条例》有关规定执行。营业税由税务机关征收。

一、纳税义务发生时间

营业税的纳税义务发生时间，一般规定为纳税人收讫营业收入款项或者取得索取营业收入款项凭据的当天。

在一些实际操作中，同时规定了对某些项目的纳税义务发生时间：①纳税人转让土地使用权或者销售不动产，采用预收款方式的，其纳税义务发生时间为收到预收款的当天；②纳税人有自建行为的，其自建行为的纳税义务发生时间，为其销售自建建筑物并收讫营业额或者取得索取营业额的凭据的当天；③纳税人将不动产无偿赠与他人，其纳税义务发生时间为不动产所有权转移的当天。

单位和个人提供应税劳务、转让专利权、非专利技术、商标权、著作权和商誉时，向对方收取的预收性质的价款（包括预收款、预付款、预存费用、预收定金等，下同），其营业税纳税义务发生时间以按照财务会计制度的规定，该项预收性质的价款被确认为收入的时间为准。

建筑业纳税人及扣缴义务人应按照下列规定确定建筑业营业税的纳税义务发生时间和扣缴义务发生时间：

（一）纳税义务发生时间

（1）纳税人提供建筑业应税劳务，施工单位与发包单位签订书面合同，如合同明确规定付款（包括提供原材料、动力和其他物资，不含预收工程价款）日期的，按合同规定的付款日期为纳税义务发生时间；合同未明确付款（同上）日期的，其纳税义务发生时间为纳税人收讫营业收入款项或者取得索取营业收入款项凭据的当天。

上述预收工程价款是指工程项目尚未开工时收到的款项。对预收工程价款，其纳税义务发生时间为工程开工后，主管税务机关根据工程形象进度按月确定的纳税义务发生时间。

(2) 纳税人提供建筑业应税劳务，施工单位与发包单位未签订书面合同的，其纳税义务发生时间为纳税人收讫营业收入款项或者取得索取营业收入款项凭据的当天。

(3) 纳税人自建建筑物，其建筑业应税劳务的纳税义务发生时间为纳税人销售自建建筑物并收讫营业收入款项或取得索取营业收入款项凭据的当天。

纳税人将自建建筑物对外赠与，其建筑业应税劳务的纳税义务发生时间为该建筑物产权转移的当天。

（二）扣缴义务发生时间

营业税扣缴义务发生时间为纳税人营业税纳税义务发生的当天。

建设方为扣缴义务人的，其扣缴义务发生时间为扣缴义务人支付工程款的当天；总承包人为扣缴义务人的，其扣缴义务发生时间为扣缴义务人代纳税人收讫营业收入款项或者取得索取营业收入款项凭据的当天。

二、纳税期限

营业税的纳税期限和其他流转税相同，分别为 5 日、10 日、15 日或者 1 个月。金融业（不包括典当业）的纳税期限为一个季度。以 5 日、10 日、15 日为一期纳税的，自期满之日起 5 日内预缴税款，于次月 1 日起 15 日内申报纳税并结清上月应纳税款。纳税人以 1 个月为一期纳税的，自期满之日起 15 日内申报纳税。纳税人的具体纳税期限，由主管税务机关根据纳税人应纳税额的大小分别核定。不能按照固定期限纳税的，可以按次纳税。营业税扣缴义务人的解缴税款期限，比照上述办法执行。

三、纳税地点

(1) 纳税人提供应税劳务应当向其机构所在地或者居住地的主管税务机关申报纳税。但是，纳税人提供的建筑业劳务以及国务院财政、税务主管部门规定的其他应税劳务，应当向应税劳务发生地的主管税务机关申报纳税。

(2) 纳税人转让无形资产应当向其机构所在地或者居住地的主管税务机关申报纳税。但是，纳税人转让、出租土地使用权，应当向土地所在地的主管税务机关申报纳税。

(3) 纳税人销售、出租不动产应当向不动产所在地的主管税务机关申报纳税。扣缴义务人应当向其机构所在地或者居住地的主管税务机关申报缴纳其扣缴的税款。

四、纳税申报

纳税人应当按照《营业税暂行条例》及《税收征管法》的有关规定及时办理纳税申报，并如实填写《营业税纳税申报表》。

纳税人提供建筑业劳务，应按月就其本地和异地提供建筑业应税劳务取得的全部收入向其机构所在地主管税务机关进行纳税申报，就其本地提供建筑业应税劳务取得的收入缴纳营业税；同时，自应申报之月（含当月）起6个月内向机构所在地主管税务机关提供其异地建筑业应税劳务收入的完税凭证，否则，应就其异地提供建筑业应税劳务取得的收入向其机构所在地主管税务机关缴纳营业税。上述本地提供的建筑业应税劳务是指独立核算纳税人在其机构所在地主管税务机关税收管辖范围内提供的建筑业应税劳务；上述异地提供的建筑业应税劳务是指独立核算纳税人在其机构所在地主管税务机关税收管辖范围以外提供的建筑业应税劳务。

营业税例题

一、单项选择题

【例题 4-1】 某县城一加工企业 2004 年 8 月份因进口半成品缴纳增值税 120 万元，销售缴纳增值税 280 万元，本月又出租门面房收到租金 40 万元，该企业本月应缴纳城市维护建设税和教育费附加为（　　）

A. 22.56 万元　　B. 25.6 万元　　C. 28.2 万元　　D. 35.2 万元

（2005 年注册会计师考试单项选择题）

【分析】 280 万元已经是当月所有的销项减去包含进口环节增值税的所有进项后的余额。出租门面房应缴纳营业税＝ 40×5％ ＝ 2（万元）

县城的城建税税率为 5％，

应缴纳城建税和教育费附加＝（280＋2）×（5％＋3％）＝ 22.56（万元）

【参考答案】 A

【例题 4-2】 下列各项中，和营业税有关纳税地点的具体规定的是（　　）

A. 纳税人转让土地使用权，应当向其机构所在地主管税务机关申报纳税

B. 纳税人从事运输业务的，应当向应税劳务发生地的主管税务机关申报纳税

C. 纳税人承包的工程跨省的，应当向其机构所在地的主管税务机关申报纳税

D. 纳税人出租机器设备的，应当向机器设备使用地的主管税务机关申报纳税

（2006 年注册会计师考试单项选择题）

【分析】 纳税人承包的工程跨省的，应当向其机构所在地的主管税务机关申报纳税。

【参考答案】 C

【例题 4-3】 下列各项中，应征收营业税的是（　　）

A. 保险公司取得的追偿款　　B. 转让企业产权取得的收入

C. 金融机构的出纳长款收入　　D. 转让高速公路收费权取得的收入

（2007 年注册会计师考试单项选择题）

【分析】 国税函［1999］145 号《关于转让公路桥梁收费权取得收入征收营业税问题的批复》规定：《营业税暂行条例》第 1 条规定，在我国境内提供应税劳务的单位和个人为营业税的纳税义务人，应当按照规定缴纳营业税。因此，该公司应按“服务业”税目中的“租赁”项目缴纳营业税。

【参考答案】 D

【例题 4-4】 下列各项中，关于营业税纳税地点表述正确的是（　　）

A. 单位出租设备的应向设备使用地主管税务机关申报纳税

B. 航空公司所属分公司应向其总公司所在地主管税务机关申报纳税

C. 电信单位提供电信劳务应向其机构所在地主管税务机关申报纳税

D. 纳税人承包跨省工程的应向其劳务发生地主管税务机关申报纳税

（2007 年注册会计师考试单项选择题）

【分析】 根据规定，在我国境内的电信单位提供电信业务的营业税纳税地点为电信单位机构所在地。

【参考答案】 C

【例题 4-5】 下列各项中，符合营业税计税依据规定的是（　　）

A. 远洋运输企业从事程租业务以实际收取租赁费为计税依据

B. 纳税人从事无船承运业务应以其向委托人收取的全部价款和价外费用为计税依据

C. 远洋运输企业从事期租业务以实际收取租赁费扣除发生的固定费用的余额为计税依据

D. 运输企业从事联运业务以实际收取营业额扣除支付给其他企业款项后的余额为计税依据

（2008 年注册会计师考试税法试题单项选择题）

【分析】 纳税人从事无船承运业务，以其向委托人收取的全部价款和价外费用扣除其支付的海运费以及报关、港杂、装卸费用后的余额为计税营业额申报缴纳营业税。选项 B 没有把有关费用扣除。而期租业务均按天向承租方收取租赁费，发生的固定费用（如人员工资、维修费用等）均由船东负担的业务。而选项 C 却把发生的固定费用作了扣除。所称运输企业从事联运业务，以实际取得的营业额为计税依据。而选项 D 却扣除了支付给其他企业款项。只有选项 A 符合营业税计税依据的规定。这里所称的程租业务，是指远洋运输企业为租船人完成某一特定航次的运输任务并收取租赁费的业务。

【参考答案】 A

【例题 4-6】 张先生 2009 年 6 月份销售一套普通住房取得销售收入 120 万元。该住房系张先生于 2008 年 12 月份购买取得，取得的购房发票上注明的房屋价款为 90 万元。张先生销售住房应缴纳的营业税为（　　）

A. 1.5 万元　　B. 2.7 万元　　C. 4.5 万元　　D. 6 万元

（2009 年注册会计师考试单项选择题）

【分析】 自 1909 年 1 月 1 日至 12 月 31 日，个人将购买超过 2 年（含 2 年）的非普通住房或者不足 2 年的普通住房对外销售的，按销售收入减去购买房屋的价款后的差额征收营业税；个人将购买超过 2 年（含 2 年）的普通住房对外销售的，免征营业税。

因此，张先生销售住房应缴纳的营业税＝（120－90）×5％＝1.5（万元）

【参考答案】 A

【例题 4-7】 保险公司取得的下列收入，应征营业税的是（　　）。

A. 出纳长款收入 B. 保险追偿款收入 C. 财产保险费收入 D. 出口信用保险收入

（2010 年注册会计师考试单项选择题）

【分析】 出纳人员每天要收付多笔现金，当日结账难免会出现账实不符。所谓长款收入是指现金实存数大于账面数即为长款。而现金实存数小于账面数即为短款。为些，不能把一时的长款视同收入或营业额，也不能把一时的短款视为损失。因此，长款不征收营业税。《关于转发＜国务院关于调整金融业税收政策有关问题的通知＞的通知》（财税〔1997〕45 号）规定，对金融机构的出纳长款收入，不征收营业税。故选项 A 不选。根据规定，保险企业取得的追偿款不征收营业税，故选项 B 不选。出口信用保险是国家为了推动本国的出口贸易，保障出口企业的收汇安全而制定的一项由国家财政提供保险准备金的非赢利性的政策性保险业务。故其收入不征收营业税。选项 D 不选。财产保险费收入是保险业的主业，征收营业税。

【参考答案】 C

【例题 4-8】 下列各项中，属于营业税应税劳务的是（　　）。

A. 修理机器　B. 修缮房屋　C. 修复古董　D. 裁剪服装

（2011 年注册会计师考试单项选择题）

【分析】 修缮房屋属于建筑业劳务，征收营业税。

【参考答案】 B

【例题 4-9】 某物业管理公司负责某商场的物业管理，该公司 2010 年 7 月份共向商场收取费用 100 万元，其中：清洁费 45 万元、绿化费 25 万元、代商场支付电费 20 万元、水费 10 万元。该物业公司 7 月份应交营业税（　　）。

A. 2.5 万元　B. 2.75 万元　C. 3.5 万元　D. 5 万元

（2011 年注册会计师考试单项选择题）

【分析】 代商场支付的水电费是免交营业税的，所以物业公司应交的营业税是（45＋25）×5%＝3.5（万元）。

【参考答案】 C

二、多项选择题

【例题 4-10】 下列各项中，应计入营业税计税依据的有（　　）

A. 建筑工程所使用的建筑材料价款

B. 通讯线路工程所使用的电缆、电线等设备价款

C. 修缮工程所耗用的原材料及其他物资和能源动力价款

D. 清包工形式提供装饰劳务的，其装饰工程所用原材料价款

（2007 年注册会计师考试多项选择题）

【分析】 纳税人从事建筑、修缮、装饰工程作业，无论与对方如何结算，其营业额均应包括工程所用原材料及其他物资和动力的价款在内。

通讯线路工程和输送管道工程所使用的电缆、电线等，不计入营业额中。

纳税人采用清包工形式提供的装饰劳务，按照其向客户实际收取的人工费、管理费

和辅助材料费等收入（不含客户自行采购的材料价款和设备价款）确认计税营业额。

【参考答案】 A C

【例题 4-11】 下列各项中，符合营业税法有关征收管理规定的有（　　）

A. 保险业的营业税纳税期限为一个月

B. 典当业的营业税纳税期限为一个季度

C. 非金融企业从事金融业务的营业税纳税期限为一个月

D. 营业税纳税人不能按照固定期限纳税的可以按次纳税

（2008 年注册会计师考试多项选择题）

【分析】 金融业（不包括典当业）的纳税期限为一个季度其他纳税人从事金融业务应按月申报纳税。而典当业的营业税纳税期限为一个月。不能按照固定期限纳税的，可以按次纳税。

【参考答案】 A C D

【例题 4-12】 下列各项中，应当征收营业税的有（　　）

A. 境外保险公司为境内的机器设备提供保险

B. 境内石油公司销售位于中国境外的不动产

C. 境内高科技公司将某项专利权转让给境外公司

D. 境外房地产公司转让境内某宗土地的土地使用权

（2009 年注册会计师考试多项选择题）

【分析】 境内企业销售境外的不动产，不属于我国的营业税征税范围；境内公司将专利权转让给境外公司，不征收营业税。

【参考答案】 A D

【例题 4-13】 下列各项业务所取得的收入中，应按“服务业”征收营业税的有（　　）。

A. 搬家公司从事的搬家业务　B. 航空公司从事的干租业务

C. 远洋运输公司从事的光租业务　D. 远洋运输公司从事的程租业务

（2010 年注册会计师考试多项选择题）

【分析】 根据规定，搬家、程租属于交通运输业税目的征收范围。所以选项 AD 不选。**【参考答案】** B C

【例题 4-14】 下列各项经营行为所取得的收人中，应征收营业税的有（　　）。

A. 国内某航空公司从美国载客入境取得的收入

B. 美国某航空公司从上海载货出境取得的收入

C. 在京某外国商会为会员提供培训服务取得的收入

D. 国内某保险公司为出口货物提供保险取得的收入

（2011 年注册会计师考试多项选择题）

【分析】 境内单位或者个人提供的国际运输劳务免征营业税，所以 A 不选。境内保险机构为出口业务信用保险，不作为境内提供保险，为非应税劳务，不征收营业税，D 不选。

【参考答案】 B C

三、计算题

【例题 4-15】 某市一娱乐公司 2004 年 1 月 1 日开业，经营范围包括娱乐、餐饮及其他服务，当年收入情况如下：

（1）门票收入 220 万元，歌舞厅收入 400 万元，游戏厅收入 100 万元；

（2）保龄球馆自 7 月 1 日开馆，至当年年底取得收入 120 万元；

（3）美容美发、中医按摩收入 150 万元；

（4）非独立核算的小卖部销售收入 60 万元；

（5）餐饮收入 600 万元（其中包括销售自制的 180 吨啤酒所取得的收入）；

（6）与某公司签订租赁协议书，将部分空闲的歌舞厅出租，分别取得租金 76 万元、赔偿金 4 万元；

（7）派出 5 名员工赴国外提供中医按摩服务取得收入 70 万元；

（8）经批准从事代销福利彩票业务取得手续费 10 万元。

（注：除税法统一规定的特殊项目外，该公司所在地规定，其他娱乐业项目的营业税税率为 5%）

要求：按下列顺序回答问题，每问均为共计金额。

（1）计算娱乐公司当年应缴纳的营业税；

（2）计算娱乐公司当年应缴纳的消费税；

（3）计算娱乐公司当年应缴纳的城市维护建设税；

（4）计算娱乐公司当年应缴纳的教育费附加。

（2005 年注册会计师考试计算题）

【参考答案】

（1）①门票收入应缴纳的营业税：220×5%＝11（万元）

（注：该公司主营娱乐业，门票收入按娱乐业税目计征，税率为 20%）

歌舞厅收入应缴纳的营业税：400×20%＝80（万元）

游戏厅收入应缴纳的营业税：100×20%＝20（万元）

②保龄球收入应缴纳的营业税：120×5%＝6（万元）

③美容美发、中医按摩收入应缴纳的营业税：150×5%＝7.5（万元）

④非独立核算小卖部缴纳营业税。

应缴纳的营业税：60×5%＝3（万元）

⑤餐饮收入应缴纳的营业税：600×5%＝30（万元）

（注：销售自制的 180 吨啤酒所取得的收入属于营业税的混合销售行为，征收营业税。）

⑥将部分空闲的歌舞厅出租应缴纳的营业税：（76＋4）×5%＝4（万元）

⑦赴国外提供中医按摩服务取得收入属于境外发生的劳务，不是营业税的征收范围。

⑧代销福利彩票业务手续费收入应缴纳的营业税：10×5%＝0.5（万元）

该娱乐公司当年应缴纳的营业税合计：

11＋80＋20＋6＋7.5＋3＋30＋4＋0.5＝162（万元）

（2）该娱乐公司销售自制啤酒应缴纳的消费税：

180×250÷10 000＝4.5（万元）

（3）该娱乐公司当年应缴纳的城市维护建设城建税：

（162＋4.5）×7％＝ 11.655（万元）

（4）该娱乐公司当年应缴纳的教育费附加：

（162＋4.5）×3％＝ 4.995（万元）

【例题 4-16】 某旅游开发有限公司 2006 年 8 月发生有关业务及收入如下：

（1）旅游景点门票收入 650 万元；

（2）景区索道客运收入 380 万元；

（3）民俗文化村项目表演收入 120 万元；

（4）与甲企业签订合作经营协议；以景区内价值 2 000 万元的房产使用权与甲企业合作经营景区酒店（房屋产权仍属公司所有），按照约定旅游公司每月收取 20 万元的固定收入；

（5）与乙企业签订协议，准予其生产的旅游产品进入公司非独立核算的商店（增值税小规模纳税人）销售，一次性收取进场费 10 万元，当月该产品销售收入 30 万元，开具旅游公司普通发票；

（6）处理已使用过的旧车一批，其中机动车 1 辆，原值 15 万元，售价 5 万元；电动观光车 10 辆，原值 4.2 万元/辆，售价 0.8 万元/辆。

要求：根据上述资料，按下列序号回答问题，每问需计算出合计数。

（1）计算门票收入应缴纳的营业税；

（2）计算索道客运收入应缴纳的营业税；

（3）计算民俗文化村表演收入应缴纳的营业税；

（4）计算合作经营酒店收入应缴纳的营业税；

（5）计算商店应缴纳的营业税；

（6）计算商店应缴纳的增值税；

（7）计算旧车处理应缴纳的增值税。

（2007 年注册会计师考试计算题）

【分析】 门票收入、表演为“文化体育”税目，索道、合作经营酒店为“服务业”税目。

【参考答案】

（1）门票收入应缴纳的营业税＝650×3％＝19.5（万元）（文化体育业）

（2）索道客运收入应缴纳的营业税＝380×5％＝19（万元）（服务业）

（3）表演收入应缴纳的营业税＝120×3％＝3.6（万元）（文化体育业）

（4）合作经营酒店应纳营业税＝20×5％＝1（万元）（服务业）

（5）商店应纳营业税＝10×5％＝0.5（万元）

（6）商店应纳增值税＝30÷（1＋4％）×4％≈1.15（万元）

（7）售价低于原值，免征增值税。

【例题 4-17】 某服务公司主要从事人力资源中介服务，2009 年 2 月份发生以下业务：

（1）接受某用工单位的委托安排劳动力，取得该单位支付的价款共计 50 万元。其中，40 万元用于支付劳动力的工资和社会保险费，2 万元用于支付劳动力的住房公积金。

（2）提供人力资源咨询服务取得收入 40 万元。

（3）提供会议服务取得收入 30 万元。

（4）在中国境内接受境外企业的远程业务指导（境外企业未派人来华），支付费用 20 万元。

（5）借款给某单位，按同期银行贷款利率收取资金占用费 10 万元。

（6）转让接受抵债所得的一处房产，取得收入 800 万元。抵债时该房产作价 500 万元。

要求：根据上述资料，按照下列序号计算回答问题，每问需计算出合计数。

（1）计算受托安排劳动力业务应缴纳的营业税。

（2）计算提供人力资源咨询服务应缴纳的营业税。

（3）计算提供会议服务应缴纳的营业税。

（4）计算接受境外企业远程业务指导所付费用应代扣代缴的营业税。

（5）计算收取的资金占用费应缴纳的营业税。

（6）计算转让房产应缴纳的营业税。

（2009 年注册会计师考试计算题）

【参考答案】

（1）计算受托安排劳动力业务应缴纳的营业税＝（50－40－2）×5％＝0.4（万元）

（2）计算提供人力资源咨询服务应缴纳的营业税＝40×5％＝2（万元）

（3）计算提供会议服务应缴纳的营业税＝30×5％＝1.5（万元）

（4）计算接受境外企业远程业务指导所付费用应代扣代缴的营业税＝20×5％＝1（万元）

（5）计算收取的资金占用费应缴纳的营业税＝10×5％＝0.5（万元）

（6）计算转让房产应缴纳的营业税＝（800－500）×5％＝15（万元）

【例题 4-18】 某知名财经网站，具有增值电信业务经营资质，2010 年 3 月发生以下业务：

（1）开展“金牌理财师”远程培训业务，取得培训费收入 130 万元，并向学员配套培训教材取得收入 70 万元。

（2）发布网络广告，取得广告收入 5000 万元，其中支付某动漫设计室设计费 1000 万元。

（3）自行开发的“钱通”证券分析软件已完成国家版权局的登记手续，转让著作权给香港某证券研究机构，获得转让收入 200 万元。

（4）2009 年度上市公司财经信息数据库光盘 10000 张，每张售价 1000 元：光盘交付使用后通过网络为客户提供远程技术支持，另取技术服务费 100 万元。要求根据以上资料，按以下顺序回答问题，每问需计算出合计数。

（1）计算远程培训及教材业务应缴纳的营业税。

（2）计算网络广告业务应缴纳的营业税。

（3）计算软件转让业务应缴纳的营业税。

（4）计算远程技术支持业务应缴纳的营业税。（2010 年注册会计师考试计算分析题）

【分析】 本题的一个主要问题是，营业税税率的掌握。

【参考答案】

（1）计算远程培训及配套培训教材业务应缴纳的营业税＝（130＋70）×3%＝6（万元）

（2）计算网络广告业务应缴纳的营业税＝5000×5%＝250（万元）

（3）计算软件转让转让著作权业务应缴纳的营业税＝200×5%＝10（万元）

（4）计算远程技术支持业务应缴纳的营业税＝100×5%＝5（万元）

【例题 4-19】 甲企业为高尔夫球及球具生产厂家，是增值税一般纳税人，2010 年 10 月发生以下业务：

（1）购进一批 PU 材料，增值税专用发票注明价款 10 万元、增值税款 1.7 万元，委托乙企业将其加工成 100 个高尔夫球包，支付加工费 2 万元、增值税税款 0.34 万元；乙企业当月销售同类球包不含税销售价格为 0.25 万元/个。

（2）将委托加工收回的球包批发给代理商，收到不含税价款 28 万元。

（3）购进一批碳素材料、钛合金，增值税专用发票注明价款 150 万元、增值税税款 25.5 万元，委托丙企业将其加工成高尔夫球杆，支付加工费用 30 万元、增值税税款 5.1 万元。

（4）委托加工收回的高尔夫球杆的 80%当月已经销售，收到不含税款 300 万元，尚有 20%留存仓库。

（5）主管税务机关在 11 月初对甲企业进行税务检查时发现，乙企业已经履行了代收代缴消费税义务，丙企业未履行代收代缴消费税义务。

（其他相关资料：高尔夫球及球具消费税税率为 10%，以上取得的增值税专用发票均已通过主管税务机关认证）

要求：根据上述资料，按序号回答下列问题，如有计算，每问需要计算出合计数。

（1）计算乙企业应已代收代缴的消费税。

（2）计算甲企业批发球包应缴纳的消费税。

（3）计算甲企业销售高尔夫球杆应缴纳的消费税。

（4）计算甲企业留存仓库的高尔夫球杆应缴纳的消费税。

（5）计算甲企业当月应缴纳的增值税。

（6）主管税务机关对丙企业未代收代缴消费税的行为应如何处理？

（2011 年注册会计师考试计算回答题）

【参考答案】

（1）**【分析】**委托加工的应税消费品，按照受托方的同类消费品的销售价格计算纳税。

乙企业应代收代缴的消费税＝0.25×100×10％＝2.5（万元）

（2）**【分析】**委托加工收回的高尔夫球包已经在委托加工环节缴纳了消费税，甲企业用于批发销售不用再缴纳消费税。

（3）**【分析】**由于没有说明，丙企业是否代收代缴了消费税，故甲企业销售高尔夫球杆应缴纳消费税。

甲企业销售高尔夫球杆应缴纳的消费税＝300×10％＝30（万元）

（4）**【分析】**尚存的球杆，因没有说明丙企业有无同类消费品销售价格，故按组成计税价格来进行计算。

甲企业留存仓库的高尔夫球杆应缴纳的消费税

＝（150＋30）÷（1－10％）×10％×20％＝4（万元）

（5）

进项税额＝1.7＋0.34＋25.5＋5.1＝32.64（万元）

销项税额＝28×17％＋300×17％＝55.76（万元）

应纳增值税＝55.76－32.64＝23.12（万元）

（6）**【分析】**

丙企业未代收代缴消费税，主管税务机关应处以丙企业应代收代缴的消费税50％以上3倍以下的罚款。

第五章　城市维护建设税法

城市维护建设税（urban maintenance and construction tax，以下简称城建税）是国家对缴纳增值税、消费税、营业税的单位和个人就其实际缴纳的增值税、消费税、营业税税额为计税依据而征收的一种税。城建税属于特定目的税，是国家为加强城市的维护建设，扩大和稳定城市维护建设资金的来源而采取的一项税收措施。

城建税法是指国家制定的规范和调整城建税征收与缴纳权利义务有关的法律规范总称。除 1985 年 2 月 8 日国务院制定的《中华人民共和国城市维护建设税暂行条例》（以下简称《城市维护建设税暂行条例》）以外，财政部、国家税务总局制定的部颁规章也是城建税法的组成部分。如《财政部关于铁道部缴纳城市维护建设税的特案规定》、《财政部税务总局关于跨省油田和管道局缴纳城市维护建设税问题的答复》等。

第一节　城建税纳税义务人和税率

一、城建税纳税义务人

凡缴纳增值税、消费税、营业税（以下简称“三税”）的单位和个人，都是城建税的纳税义务人（以下简称纳税人），都应当依照《城市维护建设税暂行条例》的规定缴纳城建税。

城建税纳税人包括单位和个人。“单位”是指国有企业、集体企业、私有企业、股份制企业、其他企业和行政单位、事业单位、军事单位、社会团体及其他单位。从我国增值税、消费税和营业税的规定来讲，这三种税的纳税义务人包括在中国境内设立的中外合资经营企业、中外合作经营企业和外资企业，以及在中国境内设立机构、场所，从事生产、经营和虽未设立机构、场所，而有来源于中国境内的所得的外国公司、企业和其他经济组织。“个人”是指个体经营者及其他个人，包括中国公民和外国公民。自 2010 年 12 月 1 日起，外商投资企业、外国企业及外籍个人适用国务院 1985 年发布的《中华人民共和国城市维护建设税暂行条例》和 1986 年发布的《征收教育费附加的暂行规定》。

增值税、消费税、营业税的代扣代缴、代收代缴义务人同时也是城市维护建设税的代扣代缴、代收代缴义务人。

进口货物的单位和个人对其进口的货物应缴纳增值税（有的还要缴纳消费税），但不缴纳城建税。

二、城建税的税率

城建税的税率是指纳税人应缴纳的城建税税额与纳税人实际缴纳的“三税”税额之间的比率，根据增值税、消费税、营业税纳税人所在地的不同规定了三档地区差别比例税率。见表 5-1。

表 5-1 城建税税率

实行的税率/%	纳税人所在地
7	纳税人所在地在市区
5	纳税人所在地在县城、建制镇
1	纳税人所在地不在市区、县城或建制镇

一般情形下，城建税适用的税率应当是按纳税人所在地的规定税率来执行。但也有例外，下列情形可按缴纳“三税”所在地的规定税率就地缴纳城建税：①由受托方代征代扣“三税”的单位和个人，其代征代扣的城建税按受托方所在地适用税率执行；②流动经营等无固定纳税地点的单位和个人，在经营地缴纳“三税”的，其城建税的缴纳按经营地适用税率执行。

第二节 城建税计税依据和应纳税额的计算

一、城建税的计税依据

城建税的计税依据是纳税人实际应缴纳的“三税”税额，不包括非税款项目。

在此，有几个问题要引起重视：

（1）城建税的计税依据仅为增值税、消费税、营业税三种税税额的总和，而不包括纳税人违反有关税法规定而必须上缴的滞纳金和罚款。这是因为滞纳金和罚款是税务机关对纳税人违法行为的经济制裁，不能作为城建税的计税依据。要注意的是，纳税人在被查处增值税、消费税、营业税有关偷税行为时，除要补缴这三种税及给予的罚款外，同时也要对其联动的城建税进行补税和罚款。

（2）城建税以增值税、消费税、营业税三种税的税额为计税依据并同时缴纳，因此增值税、消费税、营业税免征或减征则城建税也同时免征或减征。

（3）但对出口产品退还增值税、消费税的，不退还已缴纳的城建税。进口产品需征收“三税”，但不征收城建税。即进口不征，出口不退。

二、城建税应纳税额的计算

城建税，以纳税人实际缴纳的“三税”税额为计税依据，分别与增值税、消费税、营业税同时缴纳。其计算公式为

应纳城建税税额＝纳税人实际缴纳的增值税、消费税、营业税税额×适用税率

第三节 城建税税收优惠、征收管理与纳税申报

一、城建税税收优惠

原则上，城建税不单独减免的。但因该税属于附加税性质，当主税的增值税、消费税、营业税减免时，城建税也相应发生税收减免。城建税税收减免的有以下几种情形：

（1）随同增值税、消费税、营业税的减免而城建税也减免，即城建税根据增值税、

消费税、营业税减免后所实际缴纳的税额来计征。

（2）增值税、消费税、营业税因减免而“退库”时，城建税也同时“退库”。

（3）对于个别缴纳城建税确有困难的企业和个人，由市县人民政府审批，酌情给予减免照顾。省、自治区、直辖市人民政府可以根据《城市维护建设税暂行条例》制定实施细则，并送财政部备案。

（4）进口产品需征收“三税”，但不征收城建税。

（5）到2005年12月31日前，对机关服务中心为机关内部提供的后勤服务所取得的收入暂免征收城建税。

二、城建税纳税环节和纳税地点

城建税的纳税环节与实际缴纳的增值税、消费税、营业税的纳税环节一样。

同样地，城建税也和增值税、消费税、营业税的纳税地点一样，缴纳增值税、消费税、营业税的纳税地点也是缴纳城建税的纳税地点。但属于下列情况的，纳税地点为：

（1）代征代扣增值税、消费税、营业税的单位和个人，城建税的纳税地点在代征代扣地。

（2）跨省开采的油田，下属生产单位与核算单位不在一个省内的，按照现行税法规定，对其生产的原油，在油井所在地缴纳产品税。应纳的税款，由核算单位按照各油井的产量和规定的税率，计算汇拨。同样，各油井应纳的城建税，应由核算单位计算，随同产品税一并汇拨油井所在地，由油井在缴纳产品税的同时，一并缴纳城建税。

（3）对管道局输油部分的收入，按照税法规定，由取得收入的各管理局在所在地缴纳营业税。因此，其应纳的城建税，亦由取得收入的各管理局在所在地缴纳，不能按管道局所属单位在各省市的人数向各省市缴纳。

（4）对流动经营等无固定纳税地点的单位和个人，应随同增值税、消费税、营业税在经营地按适用税率缴纳。

三、纳税期限和纳税申报

城建税的纳税期限和增值税、消费税、营业税的纳税期限相一致。根据增值税法和消费税法规定，增值税、消费税的纳税期限均分别为1日、3日、5日、10日、15日或1个月。营业税的纳税期限为5日、10日、15日或1个月。纳税义务人的增值税、消费税、营业税的具体纳税期限，由主管税务机关根据纳税人应纳税额的大小分别核定，不能按照固定期限纳税的，可以按次纳税。

在纳税申报方面，城建税纳税义务人应当按照有关规定及时办理纳税申报，并如实填写《城市维护建设税纳税申报表》。

城建税例题

一、单项选择题

【例题 5-1】 下列各项中，符合城市维护建设税相关规定的是（　　）

A. 跨省开采的油田应按照油井所在地适用税率缴纳城市维护建设税

B. 营业税纳税人跨省承包工程应按劳务发生地适用税率缴纳城市维护建设税

C. 流动经营的单位应随同缴纳“三税”的经营地的适用税率缴纳城市维护建设税

D. 代扣代缴的城市维护建设税应按照被扣缴纳税人所在地适用税率缴纳城市维护建设税

（2008 年注册会计师考试单项选择题）

【分析】 选项 A，跨省开采的应当选择核算地的税率。

纳税人从事跨省工程的，应向其机构所在地主管地方税务机关申报纳税。代扣代缴、代收代缴的城建税按受托方（扣缴方）所在地适用税率执行。

【参考答案】 C

【例题 5-2】 位于市区的某企业 2009 年 3 月份共缴纳增值税、消费税和关税 562 万元，其中关税 102 万元，进口环节缴纳的增值税和消费税 260 万元。该企业 3 月份应缴纳的城市维护建设税为（　　）

A. 14 万元　　B. 18.2 万元　　C. 32.2 万元　　D. 39.34 万元

（2009 年注册会计师考试单项选择题）

【分析】 城建税的计税依据不包括关税以及进口环节的增值税和消费税。

应缴纳的城建税税额＝（562－102－260）×7％＝14（万元）

【参考答案】 A

【例题 5-3】 位于市区的某内资生产企业为增值税一般纳税人，经营内销与出口业务。2010 年 4 月份实际缴纳增值税 40 万元，出口货物免抵税额 5 万元。另外，进口货物缴纳增值税 17 万元、消费税 30 万元。该企业 4 月份应缴纳的城市维护建设税为（　　）。

A. 2.8 万元　B. 3.15 万元　C. 4.6 万元　D. 6.09 万元

（2010 年注册会计师考试单项选择题）

【分析】 对出口免抵税额的不退还已缴纳的城建税，应缴纳的城市维护建设税＝（40＋5）×7％＝3. 15（万元）。

【参考答案】 B

【例题 5-4】 位于某市甲地板厂为外商投资企业，2010 年 8 月份购进一批木材，取得增值税发票注明不含税价格 80 0000 元，当月委托位于县城的乙工厂加工成实木地板，支付不含税加工费 150 000 元。乙工厂 11 月份交付 50％实本地板，12 月份完工交付剩余部分。已知实木地板消费税税率为 5％，乙工厂应代收代缴城市维护建设税（　　）。

A. 1250 元　B. 1750 元　C. 2500 元　D. 3500 元

（2011 年注册会计师考试单项选择题）

【分析】 自 2010 年 12 月 1 日起，对外商投资企业、外国企业及外籍个人征收城市维护建设税。即 12 月份前的部分不用缴纳。

代收代缴城市维护建设税：(800000＋150000)÷(1－5％)×5％×5％÷2＝1250(元)

【参考答案】 A

二、多项选择题

【例题 5-5】 下列各项中，符合城市维护建设税计税依据规定的有（　　）

A. 偷逃营业税而被查补的税款　　B. 偷逃消费税而加收的滞纳金

C. 出口货物免抵的增值税税额　　D. 出口产品征收的消费税税额

（2007 年注册会计师多项选择题）

【分析】 增值税、营业税和消费税的罚款和滞纳金不能作为城建税的计税依据。

【参考答案】 A C D

【例题 5-6】 位于市区的某自营业出口生产企业，2007 年 6 月增值税应纳税额为－280 万元，出口货物的“免抵退”税额为 400 万元；企业将其自行研发的动力节约技术转让给一家科技开发公司，获得转让收入 80 万元。下列各项中，符合税法相关规定的有（　　）

A. 该企业应缴纳的营业税 4 万元

B. 应退该企业增值税税额为 280 万元

C. 该企业应缴纳的教育费附加为 8.52 万元

D. 该企业应缴纳的城市维护建设税为 8.4 万元

（2008 年注册会计师考试多项选择题）

【分析】 对单位和个人从事技术转让、技术开发业务和与之相关的技术咨询、技术服务业务取得的收入，免征营业税。应缴纳的城建税＝（400－280）×7%＝8.4（万元）

【参考答案】 B D

【例题 5-7】 下列关于城市维护建设税的表述中，正确的有（　　）

A. 城市维护建设税适用于外商投资企业

B. 城市维护建设税的纳税环节就是纳税人缴纳“三税”的环节

C. 城市维护建设税实行地区差别比例税率，设置了 7%、5%和 1%三档税率

D. 城市维护建设税按实际缴纳的“三税”税额计征，随“三税”的法定减免而减免

（2009 年注册会计师考试多项选择题）

【分析】 外商投资企业不属于城建税纳税义务人。

【参考答案】 B C D

【例题 5-8】 下列关于城市维护建设税纳税地点的表述中，正确的有（　　）。

A. 无固定纳税地点的个人，为户籍所在地

B. 代收代缴“三税”的单位，为税款代收地

C. 代扣代缴“三税”的个人，为税款代扣地

D. 取得管道输油收入的单位，为管道机构所在地

（2010 年注册会计师考试多项选择题）

【分析】 对流动经营等无固定纳税地点的单位和个人，应随同增值税、消费税、营业税在经营地按适用税率缴纳。故选项 A 不选。

【参考答案】 B C D

【例题 5-9】 下列各项中，符合城市维护建设税征收管理规定的有（　　）。

A. 海关对进口产品代征增值税时，应同时代征城市维护建设税

B. 对增值税实行先征后返的，应同时返还附征的城市维护建设税

C. 对出口产品退还增值税的，不退还已经缴纳的城市建设税

D. 纳税人延迟缴纳增值税而加收的滞纳金，不作为城市维护建设税的计税依据

（2011 年注册会计师考试多项选择题）

【分析】 根据规定，城市维护建设税是进口不征、出口不退的；对“三税”实行先征后返、先征后退、即征即退办法的，除另有规定外，对随“三税”附征的城市维护建设税和教育费附加，一律不退（返）还。故选项 AB 不选。

【参考答案】 C D

三、计算题

【例题 5-10】 地处县城的某建筑工程公司具备建筑业施工（安装）资质，2005 年发生经营业务如下：

（1）总承包一项工程，承包合同记载总承包额 9 000 万元，其中建筑劳务费3 000万元，建筑、装饰材料 6 000 万元。又将总承包额的 1/3 转包给某安装公司（具备安装资质），转包合同记载劳务费 1 000 万元，建筑、装饰材料 2 000 万元。

（2）工程所用建筑、装饰材料 6 000 万元中，4 000 万元由建筑公司自产货物提供，2 000 万元由安装公司自产货物提供。

（3）建筑工程公司提供自产货物涉及材料的进项税额 236 万元已通过主管税务机关认证，相关的运输费用 30 万元有合法票据。

（4）建筑工程公司内设非独立核算的宾馆，全年取得餐饮收入 80 万元，歌舞厅收入 60 万元，台球和保龄球收入 12 万元。

（说明：上述业务全部完成，相关款项全部结算，增值税按一般纳税人计算征收）

要求：根据上述材料，按下列序号计算有关纳税事项，每问需计算出合计数。

（1）建筑工程公司承包工程应缴纳的营业税和城市维护建设税及教育附加。

（2）建筑工程公司转包工程应代扣代缴的营业税和城市建设税及教育费附加。

（3）建筑工程公司承包工程提供的自产货物应缴纳增值税和城市维护建设税及教育费附加。

（4）建筑工程公司签订合同应缴纳的印花税。

（5）建筑工程公司宾馆收入应缴纳的营业税和城市维护建设税及教育费附加。

（2006 年注册会计师考试计算题）

【参考答案】

（1）承包工程应缴纳的营业税：（9 000－3000－4 000）×3％＝ 60（万元）

承包工程应缴纳的城市维护建设税及教育附加：

60×（5％＋3％）＝ 48 000（元）

建筑工程公司承包工程应缴纳的营业税和城市维护建设税及教育附加：

60＋4.8＝64.8（万元）

（2）转包工程应代扣代缴的营业税：（3 000－2 000）×3%＝ 30（万元）

转包工程应代扣代缴的城市建设税及教育费附加：

30×（5%＋3%）＝ 24 000（元）

转包工程应代扣代缴的营业税和城市建设税及教育费附加：

30＋2.4＝ 32.4（万元）

（3）应缴纳的增值税：

4 000÷（1＋17%）×17%－236－30×7% ＝343.10（万元）

应缴纳的城市维护建设税及教育费附加：

343.10×（5%＋3%）＝ 27.45（元）

建筑工程公司承包工程提供的自产货物应缴纳的增值税和城市维护建设税及教育费附加：343.10＋27.45＝ 370.55（元）

（4）建筑工程公司签订合同应缴纳的印花税：

（9 000＋3 000）×3＝ 36 000（元）

（5）建筑工程公司宾馆收入应缴纳的营业税：

80×5%＋60×20%＋12×5% ＝ 16.6（万元）

建筑工程公司宾馆收入应缴纳的城市维护建设税及教育费附加：

16.6 ×（5%＋3%）＝ 1.328（万元）

建筑工程公司宾馆收入应缴纳的营业税和城市维护建设税及教育费附加：

16.6＋1.328＝ 17.928（万元）

【例题 5-11】 位于县城的某建筑安装公司 2007 年 8 月发生以下业务：

（1）与机械厂签订建筑工程合同一份，为其承建厂房一栋，签订合同时预收工程价款 800 万元，月初开始施工至月底已完成全部工程的 1/10；

（2）与开发区签订安装工程合同一份，为其铺设通信线路，工程价款共计 300 万元，其中包含由开发区提供的光缆、电缆价值 80 万元，月末线路铺设完工，收回全部价款；

（3）与地质勘探队签订合同一份，按照合同约定为其钻井作业提供泥浆工程劳务，取得劳务收入 40 万元；

（4）以清包工形式为客户提供装修劳务，共收取人工费 35 万元、管理费 5 万元、辅助材料费 10 万元，客户自行采购的装修材料价款为 80 万元；

（5）将自建的一栋住宅楼销售给职工，取得销售收入 1000 万元、煤气管道初装费 5 万元，代收住房专项维修基金 50 万元；该住宅楼的建筑成本 780 万元，当地省级税务机关确定的建筑业的成本利润率为 15%。

要求：根据上述资料，按下列序号计算回答问题，每问需计算出合计数：

（1）公司 8 月份承建厂房工程应缴纳的营业税；

（2）公司 8 月份铺设通信线路工程应缴纳的营业税；

（3）公司 8 月份提供泥浆工程作业应缴纳的营业税；

（4）公司 8 月份为客户提供装修劳务应缴纳的营业税；

（5）公司 8 月份将自建住宅楼销售给职工应缴纳的营业税；

（6）公司 8 月份应缴纳的城市维护建设税和教育费附加。

（2008 年注册会计师考试税法试题计算题）

【分析】 ①客户自行采购的装修材料价款不作为营业额；②县城的城建税税率为 5%。

【参考答案】

（1）承建厂房工程应缴纳的营业税＝800×10%×3%＝2.4（万元）

（2）铺设通信线路工程应缴纳的营业税＝（300－80）×3%＝6.6（万元）

（3）提供泥浆工程作业应缴纳的营业税＝40×3%＝1.2（万元）

（4）为客户提供装修劳务应缴纳的营业税＝（35＋5＋10）×3%＝1.5（万元）

计税价格＝营业成本或工程成本×（1＋成本利润率）÷（1－营业税税率）

（5）自建住宅楼销售给职工应缴纳的营业税

将自建的一栋宅楼销售给职工，则营业税包括：建造宅楼及销售宅楼二部分。其中，代收住房专项维修基金 50 万元不包括在营业额中；煤气管理初装费应包括在销售额中。

自建住宅楼销售给职工应缴纳的营业税税额

＝780×（1＋15%）÷（1－3%）×3%＋（1000＋5）×5%＝77.99（万元）

（6）应缴纳的城市维护建设税和教育费附加＝（2.4＋6.6＋1.2＋1.5＋77.99）×（5%＋3%）＝7.18（万元）

【例题 5-12】 位于城市市区的一家电视机生产企业（以上简称甲企业）和一家百货商场（以下简称乙商场）均为增值税一般纳税人。2009 年 3 月份发生以下业务：

（1）甲企业销售给乙商场一批电视机，不含税销售额为 70 万元，采用托收承付方式结算，货物已经发出，托收手续已经办妥，但尚未给乙商场开具增值税专用发票。甲企业支付销货运费 4 万元并取得运输发票。

（2）因乙商场 2008 年 12 月份从甲企业购进一批电视机的货款 10 万元、增值税 1.7 万元尚未支付，经双方协商同意，本月乙商场以一批金银首饰抵偿此笔债务并由乙商场开具增值税专用发票，乙商场该批金银首饰的成本为 8 万元，若按同类商品的平均价格计算，该批首饰的不含税价格为 10 万元；若按同类商品最高销售价格计算，该批首饰的不含税价格为 11 万元。

（3）甲企业本月依据乙商场上年销售电视机的销售额按 1%的比例返还现金 5.85 万元，甲企业未开具红字发票。乙商场收到返还的现金后，向甲企业开具了普通发票。

（4）甲企业购进一台气缸容量为 2.4 升的小汽车，取得增值税专用发票，支付金额为 20 万元、增值税 3.4 万元。

（5）甲企业本月购进原材料取得增值税专用发票，支付金额 18 万元、增值税 3.06 万元。

（6）因甲企业管理不善，从乙商场取得的金银首饰被盗 40%。

（7）乙商场零售金银首饰取得含税销售额 10.53 万元，其中包括以旧换新首饰的含税销售额 5.85 万元。在以旧换新业务中，旧首饰作价的含税金额为 3.51 万元，乙商场实际收取的含税金额为 2.34 万元。

（8）乙商场销售粮食、食用植物油、鲜奶取得含税销售额 22.6 万元，销售家用电器取得含税销售额 58.5 万元。

（9）乙商场采购商品取得增值税专用发票，注明的增值税额合计为 3.5 万元。

（说明：有关票据在本月均通过主管税务机关认证并申报抵扣；增值税月初留抵税额为0；金银首饰的消费税税率为5%）

要求：根据上述资料，按下列序号计算回答问题，每问需计算出合计数。要求列出计算步骤。

（1）计算甲企业3月份的增值税进项税额。

（2）计算甲企业3月份应缴纳的增值税。

（3）计算甲企业3月份应缴纳的城市维护建设税和教育费附加。

（4）计算乙商场3月份以金银首饰抵偿债务应缴纳的消费税。

（5）计算乙商场3月份以金银首饰抵偿债务的增值税销项税额。

（6）计算乙商场3月份零售金银首饰应缴纳的消费税。

（7）计算乙商场3月份零售金银首饰的增值税销项税额。

（8）计算乙商场3月份应缴纳的增值税。

（9）计算乙商场3月份应缴纳的城市维护建设税和教育费附加。

（2009年注册会计师考试税法试题综合题）

【参考答案】

（1）甲企业3月份的增值税进项税额

＝4×7%＋1.7＋3.06－1.7×40% ＝4.36（万元）

（2）甲企业3月份应缴纳的增值税＝70×17%－4.36＝7.54（万元）

（3）甲企业3月份应缴纳的城市维护建设税和教育费附加＝7.54×（7%＋3%）＝0.75（万元）

（4）乙商场3月份以金银首饰抵偿债务应缴纳的消费税抵偿债务应按最高价计算消费税：＝11×5%＝0.55（万元）

（5）乙商场3月份以金银首饰抵偿债务的增值税销项税额抵偿债务应平均价计算增值税销项税额＝10×17%＝1.7（万元）

（6）乙商场3月份零售金银首饰应缴纳的消费税

＝（10.53－5.85）÷1.17×5%＋2.34÷1.17×5%＝0.3（万元）

（7）乙商场3月份零售金银首饰的增值税销项税额

＝（10.53－5.85）÷（1＋17%）×17%＋2.34÷（1＋17%）×17%＝1.02（万元）

（8）乙商场3月份应缴纳的增值税

＝1.7＋1.02＋［22.6÷（1＋13%）×13%＋58.5÷1.17×17%］－（3.5－5.85÷（1＋17%）×17%）＝11.17（万元）

（9）乙商场3月份应缴纳的城市维护建设税和教育费附加

＝（0.55＋0.3＋11.17）×（7%＋3%）＝1.20（万元）

本章附录　教育费附加的有关规定

一、概述

教育费附加（education surcharge）和城建税一样，是对缴纳增值税、消费税、营业税的单位和个人，就其实际缴纳的税额为计算依据而征收的一种附加费。差别在于前者是一种附加费，一项教育经费专用资金，而后者是一种税。

为了加快地方教育事业，扩大地方教育经费的资金，1984 年国务院颁布了《关于筹措农村学校办学经费的通知》而开征了农村教育事业经费附加。1986 年 4 月 28 日，国务院颁布了《征收教育费附加的暂行规定》，决定从同年 7 月 1 日起在全国范围内征收教育费附加。1994 年 2 月 7 日，《国务院关于教育费附加征收问题的紧急通知》对有关问题进行修改。

二、征收范围、计征依据和计征比率

教育费附加的征收范围是缴纳增值税、消费税、营业税的单位和个人。计征依据为其实际缴纳的增值税、消费税、营业税的税额。现行的教育费附加征收比率为 3%。但对生产卷烟和烟叶的单位减半征收教育费附加。

三、教育费附加的计算

应缴纳教育费附加 =（实际缴纳的增值税、消费税、营业税的税额）×征收比率

【例题附 5-1】 郑州市区一企业 2006 年 10 月实际缴纳增值税税额 100 000 元，消费税 20 000 元，营业税 5 000 元。请计算该企业应缴纳的教育费附加为多少？

应缴纳教育费附加 =（100 000+20 000+5 000）×3%=3 750（元）

四、教育费附加减免规定

（1）对海关进口的产品根据规定征收增值税和消费税的，不征收教育费附加。

（2）对由于减免增值税、消费税、营业税而发生退税的，可同时退还已征收的教育费附加。但对出口产品退还增值税、消费税的，不退还已征收的教育费附加。

（3）对机关服务中心为机关内部提供的后勤服务所取得的收入，在 2005 年 12 月 31 日前暂免征收教育费附加。

第六章　关　税　法

关税（customs tax）是由国家海关对进出口国境或关境的货物、物品征收的一种税。国境是一个国家以边界为界限，全面行使国家主权的境界，包括领土、领海、领空。关境是指海关征收关税的领域。随着某些国家在国境内设立自由贸易港、自由贸易区、免税工业园区、出口加工区等；以及因地区和经济的原因当一些国家组成关税同盟时，就会产生国境与关境不尽一致的情况，前者为国境大于关境，而后者则是国境小于关境。

关税法是指国家制定的规范和调整关税征收与缴纳权利义务有关的法律规范总称。除《中华人民共和国海关法》、《中华人民共和国进出口关税条例》（以下简称《进出口关税条例》）和《中华人民共和国海关进出口税则》（以下简称《海关进出口税则》）以外，国家海关总署、财政部、国家税务总局以及对外贸易经济合作部制定的部颁规章也是关税法的组成部分。其中如《中华人民共和国海关审定加工贸易进口货物完税价格办法》、《海关审定进出口货物完税价格办法》、《反倾销退税暂行规则》、《中华人民共和国出口货物原产地规则实施办法》、《生产企业出口货物"免、抵、退"税管理操作规程（试行）》等。

第一节　关税征收对象及纳税义务人

一、关税征税对象

中华人民共和国准许进出口的货物（除国家另有规定的以外），海关依照《海关进出口税则》，征收进口关税或者出口关税。

关税的征税对象是进出我国国境的货物和物品。货物是指贸易性商品；物品包括入境旅客随身携带的行李和物品、个人邮递物品、各种运输工具上的服务人员携带进口的自用物品、馈赠物品以及其他方式进入国境的个人物品。从境外采购进口的原产于中国境内的货物，海关依照《海关进出口税则》也征收进口关税。

二、关税纳税义务人

进口货物的收货人、出口货物的发货人、进出境物品的所有人，是关税的纳税义务人。接受委托办理有关手续的代理人，应当遵守《进出口关税条例》对其委托人的各项规定。

关税纳税义务人包括2种：一是进口货物的收货人、出口货物的发货人，这是指贸易性商品的纳税人，包括各类外贸进出口公司和其他经批准经营进出口商品的企业。二是进出境物品的所有人，包括入境旅客随身携带的行李、物品的持有人；各种运输工具上服务人员入境时携带自用物品的持有人；馈赠物品以及其他方式入境个人物品的所有人；进口个人邮件的收件人等。关税纳税人如图 6-1 所示。

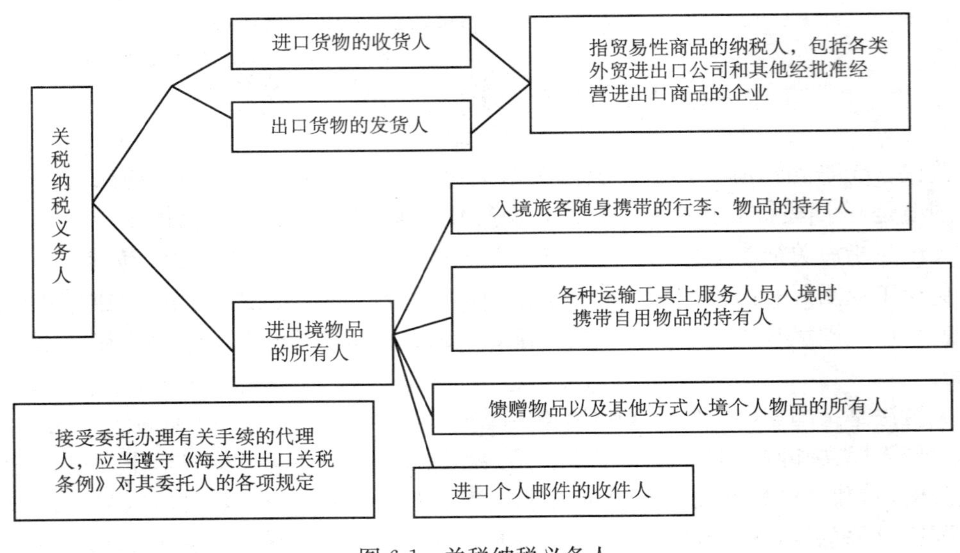

图 6-1　关税纳税义务人

第二节　进出口税则

一、进出口税税则概况

关税税则是根据国家近阶段的关税政策和经济政策，通过一定的立法程序所制定的对进出口的应税免税商品加以系统分类的一览表。进出口税则以税率表为主体，通常还包括实施税则的有关法令、说明和附录。我国现行税则包括《海关进出口税则》、《进出口关税条例》、《税率适用说明》、《中华人民共和国海关进口税则》、《中华人民共和国海关出口税则》、《进口商品税则暂定税率表》、《出口商品税则暂定税率表》、《进口商品从量税、复合税、滑准税税目税率表》、《进口商品关税配额税目税率表》、《非全税目信息技术产品税率表》等。

进出口税则中的税率表包括税则商品分类目录和税率栏两大部分。税则商品分类目录按照不同特点分门别类来编排商品类目，分别编号按序排列，称为税则号列，并逐号列出该号中应列入的商品名称。商品分类的原则限归类规则包括归类总规则和各类、章、目的具体注释。税率栏则是按商品分类目录逐项订出的税率栏目。其中，我国现行进口税则为 4 栏税率，出口税则为 1 栏税率。

国务院成立关税税则委员会，其组成由国务院规定。国务院关税税则委员会的职责是提出制定或者修订《进出口关税条例》、《海关进出口税则》的方针、政策、原则，审议税则修订草案，制定暂定税率，审定局部调整税率。

我国于 1985 年颁发了第一部《海关进出口税则》，近年来又多次公布了更新的《海关进出口税则》。

二、关税税则商品分类目录

现行的税则将全部应税商品分为 21 大类，共 7 475 个税目。

21 大类应税商品如下：

第一类：活动物；动物产品。

第二类：植物产品。

第三类：动植物油、脂及其分解产品；精制的食用油脂。

第四类：食品、饮料、酒及醋；烟草及烟草代用品的制品。

第五类：矿产品。

第六类：化学工业及相关工业的产品。

第七类：塑料及其制品；橡胶及其制品。

第八类：生皮、皮革、毛皮及其制品；鞍具及挽具；旅行用品、手提包及类似容器；动物肠线（蚕胶丝除外）制品。

第九类：木及木制品；木炭；软木及软木制品；稻草、秸秆、针茅或其他编结材料制品；篮筐及柳条编结物。

第十类：木浆及其他纤维素浆；纸及纸板的废碎品；纸、纸板及其他制品。

第十一类：纺织原料及纺织制品。

第十二类：鞋、帽、伞、杖、鞭及其零件；已加工的羽毛及其制品；人造花；人发制品。

第十三类：石料、石膏、水泥、石棉、云母及类似材料的制品；陶瓷产品；玻璃及其制品。

第十四类：天然或养殖珍珠、宝石或半宝石、贵金属、包贵金属及其制品；仿首饰；硬币。

第十五类：贱金属及其制品。

第十六类：机器、机械器具、电气设备及其零件；录音机及放声机、电视图像、声音的录制和重放设备及其零件、附件。

第十七类：车辆、航空器、船舶及有关运输设备。

第十八类：光学、照相、电影、计量、检验、医疗或外科用仪器及设备、精密仪器设备；钟表；乐器；上述物品的零件、附件。

第十九类：武器、弹药及其零件、附件。

第二十类：杂项制品。

第二十一类：艺术品、收藏品及古物。

三、关税税则归类

税则归类就是按照税则的规定，将每项具体进出口商品按其本身特性在税则中找出其最适合的某一个税号，以此来确定其所适用的税率，计算应纳关税税额。如税则归类发生错误，就有可能导致关税征收中出现问题，少征或多征。税则归类一般按以下步骤进行：

（1）了解需要归类的具体进出口商品的构成、材料属性、成分组成、特性、用途和功能；

（2）查找有关商品在税则中拟归的类、章及税号。对于原材料性质的商品，应首先考虑按其属性归类，对于制成品，应首先考虑按其用途归类；

（3）将考虑采用的有关类、章及税号进行比较，筛选出最合适的税号。在比较、筛选时，首先查看类、章的注释有无具体描述归类对象或其类似品，已具体描述的，按类、章的规定办理，其次是查阅《商品名称及编码协调制度注释》（HS注释），确切地了解有关类、章及税号范围；

（4）通过以上方法也难以确定的税则归类商品，可运用归类总规则的有关条款来确定其税号。

四、关税税率及运用

（一）进口关税税率

进口商品多数实行从价计征关税，对部分商品实行从量计征、复合税和滑准税。其中，滑准价是一种关税税率随进口商品价格由高到低而由低至高设置计征关税的方法。

我国进口关税分最惠国税率、协定税率、特惠税率、普通税率、关税配额税率共5种进口关税税率。进口关税设普通税率和优惠税率。对原产于与中华人民共和国未订立有关税互惠协议的国家或者地区的进口货物，按照普通税率征税；上述按照普通税率征税的进口货物，经国务院关税税则委员会特别批准，可以按照优惠税率征税。

其中，我国对部分进口农产品和化肥产品实行关税配额，即一定数量内的这些进口商品适用税率较低的配额内税率，超出该数量的进口商品适用税率较高的配额外税率。我国现行税则对小麦、豆油等10种农产品和尿素等3种化肥产品实行关税配额管理。

我国还对进口货物在一定期限内可以实行暂定税率。暂定税率主要根据经济发展的需要，国家对部分进口原材料、零部件、农药和中间体、乐器及生活设备实行的。暂定税率优先适用于优惠税率或最惠国税率，而按普通税率征税的进口货物不适用暂定税率。我国现行税则对200余个税目进口商品实行暂定税率。

对原产于与中华人民共和国订立了有关税互惠协议的国家或者地区的进口货物，按照优惠税率征税。其中，最惠国税率适用原产于与我国共同适用最惠国待遇条款的WTO成员国或地区进口的货物，或原产于与我国签订有相互给予最惠国待遇条款的双边贸易协定的国家或地区进口的货物以及原产于我国境内的进口货物；协定税率适用原产于我国参加的含有关税优惠条款的区域性贸易协定有关缔约方的进口货物；特惠税率适用原产于与我国签订有特殊优惠关税协定的国家或地区的进口货物。

对部分商品实行区域性或双边协议税率具体为：

（1）在《曼谷协定》框架下，对原产于韩国、印度、斯里兰卡、孟加拉国和老挝五国的902个税目的进口商品实行《曼谷协定》税率。在此框架下，对原产于孟加拉国的20个税目的进口商品实行特惠税率。

（2）根据《中华人民共和国与东南亚国家联盟全面经济合作框架协议》，2004年对原产于东盟 9 国（越南、泰国、新加坡、马来西亚、印度尼西亚、文莱、缅甸、老挝、柬埔寨）的若干商品实施中国一东盟自由贸易区“早期收获”税率（各国的商品范围和税率不尽相同，2003 年 10 月 1 日开始实施的中泰蔬菜水果零关税安排已并入其中）。在此框架下，对原产于老挝、柬埔寨和缅甸若干进口商品实行特惠税率，税目分别为 238、330 和 131 个。

（3）根据《中国-巴基斯坦优惠贸易安排》，上述《曼谷协定》税率适用于原产于巴基斯坦的进口商品。

（4）根据《内地与香港关于建立更紧密经贸关系的安排》，2004 年首批适用该《安排》项下税率商品税目为 374 个。

（5）根据《内地与澳门关于建立更紧密经贸关系的安排》，2004 年首批适用该《安排》项下税率商品税目为 311 个。

根据我国关税税则附录中《非全税目信息技术产品税率表》的规定，我国对 251 个税目的信息技术产品基本实行 0～7.2％的低税率，有少数产品税率超过 10％。其中有 15 类信息技术产品只占应归入税目商品的一部分，即非全税目商品。

对 12 个非全税目信息技术产品继续实行海关核查管理。这些税目的商品是否适用信息技术产品协议（ITA）税率，仍按中华人民共和国海关总署公告（［2002］第 39 号）的规定进行管理。

根据进口货物的原产地及各种税率形式的适用范围，当某种进口货物同时适用于特惠税率、协定税率、最惠国税率中 1 种以上税率形式时，税率从低执行；当某种进口货物同时适用于特惠税率、协定税率、进口暂定最惠国税率中 1 种以上税率形式时，税率从低执行；当某种进口货物同时适用于进口暂定最惠国税率和最惠国税率时，优先执行进口暂定最惠国税率。

执行国家有关进出口关税减征政策时，首先应当在最惠国税率基础上计算有关税目的减征税率，然后根据进口货物的原产地及各种税率形式的适用范围，将这一税率与同一税目的特惠税率、协定税率、进口暂定最惠国税率进行比较，税率从低执行。

自加入世贸组织 3 年来，我国关税总水平已连续 3 次下降。从 2002 年 1 月 1 日起，由原来的 15.3％下降到 12％；2003 年，关税总水平又下降 1％，降至 11％；2004 年，我国关税总水平再次下降至 10.4％。3 年间，我国 3 次下调汽车进口关税，一直受到高关税壁垒保护的汽车市场逐步、有序开放。中国汽车工业已能为消费者提供上百种型号的国产轿车，大量国产中低档轿车价格已与国际接轨。2005 年 1 月 1 日起，我国取消汽车的配额、许可证管理，汽车关税降到 30％，汽车零部件关税降到 13％。同时在这 3 年间，我国农产品关税总水平连续下调，进口配额增加，进口粮食、水果、肉类等的价格都出现明显下降。2001 年，我国进口水果的平均关税为 29.34％，目前已降至 15.6％。

进口商品的税率结构主要体现为产品加工程度越深则关税税率越高。在不可再生性资源、一般资源性产品及原材料、半成品、制成品中，不可再生性资源的商品税率较低，制成品商品税率较高。

（二）出口关税税率

我国出口关税税率不分普通税率和优惠税率之分，出口关税是一种差别比例税率。1999 年出口关税征税货物的税目共有 36 个，税率从 20%到 50%范围，共有 5 个差别税率。

任何国家或者地区对其进口的原产于中华人民共和国的货物征收歧视性关税或者给予其他歧视性待遇的，海关对原产于该国家或者地区的进口货物，可以征收特别关税。征收特别关税的货物品种、税率和起征、停征时间，由国务院关税税则委员会决定，并公布施行。

进出口货物，应当依照《海关进出口税则》规定的归类原则归入合适的税号，并按照适用的税率征税。进出口货物，应当按照收发货人或者他们的代理人申报进口或者出口之日实施的税率征税。进口货物到达前，经海关核准先行申报的，应当按照装载此项货物的运输工具申报进境之日实施的税率征税。

进出口货物的补税和退税，适用该进出口货物原申报进口或者出口之日所实施的税率。具体办法由海关总署另行规定。

（三）特别关税

我国特别关税包括报复性关税、反倾销税与反补贴税、保障性关税。由国务院关税税则委员会决定征收特别关税的货物、适用国别、税率、期限和征收办法，海关总署负责实施。

报复性关税是指为报复他国对本国出口货物的关税歧视，而对相关国家的某些进口货物征收一种进口附加税。反倾销税与反补贴税是指进口国海关对外国的倾销商品，在征收关税的同时附加征收的一种特别关税，以抵消他国补贴。保障性关税是指，当某类商品进口量剧增，对我国相关产业会带来巨大威胁或损害时，按照 WTO 有关规定可启动一般保障措施，即在与有实质利益的国家或地区进行磋商后，在一定时期内提高该项商品的进口关税或采取数量限制措施，以保护国内相关产业不受损害。

（四）税率的运用

我国进出口货物，都应当按照税则规定的归类原则归入合适的税号，并按照该税号所适用的税率征收关税。其中：

（1）进出口货物，应当按照纳税义务人申报进出或者出口之日实施的税率征税。

（2）进出口货物到达前，经海关核准先行申报的，应当按照装载此货物的运输工具申报进境之日实施的税率征税。

（3）进出口货物的补税和退税，适用该进出口货物原申报进口或者出口之日所实施的税率，但下列情况除外：

①按照特定减免税办法批准予以减免税的进口货物，后因情况改变经海关批准转让或出售或移作他用需予以补税的，适用海关接受纳税人再次填写报关章申报办理纳税及

有关手续之日实施的税率征税。

②加工贸易进口料、件等属于保税性质的进口货物，如经批准转为内销，应按向海关申报为内销之日实施的税率征税；如未经批准擅自转为内销的，则按海关查获日期所放行的税率征税。

③暂进口货物转为正式进口需予以补税时，应按其申报正式进口之日实施的税率征税。

④分期支付租金的租赁进口货物，分期缴税时，适用海关接受纳税人再次填写报关单申报办理纳税及有关手续之日实施的税率征税。

⑤溢卸、误卸货物事后确定需征税时，应按其原运输工具申报进口日期所实施的税率征税。如原进口日期无法查明的，可按确定补税当天实施的税率征税。

⑥对由于税则归类的改变、完税价格的审定或其他工作差错而需补税的，应按原征税日期实施的税率征税。

⑦对经批准缓税进口的货物以后交税时，不论是分期或一次交清税款，都应按货物原进口之日实施的税率征税。

⑧查获的走私进口货物需补税时，应按查获日期实施的税率征税。

第三节　原产地规定

一、原产地证

为了加强对出口货物原产地工作的管理，促进对外经济贸易的发展，国务院于1992年3月8日制定了《中华人民共和国出口货物原产地规则》（以下简称《出口货物原产地规则》），同时，当时的经贸部相应配套制定了《中华人民共和国出口货物原产地规则实施办法》，均于1992年5月1日起实施。

中华人民共和国出口货物原产地证明书（以下简称原产地证）是证明有关出口货物原产地为中华人民共和国的证明文件。原产地证的使用是便于国家正确运用进口税则的各栏税率，对产自不同国家和地区的进口货物适用不同的关税税率。我国原产地规则基本上采用国际上通用的标准：全部产地生产标准和实质性加工标准。符合2个标准之一的出口货物，其原产地为中华人民共和国。

二、全部产地生产标准

全部在中华人民共和国境内生产或者制造的产品，包括：①从中华人民共和国领土和大陆架提取的矿产品；②在中华人民共和国境内收获或者采集的植物及其产品；③在中华人民共和国境内繁殖和饲养的动物及其产品；④在中华人民共和国境内狩猎或者捕捞获得的产品；⑤由中华人民共和国船只或者其他工具从海洋获得的海产品和其他产品及其加工制成的产品；⑥在中华人民共和国境内制造、加工过程中回收的废物和废料及在中华人民共和国境内收集的其他废旧物品；⑦在中华人民共和国境内完全用上述产品以及其他非进口原料加工制成的产品。

三、实质性加工标准

部分或者全部使用进口原料、零部件，在中华人民共和国境内进行主要的及最后的制造、加工工序，使其外形、性质形态或者用途产生实质性改变的产品。制造、加工工序清单，按照以制造、加工工序为主，辅以构成比例的原则，由国家对外经济贸易主管部门以及国务院有关部门制定、调整。

四、其他

对于机器、仪器、器材或车辆所用零件、部件、配件、备件及工具，如与主件同时进口且数量合理的，其原产地按主件的原产地确定，分别进口的则按各自的原产地确定。

第四节　关税完税价格

关税完税价格是海关以进出口货物的实际成交价格为基础，经调整确定的计征关税的价格。成交价格不能确定时，完税价格由海关依法估定。进出境物品的完税价格，由海关依法确定。进口货物以海关审定的成交价格为基础的到岸价格作为完税价格。完税价格包括货物的货价、货物运抵中华人民共和国境内输入地点起卸前的包装费、运费、保险费和其他劳务费等费用。出口货物的完税价格包括货物的货价、货物运至中华人民共和国境内输出地点装载前的运输及其相关费用、保险费，但是其中包含的出口关税税额，应当予以扣除。

一、一般进口货物的完税价格

一般进口货物关税完税价格的确定方法有如下两种：

1. 以进口货物的实际成交价格为基础的关税完税价格

进口货物关税完税价格＝货价＋采购费用

其中，采购费用包括货物运抵中国关境内输入地起卸前的包装费、运输费、保险费和其他劳务费等费用。

进口货物的关税完税价格，应当包括为了在境内制造、使用、出版或者发行的目的而向境外支付的与该进口货物有关的专利、商标、著作权以及专有技术、计算机软件和资料等费用。该货物在成交过程中，如有我方在成交价格外另行支付卖方的佣金，也应计入成交价格。

2. 海关估价方法

进口货物的到岸价格经海关审查未能确定的，海关应当依次以下列价格为基础估定关税完税价格：

(1) 该项进口货物同一出口国或者地区购进的相同或者类似货物的成交价格；

（2）该项进口货物的相同或者类似货物在国际市场上的成交价格；

（3）该项进口货物的相同或者类似货物在国内市场上的批发价格，减去进口关税、进口环节其他税收以及进口后的运输、储存、营业费用及利润后的价格；本方法将进口费用及营业费用和利润定为完税价格的20%。海关参照国内同样货物批发市价的基本计算公式为

$$关税完税价格=\frac{国内批发价格}{1+进口最低税率+20\%}$$

属于代征进口环节增值税、消费税的货物，其计税公式为

关税完税价格＝国内批发价格÷［1＋进口最低税率＋（1＋关税税率）÷（1－代征税率）×代征税率＋20%］

（4）海关用其他合理方法估定的价格。

二、特殊进口货物的完税价格

特殊进口货物的完税价格分别如下：

（1）运往境外修理的机械器具、运输工具或者其他货物，出境时已向海关报明并在海关规定期限内复运进境的，应当以海关审定的修理费和料件费作为完税价格。

（2）运往境外加工的货物，出境时已向海关报明并在海关规定期限内复运进境的，应当以加工后的货物进境时的到岸价格与原出境货物或者相同、类似货物在进境时的到岸价格之间的差额，作为完税价格。如上述原出境货物在进境时的到岸价无法得到时，可用原出境货物申报出境时的离岸价格替代。如上述两种方法的到岸价格都无法得到时，可用该出境货物在境外加工时支付的工缴费加上运抵中国关境输入地点起卸前的包装费、运费、保险费和其他劳务费等一切费用作为完税价格。

（3）租赁和租借方式进境的货物，以海关审查确定的货物的租金，作为完税价格。如租赁进口货物是一次性支付租金，则以海关审定的该项进口货物的成交价格确定完税价格。

（4）准予暂时进口的施工机械、工程车辆、供安装使用的仪器和工具、电视或电影摄制机构，以及盛装货物的容器，如超过半年仍留在境内使用的，应自第七个月起，按月征收进口关税，其完税价格按原货进口时的到岸价格确定，货物每月的税额计算公式为

关税税额＝货物原到岸价格×关税税率×1/48

（5）对于国内单位留购的进口货样、展览品和广告陈列品，以留购价格作为完税价格。但是，买方留购货样、展览品和广告陈列品后，除按留购价格付款外，又直接或间接给卖方一定利益的，海关可以另行确定上述货物的完税价格。

（6）按照特定减免税办法减税或免税进口的货物需予补税时，其完税价格应仍按该项货物原进口时的成交价格确定。

三、出口货物的完税价格

出口货物应当以海关审定的货物售与境外的离岸价格，扣除出口关税后，作为完税

价格。其计算公式为

完税价格＝离岸价格÷（1＋出口税率）

出口货物成交价格中含有支付给国外的佣金，如与货物的离岸价格分列，应予扣除；未单独列明的，则不予扣除。出口货物在离岸价格以外，买方还另行支付货物包装费，应将其计入完税价格。离岸价格不能确定时，完税价格由海关估定。

四、进口货物完税价格中的运输及相关费用、保险费的计算

（1）陆运、空运和海运进口货物的运费和保险费，应当按照实际支付的费用计算。如果进口货物的运费无法确定或未实际发生，海关应当按照该货物进口同期运输行业公布的运费率（额）计算运费，按照“货价加运费”两者总额的3‰计算保险费。

【例题 1】 某外贸公司进口货物一批，申报纳税时，未包括货物的运费和保险费。进口货物的货价为100万元，除货价的其他实付价格为30万元；同期运输行业公布的运费为货价的10％，请计算确定其完税价格。

【参考答案】

运费＝100×10％＝10（万元）

保险费 ＝（100＋10）×3‰≈0.33（万元）

所以，关税完税价格＝100＋30＋10＋0.33＝140.33（万元）

（2）以其他方式进口的货物。邮运的进口货物，应当以邮费作为运输及其相关费用、保险费；以境外边境口岸价格条件成交的铁路或公路运输进口货物，海关应当按照货价的1％计算运输及其相关费用、保险费；作为进口货物的自驾进口的运输工具，海关在审定完税价格时，可以不另行计入运费。

【例题 2】（判断题） 邮运的进口货物，应当以邮费作为运输费用，加上货价及其他相关费用、保险费为完税价格。

【分析】 以邮费作为运输及其他相关费用、保险费，不仅仅是作为运输费用。

【参考答案】 ×

（3）出口货物。出口货物销售价格如果包括离境口岸至境外口岸之间的运输、保险费的，该运费、保险费应当扣除。

【例题 3】（多项选择题） 根据《关税完税价格管理办法》的规定，下列不需计入出口货物完税价格的是（　　）

A. 出口关税　　　　B. 出口货物的货价

C. 离境口岸至境外口岸之间的运输、保险费

D. 货物运至我国境内输出地点装载前的运输、保险费

【参考答案】 A C

五、完税价格的审定

完税价格的审定包括如下几个环节：

（1）申报货物的成交价格。进出口货物的收发货人或者他们的代理人，应当如实向海关申报进出口货物的成交价格。申报的成交价格明显低于或者高于相同或者类似货物

的成交价格的，由海关依照有关条例的规定确定完税价格。

（2）出示证明真实价格单证。进出口货物的收发货人或者他们的代理人，在向海关递交进出口货物报关单时，应当出示证明货物的真实价格、运费、保险费和其他费用的发票（如有厂家发票应附在内）、合同、装箱清单和其他证明申报价格真实、完整的有关单证、书面资料和电子数据。

（3）海关审核进出口货物完税价格时，收发货人或者他们的代理人应当交验发票等单证；必要时海关可以检查买卖双方的有关合同、账册、单据和文件，或者作其他调查。对于已经完税放行的货物，海关仍可检查货物的上述有关资料。

进出口货物的收发货人或者他们的代理人，在递交进出口货物报关单时未交验规定的各项单证的，应当按照海关估定的完税价格完税；事后补交单证的，税款不予调整。

进出口货物的到岸价格、离岸价格或者租金、修理费、料件费等以外币计价的，由海关按照填发税款缴纳证之日国家外汇管理部门公布的《人民币外汇牌价表》的买卖中间价，折合人民币计征关税。《人民币外汇牌价表》未列入的外币，按照国家外汇管理部门确定的汇率折合人民币。

第五节　关税应纳税额的计算

应纳税额计算有从价计税、从量计税、复合计税和滑准计税等4种方法。

1. 从价税应纳税额的计算

应纳关税税额＝应税进口货物数量×单位完税价格×税率

2. 从量税应纳税额的计算

从量关税税额＝商品进口数量×从量关税税率（单位税额）

或

应纳关税税额＝应税进口货物数量×单位货物税额

3. 复合税应纳税额的计算

复合关税税额＝商品进口数量×从量关税税率＋完税价格×从价关税税率

或

应纳关税税额＝进口完税价格×适用税率＋进口数量×单位税额

1997年7月1日起对录（放）像机、摄像机两种进口商品是按照复合计税的方法来缴纳进口关税的。自2004年1月1日起继续对感光材料、冻鸡产品等51个税目的商品实行从量税、复合税征收方式。以上试行从量或复合关税商品的进口环节增值税和消费税仍按现行有关规定计征。

对于没有按《试行从量关税、复合关税的商品及税率表》所列计税单位成交，并且有效单上也没有按规定计税单位标明数量的，应根据《部分试行从量关税商品计量单位换算表》规定的相应计量单位换算标准换算后再次申报。各进口单位的报关员或代理报关人，必须按规定的计量单位如实申报进口数量。未按规定要求填写报关单的，海关有权不接受申报。

4. 滑准税应纳税额的计算

应纳关税税额＝应税进（出）口货物数量×单位完税价格×滑准税税率

第六节 税收优惠

关税减免权限属于中央人民政府，在未经中央人民政府许可的情况下各地不得擅自决定减免，以保证国家关税政策的统一。据现行的关税法律法规规定，关税减免分为法定减免、特定减免和临时减免 3 种。

（一）法定减免税

法定减免是依照关税基本法规的规定对列举的征税对象给予减免关税的优惠。

1.《海关法》的减免规定

（1）下列进出口货物、进出境物品，减征或者免征关税：①无商业价值的广告品和货样；②外国政府、国际组织无偿赠送的物资；③在海关放行前遭受损坏或者损失的货物；④规定数额以内的物品；⑤法律规定减征、免征关税的其他货物、物品；⑥中华人民共和国缔结或者参加的国际条约规定减征、免征关税的货物、物品。

（2）特定地区、特定企业或者有特定用途的进出口货物，可以减征或者免征关税。特别要提请注意的是，此项减征或者免征关税进口的货物，只能用于特定地区、特定企业或者特定用途，未经海关核准并补缴关税，不得移作他用。

（3）经海关批准暂时进口或者暂时出口的货物，以及特准进口的保税货物，在货物收发货人向海关缴纳相当于税款的保证金或者提供担保后，准予暂时免纳关税。

2.《进出口关税条例》的减免规定

（1）下列货物，经海关审查无讹，可以免税：①关税税额在人民币 10 元以下的一票货物；②无商业价值的广告品和货样；③外国政府、国际组织无偿赠送的物资；④进出境运输工具装载的途中必需的燃料、物料和饮食用品。

因故退还的境外进口货物，由原收货人或者他们的代理人申报进境，并提供原出口单证，经海关审查核实，可以免征进口关税。但是，已征收的出口关税，不予退还。

因故退还的境外出口货物，由原发货人或者他们的代理人申报出境，并提供原进口单证，经海关审查核实，可以免征出口关税。但是，已征收的进口关税，不予退税。

（2）有下列情形之一的进口货物，海关可以酌情减免关税：①在境外运输途中或者在起卸时，遭受损坏或者损失的；②起卸后海关放行前，因不可抗力遭受损坏或者损失的；③海关检验时已经破漏、损坏或者腐烂，经证明不是保管不慎造成的。

（3）中华人民共和国缔结或者参加的国际条约规定减征、免征关税的货物、物品，海关应当按照规定予以减免关税。

（4）经海关核准暂时进境或者暂时出境并在 6 个月内复运出境或者复运进境的货样、展览品、施工机械、工程车辆、工程船舶、供安装设备时使用的仪器和工具、电视或者电影摄制器械、盛装货物的容器以及剧团服装道具，在货物收发货人向海关缴纳相当于税款的保证金或者提供担保后，准予暂时免纳关税。上述规定的 6 个月期限，海关可以根据情况酌予延长。暂时进口的施工机械、工程车辆、工程船舶等经海关核准酌予延长期限的，在延长期内由海关按照货物的使用时间征收进口关税。

（5）为境外厂商加工、装配成品和为制造外销产品而进口的原材料、辅料、零件、部件、配套件和包装物料，海关按照实际加工出口的成品数量免征进口关税；或者对进口料、件先征进口关税，再按照实际加工出口的成品数量予以退税。

（6）无代价抵偿的进出口货物的关税征免办法，由海关总署另行规定。

（7）经济特区等特定地区进出口的货物，中外合资经营企业，中外合作经营企业、外资企业等特定企业进出口的货物以及其他依法给予关税减免优惠的进出口货物，按照国家有关规定减税或者免税。

（二）特定减免税

特定减免是指在关税基本法规确定的法定减免以外，由国务院或国务院授权的机关颁发有关法规或规章特别规定的关税减免。包括对特定地区特定企业和特定用途的货物的减免。

依照国家法律、法规的规定给予特定关税减免优惠的进口货物，在监管年限内经海关核准出售、转让或者移作他用时，应当按照其使用时间折旧估价，补征进口关税。监管年限由海关总署另行规定。

（三）临时减免税

临时减免是指在法定减免和特定减免关税以外，对某一关税纳税人由于特殊原因临时给予关税减免。收发货人或者他们的代理人，要求对其进出口货物临时减征或者免征进出口关税的，应当在货物进出口前书面说明理由，并附必要的证明和资料，向所在地海关申请。所在地海关审查属实后，转报海关总署，由海关总署或者海关总署会同财政部按照国务院的规定审查批准。

第七节　行李和邮递物品进口税

行李和邮递物品进口税，是海关对入境旅客行李物品和个人邮递物品征收的进口税。征收的进口税还包含在进口环节征收的增值税、消费税，因而也是对个人非贸易性入境物品征收的进口关税和进口工商税收的总称。

一、行李和邮递物品进口税

为了照顾个人进口自用物品的合理需要，简化计税手续，根据我国《海关法》和《进出口关税条例》的有关规定，国家海关总署特制定了《海关关于入境旅客行李物品和个人邮递物品征收进口税办法》，自1994年7月1日起施行。

准许应税进口的旅客行李物品、个人邮递物品以及其他个人自用物品（以下简称应税个人自用物品），除另有规定的以外，均由海关按照《入境旅客行李物品和个人邮递物品进口税税率表》征收进口税。

这里所称的进口税，包括关税和增值税、消费税。所称的应税个人自用物品，不包括汽车、摩托车及其配件、附件。对进口应税个人自用汽车、摩托车及其配件、附件，应按《中华人民共和国海关进出口税则》和其他有关税法、规定征收进口税。

《行李物品进口税办法》规定了一个税率表，即《入境旅客行李物品和个人邮递物品进口税税率表》（以下简称《税率表》）。该《税率表》中税率的调整，由国务院关税税则委员会审定后，海关总署对外公布实施。《2002年入境旅客行李物品和个人邮递物品征收进口税税率表》（表6-1）已由国务院关税税则委员会审议通过，现予以公布，自2002年1月1日起施行。

表6-1　2002年入境旅客行李物品和个人邮递物品征收进口税税率

税号	物品名称	2002年税率/%
1	书报、刊物、教育专用的电影片、幻灯片、原版录音带、录像带、金银及制品、食品 本表2、3税号及备注中所不包含的其他商品	10
2	纺织品及其制成品、化妆品、照相机、自行车、手表、钟表（含配件、附件）、摄像机、摄录一体机、数码相机、其他电器用具	20
3	烟、酒	50

注：避孕用具和避孕药品，超过海关规定的自用合理数量部分按有关规定予以退运或按货物进口程序办理报关及验放手续。

进口税的纳税义务人是：携有应税个人自用物品的入境旅客及运输工具服务人员，进口邮递物品的收件人，以及以其他方式进口应税个人自用物品的收件人。

纳税义务人可以自行办理纳税手续，也可以委托他人办理纳税手续。接受委托办理纳税手续的代理人，应当遵守《行李物品进口税办法》对其委托人的各项规定。

二、物品税则归类表

海关总署依据《税率表》制定《入境旅客行李物品和个人邮递物品税则归类表》（以下简称《税则归类表》）。

海关对应税个人自用物品按《税则归类表》进行归类，确定适用的税率。进口物品如《税则归类表》中没有具体列名，可由海关按照《税率表》规定的范围归入最适合的税号归类征税。

进口税从价计征。应税个人自用物品由海关按照填发税款缴纳证当日有效的税率和完税价格计征进口税。进口税税额为完税价格乘以进口税税率。纳税义务人应当在海关放行应税个人自用物品之前缴纳税款。

应税个人自用物品放行后，海关发现少征税款，应当自开出税款缴纳证之日起1年内，向纳税义务人补征；海关发现漏征税款，应当自物品放行之日起1年内向纳税义务人补征。因纳税义务人违反规定而造成的少征或者漏征，海关可自违反规定行为发生之日起3年以内向纳税义务人追征。

海关发现或确认多征的税款，海关应当立即退还，纳税义务人也可自缴纳税款之日起1年内，要求海关退还。

纳税义务人同海关发生纳税争议时，应当先按海关核定的税额缴纳税款，然后自海关填发税款缴纳证之日起30日内向海关书面申请复议。逾期申请的，海关不予受理。

海关应当自收到复议申请之日起15日内作出复议决定，并通知纳税义务人。纳税义务人对复议决定不服，可以自接到海关通知之日起15日内向海关总署申请复议。海关总署在接到复议申请后，应当在30日内作出复议决定，并通知纳税义务人。

纳税义务人对海关总署的复议决定仍然不服的，可以自收到复议决定书之日起15日内，向人民法院起诉。

第八节 关税征收管理

一、关税缴纳

准许进出口的货物、进出境物品，由海关依法征收关税。进口环节海关代征税的征收管理，适用关税征收管理的规定。海关征收关税、滞纳金等，应当制发收据。收据格式由海关总署规定。

进出口货物的收发货人或者他们的代理人，应当在海关填发税款缴纳证的次日起15日内（星期日和法定节假日除外），向指定银行缴纳税款。逾期缴纳的，除依法追缴外，由海关自到期的次日起至缴清税款日止，按日加收欠缴税款0.5‰的滞纳金。关税滞纳金的计算公式为

$$关税滞纳金=欠缴关税税额\times 0.5‰\times 滞纳天数$$

海关征收关税、滞纳金等，除海关总署另有规定的以外，应按人民币计征。

值得注意的是，《进出口关税条例》第22条规定："进出口货物的收发货人或者他们的代理人，应当在海关填发税款缴纳证的次日起7日内（星期日和法定节假日除外），向指定银行缴纳税款。逾期缴纳的，除依法追缴外，由海关自到期的次日起至缴清税款日止，按日加收欠缴税款0.5‰的滞纳金。"而《海关法》第60条规定："进出口货物的纳税义务人，应当自海关填发税款缴款书之日起15日内缴纳税款；逾期缴纳的，由海关征收滞纳金。"前者是7日内而后者是15日内。本教材采用《进出口关税条例》规定的15日内。

二、关税的强制执行

进出口货物的纳税义务人，应当自海关填发税款缴款书之日起规定期限内缴纳税款；逾期缴纳的，由海关征收滞纳金。纳税义务人、担保人超过3个月仍未缴纳的，经直属海关关长或者其授权的隶属海关关长批准，海关可以采取下列强制措施：①书面通知其开户银行或者其他金融机构从其存款中扣缴税款；②将应税货物依法变卖，以变卖所得抵缴税款；③扣留并依法变卖其价值相当于应纳税款的货物或者其他财产，以变卖所得抵缴税款。

海关采取强制措施时，对上述所列纳税义务人、担保人未缴纳的滞纳金同时强制执行。进出境物品的纳税义务人，应当在物品放行前缴纳税款。

进出口货物的纳税义务人在规定的纳税期限内有明显的转移、藏匿其应税货物以及其他财产迹象的，海关可以责令纳税义务人提供担保；纳税义务人不能提供纳税担保的，经直属海关关长或者其授权的隶属海关关长批准，海关可以采取下列税收保全措施：①书面通知纳税义务人开户银行或者其他金融机构暂停支付纳税义务人相当于应纳税款的存款；②扣留纳税义务人价值相当于应纳税款的货物或者其他财产。

纳税义务人在规定的纳税期限内缴纳税款的，海关必须立即解除税收保全措施；期限届满仍未缴纳税款的，经直属海关关长或者其授权的隶属海关关长批准，海关可以书面通知纳税义务人开户银行或者其他金融机构从其暂停支付的存款中扣缴税款，或者依法变卖所扣留的货物或者其他财产，以变卖所得抵缴税款。

采取税收保全措施不当，或者纳税义务人在规定期限内已缴纳税款，海关未立即解除税收保全措施，致使纳税义务人的合法权益受到损失的，海关应当依法承担赔偿责任。

三、关税退还

海关多征的税款，海关发现后应当立即退还；纳税义务人自缴纳税款之日起1年内，可以要求海关退还。

有下列情形之一的，进出口货物的收发货人或者他们的代理人，可以自缴纳税款之日起1年内，书面声明理由，连同原纳税收据向海关申请退税，逾期不予受理：①因海关误征，多纳税款的；②海关核准免验进口的货物，在完税后，发现有短卸情形，经海关审查认可的；③已征出口关税的货物，因故未装运出口，申报退关，经海关查验属实的。海关应当自受理退税申请之日起30日内做出书面答复并通知退税申请人。

四、关税的补征和追征

进出口货物、进出境物品放行后，如发现少征或者漏征税款，海关应当自缴纳税款或者货物、物品放行之日起1年内，向收发货人或者他们的代理人补征。因收发货人或者他们的代理人违反规定而造成少征或者漏征的，海关在3年内可以追征，并从缴纳税款之日起按日加收少征或者漏征税款0.5‰的滞纳金。

五、关税纳税争议

关税纳税义务人对海关的具体行政行为（在产地认定、税则归类、税率或汇率的适用、完税价格确定、进出口货物的征税、减税、免征、追征、补征或退税等）是否合法或适当，是否侵害了纳税义务人的合法权益，可以表示异议。存在异议时，有提出申诉的权利。同海关发生纳税争议时，应当缴纳税款，并可以依法自填发税款缴款书之日起30日内，向原征收海关的上一级海关书面申请复议，逾期申请的，海关不予受理；上一级海关应当自收到复议申请之日起60日内作出复议决定，并以复议决定书的形式正式答复纳税义务人；纳税义务人对复议决定仍不服的，可以自收到复议决定书之日起15日内，依法向人民法院提起诉讼。

关 税 例 题

一、单项选择题

【例题 6-1】 下列各项中符合关税有关规定的是（　　）

A. 进口货物由于完税价格审定需要补税的，按照原进口之日的税率计税

B. 溢卸进口货物事后确定需要补税的，按照确定补税当天实施的税率计税

C. 暂时进口货物转为正式进口需要补税的，按照原报关进口之日的税率计税

D. 进口货物由于税则归类改变需要补税的，按照原征税日期实施的税率计税

（2007 年注册会计师考试单项选择题）

【分析】 根据规定，对由于税则归类的改变、完税价格的审定或其他工作差错而需补税的，应按原征税日期实施的税率征税。

【参考答案】 D

【例题 6-2】 下列各项中，符合进口关税完税价格规定的是（　　）

A. 留购的进口货样，以海关审定的留购价格为完税价格

B. 转让进口的免税旧货物，以原入境的到岸价格为完税价格

C. 准予暂时进口的施工机械，按同类货物的价格为完税价格

D. 运往境外加工的货物，应以加工后入境时的到岸价格为完税价格

（2007 年注册会计师考试单项选择题）

【分析】 根据规定，对于国内单位留购的进口货样、展览品和广告陈列品，以留购价格作为完税价格。而选项 B 应当以海关审定的该货物原进口时的价格，扣除折旧部分价值作为完税价格；选项 C 应当按照一般进口货物估价方法的规定估定完税价格；选项 D 应该以海关审定的境外加工费和料件费，以及该货物复运进境的运输及其相关费用、保险费估定完税价格。

【参考答案】 A

【例题 6-3】 2006 年 6 月 1 日，某公司经批准进口一台符合国家特定免征关税的科研设备用于研发项目，设备进口时经海关审定的完税价格折合人民币 800 万元（关税税率为 10%），海关规定的监管年限为 5 年；2008 年 5 月 31 日，公司研发项目完成后，

将已计提折旧 200 万元的免税设备出售给国内另一家企业。该公司应补缴关税（ ）

A. 24 万元　　B. 32 万元　　C. 48 万元　　D. 80 万元

（2008 年注册会计师考试单项选择题）

【分析】 完税价格＝海关审定的该货物原进口时的价格×［1－申请补税时实际已使用的时间（月）÷（监管年限×12）］＝800×10％×（1－2÷5）＝48（万元）

【参考答案】 C

【例题 6-4】 某企业 2009 年 5 月将一台账面余值 55 万元的进口设备运往境外修理，当月在海关规定的期限内复运进境。经海关审定的境外修理费 4 万元、料件费 6 万元。假定该设备的进口关税税率为 30％，则该企业应缴纳的关税为（ ）

A. 1.8 万元　　B. 3 万元　　C. 16.5 万元　　D. 19.5 万元

（2009 年注册会计师考试单项选择题）

【分析】 运往境外修理的机械器具、运输工具或者其他货物，出境时已向海关报明并在海关规定的期限内复运出境，应当以境外修理费和料件费来审查并确定完税价格。

因此，应缴纳的关税＝（4＋6）×30％＝3（万元）

【参考答案】 B

【例题 6-5】 下列各项中，应计入出口货物完税价格的是（ ）。

A. 出口关税税额 B. 单独列明的支付给境外的佣金

C. 货物在我国境内输出地点装载后的运输费用

D. 货物运至我国境内输出地点装载前的保险费

（2010 年注册会计师考试单项选择题）

【分析】 出口货物应当以海关审定的货物售与境外的离岸价格，扣除出口关税后，作为完税价格。故选项 A 不选。出口货物成交价格中含有支付给国外的佣金，如与货物的离岸价格分列，应予扣除。故选项 B 不选。未单独列明的，则不予扣除。出口货物的完税价格，应包括货物运至我国境内输出地点装载前的运输及其相关费用、保险费，选项 C 是装载后的，不选；而选项 D 符合，选。

【参考答案】 D

【例题 6-6】 下列各项关于关税适用税率的表述中，正确的是（ ）。

A. 出口货物，按货物实际出口离境之日实施的税率征税

B. 进口货物，按纳税义务人申报进口之日实施的税率征税

C. 暂时进口货物转为正式进口需予补税时，按其申报暂时进口之日实施的税率征税

D. 查获的走私进口货物需补税时，按海关确认的其实际走私进口日期实施的税率征税

（2011 年注册会计师考试单项选择题）

【分析】

出口货物，应当按照纳税义务人申报出口之日实施的税率征税，故选项 A 错。

暂时进口货物转为正式进口需予补税时，应按其申报正式进口之日实施的税率征税，故选项 C 错。

查获的走私进口货物需补税时，应按查获日期实施的税率征税，故选项 D 错。

【参考答案】 B

二、多项选择题

【例题 6-7】 下列各项中，经海关查明属实，可酌情减免进口关税的有（　　）

A. 在境外运输途中遭受损坏或损失的货物

B. 因不可抗力缴税确有困难的纳税人进口的货物

C. 起卸后海关放行前，因不可抗力遭受损坏的货物

D. 海关查验时已经损坏，经证明为保管不慎的货物

（2007 年注册会计师多项选择题）

【分析】 根据规定，海关对下列情形之一的进口货物可以酌情减免关税：①在境外运输途中或者在起卸时，遭受损坏或者损失的；②起卸后海关放行前，因不可抗力遭受损坏或者损失的；③海关检验时已经破漏、损坏或者腐烂，经证明不是保管不慎造成的。

【参考答案】 A C

【例题 6-8】 下列未包含在进口货物价格中的项目，应计入关税完税价格的有（　　）。

A. 由买方负担的购货佣金

B. 由买方负担的包装材料和包装劳务费

C. 由买方支付的进口货物在境内的复制权费

D. 由买方负担的与该货物视为一体的容器费用

（2008 年注册会计师考试多项选择题）

【分析】 由买方负担的购货佣金，进口货物在境内的复制权费不得计入该货物的实付或应付价格之中。

【参考答案】 B D

【例题 6-9】 下列进口货物中，经海关审查属实，可酌情减免进口关税的有（　　）

A. 在境外运输途中损失的货物

B. 在口岸起卸时遭受损坏的货物

C. 在起卸后海关放行前因不可抗力损失的货物

D. 非因保管不慎原因在海关查验时已经损坏的货物

（2009 年注册会计师考试多项选择题）

【分析】 以上选项均符合关税减免规定。

【参考答案】 A B C D

【例题 6-10】 下列关于关税税率的表述中，正确的有（　　）。

A. 查获的走私进口货物需补税的，应按查获日期实施的税率征税

B. 对由于税则归类的改变而需补税的，应按原征税日期实施的税率征税

C. 对经批准缓税进口的货物交税时，应按货物原进口之日实施的税率征税

D. 暂时进口货物转为正式进口需补税时，应按其暂时进口之日实施的税率征税

（2010 年注册会计师考试多项选择题）

【分析】 暂时进口货物转为正式进口需予补税时，应按其申报正式进口之日实施的税率征税。故选项 D 不选。

【参考答案】 A B C

【例题 6-11】 下列各项中，应当计入进口货物关税完税价格的有（　　）。

A. 由买方负担的购货佣金　B. 由买方负担的境外包转材料费用

C. 由买方负担的境外包转劳务费用

D. 由买方负担的进口货物视为一体的容器费用

（2011 年注册会计师考试多项选择题）

【分析】 由买方负担的除购货佣金以外的佣金和经纪费要计入关税完税价格，购货佣金不计入关税完税价格。由买方负担的境外包装材料费用、劳务费用、与进口货物视为一体的容器费用均计入关税完税价格。故选项 A 不选。

【参考答案】 B C D

三、综合题

【例题 6-12】 某轿车生产企业为增值税一般纳税人，2006 年 11 月份和 12 月份的生产经营情况如下：

（1）11 月从国内购进汽车配件，取得防伪税控系统开具的增值税专用发票，注明金额 280 万元、增值税税额 47.6 万元，取得的货运发票上注明运费 10 万元，建设基金 2 万元；

（2）11 月在国内销售发动机 10 台给一小规模纳税人，取得收入 28.08 万元；出口发动机 80 台，取得销售额 200 万元；

（3）12 月进口原材料一批，支付给国外买价 120 万元，包装材料 8 万元，到达我国海关以前的运输装卸费 3 万元、保险费 13 万元，从海关运往企业所在地支付运输费 7 万元；

（4）12 月进口两台机械设备，支付给国外的买价 60 万元，相关税金 3 万元，支付到达我国海关以前的装卸费、运输费 6 万元、保险费 2 万元，从海关运往企业所在地支付运输费 4 万元；

（5）12 月国内购进钢材，取得防伪税控系统开具的增值税专用发票，注明金额 300 万元、增值税税额 51 万元，另支付购货运输费用 12 万元、装卸费用 3 万元；当月将 30%用于企业基建工程；

（6）12 月从废旧物资回收经营单位购入报废汽车部件，取得废旧物资回收经营单位开具的税务机关监制的普通发票，注明金额 90 万元，另支付运输费、装卸费共计 6 万元；

（7）12 月 1 日将 A 型小轿车 130 辆赊销给境内某代理商，约定 12 月 15 日付款，15 日企业开具增值税专用发票，注明金额 2 340 万元、增值税税额 397.8 万元，代理商 30 日将货款和延期付款的违约金 8 万元支付给企业；

（8）12 月销售 A 型小轿车 10 辆给本企业有突出贡献的业务人员，以成本价核算取得销售金额 80 万元；

（9）12 月企业新设计生产 B 型小轿车 2 辆，每辆成本价 12 万元，为了检测其性能，将其移送企业下设的汽车维修厂进行碰撞实验，企业和维修厂位于同一市区，市场上无 B 型小轿车销售价格。

其他相关资料：①该企业进口原材料和机械设备的关税税率为10%；②生产销售的小轿车适用消费税率12%；③B型小轿车成本利润率8%；④城市维护建设税税率7%；⑤教育费附加征收率3%；⑥退税率13%；⑦相关票据在有效期内均通过主管税务机关认证。

要求：根据上述资料，按下列序号回答问题，每问需计算出合计数。

(1) 计算企业11月份应退的增值税；

(2) 计算企业11月份留抵的增值税；

(3) 计算企业12月进口原材料应缴纳的关税；

(4) 计算企业12月进口原材料应缴纳的增值税；

(5) 计算企业12月进口机械设备应缴纳的关税；

(6) 计算企业12月进口机械设备应缴纳的增值税；

(7) 计算企业12月国内购进原材料和运费可抵扣的进项税额；

(8) 计算企业12月购入报废汽车部件可抵扣的进项税额；

(9) 计算企业12月销售A型小轿车的销项税额；

(10) 计算企业12月B型小轿车的销项税额；

(11) 计算企业12月应缴纳的增值税；

(12) 计算企业12月应缴纳的消费税（不含进口环节）；

(13) 计算企业12月应缴纳的城市维护建设税和教育费附加。

（2007年注册会计师考试综合题）

【分析】 将小轿车用于碰撞试验既不缴纳消费税，也不缴纳增值税。

【参考答案】

(1) 11月应纳税额＝28.08÷（1＋17%）×17%－[47.6＋（10＋2）×7%－200×（17%－13%)]＝－36.36（万元）

免抵退税额＝200×13%＝26（万元），应退的增值税为26万元。

(2) 11月留抵的税额＝36.36－26＝10.36（万元）

(3) 12月进口原材料应缴纳的关税＝（120＋8＋3＋13）×10%＝14.40（万元）

(4) 12月进口原材料应缴纳的增值税

＝（120＋8＋3＋13＋14.4）×17%＝26.93（万元）

(5) 12月进口机械应缴纳的关税＝（60＋3＋6＋2）×10%＝7.10（万元）

(6) 12月进口机械应缴纳的增值税

＝（60＋3＋6＋2＋7.1）×17%＝13.28（万元）

(7) 12月购进原材料和运费可抵扣的进项税额

＝（51＋12×7%）×（1－30%）＝36.29（万元）

(8) 12月购入报废汽车部件可抵扣的进项税额＝90×10%＝9（万元）

(9) 12月销售A型小轿车的销项税额

＝397.8＋8÷（1＋17%）×17%＋10×397.8÷130＝429.56（万元）

(10) 12月B型小轿车的销项税额为0

(11) 企业12月应缴纳的增值税

＝429.56－（26.93＋36.29＋9＋7×7％）－10.36＝346.49（万元）

（12）企业12月应缴纳消费税（不含进口环节）

＝［2 340＋8÷（1＋17％）＋10×2 340÷130］×12％＝303.22（万元）

（13）企业12月应缴纳的城建税和教育费附加

＝（346.49＋303.22）×（7％＋3％）＝65.02（万元）

【例题6-13】 某市卷烟生产企业为增值税一般纳税人，2008年6月有关经营业务如下：

（1）2日向农业生产者收购烟叶一批，收购凭证上注明的价款500万元，并向烟叶生产者支付了国家规定的价外补贴；支付运输费用10万元，取得运输公司开具的运输发票，烟叶当期验收入库；

（2）3日领用自产烟丝一批，生产A牌卷烟600标准箱；

（3）5日从国外进口B牌卷烟400标准箱，支付境外成交价折合人民币260万元、到达我国海关前的运输费用10万元、保险费用5万元；

（4）16日销售A牌卷烟300标准箱，每箱不含税售价1.35万元，款项收讫；将10标准箱A牌卷烟作为福利发给本企业职工；

（5）25日销售进口B牌卷烟380标准箱，取得不含税销售收入720万元；

（6）27日购进税控收款机一批，取得增值税专用发票注明价款10万元、增值税1.7万元；外购防伪税控通用设备，取得的增值税专用发票注明价款1万元、增值税0.17万元；

（7）30日盘点，发现由于管理不善库存的外购已税烟丝15万元（含运输费用0.93万元）霉烂变质。

（其他相关资料：①烟丝消费税比例税率为30％；②卷烟消费税比例税率：每标准条调拨价格在50元以上的（含50元，不含增值税）为45％，每标准条对外调拨价格在50元以下的为30％；卷烟消费税定额税率；每标准箱（250标准条）150元；③卷烟的进口关税税率为20％；④相关票据已通过主管税务机关认证。）

要求：根据上述资料，按下列序号计算回答问题，每问需计算出合计数：

（1）外购烟叶可以抵扣的进项税额；

（2）进口卷烟应缴纳的关税；

（3）进口卷烟应缴纳的消费税；

（4）进口卷烟应缴纳的增值税；

（5）直接销售和视同销售卷烟的增值税销项税额；

（6）购进税控收款机和防伪税控通用设备可以抵扣的进项税额；

（7）损失烟丝应转出的进项税额；

（8）企业6月份国内销售应缴纳的增值税；

（9）企业6月份国内销售应缴纳的消费税。

（2008年注册会计师考试税法试题综合题）

【分析】 1. 进口货物关税完税价格＝货价＋采购费用（包括货物运抵中国关境内输入地起卸前的包装费、运输费、保险费和其他劳务费等费用）；

2. 纳税人进口货物，按照组成计税价格和规定的税率计算应纳税款，不得抵扣任何税额。进口货物应纳增值税税额计算公式：进口货物应纳增值税税额＝组成计税价格×税率

其中：组成计税价格＝关税完税价格＋关税＋消费税　或

组成计税价格＝（关税完税价格＋关税）÷（1－消费税税率）

3. 已抵扣进项税额的购进货物或应税劳务发生不得抵扣情况的，这些不得抵扣的情况，应将该项购进货物或应税劳务的进项税额从当期发生的进项税额中扣减。

由于运费的扣除率和外购烟丝的增值税率不同，故要分别计算。

【参考答案】

（1）外购烟叶准予抵扣进项税额

其中，烟叶税税率为20%。

＝［500×（1＋10%）×（1＋20%）］×13%＋10×7%＝86.5（万元）

（2）进口卷烟应纳关税：

进口卷烟应纳关税＝（260＋10＋5）×20%＝55（万元）

（3）进口卷烟应缴纳的消费税

卷烟消费税定额税率，每标准箱（250标准条）150元；即每标准条0.6元；

每条进口卷烟消费税适用比例税率的价格＝［（275＋55）÷（400箱×250条）＋0.6］÷（1－30%）＝（33＋0.6）÷（1－30%）＝48（元）

单条进口卷烟价格小于50元，适用30%消费税税率。

进口卷烟应纳消费税＝400×250×48×30%＋400×150＝150（万元）

（4）进口卷烟应纳增值税

进口卷烟应纳增值税＝（275＋55＋150）×17%＝81.6（万元）

（5）直接销售和视同销售卷烟的增值税销项税额：

销项税额＝［1.35×（300＋10）＋720］×17%＝193.55（万元）

（6）购进税控收款机和防伪税控通用设备可以抵扣的进项税额：

税控机可抵扣税额＝1.7＋0.17＝1.87（万元）

（7）损失烟丝应转出的进项税额

损失烟丝应转出的进项税额

＝（15－0.93）×17%＋0.93÷（1－7%）×7%＝2.46（万元）

（8）企业6月份国内销售应缴纳的增值税

＝193.55－86.5－81.6－1.87＋2.46＝26.04（万元）

（9）每条A牌卷烟不含销售价：13500÷250＝54（元）适用45%的税率；B牌卷烟进口环节已经缴纳了消费税，再销售不交消费税，只缴增值税。应纳消费税

＝［（300＋10）×1.35］×45%＋（300＋10）×150÷10000＝192.98（万元）

第七章　资源税法

资源税（resources tax）是以自然资源为课税对象而征收的一种税，目前我国列入资源税征税范围的资源仅限于矿产品和盐。

资源税法是指国家制定的调整资源税征收与缴纳权利义务有关的法律规范总称。除国务院发布的《中华人民共和国资源税暂行条例》（以下简称《资源税暂行条例》）和财政部发布的《中华人民共和国资源税暂行条例实施细则》（以下简称《资源税暂行条例实施细则》）以外，财政部、国家税务总局还制定了不少的部颁规章也是资源税法的组成部分。如《财政部、国家税务总局关于调整石灰石、大理石和花岗石资源税适用税额的通知》、《资源税若干问题的规定》、《资源税几个应税产品范围问题的解答》等。新修订的《资源税暂行条例》和《资源税暂行条例实施细则》于 2011 年 11 月 1 日起施行。

第一节　资源税纳税义务人

一、纳税义务人

在中华人民共和国领域及管辖海域开采《资源税暂行条例》规定的矿产品或者生产盐（以下称开采或者生产应税产品）的单位和个人，为资源税的纳税人。这里所称单位，是指企业、行政单位、事业单位、军事单位、社会团体及其他单位。所称个人，是指个体经营者及其他个人。资源税的纳税义务人不仅包括中国企业和个人，还包括外商投资企业和外国企业（国务院另有规定的除外）。

需要注意的是：①资源税是对在我国境内生产或者开采应税资源的单位和个人征收，而对进口应税资源的单位和个人不征收，相应地对出口应税产品也不退（免）已纳资源税。对进口应税产品的单位和个人不征资源税。②资源税是对开采或生产应税产品进行销售或自用的单位和个人在销售或移作自用时一次性征收，而对批发、零售已税应税产品的单位和个人不征收资源税。③中外合作开采石油、天然气，按照现行税法征收矿区使用费，暂不征收资源税。

二、扣缴义务人

扣缴义务人，是指独立矿山、联合企业及其他收购未税矿产品的单位。收购未税应税产品的单位为资源税的扣缴义务人。这里所称的扣缴义务人，是指独立矿山、联合企业及其他收购未税应税产品的单位。把收购未税应税产品的单位规定为资源税的扣缴义务人，是为了加强资源税的征管。主要适应税源小、零散、不定期开采、易漏税等情况，税务机关认为不易控管，由扣缴义务人在收购时代扣代缴未税应税产品为宜的。独立矿山指只有采矿或只有采矿和选矿、独立核算、自负盈亏的单位，其生产的原矿和精矿主要用于对外销售。联合企业指采矿、选矿、冶炼（或加工）连续生产的企业或采矿、冶炼（或加工）连续生产的企业，其采矿单位，一般是该企业的二级或二级以下核算单位。这里所说的“其他收购未税矿产品的单位”，也包括收购未税矿产品的个体户在内。

第二节　资源税的税目和单位税额

一、资源税税目和税率

资源税的税目、税率，依照《资源税税目税率表》（表 7-1）及财政部的有关规定执行。税目、税率的调整，由国务院决定。

表 7-1　资源税税目及税率表

税　目		税　率
一、原油		销售额的 5%-10%
二、天然气		销售额的 5%-10%
三、煤炭	焦煤	每吨 8-20 元
	其他煤炭	每吨 0.3-5 元
四、其他非金属矿原矿	普通非金属矿原矿	每吨或者每立方米 0.5-20 元
	贵重非金属矿原矿	每千克或者每克拉 0.5-20 元
五、黑色金属矿原矿		每吨 2-30 元
六、有色金属矿原矿	稀土矿	每吨 0.4-60 元
	其他有色金属矿原矿	每吨 0.4-30 元
七、盐	固体盐	每吨 10-60 元
	液体盐	每吨 2-10 元

矿产品等级的划分，根据《资源税暂行条例实施细则》所附“几个主要品种的矿山资源等级表”执行。如表 7-2 所示。

表 7-2　入选露天矿（非重点矿山）（例举）

1. 江西七宝山铁矿	江西省
2. 福建潘洛铁矿洛阳采区	福建省
3. 山东莱钢养麦地东矿区	山东省
4. 辽宁凌钢保国铁矿	辽宁省
5. 广西柳州钢铁（集团）矿业公司	广西壮族自治区
6. 浙江闲林埠钼铁矿	浙江省
7. 合肥钢铁集团钟山矿业有限责任公司	安徽省
8. 新余市铁坑矿业有限责任公司	江西省
9. 本溪北营钢铁（集团）股份有限公司	辽宁省
10. 莱芜钢铁集团鲁南矿业有限公司	山东省

续表

11. 江西乌石山铁矿	江西省
12. 山西临钢尖兵村矿区	山西省
13. 承德承钢矿业有限公司	河北省
14. 昆钢集团上厂矿	云南省
15. 安徽长江矿业有限公司	安徽省
16. 通化钢铁集团板石矿业有限责任公司露天采矿	吉林省
17. 新疆钢铁雅满苏矿业有限责任公司	新疆维吾尔自治区

对于划分资源等级的应税产品，其《几个主要品种的矿山资源等级表》中未列举名称的纳税人适用的税率，由省、自治区、直辖市人民政府根据纳税人的资源状况，参照《资源税税目税率明细表》和《几个主要品种的矿山资源等级表》中确定的邻近矿山或者资源状况、开采条件相近矿山的税率标准，在浮动30%的幅度内核定，并报财政部和国家税务总局备案。

《资源税税目税率表》中所列部分税目的征税范围限定如下：

（1）原油，是指开采的天然原油，不包括人造石油。

（2）天然气，是指专门开采或者与原油同时开采的天然气。

（3）煤炭，是指原煤，不包括洗煤、选煤及其他煤炭制品。

（4）其他非金属矿原矿，是指上列产品和井矿盐以外的非金属矿原矿。

（5）固体盐，是指海盐原盐、湖盐原盐和井矿盐；液体盐，是指卤水。

二、扣缴义务人适用的税额

资源税扣缴义务人适用的税额规定如下：①独立矿山、联合企业收购未税应税产品的单位，按照本单位应税产品税额标准，依据收购的数量代扣代缴资源税；②其他收购单位收购的未税应税产品，按主管税务机关核定的应税产品税额标准，依据收购的数量代扣代缴资源税。

第三节 销售额或销售数量

一、确定资源税课税数量的基本办法

资源税应税产品课税数量确定原则为：

（1）纳税人开采或者生产应税产品销售的，以销售数量为课税数量；

（2）纳税人开采或者生产应税产品自用的，以自用数量为课税数量。这里所说的自产自用产品，包括用于生产和非生产两部分。

二、特殊情况课税数量的确定

（1）纳税人开采或者生产不同税目应税产品的，应当分别核算不同税目应税产品的

课税数量；未分别核算或者不能准确提供不同税目应税产品的课税数量的，从高适用税额。

（2）纳税人不能准确提供应税产品销售数量或移送使用数量的，以应税产品的产量或主管税务机关确定的折算比换算成的数量为课税数量。

（3）原油中的稠油，高凝油与稀油划分不清或不易划分的，一律按原油的数量课税。

（4）自产自用产品的课税数量。资源税纳税人自产自用应税产品（自产自用产品，包括用于生产和非生产两部分），因无法准确提供移送使用量而采取折算比换算课税数量办法的，具体规定为：①煤炭，对于连续加工前无法正确计算原煤移送使用量的，可按加工产品的综合回收率，将加工产品实际销量和自用量折算成原煤数量作为课税数量；②金属和非金属矿产品原矿，因无法准确掌握纳税人移送使用原矿数量的，可将其精矿按选矿比折算成原矿数量作为课税数量。其折算公式为

选矿比＝精矿数量÷耗用原矿数量

（5）纳税人以自产的液体盐加工固体盐，按固体盐税额征税，以加工的固体盐数量为课税数量。纳税人以外购的液体盐加工成固体盐，其加工固体盐所耗用液体盐的已纳税额准予抵扣。

第四节　资源税应纳税额的计算和税收优惠

一、应纳税额的计算

资源税的应纳税额，按照从价定率或者从量定额的办法，分别以应税产品的销售额乘以纳税人具体适用的比例税率或者以应税产品的销售数量乘以纳税人具体适用的定额税率计算。

从价定率办法：应纳税额＝销售额×比例税率

纳税人开采或者生产不同税目应税产品的，应当分别核算不同税目应税产品的销售额或者销售数量；未分别核算或者不能准确提供不同税目应税产品的销售额或者销售数量的，从高适用税率。

所称销售额为纳税人销售应税产品向购买方收取的全部价款和价外费用，但不包括收取的增值税销项税额。

价外费用，包括价外向购买方收取的手续费、补贴、基金、集资费、返还利润、奖励费、违约金、滞纳金、延期付款利息、赔偿金、代收款项、代垫款项、包装费、包装物租金、储备费、优质费、运输装卸费以及其他各种性质的价外收费。但下列项目不包括在内：

（1）同时符合以下条件的代垫运输费用：①承运部门的运输费用发票开具给购买方的；②纳税人将该项发票转交给购买方的。

（2）同时符合以下条件代为收取的政府性基金或者行政事业性收费：①由国务院或者财政部批准设立的政府性基金，由国务院或者省级人民政府及其财政、价格主管部门批准设立的行政事业性收费；②收取时开具省级以上财政部门印制的财政票据；③所收

款项全额上缴财政。

纳税人以人民币以外的货币结算销售额的，应当折合成人民币计算。其销售额的人民币折合率可以选择销售额发生的当天或者当月1日的人民币汇率中间价。纳税人应在事先确定采用何种折合率计算方法，确定后1年内不得变更。

纳税人申报的应税产品销售额明显偏低并且无正当理由的、有视同销售应税产品行为而无销售额的，除财政部、国家税务总局另有规定外，按下列顺序确定销售额：

（1）按纳税人最近时期同类产品的平均销售价格确定；

（2）按其他纳税人最近时期同类产品的平均销售价格确定；

（3）按组成计税价格确定。组成计税价格为：

组成计税价格＝成本×（1＋成本利润率）÷（1－税率）

公式中的成本是指：应税产品的实际生产成本。公式中的成本利润率由省、自治区、直辖市税务机关确定。

应纳税额计算公式：应纳税额＝课税数量×单位税额

所称销售数量，包括纳税人开采或者生产应税产品的实际销售数量和视同销售的自用数量。

纳税人不能准确提供应税产品销售数量的，以应税产品的产量或者主管税务机关确定的折算比换算成的数量为计征资源税的销售数量。

二、资源税税收优惠

（一）资源税减税、免税项目

有下列情形之一的，减征或者免征资源税：

（1）开采原油过程中用于加热，修井的原油，免税。

（2）纳税人开采或者生产应税产品过程中，因意外事故或者自然灾害等原因遭受重大损失的，由省、自治区、直辖市人民政府酌情决定减税或者免税。

（3）国务院规定的其他减税、免税项目。其中有：①对独立矿山应纳的铁矿石资源税减征40%，按规定税额标准的60%征收。②对1993年12月31日以前存在的冶金独立矿山在原规定减征40%的基础上，再减征20%，即按规定税额标准的40%征收。③对有色金属矿的资源税在规定税额基础上减征30%，按规定税额标准的70%征收。

需注意的是，纳税人的减税、免税项目，应当单独核算课税数量；未单独核算或者不能准确提供课税数量的，不予减税或者免税。

（4）其他具体免征项目有：①对内昆铁路建设工程单位自来自用的石料免征资源税。②自2002年4月1日起，对冶金联合企业矿山（含1993年12月31日后从联合企业矿山中独立出来的铁矿山企业）铁矿石资源税，减按规定税额标准的40%征收。

（二）出口应税产品不退（免）资源税的规定

资源税法规定，对在中华人民共和国境内开采《资源税暂行条例》规定的矿产品或者生产盐（以下简称开采或者生产应税产品）并进行销售或自用的单位和个人征收资源税。但对出口应税产品也不免征或退还已纳资源税。

纳税人开采或者生产应税产品，自用于连续生产应税产品的，不缴纳资源税；自用于其他方面的，视同销售，依照本条例缴纳资源税。

第五节　资源税征收管理与纳税申报

资源税的征收管理，依照《税收征收管理法》及《资源税暂行条例》有关规定执行。资源税由税务机关征收。

纳税人在资源税纳税申报时，除财政部、国家税务总局另有规定外，应当将其应税和减免税项目分别计算和报送。

一、纳税义务发生的时间

纳税人销售应税产品，纳税义务发生时间为收讫销售款或者取得索取销售款凭据的当天；自产自用应税产品，纳税义务发生时间为移送使用的当天。

所称资源税纳税义务发生时间具体规定如下：

（一）纳税人销售应税产品，其纳税义务发生时间是：1. 纳税人采取分期收款结算方式的，其纳税义务发生时间，为销售合同规定的收款日期的当天；2. 纳税人采取预收货款结算方式的，其纳税义务发生时间，为发出应税产品的当天；3. 纳税人采取其他结算方式的，其纳税义务发生时间，为收讫销售款或者取得索取销售款凭据的当天。

（二）纳税人自产自用应税产品的纳税义务发生时间，为移送使用应税产品的当天。

（三）扣缴义务人代扣代缴税款的纳税义务发生时间，为支付货款的当天。

二、纳税期限

纳税人的纳税期限为 1 日、3 日、5 日、10 日、15 日或 1 个月，由主管税务机关根据实际情况具体核定。不能按固定期限计算纳税的，可以按次计算纳税。

纳税人以 1 个月为一期纳税的，自期满之日起 10 日内申报纳税；以 1 日、3 日、5 日、10 日或 15 日为一期纳税的，自期满之日起 5 日内预缴税款，于次月 1 日起 10 日内申报纳税并结清上月税款。扣缴义务人的解缴税款期限，比照上述规定执行。

三、纳税地点

纳税人应纳的资源税，应当向应税产品的开采或者生产所在地主管税务机关缴纳。纳税人在本省、自治区、直辖市范围内开采或者生产应税产品，其纳税地点需要调整的，由省、自治区、直辖市税务机关决定。具体实施时，跨省开采资源税应税产品的单位，其下属生产单位与核算单位不在同一省、自治区、直辖市的，对其开采的矿产品，一律在开采地纳税，其应纳税款由独立核算，自负盈亏的单位，按照开采地的实际销售量（或者自用量）及适用的单位税额计算划拨。扣缴义务人代扣代缴的资源税，应当向收购地主管税务机关缴纳。

把收购未税矿产品的单位规定为资源税的扣缴义务人，是为了加强资源税的征管。主要是适应税源小、零散、不定期开采、易漏税等税务机关认为不易控管、由扣缴义务人在收购时代扣代缴未税矿产品资源税为宜的情况。

扣缴义务人代扣代缴的资源税，应当向收购地主管税务机关缴纳。

跨省、自治区、直辖市开采或者生产资源税应税产品的纳税人，其下属生产单位与核算单位不在同一省、自治区、直辖市的，对其开采或者生产的应税产品，一律在开采地或者生产地纳税。实行从量计征的应税产品，其应纳税款一律由独立核算的单位按照每个开采地或者生产地的销售量及适用税率计算划拨；实行从价计征的应税产品，其应纳税款一律由独立核算的单位按照每个开采地或者生产地的销售量、单位销售价格及适用税率计算划拨。

四、纳税申报

资源税纳税申报与其他税种纳税申报相同，在此不再赘述，可参照本教材前文相关介绍。

资源税例题

一、单项选择题

【例题 7-1】 某钨矿企业 2006 年 10 月共开采钨矿石原矿 80 000 吨，直接对外销售钨矿石原矿 40 000 吨，以部分钨矿石原矿入选精矿 9 000 吨，选矿比为 40%。钨矿石选用税额每吨 0.6 元。该企业 10 月份应缴纳资源税（　　）

A. 20 580 元　　B. 26 250 元　　C. 29 400 元　　D. 37 500 元

（2007 年注册会计师考试单项选择题）

【分析】 根据规定，对有色金属矿的资源税在规定税额基础上减征 30%，按规定税额标准的 70%征收。本题将入选精矿也算作课税量，否则就无选项可选。

应纳资源税＝(40 000×60%＋9 000÷40%×60%)×(1－30%)＝26 250（元）

【参考答案】 B

【例题 7-2】 某油田 2007 年 12 月生产原油 6400 吨，当月销售 6100 吨，自用 5 吨，另有 2 吨在采油过程中用于加热、修井。原油单位税额为每吨 8 元，该油田当月应缴纳资源税（　　）

A. 48 840 元　　B. 48 856 元　　C. 51 200 元　　D. 51 240 元

（2008 年注册会计师考试单项选择题）

【分析】 资源税在销售或移作自用时一次性征收的；开采原油过程中用于加热、修井的原油，免税。

应缴纳的资源税税额＝（6100＋5）×8＝48840（元）。

【参考答案】 A

【例题 7-3】 甲县某独立矿山 2009 年 7 月份开采铜矿石原矿 3 万吨，当月还到乙县收购未税铜矿石原矿 5 万吨并运回甲县，上述矿石的 80%已在当月销售。假定甲县铜

矿石原矿单位税额每吨 5 元，则该独立矿山 7 月份应向甲县税务机关缴纳的资源税为（　　）

A. 12 万元　　B. 15 万元　　C. 32 万元　　D. 40 万元

（2009 年注册会计师考试单项选择题）

【分析】 收购未税矿产品应该向收购地税务机关缴纳资源税。

因此向甲县税务机关缴纳的资源税＝5×3×80%＝12（万元）

【参考答案】 A

【例题 7-4】 纳税人开采应税矿产品销售的，其资源税的征税数量为（　　）。

A. 开采数量　　B. 实际产量　　C. 计划产量　　D. 销售数量

（2010 年注册会计师考试单项选择题）

【分析】 解析：纳税人开采或者生产应税产品销售的，以销售数量为课税数量。

【参考答案】 D

【例题 7-5】 某产盐企业，2011 年 5 月份以外购液体盐 3000 吨加工成固体盐 600 吨，以自产液体盐 5000 吨加工成固体盐 1000 吨，当月销售固体盐 1500 吨，取得销售收入 300 万元，已知液体盐每吨单位税额 5 元、固体盐每吨单位税额 40 元，该产盐企业 5 月份应缴纳资源税（　　）。

A. 20000 元　B. 35000 元　C. 45000 元　D. 60000 元

（2011 年注册会计师考试单项选择题）

【分析】 纳税人以自产的液体盐加工固体盐，按固体盐税额征税，以加工的固体盐数量为课税数量。纳税人以外购的液体盐加工成固体盐，其加工固体盐所耗用液体盐的已纳税额准予抵扣。应缴纳资源税：1500×40－3000×5＝45000（元）

【参考答案】 C

二、多项选择题

【例题 7-6】 下列各项中，不征收资源税的有（　　）

A. 液体盐　　B. 人造原油　　C. 洗煤、选煤　　D. 煤矿生产的天然气

（2006 年注册会计师考试多项选择题）

【分析】 请见本教材资源税征收范围中相关内容。

【参考答案】 B C D

【例题 7-7】 下列各项中，符合资源税纳税义务发生时间规定的有（　　）

A. 采取分期收款结算方式的为实际收到款项的当天

B. 采取预收贷款结算方式的为发出应税产品的当天

C. 自产自用应税产品的为移送使用应税产品的当天

D. 采取其他结算方式的为收讫销售款或取得索取销售款凭据的当天

（2008 年注册会计师考试多项选择题）

【分析】 纳税人采取分期收款结算方式的，其纳税义务发生时间，为销售合同规定的收款日期的当天。

【参考答案】 B C D

【例题 7-8】 下列各项中，属于资源税纳税义务的人有（　　）

A. 进口盐的外贸企业　　B. 开采原煤的私营企业

C. 生产盐的外商投资企业　　D. 中外合作开采石油的企业

（2009 年注册会计师考试多项选择题）

【分析】 资源税进口不征，出口不退；中外合作开采石油企业暂不征收资源税，因此，正确选项为 B C。

【参考答案】 B C

【例题 7-9】 下列各项中，应征资源税的有（　　）。

A. 开采的大理石 B. 进口的原油 C. 开采的煤矿瓦斯 D. 生产用于出口的卤水

（2010 年注册会计师考试多项选择题）

【分析】 资源税的纳税义务人是指在我国境内开采应税资源的矿产品或者生产盐的单位和个人，故选项 B 不征收资源税。从 2007 年 1 月 1 日起，对地面抽采煤矿瓦斯暂不征收资源税，故选项 C 不征收资源税。

【参考答案】 A D

【例题 7-10】 土地增值税清算审核的主要方法有（　　）。

A. 案头审核　　B. 定期审核　　C. 分期审核　　D. 实地审核

（2010 年注册会计师考试多项选择题）

【分析】 清算审核包括案头审核和实地审核。

【参考答案】 A D

【例题 7-11】 下列各项关于资源税减免税规定的表述中，正确的有（　　）。

A. 对出口的应税产品免征资源税　B. 对进口的应税产品不征收资源税

C. 开采原油过程中用于修井的原油免征资源税

D. 开采应税产品过程中因自然灾害有重大损失的可由省级政府减征资源税

（2011 年注册会计师考试多项选择题）

【分析】 进口应税产品不征资源税，出口应税产品也不免征或退还已纳资源税，所以选项 A 不选，选项 B 选。开采原油过程中用于加热、修井的原油免税，所以选项 C 选。纳税人开采或者生产应税产品过程中，因意外事故或者自然灾害等原因遭受重大损失的，由省、自治区、直辖市人民政府酌情决定减税或者免税，所以选项 D 选。

【参考答案】 B C D

三、计算题

【例题 7-12】 位于县城的某内资原煤生产企业为增值税一般纳税人，2010 年 1 月发生以下业务：

（1）购进挖掘机一台，取得的增值税专用发票上注明的价款为 60 万元，增值税税款为 10.2 万元。支付运费 4 万元，取得公路内河货运发票。

（2）购进低值易耗品，取得的增值税专用发票上注明的增值税税额合计为 8 万元。

（3）开采原煤 10000 吨。采取分期收款方式销售原煤 9000 吨，每吨不含税单价 500 元。购销合同约定，本月应收取 1/3 的价款，但实际只收取不含税价款 120 万元。

另支付运费6万元、装卸费2万元，取得公路内河货运发票。

（4）为职工宿舍供暖，使用本月开采的原煤200吨；另将本月开采的原煤500吨无偿赠送给某有长期业务往来的客户。

（5）销售开采原煤过程中产生的天然气125千立方米，取得不含税销售额25万元。

（6）月末盘点时发现月初购进的低值易耗品的1/5因管理不善而丢失。（说明：相关票据在本月通过主管税务机关认证并申报抵扣；增值税月初留抵税额为0；假设该煤矿所在地原煤的资源税税额为5元/吨，天然气资源税税额为10元/千立方米。）

要求：根据上述资料，按照下列序号计算回答问题，每问需计算出合计数。

（1）计算该企业当月的增值税进项税额。

（2）计算该企业当月的增值税销项税额。

（3）计算该企业当月应缴纳的增值税。

（4）计算该企业当月应缴纳的资源税。

（5）计算该企业当月应缴纳的城市维护建设税和教育费附加。

（2010年注册会计师考试计算分析题）

【参考答案】

【分析】 非正常损失的购进货物；不得抵扣进项税额，故购进低值易耗品有1/5不能抵扣。

（1）计算该企业当月的增值税进项税额＝10.2＋8×4/5＋（4＋6）×7％＝17.3（万元）

（2）计算该企业当月的增值税销项税额

【分析】 视同销售也要计征增值税。销售额为本月实际销售额。天然气的增值税税率为13％。

销项税额＝0.05×（9000×1/3＋200＋500）×17％＋25×13％ ＝34.7（万元）

（3）计算该企业当月应缴纳的增值税＝34.7－17.3＝17.4（万元）

（4）计算该企业当月应缴纳的资源税

【分析】 资源税为销售时征收，且自用和无偿赠送视同销售。纳税人采取分期收款结算方式的，其纳税义务发生时间，为销售合同规定的收款日期的当天；当月收到1/3货款，资源税就算该1/3部分；煤矿生产的天然气不缴纳资源税。

销售和视同销售原煤应纳资源税＝［9000÷3＋（200＋500）］×5＝18500（元）

（5）计算该企业当月应缴纳的城市维护建设税和教育费附加＝17.4×（5％＋3％）＝1.39（万元）

第八章　土地增值税法

土地增值税（land appreciation tax）是国家对转让国有土地使用权、地上的建筑物及其附着物（以下简称转让房地产）并取得收入的单位和个人，就其转让房地产所取得的增值额征收的一种税。开征的目的是规范土地、房地产市场交易秩序，合理调节土地增值收益，维护国家权益。

土地增值税法是指国家制定的规范和调整土地增值税征收与缴纳权利义务有关的法律规范总称。除国务院颁发的1994年1月1日起实施的《中华人民共和国土地增值税暂行条例》（以下简称《土地增值税暂行条例》）以及《中华人民共和国土地增值税暂行条例实施细则》（以下简称《土地增值税暂行条例实施细则》）以外，财政部、国家税务总局制定的部颁规章也是土地增值税法的组成部分。其中如《国家税务总局国家土地管理局关于土地增值税若干征管问题的通知》、《财政部国家税务总局关于调整房地产市场若干税收政策的通知》、《财政部国家税务总局关于土地增值税一些具体问题规定的通知》等。

第一节　土地增值税纳税义务人

转让国有土地使用权、地上的建筑物及其附着物（以下简称转让房地产）并取得收入的单位和个人，为土地增值税的纳税义务人（以下简称纳税人）。既包括机关、团体、部队、企业事业单位、个体工商户及其他单位和个人，也包括外商投资企业、外国企业及外国驻华机构以及外国公民、华侨和港澳同胞等。

上述所称的收入，包括转让房地产的全部价款及有关的经济收益；所称的单位，是指各类企业单位、事业单位、国家机关和社会团体及其他组织；所称个人，包括个体经营者。

通过继承、赠与等方式没有取得商业性收益的转让行为不在征税范围之内。

这里所称的“赠与”是指如下情况：①房产所有人，土地使用权所有人将房屋产权，土地使用权赠与直系亲属或承担直接赡养义务人的；②房产所有人，土地使用权所有人通过中国境内非营利的社会团体、国家机关将房屋产权、土地使用权赠与教育、民政和其他社会福利、公益事业的。上述社会团体是指中国青少年发展基金会、希望工程基金会、宋庆龄基金会、减灾委员会、中国红十字会、中国残疾人联合会、全国老年基金会、老区促进会以及经民政部门批准成立的其他非营利的公益性组织。

地上的建筑物及其附着物是指建于地上的一切建筑物、包括地上地下的各种附属设施及附着于该土地上不能移动、一经移动即遭损坏的物品。所称国有土地是指按国家法律规定属于国家所有的土地。所称的转让国有土地使用权、地上的建筑物及其附着物并取得收入，是指以出售或者其他方式有偿转让房地产的行为，不包括以继承、赠与方式无偿转让房地产的行为。

第二节　土地增值税征税范围和税率

一、征税范围及其判断标准

土地增值税的征税范围包括以下几个方面：①转让国有土地使用权并取得收入；②地上的建筑物及其附着物（以下简称转让房地产）与国有土地使用权一并转让并取得收入。

二、征税范围的界定

从上述土地增值税征税范围可知，判断是否属于该范围有以下三个标准：

(1) 转让的土地使用权是否属于国有土地使用权；转让国有土地使用权要征土地增值税。转让集体所有制土地的，应先到有关部门办理（补办）土地使用或出让手续，使之变成国家所有才可转让，属于土地增值税的征税范围。

(2) 国有土地使用权及其房地产是否发生产权转让。产权转让要征，出让不征。

(3) 让房地产是否取得收入。这三个标准必须同时具备，才征收土地增值税。

在此，需注意的是，无论是单独转让国有土地使用权，还是房屋产权与国有土地使用权一并转让，只要取得收入，均属于土地增值税的征税范围，应征收土地增值税。

三、征税范围若干具体情况的判断标准

（一）房地产出售

以出售方式转让国有土地使用权、地上建筑物及附着物的分为三种情形：

(1) 出售国有土地使用权的，即土地使用者通过出让方式向政府交纳土地出让金后，有偿受让土地使用权后，仅对土地进行通水、通电、通路和平整地面等土地开发，不进行房产开发，然后将空地出售，属于国有土地使用权的有偿转让，应纳入土地增值税的征税范围。

(2) 取得国有土地使用权后进行房屋开发建造然后出售，这就是一般所说的房地产开发，这种情形既发生了产权的转让又取得了收入，应纳入土地增值税的征税范围。

(3) 存量房地产的买卖，是指已经建成并已投入使用的房地产，房屋所有人将房屋产权和土地使用权一并转让给其他单位和个人的行为。这种情况既发生了产权的转让又取得了收入，应纳入土地增值税的征税范围。

（二）房地产的继承、赠与

房地产的继承、赠与虽然也发生房地产产权的转移，但并没有取得相应的收入，属于无偿转让行为，不在土地增值税征税范围。这里所说的房地产的继承是指房地产的原产权所有人和依照法律取得土地使用权的土地使用人在死亡后，由其继承人依法承受死者的房产产权和土地使用权的民事法律行为。

所说的赠与是指房产所有人、土地使用权人所有人将自己所拥有的房地产无偿地交给其他人的民事法律行为。而这种赠与仅限于下列两种情况：①房产所有人、土地使用权人所有人将房屋产权、土地使用权赠与直系亲属或承担直接赡养义务的人；②房产所有人、土地使用权人所有人通过中国境内非营利的社会团体、国家机关将房屋产权、土地使用权赠与教育、民政和其他社会福利、公益事业的。这里所说的社会团体是指中国青少年发展基金会、希望工程基金会、宋庆龄基金会、减灾委员会、中国红十字会、中国残疾人联合会、全国老年基金会、老区促进会以及经民政部门批准成立的其他非营利性公益组织。

（三）房地产的出租

房地产的出租是指房产的产权所有人、依照法律规定取得土地使用权的土地使用人，将房产、土地使用权租赁给承租人使用，由承租人向出租人支付租金的行为。这种情况下，出租人虽然取得了收入，但没有发生房产产权、土地使用权的转让，因此不属于土地增值税的征税范围。

（四）房地产的抵押

房地产的抵押是指房产的产权所有人、依法取得土地使用权的土地使用人作为债务人或第三人向债权人提供不动产作为清偿债务的担保，但不转移权属的民事法律行为。因此，在抵押期间不征收土地增值税。待抵押期满后，视该房地产是否转移而再确定是否需要征收土地增值税。

（五）房地产的交换

房地产的交换是指一方以房地产与另一方的房地产进行交换的民事法律行为。由于这种行为既发生了房产产权、土地使用权的转移，交换双方又取得了实物形态的收入，按规定，它属于土地增值税的征税范围。但对个人之间互换自有居住用房地产的，经当地税务机关核实，可以免征土地增值税。

（六）以房地产进行投资、联营

以房地产进行投资、联营的，投资、联营的一方以房地产作价入股进行投资或作为联营条件，将房地产转让到所投资、联营的企业中时，暂免征收土地增值税。对投资、联营企业将上述房地产再转让时，应征收土地增值税。

（七）合作建房代建行为

对于一方出地，另一方出资金双方合作建房的，建成后按比例分房自用的，暂免征收土地增值税；建成后转让的，应征收土地增值税。代建行为是指房地产开发公司代客户进行房地产的开发，开发完成后向客户收取代建收入。对于房地产公司来讲，虽然取得了收入，但没有发生房地产权属的转移，其收入属于劳务收入性质，故不属于土地增值税的征税范围。

（八）企业兼并转让房地产

在企业兼并中，对被兼并企业将房地产转让到兼并企业中，暂免征收土地增值税。

四、土地增值税税率

土地增值税实行 4 级超率累进税率。土地增值税 4 级超率累进税率如表8-1所示。

表 8-1　土地增值税 4 级超率累进税率

土地增值税实行 4 级超率累进税率		
	应税超率情形	税率/%
一	增值额未超过扣除项目金额 50%的部分	30
二	增值额超过扣除项目金额 50%、未超过扣除项目金额 100%的部分	40
三	增值额超过扣除项目金额 100%、未超过扣除项目金额 200%的部分	50
四	增值额超过扣除项目金额 200%的部分	60

注：所列 4 级超率累进税率，每级“增值额未超过扣除项目金额”的比例，均包括本比例数。

现将上述的公式作一化简，形成速算公式。如表 8-2 所示。

表 8-2　土地增值税速算表

级	增值额与扣除项目比例	税率/%	速算扣除系数/%
1	增值额未超过扣除项目金额 50%部分	30	0
2	增值额超过扣除项目金额 50%、未超过扣除项目金额 100%的部分	40	5
3	增值额超过扣除项目金额 100%、未超过扣除项目金额 200%的部分	50	15
4	增值额超过扣除项目金额 200%的部分	60	35

第三节　土地增值税应税收入与扣除项目的确定

一、应税收入的确定

纳税人转让房地产所取得的收入，包括货币收入、实物收入和其他收入。

货币收入是指纳税人转让房地产而取得的现金、银行存款、支票、银行本票、汇票等各种信用票据和国库券、金融债券、企业债券、股票等有价证券。

实物收入是指纳税人转让转让房地产所取得的各种实物形态的收入，如机械设备、建筑材料、房屋等。一般要对这些实物形态的财产进行估价。

其他收入是指纳税人转让房地产所取得的无形资产收入或具有财产价值的权利，如专利权、商标权、著作权、专有技术使用权土地使用权等。这种类型的收入也要进行估价。

二、扣除项目的确定

计算增值额的扣除项目，具体为：

（1）取得土地使用权所支付的金额是指纳税人为取得土地使用权所支付的地价款和按国家统一规定交纳的有关费用。

（2）开发土地和新建房及配套设施（以下简称房地产开发）的成本是指纳税人房地产开发项目实际发生的成本（以下简称房地产增开发成本），包括土地征用及拆迁补偿费、前期工程费、建筑安装工程费、基础设施费、公共配套设施费和开发间接费用。

其中，取得土地使用权所支付的金额包括两个方面内容：一是纳税人为取得土地使用权所支付的地价款。如果是以协议、招标、拍卖等出让方式取得土地使用权的，地价款为纳税人所支付的土地出让金；如果是以行政划拨方式取得土地使用权的，地价款为按照国家有关规定补交的土地出让金；如果是以转让方式取得土地使用权的，地价款为向原土地使用权人实际支付的地价款。二是纳税人在取得土地使用权时按国家统一规定缴纳的有关费用。它系指纳税人在取得土地使用权过程中为办理有关手续，按国家统一规定缴纳的有关登记、过户手续费。

土地征用及拆迁补偿费包括土地征用费、耕地占用税、劳动力安置费及有关地上、地下附着物拆迁补偿的净支出、安置动迁用房支出等。前期工程费包括规划、设计、项目可行性研究和水文、地质、勘察、测绘、“三通一平”等支出。建筑安装工程费是指以出包方式支付给承包单位的建筑安装工程费、以自营方式发生的建筑安装工程费。基础设施费包括开发小区内道路、供水、供电、供气、排污、排洪、通讯、照明、环卫、绿化等工程发生的支出。公共配套设施费包括不能有偿转让的开发小区内公共配套设施发生的支出。开发间接费用是指直接组织、管理开发项目发生的费用，包括工资、职工福利费、折旧费、修理费、办公费、水电费、劳动保护费以及周转房摊销等。

（3）开发土地和新建房及配套设施的费用（以下简称房地产开发费用），是指与房地产开发项目有关的销售费用、管理费用和财务费用。开发费用在从转让收入中减除时不是按实际发生额而是按规定的标准扣除。标准的选择取决于财务费用中利息支出的不同处理方法。

财务费用中的利息支出凡能够按转让房地产项目计算分摊并提供金融机构证明的，允许据实扣除，但最高不能超过按商业银行同类同期贷款利率计算的金额。其他房地产开发费用，按地价款和房产开发成本计算的金额之和的5%以内计算扣除。凡不能按转让房地产项目计算分摊利息支出或不能提供金融机构证明的，房地产开发费用按地价款和房产开发成本计算的金额之和的10%以内计算扣除。

（4）转让旧房的，应按房屋及建筑物的评估价格，取得土地使用权所支付的地价款和按国家统一规定交纳的有关费用以及在转让环节缴纳的税金作为扣除项目金额计征土地增值税。对取得土地使用权时未支付地价款或不能提供已支付的地价款凭据的，不允许扣除取得土地使用权所支付的金额。

旧房及建筑物的评估价格是指在转让已使用的房屋及建筑物时，由政府批准设立的房地产评估机构评定的重置成本价乘以成新度折扣率后的价格。评估价格须经当地税务机关确认。新建房是指建成后未使用的房产。凡是已使用一定时间或达到一定磨损程度的房产均属旧房。

纳税人转让旧房及建筑物时因计算纳税的需要而对房地产进行评估，其支付的评估费用允许在计算增值额时予以扣除。对《土地增值税暂行条例》规定的纳税人隐瞒、虚报房地产成交价格等情形而按房地产评估价格计算征收土地增值税所发生的评估费用，不允许在计算土地增值税时予以扣除。

（5）与转让房地产有关的税金，是指在转让房地产时缴纳的营业税、城市维护建设税、印花税。因转让房地产交纳的教育费附加，也可视同税金予以扣除。

其中，计算增值额时扣除已缴纳印花税是指在转让房地产时缴纳的印花税。房地产开发企业按照“施工、房地产开发企业财务制度”的有关规定，其缴纳的印花税列入管理费用，已相应予以扣除。其他的土地增值税纳税义务人在计算土地增值税时允许扣除在转让时缴纳的印花税。

对于个人购入房地产再转让的，其在购入时已缴纳的契税，在旧房及建筑物的评估价中已包括此项因素，在计征土地增值税时，不另作为《与转让房地产有关的税金》予以扣除。

（6）对从事房地产开发的纳税人可按地价款和房产开发成本金额之和，加计20%的扣除。这个加计扣除费用适用范围限于房地产开发企业转让新建房地产的行为，非房地产开发企业或房地产开发企业转让存量房地产的，不适用。

（7）纳税人成片受让土地使用权后，分期分批开发、转让房地产的，其扣除项目金额的确定，可按转让土地使用权的面积占总面积的比例计算分摊，或按建筑面积计算分摊，也可按税务机关确认的其他方式计算分摊。这里所说的“总面积”是指可转让土地使用权的土地总面积。在土地开发中，因道路、绿化等公共设施用地是不能转让的，按规定，这些不能有偿转让的公共配套设施的费用是计算增值额的扣除项目。因此，在计算转让土地的增值额时，按实际转让土地的面积占可转让土地总面积来计算分摊，即：可转让土地面积为开发土地总面积减除不能转让的公共设施用地面积后的剩余面积。

对于县级及县级以上人民政府要求房地产开发企业在售房时代收的各项费用，如果代收费用是计入房价中向购买方一并收取的，可作为转让房地产所取得的收入计税；如果代收费用未计入房价中，而是在房价之外单独收取的，可以不作为转让房地产的收入。对于代收费用作为转让收入计税的，在计算扣除项目金额时，可予以扣除，但不允许作为加计20%扣除的基数；对于代收费用未作为转让房地产的收入计税的，在计算增值额时不允许扣除代收费用。

针对以上规定，到底是计入好还是不计入好，很难直观确定。本教材拟以此为基础，对允许作为加计20%扣除基数的房地产开发企业的税务筹划个案作公式推导。相信对于这类企业的税务筹划会有帮助的。

【销售不动产代收费用并入房价税务筹划个案公式推导】

【说明】本个案为计算简便起见，仅对房地产开发企业按当地政府的要求，在售房时代收了各项相关费用时，这些相关费用是否计入销售收入对其中应缴纳的三个主要税种（营业税、土地增值税和企业所得税）进行筹划，忽略城建税和教育费附加等其他税费。

【假设】这里有假设几个数据：销售收入总额为S；增值额为Z；支付取得土地使用权的出让金和房地产开发成本总共扣除项目金额K，其他允许税前扣除项目金额为

Q。以及代县级以上政府要求房地产开发企业在售房时代收的各项费用为 F。（以上金额单位均为万元。）

【注】K 和 Q 的区别在于，在计算土地增值税的扣除项目金额时，除两者都可以作为扣除项目金额外，K 还可以加计 20％进行扣除。另外，F 无论是否计算在收入总额与否，其实 Z 均保持不变的。

现在分析一下增值额在不同税率区间的税务筹划结果，列出它们的普遍公式。

1. 增值额 Z 未超过扣除项目金额百分之五十时

（为节省篇幅，具体推导过程从略，下同。但课堂教学中可以介绍。）

结论：增值额占扣除项目金额的比例＜50％范围下，房地产开发企业开发相同房地产，应当地政府的要求，将代收的各项相关费用 F 计入销售收入时，少获取税后利润为 2.345％F 万元。

2. 增值额 Z 超过扣除项目金额百分之五十、未超过扣除项目金额百分之一百时

结论：增值额占扣除项目金额的比例在 50％和 100％范围内下，房地产开发企业开发相同房地产，应当地政府的要求，将代收的各项相关费用 F 计入销售收入时，可以多获取税后利润为 1.507 5％F 万元。

3. 增值额 Z 超过扣除项目金额百分之一百、未超过扣除项目金额百分之二百时

结论：增值额占扣除项目金额的比例在 100％和 200％范围内下，房地产开发企业开发相同房地产，应当地政府的要求，将代收的各项相关费用 F 计入销售收入时，可以多获取税后利润为 8.877 5％F 万元。

4. 增值额 Z 超过扣除项目金额百分之二百时

结论：增值额占扣除项目金额的比例在 100％和 200％范围内下，房地产开发企业开发相同房地产，应当地政府的要求，将代收的各项相关费用 F 计入销售收入时，可以多获取税后利润为 21.272 5％F 万元。

【总结论】

房地产开发企业开发相同房地产，应当地政府的要求，将代收的各项相关费用 F 计入销售收入时，除增值额占扣除项目金额的比例小于 50％的情形企业减少收入 2.345％F 万元之外，其余情形下，分别可以多获取税后利润为 1.507 5％F、8.877 5％F 万元、21.272 5％F 万元。房地产开发企业据此可以来进行必要的税务筹划。

第四节　土地增值税应纳税额的计算和税收优惠

一、增值额的确定

土地增值税的计税依据是按照纳税人转让房地产所取得的增值额。增值额为纳税人转让房地产所取得的收入减除规定扣除项目金额后的余额。其中纳税人转让房地产所取得的收入，包括货币收入、实物收入和其他收入。

纳税人转让房地产所取得的收入减除规定扣除项目金额后的余额，为增值额。计算增值额的扣除项目：①取得土地使用权所支付的金额；②开发土地的成本、费用；③新建房及配套设施的成本、费用，或者旧房及建筑物的评估价格；④与转让房地产有关的

税金；⑤财政部规定的其他扣除项目。

二、应纳税额的计算

（一）计算公式

土地增值税按照纳税人转让房地产所取得的增值额和规定的税率计算征收。

（1）增值额未超过扣除项目金额50%时，

应纳土地增值税税额＝增值额×30%

（2）增值额超过扣除项目金额50%、未超过扣除项目金额100%时，

应纳土地增值税税额

＝扣除项目金额×50%×30%＋(增值额－扣除项目金额×50%)×40%

（3）增值额超过扣除项目金额100%、未超过扣除项目金额200%时，

应纳土地增值税税额＝扣除项目金额×50%×30%＋扣除项目金额×50%×40%＋（增值额－扣除项目金额）×50%

（4）增值额超过扣除项目金额200%时，

应纳土地增值税税额＝扣除项目金额×50%×30%＋扣除项目金额×50%×40%＋扣除项目金额×50%＋(增值额－扣除项目金额×2）×60%

（二）速算公式

按照上述税率来计算比较复杂，可将这个四级超率累进税率换算为以下的速算公式：

（1）当增值额未超过扣除项目金额50%时，

应纳土地增值税税额＝增值额×30%

（2）当增值额超过扣除项目金额50%、未超过扣除项目金额100%时，

应纳土地增值税税额＝增值额×40%－扣除项目金额×5%

（3）当增值额超过扣除项目金额100%、未超过扣除项目金额200%时，

应纳土地增值税税额＝增值额×50%－扣除项目金额×15%

（4）当增值额超过扣除项目金额200%时，

应纳土地增值税税额＝增值额×60%－扣除项目金额×35%

三、房地产评估价格

1. 法律规定

纳税人有下列情形之一的，按照房地产评估价格计算征收：①隐瞒、虚报房地产成交价格的；②提供扣除项目金额不实的；③转让房地产的成交价格低于房地产评估价格，又无正当理由的。其中，所称的房地产评估价格，是指由政府批准设立的房地产评估机构根据相同地段，同类房地产进行综合评定的价格。评估价格须经当地税务机关确认。所称的隐瞒、虚报房地产成交价格，是指纳税人不报或有意低报转让土地使用权，地上建筑物及其附着物价款的行为；所称的提供扣除项目金额不实的，是指纳税人在纳

税申报时不据实提供扣除项目金额的行为；所称的转让房地产的成交价格低于房地产评估价格，又无正当理由，是指纳税人申报的转让房地产的实际成交价低于房地产评估机构评定的交易价，纳税人又不能提供凭据或无正当理由的行为。

2. 作用

土地增值税纳税人由于不能准确提供房地产转让价格或扣除项目金额，致使增值额不正确，直接影响应纳税额的计算和缴纳，使国家税款流失。为防止此类现象发生，特制定有关房地产评估价格的规定。

3. 操作

隐瞒、虚报房地产成交价格，应由评估机构参照同类房地产的市场交易价格进行评估。税务机关根据评估价格确定转让房地产的收入。

提供扣除项目金额不实的，应由评估机构按照房屋重置成本价乘以成新度折扣率计算的房屋成本价和取得土地使用权时的基准地价进行评估。税务机关根据评估价格确定扣除项目金额。

转让房地产的成交价格低于房地产评估价格，又无正当理由的，由税务机关参照房地产评估价格确定转让房地产的收入。

四、税收优惠

（一）对建造普通标准住宅的税收优惠

纳税人建造普通标准住宅出售，增值额未超过扣除项目金额之和20%的，免征土地增值税；增值额超过扣除项目金额之和20%的，应就其全部增值额按规定计税。这里所称的普通标准住宅，是指按所在地一般民用住宅标准建造的居住用住宅。高级公寓、别墅、度假村等不属于普通标准住宅。普通标准住宅与其他住宅的具体划分界限由各省、自治区、直辖市人民政府规定。

（二）对国家征用收回的房地产的税收优惠

因国家建设需要依法征用、收回的房地产。这里所称的因国家建设需要依法征用、收回的房地产，是指因城市实施规划，国家建设的需要而被政府批准征用的房产或收回的土地使用权。因城市实施规划，国家建设的需要而搬迁，由纳税人自行转让原房地产的，比照本规定免征土地增值税。符合上述免税规定的单位和个人，须向房地产所在地税务机关提出免税申请，经税务机关审核后，免予征收土地增值税。

（三）对个人转让房地产的税收优惠

个人因工作调动或改善居住条件转让原自用住房的，经向税务机关申报核实后，按下列情况分别处理：凡居住已满5年或5年以上的，免税；居住满3年未满5年的，减半征收；居住不满3年的，按规定征税。

（四）减免的其他特殊规定

（1）关于以房地产进行投资、联营的征免税问题。对于以房地产进行投资、联营的，投资、联营的一方以土地（房地产）作价入股进行投资或作为联营条件，将房地产转让到所投资、联营的企业中时，暂免征收土地增值税。对投资、联营企业将上述房地产再转让的，应征收土地增值税。

（2）关于合作建房的征免税问题。对于一方出地、一方出资金、双方合作建房，建成后按比例分房自用的，暂免征收土地增值税；建成后转让的，应征收土地增值税。

（3）关于企业兼并转让房地产的征免税问题。在企业兼并中，对被兼并企业将房地产转让到兼并企业中的，暂免征收土地增值税。

（4）对个人之间互换自有居住用房地产的，经当地税务机关核实，可以免征土地增值税。

（5）对纳税人既建普通标准住宅又搞其他房地产开发的，应分别核算增值额。不分别核算增值额或不能准确核算增值额的，其建造的普通标准住宅不能适用免税规定。

第五节　土地增值税征收管理与纳税申报

一、土地增值税的征收管理

土地增值税的征收管理，依据《税收征管法》及《土地增值税暂行条例》有关规定执行。土地增值税以纳税人房地产成本核算的最基本的核算项目或核算对象为单位计算。

纳税人应当自转让房地产合同签订之日起 7 日内向房地产所在地主管税务机关办理纳税申报，并在税务机关核定的期限内缴纳土地增值税。这里所称的房地产所在地是指房地产的坐落地。纳税人转让房地产坐落在两个或两个以上地区的，应按房地产所在地分别申报纳税。

税务机关核定的纳税期限，应在纳税人签订房地产转让合同之后，办理房地产权属转让（即过户及登记）手续之前。

根据《土地增值税暂行条例实施细则》的规定，对纳税人在项目全部竣工结算前转让房地产取得的收入可以预征土地增值税。具体办法由各省、自治区、直辖市地方税务局根据当地情况制定。因此，对纳税人预售房地产所取得的收入，当地税务机关规定预征土地增值税的，纳税人应当到主管税务机关办理纳税申报，并按规定比例预交，待办理决算后，多退少补；当地税务机关规定不预征土地增值税的，也应在取得收入时先到税务机关登记或备案。

土地增值税以人民币为计算单位。转让房地产所取得的收入为外国货币的，以取得收入当天或当月 1 日国家公布的市场汇价折合成人民币，据以计算应纳土地增值税税额。对于以分期收款形式取得的外币收入，也应按实际收款日或收款当月 1 日国家公布的市场汇价折合人民币。

二、纳税地点

土地增值税的纳税地点为房地产所在地的主管税务机关。如果纳税人转让的房地产坐落在两个或两个以上地区的，应按房地产所在地分别申报纳税。

在实际操作中，可分为纳税人为法人和纳税人为自然人 2 种情形来确定纳税地点：①纳税人是法人。当转让的房地产坐落地与其法人机构所在地或经营地一致时，则在办理税务登记的原管辖税务机关申报纳税即可；如果转让的房地产坐落地与其机构所在地或经营地不一致时，则应在房地产坐落地所管辖的税务机关申报纳税。②纳税是自然人。当转让的房地产坐落地与其居住地一致时，则在住所所在地税务机关申报纳税；如果转让的房地产与其居住所在地不一致时，则在办理过户手续所在地的税务机关申报纳税。

三、纳税申报

纳税人应按照下列程序办理纳税手续：

（1）纳税人应在转让房地产合同签订后的 7 日内，到房地产所在地主管税务机关办理纳税申报，并向税务机关提交房屋及建筑物产权、土地使用权证书、土地转让、房产买卖合同、房地产评估报告及其他与转让房地产有关的资料。纳税人因经常发生房地产转让而难以在每次转让后申报的，经税务机关审核同意后，可以定期进行纳税申报，具体期限由税务机关根据情况确定。

（2）纳税人按照税务机关核定的税额及规定的期限缴纳土地增值税。纳税人未按照规定缴纳土地增值税的，土地管理部门、房产管理部门不得办理有关的权属变更手续。

《土地增值税纳税申报表》一共有 3 种式样，分别适用从事房地产开发纳税人和非房地产开发纳税人。土地增值税纳税义务人必须按照有关规定，向房地产所在地主管税务机关如实申报转让房地产所取得的收入、扣除项目金额以及应纳土地增值税税额，并按期缴纳税款。

土地增值税由税务机关征收。土地管理部门、房产管理部门应当向税务机关提供有关资料，并协助税务机关依法征收土地增值税。这里所称的土地管理部门，房产管理部门应当向税务机关提供有关资料，是指向房地产所在地主管税务机关提供有关房屋及建筑物产权、土地使用权、土地出让金数额、土地基准地价、房地产市场交易价格及权属变更等方面的资料。

第六节　房地产开发企业土地增值税清算管理

为进一步加强房地产开发企业土地增值税清算管理工作，根据《税收征管法》、《土地增值税暂行条例》及有关规定，国家税务总局于 2006 年 12 月 28 日就有关问题发出一个《国家税务总局关于房地产开发企业土地增值税清算管理有关问题的通知》（国税发［2006］187 号）对有关问题作出规定。自 2007 年 2 月 1 日起执行。各省税务机关可依据本通知的规定并结合当地实际情况制定具体清算管理办法。

一、土地增值税的清算单位和清算条件

土地增值税以国家有关部门审批的房地产开发项目为单位进行清算，对于分期开发的项目，以分期项目为单位清算。开发项目中同时包含普通住宅和非普通住宅的，应分别计算增值额。

土地增值税的清算条件规定如下：

（1）符合下列情形之一的，纳税人应进行土地增值税的清算：①房地产开发项目全部竣工、完成销售的；②整体转让未竣工决算房地产开发项目的；③直接转让土地使用权的。

（2）符合下列情形之一的，主管税务机关可要求纳税人进行土地增值税清算：①已竣工验收的房地产开发项目，已转让的房地产建筑面积占整个项目可售建筑面积的比例在85%以上，或该比例虽未超过85%，但剩余的可售建筑面积已经出租或自用的；②取得销售（预售）许可证满3年仍未销售完毕的；③纳税人申请注销税务登记但未办理土地增值税清算手续的；④省税务机关规定的其他情况。

二、非直接销售和自用房地产的收入确定

房地产开发企业将开发产品用于职工福利、奖励、对外投资、分配给股东或投资人、抵偿债务、换取其他单位和个人的非货币性资产等，发生所有权转移时应视同销售房地产，其收入按下列方法和顺序确认：①按本企业在同一地区、同一年度销售的同类房地产的平均价格确定；②由主管税务机关参照当地当年、同类房地产的市场价格或评估价值确定。

房地产开发企业将开发的部分房地产转为企业自用或用于出租等商业用途时，如果产权未发生转移，不征收土地增值税，在税款清算时不列收入，不扣除相应的成本和费用。

三、土地增值税的扣除项目

（1）房地产开发企业办理土地增值税清算时计算与清算项目有关的扣除项目金额，应根据《土地增值税暂行条例》第6条及其实施细则第7条的规定执行。除另有规定外，扣除取得土地使用权所支付的金额、房地产开发成本、费用及与转让房地产有关税金，须提供合法有效凭证；不能提供合法有效凭证的，不予扣除。

（2）房地产开发企业办理土地增值税清算所附送的前期工程费、建筑安装工程费、基础设施费、开发间接费用的凭证或资料不符合清算要求或不实的，地方税务机关可参照当地建设工程造价管理部门公布的建安造价定额资料，结合房屋结构、用途、区位等因素，核定上述4项开发成本的单位面积金额标准，并据以计算扣除。具体核定方法由省税务机关确定。

（3）房地产开发企业开发建造的与清算项目配套的居委会和派出所用房、会所、停车场（库）、物业管理场所、变电站、热力站、水厂、文体场馆、学校、幼儿园、托儿所、医院、邮电通信等公共设施，按以下原则处理：①建成后产权属于全体业主所有

的，其成本、费用可以扣除；②建成后无偿移交给政府、公用事业单位用于非营利性社会公共事业的，其成本、费用可以扣除；③建成后有偿转让的，应计算收入，并准予扣除成本、费用。

（4）房地产开发企业销售已装修的房屋，其装修费用可以计入房地产开发成本。房地产开发企业的预提费用，除另有规定外，不得扣除。

（5）属于多个房地产项目共同的成本费用，应按清算项目可售建筑面积占多个项目可售总建筑面积的比例或其他合理的方法，计算确定清算项目的扣除金额。

四、土地增值税清算应报送的资料

符合上述应进行土地增值税的清算情形之一的，纳税人须在满足清算条件之日起90日内到主管税务机关办理清算手续；符合上述主管税务机关可要求纳税人进行土地增值税清算情形之一的，纳税人须在主管税务机关限定的期限内办理清算手续。

纳税人办理土地增值税清算应报送以下资料：①房地产开发企业清算土地增值税书面申请、土地增值税纳税申报表；②项目竣工决算报表、取得土地使用权所支付的地价款凭证、国有土地使用权出让合同、银行贷款利息结算通知单、项目工程合同结算单、商品房购销合同统计表等与转让房地产的收入、成本和费用有关的证明资料；③主管税务机关要求报送的其他与土地增值税清算有关的证明资料等。

纳税人委托税务中介机构审核鉴证的清算项目，还应报送中介机构出具的《土地增值税清算税款鉴证报告》。

五、土地增值税清算项目的审核鉴证

税务中介机构受托对清算项目审核鉴证时，应按税务机关规定的格式对审核鉴证情况出具鉴证报告。对符合要求的鉴证报告，税务机关可以采信。

税务机关要对从事土地增值税清算鉴证工作的税务中介机构在准入条件、工作程序、鉴证内容、法律责任等方面提出明确要求，并做好必要的指导和管理工作。

六、土地增值税的核定征收

房地产开发企业有下列情形之一的，税务机关可以参照与其开发规模和收入水平相近的当地企业的土地增值税税负情况，按不低于预征率的征收率核定征收土地增值税：①依照法律、行政法规的规定应当设置但未设置账簿的；②擅自销毁账簿或者拒不提供纳税资料的；③虽设置账簿，但账目混乱或者成本资料、收入凭证、费用凭证残缺不全，难以确定转让收入或扣除项目金额的；④符合土地增值税清算条件，未按照规定的期限办理清算手续，经税务机关责令限期清算，逾期仍不清算的；⑤申报的计税依据明显偏低，又无正当理由的。

七、清算后再转让房地产的处理

在土地增值税清算时未转让的房地产，清算后销售或有偿转让的，纳税人应按规定进行土地增值税的纳税申报，扣除项目金额按清算时的单位建筑面积成本费用乘以销售或转让面积计算。

单位建筑面积成本费用＝清算时的扣除项目总金额÷清算的总建筑面积

土地增值税例题

一、单项选择题

【例题 8-1】 某国有企业 2006 年 5 月在市区购置一栋办公楼，支付价款 8000 万元。2008 年 5 月，该企业将办公楼转让，取得收入 10 000 万元，签订产权转移书据。办公楼经税务机关认定的重置成本价为 12 000 万元，成新率 70%。该企业在缴纳土地增值税时计算的增值额为（　　）

A. 400 万元　　B. 1485 万元　　C. 1490 万元　　D. 200 万元

（2008 年注册会计师考试单项选择题）

【分析】 单位和个人销售或转让其购置的不动产或受让的土地使用权，以全部收入减去不动产或土地使用权的购置或受让原价后的余额为营业额。

转让旧房的，应按房屋及建筑物的评估价格，取得土地使用权所支付的地价款和按国家统一规定交纳的有关费用以及在转让环节缴纳的税金作为扣除项目金额计征土地增值税。

所缴纳的营业税、城市维护建设税和教育费附加：

＝(10 000－8 000)×5%×(1＋7%＋3%)＝110（万元）

所缴纳的印花税：10 000×0.5‰＝5（万元）

评估价格＝12 000×70%＝8400（万元）

增值额＝10 000－8 400－110－5＝1 485（万元）

【参考答案】 B

【例题 8-2】 清算土地增值税时，房地产开发企业开发建造的与清算项目配套的会所等公共设施，其成本费用可以扣除的情形是（　　）

A. 建成后开发企业转为自用的　　B. 建成后开发企业用于出租的

C. 建成后直接赠与其他企业的　　D. 建成后产权属于全体业主的

（2009 年注册会计师考试单项选择题）

【分析】 建成后产权属于全体业主所有的，其成本、费用可以扣除。

【参考答案】 D

【例题 8-3】 对房地产开发公司进行土地增值税清算时，可作为清算单位的是（　　）。

A. 规划申报项目　B. 审批备案项目　C. 商业推广项目　D. 设计建筑项目

（2010 年注册会计师考试单项选择题）

【分析】 解析：土地增值税以国家有关部门审批的房地产开发项目为单位进行清算，对于分期开发的项目，以分期项目为单位清算。

【参考答案】 B

【例题 8-4】 位于县城的某商贸公司 2010 年 12 月销售一栋旧办公楼，取得收入 1000 万元，缴纳印花税 0.5 万元，因无法取得评估价格，公司提供了购房发票，该办公楼购于 2007 年 1 月，购价为 600 万元，缴纳契税 18 万元。该公司销售办公楼计算土地增值税时，可扣除项目金额的合计数为（　　）。

A. 639.6 万元　B. 640.1 万元　C. 760.1 万元　D. 763.7 万元

（2011 年注册会计师考试单项选择题）

【分析】 销售旧的办公楼需要交营业税、城建税及教育费附加(1000－600)×5%×(1＋5%＋3%)＝21.6（万元）；因为无法取得评估价格，所以按照购房发票所载金额从购买年度起至转让年度止每年加计 5%扣除，600×(1＋4×5%)＝720（万元）；对纳税人购房时缴纳的契税，凡能提供契税完税凭证的，准予作为“与转让房地产有关的税金”予以扣除，但不作为加计 5%的基数，所以可以扣除的金额合计数为 720＋21.6＋18＋0.5＝760.1（万元）。

【参考答案】 C

二、多项选择题

【例题 8-5】 下列各项中，属于土地增值税免税范围的有（　　）

A. 房产所有人将房产赠与直系亲属

B. 个人之间互换自有居住用房地产

C. 个人因工作调动而转让购买满 5 年的经营性房产

D. 因国家建设需要而搬迁，由纳税人自行转让房地产

（2007 年注册会计师考试多项选择题）

【分析】 个人因工作调动而转让居住满 5 年的房产，而不是经营性房产。

【参考答案】 A B D

【例题 8-6】 下列各项中，房地产开发公司应进行土地增值税清算的有（　　）

A. 直接转让土地使用权的

B. 房地产开发项目全部竣工完成销售的

C. 整体转让未竣 z 工决算房地产开发项目的

D. 取得销售（预售）许可证满 2 年仍未销售完毕的

（2008 年注册会计师考试多项选择题）

【分析】 取得销售（预售）许可证满三年仍未销售完毕的，主管税务机关可要求纳税人进行土地增值税清算。而不是二年。

【参考答案】 A B C

【例题 8-7】 下列情形中，纳税人应当进行土地增值税清算的有（　　）

A. 直接转让土地使用权的

B. 整体转让未竣工决算房地产开发项目的

C. 房地产开发项目全部竣工并完成销售的

D. 取得销售（预售）许可证 2 年仍未销售完的

（2009 年注册会计师考试多项选择题）

【分析】 符合下列情形之一的，纳税人应进行土地增值税的清算：①房地产开发项目全部竣工、完成销售并能够准确核算的；②整体转让未竣工决算房地产开发项目的；③直接转让土地使用权的。

【**参考答案**】 A B C

三、计算题

【**例题 8-8**】 某房地产开发公司于 2009 年 1 月受让一宗土地使用权，根据转让合同支付转让方地价款 6000 万元，当月办好土地使用权权属证书。2009 年 2 月至 2010 年 3 月中旬该房地产开发公司将受让土地 70%（其余 30%尚未使用）的面积开发建造一栋写字楼。在开发过程中，根据建筑承包合同支付给建筑公司的劳务费和材料费共计 5800 万元；发生的利息费用为 300 万元，不高于同期银行贷款利率并能提供金融机构的证明。3 月下旬该公司将开发建造的写字楼总面积的 20%转为公司的固定资产并用于对外出租，其余部分对外销售。2010 年 4 月～6 月该公司取得租金收入共计 60 万元，销售部分全部售完，共计取得销售收入 14000 万元。该公司在写字楼开发和销售过程中，共计发生管理费用 800 万元、销售费用 400 万元。（说明：该公司适用的城市维护建设税税率为 7%：教育费附加征收率为 3%；契税税率为 3%；其他开发费用扣除比例为 5%。）

要求：根据上述资料，按照下列序号计算回答问题，每问需计算出合计数。

（1）计算该房地产开发公司 2010 年 4～6 月共计应缴纳的营业税。

（2）计算该房地产开发公司 2010 年 4～6 月共计应缴纳的城建税和教育费附加。

（3）计算该房地产开发公司的土地增值税时应扣除的土地成本。

（4）计算该房地产开发公司的土地增值税时应扣除的开发成本。

（5）计算该房地产开发公司的土地增值税时应扣除的开发费用。

（6）计算该房地产开发公司销售写字楼土地增值税的增值额。

（7）计算该房地产开发公司销售写字楼应缴纳的土地增值税。

（2010 年注册会计师考试计算分析题）

【**参考答案**】 （1）4～6 月应缴纳的营业税税额：60×5%＋14000×5%＝703（万元）

（2）4～6 月共计应缴纳的城建税和教育费附加：703×(7%＋3%)＝70.3（万元）

（3）计算土地增值税时应扣除的土地成本：

【**分析**】 这宗土地使用权 70%部分建成了写字楼，且（1－20%）销售完成。受让土地使用权所缴纳的契税＝6000×3%。

［6000＋6000×3%］×70%×（1－20%）＝3460.80（万元）

（4）计算该房地产开发公司的土地增值税时应扣除的开发成本。

5800×（1－20%）＝4640（万元）

（5）计算该房地产开发公司的土地增值税时应扣除的开发费用。

300×（1－20%）＋（3460.80＋4640）×5%＝645.04（万元）

【**分析**】 题中写道：‘在开发过程中，…发生的利息费用为 300 万元，’，是开发写字楼呢还是总的，这里暂且算是总的。

（6）计算该房地产开发公司销售写字楼土地增值税的增值额＝14000－3460.80－4640－645.04－14000×5%×(1＋7%＋3%)－(3460.8＋4640)×20%≈14000－11136＝2864（万元）

【**分析**】 题房地产公司开发楼盘加计扣除地价款和开发成本之和的 20%。

（7）2864÷11136＝25.72％，故适用土地增值税税率为30％，

应缴纳的土地增值税税额：2864×30％＝859.2（万元）

四、综合题

【例题8-9】 府城房地产开发公司为内资企业，公司于2008年1月—2011年2月开发“东丽家园”住宅项目，发生相关业务如下：

（1）2008年1月通过竞拍获得一宗国有土地使用权，合同记载总价款17000万元，并规定2008年3月1日动工开发。由于公司资金短缺，于2009年5月才开始动工。因超过期限1年未进行开发建设，被政府相关部门按照规定征收土地受让总价款20％的土地闲置费。

（2）支付拆迁补偿费、前期工程费、基础设施费、公共配套设施费和间接开发费用合计2450万元。

（3）2010年3月该项目竣工验收，应支付建筑企业工程总价款3150万元，根据合同约定当期实际支付价款为总价的95％，剩余5％作为质量保证金留存两年，建筑企业按照工程总价款开具了发票。

（4）发生销售费用、管理费用1200万元，向商业银行借款的利息支出600万元，其中含超过贷款期限的利息和罚息150万元，已取得相关凭证。

（5）2010年4月开始销售，可售总面积为45000m^2，截止2010年8月底销售面积为40500m^2，取得收入40500万元；尚余4500m^2房屋未销售。

（6）2010年9月主管税务机关要求房地产开发公司就“东丽家园”项目进行土地增值税清算，公司以该项目尚未销售完毕为由对此提出异议。

（7）2011年2月底，公司将剩余4500m^2房屋打包销售，收取价款4320万元。

（其他相关资料：①当地适用的契税税率为5％；②城市维护建设税税率为7％；③教育费附加征收率为3％；④其他开发费用扣除比例为5％）

要求：根据上述资料，按序号回答下列问题，如有计算，每问需计算出合计数。

（1）简要说明主管税务机关于2010年9月要求府城房地产开发公司对该项目进行土地增值税清算的理由。

（2）在计算土地增值税和企业所得税时，对缴纳的土地闲置费是否可以扣除？

（3）计算2010年9月进行土增值税清算时可扣除的土地成本金额。

（4）计算2010年9月进行土地增值税清算时可扣除的开发成本金额。

（5）在计算土地增值税和企业所得税时，对公司发生的借款利息支出如何进行税务处理？

（6）计算2010年9月进行土地增值税清算时可扣除的开发费用。

（7）计算2010年9月进行土增值税清算时可扣除的营业税金及附加。

（8）计算2010年9月进行土地增值税清算时的增值额。

（9）计算2010年9月进行土地增值税清算时应缴纳的土地增值税。

（10）计算2011年2月公司打包销售的4500m^2房屋的单位建筑面积成本费用。

（11）计算2011年2月公司打包销售的4500m^2房屋的土地增值税。

（2011年注册会计师考试综合题）

【分析】 本题涉及“土地增值税清算”知识点。

（1）**【分析】**

【参考答案】 已竣工验收的房地产开发项目，已转让的房地产建筑面积占整个项目可售建筑面积的比例在85%以上的，主管税务机关可要求纳税人进行土地增值税清算。

府城房地产开发公司截止2010年8月底已经销售了40500平米的建筑面积，占全部可销售面积45000平米的90%，已经达到进行土地增值税清算的条件。

（2）**【分析】**

【参考答案】 缴纳的土地闲置费不得在土地增值税税前扣除，但在企业所得税税前可以扣除。

（3）**【分析】** 其他开发费用扣除比例为5%。

【参考答案】 可以扣除的土地成本金额=(17000+17000×5%)×90%=16065（万元）

（4）**【分析】**

【参考答案】 可以扣除的开发成本金额=（2450+3150）×90%=5040（万元）

（5）**【分析】**

【参考答案】 超过贷款期限的利息和罚息150万元不能在土地增值税税前扣除，而在企业所得税税前可以扣除。600－150=450（万元）利息支出在土地增税税前可以扣除，在企业所得税税前也可以扣除。

（6）**【参考答案】** 可以扣除的开发费用=(600－150)×90%+(16065+5040)×5%=1460.25（万元）

（7）**【参考答案】** 可以扣除的营业税及附加=40500×5%×（1+7%+3%）=2227.5（万元）

（8）**【分析】** 可以加计扣除地价款和房产开发成本金额的20%。

【参考答案】 扣除项目金额=16065+5040+1460.25+2227.5+（16065+5040）×20%=29013.75（万元）

增值额=40500－29013.75=11486.25（万元）

（9）**【参考答案】** 增值率=11486.25÷29013.75×100%=39.59%

应纳土地增值税=11486.25×30%=3445.88（万元）

（10）**【参考答案】** 单位建筑面积成本费用=29013.75÷40500=0.72（万元）

（11）**【分析】**

【参考答案】 扣除项目=0.72×4500=3240（万元）

增值额=4320－3240=1080（万元）增值率=1080÷3240×100%=33.33%

应纳土地增值税税额=1080×30%=324（万元）

第九章　房 产 税 法

房产税（crban real estate tax）是以不动产——房屋为征税对象，依据房产价格或房产租金向房产所有人或经营人征收的一种税。征收房产税的目的可以运用税收杠杆，加强对房产的管理，提高房产的使用效率，合理调节房产所有人和经营人的收入，增加地方的财政收入。

房产税法是指国家制定的调整和规范房产税征收与缴纳权利义务有关的法律规范总称。除《中华人民共和国房产税暂行条例》（以下简称《房产税暂行条例》）外，财政部、国家税务总局制定的部颁规章也是房产税法的组成部分。其中如《房产税若干具体问题的解释和暂行规定》、《财政部关于对银行、保险系统征免房产税的通知》、《国家税务总局关于安徽省若干房产税业务问题的批复》等。

第一节　房产税纳税义务人及征税对象

一、纳税义务人

总体来讲，房产税的纳税义务人是房屋的产权所有人。

而具体又规定如下：①产权属于全民所有的，由经营管理的单位缴纳；产权属于集体和个人的，由集体和个人缴纳。②产权出典的，由承典人缴纳。③产权所有人、承典人不在房产所在地的，或者产权未确定及租典纠纷未解决的，由房产代管人或者使用人缴纳。④纳税单位和个人承租使用房产管理部门、免税单位及纳税单位的房产，应由使用人代缴纳房产税。⑤无租使用其他房产的问题。纳税单位和个人无租使用房产管理部门、免税单位及纳税单位的房产，应由使用人代为缴纳房产税。

以上列举的产权所有人、经营管理单位、承典人、房产代管人或者使用人，统称为纳税义务人。自 2009 年 1 月 1 日起，对外资企业及外籍个人的房产征收房产税。

二、征税对象

房产税的征税对象是城市、县城、建制镇和工矿区的房产。所说的房产是指有屋面和围护结构、能遮风避雨、可供人们在其中生产、学习、工作、娱乐、居住或储藏物资的场所。

房产税依照房产原值一次减除 10％～30％后的余值计算缴纳。具体减除幅度由省、自治区、直辖市人民政府规定。没有房产原值作为依据的，由房产所在地税务机关参考同类房产核定。房产出租的，以房产租金收入为房产税的计税依据。

第二节　房产税征税范围

一、房产税一般规定

房产税的征税范围为：城市、县城、建制镇和工矿区。

城市是指经国务院批准设立的市，其征税范围为市区、郊区和市辖县县城，不包括农村。县城是指未设立建制镇的县人民政府所在地。建制镇是指经省级政府批准设立的建制镇。建制镇的征税范围为镇人民政府所在地。不包括所辖的行政村。工矿区是指工商业比较发达、人口比较集中、符合国务院规定的建制镇标准，但尚未设立镇建制的大中型工矿企业所在地。开征房产税的工矿区须经省、自治区、直辖市人民政府批准。

个人出租的房产，不分用途，均应征收房产税。

不在开征地区范围之内的工厂、仓库，不应征收房产税。

公园、名胜古迹中附设的营业单位，如影剧院、饮食部、茶社、照相馆等所使用的房产及出租的房产，应征收房产税。

承租人使用房产，以支付修理费抵交房产租金，仍应由房产的产权所有人依照规定缴纳房产税。

纳税单位与免税单位共同使用的房屋，按各自使用的部分划分，分别征收或免征房产税。

二、关于银行房产税的特别规定

（1）中国人民银行总行是国家机关，对其自用的房产免征房产税；中国人民银行总行所属并由国家财政部门拨付事业经费单位的房产，按房产税有关规定办理。

（2）中国人民银行各省、自治区、直辖市分行及其所属机构的房产，应征收房产税。

（3）根据国务院发布的《中华人民共和国银行管理暂行条例》的规定。各专业银行都是独立核算的经济实体，对其房产应征收房产税。

（4）对其他金融机构（包括信托投资公司、城乡信用合作社，以及经中国人民银行批准设立的其他金融组织）和保险公司的房产，均应按规定征收房产税。

三、关于投资联营与融资租赁房产的纳税问题

（1）对于投资联营的房产，应根据投资联营的具体情况，在计征房产税时予以区别对待。对于以房产投资联营，投资者参与投资利润分红，共担风险的情况，按房产原值作为计税依据计征房产税；对于以房产投资，收取固定收入，不承担联营风险的情况，实际上是以联营名义取得房产的租金，应根据《房产税暂行条例》的有关规定由出租方按租金收入计缴房产税。

（2）对于融资租赁房屋的情况，由于租赁费包括购进房屋的价款、手续费、借款利息等，与一般房屋出租的“租金”内涵不同，且租赁期满后，当承担方偿还最后一笔租赁费时，房屋产权要转移到承租方，这实际上是一种变相的分期付款购买固定资产的形

式，所以在计征房产税时应以房产余值计算征收。

第三节　房产税计税依据和税率

一、计税依据总体规定

房产税计税依据是房产的余值，如果房产出租的，则以房产租金收入为房产税的计税依据。

（一）从价计征

房产原值是指纳税人按照会计制度规定，在账簿固定资产科目中记载的房屋原价。对纳税人未按会计制度规定记载的，在计征房产税时，应按规定调整房产原值，对房产原值明显不合理的，应重新予以评估。房产原值应包括与房屋不可分割的各种附属设备或一般不单独计算价值的配套设施。纳税人对原有房屋进行改建、扩建的，要相应增加房屋的原值。

为了维持和增加房屋的使用功能或使房屋满足设计要求，凡以房屋为载体，不可随意移动的附属设备和配套设施，如给排水、采暖、消防、中央空调、电气及智能化楼宇设备等，无论在会计核算中是否单独记账与核算，都应计入房产原值，计征房产税。

对于更换房屋附属设备和配套设施的，在将其价值计入房产原值时，可扣减原来相应设备和设施的价值；对附属设备和配套设施中易损坏、需要经常更换的零配件，更新后不再计入房产原值。

凡在房产税征收范围内的具备房屋功能的地下建筑，包括与地上房屋相连的地下建筑以及完全建在地面以下的建筑、地下人防设施等，均应当依照有关规定征收房产税。上述具备房屋功能的地下建筑是指有屋面和维护结构，能够遮风避雨，可供人们在其中生产、经营、工作、学习、娱乐、居住或储藏物资的场所。

自用的地下建筑，按以下方式计税：

(1) 工业用途房产，以房屋原价的50％～60％作为应税房产原值。

应纳房产税的税额＝应税房产原值×[1－(10％～30％)]×1.2％。

(2) 商业和其他用途房产，以房屋原价的70％～80％作为应税房产原值。

应纳房产税的税额＝应税房产原值×[1－(10％～30％)]×1.2％。

房屋原价折算为应税房产原值的具体比例，由各省、自治区、直辖市和计划单列市财政和地方税务部门在上述幅度内自行确定。

(3) 对于与地上房屋相连的地下建筑，如房屋的地下室、地下停车场、商场的地下部分等，应将地下部分与地上房屋视为一个整体按照地上房屋建筑的有关规定计算征收房产税。

出租的地下建筑，按照出租地上房屋建筑的有关规定计算征收房产税。

房产联营投资的，房产税计税依据应区别对待：①以房产联营投资，共担经营风险的，按房产余值为计税依据计征房产税；②以房产联营投资，不承担经营风险的，只收取固定的收入的，实际是以联营名义取得房产租金，因此应由出租方按租金收入计征房产税。

$$房产余值=应税房产原值\times(1-扣除比例)$$

其中，减除比例为10%～30%，具体比例由各省、自治区、直辖市人民政府确定。

（二）从租计征

从租计征的计税依据为房产租金收入，即房产所有人出租房产使用权所得的各种报酬，包括货币收入和实物收入。

二、房产税税率

房产税的税率，依照房产余值计算缴纳的，税率为1.2%；依照房产租金收入计算缴纳的，税率为12%。从2001年1月1日起，对个人按市场价格出租的居民住房，用于居住的，可暂按4%的税率征收房产税。

第四节　房产税应纳税额的计算和税收优惠

一、应纳税额的计算

根据房产税的有关规定，房产税的计算方法有2种：一是从价计征；二是从租计征。

（一）从价计征

从价计征是按房产的原值减除一定比例的余值计征。其计算公式为

$$应纳房产税税额=应税房产原值\times(1-扣除比例)\times1.2\%$$

（二）从租计征

从租计征是按房产的租金收入计征。其计算公式为

$$应纳房产税税额=租金收入\times12\%$$

二、房产税税收优惠

（一）下列房产免纳房产税

（1）国家机关、人民团体、军队自用的房产；
（2）由国家财政部门拨付事业经费的单位自用的房产；
（3）宗教寺庙、公园、名胜古迹自用的房产；
（4）个人所有非营业用的房产；
（5）财政部批准免税的其他房产。

除以上情况之外，纳税人纳税确有困难的，可由省、自治区、直辖市人民政府确定，定期减征或者免征房产税。以上所说的“人民团体”是指经国务院授权的政府部门批准设立或登记备案并由国家拨付行政事业费的各种社会团体；所说的“由国家财政部

门拨付事业经费的单位”中的“实行差额预算管理的事业单位”，虽然有一定的收入，但收入不够本身经费开支的部分，还要由国家财政部门拨付经费补助。因此，对实行差额预算管理的事业单位，也属于是由国家财政部门拨付事业经费的单位，对其本身自用的房产免征房产税。

由国家财政拨付事业经费的劳教单位，免征房产税。

由国家财政部门拨付事业经费的单位，其经费来源实行自收自支后，应征收房产税。但为了鼓励事业单位经济自立，由国家财政部门拨付事业经费的单位，其经费来源实行自收自支后，从事业单位经费实行自收自支的年度起，免征房产税 3 年。其中，经费实行自收自支的劳教单位也比照这个规定办理。

企业办的各类学校、医院、托儿所、幼儿园自用的房产，可以比照由国家财政部门拨付事业经费的单位自用的房产，免征房产税。

财政部已批准免税的其他房产有：①损坏不堪使用的房屋和危房，因企业停产、撤销而闲置不用的房产，大修停用半年以上的房产等；②高校后勤实体；③非营利性医疗机构、疾病控制机构和妇幼保健机构等卫生机构自用的房产。

（二）关于免税单位自用房产的解释

关于免税单位自用房产的解释如下：

（1）国家机关、人民团体、军队自用的房产，是指这些单位本身的办公用房和公务用房；

（2）事业单位自用的房产，是指这些单位本身的业务用房；

（3）宗教寺庙自用的房产，是指举行宗教仪式等的房屋和宗教人员使用的生活用房屋；

（4）公园、名胜古迹自用的房产，是指供公共参观游览的房屋及其管理单位的办公用房屋。

上述免税单位出租的房产以及非本身业务用的生产、营业用房产不属于免税范围，应征收房产税。

（三）其他免征规定

（1）为鼓励利用地下人防设施，暂不征收房产税。

（2）个人所有的非营业用的房产，不分面积多少，均免征房产税。

（3）经有关部门鉴定，对毁损不堪居住的房屋和危险房屋，在停止使用后，可免征房产税。

（4）房产税属于财产税性质的税，对微利企业和亏损企业的房产，依照规定应征收房产税，以促进企业改善经营管理，提高经济效益。但为了照顾企业的实际负担能力，可由地方根据实际情况在一定期限内暂免征收房产税。

（5）企业停产、撤销后，对他们原有的房产闲置不用的，经省、自治区、直辖市税务局批准可暂不征收房产税；如果这些房产转给其他征税单位使用或者企业恢复生产的时候，应依照规定征收房产税。

（6）凡是在基建工地为基建工地服务的各种工棚、材料棚、休息棚和办公室、食堂、茶炉房、汽车房等临时性房屋，不论是施工企业自行建造还是由基建单位出资建造交施工企业使用的，在施工期间，一律免征房产税。但是，如果在基建工程结束以后，施工企业将这种临时性房屋交还或者估价转让给基建单位的，应当从基建单位接收的次月起，依照规定征收房产税。

（7）房屋大修停用在半年以上的，经纳税人申请，税务机关审核，在大修期间可免征房产税。

（8）对资产公司回收的房地产，在未处置前的闲置期间，免征房产税和城镇土地使用税。回收的房地产指已办理过户手续、资产公司取得产权证明的房地产。未办理过户手续的房地产，纳税确有困难的，依照《房产税暂行条例》的有关规定办理减免。

（9）从 2001 年 1 月 1 日起，对按政府规定价格出租的公有住房和廉租住房（包括企业和自收自支事业单位向职工出租的单位自有住房房管部门向居民出租的公有住房以及落实私房政策中带户发还产权并以政府规定租金标准向居民出租的私有住房等），暂停征收房产税。

第五节　房产税征收管理与纳税申报

一、纳税义务发生时间

（1）纳税人将原有房产用于生产经营，从生产经营之月起缴纳房产税；

（2）纳税人自行新建房屋用于生产经营，从建成之次月起缴纳房产税；

（3）纳税人委托施工企业建设的房屋，从办理验收手续之次月起缴纳房产税。纳税人在办理验收手续前，即已使用或出租、出借的新建房屋，应从使用或出租、出借的当月起缴纳房产税。

二、纳税期限

房产税按年征收，分期（季度或半年）缴纳。纳税期限由省、自治区、直辖市人民政府规定。

纳税人因房产、土地的实物或权利状态发生变化而依法终止房产税、城镇土地使用税纳税义务的，其应纳税款的计算应截止到房产、土地的实物或权利状态发生变化的当月末。

三、纳税地点

房产税的纳税地点为房产所在地的地方税务机关。房产不在一地的纳税人，应按房产的坐落地点，分别向房产所在地的税务机关缴纳房产税。

四、纳税申报和征收管理

房产税的纳税人应当按照《房产税暂行条例》的有关规定，及时办理纳税申报。并如实填写《房产税纳税申报表》。

房产税例题

一、单项选择题

【例题 9-1】 某企业拥有 A、B 两栋房产，A 栋自用，B 栋出租。A、B 两栋房产在 2005 年 1 月 1 日时的原值分别为 1 200 万元和 1 000 万元，2005 年 4 月底 B 栋房产租赁到期。自 2005 年 5 月 1 日起，该企业由 A 栋搬至 B 栋办公，同时对 A 栋房产开始进行大修至年底完工。企业出租 B 栋房产的月租金为 10 万元，地方政府确定按房产原值减除 20%的余值计税。该企业当年应缴纳房产税（　　）

A. 15.04 万元　　B. 16.32 万元　　C. 18.24 万元　　D. 22.72 万元

（2006 年注册会计师考试单项选择题）

【分析】 大修停用半年以上，免征房产税。

A 栋应缴纳房产税：1 200×(1－20%)×1.2%÷12×4＝3.84（万元）

B 栋应缴纳房产税：10×12%×4＋1 000×(1－20%)×1.2%÷12×8＝11.2（万元）

3.84＋11.2＝15.04（万元）

【参考答案】 A

【例题 9-2】 某企业 2006 年 2 月委托一施工单位新建厂房，9 月对建成的厂房输验收手续，同时接管基建工地上价值 100 万元的材料棚，一并转入固定资产，原值合计 1 100万元。该企业所在省规定的房产余值扣除比例为 30%。2006 年企业该项固定资产应缴纳房产税（　　）

A. 2.1 万元　　B. 2.31 万元　　C. 2.8 万元　　D. 3.08 万元

（2007 年注册会计师考试单项选择题）

【分析】 根据规定，施工企业将材料棚交还或估价转让给基建单位的，应从基建单位接受的次月起照章纳税；纳税人委托施工企业建设的房屋，从办理验收手续之次月起缴纳房产税。

应纳房产税＝1 100×(1－30%)×1.2%÷12×3＝2.31（万元）

【参考答案】 B

【例题 9-3】 某供热企业 2007 年拥有的生产用房原值 5 000 万元，全年取得供热总收入 2 500 万元，其中直接向居民供热的收入 800 万元。企业所在省规定计算房产余值的扣除比例为 30%，该企业 2007 年应缴纳房产税（　　）

A13.44 万元　　B. 28.56 万元　　C. 42 万元　　D. 60 万元

（2008 年注册会计师考试单项选择题）

【分析】 对于兼营供热的企业，可按向居民供热收取的收入占其生产经营总收入的比例划分征免税界限。

应缴纳的房产税税额＝5 000×(1－30%)×1.2%×(2 500－800)÷2 500＝28.56（万元）

【参考答案】 B

【例题 9-4】 某供热企业 2008 年度拥有生产用房原值 3 000 万元，当年取得供热收入 2 000 万元，某中直接向居民供热的收入 500 万元，房产所在地规定计算房产余值的扣除比例为 20%。该企业 2008 年应缴纳的房产税为（　　）

A. 7.2 万元　　B. 21.6 万元　　C. 27 万元　　D. 28.8 万元

（2009 年注册会计师考试单项选择题）

【分析】 向居民供热的收入可以免缴房产税。

应纳房产税的房产税＝3 000×1 500/2 000×(1－20%)×1.2%＝21.6（万元）。

【参考答案】 B

【例题 9-5】 某公司 2008 年购进一处房产，2009 年 5 月 1 日用于投资联营（收取固定收入，不承担联营风险），投资期 3 年，当年取得固定收入 160 万元。该房产原值 3000 万元，当地政府规定的减除幅度为 30%，该公司 2009 年应缴纳的房产税为(　　)。

A. 21.2 万元　　B. 27.6 万元　　C. 29.7 万元　　D. 44.4 万元

（2010 年注册会计师考试单项选择题）

【分析】 房产税分为自用时的前四个月，和投资联营的后八个月，分别计算。

3000×（1－30%）×1. 2%×4/12＋160×12%＝19. 2＋8. 4＝27. 6（万元）。

【参考答案】 B

【例题 9-6】 下列各项中，应作为融资租赁房屋房产税计税依据是（　　）。

A. 房产售价　B. 房产余值　C. 房产原值　D. 房产租金

（2011 年注册会计师考试单项选择题）

【分析】 对融资租赁房屋的情况，由于租赁费包括购进房屋的价款、手续费、借款利息等，与一般房屋出租的“租金”内涵不同，且租赁期满后，当承租方偿还最后一笔租赁费时，房屋产权要转移到承租方。这实际是一种变相的分期付款购买固定资产的形式，所以在计征房产税时应以房产余值计算征收。

【参考答案】 B

【例题 9-7】 某公司办公大楼原值 30 000 万元，2010 年 2 月 28 日将其中部分闲置房间出租，租期 2 年。出租部分房产原值 5 000 万元，租金每年 1 000 万元。当地规定房产税原值减除比例为 20%，2010 年该公司应缴纳房产税（　　）。

A. 288 万元　B. 340 万元　C. 348 万元　D. 360 万元

（2011 年注册会计师考试单项选择题）

【分析】 2010 年 1—2 月从价计征的房产税：30000×（1－20%）×1.2%×2÷12＝48（万元）

2010 年 3—12 月从价计征的房产税：25000×（1－20%）×1.2%×10÷12＝200（万元）

2010 年 3—12 月从租计征的房产税：1000×12%×10÷12＝100（万元）

全年应纳房产税＝48＋200＋100＝348（万元）

【参考答案】 C

二、多项选择题

【例题 9-8】 下列各项中，符合房产税纳税义务发生时间规定的有（　　）

A. 将原有房产用于生产经营，从生产经营之次月起缴纳房产税

B. 委托施工企业建设的房屋，从办理收手续之次月起缴纳房产税

C. 购置存量房，自权属登记机关签发房屋权属证书之次月起缴纳房产税

D. 购置新建商品房，自权属登记机关签发房屋权属证书之次月起缴纳房产税

（2007 年注册会计师考试多项选择题）

【分析】 根据规定，将原有房产用于生产经营的，应当是从生产经营之月起缴纳房产税；选项 D 应该是房屋交付使用之次月起缴纳房产税。

根据规定，个人所有的非营业用的房产，不分面积多少，均免征房产税。这里讲的是房，用途不确定，无法选择。

【参考答案】 BC

【例题 9-9】 下列各项中，符合房产税纳税义务发生时间规定的有（　　）

A. 纳税人购置新建商品房，自房屋交付使用之次月起缴纳房产税

B. 纳税人委托施工企业建设的房屋，自建成之次月起缴纳房产税

C. 纳税人将原有房产用于生产经营，自生产经营之次月起缴纳房产税

D. 纳税人购置存量房，自房地产权属登记机关签发房屋权属证书之次月起缴纳房产税

（2008 年注册会计师考试多项选择题）

【分析】 纳税人委托施工企业建设的房屋，从办理验收手续之次月起缴纳房产税，而不是建成之次月起。纳税人将原有房产用于生产经营，从生产经营之月起缴纳房产税，而不是自生产经营之次月起。

【参考答案】 A D

【例题 9-10】 下列各项中，符合房税法有关规定的有（　　）

A. 对按政府规定价格出租的公有住房和廉租住房，暂免征收房产税

B. 损坏不堪使用的房屋和危险房屋，经有关部门鉴定，在停止使用后免征房产税

C. 在基建工地为基建工地服务的各种工棚等临时性房屋，在施工期间免征房产税

D. 因房屋大修导致连续停用半年以上的，经向税务部门申报，在房屋大修期间免征房产税

（2009 年注册会计师考试多项选择题）

【分析】 以上选项均属于房产税的税收优惠。

【参考答案】 A B C D

【例题 9-11】 下列各项中，应依照房产余值缴纳房产税的有（　　）。

A. 融资租赁的房产　B. 产权出典的房产　C. 无租使用其他单位的房产

D. 用于自营的居民住宅区内业主共有的经营性房产

（2010 年注册会计师考试多项选择题）

【分析】 财税〔2009〕128 号《财政部 国家税务总局关于房产税城镇土地使用税有关问题的通知》规定，①关于无租使用其他单位房产的房产税问题：无租使用其他单位房产的应税单位和个人，依照房产余值代缴纳房产税。②关于出典房产的房产税问题产权出典的房产，由承典人依照房产余值缴纳房产税。③关于融资租赁房产的房产税问题：融资租赁的房产，由承租人自融资租赁合同约定开始日的次月起依照房产余值缴纳

房产税。合同未约定开始日的，由承租人自合同签订的次月起依照房产余值缴纳房产税。故选项 ABC 均入选。经营性的房产要缴纳房产税。选项 D 也是。

【参考答案】 A B C D

解析：参看教材 262 页，产权出典的，由承典人依照房产余值纳税。上述选项均按房产余值纳税。

三、计算题

【例题 9-12】 位于市区的某国有工业企业利用厂区空地建造写字楼，2007 年发生的相关业务如下：

（1）按照国家有关规定补交土地出让金 4 000 万元，缴纳相关费 160 万元；

（2）写字楼开发成本 3 000 万元，其中装修费用 500 万元；

（3）写字楼开发费用中的利息支出为 300 万元（不能提供金融机构证明）；

（4）写字楼竣工验收，将总建筑面积的 1/2 销售，签订销售合同，取得销售收入 6 500 万元；将另外 1/2 的建筑面积出租，当年取得租金收入 15 万元。

（其他相关资料：该企业所在省规定，按土地增值税暂行条例规定的高限计算扣除房地产开发费用。）

要求：根据上述资料，按下列序号计算回答问题，每问需计算出合计数。

（1）企业计算土地增值税时应扣除的取得土地使用权所支付的金额；

（2）企业计算土地增值税时应扣除的开发成本的金额；

（3）企业计算土地增值税时应扣除的开发费用的金额；

（4）企业计算土地增值税时应扣除的有关税金；

（5）企业应缴纳的土地增值税；

（6）企业缴纳的营业税、城市维护建设税和教育费附加；

（7）企业应缴纳的房产税。（2008 年注册会计师考试计算题）

【分析】 ①转让的 1/2 写字楼要缴纳土地增值税；②装修费用包括在开发成本中；③凡不能按转让房地产项目计算分摊利息支出或不能提供金融机构证明的，房地产开发费用按地价款和房产开发成本计算的金额之和的 10%以内计算扣除。

【参考答案】

（1）取得土地使用权所支付的金额＝(4000＋160)×50%＝2080（万元）

（2）应扣除的开发成本的金额＝3000×50%＝1500（万元）

（3）应扣除的开发费用的金额＝(2080＋1500)×10%＝358（万元）

（4）应扣除的有关税金

缴纳的营业税、城市维护建设税和教育费附加以及印花税税额：

6500×5%×(1＋7%＋3%)＋6500×0.05%＝360.75（万元）

（5）扣除项目合计＝2080＋1500＋358＋360.75＝4298.75（万元）

增值税率＝(6500－4298.75)÷4298.75×100%≈51.21%

应缴纳的土地增值税＝(6500－4298.75)×40%－4298.75×5%＝665.56（万元）

（6）营业税、城市维护建设税和教育费附加

＝（6500＋15）×5%×（1＋7%＋3%）＝358.33（万元）

（7）应缴纳的房产税＝15×12%＝1.8（万元）

【例题 9-13】 钟老师与他人合资成立的税务师事务所于 2010 年顺利开张，进入 2011 年发展很是迅速，场所、车辆皆不敷使用，相继采取下列措施：①事务所委托某外贸公司进口九成新凌志小轿车一辆，海关核定关税完税价格为 20 万元人民币，该车已交付事务所使用。②钟老师将原值 20 万元的一套自有旧居自年初提供给事务所使用。

（其他相关资料：①轿车进口关税适用税率为 25%、消费税适用税率为 5%；②计算房屋余值的扣除比例为 30%）

要求：根据上述资料，按序号回答下列问题，如有计算，每问需计算出合计数。

（1）计算进口小轿车应缴纳的增值税。

（2）计算进口小轿车使用环节应缴纳的车辆购置税。

（3）假设钟老师无偿提供旧居，计算事务所本年应缴纳的房产税。

（4）假设钟老师出租旧居供事务所职员居住，年租金 5 万元，计算其本年应缴纳的房产税。

（5）假设钟老师利用旧居为事务所提供仓储保管服务，年保管费 5 万元，计算其本年应缴纳的房产税。

（2011 年注册会计师考试计算回答题）

（1）**【参考答案】** 应缴纳的增值税＝20×（1＋25%）÷（1－5%）×17%＝4.47（万元）

（2）**【参考答案】** 应缴纳车辆购置税＝20×（1＋25%）÷（1－5%）×10%＝2.63（万元）

（3）**【参考答案】** 无偿使用的房产税＝20×（1－30%）×1.2%＝0.168(万元)＝0.17（万元）

（4）**【参考答案】** 出租使用的房产税＝5×4%＝0.2（万元）

（5）**【分析】** 财税〔2008〕24 号《关于廉租住房经济适用住房和住房租赁有关税收政策的通知》规定，... 支持住房租赁市场发展的税收政策

（一）对个人出租住房取得的所得减按 10%的税率征收个人所得税。（二）对个人出租住房，不区分用途，在 3%税率的基础上减半征收营业税，按 4%的税率征收房产税，免征城镇土地使用税。

【参考答案】 提供仓储保管服务应纳的房产税＝5×4%＝0.2（万元）

【注释】 原规定：对个人按市场价格出租的居民住房，用于居住的，可暂按 4%的税率征收房产税。即只对用于居住的。则，提供仓储保管服务的房产税＝5×12%＝0.6（万元）

第十章　城镇土地使用税法

城镇土地使用税（city and town land use tax）是以城镇土地为征税对象，对拥有土地使用权的单位和个人征收的一种税。开征目的是为了合理利用城镇土地、调节土地级差收入、提高土地使用效益、加强土地管理。

城镇土地使用税法是指国家制定的调整城镇土地使用税征收与缴纳权利义务有关的法律规范总称。除国务院颁发的1988年11月1日起实施的《中华人民共和国城镇土地使用税暂行条例》（以下简称《城镇土地使用税暂行条例》）以外，财政部、国家税务总局制定的部颁规章也是城镇土地使用税法的组成部分。其中，如《关于土地使用税若干具体问题的解释和暂行规定》、《国家税务局关于林业系统征免土地使用税问题的通知》、《国家税务局关于电力行业征免土地使用税问题的规定》等。

2006年12月30日国务院对《城镇土地使用税暂行条例》进行了部分条款修改，并于2007年1月1日起施行。

第一节　城镇土地使用税纳税义务人和征税范围

一、城镇土地使用税纳税义务人

在城市、县城、建制镇、工矿区范围内使用土地的单位和个人，为城镇土地使用税（以下简称土地使用税）的纳税义务人。应当依照《城镇土地使用税暂行条例》的规定缴纳城镇土地使用税。

具体来讲，城镇土地使用税由拥有土地使用权的单位或个人缴纳，包括：①拥有土地使用权的单位和个人；②拥有土地使用权的纳税人不在土地所在地的，由代管人或实际使用人纳税；③土地使用权未确定或权属纠纷未解决的，由实际使用人纳税；④土地使用权共有的，由共有各方分别纳税。

上述所称单位，包括国有企业、集体企业、私营企业、股份制企业、外商投资企业、外国企业以及其他企业和事业单位、社会团体、国家机关、军队以及其他单位；所称个人，包括个体工商户以及其他个人。

二、城镇土地使用税征税范围

（一）征税范围

城镇土地使用税的征税范围是城市、县城、建制镇、工矿区范围内的土地。这些土地是指在这些区域范围内属于国家所有和集体所有的土地。凡在土地使用税开征区范围内使用土地的单位和个人，不论通过出让方式还是转让方式取得的土地使用权，都应依法缴纳土地使用税。

其中，城市是指经国务院批准设立的市。县城是指县人民政府所在地。建制镇是指经省、自治区、直辖市人民政府批准设立的建制镇。工矿区是指工商业比较发达、人口比较集中、符合国务院规定的建制镇标准，但尚未设立镇建制的大中型工矿企业所在地。工矿区须经省、自治区、直辖市人民政府批准。

（二）具体的征税范围

具体的征税范围为：城市的征税范围为市区和郊区。县城的征税范围为县人民政府所在的城镇。建制镇的征税范围为建制镇镇人民政府所在地。关于建制镇具体征税范围，由各省、自治区、直辖市地方税务局提出方案，经省、自治区、直辖市人民政府确定批准后执行，并报国家税务总局备案。对农林牧渔业用地和农民居住用房屋及土地，不征收房产税和土地使用税。城市、县城、建制镇、工矿区的具体征税范围，由各省、自治区、直辖市人民政府划定。

（三）关于纳税单位与免税单位的有关规定

（1）对免税单位无偿使用纳税单位的土地（如公安、海关等单位使用铁路、民航等单位的土地），免征土地使用税；对纳税单位无偿使用免税单位的土地，纳税单位应照章缴纳土地使用税。

（2）纳税单位与免税单位共同使用共有使用权土地上的多层建筑，对纳税单位可按其占用的建筑面积占建筑总面积的比例计征土地使用税。

第二节　城镇土地使用税应纳税额的计算及税收优惠

一、应纳税额的计算

（一）计税依据

土地使用税以纳税人实际占用的土地面积为计税依据，依照规定税额计算征收。土地占用面积的组织测量工作，由省、自治区、直辖市人民政府根据实际情况确定。

城镇土地使用税的计算公式为

全年应纳城镇土地使用税税额＝实际占用应税土地面积（平方米）×适用税额

纳税义务人实际占用的土地面积，是指由省、自治区、直辖市人民政府确定的单位组织测定的土地面积。尚未组织测量，但纳税人持有政府部门核发的土地使用证书的，以证书确认的土地面积为准；尚未核发土地使用证书的，应由纳税人据实申报土地面积。

土地使用权共有的各方，应按其实际使用的土地面积占总面积的比例，分别计算缴纳土地使用税。

（二）税率（税额）

城镇土地使用税每平方米年税额如下：

（1）大城市：1.5～30元；

（2）中等城市：1.24～24元；

（3）小城市：0.9～18元；

（4）县城、建制镇，工矿区：0.6～12元。

省、自治区、直辖市人民政府，应当在所规定的税额幅度内，根据市政建设状况，经济繁荣程度等条件，确定所辖地区的适用税额幅度。市、县人民政府应当根据实际情况，将本地区土地划分为若干等级，在省、自治区、直辖市人民政府确定的税额幅度内，制定相应的适用税额标准，报省、自治区、直辖市人民政府批准执行。

经省、自治区、直辖市人民政府批准，经济落后地区土地使用税的适用税额标准可以适当降低，但降低额不得超过规定最低税额的30%。经济发达地区土地使用税的适用税额标准可以适当提高，但须报经财政部批准。

关于大中小城市的划分：大、中、小城市以公安部门登记在册的非农业正式户口人数为依据，按照国务院颁布的《城市规划条例》中规定的标准划分。现行的划分标准是：市区及郊区非农业人口总计在50万以上的，为大城市；市区及郊区非农业人口总计在20～50万的，为中等城市；市区及郊区非农业人口总计在20万以下的，为小城市。

二、城镇土地使用税税收优惠

（一）下列土地免缴土地使用税

（1）国家机关、人民团体、军队自用的土地；国家机关、人民团体、军队自用的土地是指这些单位本身的办公用地和公务用地。人民团体是指经国务院授权的政府部门批准设立或登记备案并由国家拨付行政事业费的各种社会团体。

（2）由国家财政部门拨付事业经费的单位自用的土地；事业单位自用的土地是指这些单位本身的业务用地。由国家财政部门拨付事业经费的单位，是指由国家财政部门拨付经费，实行全额预算管理或差额预算管理的事业单位。不包括实行自收自支、自负盈亏的事业单位。

（3）宗教寺庙、公园、名胜古迹自用的土地；宗教寺庙自用的土地是指举行宗教仪式等的用地和寺庙内的宗教人员生活用地。公园、名胜古迹自用的土地，是指供公共参观游览的用地及其管理单位的办公用地。以上单位的生产、经营用地和其他用地，不属于免税范围，应按规定缴纳城镇土地使用税，如公园、名胜古迹中附设的营业单位如影剧院、饮食部、茶社、照相馆等使用的土地。

（4）市政街道、广场、绿化地带等公共用地。

（5）直接用于农、林、牧、渔业的生产用地；直接用于农、林、牧、渔业的生产用地，是指直接从事于种植、养殖、饲养的专业用地，不包括农副产品加工场地和生活、办公用地。

（6）经批准开山填海整治的土地和改造的废弃土地，从使用的月份起免缴土地使用税5～10年；具体免税期限由省、自治区、直辖市地方税务局在规定的期限内自行确定。

（7）由财政部另行规定免税的能源、交通、水利设施用地和其他用地。

以上单位的生产、营业用地和其他用地，不属于免税范围，应按规定缴纳土地使用税。

除上述免缴规定外，纳税人缴纳土地使用税确有困难需要定期减免的，由省、自治区、直辖市税务机关审核后，报国家税务局批准。

（8）免税单位无偿使用纳税单位的土地（如公安、海关等单位使用铁路、民航等单位的土地），免征城镇土地使用税。纳税单位无偿使用免税单位的土地，纳税单位应照章缴纳城镇土地使用税。纳税单位与免税单位共同使用、共有使用权土地上的多层建筑，对纳税单位可按其占用的建筑面积占建筑面积的比例计征城镇土地使用税。

（9）企业办的学校、医院、托儿所、幼儿园，其用地能与企业其他用地明确区分的，免征城镇土地使用税。

（10）对非营利性医疗机构、疾病控制机构和妇幼保健机构等卫生机构自用的土地，免征城镇土地使用税。对营利性医疗机构自用的土地自 2000 年起免征城镇土地使用税 3 年。

（二）下列土地的征免税，由省、治区、辖市税务局确定

（1）个人所有的居住房屋及院落用地；

（2）房产管理部门在房租调整改革前出租的居民住房用地；

（3）免税单位职工家属的宿舍用地；

（4）民政部门举办的安置残疾人占一定比例的福利工厂用地；

（5）集体和个人办的各类学校、医院、托儿所、幼儿园用地。

（三）特殊征免税规定

（1）对行使国家行政管理职能的中国人民银行总行（含国家外汇管理局）所属分支机构自用的房产、土地，免征房产税、城镇土地使用税。

（2）对石灰厂、水泥厂、大理石厂、沙石厂等企业的采石场、排土场用地，炸药库的安全区用地以及采区运岩公路，予以免税；对上述企业的其他用地，应予征税。

（3）对林区的育林地、运材道、防火道、防火设施用地，免征土地使用税。林业系统的森林公园、自然保护区、可比照公园免征土地使用税。

（4）对火电厂厂区围墙内的用地，均应照章征收土地使用税。对厂区围墙外的灰场、输灰管、输油（气）管道、铁路专用线用地，免征土地使用税；厂区围墙外的其他用地，应照章征税。对水电站的发电厂房用地（包括坝内、坝外式厂房）、生产、办公、生活用地，照章征收土地使用税；对其他用地给予免税照顾。对供电部门的输电线路用地、变电站用地，免征土地使用税。

（5）对水利设施及其管护用地（如水库库区、大坝、堤防、灌渠、泵站等用地），免征土地使用税；其他用地，如生产、办公、生活用地、应照章征收土地使用税。对兼有发电的水利设施用地征免城镇土地使用税问题，比照电力行业征免土地使用税的有关

规定办理。

（6）机场飞行区（包括跑道、滑行道、停机坪、安全带、夜航灯光区）用地，场内外通讯导航设施用地和飞行区四周排水防洪设施用地，免征土地使用税。机场道路，区分为场内，场外道路。场外道路用地免征土地使用税；场内道路用地依照规定征收土地使用税。机场工作区（包括办公、生产和维修用地及候机楼、停车场）用地、生活区用地、绿化用地，均须依照规定征收土地使用税。

（7）对于各类危险品仓库，厂房所需的防火、防爆、防毒等安全防范用地，可由各省、自治区、直辖市税务局确定，暂免征收土地使用税；对仓库库区、厂房本身用地，应照章征收土地使用税。

（8）对企业的铁路专用线、公路等用地，在厂区以外、与社会公用地段未加以隔离的，暂免征收城镇土地使用税。

（9）对企业厂区以外的公共绿化用地和向社会开放的公园用地，暂免征收城镇土地使用税。

（10）对矿山的采矿场、排土场、尾矿库、炸药库的安全区、采区运矿及运岩公路、尾矿输送管道及回水系统用地，免征城镇土地使用税。对矿山企业采掘地下矿造成的塌陷地以及荒山占地，在利用之前，暂免征收城镇土地使用税。

（11）对盐场的盐滩、盐矿的矿井用地，暂免征收城镇土地使用税。

（12）对煤炭企业的矸石山、排土场用地，防排水沟用地，矿区办公、生活区以外的公路铁路专用线及轻便道和输变电线路用地，炸药库库区外安全区用地，向社会开放的公园及公共绿化带用地，暂免征收城镇土地使用税。对煤炭企业的报废矿井占地，经煤炭企业申请，当地税务机关审核，可以暂免征收城镇土地使用税。

（13）港口的码头（即泊位，它包括岸边码头、伸入水中的浮码头、堤岸、堤坝、栈桥等）用地，免征城镇土地使用税。对港口的露天堆货场用地，原则上应征收城镇土地使用税，企业纳税确有困难的，可由省、自治区、直辖市地方税务局根据实际情况给予定期减免或者免征城镇土地使用税的照顾。

（14）对高校后勤实体免征城镇土地使用税。

（15）中国石油天然气总公司所属单位下列油气生产建设用地暂免征收城镇土地使用税：石油地质勘探、钻井、井下作业、油田地面工程等施工临时用地、各种采油（气）井、水源井用地；油田内办公、生活区以外的公路、铁路专用线及输油（气、水）管道用地；石油长输管线用地；通讯、输变电线路用地；在城市、县城、建制镇以外工矿内的下列油气生产、生活用地，也暂免征收城镇土地使用税：与各种采油（气）井相配套的地面设施用地，包括油气采集、计量、接转、储运、装饰、综合处理等各种站的用地；与注水（气）井相配套的地面设施用地，包括配水、取水、转水以及供气、配气、压气、气举等各种站的用地；供（配）电、供排水、消防、防洪排涝、防风、防沙等设施用地；职工和家属居住的简易房屋、活动板房、野营房、帐篷等用地。

（16）中国海洋石油总公司及其所属公正下列用地，暂免征收城镇土地使用税：导管架、平台组块等海上结构建造用地；码头用地；输油气管线用地；通讯天线用地；办公、生活区以外的公路、铁路专用线、机场用地。

(17) 向居民供热并向居民收取采暖费的供热企业暂免征收城镇土地使用税。对既向居民供热又向非居民供热的企业，可按向居民供热收取的收入占其总供热收入的比例划分征免税界限；对于兼营供热的企业，可按向居民供热收取的收入占其生产经营总收入的比例划分征免税界限。

第三节　城镇土地使用税征收管理与纳税申报

一、纳税期限

城镇土地使用税按年计算，分期缴纳。缴纳期限由省、自治区、直辖市人民政府确定。

新征用的土地，依照下列规定缴纳土地使用税：①征用的耕地，自批准征用之日起满 1 年时开始缴纳土地使用税；②征用的非耕地，自批准征用次月起缴纳土地使用税。

二、纳税义务发生时间

(1) 纳税人购置新建商品房，自房屋交付使用之次月起，缴纳城镇土地使用税。

(2) 纳税人购置存量房，自办理房屋权属转移、变更登记手续，房地产权属登记机关签发房屋权属证书之次月起，缴纳城镇土地使用税。

(3) 纳税人出租、出借房产，自交付出租、出借房产之次月起，缴纳城镇土地使用税。

(4) 房地产开发企业自用、出租、出借本企业建造的商品房，自房屋使用或交付之次月起，缴纳城镇土地使用税。

(5) 纳税人新征用的耕地，自批准征用之日起满 1 年时开始缴纳城镇土地使用税。

(6) 纳税人新征用的非耕地，自批准征用次月起缴纳城镇土地使用税。

三、纳税地点与征收机构

土地使用税由土地所在地的税务机关征收。土地管理机关应当向土地所在地的税务机关提供土地使用权属资料。土地使用税的征收管理，依照《税收征管法》的规定办理。

城镇土地使用税例题

一、单项选择题

【例题 10-1】 甲企业（国有企业）生产经营用地分布于 A、B、C 三个地域，A 的土地使用权属于甲企业，面积 10 000 平方米，其中幼儿园占地 1 000 平方米，厂区绿化占地 2 000 平方米；B 的土地使用权属甲企业与乙企业共同拥有，面积 5 000 平方米，实际使用面积各半；C 面积 3 000 平方米，甲企业一直使用但土地使用权未确定。假设 A、B、C 的城镇土地使用税的单位税额为每平方米 5 元，甲企业全年应纳城镇土地使用税（　　）

A. 57 500 元　　B. 62 500 元　　C. 72 500 元　　D. 85 000 元

（2004 年注册会计师考试单项选择题）

【分析】（10 000－1 000＋2 500＋3 000）×5＝72 500（元）

【参考答案】 C

【例题 10-2】 新征用耕地应缴纳的城镇土地使用税，其纳税义务发生时间是（　　）

A. 自批准征用之日起满 3 个月　　B. 自批准征用之日起满 6 个月

C. 自批准征用之日起满 1 年　　D. 自批准征用之日起满 2 年

（2005 年注册会计师考试单项选择题）

【分析】 纳税人新征用的耕地，自批准征用之日起满 1 年时开始缴纳土地使用税；纳税人新征用的非耕地，自批准征用次月起缴纳土地使用税。

【参考答案】 C

【例题 10-3】 某供热企业占地面积 80 000 平方米，其中厂房 63 000 平方米（有一间 3 000 平方米的车间无偿提供给公安消防队使用），行政办公楼 5 000 平方米，厂办子弟学校 5 000 平方米，厂办招待所 2 000 平方米，厂办医院和幼儿园各 1 000 平方米，厂区内绿化用地 3 000 平方米；2005 年度该企业取得供热总收入 5 000 万元，其中 2 000万元为向居民供热取得的收取。城镇土地使用税单位税额每平方米 3 元，该企业 2005 年度应缴纳城镇土地使用税（　　）

A. 8.4 万元　　B. 12.6 万元　　C. 14.4 万元　　D. 24 万元

（2006 年注册会计师考试单项选择题）

【分析】 向居民供热并向居民收取采暖费的供热企业暂免征收城镇土地使用税。其免税比例为：(5 000－2 000)÷5 000＝0.6

(80 000－3 000 — 5 000 — 1 000－1 000)×3×0.6＝12.6（万元）

【参考答案】 B

【例题 10-4】 某市肉制品加工企业 2006 年占地 60 000 平方米，其中办公占地 5 000平方米，生猪养殖基地占地 28 000 平方米，肉制品加工车间占地 16 000 平方米，企业内部道路及绿化占地 11 000 平方米。企业的所在地城镇使用税单位税额每平方米 0.8 元。该企业全年应缴纳城镇土地使用税（　　）

A. 16 800 元　　B. 25 600 元　　C. 39 200 元　　D. 48 000 元

（2007 年注册会计师考试单项选择题）

【分析】 根据规定，直接用于农林牧渔业的生产用地免税；对企业厂区以外的公共绿化用地暂免征收土地使用税，企业厂区内部的道路及绿化占地不免税的。

应纳土地使用税＝0.8×(60 000－28 000)＝25 600（元）

【参考答案】 B

【例题 10-5】 某盐场 2008 年度占地 200 000 平方米，其中办公楼占地 20 000 平方米，盐场内部绿化占地 50 000 平方米，盐场附属幼儿园占地 10 000 平方米，盐滩占地 120 000 平方米。盐场所在地城镇土地使用税单位税额每平方米 0.7 元。该盐场 2008 年应缴纳的城镇土地使用税为（　　）

A. 14 000 元　　B. 49 000 元　　C. 56 000 元　　D. 140 000 元

（2009 年注册会计师考试单项选择题）

【分析】 企业内部的幼儿园和盐场的盐滩占地免征城镇土地使用税。

（200 000－10 000－120 000）×0.7＝49 000（元）

【参考答案】 B

【例题 10-6】 甲企业生产经营用地分布于某市的三个地域，第一块土地的土地使用权属于某免税单位，面积 6000 平方米；第二块土地的土地使用权属于甲企业，面积 30000 平方米，其中企业办学校 5000 平方米，医院 3000 平方米；第三块土地的土地使用权属于甲企业与乙企业共同拥有，面积 10000 平方米，实际使用面积各 50%。假定甲企业所在地城镇土地使用税单位税额每平方米 8 元，则甲企业全年应缴纳的城镇土地使用税为（　　）。

A. 216000 元　　B. 224000 元　　C. 264000 元　　D. 328000 元

（2010 年注册会计师考试单项选择题）

【分析】 对纳税单位无偿使用免税单位的土地，纳税单位应照章缴纳土地使用税。企业办的学校、医院、托儿所、幼儿园，其用地能与企业其他用地明确区分的，免征城镇土地使用税。

（6000＋30000－5000－3000＋10000×50%）×8＝264000（元）

【参考答案】 C

二、多项选择题

【例题 10-7】 下列各项中，可由省、自治区、直辖市地方税务局确定减免城镇土地使用税的有（　　）

A. 免税单位职工家属的宿舍用地　　B. 集体和个人办的各类学校用地

C. 个人所有的居住房屋及院落用地　　D. 免税单位无偿使用纳税单位的土地

（2005 年注册会计师考试多项选择题）

【分析】 免税单位无偿使用纳税单位的土地是规定的免税范围。

【参考答案】 A B C

【例题 10-8】 下列各项中，按税法规定免征城镇土地使用税的有（　　）

A. 寺庙内宗教人员的宿舍用地　　B. 国家机关职工家属的宿舍用地

C. 个人所有的居住房屋及院落用地

D. 国有油田职工和家属居住的简易房屋用地

（2006 年注册会计师考试多项选择题）

【分析】 请参见教材关于城镇土地使用税税收优惠的相关内容。其中，个人所有的居住房屋及院落用地的征免税由省、自治区、直辖市税务局确定。

【参考答案】 A D

【例题 10-9】 下列各项中，属于法定免征城镇土地使用税的有（　　）

A. 盐矿的矿井用地　　B. 工业企业仓库用地

C. 危险品仓库用地　　D. 机场场内道路用地

（2008 年注册会计师考试多项选择题）

【分析】 对盐场的盐滩、盐矿的矿井用地，暂免征收城镇土地使用税。对于各类危险品仓库，厂房所需的防火、防爆、防毒等安全防范用地，可由各省、自治区、直辖市税务局确定，暂免征收土地使用税（而不是法定免征范围）；对仓库库区、厂房本身用地，应照章征收土地使用税。

【参考答案】 A D

【例题 10-10】 下列各项中，符合城镇土地使用税有关纳税义务发生时间规定的有（　　）

A. 纳税人新征用的耕地，自批准征用之月起缴纳城镇土地使用税

B. 纳税人出租房产，自交付出租房产之次月起缴纳城镇土地使用税

C. 纳税人新征用的非耕地，自批准征用之月起缴纳城镇土地使用税

D. 纳税人购置新建商品房，自房屋交付使用之次月起缴纳城镇土地使用税

（2009 年注册会计师考试多项选择题）

【分析】 征用的耕地，自批准征用之日起满 1 年时开始缴纳土地使用税；纳税人购置新建商品房，自房屋交付使用之次月起缴纳城镇土地使用税。

【参考答案】 B D

【例题 10-11】 下列关于城镇土地使用税的表述中，正确的有（　　）。

A. 城镇土地使用税采用有幅度的差别税额，每个幅度税额的差距为 20 倍

B. 经批准开山填海整治的土地和改造的废弃土地，从使用的月份起免缴城镇土地使用税 l0 年至 20 年

C. 对在城镇土地使用税征税范围内单独建造的地下建筑用地，暂按应征税款的 50％征收城镇土地使用税

D. 经济落后地区，城镇土地使用税的适用税额标准可适当降低，但降低额不得超过规定最低税额的 30％

（2010 年注册会计师考试多项选择题）

【分析】 经批准开山填海整治的土地和改造的废弃土地，从使用的月份起免缴城镇土地使用税 5 年至 10 年。故选项 B 不选。

【参考答案】 ACD

第十一章　耕地占用税法

耕地占用税是指占用耕地建房或者从事非农业建设的单位或者个人，就其耕地占用，依据《耕地占用税暂行条例》所缴纳的一种税。该税种的开征是为了合理利用土地资源，加强土地管理，保护耕地。

耕地占用税法是指国家制定的调整耕地占用税征收与缴纳之间权利义务有关的法律规范总称。除自 2008 年 1 月 1 日起施行的《耕地占用税暂行条例》和《耕地占用税暂行条例实施细则》外，财政部、国家税务总局还制定了一些部颁规章，也是耕地占用税法的组成部分。如《财政部国家税务总局关于耕地占用税减免税补征税款等问题的批复》、《财政部海关总署国家税务总局关于支持汶川地震灾后恢复重建有关税收政策问题的通知》等。

一、耕地占用税基本原理（略）

二、纳税义务人

占用耕地建房或者从事非农业建设的单位或者个人，为耕地占用税的纳税义务人。上述所称单位，包括国有企业、集体企业、私营企业、股份制企业、外商投资企业、外国企业以及其他企业和事业单位、社会团体、国家机关、部队以及其他单位；所称个人，包括个体工商户以及其他个人。

经申请批准占用耕地的，纳税人为农用地转用审批文件中标明的建设用地人；农用地转用审批文件中未标明建设用地人的，纳税人为用地申请人；未经批准占用耕地的，纳税人为实际用地人。

三、征税范围

《耕地占用税暂行条例》规定应缴纳耕地占用税的是耕地，这里所称耕地，是指用于种植农作物的土地。占用园地建房或者从事非农业建设的，视同占用耕地征收耕地占用税。所称建房，包括建设建筑物和构筑物。农田水利占用耕地的，不征收耕地占用税。

四、应纳税额的计算

（一）计税依据

耕地占用税以纳税人实际占用的耕地面积为计税依据，按照规定的适用税额一次性征收。这里所称实际占用的耕地面积，包括经批准占用的耕地面积和未经批准占用的耕地面积。

（二）税额

耕地占用税税额如表 11-1 所示。

表 11-1　耕地占用税税额（以县级行政区域为单位）

地区类别	税额（元/平方米）
人均耕地不超过 1 亩的地区	10～50 元
人均耕地超过 1 亩但不超过 2 亩的地区	8～40 元
人均耕地超过 2 亩但不超过 3 亩的地区	6～30 元
人均耕地超过 3 亩的地区	5～25 元

国务院财政、税务主管部门根据人均耕地面积和经济发展情况确定各省、自治区、直辖市的平均税额。

各地适用税额，由省、自治区、直辖市人民政府在规定的税额幅度内，根据本地区情况核定。各省、自治区、直辖市人民政府核定的适用税额的平均水平，不得低于规定的平均税额。

各省、自治区、直辖市耕地占用税的平均税额，按照《各省、自治区、直辖市耕地占用税平均税额表》执行，如表 11-2。县级行政区域的适用税额，按照条例、本细则和各省、自治区、直辖市人民政府的规定执行如表 11-3，表 11-4 所示。

经济特区、经济技术开发区和经济发达且人均耕地特别少的地区，适用税额可以适当提高，但是提高的部分最高不得超过规定的当地适用税额的 50%。

占用基本农田的，适用税额应当在规定的当地适用税额的基础上提高 50%。这里所称基本农田，是指依据《基本农田保护条例》划定的基本农田保护区范围内的耕地。

表 11-2　各省、自治区、直辖市耕地占用税平均税额表

地　区	税额（元/平方米）
上海	45
北京	40
天津	35
江苏、浙江、福建、广东	30
辽宁、湖北、湖南	25
河北、安徽、江西、山东、河南、重庆、四川	22.5
广西、海南、贵州、云南、陕西	20
山西、吉林、黑龙江	17.5
内蒙古、西藏、甘肃、青海、宁夏、新疆	12.5

表 11-3 云南规定的县（市、区）耕地占用税平均税额表

地 区	税额（元/平方米）
五华、盘龙、官渡、西山、呈贡、安宁、麒麟、红塔、个旧、大理等	30 元
东川、晋宁、富民、宜良、陆良、富源、江川、澄江、通海、古城、思茅、楚雄、禄丰、开远、景洪等	26 元
嵩明、师宗、罗平、会泽、沾益、宣威、华宁、易门、峨山、新平、隆阳、水富、华坪、大姚、蒙自、建水、弥勒、河口、文山、祥云、德钦等	24 元
石林、禄劝、马龙、元江、腾冲、昭阳、临翔、云县、牟定、南华、姚安、永仁、元谋、武定、石屏、泸西、砚山、马关、富宁、勐腊、漾濞、宾川、弥渡、永平、洱源、鹤庆、瑞丽、泸水、兰坪、香格里拉等	22 元
寻甸、施甸、龙陵、昌宁、盐津、永善、绥江、镇雄、威信、宁洱、景东、景谷、江城、凤庆、镇康、双江、耿马、双柏、元阳、红河、金平、绿春、西畴、麻栗坡、广南、勐海、南涧、巍山、云龙、剑川、潞西、盈江、福贡、贡山、维西等	20 元
鲁甸、巧家、大关、彝良、玉龙、永胜、宁蒗、墨江、镇源、澜沧、孟连、西盟、永德、沧源、屏边、丘北、梁河、陇川等	18 元

我省经济技术开发区的耕地占用税适用税额在当地适用税额基础上提高 20%。

占有基本农田的，适用税额应当在县（市、区）税额类别、经济技术开发区税额规定的当地适用税额基础上提高 50%。

在我省占用林地、牧草地、农田水利用地、养殖水面以及渔业水域滩涂等其他农用地建房或者从事非农业建设的，按照当地适用税额征收耕地占用税。

我省大型水电站工程建设占用耕地，按照每平方米 24 元的适用税额征收耕地占用税；其他水利水电工程建设占用耕地，按照每平方米 20 元的适用税额征收耕地占用税，当地适用税额低于每平方米 20 元的，按照当地适用税额征收耕地占用税。

注：耕地占用税采用差别定额税率。以县为单位，依据各地人均占有耕地面积，并参照经济发展情况，分成不同类别的税额。

表 11-4 新疆规定的州、市（地）耕地占用税平均税额表

地 区	税额（元/平方米）
乌鲁木齐市	30
昌吉州、石河子市、克拉玛依市、吐鲁番地区、五家渠市	20
巴州、阿克苏地区、哈密地区、阿拉尔市	18
伊犁州、塔城地区、阿勒泰地区、博州	15
喀什地区、和田地区、克州、图木舒克市	10

上述规定的平均税额，由自治区人民政府根据人均占有耕地面积和经济发展情况的变化适时调整。

（三）税额计算

耕地占用税以纳税人实际占用的耕地面积为计税依据，按照规定的适用税额一次性征收。

$$耕地占用税应纳税额 = 实际占用的耕地面积 \times 适用税额$$

五、税收优惠

下列情形免征耕地占用税：①军事设施占用耕地；②学校、幼儿园、养老院、医院占用耕地。

上述规定免税的军事设施，具体范围包括：①地上、地下的军事指挥、作战工程；②军用机场、港口、码头；③营区、训练场、试验场；④军用洞库、仓库；⑤军用通信、侦察、导航、观测台站和测量、导航、助航标志；⑥军用公路、铁路专用线，军用通讯、输电线路，军用输油、输水管道；⑦其他直接用于军事用途的设施。

上述规定免税的学校，具体范围包括县级以上人民政府教育行政部门批准成立的大学、中学、小学、学历性职业教育学校以及特殊教育学校。学校内经营性场所和教职工住房占用耕地的，按照当地适用税额缴纳耕地占用税。

上述规定免税的幼儿园，具体范围限于县级人民政府教育行政部门登记注册或者备案的幼儿园内专门用于幼儿保育、教育的场所。

上述规定免税的养老院，具体范围限于经批准设立的养老院内专门为老年人提供生活照顾的场所。

上述规定免税的医院，具体范围限于县级以上人民政府卫生行政部门批准设立的医院内专门用于提供医护服务的场所及其配套设施。医院内职工住房占用耕地的，按照当地适用税额缴纳耕地占用税。

铁路线路、公路线路、飞机场跑道、停机坪、港口、航道占用耕地，减按 2 元/平方米的税额征收耕地占用税。

上述规定减税的铁路线路，具体范围限于铁路路基、桥梁、涵洞、隧道及其按照规定两侧留地。专用铁路和铁路专用线占用耕地的，按照当地适用税额缴纳耕地占用税。

上述规定减税的公路线路，具体范围限于经批准建设的国道、省道、县道、乡道和属于农村公路的村道的主体工程以及两侧边沟或者截水沟。专用公路和城区内机动车道占用耕地的，按照当地适用税额缴纳耕地占用税。

上述规定减税的飞机场跑道、停机坪，具体范围限于经批准建设的民用机场专门用于民用航空器起降、滑行、停放的场所。

上述规定减税的港口，具体范围限于经批准建设的港口内供船舶进出、停靠以及旅客上下、货物装卸的场所。

上述规定减税的航道，具体范围限于在江、河、湖泊、港湾等水域内供船舶安全航行的通道。

根据实际需要，国务院财政、税务主管部门商国务院有关部门并报国务院批准后，可以对上述规定的情形免征或者减征耕地占用税。农村居民占用耕地新建住宅，按照当地适用税额减半征收耕地占用税。

上述规定减税的农村居民占用耕地新建住宅，是指农村居民经批准在户口所在地按照规定标准占用耕地建设自用住宅。农村居民经批准搬迁，原宅基地恢复耕种，凡新建住宅占用耕地不超过原宅基地面积的，不征收耕地占用税；超过原宅基地面积的，对超过部分按照当地适用税额减半征收耕地占用税。

农村烈士家属、残疾军人、鳏寡孤独以及革命老根据地、少数民族聚居区和边远贫困山区生活困难的农村居民，在规定用地标准以内新建住宅缴纳耕地占用税确有困难的，经所在地乡（镇）人民政府审核，报经县级人民政府批准后，可以免征或者减征耕地占用税。

上述所称农村烈士家属，包括农村烈士的父母、配偶和子女。

上述所称革命老根据地、少数民族聚居地区和边远贫困山区生活困难的农村居民，其标准按照各省、自治区、直辖市人民政府有关规定执行。

依照规定免征或者减征耕地占用税后，纳税人改变原占地用途，不再属于免征或者减征耕地占用税情形的，应当按照当地适用税额补缴耕地占用税。

六、征收管理

耕地占用税由地方税务机关负责征收。土地管理部门在通知单位或者个人办理占用耕地手续时，应当同时通知耕地所在地同级地方税务机关。获准占用耕地的单位或者个人应当在收到土地管理部门的通知之日起 30 日内缴纳耕地占用税。土地管理部门凭耕地占用税完税凭证或者免税凭证和其他有关文件发放建设用地批准书。

纳税人临时占用耕地，应当依照本条例的规定缴纳耕地占用税。纳税人在批准临时占用耕地的期限内恢复所占用耕地原状的，全额退还已经缴纳的耕地占用税。

占用林地、牧草地、农田水利用地、养殖水面以及渔业水域滩涂等其他农用地建房或者从事非农业建设的，比照本条例的规定征收耕地占用税。

建设直接为农业生产服务的生产设施占用前款规定的农用地的，不征收耕地占用税。

耕地占用税的征收管理，依照《税收征收管理法》和《耕地占用税暂行条例》有关规定执行。

纳税人改变占地用途，不再属于免税或减税情形的，应自改变用途之日起 30 日内按改变用途的实际占用耕地面积和当地适用税额补缴税款。

所称临时占用耕地，是指纳税人因建设项目施工、地质勘查等需要，在一般不超过 2 年内临时使用耕地并且没有修建永久性建筑物的行为。

因污染、取土、采矿塌陷等损毁耕地的，比照规定的临时占用耕地的情况，由造成损毁的单位或者个人缴纳耕地占用税。超过 2 年未恢复耕地原状的，已征税款不予退还。

经批准占用耕地的，耕地占用税纳税义务发生时间为纳税人收到土地管理部门办理占用农用地手续通知的当天。

未经批准占用耕地的，耕地占用税纳税义务发生时间为纳税人实际占用耕地的当天。

纳税人占用耕地或其他农用地，应当在耕地或其他农用地所在地申报纳税。

耕地占用税例题

一、单项选择题

【例题 11-1】 下列各项中，可以按照当地适用税额减半征收耕地占用的是（　　）

A. 供电部门占用耕地新建变电站　　B. 农村居民占用耕地新建住宅

C. 市政部门占用耕地新建自来水厂　　D. 国家机关占用耕地新建办公楼

（2009 年注册会计师考试单项选择题）

【分析】 税法规定，农村居民占用耕地新建住宅，按照当地适用税额减半征收耕地占用税。

【参考答案】 B

【例题 11-2】 经济特区、经济技术开发区和经济发达、人均耕地特别少的地区，耕地占用税的适用税额可以适当提高，但提高幅度最多不得超过规定税额的一定比例。这一比例是（　　）。

A. 20% B. 30% C. 50% D. 100%　　（2010 年注册会计师考试单项选择题）

【分析】 经济特区、经济技术开发区和经济发达、人均耕地特别少的地区，耕地占用税的适用税额可以适当提高，但提高幅度最多不得超过规定税额的 50%。

【参考答案】 C

二、多项选择题

【例题 11-3】 下列关于耕地占用税的表述中，正确的有（　　）。

A. 建设直接为农业生产服务的生产设施而占用农用地的，不征收耕地占用税

B. 获准占用耕地的单位或者个人，应当在收到土地管理部门的通知之日起 60 日内缴纳耕地占用税

C. 免征或者减征耕地占用税后，纳税人改变原占地用途，不再属于免征或者减征耕地占用税情形的，应当按照当地适用税额补缴耕地占用税

D. 纳税人临时占用耕地，应当依照规定缴纳耕地占用税，在批准临时占用耕地的期限内恢复原状的，可部分退还已经缴纳的耕地占用税

（2010 年注册会计师考试多项选择题）

【分析】 是‘30 日’内缴纳耕地占用税，故选项 B 错误。纳税人临时占用耕地，应依照本条例的规定缴纳耕地占用税。是‘全额’不是‘部分’，故选项 D 错误。

【参考答案】 A C

【例题 11-4】 根据耕地占用税有关规定，下列各项土地中属于耕地的有（　　）。

A. 果园　B. 花圃　C. 茶园　D. 菜地

（2011 年注册会计师考试多项选择题）

【分析】 耕地是指种植农业作物的土地，当然包括菜地、园地。其中，园地包括花圃、苗圃、茶园、果园、桑园和其他种植经济林木的土地。

【参考答案】 A B C D

第十二章　车辆购置税法

车辆购置税法是指国家制定的调整车辆购置税征收与缴纳之间权利义务有关的法律规范总称。除 2001 年 1 月 1 日起施行的《车辆购置税暂行条例》之外，自 2006 年 1 月 1 日起施行的《车辆购置税征收管理办法》等都是车辆购置税法的组成部分。

一、纳税义务人和征税对象

在中华人民共和国境内购置《车辆购置税暂行条例》（以下简称《条例》）所规定的车辆（以下简称应税车辆）的单位和个人，为车辆购置税的纳税人。

上述所称单位，包括国有企业、集体企业、私营企业、股份制企业、外商投资企业、外国企业以及其他企业和事业单位、社会团体、国家机关、部队以及其他单位；所称个人，包括个体工商户以及其他个人。

二、征税对象与征税范围

车辆购置税的征税对象为：购买、进口、自产、受赠、获奖或者以其他方式取得并自用应税车辆的行为。

车辆购置税的征收范围包括汽车、摩托车、电车、挂车、农用运输车。具体征收范围依照《条例》所附《车辆购置税征收范围表》执行，如表 12-1 所示。车辆购置税征收范围的调整，由国务院决定并公布。

表 12-1　车辆购置税征收范围表

应税车辆	具体范围	注 释
汽车	各类汽车	
摩托车	轻便摩托车	最高设计时速不大于 50km/h，发动机汽缸总排量不大于 $50cm^3$ 的两个或者三个车轮的机动车
	二轮摩托车	最高设计车速大于 50km/h，或者发动机汽缸总排量大于 $50cm^3$ 的两个车轮的机动车
	三轮摩托车	最高设计车速大于 50km/h，或者发动机汽缸总排量大于 $50cm^3$，空车重量不大于 400kg 的三个车轮的机动车
电车	无轨电车	以电能为动力，由专用输电电缆线供电的轮式公共车辆
	有轨电车	以电能为动力，在轨道上行驶的公共车辆
挂车	全挂车	无动力设备，独立承载，由牵引车辆牵引行驶的车辆
	半挂车	无动力设备，与牵引车辆共同承载，由牵引车辆牵引行驶的车辆
农用运输车	三轮农用运输车	柴油发动机，功率不大于 7．4kw，载重量不大于 500kg，最高车速不大于 40km/h 的三个车轮的机动车
	四轮农用运输车	柴油发动机，功率不大于 28kw，载重量不大于 1 500kg，最高车速不大于 50km/h 的四个车轮的机动车

注：表中 $50cm^3$＝50 立方厘米

三、车辆购置税税率与计税依据

（一）税率

车辆购置税的税率为10%。车辆购置税税率的调整，由国务院决定并公布。

（二）计税依据

车辆购置税的计税价格根据不同情况，按照下列规定确定：

1）纳税人购买自用的应税车辆的计税价格，为纳税人购买应税车辆而支付给销售者的全部价款和价外费用，不包括增值税税款。

主管税务机关在计征车辆购置税确定计税依据时，计算车辆不含增值税价格的计算方法与增值税相同，即：

不含税价=(全部价款+价外费用)÷(1+增值税税率或征收率)

2）纳税人进口自用的应税车辆的计税价格的计算公式为：

计税价格 = 关税完税价格+关税+消费税

3）纳税人自产、受赠、获奖或者以其他方式取得并自用的应税车辆的计税价格，由主管税务机关参照定的最低计税价格核定。国家税务总局参照应税车辆市场平均交易价格，规定不同类型应税车辆的最低计税价格。

纳税人购买自用或者进口自用应税车辆，申报的计税价格低于同类型应税车辆的最低计税价格，又无正当理由的，按照最低计税价格征收车辆购置税。纳税人以外汇结算应税车辆价款的，按照申报纳税之日中国人民银行公布的人民币基准汇价，折合成人民币计算应纳税额。

最低计税价格是指国家税务总局依据车辆生产企业提供的车辆价格信息，参照市场平均交易价格核定的车辆购置税计税价格。

免税条件消失的车辆，自初次办理纳税申报之日起，使用年限未满10年的，计税依据为最新核发的同类型车辆最低计税价格按每满1年扣减10%，未满1年的计税依据为最新核发的同类型车辆最低计税价格；使用年限10年（含）以上的，计税依据为0。

对国家税务总局未核定最低计税价格的车辆，纳税人申报的计税价格低于同类型应税车辆最低计税价格，又无正当理由的，主管税务机关可比照已核定的同类型车辆最低计税价格征税。同类型车辆由主管税务机关确定，并报上级税务机关备案。各省、自治区、直辖市和计划单列市国家税务局应制定具体办法及时将备案的价格在本地区统一。

“价外费用”是指销售方价外向购买方收取的基金、集资费、返还利润、补贴、违约金（延期付款利息）和手续费、包装费、储存费、优质费、运输装卸费、保管费、代收款项、代垫款项以及其他各种性质的价外收费。

四、车辆购置税应纳税额的计算

车辆购置税实行从价定率的办法计算应纳税额。应纳税额的计算公式为：

$$应纳税额=计税价格\times税率$$

五、税收优惠

车辆购置税的免税、减税，按照下列规定执行：①外国驻华使馆、领事馆和国际组织驻华机构及其外交人员自用的车辆，免税；②中国人民解放军和中国人民武装警察部队列入军队武器装备订货计划的车辆，免税；③设有固定装置的非运输车辆，免税；④有国务院规定予以免税或者减税的其他情形的，按照规定免税或者减税。

六、征收管理

车辆购置税实行一次征收制度。购置已征车辆购置税的车辆，不再征收车辆购置税。车辆购置税的征收管理，依照《税收征收管理法》及《条例》的有关规定执行。车辆购置税由国家税务局征收。

免税、减税车辆因转让、改变用途等原因不再属于免税、减税范围的，应当在办理车辆过户手续或者办理变更车辆登记注册手续前缴纳车辆购置税。

纳税人购置应税车辆，应当向车辆登记注册地的主管税务机关申报纳税；购置不需要办理车辆登记注册手续的应税车辆，应当向纳税人所在地的主管税务机关申报纳税。

（一）纳税申报

车辆购置税实行一车一申报制度。纳税人办理纳税申报时应如实填写《车辆购置税纳税申报表》，同时提供所需资料的原件和复印件。复印件和《机动车销售统一发票》（以下简称统一发票）报税联由主管税务机关留存，其他原件经主管税务机关审核后退还纳税人。

（二）纳税环节

车辆购置税的征税环节为使用环节，即最终消费环节。具体时间为：向车辆管理机构办理车辆登记手续前缴纳车辆购置税。

（三）纳税地点

根据规定，纳税人应到下列地点办理车购税纳税申报。①需要办理车辆登记注册手续的纳税人，向车辆登记注册地的主管税务机关办理纳税申报。②不需要办理车辆登记注册手续的纳税人，向所在地征收车购税的主管税务机关办理纳税申报。

（四）纳税期限

纳税人购买自用应税车辆的，应当自购买之日起 60 日内申报纳税；进口自用应税车辆的，应当自进口之日起 60 日内申报纳税；自产、受赠、获奖或者以其他方式取得并自用应税车辆的，应当自取得之日起 60 日内申报纳税。

车辆购置税税款应当一次缴清。纳税人应当在向公安机关车辆管理机构办理车辆登记注册前，缴纳车辆购置税。

（五）车辆购置税的缴纳管理

纳税人应当持主管税务机关出具的完税证明或者免税证明，向公安机关车辆管理机构办理车辆登记注册手续；没有完税证明或者免税证明的，公安机关车辆管理机构不得办理车辆登记注册手续。

税务机关应当及时向公安机关车辆管理机构通报纳税人缴纳车辆购置税的情况。公安机关车辆管理机构应当定期向税务机关通报车辆登记注册的情况。

税务机关发现纳税人未按照规定缴纳车辆购置税的，有权责令其补缴；纳税人拒绝缴纳的，税务机关可以通知公安机关车辆管理机构暂扣纳税人的车辆牌照。

（六）车辆购置税的退税制度

已缴车购税的车辆，发生下列情形之一的，准予纳税人申请退税：①因质量原因，车辆被退回生产企业或者经销商的；②应当办理车辆登记注册的车辆，公安机关车辆管理机构不予办理车辆登记注册的。

纳税人申请退税时，应如实填写《车辆购置税退税申请表》，分别下列情况提供资料：①未办理车辆登记注册的，提供生产企业或经销商开具的退车证明和退车发票、完税证明正本和副本；②已办理车辆登记注册的，提供生产企业或经销商开具的退车证明和退车发票、完税证明正本、公安机关车辆管理机构出具的注销车辆号牌证明。

因质量原因，车辆被退回生产企业或者经销商的，纳税人申请退税时，主管税务机关依据自纳税人办理纳税申报之日起，按已缴税款每满 1 年扣减 10％计算退税额；未满 1 年的，按已缴税款全额退税。

公安机关车辆管理机构不予办理车辆登记注册的车辆，纳税人申请退税时，主管税务机关应退还全部已缴税款。

符合免税条件但已征税的设有固定装置的非运输车辆，主管税务机关依据国家税务总局批准的《设有固定装置免税车辆图册》（以下简称免税图册）或免税文件，办理退税。

车辆购置税例题

一、单项选择题

【例题 12-1】 购置的新车船，购置当年的应纳税额自纳税义务发生的（　　）计算。

A. 当月起按月　　B. 当年起按年　　C. 当下一个月起按月　　D. 当月起按年

【分析】 《车船税暂行条例》规定，购置的新车船，购置当年的应纳税额自纳税义务发生的当月起按月计算。

【参考答案】 A

【例题 12-2】 王某于 2009 年 7 月购置了一辆排气量为 1.6 升的乘用车，支付的全部价款（含增值税）为 175 500 元，其中包括车辆装饰费 5 500 元。王某应缴纳的车辆购置税为（　　）

A. 7 500 元　　B. 14 529. 91 元　　C. 15 000 元　　D. 17 550 元

（2009 年注册会计师考试单项选择题）

【分析】 排气量在 1. 6（含 1. 6）以下的，减按 5%的税率征收车辆购置税。车辆购置税的计税价格不包括增值税。

应纳车辆购置税税额＝175 500÷(1＋17%)×5%＝7 500（元）

【参考答案】 A

二、多项选择题

【例题 12-3】 下列各项中，属于车辆购置税应税行为的有（　　）

A. 购买使用行为　　B. 进口使用行为

C. 受赠使用行为　　D. 获奖使用行为

（2009 年注册会计师考试多项选择题）

【分析】 以上选项均属于车辆购置税的应税行为。

【参考答案】 A B C D

【例题 12-4】 某机关 2011 年 4 月购车一辆，随购车支付的下列款项中，应并入计税依据征收车辆购置税的有（　　）。

A. 控购费　B. 增值税税款　C. 零部件价款　D. 车辆装饰费

（2011 年注册会计师考试多项选择题）

【分析】 购买者支付的控购费，是政府部门的行政性收费，不属于销售者的价外费用范围，不应并入计税价格计税，所以 A 不选。计税依据不包含增值税税款，所以 B 不选。

【参考答案】 C D

第十三章　车船税法

车船税（vehicle and ship tax，又译为 vehicle and vessel tax）是对在中华人民共和国境内的车辆、船舶（以下简称车船）的所有人或者管理人依法征收的一种税。属于财产税范围，就所有的或使用的车辆征税，针对国内企业、单位和个人征收。

车船税法是指国家制定的调整和规范车船税征收与缴纳权利义务有关的法律规范总称。2007 年初，国务院和国家税务总局分别制定了《中华人民共和国车船税暂行条例》（以下简称《车船税暂行条例》）和《中华人民共和国车船税暂行条例实施细则》（以下简称《车船税暂行条例实施细则》），自 2007 年 1 月 1 日起施行，2007 纳税年度（自公历 1 月 1 日起，至 12 月 31 日止）起，车船税依照规定计算缴纳。以替代 1951 年 9 月 13 日原政务院发布的《车船使用牌照税暂行条例》和 1986 年 9 月 15 日国务院发布的《中华人民共和国车船使用税暂行条例》。

当然，除上述 2 个文件以外，财政部、国家税务总局尔后将制定的部颁规章也是车船税法的组成部分。

第一节　车船税纳税义务人和征税范围

一、车船税纳税义务人

在中华人民共和国境内，车船的所有人或者管理人为车船税的纳税人，即在我国境内拥有车船的单位和个人，应当依照《车船税暂行条例》的规定缴纳车船税。其中，单位是指行政机关、事业单位、社会团体以及各类企业；个人是指我国境内的居民和外籍个人。这里所称的管理人，是指对车船具有管理使用权，不具有所有权的单位。

车船的所有人或者管理人未缴纳车船税的，使用人应当代为缴纳车船税。

从事机动车交通事故责任强制保险业务的保险机构为机动车车船税的扣缴义务人，应当依法代收代缴车船税。

在一个纳税年度内，已经缴纳车船税的车船变更所有权或管理权的，地方税务机关对原车船所有人或管理人不予办理退税手续，对现车船所有人或管理人也不再征收当年度的税款；未缴纳车船税的车船变更所有权或管理权的，由现车船所有人或管理人缴纳该纳税年度的车船税。

二、车船税征税范围

车船税的征税对象为在中华人民共和国境内的车船。这里所称车船，是指依法应当在车船管理部门登记的车船；所称的车船管理部门，是指公安、交通、农业、渔业、军事等依法具有车船管理职能的部门。

在机场、港口以及其他企业内部场所行驶或者作业，并在车船管理部门登记的车船，应当缴纳车船税。

第二节　车船税税率(税额)

车船的适用税额，如表 13-1 所示。

表 13-1　车船税税目税额表

税目	计税单位	每年税额/元	备　注
载客汽车	每辆	60～660	包括电车
载货汽车	按自重每吨	16～120	包括半挂牵引车、挂车
三轮汽车 低速货车	按自重每吨	24～120	
摩托车	每辆	36～180	
船舶	按净吨位每吨	3～6	拖船和非机动驳船分别按船舶税额的 50%计算
专项 作业车	按自重每吨	16～120	装置有专用设备或者器具，用于专项作业的机动车；轮式专用机械车是指具有装卸、挖掘、平整等设备的轮式自行机械

注：①　专项作业车和轮式专用机械车的具体适用税额由省、自治区、直辖市人民政府参照载货汽车的税额标准在规定的幅度内确定。

②　客货两用汽车按照载货汽车的计税单位和税额标准计征车船税。

《车船税税目税额表》中的三轮汽车是指在车辆管理部门登记为三轮汽车或者三轮农用运输车的机动车；低速货车是指在车辆管理部门登记为低速货车或者四轮农用运输车的机动车；拖船是指专门用于拖（推）动运输船舶的专业作业船舶；自重是指机动车的整备质量。

国务院财政部门、税务主管部门可以根据实际情况，在《车船税税目税额表》规定的税目范围和税额幅度内，划分子税目，并明确车辆的子税目税额幅度和船舶的具体适用税额。车辆的具体适用税额由省、自治区、直辖市人民政府在规定的子税目税额幅度内确定。

其中，载客汽车子税目的税额见表 13-2 载客汽车子税目税额表。

表 13-2　载客汽车子税目税额表

子税目	规格	税额幅度/元
大型客车	核定载客人数大于或者等于 20 人的载客汽车	480～660
中型客车	核定载客人数大于 9 人且小于 20 人的载客汽车	420～660
小型客车	小型客车是指核定载客人数小于或者等于 9 人的载客汽车	360～660
微型客车	发动机汽缸总排气量小于或者等于 1 升的载客汽车	60～480

例如，北京市公布的车船税税额标准。载客汽车各子税目的每年税额为：大型客车600元，中型客车540元，小型客车480元，微型客车300元，摩托车120元；载货汽车按自重吨位每吨96元。

其中，船舶子税目的税额见表13-3。

表13-3　船舶子税目税额表

子税目	规格	税额
（一）	净吨位小于或者等于200吨的	每吨3元
（二）	净吨位201吨至2 000吨的	每吨4元
（三）	净吨位2001吨至10 000吨的	每吨5元
（四）	净吨位10 001吨及其以上的	每吨6元

注：拖船按照发动机功率每2马力折合净吨位1吨计算征收车船税。

第三节　车船税应纳税额的计算

一、计税依据

车船税税额表中所涉及的核定载客人数、自重、净吨位、马力等计税标准，以车船管理部门核发的车船登记证书或者行驶证书相应项目所载数额为准。纳税人未按照规定到车船管理部门办理登记手续的，上述计税标准以车船出厂合格证明或者进口凭证相应项目所载数额为准；不能提供车船出厂合格证明或者进口凭证的，由主管地方税务机关根据车船自身状况并参照同类车船核定。

车辆自重尾数在0.5吨以下（含0.5吨）的，按照0.5吨计算；超过0.5吨的，按照1吨计算。船舶净吨位尾数在0.5吨以下（含0.5吨）的不予计算，超过0.5吨的按照1吨计算。1吨以下的小型车船，一律按照1吨计算。拖船按照发动机功率每2马力折合净吨位1吨计算征收车船税。

发动机排气量小于或者等于1升的载客汽车，都应按照微型客车的税额标准征收车船税。发动机排气量以如下凭证相应项目所载数额为准：①车辆登记证书；②车辆行驶证书；③车辆出厂合格证明；④车辆进口凭证。

对于按照规定，无法准确获得自重数值或自重数值明显不合理的载货汽车、三轮汽车、低速货车、专项作业车和轮式专用机械车，由主管税务机关根据车辆自身状况并参照同类车辆核定计税依据。对能够获得总质量和核定载质量的，可按照车辆的总质量和核定载质量的差额作为车辆的自重；无法获得核定载质量的专项作业车和轮式专用机械车，可按照车辆的总质量确定自重。

二、车船税应纳税额的计算

车船税应纳税额的一般计算公式为

应纳税额＝适用的单位税额×车辆数(净吨位数或自重吨位数)

购置的新车船，购置当年的应纳税额自纳税义务发生的当月起按月计算。计算公式为

应纳税额 ＝(年应纳税额÷12)×应纳税月份数

三、保险机构代收代缴车船税和滞纳金的计算

(一) 特殊情况下车船税应纳税款的计算

1. 购买短期“交强险”的车辆

对于境外机动车临时入境、机动车临时上道路行驶、机动车距规定的报废期限不足一年而购买短期“交强险”的车辆，保单中“当年应缴”项目的计算公式为

当年应缴＝计税单位×年单位税额×应纳税月份数/12

其中，应纳税月份数为“交强险”有效期起始日期的当月至截止日期当月的月份数。

2. 已向税务机关缴税的车辆或税务机关已批准减免税的车辆

对于已向税务机关缴税或税务机关已经批准免税的车辆，保单中“当年应缴”项目应为0；对于税务机关已批准减税的机动车，保单中“当年应缴”项目应根据减税前的应纳税额扣除依据减税证明中注明的减税幅度计算的减税额确定，计算公式为

减税车辆应纳税额＝减税前应纳税额×(1－减税幅度)

(二) 欠缴车船税的车辆补缴税款的计算

从2008年7月1日起，保险机构在代收代缴车船税时，应根据纳税人提供的前次保险单，查验纳税人以前年度的完税情况。对于以前年度有欠缴车船税的，保险机构应代收代缴以前年度应纳税款。

(1) 对于2007年1月1日前购置的车辆或者曾经缴纳过车船税的车辆，保单中“往年补缴”项目的计算公式为：

往年补缴＝计税单位×年单位税额×(本次缴税年度－前次缴税年度－1)。

其中，对于2007年1月1日前购置的车辆，纳税人从未缴纳车船税的，前次缴税年度设定为2006。

(2) 对于2007年1月1日以后购置的车辆，纳税人从购置时起一直未缴纳车船税的，保单中“往年补缴”项目的计算公式为：

往年补缴＝购置当年欠缴的税款＋购置年度以后欠缴税款

其中，购置当年欠缴的税款＝计税单位×年单位税额×应纳税月份数/12。应纳税月份数为车辆登记日期的当月起至该年度终了的月份数。若车辆尚未到车船管理部门登记，则应纳税月份数为购置日期的当月起至该年度终了的月份数。

购置年度以后欠缴税款＝计税单位×年单位税额×(本次缴税年度－车辆登记年度－1)。

（三）滞纳金计算

对于纳税人在应购买“交强险”截止日期以后购买“交强险”的，或以前年度没有缴纳车船税的，保险机构在代收代缴税款的同时，还应代收代缴欠缴税款的滞纳金。保单中“滞纳金”项目为各年度欠税应加收滞纳金之和。

每一年度欠税应加收的滞纳金＝欠税金额×滞纳天数×0.5‰

滞纳天数的计算自应购买“交强险”截止日期的次日起到纳税人购买“交强险”当日止。纳税人连续两年以上欠缴车船税的，应分别计算每一年度欠税应加收的滞纳金。

第四节　税收优惠

一、法定减免

下列车船免征车船税：①非机动车船（不包括非机动驳船）；②拖拉机；③捕捞、养殖渔船；④军队、武警专用的车船；⑤警用车船；⑥按照有关规定已经缴纳船舶吨位税的船舶；⑦依照我国有关法律和我国缔结或者参加的国际条约的规定应当予以免税的外国驻华使馆、领事馆和国际组织驻华机构及其有关人员的车船。

所称的非机动车，是指以人力或者畜力驱动的车辆，以及符合国家有关标准的残疾人机动轮椅车、电动自行车等车辆；非机动船是指自身没有动力装置，依靠外力驱动的船舶；非机动驳船是指在船舶管理部门登记为驳船的非机动船。

所称的拖拉机，是指在农业（农业机械）部门登记为拖拉机的车辆。

所称的捕捞、养殖渔船，是指在渔业船舶管理部门登记为捕捞船或者养殖船的渔业船舶。不包括在渔业船舶管理部门登记为捕捞船或者养殖船以外类型的渔业船舶。

所称的军队、武警专用的车船，是指按照规定在军队、武警车船管理部门登记，并领取军用牌照、武警牌照的车船。

所称的警用车船，是指公安机关、国家安全机关、监狱、劳动教养管理机关和人民法院、人民检察院领取警用牌照的车辆和执行警务的专用船舶。

所称的我国有关法律，是指《中华人民共和国外交特权与豁免条例》和《中华人民共和国领事特权与豁免条例》。

外国驻华使馆、领事馆和国际组织驻华机构及其有关人员在办理《车船税暂行条例》规定的免税事项时，应当向主管地方税务机关出具本机构或个人身份的证明文件和车船所有权证明文件，并申明免税的依据和理由。

船舶吨位税是指1952年9月16日政务院财政经济委员会批准的《中华人民共和国海关船舶吨税暂行办法》规定的税种。

二、特定减免

省级人民政府可以根据当地实际情况，对城市、农村公共交通车船给予定期减税、免税。

三、说明

为优化办税程序，做好纳税服务，对尚未在车辆管理部门办理登记、属于应减免税的新购置车辆，车辆所有人或管理人可提出减免税申请，并提供机构或个人身份证明文件和车辆权属证明文件以及地方税务机关要求的其他相关资料。经税务机关审验符合车船税减免条件的，税务机关可为纳税人出具该纳税年度的减免税证明，以方便纳税人购买机动车交通事故责任强制保险。

新购置应予减免税的车辆所有人或管理人在购买机动车交通事故责任强制保险时已缴纳车船税的，在办理车辆登记手续后可向税务机关提出减免税申请，经税务机关审验符合车船税减免税条件的，税务机关应退还纳税人多缴的税款。

第五节　车船税征收管理

车船税的征收管理，依照《税收征管法》及《车船税暂行条例》的规定执行。车船税由地方税务机关负责征收。

车船税的纳税地点，由省、自治区、直辖市人民政府根据当地实际情况确定。跨省、自治区、直辖市使用的车船，纳税地点为车船的登记地。

一、纳税期限

车船税的纳税义务发生时间，为车船管理部门核发的车船登记证书或者行驶证书所记载日期的当月。纳税人未按照规定到车船管理部门办理应税车船登记手续的，以车船购置发票所载开具时间的当月作为车船税的纳税义务发生时间。对未办理车船登记手续且无法提供车船购置发票的，由主管地方税务机关核定纳税义务发生时间。

二、纳税地点

车船税的纳税地点，由省、自治区、直辖市人民政府根据当地实际情况确定。跨省、自治区、直辖市使用的车船，纳税地点为车船的登记地。

在一个纳税年度内，纳税人在非车辆登记地由保险机构代收代缴机动车车船税，且能够提供合法有效完税证明的，纳税人不再向车辆登记地的地方税务机关缴纳机动车车船税。

三、纳税申报

车船税按年申报缴纳。具体申报纳税期限由省、自治区、直辖市人民政府确定。

扣缴义务人应当及时解缴代收代缴的税款，并向地方税务机关申报。扣缴义务人解缴税款的具体期限，由各省、自治区、直辖市地方税务机关依照法律、行政法规的规定确定。机动车车船税的扣缴义务人依法代收代缴车船税时，纳税人不得拒绝。

四、其他管理规定

地方税务机关应当按照规定支付扣缴义务人代收代缴车船税的手续费。

各级车船管理部门应当在提供车船管理信息等方面，协助地方税务机关加强对车船税的征收管理。纳税人应当向主管地方税务机关和扣缴义务人提供车船的相关信息。拒绝提供的，按照《税收征收管理法》有关规定处理。

在一个纳税年度内，已完税的车船被盗抢、报废、灭失的，纳税人可以凭有关管理机关出具的证明和完税证明，向纳税所在地的主管地方税务机关申请退还自被盗抢、报废、灭失月份起至该纳税年度终了期间的税款。已办理退税的被盗抢车船，失而复得的，纳税人应当从公安机关出具相关证明的当月起计算缴纳车船税。

由扣缴义务人代收代缴机动车车船税的，纳税人应当在购买机动车交通事故责任强制保险的同时缴纳车船税。纳税人在购买机动车交通事故责任强制保险时缴纳车船税的，不再向地方税务机关申报纳税。

扣缴义务人在代收车船税时，应当在机动车交通事故责任强制保险的保险单上注明已收税款的信息，作为纳税人完税的证明。除另有规定外，扣缴义务人不再给纳税人开具代扣代收税款凭证。纳税人如有需要，可以持注明已收税款信息的保险单，到主管地方税务机关开具完税凭证。纳税人对扣缴义务人代收代缴税款有异议的，可以向纳税所在地的主管地方税务机关提出。

已完税或者按照规定减免车船税的车辆，纳税人在购买机动车交通事故责任强制保险时，应当向扣缴义务人提供地方税务机关出具的本年度车船税的完税凭证或者减免税证明。不能提供完税凭证或者减免税证明的，应当在购买保险时按照当地的车船税税额标准计算缴纳车船税。

车船税例题

一、单项选择题

【例题 13-1】 某长运快客公司拥有以下车辆：①大型客车 50 辆；②中型客车 10 辆；③小型客车 5 辆；④微型客车 5 辆。当地政府规定，大型客车的税额为 660 元/辆；中型客车的税额为 600 元/辆；小型客车的税额为 540 元/辆；微型客车的税额为 480 元/辆。请问，该公司当年应纳车船税为（　　）

A. 43 900 元　　B. 44 000 元　　C. 44 100 元　　D. 41 260 元

【分析】 载客汽车的具体适用税额由省、自治区、直辖市人民政府在规定的子税目税额幅度内确定。

该长运快客公司应纳车船税税额：660×50＋600×10＋540×5＋480×5＝44 100（元）

【参考答案】 C

【例题 13-2】 某客运服务公司由于业务扩大，2007 年分别购进以下车辆：①3 月大型客车 30 辆；②5 月中型客车 20 辆；③7 月小型客车 10 辆；④9 月微型客车 5 辆。

当地政府规定，大型客车的税额为600元/辆；中型客车的税额为540元/辆；小型客车的税额为480元/辆；微型客车的税额为420元/辆。请问，该公司当年应纳车船税为（　　）

A. 25 300元　　B. 24 300元　　C. 34 100元　　D. 21 260元

【分析】 购置的新车船，购置当年的应纳税额自纳税义务发生的当月起按月计算。计算公式为：应纳税额＝(年应纳税额÷12)×应纳税月份数

该客运服务公司当年应纳车船税税额：600÷12×(12－2)×30＋540÷12×(12－4)×20＋480÷12×(12－6)×10＋420÷12×(12－8)×5＝25 300（元）

【参考答案】 A

【例题13-3】 某汽车运输公司2007年1月分别新购进以下车辆：①载货汽车30辆，其中，车船登记证书所载数额分别为：10吨的20辆，8吨的10辆；②半挂牵引车20辆，车船登记证书所载数额为15吨；③挂车10辆，车船登记证书所载数额为6吨。当地政府规定，自重为80元/吨。请问，这批新购进的车辆当年应纳车船税为（　　）

A. 43 800元　　B. 42 100元　　C. 34 100元　　D. 51 200元

【分析】 客货两用汽车按照载货汽车的计税单位和税额标准计征车船税。载货汽车按自重每吨的税额计征车船税。其中包括半挂牵引车、挂车。这里所称自重是指机动车的整备质量。而汽车整备质量是指车辆新车下线配齐各种附件之后的总质量（简单说就是其重量），其中包括灭火器、千斤顶、备胎、工具等。在核定时以车船管理部门核发的车船登记证书或者行驶证书相应项目所载数额为准。

该汽车运输公司当年新购车辆应纳车船税税额：

80×(10×20＋8×10＋15×20＋6×10)＝51 200（元）

【参考答案】 D

【例题13-4】 某水上运输企业拥有的船舶分别有：净吨位为100吨的船舶10艘；净吨位为500吨的船舶15艘；净吨位为3 000吨的船舶6艘；马力分别为80、100、200马力的拖船6、4、2艘。该企业当年应缴纳车船税（　　）

A. 93 310元　　B. 123 860元　　C. 127 890元　　D. 113 700元

【分析】 拖船按照发动机功率每2马力折合净吨位1吨计算征收车船税。拖船和非机动驳船分别按船舶税额的50%计算。

该水上运输企业当年应纳车船税税额＝3×100×10＋4×500×15＋5×3000×6＋(3×80÷2×6＋3×100÷2×4＋3×200÷2×2)×50%＝123860（元）

【参考答案】 B

【例题13-5】 对跨省、自治区、直辖市使用的车船的，车船使用税的纳税地点为（　　）

A. 使用单位工商登记所在地　　B. 个人户籍所在地

C. 单位住所所在地　　D. 车船的登记地

【分析】 车船税的纳税地点，由省、自治区、直辖市人民政府根据当地实际情况确定。跨省、自治区、直辖市使用的车船，纳税地点为车船的登记地。

【参考答案】 D

【例题 13-6】 某运输公司 2006 年有货运汽车（带挂车）10 辆，每辆汽车载重 20 吨，挂车载重 15 吨；公司所在地载货汽车年税额 50 元/吨。该公司全年应缴纳车船税（　　）

A. 10 000 元　　B. 12 250 元　　C. 15 250 元　　D. 17 500 元

（2007 年注册会计师考试单项选择题）

【分析】 应纳车船税＝50×20×10＋50×15×10×70％＝15 250（元）

【参考答案】 C

【例题 13-7】 某航运公司 2007 年拥有机动船 4 艘，每艘净吨位为 3 000 吨；拖船 1 艘，发动机功率为 1 800 马力。其所在省车船税计税标准为净吨位 2 000 吨以下的，每吨 4 元；2 001～10 000 吨的，每吨 5 元。该航运公司 2007 年应缴纳车船税（　　）

A. 60 000 元　　B. 61 800 元　　C. 63 600 元　　D. 65 400 元

（2008 年注册会计师考试单项选择题）

【分析】 2 马力折合净吨位 1 吨，拖船按船舶税额的 50％计算。

应缴纳的车船税税额＝3 000×4×5＋1 800×50％×4×50％＝61 800（元）

【参考答案】 B

【例题 13-8】 王某于 2009 年 7 月购置了一辆排气量为 1.6 升的乘用车，支付的全部价款（含增值税）为 175 500 元，其中包括车辆装饰费 5 500 元。王某应缴纳的车辆购置税为（　　）

A. 7 500 元　　B. 14 529.91 元　　C. 15 000 元　　D. 17 550 元

（2009 年注册会计师考试单项选择题）

【分析】 排气量在 1.6（含 1.6）以下的，减按 5％的税率征收车辆购置税。车辆购置税的计税价格不包括增值税。应纳车辆购置税税额＝175 500÷(1＋17％)×5％＝7 500（元）

【参考答案】 A

【例题 13-9】 某船运公司 2008 年度拥有旧机动船 10 艘，每艘净吨位 1 500 吨；拥有拖船 2 艘，每艘发动机功率 500 马力。当年 8 月新购置机动船 4 艘，每艘净吨位 2 000吨。该公司船舶适用的年税额为：净吨位 201～2 000 吨的，每吨 4 元。该公司 2008 年度应缴纳的车船税为（　　）

A. 61 000 元　　B. 71 666.67 元　　C. 74 333.33 元　　D. 75 333.33 元

（2009 年注册会计师考试单项选择题）

【分析】 2 马力＝1 吨，拖船按照船舶税额的 50％计算。

该运输公司应缴纳的车船税＝4×1 500×10＋4×500×50％×2×50％＋2 000×4×4×(12－7)÷12＝74 333.33（元）

【参考答案】 C

【例题 13-10】 下列各项关于车船税计税的依据及税额的表述中，正确的是（　　）。

A. 拖船以每马力折合净吨位 1 吨计算　B. 非机动驳船船舶税额的 50％计算

C. 车辆自重尾数在半吨以下的不予计算　D. 船舶净吨位尾数在半吨以下的按半吨计算

（2011 年注册会计师考试单项选择题）

【分析】 拖船按照发动机功率每 2 马力折合净吨位 1 吨计算征收车船税，选项 A 不选；车辆自重尾数在 0.5 吨以下（含 0.5 吨）的，按照 0.5 吨计算；超过 0.5 吨的，按照 1 吨计算，故；船舶净吨位尾数在 0.5 吨以下（含 0.5 吨）的不予计算，超过 0.5 吨的按照 1 吨计算，选项 CD 错。选项 B 符合规定，选。

【参考答案】 B

二、多项选择题

【例题 13-11】 下列各项中，属于车船税纳税义务人的有（　　）

A. 车船所有人

B. 从事机动车交通事故责任强制保险业务的保险机构

C. 车船使用人

D. 各级车船管理部门

【分析】 从事机动车交通事故责任强制保险业务的保险机构为机动车车船税的扣缴义务人，应当依法代收代缴车船税。扣缴义务人也是纳税义务人。

【参考答案】 A B C

【例题 13-12】 下列各项中，符合车船税有关规定的有（　　）

A. 载客汽车，以“辆”为计税依据

B. 载货汽车，以“自重每吨”为计税依据

C. 船舶，以“净吨位每吨”为计税依据

D. 专项作业车，以“自重每吨”为计税依据

【分析】 请见本章表 13-1。

【参考答案】 A B C D

【例题 13-13】 下列各项中，符合车船税有关规定的有（　　）

A. 非机动驳船按船舶税额的 50%计算

B. 载货汽车包括半挂牵引车、挂车

C. 载客汽车包括电车

D. 拖船按照发动机功率每 2 马力折合净吨位 1 吨计算

【参考答案】 A B C D

【例题 13-14】 下列车船税法定免税的有（　　）

A. 专项作业车　　B. 警用车船　　C. 非机动驳船　　D. 捕捞、养殖渔船

（2007 年注册会计师考试多项选择题）

【分析】 根据规定，非机动驳船、专项作业车并不在免税范围之内。

【参考答案】 B D

【例题 13-15】 下列各项中，符合车船税征收管理规定的有（　　）

A. 车船税的申报纳税期限由省级人民政府确定

B. 车船税的纳税地点为车船所有人的住所所在地

C. 车船所有人没有缴纳车船税的，使用人应当代为缴纳车船税

D. 车船税纳税义务发生时间为车船管理部门核发的登记证书上记载日期的当月

（2008 年注册会计师考试多项选择题）

【分析】 车船税的纳税地点，由省、自治区、直辖市人民政府根据当地实际情况确定。而不是车船所有人的住所所在地。

【参考答案】 A C D

【例题 13-16】 下列各项中，属于车辆购置税应税行为的有（　　）

A. 购买使用行为　B. 进口使用行为　C. 受赠使用行为　D. 获奖使用行为

（2009 年注册会计师考试多项选择题）

【分析】 以上选项均属于车辆购置税的应税行为。

【参考答案】 A B C D

【例题 13-17】 下列各项中，符合车船税有关征收管理规定的有（　　）

A. 跨省使用的车船，纳税地点为车船的登记地

B. 车船的所有人或者管理人未缴纳车船税的，使用人应当代为缴纳车船税

C. 纳税人在购买机动车交强险时缴纳车船税的，不再向地方税务机关申报纳税

D. 已办理退税的被盗抢车船失而复得的，纳税人应当从公安机关出具相关证明的当月起计算缴纳车船税

（2009 年注册会计师考试多项选择题）

【分析】 以上选项均符合车船税征收管理的规定。

【参考答案】 A B C D

第十四章　印花税法

印花税（stamp duty）是对在我国境内书立、领受《中华人民共和国印花税暂行条例》（以下简称《印花税暂行条例》）所规定的凭证所征收的一种税。印花税有其自身的许多特点：一是征税范围广泛，凡是在我国境内具有法律效力，受中国法律保护的凭证，无论在中国境内或者境外书立，均应依照税法规定贴花纳税。这些凭证包括合同或具有合同性质的凭证、产权转移书据、营业账簿及权利、许可证照以及经财政部确定征税的其他凭证。二是低税率低税负，税率多在1‰以下。三是纳税人自行完税。

印花税法是指国家制定的调整和规范印花税征收与缴纳权利义务有关的法律规范总称。除国务院颁发的1988年10月1日起实施的《印花税暂行条例》以及《中华人民共和国印花税暂行条例实施细则》（以下简称《印花税暂行条例实施细则》）之外，财政部、国家税务总局制定的部颁规章也是印花税法的组成部分。其中，如《国家税务总局关于印花税若干具体问题的规定》、《国家税务总局关于对借款合同贴花问题的具体规定》等。

第一节　印花税纳税义务人

在中华人民共和国境内书立、领受《印花税暂行条例》所列举凭证的单位和个人，都是印花税的纳税义务人，应当按照规定缴纳印花税。这里所说的单位和个人，是指国内各类企业、事业、机关、团体、部队以及中外合资企业、合作企业、外资企业、外国公司企业和其他经济组织及其在华机构等单位和个人。

根据《印花税暂行条例》所附税目税率表中所列，按照书立、使用、领受应税凭证的不同情形，纳税义务人分别确定为：立合同人、立据人、立账簿人、领受人和使用人。

（1）立合同人。税目税率表中所列合同的纳税人是合同人，合同人是指合同的当事人。这里所说的当事人是指对合同有直接权利义务关系的单位和个人。合同包括税目税率表中所列的各类合同。所称合同是指我国《合同法》所定义的，平等主体的自然人、法人、其他组织之间设立、变更、终止民事权利义务关系的协议。

当事人的代理人有代理纳税的义务。

（2）立据人。产权转移书据的纳税人是立据人。

（3）立账簿人。营业账簿的纳税人是立账簿人。这里所说的立账簿人是指设立并使用营业账簿的单位和个人。

（4）领受人。权利、许可证照的纳税人是领受人。领受人是指领取或接受并持有某项凭证的单位和个人。如某企业注册一商标专用权，则该企业就是注册商标证书这一凭证的纳税人。

（5）使用人。对于在境外书立、领受而在国内使用的应税凭证，其纳税人是使用人。这里要注意，同一凭证，由两方或者两方以上当事人签订并各执一份的，应当由各方就所执的一份各自全额贴花。这里所说的当事人，是指对凭证有直接权利义务关系的单位和个人，不包括保人、证人、鉴定人。

第二节　印花税税目、税率

一、税目

印花税的税目是指印花税明确规定的应当纳税的项目。印花税税目具体划分了印花税的征税范围。印花税共有 13 个税目，它们分别是：购销合同、加工承揽合同、建设工程勘探设计合同、建筑安装工程承包合同、财产租赁合同、货物运输合同、仓储保管合同、借款合同、财产保险合同、技术合同、产权转移书据、营业账簿和权利许可证照。下面是各个税目的具体说明。

（1）购销合同。包括供应、预购、采购、购销结合及协作、调剂、补偿、易货等合同。还包括出版单位与发行单位之间订立的图书、报纸、期刊和音像制品的应税凭证，例如，订购单、订数单等。

（2）加工承揽合同。包括加工、定作、修缮、修理、复制、印刷、广告、测绘、测试、检验等合同。

（3）建设工程勘察设计合同。包括勘察、设计合同。

（4）建设工程承包合同，是指建设工程勘察设计合同和建筑安装工程承包合同，它包括总包合同、分包合同和转包合同。

（5）财产租赁合同。包括租赁房屋、船舶、飞机、机动车辆、机械、器具、设备等合同。其中也包括出租店面、柜台等签订的合同。

（6）货物运输合同。包括民用航空、铁路运输、海上运输、内河运输、公路运输和联运合同。

（7）仓储保管合同。包括仓储、保管合同、仓单或栈单作为合同使用的，按合同贴花。

（8）借款合同。银行及其他金融组织和借款人（不包括银行同业拆借）所签订的借款合同，以及只填开借据并作为合同使用取和银行借款的借据。单据作为合同使用的，也按借款合同贴花。银行及其他金融机构经营的融资租赁业务，是一种融物方式达到融资目的的业务，实际上是分期偿还的固定资金借款，因此融资租赁合同也属于借款合同。

（9）财产保险合同。包括财产、责任、保证、信用等保险合同。单据作为合同使用的，按财产保险合同贴花。财产保险合同分为企业财产保险、机动车辆保险、货物运输保险、家庭财产保险和农牧业保险 5 大类。家庭财产两全保险属于家庭财产保险性质，其合同在财产保险合同之列，应照章纳税。

（10）技术合同。包括技术开发、转让、咨询、服务等合同，以及作为合同使用的单据。其中，技术转让合同包括专利权转让、专利申请权转让、专利实施许可和非专利技术转让。技术咨询合同是当事人就有关项目的分析、论证、预测和调查订立的技术合同。技术服务合同是指当事人一方委托另一方就解决有关特定技术问题所订立的技术合同。包括技术服务合同、技术培训合同和技术中介合同。

(11) 产权转移书据。是指单位和个人产权的买卖、继承、赠与、交换、分割等所立的书据。包括财产所有权和版权、商标专用权、专利权、专有技术使用权等转移书据。“财产所有权”转移书据的征税范围是指经政府管理机关登记注册的动产、不动产的所有权转移所立的书据，以及企业股权转让所立的书据。

(12) 营业账簿，是指单位或者个人记载生产经营活动的财务会计核算账簿。营业账簿按其反映内容的不同可分为记载资金的账簿和其他账簿。

(13) 权利、许可证照。包括政府部门发给的房屋产权证、工商营业执照、商标注册证、专利证、土地使用证。

另规定：

(1) 对纳税人以电子形式签订的各类应税凭证按规定征收印花税。

(2) 对发电厂与电网之间、电网与电网之间（国家电网公司系统、南方电网公司系统内部各级电网互供电量除外）签订的购售电合同按购销合同征收印花税。电网与用户之间签订的供用电合同不属于印花税列举征税的凭证，不征收印花税。

(3) 对土地使用权出让合同、土地使用权转让合同按产权转移书据征收印花税。

(4) 对商品房销售合同按照产权转移书据征收印花税。

二、税率

印花税税率如表 14-1 所示。

表 14-1 印花税税目税率表

税　目	范　围	计税依据	税　率	纳税义务人
1. 购销合同	包括供应、预购、采购、购销结合及协作、调剂、补偿、易货等合同	购销金额	0.3‰	立合同人
2. 加工承揽合同	包括加工、定作、修缮、修理、印刷、广告、测绘、测试等合同	按加工或承揽收入	0.5‰	立合同人
3. 建设工程勘察设计合同	包括勘察、设计合同	收取费用	0.5‰	立合同人
4. 建筑安装工程承包合同	包括建筑、安装工程承包合同	承包金额	0.3‰	立合同人
5. 财产租赁合同	包括租赁房屋、船舶、飞机、机动车辆、机械、器具、设备等	租赁金额	1‰	立合同人
6. 货物运输合同	包括民用航空、铁路运输、海上运输、内河运输、公路运输和联运合同	运输费用	0.5‰	立合同人
7. 仓储保管合同	包括仓储、保管合同。仓单或栈单作为合同使用的，按合同贴花	仓储保管费用	1‰	立合同人
8. 借款合同	银行及其他金融组织和借款人（不包括银行同业拆借）所签订的借款合同，单据作为合同使用的，按合同贴花	借款金额	0.03‰	立合同人

续表

<table>
<tr><th>税　目</th><th colspan="2">范　围</th><th>计税依据</th><th>税　率</th><th>纳税义务人</th></tr>
<tr><td>9. 财产保险合同①</td><td colspan="2">包括财产、责任、保证、信用等保险合同，单据作为合同使用的，按合同贴花</td><td>投保金额</td><td>0.03‰</td><td>立合同人</td></tr>
<tr><td>10. 技术合同</td><td colspan="2">包括技术开发、转让、咨询、服务等合同</td><td>所载金额</td><td>0.3‰</td><td>立合同人</td></tr>
<tr><td>11. 产权转移书据②③</td><td colspan="2">包括财产所有权和版权、商标专用权、专利权、专有技术使用权等转移书据</td><td>所载金额</td><td>0.5‰</td><td>立据人</td></tr>
<tr><td rowspan="2">12. 营业账簿</td><td colspan="2">生产经营用账册、记载资金的账簿</td><td>实收资本与资本公积合计总额</td><td>0.5‰</td><td rowspan="2">立账簿人</td></tr>
<tr><td colspan="2">其他账簿</td><td>按件</td><td>5元</td></tr>
<tr><td>13. 权利、许可证照</td><td colspan="2">包括政府部门发给的房屋产权证、工商营业执照、商标注册证、专利证、土地使用证</td><td>每　件</td><td>5元</td><td>领受人</td></tr>
<tr><td>解释</td><td colspan="5">税目税率表中的记载资金的账簿，是指载有固定资产原值和自有流动资金的总分类账簿，或者专门设置的记载固定资产原值和自有流动资金的账簿。
其他账簿，是指除上述账簿以外的账簿，包括日记账簿和各明细分类账簿。</td></tr>
<tr><td rowspan="3">备注</td><td colspan="5">记载资金的账簿按固定资产原值和自有流动资金（改为按实收资本和资本公积合计金额）总额贴花后，以后年度资金总额比已贴花资金总额增加的，增加部分应按规定贴花。</td></tr>
<tr><td colspan="5">税目税率表中自有流动资金的确定，按有关财务会计制度的规定执行。</td></tr>
<tr><td colspan="5">印花税只对税目税率表中列举的凭证和经财政部确定征税的其他凭证征税。</td></tr>
</table>

注：①　据［1990］国税函发428号文规定，从1990年7月1日起，各类保险合同的计税依据改为保险费收入，税率为0.1‰。

②　根据有关规定“股权转让书据”的税率为0.4‰。2007年5月30日起，调整证券交易印花税税率，由现行1‰调整为3‰。

③　财税［2006］162号财政部国家税务总局《关于印花税若干政策的通知》规定：第一，对纳税人以电子形式签订的各类应税凭证按规定征收印花税。第二，对发电厂与电网之间、电网与电网之间（国家电网公司系统、南方电网公司系统内部各级电网互供电量除外）签订的购售电合同按购销合同征收印花税。电网与用户之间签订的供用电合同不属于印花税列举征税的凭证，不征收印花税。第三，对土地使用权出让合同、土地使用权转让合同按产权转移书据征收印花税。第四，对商品房销售合同按照产权转移书据征收印花税。

经国务院批准，财政部、国家税务总局决定从2008年9月19日起，调整证券（股票）交易印花税征收方式，将现行的对买卖、继承、赠与所书立的A股、B股股权转让书据按1‰的税率对双方当事人征收证券（股票）交易印花税，调整为单边征税，即对买卖、继承、赠与所书立的A股、B股股权转让书据的出让方按1‰的税率征收证券（股票）交易印花税，对受让方不再征税。

第三节　印花税应纳税额的计算和税收优惠

一、印花税计税依据的一般规定

印花税的征税对象是应税凭证。印花税只对税目税率表中列举的凭证和经财政部确定征税的其他凭证征税。在中华人民共和国境内书立、领受《印花税暂行条例》所列举凭证（以下简称应税凭证），是指在中国境内具有法律效力、受中国法律保护的凭证，而且这些凭证无论在中国境内或者境外书立，均应依照规定贴花纳税。

应税凭证包括：①购销、加工承揽、建设工程承包、财产租赁、货物运输、仓储保管、借款、财产保险、技术合同或者具有合同性质的凭证；②产权转移书据；③营业账簿；④权利、许可证照；⑤经财政部确定征税的其他凭证。这里所说的合同是按照我国合同法和其他专门法所订立的合同。具有合同性质的凭证，是指具有合同效力的协议、契约、合约、单据、确认书及其他各种名称的凭证。

二、印花税计税依据的特殊规定

（1）购销合同的计税依据为购销金额。如果以物易物方式签订的购销合同，计税金额为合同所载明的购销金额合计数。

（2）加工承揽合同的计税依据为加工或承揽收入；如果有受托方提供原材料金额的，可以不并入计税金额（原材料应按购销合同另交印花税）；但受托方提供辅助材料的金额应并入计税金额。

（3）建设工程勘察设计合同的计税依据为勘察、设计收取的费用。

（4）建筑安装工程承包合同的计税依据为承包金额。

（5）财产租赁合同的计税依据为租赁金额；经计算，税额不足1元的按1元贴花。

（6）货物运输合同的计税依据为取得的运输费金额（即运费收入），不包括所运货物的金额、装卸费和保险费。

（7）仓储保管合同的计税依据为收取的仓储保管费用。

（8）借款合同的计算依据为借款金额。针对实际借贷活动中不同的借款形式，印花税法规定了不同的计税方法：①凡是一项信贷业务既签订借款合同，又一次或分次填开借据的，只以借款合同所载金额为计税依据计税贴花；凡是只填开借据并作为合同使用的，应以借据所载金额为计税依据计税贴花。②借贷双方签订的流动资金周转性借款合同，一般按年（期）签订，规定最高限额，借款人在规定的期限和最高限额内随借随还。为避免加重借贷双方的负担，对这类合同只以其规定的最高额为计税依据，在签订时贴花一次，在限额内随借随还不签订新合同的，不再另行贴印花。③对借款方以财产作抵押，从贷款方取得一定数量抵押贷款的合同，应按借款合同贴花；在借款方因无力偿还借款而将抵押财产转移给贷款方时，应再就双方书立的产权书据，按产权转移书据的有关规定计税贴花。④对银行及其他金融组织的融资租赁业务签订的融资租赁合同，应按合同所载租金总额，暂按借款合同计税。⑤在贷款业务中，如果贷方由若干银行组成的银团，银团各方均承担一定的贷款数额。借款合同由借款与银团各方共同书立，各执一份合同正本。对这类合同借款方与贷款银团各方应分别在所执的合同正本上，按各自的借款金额计税贴花。⑥在基本建设贷款中，如果按年度用款计划分年签订借款合同，在最后一年按总概算签订借款总合同，且总合同的借款金额包括各个分合同的借款金额的，对这类基建贷款合同，应按分合同分别贴花，最后签订的总合同，只就借款总额扣除分合同借款金额后的余额计税贴花。

（9）财产保险合同的计税依据为支付（收取）的保险费，不包括所保财产的金额。

（10）技术合同的计税依据为合同所载的价款、报酬或使用费。为了鼓励技术研究开发，对技术开发合同，只就合同所载的报酬金额计税，研究开发经费不作为计税依据。单对合同约定按研究开发经费一定比例作为报酬的，应按一定比例的报酬金额贴花。

（11）产权转移书据的计税依据所载金额。

（12）营业账簿税目中记载资金的账簿的计税依据为“实收资本”与“资本公积”两项的合计金额。实收资本包括现金、实物、无形资产和材料物资。现金按实际收到或存入纳税人开户银行的金额确定。实物指房屋、机器等，按评估确认的价值或者合同、协议约定的价格确定。无形资产和材料物资，按评估确认的价值确定。资本公积包括接受捐赠、法定财产重估增值、资本折算差额、资本溢价等。如果是实物捐赠，则按同类资产的市场价格或有关凭据确定。

（13）权利、许可证照的计税依据为应税凭证件数。

三、印花税计税依据的说明

（1）有关凭证以“金额”、“收入”、“费用”作为计税依据的，应当全额计税，不得作任何扣除。

（2）有些合同在签订时无法确定计税金额，如技术合同中的转让收入，是按销售收入的一定比例收取或是按实现利润分成的；财产租赁合同，只是规定了月（天）租金标准而却无租赁期限的。对这类合同，可在签订时先按定额5元贴花，以后结算时再按实际金额计税，补贴印花。

（3）应税合同在签订时纳税义务即已产生，应计算应纳税额并贴花。所以不论合同是否兑现或是否按期兑现，均应贴花。对已履行并贴花的合同，所载金额与合同履行后实际结算金额不一致的，只要双方未修改合同金额，一般不再办理完税手续。

（4）对有经营收入的事业单位，凡属由国家财政拨付事业经费实行差额预算管理的单位，其记载经营业务的账簿，按其他账簿定额贴花，不记载经营业务的账簿不贴花；凡属经费来源实行自收自支的单位，其营业账簿应对记载资金的账簿和其他账簿分别计算应纳税额。

跨地区经营的分支机构使用的营业账簿，应由各分支机构于其所在地计算贴花。对上级单位核发资金的分支机构，其记载资金的账簿按核拨的账面资金额计税贴花，其他账簿按定额贴花；对上级单位不核拨资金的分支机构，只就其他账簿按件定额贴花。为避免对同一资金重复计税贴花，上级单位记载资金的账簿，应按扣除拨给下属机构资金数额后的其余部分计税贴花。

企业发生分立、合并和联营等变更后，凡依法办理法人登记的新企业所设立的资金账簿，应于启用时计税贴花；凡毋须重新进行法人登记的企业原有资金账簿，已贴印花税继续有效。

（5）商品购销活动中，采用以货换货方式进行商品交易签订的合同，是反映既购又销双重经济行为的合同。对此应按合同所载的购、销合计金额计税贴花。合同未列明金额的，应按合同所载购销数量依照国家牌价或者市场价格计算应纳税额。

（6）施工单位将自己承包的建设项目，分包或者转包给其他施工单位所签订的分包合同或者转包合同，应按新的分包合同或者转包合同所载金额计算应纳税额。这是因为印花税是一种具有行为税性质的凭证税，尽管总承包合同已依法计税贴花，但新的分包或者转包合同是一种新的凭证，又发生了新的纳税义务。

（7）对股票交易征收印花税，始于深圳和上海两地证券交易的不断发展。现行印花税法规定，股份制试点企业向社会公开发行的股票，因购买、继承、赠与所书立的股权转让书据，均依书立时证券市场当日实际成交价格计算的金额，由立据双方当事人分别按 2‰的税率缴纳印花税。

（8）对国内各种形式的货物联运，凡在起运地统一结算全程运费的，应以全程运费作为计税依据，由起运地运费结算双方缴纳印花税；凡分程结算运费的，应以分程的运费作为计税依据，分别由办理运费结算的各方缴纳印花税。

（9）对国际货运，凡由我国运输企业运输的，不论在我国境内、境外起运或者中转分程运输，我国运输企业所持的一份运费结算凭证，均按本程运费计算应纳税额；托运方所持的一份运输结算凭证，按全程运费计算应纳税额。由外国运输企业运输进出口货物的，外国运输企业所持的一份运费结算凭证免纳印花税；托运方所持的一份运费结算凭证应缴纳印花税。国际货运运费结算凭证在国外办理的，应在凭证转回我国境内时按规定缴纳印花税。

（10）记载资金的账簿按固定资产原值和自有流动资金总额贴花后，以后年度资金总额比已贴花资金总额增加的，增加部分应按规定贴花。已贴花的凭证，修改后所载金额增加的，其增加部分应当补贴印花税票。

（11）应纳税额不足一角的，免纳印花税。应纳税额在一角以上的，其税额尾数不满五分的不计，满五分的按一角计算缴纳。

（12）同一凭证，因载有 2 个或者 2 个以上经济事项而适用不同税目税率，如分别记载金额的，应分别计算应纳税额，相加后按合计税额贴花；如未分别记载金额的，按税率高的计税贴花。

（13）按金额比例贴花的应税凭证，未标明金额的，应按照凭证所载数量及国家牌价计算金额；没有国家牌价的，按市场价格计算金额，然后按规定税率计算应纳税额。

（14）应纳税凭证所载金额为外国货币的，纳税人应按照凭证书立当日的中华人民共和国国家外汇管理局公布的外汇牌价折合人民币，计算应纳税额。

四、应纳税额的计算方法

纳税人根据应纳税凭证的性质，分别按比例税率或者按件定额计算应纳税额。其计算公式为

应纳税额＝应税凭证计税金额（或应税凭证件数）×适用税率（税额）

其中，计税金额为印花税税目税率表中的计税依据。

五、印花税税收优惠

印花税的税收优惠政策主要有以下几个方面：

（1）已缴纳印花税的凭证的副本或者抄本免税。凭证的正式签署本已按规定缴纳了印花税，则该凭证的副本或者抄本对外不发生权利义务关系，只作为留存备查之用，因

此不需另纳印花税。而如以副本或者抄本视同正本使用的，则应另行贴花纳税。

（2）财产所有人将财产赠给政府、社会福利单位、学校所立的书据免税。这里所说的社会福利单位，是指抚养孤老伤残的社会福利单位。

（3）国家指定的收购部门与村民委员会，农民个人书立的农副产品收购合同免税。

（4）无息、贴息贷款合同免税。

（5）外国政府或者国际金融组织向我国政府及国家金融机构提供优惠贷款所书立的合同免税。

（6）房地产管理部门与个人签订的用于生活居住的租赁合同负税。

（7）农牧业保险合同免税。

（8）特殊货运合同凭证免税。包括：军事物资、抢险救灾物资、新建铁路的工程临管线运输合同。

（9）企业改制过程中有关印花税征免规定。

（10）对个人销售或购买住房暂免征收印花税。

第四节　印花税征收管理

一、纳税方法

印花税的纳税办法与别的税种有所不同，应当根据印花税税额的大小、贴花次数以及税收征收管理的需要，分别采用以下 3 种不同的纳税办法。

（一）自行贴花纳税办法

印花税实行由纳税人根据规定自行计算应纳税额，购买并一次贴足印花税票（以下简称贴花）的缴纳办法。这种办法一般适用应税凭证较少或贴花次数较少的纳税人。

（二）汇贴或汇缴办法

为简化贴花手续，应纳税额较大或者贴花次数频繁的，纳税人可向税务机关提出申请，采取以缴款书代替贴花或者按期汇总缴纳的办法。

一份凭证应纳税额超过 500 元的，应向当地税务机关申请填写缴款书或者完税证，将其中一联粘贴在凭证上或者由税务机关在凭证上加注完税标记代替贴花。这就是汇贴办法。

根据规定，同一种类应纳税凭证，需频繁贴花的，应向当地税务机关申请按期汇总缴纳印花税。税务机关对核准汇总缴纳印花税的单位，应发给汇缴许可证。汇总缴纳的限期限额由当地税务机关确定，但最长期限不得超过 1 个月。这就是汇缴办法。凡汇总缴纳印花税的凭证，应加注税务机关指定的汇缴戳记，编号并装订成册后，将已贴印花或者缴款书的一联粘附册后，盖章注销，保存备查。

（三）委托代征办法

这是税务机关委托发放或办理应税凭证的单位代为征收印花税的办法。

二、纳税环节

印花税的纳税环节应当是在书立或者领受应税凭证时贴花纳税。书立或者领受应税凭证时贴花纳税，是指在合同签订、书据立据、账簿启用和证照领受时贴花。而如果合同在国外签订的，则应在国内使用时贴花。

三、纳税地点

印花税一般实行就地纳税。对于全国性商品物资订货会（包括展销会、交易会等）上所签订合同应纳的印花税，由纳税人回其所在地后及时办理贴花完税手续；对地方主办、不涉及省际关系的订货会、展销会上所签合同的印花税，其纳税地点由各省、自治区、直辖市人民政府自行确定。

四、纳税申报

印花税纳税人应按照《印花税暂行条例》的有关规定及时办理印花税纳税申报，并如实填写《印花税纳税申报表》。印花税由税务机关负责征收管理。印花税的征收管理，除《印花税暂行条例》规定者外，依照《税收征管法》的有关规定执行。

第五节　征收管理与处罚

一、征收管理

（一）印花税应纳税凭证管理

发放或者办理应纳税凭证的单位，是指发放权利、许可证照的单位和办理凭证的鉴证，公证及其他有关事项的单位。发放或者办理应纳税凭证的单位，负有监督纳税人依法纳税的义务。这里所称的负有监督纳税人依法纳税的义务，是指发放或者办理应纳税凭证的单位应对以下纳税事项监督：①应纳税凭证是否已粘贴印花；②粘贴的印花是否足额；③粘贴的印花是否按规定注销。对未完成以上纳税手续的，应督促纳税人当场贴花。

各级地方税务机关应加强对印花税应税凭证的管理，要求纳税人统一设置印花税应税凭证登记簿，保证各类应税凭证及时、准确、完整地进行登记；应税凭证数量多或内部多个部门对外签订应税凭证的单位，要求其制定符合本单位实际的应税凭证登记管理办法。有条件的纳税人应指定专门部门、专人负责应税凭证的管理。

纳税人不论采用以上哪一方法，均应妥善保管纳税凭证，保存期限除国家另有规定外，其余印花税应税凭证应按照《税收征管法实施细则》的规定保存 10 年。

（二）印花税票及印花税票管理

（1）印花税票由国家税务局监制，其票面金额以人民币为单位，分为壹角、贰角、伍角、壹元、贰元、伍元、拾元、伍拾元、壹百元9种。

(2) 印花税票为有价证券，各地税务机关应按照国家税务局制定的管理办法严格管理。

(3) 印花税票可以委托单位或者个人代售，并由税务机关付给代售金额5%的手续费。支付来源从实征印花税款中提取。

(4) 凡代售印花税票者，应先向当地税务机关提出代售申请，必要时须提供保证人。税务机关调查核准后，应与代售户签订代售合同，发给代售许可证。

(5) 代售户所售印花税票取得的税款，须专户存储，并按照规定的期限，向当地税务机关结报，或者填开专用缴款书直接向银行缴纳。不得逾期不缴或者挪作他用。

(6) 代售户领存的印花税票及所售印花税票的税款，如有损失，应负责赔偿。

(7) 代售户所领印花税票，除合同另有规定者外，不得转托他人代售或者转至其他地区销售。

(8) 对代售户代售印花税票的工作，税务机关应经常进行指导，检查和监督。代售户须详细提供领售印花税票的情况，不得拒绝。对代售人违反代售规定的，可视其情节轻重，取消代售资格，发现代售人各种影响印花税票销售的行为要及时纠正。税务机关要根据本地情况，选择制度比较健全、管理比较规范、信誉比较可靠的单位或个人委托代售印花税票，并应对代售人经常进行业务指导、检查和监督。

(9) 印花税的检查，由税务机关执行。税务人员进行检查时，应当出示税务检查证。纳税人不得以任何借口加以拒绝。

(10) 税务人员查获违反条例规定的凭证，应按有关规定处理。如需将凭证带回的，应出具收据，交被检查人收执。

(三) 征收管理特殊规定

(1) 印花税票应当粘贴在应纳税凭证上，并由纳税人在每枚税票的骑缝处盖戳注销或者画销。

(2) 已贴用的印花税票不得重用。

(3) 凡多贴印花税票者，不得申请退税或者抵用。

(4) 纳税人对纳税凭证应妥善保存。凭证的保存期限，凡国家已有明确规定的，按规定办；其余凭证均应在履行完毕后保存1年。

(5) 纳税人对凭证不能确定是否应当纳税的，应及时携带凭证，到当地税务机关鉴别。纳税人同税务机关对凭证的性质发生争议的，应检附该凭证报请上一级税务机关核定。

(6) 产权转移书据由立据人贴花，如未贴或者少贴印花，书据的持有人应负责补贴印花。所立书据以合同方式签订的，应由持有书据的各方分别按全额贴花。

(7) 应纳税凭证粘贴印花税票后应即注销。纳税人有印章的，加盖印章注销；纳税人没有印章的，可用钢笔（圆珠笔）画几条横线注销。注销标记应与骑缝处相交。骑缝处是指粘贴的印花税票与凭证及印花税票之间的交接处。

（四）核定征收印花税

根据《税收征管法》规定和印花税的税源特征，为加强印花税征收管理，纳税人有下列情形的，地方税务机关可以核定纳税人印花税计税依据：①未按规定建立印花税应税凭证登记簿，或未如实登记和完整保存应税凭证的；②拒不提供应税凭证或不如实提供应税凭证致使计税依据明显偏低的；③采用按期汇总缴纳办法的，未按地方税务机关规定的期限报送汇总缴纳印花税情况报告，经地方税务机关责令限期报告，逾期仍不报告的或者地方税务机关在检查中发现纳税人有未按规定汇总缴纳印花税情况的。

地方税务机关核定征收印花税，应向纳税人发放核定征收印花税通知书，注明核定征收的计税依据和规定的税款缴纳期限。地方税务机关核定征收印花税，应根据纳税人的实际生产经营收入，参考纳税人各期印花税纳税情况及同行业合同签订情况，确定科学合理的数额或比例作为纳税人印花税计税依据。

（五）企业改制过程中有关印花税政策

为贯彻落实国务院关于支持企业改制的指示精神，规范企业改制过程中有关税收政策，现就经县级以上人民政府及企业主管部门批准改制的企业，国家税务总对在改制过程中涉及的印花税政策规定如下。

1. 关于资金账簿的印花税

（1）实行公司制改造的企业在改制过程中成立的新企业（重新办理法人登记的），其新启用的资金账簿记载的资金或因企业建立资本纽带关系而增加的资金，凡原已贴花的部分可不再贴花，未贴花的部分和以后新增加的资金按规定贴花。

（2）公司制改造包括国有企业依《中华人民共和国公司法》整体改造成国有独资有限责任公司；企业通过增资扩股或者转让部分产权，实现他人对企业的参股，将企业改造成有限责任公司或股份有限公司；企业以其部分财产和相应债务与他人组建新公司；企业将债务留在原企业，而以其优质财产与他人组建的新公司。

（3）以合并或分立方式成立的新企业，其新启用的资金账簿记载的资金，凡原已贴花的部分可不再贴花，未贴花的部分和以后新增加的资金按规定贴花。

合并包括吸收合并和新设合并。分立包括存续分立和新设分立。

（4）企业债权转股权新增加的资金按规定贴花。

（5）企业改制中经评估增加的资金按规定贴花。

（6）企业其他会计科目记载的资金转为实收资本或资本公积的资金按规定贴花。

2. 关于各类应税合同的印花税

企业改制前签订但尚未履行完的各类应税合同，改制后需要变更执行主体的，对仅改变执行主体、其余条款未作变动且改制前已贴花的，不再贴花。

3. 关于产权转移书据的印花税

企业因改制签订的产权转移书据免予贴花。

二、违章处罚

《印花税暂行条例》及其实施细则规定了罚则。

（一）《印花税暂行条例》规定的处罚

纳税人有下列行为之一的，由税务机关根据情节轻重，予以处罚：

（1）应纳税凭证上未贴或者少贴印花税票的，税务机关除责令其补贴印花税票外，可处以应补贴印花税票金额 3 倍至 5 倍的罚款；

（2）已粘贴在应纳税凭证上的印花税票未注销或者未画销的，税务机关可处以未注销或者未画销印花税票金额 1 倍至 3 倍的罚款；

（3）已贴用的印花税票揭下重用的，税务机关可处以重用印花税票金额 5 倍或者 2 000元以上 10 000 元以下的罚款。

（4）伪造印花税票的，由税务机关提请司法机关依法追究刑事责任。

（二）《印花税暂行条例实施细则》规定的处罚

（1）纳税人违反“同一种类应纳税凭证，需频繁贴花的，应按期汇总缴纳印花税”的规定，超过税务机关核定的纳税期限，未缴或者少缴印花税款的，税务机关除令其限期补缴税款外，并从滞纳之日起，按日加收 5‰的滞纳金。

（2）纳税人违反“凡汇总缴纳印花税的凭证，应加注税务机关指定的汇缴戳记，编号并装订成册后，将已贴印花或者缴款书的一联粘附册后，盖章注销，保存备查”规定的，酌情处以 5 000 元以下罚款；情节严重的，撤销其汇缴许可证。

（3）纳税人违反“纳税人对纳税凭证应妥善保存。凭证的保存期限，凡国家已有明确规定的，按规定办；其余凭证均应在履行完毕后保存 1 年”规定的，酌情处以 5 000 元以下罚款。

（4）代售户违反“所售印花税票取得的税款，须专户存储，并按照规定的期限，向当地税务机关结报”、“所领印花税票不得转托他人代售或者转至其他地区销售”和“税务机关应经常进行指导，检查和监督。代售户须详细提供领售印花税票的情况，不得拒绝”规定的，视其情节轻重，给予警告处分或者取消代售资格。

（三）其他有关规定

举报有奖：纳税人不按规定贴花，逃避纳税的，任何单位和个人都有权检举揭发，经税务机关查实处理后，可按规定奖励检举揭发人，并为其保密。

（四）印花税违章处罚有关问题

《税收征管法》、《税收征管法实施细则》重新修订颁布后，《印花税暂行条例》第

13 条及《印花税暂行条例施行细则》第 39 条、第 40 条、第 41 条的部分内容已不适用。为加强印花税的征收管理，依法处理印花税有关违章行为，根据《税收征管法》、《税收征管法实施细则》的有关规定，国家税务总局于 2004 年 1 月 29 日发出《国家税务总局关于印花税违章处罚有关问题的通知》，对印花税的违章处罚适用条款明确如下。

印花税纳税人有下列行为之一的，由税务机关根据情节轻重予以处罚：

(1) 在应纳税凭证上未贴或者少贴印花税票的或者已粘贴在应税凭证上的印花税票未注销或者未画销的，适用《税收征管法》第 64 条的处罚规定。

(2) 已贴用的印花税票揭下重用造成未缴或少缴印花税的，适用《税收征管法》第 63 条的处罚规定。

(3) 伪造印花税票的，适用《税收征管法实施细则》第 91 条的处罚规定。

(4) 按期汇总缴纳印花税的纳税人，超过税务机关核定的纳税期限，未缴或少缴印花税款的，视其违章性质，适用《税收征管法》第 63 条或第 64 条的处罚规定，情节严重的，同时撤销其汇缴许可证。

(5) 纳税人违反以下规定的，适用《税收征管法》第 60 条的处罚规定：①违反《印花税条例施行细则》第 23 条的规定："凡汇总缴纳印花税的凭证，应加注税务机关指定的汇缴戳记、编号并装订成册，将已贴印花或者缴款书的一联粘附册后，盖章注销，保存备查"；②违反《印花税条例施行细则》第 25 条的规定："纳税人对纳税凭证应妥善保存。凭证的保存期限，凡国家已有明确规定的，按规定办；没有明确规定的其余凭证均应在履行完毕后保存 1 年"。

印花税例题

一、单项选择题

【例题 14-1】 某交通运输企业 2005 年 12 月签订以下合同：①与某银行签订融资租赁合同购置新车 15 辆，合同载明租赁期限为 3 年，每年支付租金 100 万元；②与某客户签订货物运输合同，合同载明货物价值 500 万元，运输费用 64 万元（含装卸费 5 万元，货物保险费 10 万元）；③与某运输企业签订租赁合同，合同载明将本企业闲置的总价值 300 万元的 10 辆货车出租，每辆车月租金 4 000 元，租期未定；④与某保险公司签订保险合同，合同载明为本企业的 50 辆车上第三方责任险，每辆车每年支付保险费 4 000 元。该企业当月应缴纳的印花税是（　　）

A. 505 元　　B. 540 元　　C. 605 元　　D. 640 元

（2006 年注册会计师考试单项选择题）

【分析】 (1) 银行及其他金融机构经营的融资租赁业务，是一种融物方式达到融资目的的业务，实际上是分期偿还的固定资金借款，因此融资租赁合同也属于借款合同。

$$100\times3\times0.5=150\text{（元）}$$

（2）货物运输合同的计税依据为取得的运输费金额（即运费收入），不包括所运货物的金额、装卸费和保险费。

$$(64-5-10)\times 5=245\text{（元）}$$

（3）有些合同在签订时无法确定计税金额，如技术合同中的转让收入，是按销售收入的一定比例收取或是按实现利润分成的；财产租赁合同，只是规定了月（天）租金标准而却无租赁期限的。对这类合同，可在签订时先按定额5元贴花，以后结算时再按实际金额计税，补贴印花。但该月已经已收租金，故该租金需缴纳印花税为：$4\ 000\times 10\times 1‰=40$（元）

（4）保险合同：$4\ 000\times 50\times 1‰=200$（元）

当月应缴纳的印花税：$150+245+5+40+200=640$（元）

讨论：货物运输合同中的保险费是否要按照保险合同来缴纳印花税。如要求缴纳，则该项要缴纳印花税：$10\times 1‰=100$（元）

【参考答案】 D

【例题14-2】 2006年1月，甲公司将闲置厂房出租给乙公司，合同约定每月租金2 500元，租期未定。签订合同时，预收租金5 000元，双方已按定额贴花。5月底合同解除，甲公司收到乙公司补交租金7 500元。甲公司5月份应补缴印花税（　　）

A. 7.5元　　B. 8元　　C. 9.5元　　D. 12.5元

（2007年注册会计师考试单项选择题）

【分析】 根据规定，财产租赁合同，只是规定了月（天）租金标准而却无租赁期限的。对这类合同，可在签订时先按定额5元贴花，以后结算时再按实际金额计税，补贴印花。

$$\text{应补缴印花税}=(5\ 000+7\ 500)\times 1‰-5=7.5\text{（元）}$$

【参考答案】 A

【例题14-3】 下列各项中，不属于印花税应税凭证的是（　　）

A. 无息、贴息贷款合同

B. 发电厂与电网之间签订的电力购售合同

C. 财产所有人将财产赠与社会福利单位的书据

D. 银行因内部管理需要设置的现金收付登记簿

（2008年注册会计师考试单项选择题）

【分析】 选项A和选项C属于免税范围。而选项D不属于印花税征税范围。

【参考答案】 D

【例题14-4】 某中学委托一服装厂加工校服，合同约定布料由学校提供，价值50万元，学校另支付加工费10万元，下列各项关于计算印花税的表述中，正确的是（　　）。

A. 学校应以50万元的计税依据，按销售合同的税率计算印花税

B. 服装厂应以50万元的计税依据，按销售合同的税率计算印花税

C. 服装厂应以10万元加工费为计税依据，按加工承揽合同的税率计算印花税

D. 服装厂和学校均以60万元为计税依据，按照加工承揽合同的税率计算印花税

（2011年注册会计师考试单项选择题）

【分析】 对于由委托方提供主要材料或原料，受托方只提供辅助材料的加工合同，无论加工费和辅助材料金额是否分别记载，均以辅助材料与加工费的合计数，依照加工承揽合同计税贴花。按加工费 10 万元按照加工承揽合同计算印花税，选 C 选项。

【参考答案】 C

二、多项选择题

【例题 14-5】 采用自行贴花缴纳印花税的，纳税人应（　　）

A. 自行申报应税行为　　B. 自行计算应纳税额

C. 自行购买印花税票　　D. 自行一次贴足印花税票并注销

（2005 年注册会计师考试多项选择题）

【分析】 印花税纳税方法有 3 种：自行贴花办法、汇贴或汇缴办法、委托代征办法。在自行贴花办法下，完成“三自”行为（自行计算应纳税额、自行购买印花税票、自行一次贴足印花税票并注销），即完成了纳税义务，不需再向税务机关申报纳税，而汇贴或汇缴办法下，需要申报纳税。

【参考答案】 B C D

【例题 14-6】 下列各项中，应按“产权转移书据”税目征收印花税的有（　　）

A. 商品房销售合同　　B. 土地使用权转让合同

C. 专利申请权转让合同　　D. 个人无偿赠与不动产登记表

（2007 年注册会计师考试多项选择题）

【分析】 根据规定，专利申请权转让合同属于技术合同范畴。

【参考答案】 A B D

【例题 14-7】 甲公司于 2007 年 8 月与乙公司签订了数份以货易货合同，以共计 750 000 元的钢材换取 650 000 元的水泥，甲公司取得差价 100 000 元。下列各项中表述正确的有（　　）

A. 甲公司 8 月应缴纳的印花税为 225 元

B. 甲公司 8 月应缴纳的印花税为 420 元

C. 甲公司可对易货合同采用汇总方式缴纳印花税

D. 甲公司可对易货合同采用汇贴方式缴纳印花税

（2008 年注册会计师考试多项选择题）

【分析】 如果以物易物方式签订的购销合同，计税金额为合同所载明的购销金额合计数。

一份凭证应纳税额超过 500 元的，应向当地税务机关申请填写缴款书或者完税证，将其中一联粘贴在凭证上或者由税务机关在凭证上加注完税标记代替贴花。这就是汇贴办法。根据规定，同一种类应纳税凭证，需频繁贴花的，应向当地税务机关申请按期汇总缴纳印花税。甲公司 8 月应缴纳的印花税＝（750000＋650000）×0.03%＝420（元）

【参考答案】 B C

【例题 14-8】 下列合同中，属于印花税征收范围的有（　　）

A. 融资租赁合同　B. 家庭财产两全保险合同

C. 电网与用户之间签订的供电合同　D. 发电厂与电网之间签订的购售电合同

（2011 年注册会计师考试多项选择题）

【分析】 电网与用户之间签订的供用电合同不属于印花税列举征税的凭证，故选项 C 不选。

【参考答案】 A B D

三、计算题

【例题 14-9】 位于建制镇的某公司主要经营农产品采摘、销售、观光业务，公司占地 3 万平方米，其中采摘、观光的种植用地 2.5 万平方米，职工宿舍和办公用地 0.5 万平方米；房产原值 300 万元。公司 2007 年发生以下业务：

（1）全年取得旅游观光业务收入 150 万元，农产品零售收入 180 万元；

（2）6 月 30 日签订房屋租赁合同一份，将价值 50 万元的办公室从 7 月 1 日起出租给他人使用，租期 12 个月，月租 0.2 万元，每月收租金 1 次；

（3）8 月与保险公司签订农业保险合同一份，支付保险费 3 万元；

（4）9 月与租赁公司签订融资租赁合同一份，租赁价值 30 万元的鲜果拣选机一台，租期 5 年，租金共计 40 万元，每年支付 8 万元。

（其他相关资料：①适用城镇土地使用税税率每平方米 5 元；②公司所在省规定计算房产余值的扣除比例为 30%；③金额以元为单位计算。）

要求：根据上述资料，按照下列序号计算回答问题，每问需计算出合计数：

（1）公司 2007 年应缴纳的城镇土地使用税；

（2）公司 2007 年应缴纳的房产税；

（3）公司 2007 年应缴纳的营业税；

（4）公司 2007 年应缴纳的印花税；

（5）公司 2007 年应缴纳的城市维护建设税和教育费附加。（2008 年注册会计师考试计算题）

【分析】 ①直接用于农、林、牧、渔业的生产用地是指直接从事于种植、养殖、饲养的专业用地，不包括农副产品加工场地和生活、办公用地。②对银行及其他金融组织的融资租赁业务签订的融资租赁合同，应按合同所载租金总额，暂按借款合同计税。

【参考答案】

（1）应缴纳的城镇土地使用税＝（3－2.5）×5×10000＝25000（元）

（2）应缴纳的房产税＝300×（1－30%）×1.2%×50%×10000＋（300－50）×（1－30%）×1.2%×50%×10000＋2000×6×12%＝24540（元）

（3）应缴纳的营业税＝150×5%×10000＋2000×6×5%＝75600（元）

（4）应缴纳的印花税＝2000×12×0.1%＋40×0.05‰×10000＝44（元）

（5）应缴纳的城市维护建设税和教育费附加＝75600×（5%＋3%）＝6048（元）

四、综合题

【例题 14-10】 某高新技术企业 2004 年 8 月份开业，注册资金 220 万元，当年发生经营活动如下：

（1）领受工商营业执照、房屋产权证、土地使用证各一份；

（2）建账时共设 8 个账簿，其中资金账簿中记载实体资本 220 万元；

（3）签订购销合同 4 份，共记载金额 280 万元；

（4）签订借款合同 1 份，记载金额 50 万元，当年取得利息 0.8 万元；

（5）与广告公司签订广告制作合同 1 份，分别记载加工费 3 万元，广告公司提供的原材料 7 万元；

（6）签订技术服务合同 1 份，记载金额 60 万元；

（7）签订租赁合同 1 份，记载租赁费金额 50 万元；

（8）签订转让专有技术使用权合同 1 份，记载金额 150 万元。

要求：按下列顺序回答问题，每问均为共计金额。

（1）计算领受权利许可证照应缴纳的印花税；

（2）计算设置账簿应缴纳的印花税；

（3）计算签订购销合同应缴纳的印花税；

（4）计算签订借款合同应缴纳的印花税；

（5）计算签订广告制作合同应缴纳的印花税；

（6）计算签订技术服务合同应缴纳的印花税；

（7）计算签订租赁合同应缴纳的印花税；

（8）计算签订专有技术使用权转让合同应缴纳的印花税。

（2005 年注册会计师考试计算题）

【分析】 本题考查印花税税率的记忆和计税依据的掌握。

【参考答案】

（1）领受权利许可证执照应缴纳的印花税：5×3＝15（元）

（2）设置账簿应缴纳的印花税：（8－1）×5＋2 200 000×0.5‰＝35＋1 100＝1 135（元）

（3）签订购销合同应缴纳的印花税：2 800 000×0.3‰＝840（元）

（4）借款合同应缴纳的印花税：500 000×0.05‰＝25（元）

注：利息不缴纳印花税。

（5）广告制作合同应缴纳的印花税：30 000×0.5‰＋70 000×0.3‰＝36（元）

注：这里原材料是由广告公司提供的，也就是承揽方提供，应当按照购销合同计算贴花。

（6）签订技术服务合同应缴纳的印花税：600 000×0.3‰＝180（元）

（7）签订租赁合同应缴纳的印花税：500 000×0.1%＝500（元）

（8）专有技术使用权转让合同应缴纳的印花：1 500 000×0.5‰＝750（元）

【例题 14-11】 某公司主要从事建筑工程机械的生产制造，2008 年发生以下业务：

（1）签订钢材采购合同一份，采购金额 8 000 万元；签订以货换货合同一份，用库存的 3 000 万元 A 型钢材换取对方相同金额的 B 型钢材；签订销售合同一份，销售金额 15 000 万元。

（2）公司作为受托方签订甲、乙两份加工承揽合同，甲合同约定：由委托方提供主要材料（金额300万元），受托方只提供辅助材料（金额20万元），受托方另收取加工费50万元；乙合同约定：由受托方提供主要材料（金额200万元）并收取加工费40万元。

（3）公司作为受托方签订技术开发合同一份，合同约定：技术开发金额共计1 000万元，其中研究开发费用与报酬金额之比为3∶1。

（4）公司作为承包方签订建筑安装工程承包合同一份，承包金额300万元，公司随后又将其中的100万元业务分包给另一单位，并签订相关合同。

（5）公司新增实收资本2 000万元、资本公积500万元。

（6）公司启用其他账簿10本。

（说明：购销合同、加工承揽合同、技术合同、建筑安装工程承包合同的印花税税率分别为0.3‰、0.5‰、0.3‰、0.3‰；营业账簿的印花税率分为0.5‰和每件5元两种）

要求：根据上述资料，按照下列序号计算回答问题，每问需计算出合计数。

（1）公司2008年签订的购销合同应缴纳的印花税。

（2）公司2008年签订的加工承揽合同应缴纳的印花税。

（3）公司2008年签订的技术合同应缴纳的印花税。

（4）公司2008年签订的建筑安装工程承包合同应缴纳的印花税。

（5）公司2008年新增记载资金的营业账簿应缴纳的印花税。

（6）公司2008年启用其他账簿应缴纳的印花税。

（2009年注册会计师考试计算题）

【参考答案】

（1）公司2008年签订的购销合同应缴纳的印花税

＝（8 000＋3 000×2＋15 000）×0.3‰＝87 000（元）

（2）公司2008年签订的加工承揽合同应缴纳的印花税

＝（50＋20）×0.5‰＋200×0.3‰＋40×0.5‰＝1 150（元）

（3）公司2008年签订的技术合同应缴纳的印花税＝1 000÷4×0.3‰＝750（元）

（4）公司2008年签订的建筑安装工程承包合同应缴纳的印花税

＝（300＋100）×0.3‰＝1 200（元）

（5）公司2008年新增记载资金的营业账簿应缴纳的印花税

＝（2 000＋500）×0.5‰＝12 500（元）

（6）公司2008年启用其他账簿应缴纳的印花税＝10×5＝50（元）

第十五章　契　税　法

契税（deed tax）是我国境内转移土地、房屋权属，对承受的单位和个人征收的一种税，属于财产行为税。

契税法是指国家制定的调整和规范契税征收与缴纳权利义务有关的法律规范总称。除1997年10月1日起实施的《中华人民共和国契税暂行条例》（以下简称《契税暂行条例》）以及《中华人民共和国契税暂行条例细则》（以下简称《契税暂行条例细则》）外，财政部、国家税务总局制定的部颁规章也是契税法的组成部分。如《财政部国家税务总局关于社会力量办学契税政策问题的通知》、《国家税务总局关于抵押贷款购买商品房征收契税的批复》、《浙江省实施〈契税暂行条例〉办法》等。

第一节　契税征税对象和纳税义务人

一、契税征税对象

（一）契税征税对象一般规定

契税征收对象是指转移土地、房屋权属的行为。土地、房屋权属是指土地使用权、房屋所有权。

这些行为包括以下几个方面：

（1）国有土地使用权出让。国有土地使用权出让是指土地使用者向国家交付土地使用权出让费用，国家将国有土地使用权在一定年限内让予土地使用者的行为。

（2）土地使用权转让，包括出售、赠与和交换。土地使用权转让是指土地使用者以出售、赠与、交换或者其他方式将土地使用权转移给其他单位和个人的行为。其中：①土地使用权出售是指土地使用者以土地使用权作为交易条件，取得货币、实物、无形资产或者其他经济利益的行为。②土地使用权转让，不包括农村集体土地承包经营权的转移。土地使用权赠与是指土地使用者将其土地使用权无偿转让给受赠者的行为。③土地使用权交换，是指土地使用者之间相互交换土地使用权的行为。

（3）房屋买卖。房屋买卖是指房屋所有者将其房屋出售，由承受者交付货币、实物、无形资产或者其他经济利益的行为。

（4）房屋赠与。房屋赠与是指房屋所有者将其房屋无偿转让给受赠者的行为。

（5）房屋交换。房屋交换是指房屋所有者之间相互交换房屋的行为。

（6）承受国有土地使用权支付的土地出让金

（7）其他规定

（二）视同转移土地、房屋权属的行为

土地、房屋权属以下列方式转移的，视同土地使用权转让、房屋买卖或者房屋赠与应

征税：①以土地、房屋权属作价投资、入股；②以土地、房屋权属抵债；③以获奖方式承受土地、房屋权属；④以预购方式或者预付集资建房款方式承受土地、房屋权属。其中：

（1）以土地、房屋权属作价投资、入股属于房屋产权转移，应根据国家房地产管理的有关规定，办理房屋产权交易和产权变更登记手续，由产权承受方按照契税契率计算缴纳契税。

（2）以土地、房屋权属抵债相当于将该权属转让，视同房屋买卖，应由产权承受人按房屋现值缴纳契税。

（3）以获奖方式承受土地、房屋权属相当于接受该权属，视同房屋买卖，应由获奖者按房屋现值缴纳契税。

（4）以预购方式或者预付集资建房款方式承受土地、房屋权属，也相当于将该权属的期权转让，视同房屋买卖，应由预购人或预付集资建房款人按照契税契率计算缴纳契税。

（三）契税征税对象特别规定

（1）购房人以按揭、抵押贷款方式购买房屋，当其从银行取得抵押凭证时，购房人与原产权人之间的房屋产权转移已经完成，契税纳税义务已经发生，必须依法缴纳契税。

（2）房屋使用权与房屋所有权是两种不同性质的权属。根据现行契税法规的规定，房屋使用权的转移行为不属于契税征收范围，不应征收契税。

（3）中国联通有限公司在组建过程中，承受中国联合通信有限公司以无偿划转方式转让的部分土地、房屋权属，不属于契税征税范围。在该公司成为中国联通股份有限公司的子公司后，其下属各分公司办理土地、房屋权属变更登记是根据工商变更登记而进行的相关变更登记，不发生权属转移，不涉及契税问题。

（4）根据我国婚姻法的规定，夫妻共有房屋属共同共有财产。因夫妻财产分割而将原共有房屋产权归属一方，是房产共有权的变动而不是现行契税政策规定征税的房屋产权转移行为。因此，对离婚后原共有房屋产权的归属人不征收契税。

（5）《契税暂行条例》没有对购买安居房、经济适用住房这种情况给予减征或者免征契税的规定。因此，应对购买安居房、经济适用住房者照章征收契税。

二、契税纳税义务人

契税的纳税义务人是我国境内转移土地、房屋权属，对承受的单位和个人。这里所称承受是指以受让、购买、受赠、交换等方式取得土地、房屋权属的行为。单位是指企业单位、事业单位、国家机关、军事单位和社会团体以及其他组织。个人是指个体经营者及其他个人，包括中国公民和外籍人员。

第二节　契税税率应纳税额的计算

一、契税的税率

契税税率为3％～5％。契税的适用税率，由省、自治区、直辖市人民政府在规定的3％～5％幅度内按照本地区的实际情况确定，并报财政部和国家税务总局备案。

二、契税的计税依据

契税的计税依据有以下几个：

（1）国有土地使用权出让、土地使用权出售、房屋买卖，成交价格为计税依据。

（2）土地使用权赠与、房屋赠与，由征收机关参照土地使用权出售、房屋买卖的市场价格核定。

（3）土地使用权交换、房屋交换，为所交换的土地使用权、房屋的价格的差额。

（4）以划拨方式取得土地使用权的，经批准转让房地产时，应由房地产转让者补缴契税。其计税依据为补缴的土地使用权出让费用或者土地收益。

土地使用权出让、土地使用权出售、房屋买卖的计税依据是成交价格，即土地、房屋权属转移合同确定的价格，包括承受者应交付的货币、实物、无形资产或者其他经济利益。合同确定的成交价格中包含的所有价款都属于计税依据范围。土地使用权出让，土地使用权转让、房屋买卖的成交价格中所包含的行政事业性收费，属于成交价格的组成部分，不应从中剔除，纳税人应按合同确定的成交价格全额计算缴纳契税。

如果成交价格明显低于市场价格并且无正当理由的，或者所交换土地使用权、房屋的价格的差额明显不合理并且无正当理由的，由征收机关参照市场价格核定。

这里所称成交价格，是指土地、房屋权属转移合同确定的价格。包括承受者应交付的货币、实物、无形资产或者其他经济利益。

土地使用权交换、房屋交换、土地使用权与房屋所有权之间相互交换，交换价格不相等的，由多交付货币、实物、无形资产或者其他经济利益的一方缴纳税款。交换价格相等的，免征契税。

三、契税应纳税额的计算方法

契税应纳税额，依照规定的计税依据计算征收。应纳税额计算公式为

应纳契税税额＝计税依据×税率

应纳税额以人民币计算。转移土地、房屋权属以外汇结算的，按照纳税义务发生之日中国人民银行公布的人民币市场汇率中间价折合成人民币计算。

第三节　契税税收优惠

一、契税优惠的一般规定

有下列情形之一的，减征或者免征契税：

（1）国家机关、事业单位、社会团体、军事单位承受土地、房屋用于办公、教学、医疗、科研和军事设施的，免征契税。

（2）城镇职工按规定第一次购买公有住房的，免征契税；（购买的公有住房不得超过国家规定的标准面积）单位集资建房建成的普通住房或由单位购买的普通商品住房，经批准集结本单位职工的，如职工为首次购买住房，免征契税。

（3）因不可抗力灭失住房而重新购买住房的，酌情准予减征或者免征契税。

（4）财政部规定的其他减征，免征契税的项目。

（5）土地、房屋被县级以上人民政府征用、占用后，重新承受土地、房屋权属的，是否减征或者免征契税，由省、自治区、直辖市人民政府确定。

（6）纳税人承受荒山、荒沟、荒丘、荒滩土地使用权，用于农、林、牧、渔业生产的，免征契税。

（7）依照我国有关法律规定以及我国缔结或参加的双边和多边条约或协定的规定应当予以免税的外国驻华使馆、领事馆、联合国驻华机构及其外交代表、领事官员和其他外交人员承受土地、房屋权属的，经外交部确认，可以免征契税。

二、契税优惠的特殊规定

（1）对县级以上人民政府教育行政主管部门或劳动行政主管部门批准并核发《社会力量办学许可证》，由企业事业组织、社会团体及其他社会组织和公民个人利用非国家财政性教育经费面向社会举办的教育机构，其承受的土地、房屋权属用于教学的，免征契税。

（2）监狱管理部门是对犯罪人员执行刑罚的机关，其所承担的公务有一定特殊性，除干警办公用房外，监舍也是执行公务的必备条件。因此，对监狱管理部门承受土地，房屋直接用于监狱建设，视同国家机关的办公用房建设，免征契税。

（3）全额免征中国华融资产管理公司、中国长城资产管理公司和中国东方资产管理公司在收购、承接中国工商银行、中国农业银行、中国银行的不良资产及三家公司在债务追偿、资产置换、债务重组、企业重组、债权转股权等处置不良资产过程中应缴纳的契税。对三家公司不属于上述范围的房地产产权转移行为，应照章征收契税。

（4）关于经营性事业单位的减免税问题。目前我国对事业单位没有按是否经营性这一标准进行分类。根据《契税暂行条例》及其实施细则的有关规定和财政部 1996 年发布的《事业单位财务规则》的规定，对事业单位承受土地、房屋免征契税应同时符合两个条件：一是纳税人必须是按《事业单位财务规则》进行财务核算的事业单位；二是所承受的土地，房屋必须用于办公、教学、医疗、科研项目。凡不符合上述两个条件的，一律照章征收契税。对按《事业单位财务规则》第四十五条规定，应执行《企业财务通则》和同行业或相近行业企业财务制度的事业单位或者事业单位的特定项目，其承受的土地，房屋要照章征收契税。

三、术语解释

所称用于办公的，是指办公室（楼）以及其他直接用于办公的土地、房屋。所称用于教学的，是指教室（教学楼）以及其他直接用于教学的土地、房屋。所称用于医疗的，是指门诊部以及其他直接用于医疗的土地、房屋。

所称其他直接用于办公、教学、医疗、科研的以及其他直接用于军事设施的土地、房屋的具体范围，由省、自治区、直辖市人民政府确定。

这里所称用于科研的，是指科学试验的场所以及其他直接用于科研的土地、房屋。

所称用于军事设施的，是指：①地上和地下的军事指挥作战工程；②军用的机场、港口、码头；③军用的库房、营区、训练场、试验场；④军用的通信、导航、观测台站；⑤其他直接用于军事设施的土地、房屋。

所称城镇职工按规定第一次购买公有住房的，是指经县以上人民政府批准，在国家规定标准面积以内购买的公有住房。城镇职工享受免征契税，仅限于第一次购买的公有住房。超过国家规定标准面积的部分，仍应按照规定缴纳契税。

所称不可抗力，是指自然灾害、战争等不能预见、不能避免、并不能克服的客观情况。

所称其他具有土地、房屋权属转移合同性质凭证，是指具有合同效力的契约、协议、合约、单据，确认书以及由省、自治区、直辖市人民政府确定的其他凭证。

所称有关资料，是指土地管理部门、房产管理部门办理土地、房屋权属变更登记手续的有关土地，房屋权属、土地出让费用，成交价格以及其他权属变更方面的资料。

经批准减征、免征契税的纳税人改变有关土地、房屋的用途，不再属于《契税暂行条例》规定的减征、免征契税范围的，应当补缴已经减征、免征的税款。

第四节　契税征收管理

一、契税纳税义务发生时间

契税的纳税义务发生时间，为纳税人签订土地、房屋权属转移合同的当天，或者纳税人取得其他具有土地、房屋权属转移合同性质凭证的当天。

二、契税纳税期限

纳税人应当自纳税义务发生之日起 10 日内，向土地、房屋所在地的契税征收机关办理纳税申报，并在契税征收机关核定的期限内缴纳税款。

纳税人符合减征或者免征契税规定的，应当在签订土地、房屋权属转移合同后 10 日内，向土地，房屋所在地的契税征收机关办理减征或者免征契税手续。

纳税人因改变土地、房屋用途应当补缴已经减征、免征契税的，其纳税义务发生时间为改变有关土地、房屋用途的当天。

纳税人办理纳税事宜后，契税征收机关应当向纳税人开具契税完税凭证。

纳税人应当持契税完税凭证和其他规定的文件材料，依法向土地管理部门，房产管理部门办理有关土地，房屋的权属变更登记手续。

三、契税纳税地点

契税征收机关为土地、房屋所在地的财政机关或者地方税务机关。具体征收机关由省、自治区、直辖市人民政府确定。土地管理部门、房产管理部门应当向契税征收机关提供有关资料，并协助契税征收机关依法征收契税。

征收机关可以根据征收管理的需要，委托有关单位代征契税，具体代征单位由省、自治区、直辖市人民政府确定。

四、契税征收管理

契税征收应当以征收机关自征为主。目前自征确有困难的地区，经上一级征收机关批准，可以委托当地房屋管理部门，土地管理部门或者其他有关单位代征。对代征单位，征收机关应发给委托代征证书，行政政策和业务指导，确保将代征税款及时解缴入库。

纳税人未出具契税完税凭证的，土地管理部门、房产管理部门不予办理有关土地、房屋的权属变更登记手续。

契税例题

一、单项选择题

【例题 15-1】 下列各项中，应征收契税的是（　　）

A. 法定继承人承受房屋权属

B. 企业以行政划拨方式取得土地使用权

C. 承包者获得农村集体土地承包经营权

D. 运动员因成绩突出获得国家奖励的住房

（2007 年注册会计师考试单项选择题）

【分析】 根据规定，以获奖方式承受土地、房屋权属相当于接受该权属，应视同房屋买卖，应由获奖者按房屋现值缴纳契税。

【参考答案】 D

【例题 15-2】 居民甲某共有三套房产，2007 年将第一套市价为 80 万元的房产与乙某交换，并支付给乙某 15 万元；将第二套市价为 60 万元的房产折价给丙某抵偿了 50 万元的债务；将第三套市价为 30 万元的房产作股投入本人独资经营的企业。若当地确定的契税税率为 3%，甲某应缴纳契税（　　）

A. 0.45 万元　　B. 1.95 万元　　C. 2.25 万元　　D. 2.85 万元

（2008 年注册会计师考试单项选择题）

【分析】 根据规定，契税征收对象是指转移土地、房屋权属的行为。以自有房产作股投入本人独资经营企业，并未发生权属转移，故免纳契税。将第二套市价为 60 万元的房产折价给丙某抵偿了 50 万元的债务，是权属发生转移，应征收契税，房屋交换，支付补价的一方纳税。应缴纳的契税税额＝15×3%＝0.45（万元）。

【参考答案】 A

【例题 15-3】 居民甲 2008 年购置了一套价值 100 万元的新住房，同时对原有的两套住房处理如下：一套出售给居民乙，成交价格 50 万元；另一套市场价格 80 万元的住房与居民丙进行等价交换。假定当地省政府规定的契税税率为 4%，则居民甲 2008 年应缴纳的契税为（　　）

A. 4 万元　　B. 6 万元　　C. 7.2 万元　　D. 9.2 万元

（2009 年注册会计师考试单项选择题）

【分析】 契税以受让方为纳税义务人；居民之间等价交换房屋的免征契税。

因此，甲应缴纳的契税＝100×4%＝4（万元）

【参考答案】 A

【例题 15-4】 居民乙因拖欠居民甲 180 万元款项无力偿还，2010 年 6 月经当地有关部门调解，以房产抵偿该笔债务，居民甲因此取得该房产的产权并支付给居民乙差价款 20 万元。假定当地省政府规定的契税税率为 5%。下列表述中正确的是（　　）。

A. 居民甲应缴纳契税 1 万元　　B. 居民乙应缴纳契税 1 万元

C. 居民甲应缴纳契税 10 万元　　D. 居民乙应缴纳契税 10 万元

（2010 年注册会计师考试单项选择题）

【分析】 契税的纳税义务人为承受房产权利的单位和个人，应纳契税＝（180＋20）×5%＝10（万元）。

【参考答案】 C

【例题 15-5】 下列关契税征管制度的表述中，正确的是（　　）。

A. 对承受国有土地使用权所支付的土地出让金应计征契税

B. 非法定继承人根据遗嘱承受死者生前的房屋权属免征契税

C. 对个人购买普通住房且该住房属于家庭唯一住房的免征契税

D. 以自有房产作股权资于本人独资经营的企业应按房产的市场价格缴纳契税

（2011 年注册会计师考试单项选择题）

【分析】 法定继承人承受死者生前房屋免契税，非法定继承人不能免税，选项 B 不选；对个人购买普通住房，且属于家庭唯一住房的，减半征收契税，选项 C 不选；以自有房产投资于本人独资经营的企业，免纳契税，选项 D 不选。承受国有土地使用权所应支付的土地出让金，要计征契税，选项 A 选。

【参考答案】 A

二、多项选择题

【例题 15-6】 下列各项中，按税法规定应缴纳契税的有（　　）

A. 农民承包荒山造林的山地　　B. 银行承受企业抵债的房产

C. 科研事业单位受赠的科研用地　　D. 劳动模范获得政府奖励的住房

（2006 年注册会计师考试多项选择题）

【分析】 **免征的：**纳税人承受荒山、荒沟、荒丘、荒滩土地使用权，用于农、林、牧、渔业生产的，免征契税。

企业依照有关法律、法规的规定实施关闭、破产后，债权人（包括关闭、破产企业职工）承受关闭、破产企业土地、房屋权属以抵偿债务的，免征契税；而 B 项中银行承受企业抵债的房产中，所抵债的不是关闭、破产的企业，这里的抵债视同转让。

国家机关、事业单位、社会团体、军事单位承受土地、房屋用于办公、教学、医疗、科研和军事设施的，免征契税；科研事业单位受赠的科研用地属于该项范围。

征收的：以获奖方式承受土地、房屋权属相当于接受该权属，视同房屋买卖，应由获奖者按房屋现值缴纳契税。

【参考答案】 B D

【例题 15-7】 下列各项中，免征或不征契税的有（　　）

A. 国家出让国有土地使用权　　B. 受赠人接受他人赠与的房屋

C. 法定继承人继承土地、房屋权属　D. 承受荒山土地使用权用于林业生产

（2008 年注册会计师考试多项选择题）

【分析】 国有土地使用权出让是指土地使用者向国家交付土地使用权出让费用，国家将国有土地使用权在一定年限内让予土地使用者的行为。房屋赠与是指房屋所有者将其房屋无偿转让给受赠者的行为。都是契税征税对象。

【参考答案】 C D

【例题 15-8】 孙某将自有住房无偿赠与非法定继承人王某，已向税务机关提交经审核并签字盖章的“个人无偿赠与不动产登记表”。下列有关孙某赠房涉及税收的表述中，正确的有（　　）

A. 孙某应缴纳契税　B. 王某应缴纳契税

C. 孙某应缴纳印花税　D. 王某应缴纳印花税

（2009 年注册会计师考试税法试题多项选择题）

【分析】 契税的纳税人以承受方为纳税义务人。

【参考答案】 B C D

【例题 15-9】 居民甲将其拥有的一处房产给居民乙，双方签订房屋权属转移合同并按规定办理了房屋产权过户手续。下列关于契税和印花税的表述中，正确的有（　　）。

A. 作为交易的双方，居民甲和居民乙均同时负有印花税和契税的纳税义务

B. 契税的计税依据为房屋权属转移合同中确定的房产成交价格

C. 契税纳税人应在该房产的所在地交纳契税，印花税的纳税人应在签订合同时就地纳税

D. 契税纳税人的纳税义务在房屋权属转移合同的当天发生，印花税纳税人的纳税义务在房屋权属转移合同签订时发生

（2010 年注册会计师考试多项选择题）

【分析】 契税的纳税义务人是境内转移土地、房屋权属，承受的单位和个人，所以选项 A 中甲是转移方，不用缴纳契税，故选项 A 不选。

【参考答案】 B C D

第十六章　企业所得税法

第一节　企业所得税概论

一、企业所得税与企业所得税法基本概念

企业所得税（Income Tax for Enterprises）是纳税人的计税收入总额扣除税法规定的准予扣除项目金额后的余额为征税对象一种所得税，是国家参与企业利润分配的重要手段。

企业所得税法是指国家制定的调整企业所得税征收与缴纳权利义务有关的法律规范总称。除自 2008 年 1 月 1 日起施行的《企业所得税法》和《企业所得税法实施条例》外，财政部、国家税务总局所制定了的部颁规章也是企业所得税法的组成部分。

二、过渡期规定

《企业所得税法》公布前已经批准设立的企业，依照当时的税收法律、行政法规规定，享受低税率优惠的，按照国务院规定，可以在《企业所得税法》施行后 5 年内，逐步过渡到本法规定的税率；享受定期减免税优惠的，按照国务院规定，可以在《企业所得税法》施行后继续享受到期满为止，但因未获利而尚未享受优惠的，优惠期限从《企业所得税法》施行年度起计算。

法律设置的发展对外经济合作和技术交流的特定地区内以及国务院已规定执行上述地区特殊政策的地区内新设立的国家需要重点扶持的高新技术企业，可以享受过渡性税收优惠，具体办法由国务院规定。

国家已确定的其他鼓励类企业，可以按照国务院规定享受减免税优惠。

上述所称《企业所得税法》公布前已经批准设立的企业，是指企业所得税法公布前已经完成登记注册的企业。

2008 年 2 月 13 日，为贯彻落实《国务院关于实施企业所得税过渡优惠政策的通知》（国发［2007］39 号）和《国务院关于经济特区和上海浦东新区新设立高新技术企业实行过渡性税收优惠的通知》（国发［2007］40 号）（以下简称过渡优惠政策通知），国家税务总局又以财税［2008］21 号文以出台了《关于贯彻落实国务院关于实施企业所得税过渡优惠政策有关问题的通知》，具体规定了有关事项。

对按照国发［2007］39 号文件有关规定适用 15％企业所得税率并享受企业所得税定期减半优惠过渡的企业，应一律按照国发［2007］39 号文件第一条第二款规定的过渡税率计算的应纳税额实行减半征税，即 2008 年按 18％税率计算的应纳税额实行减半征税，2009 年按 20％税率计算的应纳税额实行减半征税，2010 年按 22％税率计算的应纳税额实行减半征税，2011 年按 24％税率计算的应纳税额实行减半征税，2012 年及以后年度按 25％税率计算的应纳税额实行减半征税。

对原适用 24%或 33%企业所得税率并享受国发［2007］39 号文件规定企业所得税定期减半优惠过渡的企业，2008 年及以后年度一律按 25%税率计算的应纳税额实行减半征税。

第二节　纳税义务人与征税对象

一、纳税义务人

在中华人民共和国境内，企业和其他取得收入的组织（以下统称企业）为企业所得税的纳税人，依照《企业所得税法》的规定缴纳企业所得税。

《企业所得税法》不适用个人独资企业、合伙企业。这里所称的个人独资企业、合伙企业，是指依照中国法律、行政法规成立的个人独资企业、合伙企业。

在香港特别行政区、澳门特别行政区和台湾地区成立的企业，参照《企业所得税》的有关规定。

中华人民共和国政府同外国政府订立的有关税收的协定与《企业所得税法》有不同规定的，依照协定的规定办理。

企业分为居民企业和非居民企业。其中：

所称居民企业，是指依法在中国境内成立，或者依照外国（地区）法律成立但实际管理机构在中国境内的企业。依法在中国境内成立的企业，包括依照中国法律、行政法规在中国境内成立的企业、事业单位、社会团体以及其他取得收入的组织。这里所称实际管理机构，是指对企业的生产经营、人员、账务、财产等实施实质性全面管理和控制的机构。

所称非居民企业，是指依照外国（地区）法律成立且实际管理机构不在中国境内，但在中国境内设立机构、场所的，或者在中国境内未设立机构、场所，但有来源于中国境内所得的企业。依照外国（地区）法律成立的企业，包括依照外国（地区）法律成立的企业和其他取得收入的组织。这里所称机构、场所，是指在中国境内从事生产经营活动的机构、场所，包括：①管理机构、营业机构、办事机构；②工厂、农场、开采自然资源的场所；③提供劳务的场所；④从事建筑、安装、装配、修理、勘探等工程作业的场所；⑤其他从事生产经营活动的机构、场所。非居民企业委托营业代理人在中国境内从事生产经营活动的，包括委托单位或者个人经常代其签订合同，或者储存、交付货物等，该营业代理人视为非居民企业在中国境内设立的机构、场所。

二、征税对象

居民企业应当就其来源于中国境内、境外的所得缴纳企业所得税。

非居民企业在中国境内设立机构、场所的，应当就其所设机构、场所取得的来源于中国境内的所得，以及发生在中国境外但与其所设机构、场所有实际联系的所得，缴纳企业所得税。这里所称实际联系，是指非居民企业在中国境内设立的机构、场所拥有据以取得所得的股权、债权，以及拥有、管理、控制据以取得所得的财产等。

非居民企业在中国境内未设立机构、场所的，或者虽设立机构、场所但取得的所得与其所设机构、场所没有实际联系的，应当就其来源于中国境内的所得缴纳企业所得税。

上述所称所得，包括销售货物所得、提供劳务所得、转让财产所得、股息红利等权益性投资所得、利息所得、租金所得、特许权使用费所得、接受捐赠所得和其他所得。

上述所称来源于中国境内、境外的所得，按照以下原则确定：①销售货物所得，按照交易活动发生地确定；②提供劳务所得，按照劳务发生地确定；③转让财产所得，不动产转让所得按照不动产所在地确定，动产转让所得按照转让动产的企业或者机构、场所所在地确定，权益性投资资产转让所得按照被投资企业所在地确定；④股息、红利等权益性投资所得，按照分配所得的企业所在地确定；⑤利息所得、租金所得、特许权使用费所得，按照负担、支付所得的企业或者机构、场所所在地确定，或者按照负担、支付所得的个人的住所地确定；⑥其他所得，由国务院财政、税务主管部门确定。

第三节　企业所得税税率

居民企业应当就其来源于中国境内、境外的所得，缴纳税率为25％的企业所得税；非居民企业在中国境内设立机构、场所的，应当就其所设机构、场所取得的来源于中国境内的所得，以及发生在中国境外但与其所设机构、场所有实际联系的所得，也应缴纳税率为25％的企业所得税。

非居民企业在中国境内未设立机构、场所的，或者虽设立机构、场所但取得的所得与其所设机构、场所没有实际联系的，应当就其来源于中国境内的所得适用税率为20％。

表 16-1　居民纳税人与非居民纳税人所适用的税率

纳税人属性		境内所得	境外所得
居民企业（25％）		缴纳	缴纳
非居民企业	在中国境内设立机构、场所的	缴纳（25％）	有实际联系的缴纳（25％）
		没有实际联系的缴纳（20％）	没有实际联系的不缴纳
	在中国境内未设立机构、场所的	缴纳（20％）	不缴纳

【例题】 我国居民企业的判定标准有（　　）

A. 登记注册地标准　　B. 总机构所在地标准

C. 实际管理机构地标准　　D. 生产经营所在地

【分析】 根据规定，居民企业是指依法在中国境内成立，或者依照外国（地区）法律成立但实际管理机构在中国境内的企业。依法在中国境内成立的企业，包括依照中国法律、行政法规在中国境内成立的企业、事业单位、社会团体以及其他取得收入的组织。这里所称实际管理机构，是指对企业的生产经营、人员、账务、财产等实施实质性全面管理和控制的机构。

【参考答案】 A C

第四节　应纳税所得额的计算

一、收入总额

企业以货币形式和非货币形式从各种来源取得的收入为收入总额。包括：①销售货物收入；②提供劳务收入；③转让财产收入；④股息、红利等权益性投资收益；⑤利息收入；⑥租金收入；⑦特许权使用费收入；⑧接受捐赠收入；⑨其他收入。其中：

所称企业取得收入的货币形式，包括现金、存款、应收账款、应收票据、准备持有至到期的债券投资以及债务的豁免等。

所称企业取得收入的非货币形式，包括固定资产、生物资产、无形资产、股权投资、存货、不准备持有至到期的债券投资、劳务以及有关权益等。

所称企业以非货币形式取得的收入，应当按照公允价值确定收入额。这里的公允价值是指按照市场价格确定的价值。

采取产品分成方式取得收入的，按照企业分得产品的日期确认收入的实现，其收入额按照产品的公允价值确定。

二、收入种类解释

所称销售货物收入，是指企业销售商品、产品、原材料、包装物、低值易耗品以及其他存货取得的收入。

所称提供劳务收入，是指企业从事建筑安装、修理修配、交通运输、仓储租赁、金融保险、邮电通信、咨询经纪、文化体育、科学研究、技术服务、教育培训、餐饮住宿、中介代理、卫生保健、社区服务、旅游、娱乐、加工以及其他劳务服务活动取得的收入。

所称转让财产收入，是指企业转让固定资产、生物资产、无形资产、股权、债权等财产取得的收入。

所称股息、红利等权益性投资收益，是指企业因权益性投资从被投资方取得的收入。股息、红利等权益性投资收益，除国务院财政、税务主管部门另有规定外，按照被投资方作出利润分配决定的日期确认收入的实现。

所称利息收入，是指企业将资金提供他人使用但不构成权益性投资，或者因他人占用本企业资金取得的收入，包括存款利息、贷款利息、债券利息、欠款利息等收入。利息收入按照合同约定的债务人应付利息的日期确认收入的实现。

所称租金收入，是指企业提供固定资产、包装物或者其他有形资产的使用权取得的收入。租金收入按照合同约定的承租人应付租金的日期确认收入的实现。

所称特许权使用费收入，是指企业提供专利权、非专利技术、商标权、著作权以及其他特许权的使用权取得的收入。特许权使用费收入按照合同约定的特许权使用人应付特许权使用费的日期确认收入的实现。

所称接受捐赠收入，是指企业接受的来自其他企业、组织或者个人无偿给予的货币性资产、非货币性资产。接受捐赠收入按照实际收到捐赠资产的日期确认收入的实现。

所称其他收入，是指企业取得的除上述规定的收入外的其他收入，包括企业资产溢余收入、逾期未退包装物押金收入、确实无法偿付的应付款项、已作坏账损失处理后又收回的应收款项、债务重组收入、补贴收入、违约金收入、汇兑收益等。

企业的下列生产经营业务可以分期确认收入的实现：①以分期收款方式销售货物的，按照合同约定的收款日期确认收入的实现；②企业受托加工制造大型机械设备、船舶、飞机以及从事建筑、安装、装配工程业务或者提供其他劳务等，持续时间超过 12 个月的，按照纳税年度内完工进度或者完成的工作量确认收入的实现。

企业发生非货币性资产交换以及将货物、财产、劳务用于捐赠、偿债、赞助、集资、广告、样品、职工福利或者利润分配等用途的，应当视同销售货物、转让财产或者提供劳务，但国务院财政、税务主管部门另有规定的除外。

企业每一纳税年度的收入总额，减除不征税收入、免税收入、各项扣除以及允许弥补的以前年度亏损后的余额，为应纳税所得额。这里所称亏损，是指企业依照企业所得税法和本条例的规定将每一纳税年度的收入总额减除不征税收入、免税收入和各项扣除后小于零的数额。

企业应纳税所得额的计算，以权责发生制为原则，属于当期的收入和费用，不论款项是否收付，均作为当期的收入和费用；不属于当期的收入和费用，即使款项已经在当期收付，均不作为当期的收入和费用。国务院财政、税务主管部门另有规定的除外。

三、不征税收入和免税收入

收入总额中的下列收入为不征税收入：①财政拨款；②依法收取并纳入财政管理的行政事业性收费、政府性基金；③国务院规定的其他不征税收入。其中：

所称财政拨款，是指各级人民政府对纳入预算管理的事业单位、社会团体等组织拨付的财政资金，但国务院和国务院财政、税务主管部门另有规定的除外。

所称行政事业性收费，是指依照法律法规等有关规定，按照国务院规定程序批准，在实施社会公共管理以及在向公民、法人或者其他组织提供特定公共服务过程中，向特定对象收取并纳入财政管理的费用。

所称政府性基金，是指企业依照法律、行政法规等有关规定，代政府收取的具有专项用途的财政资金。

所称国务院规定的其他不征税收入，是指企业取得的，由国务院财政、税务主管部门规定专项用途并经国务院批准的财政性资金。

企业的下列收入为免税收入：①国债利息收入；②符合条件的居民企业之间的股息、红利等权益性投资收益；③在中国境内设立机构、场所的非居民企业从居民企业取得与该机构、场所有实际联系的股息、红利等权益性投资收益；④符合条件的非营利组织的收入。

所称国债利息收入，是指企业持有国务院财政部门发行的国债取得的利息收入。

所称符合条件的居民企业之间的股息、红利等权益性投资收益，是指居民企业直接投资于其他居民企业取得的投资收益。《企业所得税法》所称股息、红利等权益性投资收益，不包括连续持有居民企业公开发行并上市流通的股票不足 12 个月取得的投资收益。

所称符合条件的非营利组织，是指同时符合下列条件的组织：①依法履行非营利组织登记手续；②从事公益性或者非营利性活动；③取得的收入除用于与该组织有关的、合理的支出外，全部用于登记核定或者章程规定的公益性或者非营利性事业；④财产及其孳息不用于分配；⑤按照登记核定或者章程规定，该组织注销后的剩余财产用于公益性或者非营利性目的，或者由登记管理机关转赠给与该组织性质、宗旨相同的组织，并向社会公告；⑥投入人对投入该组织的财产不保留或者享有任何财产权利；⑦工作人员工资福利开支控制在规定的比例内，不变相分配该组织的财产。上述规定的非营利组织的认定管理办法由国务院财政、税务主管部门会同国务院有关部门制定。

所称符合条件的非营利组织的收入，不包括非营利组织从事营利性活动取得的收入，但国务院财政、税务主管部门另有规定的除外。

四、扣除原则和范围

企业实际发生的与取得收入有关的、合理的支出，包括成本、费用、税金、损失和其他支出，准予在计算应纳税所得额时扣除。其中：

所称有关的支出，是指与取得收入直接相关的支出。所称合理的支出，是指符合生产经营活动常规，应当计入当期损益或者有关资产成本的必要和正常的支出。所称其他支出，是指除成本、费用、税金、损失外，企业在生产经营活动中发生的与生产经营活动有关的、合理的支出。

企业发生的支出应当区分收益性支出和资本性支出。收益性支出在发生当期直接扣除；资本性支出应当分期扣除或者计入有关资产成本，不得在发生当期直接扣除。

企业的不征税收入用于支出所形成的费用或者财产，不得扣除或者计算对应的折旧、摊销扣除。

除另有规定外，企业实际发生的成本、费用、税金、损失和其他支出，不得重复扣除。

所称成本，是指企业在生产经营活动中发生的销售成本、销货成本、业务支出以及其他耗费。所称费用，是指企业在生产经营活动中发生的销售费用、管理费用和财务费用，已经计入成本的有关费用除外。

非居民企业在中国境内设立的机构、场所，就其中国境外总机构发生的与该机构、场所生产经营有关的费用，能够提供总机构出具的费用汇集范围、定额、分配依据和方法等证明文件，并合理分摊的，准予扣除。

所称税金，是指企业发生的除企业所得税和允许抵扣的增值税以外的各项税金及其附加。

所称损失，是指企业在生产经营活动中发生的固定资产和存货的盘亏、毁损、报废损失，转让财产损失，呆账损失，坏账损失，自然灾害等不可抗力因素造成的损失以及其他损失。

企业发生的损失，减除责任人赔偿和保险赔款后的余额，依照国务院财政、税务主管部门的规定扣除。

企业已经作为损失处理的资产，在以后纳税年度又全部收回或者部分收回时，应当计入当期收入。

五、工资薪金、社会福利支出规定

企业发生的合理的工资薪金支出，准予扣除。

这里所称工资薪金，是指企业每一纳税年度支付给在本企业任职或者受雇的员工的所有现金形式或者非现金形式的劳动报酬，包括基本工资、奖金、津贴、补贴、年终加薪、加班工资以及与员工任职或者受雇有关的其他支出。

企业依照国务院有关主管部门或者省级人民政府规定的范围和标准为职工缴纳的基本养老保险费、基本医疗保险费、失业保险费、工伤保险费、生育保险费等基本社会保险费和住房公积金，准予扣除。

企业为投资者或者职工支付的补充养老保险费、补充医疗保险费，在国务院财政、税务主管部门规定的范围和标准内，准予扣除。

除企业依照国家有关规定为特殊工种职工支付的人身安全保险费和国务院财政、税务主管部门规定可以扣除的其他商业保险费外，企业为投资者或者职工支付的商业保险费，不得扣除。

六、借款费用、利息支出、汇兑损失支出规定

企业在生产经营活动中发生的合理的不需要资本化的借款费用，准予扣除。

企业为购置、建造固定资产、无形资产和经过 12 个月以上的建造才能达到预定可销售状态的存货发生借款的，在有关资产购置、建造期间发生的合理的借款费用，应当作为资本性支出计入有关资产的成本，并依照规定扣除。

企业在生产经营活动中发生的下列利息支出，准予扣除：①非金融企业向金融企业借款的利息支出、金融企业的各项存款利息支出和同业拆借利息支出、企业经批准发行债券的利息支出；②非金融企业向非金融企业借款的利息支出，不超过按照金融企业同期同类贷款利率计算的数额的部分。

企业在货币交易中，以及纳税年度终了时将人民币以外的货币性资产、负债按照期末即期人民币汇率中间价折算为人民币时产生的汇兑损失，除已经计入有关资产成本以及与向所有者进行利润分配相关的部分外，准予扣除。

七、不得扣除项目

在计算应纳税所得额时，下列支出不得扣除：①向投资者支付的股息、红利等权益性投资收益款项；②企业所得税税款；③税收滞纳金；④罚金、罚款和被没收财物的损失；⑤本法第九条规定以外的捐赠支出；⑥赞助支出；⑦未经核定的准备金支出；⑧与取得收入无关的其他支出。

上述第⑥项所称赞助支出，是指企业发生的与生产经营活动无关的各种非广告性质支出。

上述第⑦项所称未经核定的准备金支出，是指不符合国务院财政、税务主管部门规

定的各项资产减值准备、风险准备等准备金支出。

企业对外投资期间，投资资产的成本在计算应纳税所得额时不得扣除。

上述所称投资资产，是指企业对外进行权益性投资和债权性投资形成的资产。

企业在转让或者处置投资资产时，投资资产的成本，准予扣除。

投资资产按照以下方法确定成本：①通过支付现金方式取得的投资资产，以购买价款为成本；②通过支付现金以外的方式取得的投资资产，以该资产的公允价值和支付的相关税费为成本。

企业之间支付的管理费、企业内营业机构之间支付的租金和特许权使用费，以及非银行企业内营业机构之间支付的利息，不得扣除。

第五节　按规定范围、标准的扣除项目

一、职工福利费、工会经费、职工教育费、劳动保护支出规定

企业发生的职工福利费支出，不超过工资薪金总额14％的部分，准予扣除。

企业拨缴的工会经费，不超过工资薪金总额2％的部分，准予扣除。

除国务院财政、税务主管部门另有规定外，企业发生的职工教育经费支出，不超过工资薪金总额2.5％的部分，准予扣除；超过部分，准予在以后纳税年度结转扣除。

企业发生的合理的劳动保护支出，准予扣除。

二、业务招待费支出规定

企业发生的与生产经营活动有关的业务招待费支出，按照发生额的60％扣除，但最高不得超过当年销售（营业）收入的5‰。

三、广告费和业务宣传费支出规定

企业发生的符合条件的广告费和业务宣传费支出，除国务院财政、税务主管部门另有规定外，不超过当年销售（营业）收入15％的部分，准予扣除；超过部分，准予在以后纳税年度结转扣除。

四、专项资金和保险费支出规定

企业依照法律、行政法规有关规定提取的用于环境保护、生态恢复等方面的专项资金，准予扣除。上述专项资金提取后改变用途的，不得扣除。

企业参加财产保险，按照规定缴纳的保险费，准予扣除。

五、租赁费支出规定

企业根据生产经营活动的需要租入固定资产支付的租赁费，按照以下方法扣除：①以经营租赁方式租入固定资产发生的租赁费支出，按照租赁期限均匀扣除；②以融资租赁方式租入固定资产发生的租赁费支出，按照规定构成融资租入固定资产价值的部分应当提取折旧费用，分期扣除。

六、捐赠支出规定

企业发生的公益性捐赠支出，在年度利润总额12%以内的部分，准予在计算应纳税所得额时扣除。

以上所称年度利润总额，是指企业依照国家统一会计制度的规定计算的年度会计利润。

上述所称公益性捐赠，是指企业通过公益性社会团体或者县级以上人民政府及其部门，用于《公益事业捐赠法》规定的公益事业的捐赠。

上述所称公益性社会团体，是指同时符合下列条件的基金会、慈善组织等社会团体：①依法登记，具有法人资格；②以发展公益事业为宗旨，且不以营利为目的；③全部资产及其增值为该法人所有；④收益和营运结余主要用于符合该法人设立目的的事业；⑤终止后的剩余财产不归属任何个人或者营利组织；⑥不经营与其设立目的无关的业务；⑦有健全的财务会计制度；⑧捐赠者不以任何形式参与社会团体财产的分配；⑨国务院财政、税务主管部门会同国务院民政部门等登记管理部门规定的其他条件。

七、亏损弥补

纳税人发生年度亏损的，可以用下一纳税年度的所得弥补；下一纳税年度的所得不足弥补的，可以逐年延续弥补，但是延续弥补期最长不得超过5年。这里所说的弥补亏损期限，是指纳税人某一纳税年度发生亏损，准予用以后年度的应纳税所得弥补；一年弥补不足的，可以逐年延续弥补；弥补期最长不得超过5年，5年内不论是盈利或亏损，都作为实际弥补年限计算。

要明确的是，弥补期最长的5年是指自亏损年度的下一个年度起连续5年不间断地计算；如是连续发生年度亏损的，必须从第一个亏损年度算起，先亏先弥补。联营企业的亏损由联营企业就地依法进行弥补。投资方从联营企业分回的税后利润按规定应补缴所得税的企业，如果投资方企业发生亏损，其分回的利润可先用于弥补亏损，弥补亏损后仍有余额的再按规定补缴企业所得税。

按照税收法规的规定，企业的某些项目免征所得税，如果一个企业既有应税项目又有免税项目，其应税项目发生亏损时，按照税收法规规定可以结转以后年度弥补的亏损，应该是冲抵免税项目所得后的余额。此外，虽然应税项目有所得，但不足弥补以前年度亏损的，免税项目的所得也应用于弥补以前年度亏损。

此外，关于亏损弥补还有些具体规定：

（1）税前弥补亏损的适用范围

根据规定，实行独立经济核算，并按规定向税务机关报送所得税纳税申报表，会计报表和其他资料的纳税人发生的年度亏损，可以用下一纳税年度的所得弥补；下一纳税年度的所得不足弥补的，可以逐年延续弥补，但是延续弥补期最长不得超过五年。

（2）汇总、合并纳税成员企业（单位）的亏损弥补

经国家税务总局批准实行由行业和集团公司汇总、合并缴纳企业所得税的成员企业（单位）当年发生的亏损，在汇总、并纳税时已冲抵了其他成员企业（单位）的所得额

或并入了母公司的亏损额，因此，发生亏损的成员企业（单位）不得用本企业（单位）以后年度实现的所得弥补。成员企业（单位）在汇总、合并纳税年度以前发生的亏损，可仍按税收法规的规定，用本企业（单位）以后年度的所得予以弥补，不得并入母（总）公司的亏损额，也不得冲抵其他成员企业（单位）的所得额。

（3）分立、兼并、股权重组的亏损弥补

企业分立前尚未弥补的经营亏损，根据分立协议约定由分立后的各企业负担的数额，按税收法规规定的亏损弥补年限，在剩余期限内，由分立后的各企业逐年延续弥补。

被兼并企业尚未弥补的经营亏损，应区别不同情况处理：①被兼并企业在被兼并后继续具有独立纳税人资格的，其兼并前尚未弥补的经营亏损，在税收法规规定的期限内，由其以后年度的所得逐年延续弥补，不得用兼并企业的所得弥补；②被兼并企业在被兼并后不具有独立纳税人资格的，其兼并前尚未弥补的经营亏损，在税收法规规定的期限内，可由兼并企业用以后年度的所得逐年延续弥补。

企业进行股权重组，在股权转让前尚未弥补的经营亏损，可按税收法规规定的亏损弥补年限，在剩余期限内，由股权重组后的企业，逐年延续弥补。

第六节　资产的税务处理

一、总体规定

企业的各项资产包括固定资产、生物资产、无形资产、长期待摊费用、投资资产、存货等，以历史成本为计税基础。

上述所称历史成本，是指企业取得该项资产时实际发生的支出。

企业持有各项资产期间资产增值或者减值，除国务院财政、税务主管部门规定可以确认损益外，不得调整该资产的计税基础。

除国务院财政、税务主管部门另有规定外，企业在重组过程中，应当在交易发生时确认有关资产的转让所得或者损失，相关资产应当按照交易价格重新确定计税基础。

二、固定资产的税务处理

在计算应纳税所得额时，企业按照规定计算的固定资产折旧，准予扣除。这里所称固定资产，是指企业为生产产品、提供劳务、出租或者经营管理而持有的、使用时间超过 12 个月的非货币性资产，包括房屋、建筑物、机器、机械、运输工具以及其他与生产经营活动有关的设备、器具、工具等。

下列固定资产不得计算折旧扣除：①房屋、建筑物以外未投入使用的固定资产；②以经营租赁方式租入的固定资产；③以融资租赁方式租出的固定资产；④已足额提取折旧仍继续使用的固定资产；⑤经营活动无关的固定资产；⑥单独估价作为固定资产入账的土地；⑦其他不得计算折旧扣除的固定资产。

固定资产按照以下方法确定计税基础：①外购的固定资产，以购买价款和支付的相关税费以及直接归属于使该资产达到预定用途发生的其他支出为计税基础；②自行建造的固定资产，以竣工结算前发生的支出为计税基础；③融资租入的固定资产，以租赁合同约定的付款总额和承租人在签订租赁合同过程中发生的相关费用为计税基础，租赁合同未约定付款总额的，以该资产的公允价值和承租人在签订租赁合同过程中发生的相关费用为计税基础；④盘盈的固定资产，以同类固定资产的重置完全价值为计税基础；⑤通过捐赠、投资、非货币性资产交换、债务重组等方式取得的固定资产，以该资产的公允价值和支付的相关税费为计税基础；⑥改建的固定资产，除企业所得税法规定的支出外，以改建过程中发生的改建支出增加计税基础。

固定资产按照直线法计算的折旧，准予扣除。

企业应当自固定资产投入使用月份的次月起计算折旧；停止使用的固定资产，应当自停止使用月份的次月起停止计算折旧。

企业应当根据固定资产的性质和使用情况，合理确定固定资产的预计净残值。固定资产的预计净残值一经确定，不得变更。

除国务院财政、税务主管部门另有规定外，固定资产计算折旧的最低年限如下：①房屋、建筑物，为 20 年；②飞机、火车、轮船、机器、机械和其他生产设备，为 10 年；③与生产经营活动有关的器具、工具、家具等，为 5 年；④飞机、火车、轮船以外的运输工具，为 4 年；⑤电子设备，为 3 年。

从事开采石油、天然气等矿产资源的企业，在开始商业性生产前发生的费用和有关固定资产的损耗、折旧方法，由国务院财政、税务主管部门另行规定。

三、生物资产的税务处理

生产性生物资产按照以下方法确定计税基础：①外购的生产性生物资产，以购买价款和支付的相关税费为计税基础；②通过捐赠、投资、非货币性资产交换、债务重组等方式取得的生产性生物资产，以该资产的公允价值和支付的相关税费为计税基础。

上述所称生产性生物资产，是指企业为生产农产品、提供劳务或者出租等而持有的生物资产，包括经济林、薪炭林、产畜和役畜等。

生产性生物资产按照直线法计算的折旧，准予扣除。

企业应当自生产性生物资产投入使用月份的次月起计算折旧；停止使用的生产性生物资产，应当自停止使用月份的次月起停止计算折旧。

企业应当根据生产性生物资产的性质和使用情况，合理确定生产性生物资产的预计净残值。生产性生物资产的预计净残值一经确定，不得变更。

生产性生物资产计算折旧的最低年限如下：①林木类生产性生物资产，为 10 年；②畜类生产性生物资产，为 3 年。

四、无形资产的税务处理

在计算应纳税所得额时，企业按照规定计算的无形资产摊销费用，准予扣除。这里所称无形资产，是指企业为生产产品、提供劳务、出租或者经营管理而持有的、没有实物形态的非货币性长期资产，包括专利权、商标权、著作权、土地使用权、非专利技术、商誉等。

无形资产按照以下方法确定计税基础：①外购的无形资产，以购买价款和支付的相关税费以及直接归属于使该资产达到预定用途发生的其他支出为计税基础；②自行开发的无形资产，以开发过程中该资产符合资本化条件后至达到预定用途前发生的支出为计税基础；③通过捐赠、投资、非货币性资产交换、债务重组等方式取得的无形资产，以该资产的公允价值和支付的相关税费为计税基础。

无形资产按照直线法计算的摊销费用，准予扣除。下列无形资产不得计算摊销费用扣除：①自行开发的支出已在计算应纳税所得额时扣除的无形资产；②自创商誉；③与经营活动无关的无形资产；④其他不得计算摊销费用扣除的无形资产。

无形资产的摊销年限不得低于10年。作为投资或者受让的无形资产，有关法律规定或者合同约定了使用年限的，可以按照规定或者约定的使用年限分期摊销。

外购商誉的支出，在企业整体转让或者清算时，准予扣除。

五、长期待摊费用的税务处理

在计算应纳税所得额时，企业发生的下列支出作为长期待摊费用，按照规定摊销的，准予扣除：①已足额提取折旧的固定资产的改建支出；②租入固定资产的改建支出；③固定资产的大修理支出；④其他应当作为长期待摊费用的支出。

上述第①项和第②项所称固定资产的改建支出，是指改变房屋或者建筑物结构、延长使用年限等发生的支出。

上述第①项规定的支出，按照固定资产预计尚可使用年限分期摊销；第②项规定的支出，按照合同约定的剩余租赁期限分期摊销。

改建的固定资产延长使用年限的，除企业所得税法上述第①项和第②项规定外，应当适当延长折旧年限。

上述第③项所称固定资产的大修理支出，是指同时符合下列条件的支出：①修理支出达到取得固定资产时的计税基础50%以上；②修理后固定资产的使用年限延长2年以上。

上述第③项规定的支出，按照固定资产尚可使用年限分期摊销。

上述第④项所称其他应当作为长期待摊费用的支出，自支出发生月份的次月起，分期摊销，摊销年限不得低于3年。

2008年以后企业筹建期间发生的开办费，作为其他应当作为长期待摊费用的支出，自支出发生月份的次月起，可以分期摊销，但摊销年限不得低于3年。

六、存货的税务处理

企业使用或者销售存货，按照规定计算的存货成本，准予在计算应纳税所得额时扣除。这里所称存货，是指企业持有以备出售的产品或者商品、处在生产过程中的在产品、在生产或者提供劳务过程中耗用的材料和物料等。

存货按照以下方法确定成本：①通过支付现金方式取得的存货，以购买价款和支付的相关税费为成本；②通过支付现金以外的方式取得的存货，以该存货的公允价值和支付的相关税费为成本；③生产性生物资产收获的农产品，以产出或者采收过程中发生的材料费、人工费和分摊的间接费用等必要支出为成本。

企业使用或者销售的存货的成本计算方法，可以在先进先出法、加权平均法、个别计价法中选用一种。计价方法一经选用，不得随意变更。

企业转让资产，该项资产的净值准予在计算应纳税所得额时扣除。这里所称资产的净值，是指有关资产、财产的计税基础减除已经按照规定扣除的折旧、折耗、摊销、准备金等后的余额。企业在汇总计算缴纳企业所得税时，其境外营业机构的亏损不得抵减境内营业机构的盈利。

七、投资资产的税务处理

非居民企业在中国境内未设立机构、场所的，或者虽设立机构、场所但取得的所得与其所设机构、场所没有实际联系的，应当就其来源于中国境内的所得，按照下列方法计算其应纳税所得额：①股息、红利等权益性投资收益和利息、租金、特许权使用费所得，以收入全额为应纳税所得额；②转让财产所得，以收入全额减除财产净值后的余额为应纳税所得额；③其他所得，参照前两项规定的方法计算应纳税所得额。这里所称财产净值，是指有关资产、财产的计税基础减除已经按照规定扣除的折旧、折耗、摊销、准备金等后的余额。

八、税法规定与会计规定差异的处理

在计算应纳税所得额时，企业财务、会计处理办法与税收法律、行政法规的规定不一致的，应当依照税收法律、行政法规的规定计算。

第七节　应纳税额的计算

一、居民企业应纳税额的计算

企业的应纳税所得额乘以适用税率，减除依照《企业所得税法》关于税收优惠的规定减免和抵免的税额后的余额，为应纳税额。应纳税额的计算公式为

应纳税额＝应纳税所得额×适用税率－减免税额－抵免税额

公式中的减免税额和抵免税额是指依照《企业所得税法》和国务院的税收优惠规定减征、免征和抵免的应纳税额。

二、境外所得抵扣税额的计算

企业取得的下列所得已在境外缴纳的所得税税额，可以从其当期应纳税额中抵免，抵免限额为该项所得依照本法规定计算的应纳税额；超过抵免限额的部分，可以在以后5个年度内，用每年度抵免限额抵免当年应抵税额后的余额进行抵补：①居民企业来源于中国境外的应税所得；②非居民企业在中国境内设立机构、场所，取得发生在中国境外但与该机构、场所有实际联系的应税所得。

上述所称已在境外缴纳的所得税税额，是指企业来源于中国境外的所得依照中国境外税收法律以及相关规定应当缴纳并已经实际缴纳的企业所得税性质的税款。

上述所称抵免限额，是指企业来源于中国境外的所得，依照企业所得税法和本条例的规定计算的应纳税额。除国务院财政、税务主管部门另有规定外，该抵免限额应当分国（地区）不分项计算，计算公式如下：

抵免限额 ＝中国境内、境外所得依照企业所得税法和规定计算的应纳税总额×来源于某国（地区）的应纳税所得额÷中国境内、境外应纳税所得总额

上述所称5个年度，是指从企业取得的来源于中国境外的所得，已经在中国境外缴纳的企业所得税性质的税额超过抵免限额的当年的次年起连续5个纳税年度。

居民企业从其直接或者间接控制的外国企业分得的来源于中国境外的股息、红利等权益性投资收益，外国企业在境外实际缴纳的所得税税额中属于该项所得负担的部分，可以作为该居民企业的可抵免境外所得税税额，在规定的抵免限额内抵免。

上述所称直接控制，是指居民企业直接持有外国企业20%以上股份。所称间接控制，是指居民企业以间接持股方式持有外国企业20%以上股份，具体认定办法由国务院财政、税务主管部门另行制定。

企业依照规定抵免企业所得税税额时，应当提供中国境外税务机关出具的税款所属年度的有关纳税凭证。

三、非居民企业应纳税额的计算

非居民企业在中国境内未设立机构、场所的，或者虽设立机构、场所但取得的所得与其所设机构、场所没有实际联系的，应当就其来源于中国境内的所得缴纳企业所得税。

应纳税所得额按照下列方法计算：

（1）股息、红利等权益性投资收益和利息、租金、特许权使用费所得，以收入全额为应纳税所得额；

（2）转让财产所得，以收放入全额减除财产净值后的余额为应纳税所得额；

（3）其他所得，参照上述两项规定的方法计算应纳税所得额。

第八节　税 收 优 惠

一、免征与减征优惠

国家对重点扶持和鼓励发展的产业和项目，给予企业所得税优惠。

企业的下列所得，可以免征、减征企业所得税：①从事农、林、牧、渔业项目的所得；②从事国家重点扶持的公共基础设施项目投资经营的所得；③从事符合条件的环境保护、节能节水项目的所得；④符合条件的技术转让所得；⑤非居民企业在中国境内未设立机构、场所的，或者虽设立机构、场所但取得的所得与其所设机构、场所没有实际联系的，应当就其来源于中国境内的所得。

规定的企业从事农、林、牧、渔业项目的所得，可以免征、减征企业所得税，是指：

（1）企业从事下列项目的所得，免征企业所得税：①蔬菜、谷物、薯类、油料、豆类、棉花、麻类、糖料、水果、坚果的种植；②农作物新品种的选育；③中药材的种植；④林木的培育和种植；⑤牲畜、家禽的饲养；⑥林产品的采集；⑦灌溉、农产品初加工、兽医、农技推广、农机作业和维修等农、林、牧、渔服务业项目；⑧远洋捕捞。

（2）企业从事下列项目的所得，减半征收企业所得税：①花卉、茶以及其他饮料作物和香料作物的种植；②海水养殖、内陆养殖。

企业从事国家限制和禁止发展的项目，不得享受规定的企业所得税优惠。

所称国家重点扶持的公共基础设施项目，是指《公共基础设施项目企业所得税优惠目录》规定的港口码头、机场、铁路、公路、城市公共交通、电力、水利等项目。

企业从事上述规定的国家重点扶持的公共基础设施项目的投资经营的所得，自项目取得第一笔生产经营收入所属纳税年度起，第一年至第三年免征企业所得税，第四年至第六年减半征收企业所得税。

企业承包经营、承包建设和内部自建自用上述规定的项目，不得享受规定的企业所得税优惠。

所称符合条件的环境保护、节能节水项目，包括公共污水处理、公共垃圾处理、沼气综合开发利用、节能减排技术改造、海水淡化等。项目的具体条件和范围由国务院财政、税务主管部门商国务院有关部门制订，报国务院批准后公布施行。

企业从事上述规定的符合条件的环境保护、节能节水项目的所得，自项目取得第一笔生产经营收入所属纳税年度起，第一年至第三年免征企业所得税，第四年至第六年减半征收企业所得税。

依照规定享受减免税优惠的项目，在减免税期限内转让的，受让方自受让之日起，可以在剩余期限内享受规定的减免税优惠；减免税期限届满后转让的，受让方不得就该项目重复享受减免税优惠。

所称符合条件的技术转让所得免征、减征企业所得税，是指一个纳税年度内，居民企业技术转让所得不超过500万元的部分，免征企业所得税；超过500万元的部分，减半征收企业所得税。

非居民企业在中国境内未设立机构、场所的，或者虽设立机构、场所但取得的所得与其所设机构、场所没有实际联系的，应当就其来源于中国境内的所得缴纳企业所得税。非居民企业取得的上述所得，减按10%的税率征收企业所得税。

下列所得可以免征企业所得税：①外国政府向中国政府提供贷款取得的利息所得；②国际金融组织向中国政府和居民企业提供优惠贷款取得的利息所得；③经国务院批准的其他所得。

二、高新技术企业优惠

国家需要重点扶持的高新技术企业，减按15%的税率征收企业所得税。

所称国家需要重点扶持的高新技术企业，是指拥有核心自主知识产权，并同时符合下列条件的企业：①产品（服务）属于《国家重点支持的高新技术领域》规定的范围；②研究开发费用占销售收入的比例不低于规定比例；③高新技术产品（服务）收入占企业总收入的比例不低于规定比例；④科技人员占企业职工总数的比例不低于规定比例；⑤高新技术企业认定管理办法规定的其他条件。

三、微利企业优惠

符合条件的小型微利企业，减按20%的税率征收企业所得税。

所称符合条件的小型微利企业，是指从事国家非限制和禁止行业，并符合下列条件的企业：①工业企业，年度应纳税所得额不超过30万元，从业人数不超过100人，资产总额不超过3000万元；②其他企业，年度应纳税所得额不超过30万元，从业人数不超过80人，资产总额不超过1000万元。

这里规定的小型微利企业是指企业的全部生产经营活动产生的所得均负有我国企业所得税纳税义务的企业。因此，仅就来源于我国所得负有我国纳税义务的非居民企业，不适用该条规定的对符合条件的小型微利企业减按20%税率征收企业所得税的政策。

四、加计扣除

企业的下列支出，可以在计算应纳税所得额时加计扣除：①开发新技术、新产品、新工艺发生的研究开发费用；②安置残疾人员及国家鼓励安置的其他就业人员所支付的工资。

上述所称研究开发费用的加计扣除，是指企业为开发新技术、新产品、新工艺发生的研究开发费用，未形成无形资产计入当期损益的，在按照规定据实扣除的基础上，按照研究开发费用的50%加计扣除；形成无形资产的，按照无形资产成本的150%摊销。

上述所称企业安置残疾人员所支付的工资的加计扣除，是指企业安置残疾人员的，在按照支付给残疾职工工资据实扣除的基础上，按照支付给残疾职工工资的100%加计扣除。残疾人员的范围适用《残疾人保障法》的有关规定。

上述所称企业安置国家鼓励安置的其他就业人员所支付的工资的加计扣除办法，由国务院另行规定。

五、创投企业优惠

创业投资企业从事国家需要重点扶持和鼓励的创业投资，可以按投资额的一定比例抵扣应纳税所得额。这里所称抵扣应纳税所得额，是指创业投资企业采取股权投资方式投资于未上市的中小高新技术企业2年以上的，可以按照其投资额的70%在股权持有满2年的当年抵扣该创业投资企业的应纳税所得额；当年不足抵扣的，可以在以后纳税年度结转抵扣。

例如某创业投资企业2008年10月，采取股权投资方式投资于未上市的中小高新技术企业（国家需要重点扶持和鼓励的创业投资），投资额为100万元该创业投资企业本身的应纳税所得额：2010年为60万元；2011年为90万元。

则2010年的应纳税所得额为：60－100×70%＝－10（万元），本年度不用缴纳企业所得税。

2011年应纳税所得额为：90－10＝80（万元）。

应缴纳企业所得税：80×25%＝20（万元）。

六、加速折旧优惠

企业的固定资产由于技术进步等原因，确需加速折旧的，可以缩短折旧年限或者采取加速折旧的方法。

这里所称可以采取缩短折旧年限或者采取加速折旧的方法的固定资产，包括：①由于技术进步，产品更新换代较快的固定资产；②常年处于强震动、高腐蚀状态的固定资产。

采取缩短折旧年限方法的，最低折旧年限不得低于规定折旧年限的 60%；采取加速折旧方法的，可以采取双倍余额递减法或者年数总和法。

《企业所得税法》的 60%采取加速折旧方法的，可以采取双倍余额递减法或者年数总和法。

七、减计收入优惠

企业综合利用资源，生产符合国家产业政策规定的产品所取得的收入，可以在计算应纳税所得额时减计收入。

这里所称减计收入，是指企业以《资源综合利用企业所得税优惠目录》规定的资源作为主要原材料，生产国家非限制和禁止并符合国家和行业相关标准的产品取得的收入，减按 90%计入收入总额。

原材料占生产产品材料的比例不得低于《资源综合利用企业所得税优惠目录》规定的标准。

八、税额抵免优惠

企业购置用于环境保护、节能节水、安全生产等专用设备的投资额，可以按一定比例实行税额抵免。

这里所称税额抵免，是指企业购置并实际使用《环境保护专用设备企业所得税优惠目录》、《节能节水专用设备企业所得税优惠目录》和《安全生产专用设备企业所得税优惠目录》规定的环境保护、节能节水、安全生产等专用设备的，该专用设备的投资额的 10%可以从企业当年的应纳税额中抵免；当年不足抵免的，可以在以后 5 个纳税年度结转抵免。

享受上述规定的企业所得税优惠的企业，应当实际购置并自身实际投入使用前款规定的专用设备；企业购置上述专用设备在 5 年内转让、出租的，应当停止享受企业所得税优惠，并补缴已经抵免的企业所得税税款。

规定的企业所得税优惠目录，由国务院财政、税务主管部门商国务院有关部门制订，报国务院批准后公布施行。

企业同时从事适用不同企业所得税待遇的项目的，其优惠项目应当单独计算所得，并合理分摊企业的期间费用；没有单独计算的，不得享受企业所得税优惠。

九、民族自治地方的优惠

民族自治地方的自治机关对本民族自治地方的企业应缴纳的企业所得税中属于地方分享的部分，可以决定减征或者免征。自治州、自治县决定减征或者免征的，须报省、自治区、直辖市人民政府批准。这里所称民族自治地方，是指依照《民族区域自治法》的规定，实行民族区域自治的自治区、自治州、自治县。对民族自治地方内国家限制和禁止行业的企业，不得减征或者免征企业所得税。

根据《企业所得税法》有关“民族自治地方的自治机关对本民族自治地方的企业应缴纳的企业所得税中属于地方分享的部分，可以决定减征或者免征”的规定，对2008年1月1日后民族自治地方批准享受减免税的企业，一律按《企业所得税法》规定执行，即对民族自治地方的企业减免企业所得税，仅限于减免企业所得税中属于地方分享的部分，不得减免属于中央分享的部分。民族自治地方在新税法实施前已经按照有关减免税规定批准享受减免企业所得税（包括减免中央分享企业所得税的部分）的，自2008年1月1日起计算，对减免税期限在5年以内（含5年）的，继续执行至期满后停止；对减免税期限超过5年的，从第六年起按《企业所得税法》规定执行。

十、非居民企业优惠

2008年1月1日之前外商投资企业形成的累积未分配利润，在2008年以后分配给外国投资者的，免征企业所得税；2008年及以后年度外商投资企业新增利润分配给外国投资者的，依法缴纳企业所得税。

十一、其他优惠

（一）关于鼓励软件产业和集成电路产业发展的优惠政策

（1）软件生产企业实行增值税即征即退政策所退还的税款，由企业用于研究开发软件产品和扩大再生产，不作为企业所得税应税收入，不予征收企业所得税。

（2）我国境内新办软件生产企业经认定后，自获利年度起，第一年和第二年免征企业所得税，第三年至第五年减半征收企业所得税。

（3）国家规划布局内的重点软件生产企业，如当年未享受免税优惠的，减按10%的税率征收企业所得税。

（4）软件生产企业的职工培训费用，可按实际发生额在计算应纳税所得额时扣除。

（5）企事业单位购进软件，凡符合固定资产或无形资产确认条件的，可以按照固定资产或无形资产进行核算，经主管税务机关核准，其折旧或摊销年限可以适当缩短，最短可为2年。

（6）集成电路设计企业视同软件企业，享受上述软件企业的有关企业所得税政策。

（7）成电路生产企业的生产性设备，经主管税务机关核准，其折旧年限可以适当缩短，最短可为3年。

（8）投资额超过80亿元人民币或集成电路线宽小于0.25微米的集成电路生产企业，可以减按15%的税率缴纳企业所得税，其中，经营期在15年以上的，从开始获利的年度起，第一年至第五年免征企业所得税，第六年至第十年减半征收企业所得税。

（9）对生产线宽小于0.8微米（含）集成电路产品的生产企业，经认定后，自获利年度起，第一年和第二年免征企业所得税，第三年至第五年减半征收企业所得税。已经享受自获利年度起企业所得税”两免三减半”政策的企业，不再重复执行。

(10) 自2008年1月1日起至2010年底，对集成电路生产企业、封装企业的投资者，以其取得的缴纳企业所得税后的利润，直接投资于本企业增加注册资本，或作为资本投资开办其他集成电路生产企业、封装企业，经营期不少于5年的，按40%的比例退还其再投资部分已缴纳的企业所得税税款。再投资不满5年撤出该项投资的，追缴已退的企业所得税税款。

(11) 自2008年1月1日起至2010年底，对国内外经济组织作为投资者，以其在境内取得的缴纳企业所得税后的利润，作为资本投资于西部地区开办集成电路生产企业、封装企业或软件产品生产企业，经营期不少于5年的，按80%的比例退还其再投资部分已缴纳的企业所得税税款。再投资不满5年撤出该项投资的，追缴已退的企业所得税税款。

(二) 关于鼓励证券投资基金发展的优惠政策

(1) 对证券投资基金从证券市场中取得的收入，包括买卖股票、债券的差价收入，股权的股息、红利收入，债券的利息收入及其他收入，暂不征收企业所得税。

(2) 对投资者从证券投资基金分配中取得的收入，暂不征收企业所得税。

(3) 对证券投资基金管理人运用基金买卖股票、债券的差价收入，暂不征收企业所得税。

(三) 关于其他有关行业、企业的优惠政策

为保证部分行业、企业税收优惠政策执行的连续性，对原有关就业再就业，奥运会和世博会，社会公益，债转股、清产核资、重组、改制、转制等企业改革，涉农和国家储备，其他单项优惠政策共6类定期企业所得税优惠政策，自2008年1月1日起，继续按原优惠政策规定的办法和时间执行到期。

第九节 源泉扣缴

一、扣缴义务

对非居民企业取得规定的所得应缴纳的所得税，实行源泉扣缴，以支付人为扣缴义务人。税款由扣缴义务人在每次支付或者到期应支付时，从支付或者到期应支付的款项中扣缴。

上述所称支付人，是指依照有关法律规定或者合同约定对非居民企业直接负有支付相关款项义务的单位或者个人。上述所称支付，包括现金支付、汇拨支付、转账支付和权益兑价支付等货币支付和非货币支付。上述所称到期应支付的款项，是指支付人按照权责发生制原则应当计入相关成本、费用的应付款项。

二、扣缴方法

对非居民企业在中国境内取得工程作业和劳务所得应缴纳的所得税，税务机关可以

指定工程价款或者劳务费的支付人为扣缴义务人。这里规定的可以指定扣缴义务人的情形，包括：①预计工程作业或者提供劳务期限不足一个纳税年度，且有证据表明不履行纳税义务的；②没有办理税务登记或者临时税务登记，且未委托中国境内的代理人履行纳税义务的；③未按照规定期限办理企业所得税纳税申报或者预缴申报的。

上述规定的扣缴义务人，由县级以上税务机关指定，并同时告知扣缴义务人所扣税款的计算依据、计算方法、扣缴期限和扣缴方式。

三、非居民企业企业所得税源泉扣缴

非居民企业在中国境内未设立机构、场所的，或者虽设立机构、场所但取得的所得与其所设机构、场所没有实际联系的，其来源于中国境内的所得按照下列方法计算其应纳税所得额：①股息、红利等权益性投资收益和利息、租金、特许权使用费所得，以收入全额为应纳税所得额；②转让财产所得，以收入全额减除财产净值后的余额为应纳税所得额；③其他所得，参照前两项规定的方法计算应纳税所得额。

上述所称收入全额，是指非居民企业向支付人收取的全部价款和价外费用。

依照规定应当扣缴的所得税，扣缴义务人未依法扣缴或者无法履行扣缴义务的，由纳税人在所得发生地缴纳。纳税人未依法缴纳的，税务机关可以从该纳税人在中国境内其他收入项目的支付人应付的款项中，追缴该纳税人的应纳税款。

上述所称所得发生地，是指依照本条例第七条规定的原则确定的所得发生地。在中国境内存在多处所得发生地的，由纳税人选择其中之一申报缴纳企业所得税。

上述所称该纳税人在中国境内其他收入，是指该纳税人在中国境内取得的其他各种来源的收入。

税务机关在追缴该纳税人应纳税款时，应当将追缴理由、追缴数额、缴纳期限和缴纳方式等告知该纳税人。

扣缴义务人每次代扣的税款，应当自代扣之日起七日内缴入国库，并向所在地的税务机关报送扣缴企业所得税报告表。

第十节　特别纳税调整

一、（关联企业）纳税调整范围

企业与其关联方之间的业务往来，不符合独立交易原则而减少企业或者其关联方应纳税收入或者所得额的，税务机关有权按照合理方法调整。

企业与其关联方共同开发、受让无形资产，或者共同提供、接受劳务发生的成本，在计算应纳税所得额时应当按照独立交易原则进行分摊。

这里所称关联方，是指与企业有下列关联关系之一的企业、其他组织或者个人：①在资金、经营、购销等方面存在直接或者间接的控制关系；②直接或者间接地同为第三者控制；③在利益上具有相关联的其他关系。

所称独立交易原则，是指没有关联关系的交易各方，按照公平成交价格和营业常规进行业务往来遵循的原则。

二、调整方法

所称合理方法，包括：①可比非受控价格法，是指按照没有关联关系的交易各方进行相同或者类似业务往来的价格进行定价的方法；②再销售价格法，是指按照从关联方购进商品再销售给没有关联关系的交易方的价格，减除相同或者类似业务的销售毛利进行定价的方法；③成本加成法，是指按照成本加合理的费用和利润进行定价的方法；④交易净利润法，是指按照没有关联关系的交易各方进行相同或者类似业务往来取得的净利润水平确定利润的方法；⑤利润分割法，是指将企业与其关联方的合并利润或者亏损在各方之间采用合理标准进行分配的方法；⑥其他符合独立交易原则的方法。

企业可以依照《企业所得税法》的规定，按照独立交易原则与其关联方分摊共同发生的成本，达成成本分摊协议。

企业与其关联方分摊成本时，应当按照成本与预期收益相配比的原则进行分摊，并在税务机关规定的期限内，按照税务机关的要求报送有关资料。企业与其关联方分摊成本时违反规定的，其自行分摊的成本不得在计算应纳税所得额时扣除。

企业与其关联方之间的业务往来，不符合独立交易原则，或者企业实施其他不具有合理商业目的安排的，税务机关有权在该业务发生的纳税年度起 10 年内，进行纳税调整。

企业可以向税务机关提出与其关联方之间业务往来的定价原则和计算方法，税务机关与企业协商、确认后，达成预约定价安排。

这里所称预约定价安排，是指企业就其未来年度关联交易的定价原则和计算方法，向税务机关提出申请，与税务机关按照独立交易原则协商、确认后达成的协议。

企业向税务机关报送年度企业所得税纳税申报表时，应当就其与关联方之间的业务往来，附送年度关联业务往来报告表。

税务机关在进行关联业务调查时，企业及其关联方，以及与关联业务调查有关的其他企业，应当按照规定提供相关资料。

这里所称相关资料，包括：①与关联业务往来有关的价格、费用的制定标准、计算方法和说明等同期资料；②关联业务往来所涉及的财产、财产使用权、劳务等的再销售（转让）价格或者最终销售（转让）价格的相关资料；③与关联业务调查有关的其他企业应当提供的与被调查企业可比的产品价格、定价方式以及利润水平等资料；④其他与关联业务往来有关的资料。

所称与关联业务调查有关的其他企业，是指与被调查企业在生产经营内容和方式上相类似的企业。

企业应当在税务机关规定的期限内提供与关联业务往来有关的价格、费用的制定标准、计算方法和说明等资料。关联方以及与关联业务调查有关的其他企业应当在税务机关与其约定的期限内提供相关资料。

企业不提供与其关联方之间业务往来资料，或者提供虚假、不完整资料，未能真实反映其关联业务往来情况的，税务机关有权依法核定其应纳税所得额。

税务机关依照规定核定企业的应纳税所得额时，可以采用下列方法：①参照同类或者类似企业的利润率水平核定；②按照企业成本加合理的费用和利润的方法核定；③按照关联企业集团整体利润的合理比例核定；④按照其他合理方法核定。

企业对税务机关按照前款规定的方法核定的应纳税所得额有异议的，应当提供相关证据，经税务机关认定后，调整核定的应纳税所得额。

由居民企业，或者由居民企业和中国居民控制的设立在实际税负明显低于《企业所得税法》规定25%税率水平的国家（地区）的企业，并非由于合理的经营需要而对利润不作分配或者减少分配的，上述利润中应归属于该居民企业的部分，应当计入该居民企业的当期收入。

这里所称中国居民，是指根据《个人所得税法》的规定，就其从中国境内、境外取得的所得在中国缴纳个人所得税的个人。

这里所称控制，包括：①居民企业或者中国居民直接或者间接单一持有外国企业10%以上有表决权股份，且由其共同持有该外国企业50%以上股份；②居民企业，或者居民企业和中国居民持股比例没有达到第①项规定的标准，但在股份、资金、经营、购销等方面对该外国企业构成实质控制。

这里所称实际税负明显低于企业所得税法第四条第一款规定税率水平，是指低于企业所得税法第四条第一款规定税率的50%。

企业从其关联方接受的债权性投资与权益性投资的比例超过规定标准而发生的利息支出，不得在计算应纳税所得额时扣除。

这里所称债权性投资，是指企业直接或者间接从关联方获得的，需要偿还本金和支付利息或者需要以其他具有支付利息性质的方式予以补偿的融资。

企业间接从关联方获得的债权性投资，包括：①关联方通过无关联第三方提供的债权性投资；②无关联第三方提供的、由关联方担保且负有连带责任的债权性投资；③其他间接从关联方获得的具有负债实质的债权性投资。

《企业所得税法》所称权益性投资，是指企业接受的不需要偿还本金和支付利息，投资人对企业净资产拥有所有权的投资。所称标准，由国务院财政、税务主管部门另行规定。

三、核定征收

请见本章第十一节“企业所得税核定征收办法”。

四、加收利息

企业实施其他不具有合理商业目的的安排而减少其应纳税收入或者所得额的，税务机关有权按照合理方法调整。这里所称不具有合理商业目的，是指以减少、免除或者推迟缴纳税款为主要目的。

税务机关依照《企业所得税法》规定作出纳税调整，需要补征税款的，应当补征税款，并按照国务院规定加收利息。这里所称利息，应当按照税款所属纳税年度中国人民银行公布的与补税期间同期的人民币贷款基准利率加5个百分点计算。

企业依照《企业所得税法》及其实施条例的规定提供有关资料的，可以只按规定的人民币贷款基准利率计算利息。

税务机关根据税收法律、行政法规的规定，对企业作出特别纳税调整的，应当对补征的税款，自税款所属纳税年度的次年 6 月 1 日起至补缴税款之日止的期间，按日加收利息。规定加收的利息，不得在计算应纳税所得额时扣除。

五、企业接受关联方债权性投资利息支出税前扣除

（1）在计算应纳税所得额时，企业实际支付给关联方的利息支出，不超过以下规定比例和税法及其实施条例有关规定计算的部分，准予扣除，超过的部分不得在发生当期和以后年度扣除。

企业实际支付给关联方的利息支出，除符合规定外，其接受关联方债权性投资与其权益性投资比例为：①金融企业，为 5∶1；②其他企业，为 2∶1。

（2）企业如果能够按照税法及其实施条例的有关规定提供相关资料，并证明相关交易活动符合独立交易原则的；或者该企业的实际税负不高于境内关联方的，其实际支付给境内关联方的利息支出，在计算应纳税所得额时准予扣除。

（3）企业同时从事金融业务和非金融业务，其实际支付给关联方的利息支出，应按照合理方法分开计算；没有按照合理方法分开计算的，一律按有关其他企业的比例计算准予税前扣除的利息支出。

（4）企业自关联方取得的不符合规定的利息收入应按照有关规定缴纳企业所得税。

第十一节　企业所得税核定征收办法

国家税务总局 2008 年 3 月 6 日发布了《企业所得税核定征收办法》，自 2008 年 1 月 1 日起执行。

《企业所得税核定征收办法》适用于居民企业纳税人，不适用特殊行业、特殊类型的纳税人和一定规模以上的纳税人。上述特定纳税人由国家税务总局另行明确。

税务机关应根据纳税人具体情况，对核定征收企业所得税的纳税人，核定应税所得率或者核定应纳所得税额。

一、核定征收情形

纳税人具有下列情形之一的，核定征收企业所得税：

（1）依照法律、行政法规的规定可以不设置账簿的；

（2）依照法律、行政法规的规定应当设置但未设置账薄的；

（3）擅自销毁账簿或者拒不提供纳税资料的；

（4）虽设置账簿，但账目混乱或者成本资料、收入凭证、费用凭证残缺不全，难以查账的；

（5）发生纳税义务，未按照规定的期限办理纳税申报，经税务机关责令限期申报，逾期仍不申报的；

（6）申报的计税依据明显偏低，又无正当理由的。

二、核定应税所得率

具有下列情形之一的，核定其应税所得率：

（1）能正确核算（查实）收入总额，但不能正确核算（查实）成本费用总额的；

（2）能正确核算（查实）成本费用总额，但不能正确核算（查实）收入总额的；

（3）通过合理方法，能计算和推定纳税人收入总额或成本费用总额的。纳税人不属于以上情形的，核定其应纳所得税额。

三、核定征收方法

税务机关采用下列方法核定征收企业所得税：

（1）参照当地同类行业或者类似行业中经营规模和收入水平相近的纳税人的税负水平核定；

（2）按照应税收入额或成本费用支出额定率核定；

（3）按照耗用的原材料、燃料、动力等推算或测算核定；

（4）按照其他合理方法核定。

采用上述所列一种方法不足以正确核定应纳税所得额或应纳税额的，可以同时采用两种以上的方法核定。采用两种以上方法测算的应纳税额不一致时，可按测算的应纳税额从高核定。

四、核定征收计算公式

采用应税所得率方式核定征收企业所得税的，应纳所得税额计算公式如下：

应纳所得税税额＝应纳税所得额×适用税率

应纳税所得额＝应税收入额×应税所得率

或

应纳税所得额＝成本（费用）支出额/（1－应税所得率）×应税所得率

实行应税所得率方式核定征收企业所得税的纳税人，经营多业的，无论其经营项目是否单独核算，均由税务机关根据其主营项目确定适用的应税所得率。

主营项目应为纳税人所有经营项目中，收入总额或者成本（费用）支出额或者耗用原材料、燃料、动力数量所占比重最大的项目。

应税所得率如表 16-2 规定的幅度标准确定：

表 16-2　应税所得率

行业	应税所得率/%
农、林、牧、渔业	3～10
制造业	5～15
批发和零售贸易业	4～15
交通运输业	7～15
建筑业	8～20
饮食业	8～25
娱乐业	15～30
其他行业	10～30

五、申报调整

纳税人的生产经营范围、主营业务发生重大变化，或者应纳税所得额或应纳税额增减变化达到20%的，应及时向税务机关申报调整已确定的应纳税额或应税所得率。

主管税务机关应及时向纳税人送达《企业所得税核定征收鉴定表》，及时完成对其核定征收企业所得税的鉴定工作。具体程序如下：

（1）纳税人应在收到《企业所得税核定征收鉴定表》后10个工作日内，填好该表并报送主管税务机关。《企业所得税核定征收鉴定表》一式三联，主管税务机关和县税务机关各执一联，另一联送达纳税人执行。主管税务机关还可根据实际工作需要，适当增加联次备用。

（2）主管税务机关应在受理《企业所得税核定征收鉴定表》后20个工作日内，分类逐户审查核实，提出鉴定意见，并报县税务机关复核、认定。

（3）县税务机关应在收到《企业所得税核定征收鉴定表》后30个工作日内，完成复核、认定工作。

纳税人收到《企业所得税核定征收鉴定表》后，未在规定期限内填列、报送的，税务机关视同纳税人已经报送，按上述程序进行复核认定。

税务机关应在每年6月底前对上年度实行核定征收企业所得税的纳税人进行重新鉴定。重新鉴定工作完成前，纳税人可暂按上年度的核定征收方式预缴企业所得税；重新鉴定工作完成后，按重新鉴定的结果进行调整。

主管税务机关应当分类逐户公示核定的应纳所得税额或应税所得率。主管税务机关应当按照便于纳税人及社会各界了解、监督的原则确定公示地点、方式。

纳税人对税务机关确定的企业所得税征收方式、核定的应纳所得税额或应税所得率有异议的，应当提供合法、有效的相关证据，税务机关经核实认定后调整有异议的事项。

六、核定征收纳税申报

纳税人实行核定应税所得率方式的，按下列规定申报纳税：

（1）主管税务机关根据纳税人应纳税额的大小确定纳税人按月或者按季预缴，年终汇算清缴。预缴方法一经确定，一个纳税年度内不得改变。

（2）纳税人应依照确定的应税所得率计算纳税期间实际应缴纳的税额，进行预缴。按实际数额预缴有困难的，经主管税务机关同意，可按上一年度应纳税额的1/12或1/4预缴，或者按经主管税务机关认可的其他方法预缴。

（3）纳税人预缴税款或年终进行汇算清缴时，应按规定填写《企业所得税月（季）度预缴纳税申报表（B类）》，在规定的纳税申报时限内报送主管税务机关。

纳税人实行核定应纳所得税额方式的，按下列规定申报纳税：

（1）纳税人在应纳所得税额尚未确定之前，可暂按上年度应纳所得税额的1/12或1/4预缴，或者按经主管税务机关认可的其他方法，按月或按季分期预缴。

（2）在应纳所得税额确定以后，减除当年已预缴的所得税额，余额按剩余月份或季度均分，以此确定以后各月或各季的应纳税额，由纳税人按月或按季填写《中华人民共和国企业所得税月（季）度预缴纳税申报表（B类）》，在规定的纳税申报期限内进行纳税申报。

（3）纳税人年度终了后，在规定的时限内按照实际经营额或实际应纳税额向税务机关申报纳税。申报额超过核定经营额或应纳税额的，按申报额缴纳税款；申报额低于核定经营额或应纳税额的，按核定经营额或应纳税额缴纳税款。

第十二节　征收管理

企业所得税的征收管理除依照《企业所得税法》规定外，还要依照《税收征收管理法》的规定执行。

一、纳税地点

除税收法律、行政法规另有规定外，居民企业以企业登记注册地为纳税地点；但登记注册地在境外的，以实际管理机构所在地为纳税地点。这里所称企业登记注册地，是指企业依照国家有关规定登记注册的住所地。

居民企业在中国境内设立不具有法人资格的营业机构的，应当汇总计算并缴纳企业所得税。

非居民企业在中国境内设立机构、场所的，应当就其所设机构、场所取得的来源于中国境内的所得，以及发生在中国境外但与其所设机构、场所有实际联系的所得，缴纳企业所得税。规定的所得，以机构、场所所在地为纳税地点。非居民企业在中国境内设立两个或者两个以上机构、场所的，经税务机关审核批准，可以选择由其主要机构、场所汇总缴纳企业所得税。这里所称主要机构、场所，应当同时符合下列条件：①对其他各机构、场所的生产经营活动负有监督管理责任；②设有完整的账簿、凭证，能够准确反映各机构、场所的收入、成本、费用和盈亏情况。所称经税务机关审核批准，是指经各机构、场所所在地税务机关的共同上级税务机关审核批准。

非居民企业经批准汇总缴纳企业所得税后，需要增设、合并、迁移、关闭机构、场所或者停止机构、场所业务的，应当事先由负责汇总申报缴纳企业所得税的主要机构、场所向其所在地税务机关报告；需要变更汇总缴纳企业所得税的主要机构、场所的，依照上述规定办理。

非居民企业在中国境内未设立机构、场所的，或者虽设立机构、场所但取得的所得与其所设机构、场所没有实际联系的，应当就其来源于中国境内的所得缴纳企业所得税的，以扣缴义务人所在地为纳税地点。

二、纳税期限

企业所得税按纳税年度计算。纳税年度自公历1月1日起至12月31日止。

企业在一个纳税年度中间开业，或者终止经营活动，使该纳税年度的实际经营期不足十二个月的，应当以其实际经营期为一个纳税年度。

企业依法清算时，应当以清算期间作为一个纳税年度。

三、纳税申报

企业所得税分月或者分季预缴。

企业应当自月份或者季度终了之日起 15 日内，向税务机关报送预缴企业所得税纳税申报表，预缴税款。

企业所得税分月或者分季预缴，由税务机关具体核定。

企业根据《企业所得税法》规定分月或者分季预缴企业所得税时，应当按照月度或者季度的实际利润额预缴；按照月度或者季度的实际利润额预缴有困难的，可以按照上一纳税年度应纳税所得额的月度或者季度平均额预缴，或者按照经税务机关认可的其他方法预缴。预缴方法一经确定，该纳税年度内不得随意变更。

企业应当自年度终了之日起 5 个月内，向税务机关报送年度企业所得税纳税申报表，并汇算清缴，结清应缴应退税款。

企业在报送企业所得税纳税申报表时，应当按照规定附送财务会计报告和其他有关资料。

企业在纳税年度内无论盈利或者亏损，都应当依照规定的期限，向税务机关报送预缴企业所得税纳税申报表、年度企业所得税纳税申报表、财务会计报告和税务机关规定应当报送的其他有关资料。

企业在年度中间终止经营活动的，应当自实际经营终止之日起 60 日内，向税务机关办理当期企业所得税汇算清缴。

上述所称清算所得，是指企业的全部资产可变现价值或者交易价格减除资产净值、清算费用以及相关税费等后的余额。

投资方企业从被清算企业分得的剩余资产，其中相当于从被清算企业累计未分配利润和累计盈余公积中应当分得的部分，应当确认为股息所得；剩余资产减除上述股息所得后的余额，超过或者低于投资成本的部分，应当确认为投资资产转让所得或者损失。

企业应当在办理注销登记前，就其清算所得向税务机关申报并依法缴纳企业所得税。

除国务院另有规定外，企业之间不得合并缴纳企业所得税。

企业汇总计算并缴纳企业所得税时，应当统一核算应纳税所得额，具体办法由国务院财政、税务主管部门另行制定。

四、小型微利企业所得税预缴特别规定

为贯彻落实新的企业所得税法，确保企业所得税预缴工作顺利进行，国家税务总局就小型微利企业所得税预缴问题作出特别规定：

(1) 企业按当年实际利润预缴所得税的，如上年度符合《企业所得税法实施条例》规定的小型微利企业条件，在本年度填写《企业所得税月（季）度纳税申报表（A类）》（国税函［2008］44 号文件附件 1）时，第 4 行“利润总额”与 5%的乘积，暂填入第 7 行“减免所得税额”内。

（2）小型微利企业条件中，“从业人数”按企业全年平均从业人数计算，“资产总额”按企业年初和年末的资产总额平均计算。

（3）企业在当年首次预缴企业所得税时，须向主管税务机关提供企业上年度符合小型微利企业条件的相关证明材料。主管税务机关对企业提供的相关证明材料核实后，认定企业上年度不符合小型微利企业条件的，该企业当年不得按本通知第一条规定填报纳税申报表。

（4）纳税年度终了后，主管税务机关要根据企业当年有关指标，核实企业当年是否符合小型微利企业条件。企业当年有关指标不符合小型微利企业条件，但已按本通知第一条规定计算减免所得税额的，在年度汇算清缴时要补缴按本通知第一条规定计算的减免所得税额。

五、房地产开发企业所得税预缴问题

为贯彻落实新的企业所得税法，确保企业所得税预缴工作顺利开展，国家税务总局就房地产开发企业所得税预缴问题作出特别规定，适用于从事房地产开发经营业务的居民纳税人。

（1）房地产开发企业按当年实际利润据实分季（或月）预缴企业所得税的，对开发、建造的住宅、商业用房以及其他建筑物、附着物、配套设施等开发产品，在未完工前采取预售方式销售取得的预售收入，按照规定的预计利润率分季（或月）计算出预计利润额，计入利润总额预缴，开发产品完工、结算计税成本后按照实际利润再行调整。

（2）预计利润率暂按以下规定的标准确定：

①非经济适用房开发项目。

a. 位于省、自治区、直辖市和计划单列市人民政府所在地城区和郊区的，不得低于20%；

b. 位于地级市、地区、盟、州城区及郊区的，不得低于15%；

c. 位于其他地区的，不得低于10%。

②经济适用房开发项目。经济适用房开发项目符合建设部、国家发展和改革委员会、国土资源部、中国人民银行《关于印发〈经济适用房管理办法〉的通知》（建住房［2004］77号）等有关规定的，不得低于3%。

（3）房地产开发企业按当年实际利润据实预缴企业所得税的，对开发、建造的住宅、商业用房以及其他建筑物、附着物、配套设施等开发产品，在未完工前采取预售方式销售取得的预售收入，按照规定的预计利润率分季（或月）计算出预计利润额，填报在《中华人民共和国企业所得税月（季）度预缴纳税申报表（A类）》（国税函［2008］44号文件附件1）第4行“利润总额”内。

（4）房地产开发企业对经济适用房项目的预售收入进行初始纳税申报时，必须附送有关部门批准经济适用房项目开发、销售的文件以及其他相关证明材料。凡不符合规定或未附送有关部门的批准文件以及其他相关证明材料的，一律按销售非经济适用房的规定执行。

六、人民币汇率

依照《企业所得税法》缴纳的企业所得税，以人民币计算。所得以人民币以外的货币计算的，应当折合成人民币计算并缴纳税款。

企业所得以人民币以外的货币计算的，预缴企业所得税时，应当按照月度或者季度最后一日的人民币汇率中间价，折合成人民币计算应纳税所得额。年度终了汇算清缴时，对已经按照月度或者季度预缴税款的，不再重新折合计算，只就该纳税年度内未缴纳企业所得税的部分，按照纳税年度最后一日的人民币汇率中间价，折合成人民币计算应纳税所得额。

经税务机关检查确认，企业少计或者多计前款规定的所得的，应当按照检查确认补税或者退税时的上一个月最后一日的人民币汇率中间价，将少计或者多计的所得折合成人民币计算应纳税所得额，再计算应补缴或者应退的税款。

企业所得税例题

一、单项选择题

【例题 16-1】 依据企业所得税法的规定，下列各项中按负担所得的所在地确定所得来源地的是（　　）

A. 销售货物所得　　B. 权益性投资所得

C. 动产转让所得　　D. 特许权使用费所得

（2008 年注册会计师考试单项选择题）

【分析】 所称来源于中国境内、境外的所得，按照以下原则确定：①销售货物所得，按照交易活动发生地确定；②提供劳务所得，按照劳务发生地确定；③转让财产所得，不动产转让所得按照不动产所在地确定，动产转让所得按照转让动产的企业或者机构、场所所在地确定，权益性投资资产转让所得按照被投资企业所在地确定；④股息、红利等权益性投资所得，按照分配所得的企业所在地确定；⑤利息所得、租金所得、特许权使用费所得，按照负担、支付所得的企业或者机构、场所所在地确定，或者按照负担、支付所得的个人的住所地确定；⑥其他所得，由国务院财政、税务主管部门确定。

【参考答案】 D

【例题 16-2】 下列各项中，依据企业所得税法相关规定可计提折旧的生物资产是（　　）

A. 经济林　　B. 防风固沙林　　C. 用材林　　D. 存栏待售牲畜

（2008 年注册会计师考试单项选择题）

【分析】 所称生产性生物资产，是指企业为生产农产品、提供劳务或者出租等而持有的生物资产，包括经济林、薪炭林、产畜和役畜等。

【参考答案】 A

【例题 16-3】 依据企业所得税法的规定，财务会计制度与税收法规的规定不同而

产生的差异，在计算企业所得税应纳税所得额时应按照税收法规的规定进行调整。下列各项中，属于时间性差异的是（　　）

A. 业务招待费用产生的差异　　B. 职工福利费用产生的差异

C. 职工工会费用产生的差异　　D. 职工教育费用产生的差异

（2009 年注册会计师考试单项选择题）

【分析】 职工教育经费在以后年度可以结转，因此属于时间性差异。

【参考答案】 D

【例题 16-4】 下列各项中，在计算企业所得税应纳税所得额时准予按规定扣除的是（　　）

A. 企业之间支付的管理费用　　B. 企业之间支付的利息费用

C. 企业之间支付的股息红利　　D. 企业内机构之间支付的租金

（2009 年注册会计师考试单项选择题）

【分析】 企业之间支付的管理费用不可以扣除；企业之间支付的股息红利属于税后支付的，不能税前扣除；企业内机构之间的租金，不可以扣除。

【参考答案】 B

【例题 16-5】 某小型零售企业 2008 年度自行申报收入总额 250 万元、成本费用 258 万元，经营亏损 8 万元。经主管税务机关审核，发现其发生的成本费用真实，实现的收入无法确认，依据规定对其进行核定征收。假定应税所得率为 9%，则该小型零售企业 2008 年度应缴纳的企业所得税为（　　）

A. 5.10 万元　　B. 5.63 万元　　C. 5.81 万元　　D. 6.38 万元

（2009 年注册会计师考试单项选择题）

【分析】 应纳所得税＝258÷（1－9%）×9%×25%＝6.38（万元）

【参考答案】 D

【例题 16-6】 下列各项中，在计算企业所得税应纳税所得额时准予扣除的是（　　）。

A. 企业之间支付的管理费

B. 银行内营业机构之间支付的利息

C. 企业内营业机构之间支付的租金

D. 企业内营，机构之间支付的特许权使用费

（2010 年注册会计师考试单项选择题）

【分析】 企业之间支付的管理费、企业内营业机构之间支付的租金和特许权使用费，以及非银行企业内营业机构之间支付的利息，不得扣除。其他的可以扣除的。

【参考答案】 B

【例题 16-7】 下列各项中，符合房地产开发企业销售收入实现有关规定的是（　　）。

A. 采取银行按揭方式销售开发产品的，其首付款应于实际收到日确认收入实现

B. 采取支付手续费方式销售开发产品的，以代销方取得销售收入日确认收入实现

C. 采取视同买断方式委托销售开发产品的，以受托方取得销售收入日确认收入实现

D. 采取分期收款方式销售开发产品的，付款方早于合同日付款的按合同日确认收入实现

（2010 年注册会计师考试单项选择题）

【分析】 《房地产开发经营业务企业所得税处理办法》（国税发［2009］31 号）第 6 条规定，企业通过正式签订《房地产销售合同》或《房地产预售合同》所取得的收入，应确认为销售收入的实现，具体按以下规定确认：①采取一次性全额收款方式销售开发产品的，应于实际收讫价款或取得索取价款凭据（权利）之日，确认收入的实现。②采取分期收款方式销售开发产品的，应按销售合同或协议约定的价款和付款日确认收入的实现。付款方提前付款的，在实际付款日确认收入的实现。③采取银行按揭方式销售开发产品的，应按销售合同或协议约定的价款确定收入额，其首付款应于实际收到日确认收入的实现，余款在银行按揭贷款办理转账之日确认收入的实现。④采取委托方式销售开发产品的，应按以下原则确认收入的实现：…故选项 A 当选。

【参考答案】 A

【例题 16-8】 某批发兼零售的居民企业，2010 年度自行申报营业收入总额 350 万元，成本费用总额 370 万元，当年亏损 20 万元，经税务机关审核，该企业申报的收入总额无法核实，成本费用核算正确。假定对该企业采取核定征收企业所得税，应税所得率为 8%，该居民企业 2010 年度应缴纳企业所得税（　　）。

A. 7.00 万元　B. 7.40 万元　C. 7.61 万元　D. 8.04 万元

（2011 年注册会计师考试单项选择题）

【分析】 370÷（1－8%）×8%×25%＝8.04（万元）

【参考答案】 D

二、多项选择题

【例题 16-9】 依据企业所得税法的规定，判定居民企业的标准有（　　）

A. 登记注册地标准　　B. 所得来源地标准

C. 经营行为实际发生地标准　　D. 实际管理机构所在地标准

（2008 年注册会计师考试多项选择题）

【分析】 所称居民企业，是指依法在中国境内成立，或者依照外国（地区）法律成立但实际管理机构在中国境内的企业。

【参考答案】 A D

【例题 16-10】 在中国境内未设立机构、场所的非居民企业从中国境内取得的下列所得，应按收入全额计算征收企业所得税的有（　　）

A. 股息　　B. 转让财产所得　　C. 租金　　D. 特许权使用费

（2008 年注册会计师考试多项选择题）

【分析】 非居民企业从中国境内取得的股息、红利等权益性投资收益和利息、租金、特许权使用费所得，以收入全额为应纳税所得额。

【参考答案】 A C D

【例题 16-11】 依据企业所得税的相关规定，下列资产中，可采用加速折旧方法的

有（　　）

A. 常年处于强震动状态的固定资产

B. 常年处于高腐蚀状态的固定资产

C. 单独估价作为固定资产入账的土地

D. 由于技术进步原因产品更新换代较快的固定资产

（2009 年注册会计师考试多项选择题）

【分析】 可以采取加速折旧的方法的固定资产，包括：①由于技术进步，产品更新换代较快的固定资产；②常年处于强震动、高腐蚀状态的固定资产。

【参考答案】 A B D

【例题 16-12】 下列资产损失，属于由企业自行计算在企业所得税前扣除的有（　　）。

A. 企业的债权性投资到期不能收回发生的损失

B. 企业在正常经营活动中销售存货发生的损失

C. 企业固定资产达到使用年限正常报废清理的损失

D. 企业按照规定通过证券交易场所买卖股票发生的损失

（2010 年注册会计师考试多项选择题）

【分析】 根据《企业所得税法》规定，所称损失，是指企业在生产经营活动中发生的固定资产和存货的盘亏、毁损、报废损失，转让财产损失，呆账损失，坏账损失，自然灾害等不可抗力因素造成的损失以及其他损失。而选项 A 属于非正常的损失，所以不得自行计算扣除的损失，审批后才可以扣除。

【参考答案】 B C D

【例题 16-13】 根据企业所得税处置资产确认收入的相关规定，下列各项行为中，应视同销售的有（　　）。

A. 将生产的产品用于市场推广　B. 将生产的产品用于职工福利

C. 将资产用于境外分支机构加工另一产品

D. 将资产在总机构及其境内分支机构之间转移

（2011 年注册会计师考试多项选择题）

【分析】 企业将资产移送他人的下列情形，因资产所有权属已发生改变而不属于内部处置资产，应按规定视同销售确定收入：1）用于市场推广或销售；2）用于交际应酬；3）用于职工奖励或福利；4）用于股息分配；5）用于对外捐赠。所以选项 ABC 是正确的。选项 D 属于内部处置资产，不视同销售。

【参考答案】 A B

【例题 16-14】 下列各项中，在计算企业所得税应纳税所得额时不得扣除的有（　　）。

A. 企业之间支付的管理费　　B. 企业内营业机构之间支付的租金

C. 企业向投资者支付的股息　D. 银行企业内营业机构之间支付的利息

（2011 年注册会计师考试多项选择题）

【分析】 企业之间支付的管理费、企业内营业机构之间支付的租金和特许权使用费，以及非银行企业内营业机构之间支付的利息，不得扣除。所以选项 AB 选，D 不选。企业向投资者支付的股息属于税后分配，不得所得税税前扣除，所以选项C选。

【参考答案】 A B C

【例题16-15】 2010年3月，某企业将闲置资金100万元存入法定具有吸收存款职能的某机构，后因客观原因该机构依法破产，导致企业尚有30万元无法收回。该企业将30万元确认为存款损失时应提供的证据有（　　）。

A. 企业存款的原始凭据　　B. 该机构清算的法律文件

C. 该机构破产的法律文件　　D. 清算后剩余资产分配的文件

（2011年注册会计师考试多项选择题）

【分析】

国税发［2009］88号《企业资产损失税前扣除管理办法》第十五条规定：企业将货币性资金存入法定具有吸收存款职能的机构，因该机构依法破产、清算，或者政府责令停业、关闭等原因，确实不能收回的部分，确认为存款损失。存款损失应提供以下相关证据：1）企业存款的原始凭据；2）法定具有吸收存款职能的机构破产、清算的法律文件；3）政府责令停业、关闭文件等外部证据；4）清算后剩余资产分配的文件。

按照这个管理办法，所有选项均为原文条款，故全选。但该文件已被下面文件所替代。

国家税务总局公告2011年第25号《企业资产损失所得税税前扣除管理办法》第二十一条规定：

企业因金融机构清算而发生的存款类资产损失应依据以下证据材料确认：（一）企业存款类资产的原始凭据；（二）金融机构破产、清算的法律文件；（三）金融机构清算后剩余资产分配情况资料。

金融机构应清算而未清算超过三年的，企业可将该款项确认为资产损失，但应有法院或破产清算管理人出具的未完成清算证明。

从以上新文件来讲，有个问题待解决。即，法定具有吸收存款职能的某机构是否如新文件所述的金融机构。我们暂且算是吧。选项ABCD全选。

【参考答案】 A B C D

三、计算题

【例题16-16】 某生产企业2008年发生新产品开发费用80万元；其中，有30万元形成专利技术，另有申请专利的成本为2万元。请问，该企业可调减应纳税所得额多少？

【分析】 企业的下列支出，可以在计算应纳税所得额时加计扣除：①开发新技术、新产品、新工艺发生的研究开发费用；②安置残疾人员及国家鼓励安置的其他就业人员所支付的工资。

上述所称研究开发费用的加计扣除，是指企业为开发新技术、新产品、新工艺发生的研究开发费用，未形成无形资产计入当期损益的，在按照规定据实扣除的基础上，按照研究开发费用的50％加计扣除；形成无形资产的，按照无形资产成本的150％摊销。

【参考答案】 除2008年发生新产品开发费用80万元和申请专利成本2万元可以据实扣除外，形成无形资产的，可调减应纳税所得额：（30＋2）×150％＝48（万元）；未形成无形资产计入当期损益的，加计扣除应纳税所得额：（80－30）×50％＝25（万元）；2008年该企业可调减应纳税所得额：48＋25＝73（万元）。

【例题16-17】 某企业接受捐赠材料一批，取得捐赠方开具的增值税发票，注明价款10万元，增值税1.7万元；企业委托一运输公司将该批材料运输，支付运杂费0.3万元。请问，企业所得为多少？

【参考答案】 企业所得为：10＋1.7 ＝11.7（万元）

【例题16-18】 某链条集团公司，分别在甲国和乙国设有分支机构，2008年和2009年各有以下账目。其中，境内所得税税率为25％，2008年我国已与甲国缔结避免双重征税协定。

（1）2008年境内所得为3000万元；在甲国的分支机构取得生产经营所得210万元，该国所得税税率为30％，取得在甲国的专利权使用费30万元，所得税税率为20％；从乙国分支机构取得利润50万元，已在该国纳税12万元。

（2）2009年境内所得为3500万元；在甲国的分支机构取得生产经营所得210万元，该国所得税税率为30％，但甲国从2009年1月1日起对境外投资者给予减按20％的优惠。乙国分支机构因经营不善亏损30万元。

请分别计算该集团公司2008年2009年汇总纳税，应纳企业所得税多少？

【分析】 根据财政部、国家税务总局1997年11月25日以财税字［1997］116号颁发的《境外所得计征所得税暂行办法》规定：企业境外业务之间的盈亏可以互相弥补。国际间避免双重征税协定，按所在国（地区）税法规定及政府规定的所得税减免税，由纳税人提供有关证明，经税务机关审核后，视同已经缴纳所得税进行抵免。

【参考答案】

（1）2008年应纳企业所得税的计算。

①按我国税法规定，甲国扣除限额：

（3000＋210＋30）×33％×［（210＋30）÷（3000＋210＋30）］＝60（万元）

在甲国已纳税额＝210×30％＋30×20％＝69（万元）

69＞60，故仅以限额抵免。

②按我国税法规定，乙国扣除限额：

（3000＋50＋12）×25％×［（50＋12）÷（3000＋50＋12）］＝15.5（万元）

在乙国已纳税额＝12万元，15.5－12＝3.5（万元），低于扣除限额，可全额扣除。

③2001年汇算清缴应纳企业所得税税款

（3000＋210＋30＋50＋12）×25％－60－12＝753.5（万元）

（2）2009年应纳企业所得税的计算。

①按我国税法规定，企业境外业务之间的盈亏可以互相弥补。经甲乙两国分支机构盈亏弥补后，甲国分支机构所得为210－30＝180（万元）

按我国税法规定，甲国扣除限额：

(3500＋180) ×25%× [180÷ (3500＋180)] ＝45 (万元)

在甲国已纳税额＝210×30%＝63 万元（根据两国避免双重征税协定，按所在国（地区）税法规定及政府规定的所得税减免税，由纳税人提供有关证明，经税务机关审核后，视同已经缴纳所得税进行抵免。）

63－45＝18 (万元)，高于扣除限额，可全额扣除。

②乙国分支机构亏损，已与甲国分支机构收入进行亏损弥补。不用缴税。

③2009 年汇算清缴应纳企业所得税税款

(3500＋180) ×25%－45＝920 (万元)

【例题 16-19】 某生产企业 2008 年发生如下业务：

(1) 产品销售收入 3000 万元；

(2) 接受捐赠材料一批，取得捐赠方开具的增值税发票，注明价款 20 万元，增值税 3.4 万元；企业委托一运输公司将该批材料运输，支付运杂费 0.3 万元；

(3) 转让一项商标所有权，取得营业外收入 50 万元；

(4) 当年让渡资产使用权收取的专利技术实施许可费，即取得其他业务收入 20 万元；

(5) 取得国债利息 5 万元；

(6) 全年销售成本 1200 万元；

(7) 全年销售费用 600 万元，含广告费 500 万元；全年管理费用 300 万元，含招待费 60 万元，新产品开发费用 70 万元；全年财务费用 60 万元；

(8) 全年营业外支出 40 万元，含通过政府部门对灾区捐款 30 万元，直接对私立小学捐款 8 万元，违反行政法律法规被有关部门罚款 2 万元；

(9) 企业安置残疾人员，所支付的工资为 10 万元。

请计算：

(1) 广告费应纳税所得额调整；

(2) 招待费应纳税所得额调整；

(3) 营业外支出应纳税所得额调整；

(4) 企业安置残疾人员所支付的工资应纳税所得额调整；

(5) 企业 2008 年应纳企业所得税税额。

【分析】 企业安置残疾人员所支付的工资的加计扣除，是指企业安置残疾人员的，在按照支付给残疾职工工资据实扣除的基础上，按照支付给残疾职工工资的 100%加计扣除。

【参考答案】

(1) 广告费应纳税所得额调整（不包括营业外收入）。

(3000＋20) ×15%＝456 (万元)

广告费应纳税所得额调整：500－456＝44 (万元)（准予在以后纳税年度结转扣除）

(2) 招待费应纳税所得额调整。

(3000＋20) ×5‰＝15.1 (万元) 60×60%＝36 (万元)

招待费调整：60－15.1 (万元) ＝44.9 (万元)

（3）营业外支出应纳税所得额调整。

该企业账面利润：3000＋20＋3.4＋50＋20＋5－1200－600－300－60－40＝898.4（万元）

捐赠限额：898.4×12%＝107.808（万元）

107.808＞30，通过政府部门对灾区捐款30万元可以扣除。

直接对私立小学捐款8万元和违反行政法律法规被有关部门罚款2万元不能税前扣除。

（4）企业安置残疾人员所支付的工资应纳税所得额调整：加计扣除10万元。

（5）企业2008年应纳企业所得税税额。

调整后的企业2008年应纳税所得税：898.4－5＋44＋44.9＋8＋2－10＝982.3（万元）

企业2008年应纳企业所得税税额：982.3×25%＝245.575（万元）

四、综合题

【例题16-20】 某小汽车生产企业为增值税一般纳税人，2008年度自行核算的相关数据为：全年取得产品销售收入总额68 000万元，应扣除的产品销售成本45 800万元，应扣除的营业税金及附加9 250万元，应扣除的销售费用3 600万元、管理费用2 900万元、财务费用870万元。另外，取得营业外收入320万元以及直接投资其他居民企业分回的股息收入550万元，发生营业外支出1 050万元，全年实现会计利润5 400万元，应缴纳企业所得税1 350万元。

2009年2月经聘请的会计师事务所对2008年度的经营情况进行审核，发现以下相关问题：

（1）12月20日收到代销公司代销5辆小汽车的代销清单及货款163.8万元（小汽车每辆成本价20万元，与代销公司不含税结算价28万元）。企业会计处理为：

借：银行存款——代销汽车款　　1 638 000

贷：预收账款——代销汽车款　　1 638 000

（2）管理费用中含有业务招待费280万元、新技术研究开发费用120万元。

（3）营业外支出中含该企业通过省教育厅向某山区中小学捐款800万元。

（4）成本费用中含2008年度实际发生的工资费用3 000万元、职工福利费480万元、职工工会经费90万元、职工教育经费70万元。

（5）7月10日购入一台符合有关目录要求的安全生产专用设备，支付金额200万元、增值税额34万元，当月投入使用，当年已经计提了折旧费用11.7万元。

（说明：该企业生产的小汽车适用消费税税率为9%、城市维护建设税税率为7%、教育费附加征收率为3%；12月末“应交税费——应交增值税”账户借方无余额；购买专用设备支付的增值税34万元，不符合进项税额抵扣条件：假定购入并投入使用的安全生产专用设备使用期限为10年，不考虑残值）

要求：

（1）填列答题卷中给出的《企业所得税计算表》中带*号项目的金额。

（2）针对《企业所得税计算表》第13～17行所列项目需作纳税调整增加的情况，逐一说明调整增加的理由。

类别	行次	项目	金额
	1	一、营业收入	68 140
	2	减：营业成本	45 900
	3	营业税金及附加	9 266.24
	4	销售费用	3 600
	5	管理费用	2 900
利润总额的计算	6	财务费用	870
	7	加：投资收益	550
	8	二、营业利润	6 153.76
	9	加：营业外收入	320
	10	减：营业外支出	1 050
	11	三、利润总额	5 423.76
	12	加：纳税调整增加额	353.10
	13	业务招待费支出	112
	14	公益性捐赠支出	149.15
	15	职工福利支出	60
应纳税所得额计算	16	职工工会经费支出	30
	17	其他调增项目	1.95
	18	减：纳税调整减少额	610
	19	加计扣除	60
	20	免税收入	550
	21	四、应纳税所得额	5 166.86
	22	税率	25%
税额计算	23	应纳所得税额	1 291.72
	24	抵免所得税额	23.40
	25	五、实际应纳税额	1 268.32

（2009年注册会计师考试综合题）

【参考答案】

第1行：营业收入＝68 000＋28×5＝68 140（万元）

第2行：营业成本＝45 800＋20×5＝45 900（万元）

第3行：营业税金及附加＝9 250＋（5×28×17%＋5×28×9%）×（7%＋3%）＋5×28×9%＝9 266.24（万元）

第8行：营业利润＝68 140－45 900－9 266.24－3 600－2 900－870＋550＝6 153.76（万元）

第11行：利润总额＝6 153.76＋320－1 050＝5 423.76（万元）

第12行：纳税调增加额＝112＋149.15＋60＋30＋1.95＝353.1（万元）

第13行：业务招待费发生额的60%＝280×60%＝168（万元）＜68140×5‰

纳税调增金额＝280－168＝112（万元）

第14行：公益性捐赠限额＝5 423.76×12%＝650.85（万元）

纳税调增金额＝800－650.85＝149.15（万元）

第 15 行：福利费开支限额＝3 000×14％＝420（万元）

纳税调整金额＝480－420＝60（万元）

第 16 行：工会经费开支限额＝3 000×2％＝60（万元）

纳税调整金额＝90－60＝30（万元）

第 17 行：折旧限额＝（200＋34）÷10÷12×5＝9.75（万元）

折旧的纳税调整金额＝11.7－9.75＝1.95（万元）

第 18 行：纳税调整减少额＝60＋550＝610（万元）

第 19 行：加计扣除＝120×50％＝60（万元）

第 20 行：免税收入＝550（万元）

第 21 行：应纳税所得额＝5 423.76＋353.10－610＝5 166.86（万元）

第 23 行：应纳所得税额＝5 166.86×25％＝1 291.72（万元）

第 24 行：抵免所得税额＝（200＋34）×10％＝23.40（万元）

第 25 行：实际应纳税额＝1 291.72－23.40＝1 268.32（万元）

【例题 16-21】 某摩托车生产企业为增值税一般纳税人，企业有固定资产价值 18 000 万元（其中生产经营使用的房产原值为 12 000 万元），生产经营占地面积 80 000 平方米。2009 年发生以下业务：

（1）全年生产两轮摩托车 200 000 辆，每辆生产成本 0.28 万元、市场不含税销售价 0.46 万元。全年销售两轮摩托车 190 000 辆，销售合同记载取得不含税销售收入 87 400 万元。由于部分摩托车由该生产企业直接送货，运输合同记载取得送货的运输费收入 468 万元并开具普通发票。

（2）全年生产三轮摩托车 30 000 辆，每辆生产成本 0.22 万元、市场不含税销售价 0.36 万元。全年销售三轮摩托车 28 000 辆，销售合同记载取得不含税销售收入 10 080 万元。

（3）全年外购原材料均取得增值税专用发票，购货合同记载支付材料价款共计 35 000万元、增值税进项税额 5 950 万元。运输合同记载支付运输公司的运输费用1 100 万元，取得运输公司开具的公路内河运输发票。

（4）全年发生管理费用 11 000 万元（其中含业务招待费用 900 万元，新技术研究开发费用 800 万元，支付其他企业管理费 300 万元；不含印花税和房产税）、销售费用 7 600 万元、财务费用 2 100 万元

（5）全年发生营业外支出 3 600 万元（其中含通过公益性社会团体向贫困山区捐赠 500 万元；因管理不善库存原材料损失 618.6 万元，其中含运费成本 18.6 万元）。

（6）6 月 10 日，取得直接投资境内居民企业分配的股息收入 130 万元，已知境内被投资企业适用的企业所得税税率为 15％。

（7）8 月 20 日，取得摩托车代销商赞助的一批原材料并取得增值税专用发票，注明材料金额 30 万元、增值税 5.1 万元。

（8）10 月 6 日，该摩托车生产企业合并～家小型股份公司，股份公司全部资产公允价值为 5 700 万元、全部负债为 3 200 万元、未超过弥补年限的亏损额为 620 万元。合并时摩托车生产企业给股份公司的股权支付额为 2 300 万元、银行存款 200 万元。该合并业务符合企业重组特殊税务处理的条件且选择此方法执行。

(9) 12 月 20 日，取得到期的国债利息收入 90 万元（假定当年国家发行的最长期限的国债年利率为 6%）；取得直接投资境外公司分配的股息收入 170 万元，已知该股息收入在境外承担的总税负为 15%。

(10) 2009 年度，该摩托车生产企业自行计算的应缴纳的各种税款如下：

①增值税＝（87 400＋10 080）×17%－5 950－1 100×7%
＝16 571.6－5 950－77＝10 544.6（万元）

②消费税＝（87 400＋10 080）×10%＝9 748（万元）

③城建税、教育费附加＝（10 544.6＋9 748）×（7%＋3%）＝2 029.26（万元）

④城镇土地使用税＝80 000×4÷10 000＝32（万元）

⑤企业所得税：

应纳税所得额＝87 400＋468＋10 080－190 000×0.28－28 000×0.22－11 000－7 600－2 100－3 600＋130＋170＋90－9 748－2 029.26＝2 900.74（万元）

企业所得税＝（2 900.74－620）×25%＝570.19（万元）

（说明：假定该企业适用增值税税率 17%、两轮摩托车和三轮摩托车消费税税率 10%、城市维护建设税税率 7%、教育费附加征收率 3%、计算房产税房产余税的扣除比例 20%、城镇土地使用税每平方米 4 元、企业所得税税率 25%。）

要求：根据上述资料，回答下列问题（涉及计算的，请列出计算步骤）。

(1) 分别指出企业自行计算缴纳税款（企业所得税除外）的错误之处，简单说明理由，并计算应补（退）的各种税款（企业所得税除外）。

(2) 计算企业 2009 年度实现的会计利润总额。

(3) 分别指出企业所得税计算的错误之处，简单说明理由，并计算应补（退）的企业所得税。

（2010 年注册会计师考试综合题）

【参考答案】

(1) 分析错误并计算应补税额

① 增值税计算有误。增值税＝(87 400＋10 080)×17%－5 950－1 100×7%＝16 571.6－5 950－77＝10 544.6(万元)，开具普通发票收取的运费收入应作为价外费用收入计算增值税销项税；受赠的材料也应抵扣进项税；非正常损失应作进项税转出。

应补缴增值税＝468÷(1＋17%)×17%－5.1＋(618.6－18.6)×17%＋18.6÷(1－7%)×7%＝166.3(万元)

② 消费税计算有误。开具普通发票收取的运费收入应作为价外费用收入计算消费税。

应补缴消费税＝468÷(1＋17%)×10%＝40(万元)

③ 应补缴城建税和教育费附加＝（166.3＋40）×（7%＋3%）＝20.63（万元）

④ 应补缴房产税＝12 000×(1－20%)×1.2%＝115.2(万元)

⑤ 应补缴印花税＝(87 400＋10 080＋35 000＋5 950)×0.3‰＋(468＋1 100)×0.5‰＝41.53＋0.78＝42.31(万元)

(2) 计算会计利润

收入总额＝87400＋468/(1＋17%)＋10 080＋30＋5.1＋130＋90＋170＝98 305.1

(万元)

成本=190 000×0.28+28 000×0.22=59 360(万元)

利润总额=98 305.1-59 360-11 000-115.2-42.31-7 600-2 100-3 600-103.4(进项税额转出增加营业外支出)-9 788-2 029.26-20.63=2 546.3(万元)

(3)说明所得税计算错误

该企业招待费可扣除金额计算有误

招待费限额=900×60%=540>[87 400+10 080+468/(1+17%)]×5‰=489.4万元

招待费调整=900-489.4=410.6(万元)

新技术研发费可加扣50%，加扣金额400万元。

支付其他企业的管理费300万元不得扣除。

捐赠扣除限额=2 546.3×12%=305.56万元，实际捐赠500万元。调增500-305.56=194.44(万元)

境内居民企业130万元股息收入和90万元国债利息收入都属于免税收入。

可弥补合并企业亏损=(5 700-3 200)×6%=150(万元)

境内应纳税所得额=2 546.3+410.6+194.44-400+300-130-90-150-170=2 511.34(万元)

境内应纳所得税额=2 511.34×25%=627.84(万元)

境外所得抵扣限额=170÷(1-15%)×25%=50(万元)

境外实纳税=170÷(1-15%)×15%=30(万元)

该企业应纳企业所得税=627.84+50-30=647.84(万元)

【例题16-22】 某保险公司总机构设在我国某大城市，除在该在大城市设立具有独立经营职能的投资分支机构(该投资分支机构的经营收入、职工工资和资产总额与管理职能部门能分开核算)外，还分别在我国A、B两省省城设有从事保险业务的二级分支机构。该保险公司实行以实际利润额按季预缴分摊企业所得税的办法，根据2011年第一季度报表得知，公司第一季度取得利息和保费收入共计36 000万元、发生的税前可扣除的成本费用共计26 020万元(不含营业税、城市维护建设税、教育费附加)。此外，从公司以前年度报表中得知投资分支机构和A、B两省的二级分支机构2009年度、2010年度有关资料如下：

2009年营业收入、职工工资和资产总额如下表(单位：万元)

相关项目及金额 二级机构及合计	营业收入	职工工资	资产总额
投资分支机构	20 000	200	11 000
A省分支机构	40 000	500	15 000
B省分支机构	56 000	640	26 000
合计金额	116 000	1 340	52 000

2010 年营业收入、职工工资和资产总额如下表（单位：万元）

相关项目及金额 二级机构及合计	营业收入	职工工资	资产总额
投资分支机构	23 000	250	12 000
A 省分支机构	45 000	580	18 000
B 省分支机构	60 000	700	28 000
合计金额	128 000	1 530	58 000

要求：根据上述资料，按序号回答下列问题，如有计算，每问需计算出合计数。

（1）计算公司 2011 年第一季度应缴纳的营业税、城市维护建设税和教育费附加。

（2）计算公司 2011 年第一季度共计应预缴的企业所得税。

（3）简要回答总分公司企业所得税的征收管理办法。

（4）回答分支机构分摊比例的计算公式。

（5）计算投资分支机构 2011 年第一季度的分摊比例。

（6）计算投资分支机构 2011 年第一季度预缴的企业所得税。

（7）计算 A 省分支机构 2011 年第一季度的分摊比例。

（8）计算 A 省分支机构 2011 年第一季度预缴的企业所得税。

（9）计算 B 省分支机构 2011 年第一季度的分摊比例。

（10）计算 B 省分支机构 2011 年第一季度预缴的企业所得税。

（11）计算总机构 2011 年第一季度就地预缴的企业所得税。

（12）计算总机构 2011 年第一季度预缴中央国库的企业所得税。

（2011 年注册会计师考试综合题）

【分析】 本题涉及“跨地区经营预缴所得税”知识点。可参照《跨地区经营汇总纳税企业所得税征收管理暂行办法》国税发［2008］28 号。

（1）**【参考答案】** 2011 年第一季度应缴纳的营业税、城市维护建设税和教育费附加＝36000×5％×（1＋7％＋3％）＝1980（万元）

（2）**【参考答案】** 公司 2011 年第一季度共计应预缴的企业所得税：（36000－26020－1980）×25％＝2000（万元）

（3）**【分析】** 根据《跨地区经营汇总纳税企业所得税征收管理暂行办法》来回答。

【参考答案】

第三条规定，跨地区经营汇总纳税企业，企业所得税实行“统一计算、分级管理、就地预缴、汇总清算、财政调库”的企业所得税征收管理办法。

企业总机构统一计算包括企业所属各个不具有法人资格的营业机构、场所在内的全部应纳税所得额、应纳税额。

分级管理是指，总机构、分支机构所在地的主管税务机关都有对当地机构进行企业所得税管理的责任，总机构和分支机构应分别接受机构所在地主管税务机关的管理。

就地预缴是指，总机构、分支机构应按规定，分月或分季分别向所在地主管税务机关申报预缴企业所得税。

汇总清算是指，在年度终了后，总机构负责进行企业所得税的年度汇算清缴，统一计算企业的年度应纳所得税额，抵减总机构、分支机构当年已就地分期预缴的企业所得税款后，多退少补税款。

财政调库是指，总机构和分支机构应分期预缴的企业所得税，50％在各分支机构间分摊预缴，50％由总机构预缴。总机构就地预缴的部分，其中25％就地入库，25％预缴入中央国库，按照财预［2008］10号文件的有关规定进行分配。

（4）【参考答案】第二十三条规定，总机构应按照以前年度（1－6月份按上上年度，7－12月份按上年度）分支机构的经营收入、职工工资和资产总额三个因素计算各分支机构应分摊所得税款的比例，三因素的权重依次为0.35、0.35、0.30。计算公式如下：

某分支机构分摊比例＝0.35×（该分支机构营业收入/各分支机构营业收入之和）＋0.35×（该分支机构工资总额/各分支机构工资总额之和）＋0.30×（该分支机构资产总额/各分支机构资产总额之和）。

（5）【参考答案】投资分支机构2011年第一季度的分摊比例＝0.35×（20000÷116000）＋0.35×（200÷1340）＋0.3×（11000÷52000）＝17.60％

（6）【分析】2000万元是整个公司2011年第一季度共计应预缴的企业所得税，下同。

【参考答案】投资分支机构2011年第一季度预缴的企业所得税：2000×17.60％×50％＝176（万元）

（7）【参考答案】A省分支机构2011年第一季度的分摊比例＝0.35×40000÷116000＋0.35×500÷1340＋0.3×15000÷52000＝33.78％

（8）【参考答案】A省分支机构2011年第一季度预缴的企业所得税＝2000×33.78％×50％＝337.8（万元）

（9）【参考答案】B省分支机构2011年第一季度的分摊比例＝0.35×56000÷116000＋0.35×640÷1340＋0.3×26000÷52000＝48.61％

（10）【参考答案】B省分支机构2011年第一季度预缴的企业所得税＝2000×48.61％×50％＝486.1（万元）

（11）【参考答案】总机构2011年第一季度就地预缴的企业所得税＝2000×50％＝1000（万元）

（12）【参考答案】总机构2011年第一季度预缴中央国库的企业所得税＝1000×50％＝500（万元）

第十七章　个人所得税法

个人所得税（individual income tax）是指国家对个人（自然人）取得的各项应税所得征收的一种税。个人所得税是收益税的一种，世界各国普遍开征。

个人所得税法是指国家制定的调整和规范个人所得税征收与缴纳权利义务关系的法律规范的总称。我国个人所得税法主要是几经修改和完善的《中华人民共和国个人所得税法》（以下简称《个人所得税法》）、《中华人民共和国个人所得税法实施条例》（以下简称《个人所得税法实施条例》）以及大量的有关部颁规章和政策通知，如《征收个人所得税若干问题的规定》、《关于个人所得税若干政策问题》等。

第一节　个人所得税纳税义务人

在中国境内有住所，或者无住所而在境内居住满1年的，有从中国境内和境外取得所得的个人，或者在中国境内无住所又不居住或者无住所而在境内居住不满1年的，有从中国境内取得所得的个人，是依照《个人所得税法》规定缴纳个人所得税的纳税义务人。因此我国的个人所得税的纳税义务人包括中国公民、个体工商户以及在中国有所得的外籍人员（无国籍人员）和香港、澳门、台湾同胞。

我国的个人所得税的纳税义务人分为居民纳税义务人和非居民纳税义务人，是根据其在我国有无住所和居住时间来确定的，并由此承担不同的纳税义务。

一、居民纳税义务人

1. 标准

（1）在中国境内有住所的个人。这是指因户籍、家庭、经济利益关系而在中国境内习惯性居住的个人。所谓习惯性居住，是判定纳税义务人是居民或非居民的一个法律意义上的标准，不是指实际居住或在某一个特定时期内的居住地。“习惯性居住”是指个人因学习、工作、探亲、旅游等原因消除之后，没有理由在其他地方继续居留时，所要回到的地方，而不是指实际居住或在某一个特定时期内的居住地。即在其原因消除之后，必须回到中国境内居住的个人，则中国即为该纳税人习惯性居住地。

（2）在境内居住满1年的个人。这里所说的在境内居住满1年，是指在一个纳税年度中在中国境内居住365日。临时离境的，不扣减日数。“临时离境”是指在一个纳税年度内，一次不超过30日或者多次累计不超过90日的离境。

只要满足上述标准之一就是居民纳税人。因此居民纳税人不光是指中国公民、个体工商户；而且也可能包括在中国有所得的外籍人员（无国籍人员）和香港、澳门、台湾同胞。

2. 纳税义务

居民纳税人的纳税义务是无限的，应就其来源于中国境内和境外任何地方的应税所得在中国境内缴纳个人所得税。但居民纳税人就其来源于境外的应税所得有个人所得税税收抵免优惠政策，将在以后章节讲述。

二、非居民纳税义务人

1. 标准

非居民纳税人是指除居民纳税人的其他纳税义务人。具体是指以下几种人：①在中国境内无住所，又不居住的外籍人员（无国籍人员）和香港、澳门、台湾同胞；②在中国境内无住所，而且在一个纳税年度内，在中国境内居住不满 1 年的外籍人员（无国籍人员）和香港、澳门、台湾同胞。

2. 纳税义务

非居民纳税人的纳税义务是有限的，仅就其来源于中国境内的应税所得向中国缴纳个人所得税。非居民纳税人的纳税义务也有例外，即在中国境内无住所、但在华居住满 5 年的个人，从第 6 年起的以后年度中，凡在境内居住满 1 年的，应当就其来源于境内、境外

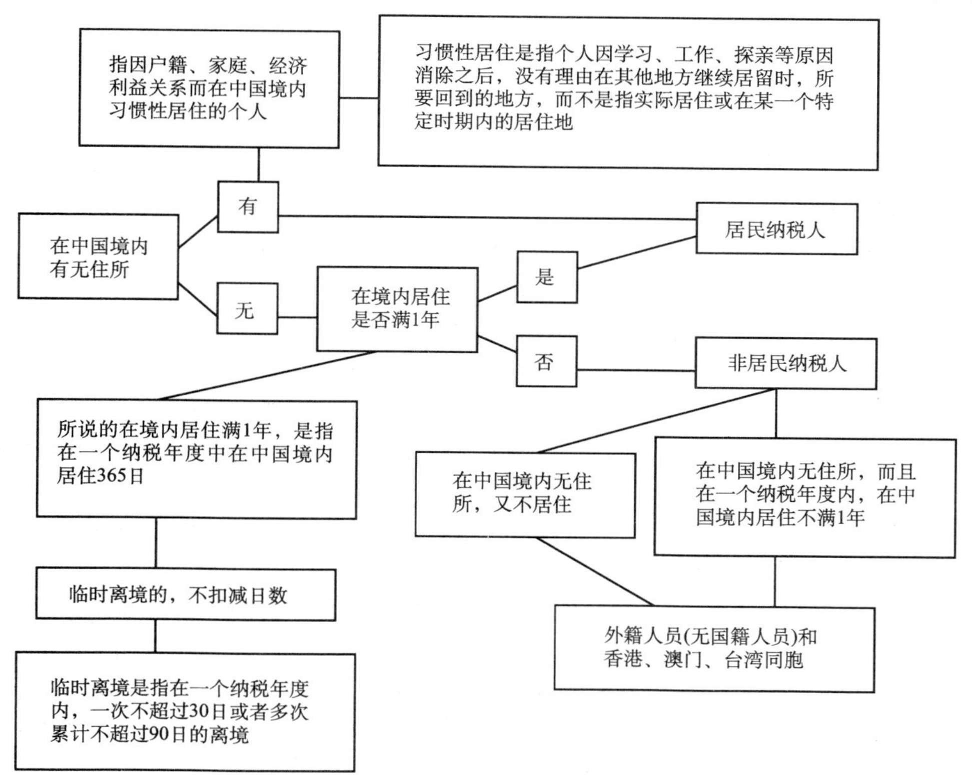

图 17-1　居民纳税人和非居民纳税人

的所得申报纳税；凡在境内居住不满1年的，则仅就该年内来源于境内的所得申报纳税。

居民纳税人和非居民纳税人的界定方框图请见图17-1。

第二节 个人所得来源的确定

应税所得来源地的确定是一个非常关键的问题，关系到该项个人所得是否应在我国缴纳个人所得税。

一、来源地的确定原则

（1）工资、薪金所得。以纳税人任职、受雇的公司、企业、事业单位、机关、团体、部队、学校等单位的所在地作为所得来源地。

（2）生产、经营所得。以生产、经营活动实现地作为所得来源地。

（3）劳务报酬所得。以纳税人实际提供劳务的地点作为所得来源地。

（4）不动产转让所得，以不动产坐落地为所得来源地；动产转让所得，以实现转让的地点为所得来源地。

（5）财产租赁所得。以被租赁财产的使用地作为所得来源地。

（6）利息、股息、红利所得。以支付利息、股息、红利的企业、机构、组织的所在地作为所得来源地。

（7）特许权使用费所得。以特许权的使用地作为所得来源地。

二、若干具体来源地的确定

所得来源地有时可能和所得支付地不一致，则要根据上述所得来源地确定原则来确定来源于中国境内的所得：

（1）在中国境内的公司、企业、事业单位、机关、社会团体、部队、学校等单位或经济组织中任职、受雇而取得的工资薪金所得；

（2）在中国境内提供各种劳务而取得的劳务报酬所得；

（3）在中国境内从事生产、经营活动而取得的所得；

（4）个人出租的财产，被承租人在中国境内使用而取得的所得；

（5）转让中国境内的房屋、建筑物、土地使用权，以及在中国境内转让其他财产而取得的财产转让所得；

（6）提供在中国境内使用的专利权、专有技术、商标权、著作权以及其他各种特许权利而取得的特许权使用费所得；

（7）因持有中国的各种债券、股票、股权，而从中国境内的公司、企业或其他经济组织以及个人取得的利息、股息、红利所得；

（8）在中国境内参加各种竞赛活动取得名次的奖金所得；参加中国境内有关部门和单位组织的有奖活动而取得的中奖所得；购买中国境内有关部门和单位发行的彩票取得的中彩所得；

（9）在中国境内以图书、报刊方式出版、发表作品取得的稿酬所得。

第三节　个人所得税应税所得项目

我国个人所得税的征税客体是居民纳税人在中国境内和境外取得的所得，以及非居民纳税人在中国境内取得的所得。上述所说的从中国境内取得的所得，是指来源于中国境内的所得；所说的从中国境外取得的所得，是指来源于中国境外的所得。

对于非居民纳税人中的在中国境内无住所，但是居住1年以上5年以下的个人，其来源于中国境外的所得，经主管税务机关批准，可以只就由中国境内公司、企业以及其他经济组织或者个人支付的部分缴纳个人所得税；居住超过5年的个人，从第6年起，应当就其来源于中国境外的全部所得缴纳个人所得税。

个人取得的应纳税所得，包括现金、实物和有价证券。所得为实物的，应当按照取得的凭证上所注明的价格计算应纳税所得额；无凭证的实物或者凭证上所注明的价格明显偏低的，由主管税务机关参照当地的市场价格核定应纳税所得额。所得为有价证券的，由主管税务机关根据票面价格和市场价格核定应纳税所得额。

居民纳税人的境内、外所得以及非居民纳税人的境内所得是个人所得税的征税对象。

具体的应税所得项目有以下11项。

一、工资、薪金所得

工资、薪金所得，是指个人因任职或者受雇而取得的工资、薪金、奖金、年终加薪、劳动分红、津贴、补贴以及与任职或者受雇有关的其他所得。

对于补贴、津贴等一些具体收入项目应否计入工资、薪金所得的征税范围问题，按下述情况掌握执行：

（1）对按照国务院规定发给的政府特殊津贴和国务院规定免纳个人所得税的补贴、津贴，免予征收个人所得税。其他各种补贴、津贴均应计入工资、薪金所得项目征税；

（2）下列不属于工资、薪金性质的补贴，津贴或者不属于纳税人本人工资、薪金所得项目的收入不征税：①独生子女补贴；②执行公务员工资制度未纳入基本工资总额的补贴，津贴差额和家属成员的副食品补贴；③托儿补助费；④差旅费津贴、误餐补助。

对外商投资企业、外国企业和外国驻华机构发放给中方工作人员的工资、薪金所得，应全额征税。但对可以提供有效合同或有关凭证，能够证明其工资、薪金所得的一部分按照有关规定上交派遣（介绍）单位的，可扣除其实际上交的部分，按其余额计征个人所得税。

退休人员再任职取得的收入，在减除按个人所得税法规定的费用扣除标准后，按“工资、薪金所得”应税项目缴纳个人所得税。

企业有股票认购权的高级管理人员，在行使股票认购权时的实际购买价（行权价）低于购买日（行权日）公平市场价之间的数额，属于个人所得税“工资、薪金所得”应税项目的所得，应按照《国家税务总局关于个人认购股票等有价证券而从雇主取得折扣或补贴收入有关征收个人所得税问题的通知》（国税发［1998］9号）的规定缴纳个人所得税，税款由企业负责代扣代缴。

个人在股票认购权行使前，将其股票认购权转让所取得的所得，应并入其当月工资收入，按照“工资、薪金所得”项目缴纳个人所得税。

单位为职工个人购买商业性补充养老保险等，在办理投保手续时应作为个人所得税的“工资、薪金所得”项目，按税法规定缴纳个人所得税；因各种原因退保，个人未取得实际收入的，已缴纳的个人所得税应予以退回。

二、个体工商户的生产、经营所得

个体工商户的生产、经营所得，是指：①个体工商户从事工业、手工业、建筑业、交通运输业、商业、饮食业、服务业、修理业以及其他行业生产、经营取得的所得；②个人经政府有关部门批准，取得执照，从事办学、医疗、咨询以及其他有偿服务活动取得的所得；③其他个人从事个体工商业生产、经营取得的所得；④上述个体工商户和个人取得的与生产、经营有关的各项应纳税所得。

个人因从事彩票代销业务而取得所得，应按照“个体工商户的生产、经营所得”项目计征个人所得税。

对于个人经政府有关部门批准、取得执照、从事办学取得的所得，应按“个体工商户的生产、经营所得”应税项目计征个人所得税。据此，对于个人办学者取得的办学所得用于个人消费的部分，应依法计征个人所得税。

个人经政府有关部门批准、取得执照，以门诊部、诊所、卫生所（室）、卫生院、医院等医疗机构形式从事疾病诊断、治疗及售药等服务活动，应当以该医疗机构取得的所得，作为个人的应纳税所得，按照“个体工商户的生产、经营所得”应税项目缴纳个人所得税。经政府有关部门批准而取得许可证（执照）的个人，应当在领取执照后30日内向当地主管税务机关申报办理税务登记。未经政府有关部门批准而自行开业的个人，应当自开始医疗服务活动后30日内向当地主管税务机关申报办理税务登记。

三、对企事业单位的承包经营、承租经营所得

对企事业单位的承包经营、承租经营所得，是指个人承包经营、承租经营以及转包、转租取得的所得，包括个人按月或者按次取得的工资、薪金性质的所得。承包项目可分生产经营、采购、销售、建筑安装等各种承包。其中转包包括全部转包或部分转包。

四、劳务报酬所得

劳务报酬所得，是指个人从事设计、装潢、安装、制图、化验、测试、医疗、法律、会计、咨询、讲学、新闻、广播、翻译、审稿、书画、雕刻、影视、录音、录像、演出、表演、广告、展览、技术服务、介绍服务、经纪服务、代办服务以及其他劳务取得的所得。其中，其他劳务是指上述列举28项劳务项目之外的各种劳务。

受医疗机构临时聘请坐堂门诊及售药，由该医疗机构支付报酬，或收入与该医疗机构按比例分成的人员，其取得的所得，按照“劳务报酬所得”应税项目缴纳个人所得

税，以1个月内取得的所得为1次，税款由该医疗机构代扣代缴。个人由于担任董事职务所取得的董事费收入，属于劳务报酬所得性质，按照劳务报酬所得项目征收个人所得税。

个人兼职取得的收入应按照“劳务报酬所得”应税项目缴纳个人所得税。

五、稿酬所得

稿酬所得，是指个人因其作品以图书、报刊形式出版、发表而取得的所得。作者去世后，对取得其遗作稿酬的个人，按稿酬所得征收个人所得税。

六、特许权使用费所得

特许权使用费所得，是指个人提供专利权、商标权、著作权、非专利技术以及其他特许权的使用权取得的所得；提供著作权的使用权取得的所得，不包括稿酬所得。

七、利息、股息、红利所得

利息、股息、红利所得，是指个人拥有债权、股权而取得的利息、股息、红利所得。

利息是指个人拥有债权而取得的利息，包括存款利息、贷款利息和各种债券所孳生的利息。股息、红利是指个人拥有面对权所取得的股息、红利。按照一定的比率对每股发给的息金称股息；公司或企业应分配的利润按股份分配的称红利。

个人取得的银行结算账户利息所得属于“储蓄存款利息所得”，应依法征收个人所得税。税款由办理个人银行结算账户业务的储蓄机构在结付利息时代扣代缴。

除个人独资企业、合伙企业以外的其他企业的个人投资者，以企业资金为本人、家庭成员及其相关人员支付与企业生活经营无关的消费性开支及购买汽车、住房等财产性支出，视为企业对个人投资者的红利分配，依照“利息、股息、红利所得”项目计征个人所得税。企业的上述支出不允许在所得税前扣除。

企业购买车辆并将车辆所有权办到股东个人名下，其实质为企业对股东进行了红利性质的实物分配，应按照“利息、股息、红利所得”项目征收个人所得税。考虑到该股东个人名下的车辆同时也为企业经营使用的实际情况，允许合理减除部分所得；减除的具体数额由主管税务机关根据车辆的实际使用情况合理确定。

纳税年度内个人投资者从其投资企业（除个人独资企业、合伙企业以外）借款，在该纳税年度终了后既不归还又未用于企业生产经营的，其未归还的借款可视为企业对个人投资者的红利分配，依照“利息、股息、红利所得”项目计征个人所得税。

八、财产租赁所得

财产租赁所得，是指个人出租建筑物、土地使用权、机器设备、车船以及其他财产取得的所得。个人取得的财产转租收入，属于“财产租赁所得”征税范围，由财产转租人缴纳个人所得税。

九、财产转让所得

财产转让所得，是指个人转让有价证券、股权、建筑物、土地使用权、机器设备、车船以及其他财产取得的所得。其中，对股票转让所得暂不征收个人所得税。

自 2009 年 1 月 7 日起，对个人从上市公司取得的股票增值权所得和限制性股票所得，计算征收个人所得税。

集体所有制企业在改制为股份合作制企业时，对职工个人以股份形式取得的拥有所有权的企业量化资产，暂缓征收个人所得税；待个人将股份转让时，就其转让收入额，减除个人取得该股份时实际支付的费用支出和合理转让费用后的余额，按“财产转让所得”项目计征个人所得税。

对企业有股票认购权的高级管理人员个人在行使股票认购权后，将已认购的股票（不包括境内上市公司股票）转让所取得的所得，应按照“财产转让所得”项目缴纳个人所得税。上述税款由直接向个人支付转让收入的单位（不包括境外企业）负责代扣代缴；直接向个人支付转让收入的单位为境外企业的，取得收入的个人应按税法规定，在规定的期限内向主管税务机关自行申报纳税。

个人通过招标、竞拍或其他方式购置债权以后，通过相关司法或行政程序主张债权而取得的所得，应按照“财产转让所得”项目缴纳个人所得税。

纳税人通过上述方式取得“打包”债权，只处置部分债权的，其应纳税所得额按以下方式确定：①以每次处置部分债权的所得，作为一次财产转让所得征税。②其应税收入按照个人取得的货币资产和非货币资产的评估价值或市场价值的合计数确定。

所处置债权成本费用（即财产原值）计算公式为

当次处置债权成本费用＝个人购置“打包”债权实际支出×当次处置债权账面价值（或拍卖机构公布价值）÷“打包”债权账面价值（或拍卖机构公布价值）。

个人购买和处置债权过程中发生的拍卖招标手续费、诉讼费、审计评估费以及缴纳的税金等合理税费，在计算个人所得税时允许扣除。

根据个人所得税法的规定，个人出售自有住房取得的所得应按照“财产转让所得”项目征收个人所得税。

个人出售自有住房的应纳税所得额，按下列原则确定：

（1）个人出售除已购公有住房以外的其他自有住房，其应纳税所得额按照个人所得税法的有关规定确定。

（2）个人出售已购公有住房，其应纳税所得额为个人出售已购公有住房的销售价，减除住房面积标准的经济适用住房价款、原支付超过住房面积标准的房价款、向财政或原产权单位缴纳的所得收益以及税法规定的合理费用后的余额。

已购公有住房是指城镇职工根据国家和县级（含县级）以上人民政府有关城镇住房制度改革政策规定，按照成本价（或标准价）购买的公有住房。

经济适用住房价格按县级（含县级）以上地方人民政府规定的标准确定。

（3）职工以成本价（或标准价）出资的集资合作建房、安居工程住房、经济适用住房以及拆迁安置住房，比照已购公有住房确定应纳税所得额。

为鼓励个人换购住房，对出售自有住房并拟在现住房出售后1年内按市场价重新购房的纳税人，其出售现住房所应缴纳的个人所得税，视其重新购房的价值可全部或部分予以免除。具体办法为：

（1）个人出售现住房所应缴纳的个人所得税税款，应在办理产权过户手续前，以纳税保证金形式向当地主管税务机关缴纳。税务机关在收取纳税保证金时，应向纳税人正式开具“中华人民共和国纳税保证金收据”，并纳入专户存储。

（2）个人出售现住房后1年内重新购房的，按照购房金额大小相应退还纳税保证金。购房金额大于或等于原住房销售额（原住房为已购公有住房的，原住房销售额应扣除已按规定向财政或原产权单位缴纳的所得收益，下同）的，全部退还纳税保证金；购房金额小于原住房销售额的，按照购房金额占原住房销售额的比例退还纳税保证金，余额作为个人所得税缴入国库。

（3）个人出售现住房后1年内未重新购房的，所缴纳的纳税保证金全部作为个人所得税缴入国库。

（4）个人在申请退还纳税保证金时，应向主管税务机关提供合法、有效的售房、购房合同和主管税务机关要求提供的其他有关证明材料，经主管税务机关审核确认后方可办理纳税保证金退还手续。

（5）跨行政区域售、购住房又符合退还纳税保证金条件的个人，应向纳税保证金缴纳地主管税务机关申请退还纳税保证金。

对个人转让自用5年以上、并且是家庭唯一生活用房取得的所得，继续免征个人所得税。

十、偶然所得

偶然所得，是指个人得奖、中奖、中彩以及其他偶然性质的所得。

个人因参加企业的有奖销售活动而取得的赠品所得，应按“偶然所得”项目计征个人所得税。赠品所得为实物的，应以《个人所得税法实施条例》规定的方法确定应纳税所得额，计算缴纳个人所得税。税款由举办有奖销售活动的企业（单位）负责代扣代缴。

个人取得单张有奖发票奖金所得不超过800元（含800元）的，暂免征收个人所得税；个人取得单张有奖发票奖金所得超过800元的，应全额按照个人所得税法规定的“偶然所得”目征收个人所得税。

十一、经国务院财政部门确定征税的其他所得（例举4个）

国家税务总局还规定，下列所得也属于个人所得税的应税所得：

（1）在校学生因参与勤工俭学活动（包括参与学校组织的勤工俭学活动）而取得属于个人所得税法规定的应税所得项目的所得，应依法缴纳个人所得税。

（2）实行内部退养的个人在其办理内部退养手续后至法定离退休年龄之间从原任职单位取得的工资、薪金，不属于离退休工资，应按《工资、薪金所得》项目计征个人所得税。个人在办理内部退养手续后从原任职单位取得的一次性收入，应按办理内部退养手续后至法定离退休年龄之间的所属月份进行平均，并与领取当月的工资、薪金所得合并后减除当月费用扣除标准，以余额为基数确定适用税率，再将当月工资、薪金加上取得的一次性收入，减去费用扣除标准，按适用税率计征个人所得税。

(3) 对于个人因任职单位缴纳有关保险费用而取得的无赔款优待收入，按照《其他所得》应税项目计征个人所得税。对于个人自己缴纳有关商业保险费（保费全部返还个人的保险除外）而取得的无赔款优待收入，不作为个人的应纳税收入，不征收个人所得税。

(4) 个人为单位或他人提供担保获得报酬，应按照个人所得税法规定的“其他所得”项目缴纳个人所得税，税款由支付所得的单位或个人代扣代缴。

第四节　个人所得税税率

个人所得税税率有 3 类，分别是 9 级超额累进税率、5 级超额累进税率和比例税率。

一、工资、薪金所得适用的 9 级超额累进税率

9 级超额累进税率适用于工资薪金所得，以全月应纳税所得额的多少来确定不同的税率如表 17-1 所示。

表 17-1　个人所得税 9 级超额累进税率（工资、薪金所得适用）

级数	全月应纳税所得额	税率/%	速算扣除数/元
1	不超过 500 元的	5	0
2	超过 500 元至 2 000 元的部分	10	25
3	超过 2 000 元至 5 000 元的部分	15	125
4	超过 5 000 元至 20 000 元的部分	20	375
5	超过 20 000 元至 40 000 元的部分	25	1 375
6	超过 40 000 元至 60 000 元的部分	30	3 375
7	超过 60 000 元至 80 000 元的部分	35	6 375
8	超过 80 000 元至 100 000 元的部分	40	10 375
9	超过 100 000 元的部分	45	15 375

二、个体工商户、承租承包经营适用 5 级超额累进税率

5 级超额累进税率适用于个体工商户生产、经营所得和企事业单位的承包经营、承租经营所得，以年应纳税所得额的多少来确定不同的税率，如表 17-2 所示。个人独资企业和合伙企业生产经营所得，也适用 5%～45%的 5 级超额累进税率。

表 17-2　个人所得税 5 级超额累进税率

（个体工商户生产、经营所得和企事业单位的承包经营、承租经营所得适用）

级数	全年应纳税所得额	税率/%	速算扣除数/元
1	不超过 5 000 元的	5	0
2	超过 5 000 元至 10 000 元的部分	10	250
3	超过 10 000 元至 30 000 元的部分	20	1 250
4	超过 30 000 元至 50 000 元的部分	30	4 250
5	超过 50 000 元的部分	35	6 750

三、比例税率

比例税率主要应用在以下几种情况：

（1）稿酬所得适用比例税率，税率为 20%，同时按应纳税所得额减征 30%。故实际税率为 14%。

（2）劳务报酬所得适用 20%的比例税率。而对劳务报酬所得一次性收入畸高时，规定了加成计征的办法。应纳税所得额在 2 万元以下时不加成；应纳税所得额超过 2 万元到 5 万元部分，加五成；应纳税所得额超过 5 万元部分加十成。一次性劳务报酬畸高所得适用税率和速算扣除数见表 17-3。

表 17-3　一次性劳务报酬畸高所得适用税率和速算扣除数

级数	应纳税所得额	税率/%	速算扣除数/元
1	2 万元	20	0
2	超过 2 万元至 5 万元部分	30	2 000
3	超过 5 万元部分	40	7 000

（3）特许权使用费所得、利息、股息、红利所得、财产租赁所得、财产转让所得、偶然所得和其他所得适用 20%的比例税率。对于个人按市场价格出租的居民住房取得的所得，自 2001 年 1 月 1 日起暂减按 10%的税率征收个人所得税。对个人投资者从上市公司取得的股息红利所得，暂减按 50%计入个人应纳税所得额，依照现行税法规定计征个人所得税。2007 年 8 月 15 日起个人储蓄存款所孳成的利息，按 5%比例税率征收个人所得税。

下面将个人所得税应税所得项目、税率和可扣除费用的三者有机关系如图 17-2 所示。

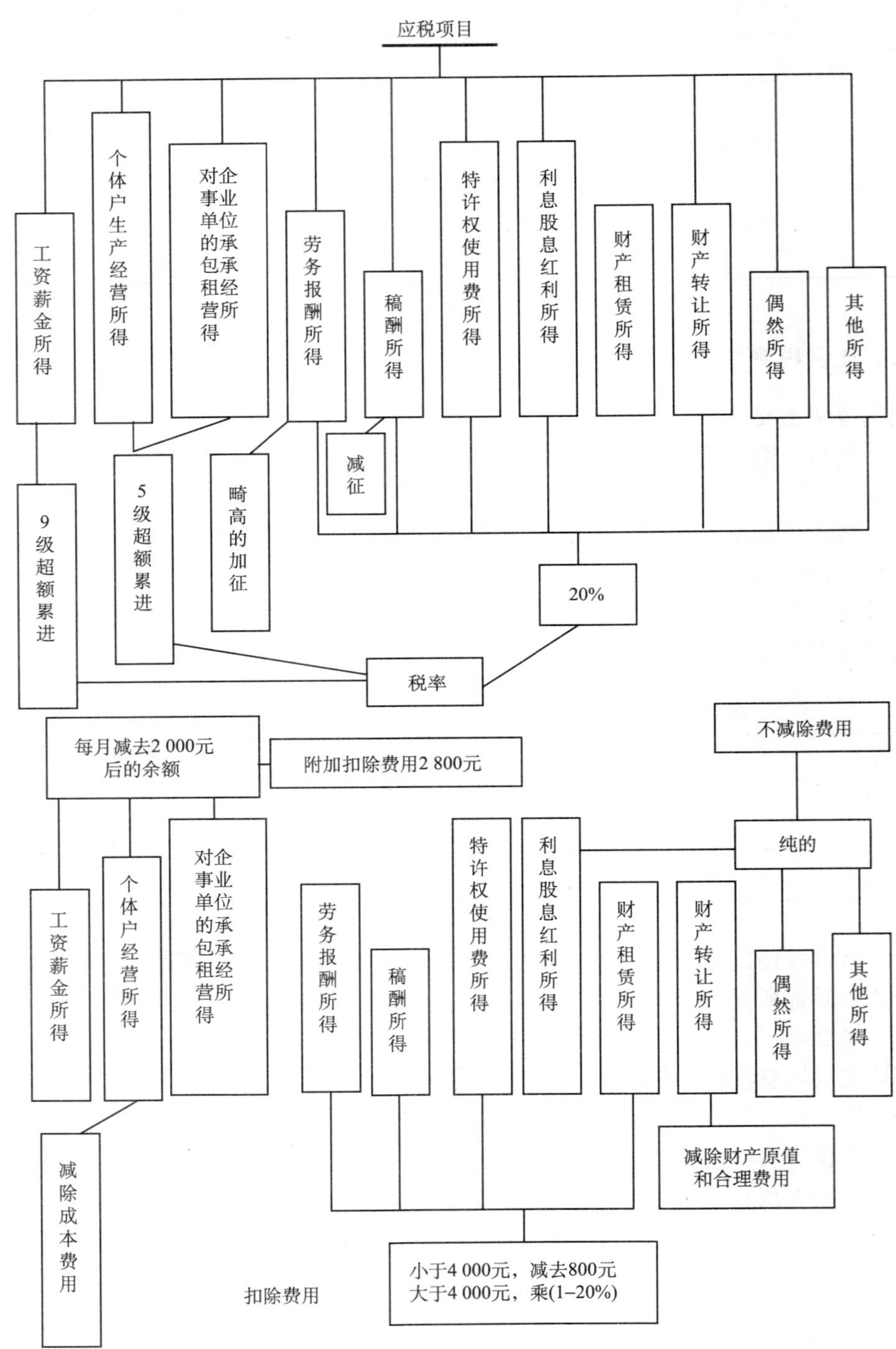

图 17-2　应税项目、税率与扣除费用三者关系

第五节　个人所得税应纳税所得额的规定和应纳税额的计算

一、应纳税所得额的相关规定

（一）费用减除标准

个人所得税应纳税所得额，为某项个人所得减除可以减除的费用后的余额。而可减除费用有以下几种：

（1）工资、薪金所得，以每月收入额减除费用2 000元后的余额为应纳税所得额。

（2）个体工商户的生产、经营所得，以每一纳税年度的收入总额减除成本、费用以及损失后的余额为应纳税所得额。这里所说的成本、费用，是指纳税义务人从事生产、经营所发生的各项直接支出和分配计入成本的间接费用以及销售费用、管理费用、财务费用；所说的损失，是指纳税义务人在生产、经营过程中发生的各项营业外支出。同时每月也减除费用2 000元后的余额为应纳税所得额。

（3）对企事业单位的承包经营、承租经营所得，以每一纳税年度的收入总额，减除必要费用后的余额，为应纳税所得额。这里所说的每一纳税年度的收入总额，是指纳税义务人按照承包经营、承租经营合同规定分得的经营利润和工资、薪金性质的所得；所说的减除必要费用，是指按月减除2 000元。

实行承包、承租经营的纳税义务人，应以每一纳税年度取得的承包、承租经营所得计算纳税，在一个纳税年度内，承包、承租经营不足12个月的，以其实际承包、承租经营的月份数为一个纳税年度计算纳税。总的计算公式为

应纳税所得额＝该年度承包、承租经营收入额－(2 000×该年度实际承包、承租经营月份数)

应纳税额＝应纳税所得额×适用税率－速算扣除数

（4）劳务报酬所得、稿酬所得、特许权使用费所得、财产租赁所得，每次收入不超过4 000元的，减除费用800元；4 000元以上的，减除20%的费用，其余额为应纳税所得额。

劳务报酬所得中所述的“同一项目”，是指劳务报酬所得列举具体劳务项目中的某一单项，个人兼有不同的劳务报酬所得，应当分别减除费用，计算缴纳个人所得税。

财产租赁所得减除费用还有如下规定：①纳税义务人在出租财产过程中缴纳的税金和国家能源交通重点建设基金、国家预算调节基金、教育费附加、可持完税（缴款）凭证，从其财产租赁收入中扣除；②纳税义务人出租财产取得财产租赁收入，在计算征税时，除可依法减除规定费用和有关税、费外，还准予扣除能够提供有效、准确凭证，证明由纳税义务人负担的该出租财产实际开支的修缮费用。允许扣除的修缮费用，以每次800元为限，一次扣除不完的，准予在下一次继续扣除，直至扣完为止；③确认财产租赁所得的纳税义务人，应以产权凭证为依据。无产权凭证的，由主管税务机关根据实际情况确定纳税义务人；④产权所有人死亡，在未办理产权继承手续期间，该财产出租而有租金收入的，以领取租金的个人为纳税义务人。

关于财产租赁所得计算个人所得税时税前扣除有关税、费的次序问题。个人出租财产取得的财产租赁收入，在计算缴纳个人所得税时，应依次扣除以下费用：①财产租赁过程中缴纳的税费；②由纳税人负担的该出租财产实际开支的修缮费用；③税法规定的费用扣除标准。

（5）财产转让所得，以转让财产的收入额减除财产原值和合理费用后的余额，为应纳税所得额。上述所说的财产原值，是指：①有价证券，为买入价以及买入时按照规定交纳的有关费用；②建筑物，为建造费或者购进价格以及其他有关费用；③土地使用权，为取得土地使用权所支付的金额、开发土地的费用以及其他有关费用；④机器设备、车船，为购进价格、运输费、安装费以及其他有关费用；⑤其他财产，参照以上方法确定。合理费用，是指卖出财产时按照规定支付的有关费用。

纳税义务人未提供完整、准确的财产原值凭证，不能正确计算财产原值的，由主管税务机关核定其财产原值。

转让债权，采用“加权平均法”确定其应予减除的财产原值和合理费用。即以纳税人购进的同一种类债券买入价和买进过程中缴纳的税费总和，除以纳税人购进的该种类债券数量之和，乘以纳税人卖出的该种类债券数量，再加上卖出的该种类债券过程中缴纳的税费。用公式表示为：

一次卖出某一种类债券允许扣除的买入价和费用＝纳税人购进的该种类债券买入价和买进过程中交纳的税费总和÷纳税人购进的该种类债券总数量×一次卖出的该种类债券的数量＋卖出该种类债券过程中缴纳的税费

（6）利息、股息、红利所得，偶然所得和其他所得，以每次收入额为应纳税所得额，并没有费用减除。

股份制企业在分配股息、红利时，以股票形式向股东个人支付的股息、红利（即派发红股），应以派发红股的股票票面金额为收入额，按利息、股息、红利项目计征个人所得税。

（二）附加减除费用适用的范围和标准

附加减除费用适用的纳税人：

①在中国境内企业、事业单位取得工资、薪金所得的外籍人员；②在中国境外任职或受雇取得工资薪金所得的中国公民；③在中国境内企业、事业单位取得工资、薪金所得的华侨、港澳台同胞；④在中国境内的外商投资企业和外国企业中工作的外籍人员；⑤应聘在中国境内的企业、事业单位、社会团体、国家机关中工作的外籍专家；⑥在中国境内有住所而在中国境外任职或者受雇取得工资、薪金所得的个人；⑦财政部确定的其他人员。上述适用范围内的涉外人员每月工资、薪金所得在减除 2 000 元费用的基础上，再减除 2 800 元，即每月是减除4 800元费用。

（三）每次收入的确定

个人所得税法中的征税对象有 7 项是按次征收的。因此对每次收入要加以定义。据《个人所得税实施条例》规定，每次收入，是指：

(1) 劳务报酬所得，属于一次性收入的，以取得该项收入为1次；属于同一项目连续性收入的，以1个月内取得的收入为1次。

(2) 稿酬所得，以每次出版、发表取得的收入为1次。其中，①同一作品再版取得的所得，应视为另一次稿酬所得计征个人所得税；②同一作品先在报刊上连载，然后再出版，或者先出版，再在报刊上连载的，应视为两次稿酬所得征税，即连载作为1次，出版作为1次；③同一作品在报刊上连载取得收入的，以连载完成后取得的所有收入合并为1次，计征个人所得税；④同一作品在出版和发表后，以预付稿酬或分次支付稿酬等形式取得的稿酬收入，应合并计算为1次；⑤同一作品出版、发表后，因添加印数而追加稿酬的，应与以前出版、发表时取得的稿酬合并计算为1次，计征个人所得税。

同时应当说明，个人每次以图书、报刊方式出版、发表同一作品（文字作品、书画作品、摄影作品以及其他作品），不论出版单位是预付还是分笔支付稿酬，或者加印该作品后再付稿酬，均应合并其稿酬所得按1次计征个人所得税。在2处或2处以上出版、发表或再版同一作品而取得稿酬所得，则可分别各处取得的所得或再版所得按分次所得计征个人所得税。

(3) 特许权使用费所得，以一项特许权的1次许可使用所取得的收入为1次。

(4) 财产租赁所得，以1个月内取得的收入为1次。

(5) 利息、股息、红利所得，以支付利息、股息、红利时取得的收入为1次。

(6) 偶然所得，以每次取得该项收入为1次。

(7) 其他所得，以每次取得该项收入为1次。

（四）应税所得额的其他规定

(1) 个人取得的应纳税所得包括现金、实物和有价证券。

(2) 2个或者2个以上的个人共同取得同一项目收入的，应当对每个人取得的收入分别按照税法规定减除费用后计算纳税。

(3) 纳税义务人兼有《个人所得税法》征税对象2项或者2项以上的所得的，按项分别计算纳税。在中国境内2处或者2处以上取得《个人所得税法》规定的征税对象第1项、第2项和第3项所得的，同项所得合并计算纳税。

(4) 个人将其所得通过中国境内的社会团体、国家机关向教育和其他公益事业以及遭受严重自然灾害地区、贫困地区捐赠，捐赠额未超过纳税人申报的应纳税所得额的30%的部分，可从其应纳税所得额中扣除。如，中国人口福利基金会是经中国人民银行批准成立，并在民政部登记注册的社会团体，主要从事兴办资助有利于解决人口问题的社会公益项目。

(5) 个人所得（不含偶然所得，经国务院财政部门确定征税的其他所得）用于资助的，可以全额在下月（工资、薪金所得）或下次（按次计征的所得）或当年（按年计征的所得）计征个人所得税时，从应纳税所得额中扣除，不足抵扣的，不得结转抵扣。

(6) 从事生产、经营的纳税义务人未提供完整、准确的纳税资料，不能正确计算应纳税所得额的，由主管税务机关核定其应纳税所得额。

（五）单位或个人为纳税义务人负担税款的计征办法

单位或个人为纳税义务人负担个人所得税税款，应将纳税义务人取得的不含税收入换算为应纳税所得额，计算征收个人所得税。计算公式为

①应纳税所得额＝(不含税收入额－费用扣除标准－速算扣除数)÷(1－税率)

②应纳税额＝应纳税所得额×适用税率－速算扣除数

公式①中的税率，是指不含税所得按不含税级距对应的税率；公式②中的税率，是指应纳税所得额按含税级距对应的税率。

二、个人所得税应纳税额的计算

个人所得税在计征前一般可以减除一定费用，再按减除费用后的应税所得额适用相应的税率来计算应纳的个人所得税额。总的计算公式为

应纳税额＝应纳税所得额×税率

（一）工资、薪金所得应纳税额的计算

应纳税额＝(每月收入额－2 000 元或 4 800 元)×适用税率－速算扣除数

（二）个体工商户的生产、经营所得应纳税额的计算

应纳税额＝(全年收入总额－成本费用及损失－2 000 元×12)×适用税率－速算扣除数

个人独资企业和合伙企业（以下简称企业）每一纳税年度的收入总额减除成本、费用以及损失后的余额，作为投资者个人的生产经营所得，比照个人所得税法的“个体工商户的生产经营所得”应税项目，适用 5%～35%的五级超额累进税率，计算征收个人所得税。

具体的应纳税额计算办法为以下两种：

1. 查账征税办法

凡实行查账征税办法的，生产经营所得比照国税发［1997］43 号《个体工商户个人所得税计税办法（试行）》的规定来执行。《关于个人独资企业和合伙企业投资者征收个人所得税的规定》又规定了下列项目的扣除依照下面的规定执行：

（1）投资者的费用扣除标准，由各省、自治区、直辖市地方税务局参照个人所得税法“工资，薪金所得”项目的费用扣除标准确定。投资者的工资不得在税前扣除。

（2）企业从业人员的工资支出按标准在税前扣除，具体标准由各省、自治区、直辖市地方税务局参照企业所得税计税工资标准确定。

（3）投资者及其家庭发生的生活费用不允许在税前扣除。投资者及其家庭发生的生活费用与企业生产经营费用混合在一起，并且难以划分的，全部视为投资者个人及其家庭发生的生活费用，不允许在税前扣除。

（4）企业生产经营和投资者及其家庭生活共用的固定资产，难以划分的，由主管税

务机关根据企业的生产经营类型，规模等具体情况，核定准予在税前扣除的折旧费用数额或比例。

(5) 企业实际发生的工会经费、福利费、职工教育经费分别在其计税工资总额的2%、14%、2.5%的标准内据实扣除。

(6) 企业每一纳税年度发生的广告和业务宣传费用不超过当年销售（营业）收入2%的部分，可据实扣除；超过部分可无限期向以后纳税年度结转。

(7) 企业每一纳税年度发生的与其生产经营业务直接相关的业务招待费，在以下规定比例范围内，可据实扣除：全年销售（营业）收入净额在1500万元及其以下的，不超过销售（营业）收入净额的5‰；全年销售（营业）收入净额超过1500万元的，不超过该部分的3‰。新的《企业所得税法》规定，企业发生的与生产经营活动有关的业务招待费支出，按照发生额的60%扣除，但最高不得超过当年销售（营业）收入的5‰。相应的，个人所得税也应如此，但个人所得税法目前没有进行这方面的修改。

(8) 企业计提的各种准备金不得扣除。

2. 核定征收方式

所说核定征收方式，包括定额征收，核定应税所得率征收以及其他合理的征收方式。核定征收方式的计算公式为

应纳税额＝应纳税所得额×适用税率

其中，应纳税所得额＝收入总额×应税所得率

＝成本费用支出额÷(1－应税所得率)×应税所得率

有下列情形之一的，主管税务机关应采取核定征收方式征收个人所得税：①企业依照国家有关规定应当设置但未设置账簿的；②企业虽设置账簿，但账目混乱或者成本资料、收入凭证、费用凭证残缺不全，难以查账的；③纳税人发生纳税义务，未按照规定的期限办理纳税申报，经税务机关责令限期申报，逾期仍不申报的。

应税所得率应按表17-4规定的标准执行。

表17-4　应税所得率

行　业	应税所得率/%
工业、交通运输业、商业	5～20
建筑业、房地产开发业	7～20
饮食服务业	7～25
娱乐业	20～40
其他行业	10～30

注：企业经营多业的，无论其经营项目是否单独核算，均应根据其主营项目确定其适用的应税所得率。

(三) 对企事业单位的承包经营、承租经营所得应纳税额的计算

对企事业单位承包经营、承租经营所得应纳税额的计算公式为

应纳税额＝（纳税年度收入总额－2 000×12）×适用税率－速算扣除数

（四）劳务报酬所得应纳税额的计算

（1）每次收入不足 4 000 元的：应纳税额＝(每次收入－800)×20％
（2）每次收入在 4 000 元以上的：应纳税额＝每次收入×(1－20％)×20％
（3）每次收入的应税所得额在 20 000 元以上的：

应纳税额＝每次收入×(1－20％)×适用税率－速算扣除数

（五）稿酬所得应纳税额的计算

（1）每次收入不足 4 000 元的：

应纳税额＝(每次收入－800)×20％×(1－30％)

（2）每次收入在 4 000 元以上的：

应纳税额＝每次收入×(1－20％)×20％×(1－30％)

（六）特许权使用费所得应纳税额的计算

（1）每次收入不足 4 000 元的：应纳税额＝(每次收入－800)×20％
（2）每次收入在 4 000 元以上的：应纳税额＝每次收入×(1－20％)×20％

（七）利息、股息、红利所得应纳税额的计算

应纳税额＝每次收入×20％

（八）财产租赁所得应纳税额的计算

（1）每次收入不足 4 000 元的：应纳税额＝(每次收入－800)×20％
（2）每次收入在 4 000 元以上的：应纳税额＝每次收入×(1－20％)×20％

（九）财产转让所得应纳税额的计算

财产转让所得应纳税额＝(收入总额－财产原值－合理费用)×20％

个人转让住房，以其转让收入额减除财产原值和合理费用后的余额为应纳税所得额，按照“财产转让所得”项目缴纳个人所得税。

对住房转让所得征收个人所得税时，以实际成交价格为转让收入。纳税人申报的住房成交价格明显低于市场价格且无正当理由的，征收机关依法有权根据有关信息核定其转让收入，但必须保证各税种计税价格一致。

对转让住房收入计算个人所得税应纳税所得额时，纳税人可凭原购房合同、发票等有效凭证，经税务机关审核后，允许从其转让收入中减除房屋原值、转让住房过程中缴纳的税金及有关合理费用。

1. 房屋原值

具体为：
（1）商品房：购置该房屋时实际支付的房价款及交纳的相关税费。

（2）自建住房：实际发生的建造费用及建造和取得产权时实际交纳的相关税费。

（3）经济适用房（含集资合作建房、安居工程住房）：原购房人实际支付的房价款及相关税费，以及按规定交纳的土地出让金。

（4）已购公有住房：原购公有住房标准面积按当地经济适用房价格计算的房价款，加上原购公有住房超标准面积实际支付的房价款以及按规定向财政部门（或原产权单位）交纳的所得收益及相关税费。

已购公有住房是指城镇职工根据国家和县级（含县级）以上人民政府有关城镇住房制度改革政策规定，按照成本价（或标准价）购买的公有住房。

经济适用房价格按县级（含县级）以上地方人民政府规定的标准确定。

（5）城镇拆迁安置住房：根据《城市房屋拆迁管理条例》（国务院令第 305 号）和《建设部关于印发〈城市房屋拆迁估价指导意见〉的通知》（建住房［2003］234 号）等有关规定，其原值分别为：①房屋拆迁取得货币补偿后购置房屋的，为购置该房屋实际支付的房价款及交纳的相关税费；②房屋拆迁采取产权调换方式的，所调换房屋原值为《房屋拆迁补偿安置协议》注明的价款及交纳的相关税费；③房屋拆迁采取产权调换方式，被拆迁人除取得所调换房屋，又取得部分货币补偿的，所调换房屋原值为《房屋拆迁补偿安置协议》注明的价款和交纳的相关税费，减去货币补偿后的余额；④房屋拆迁采取产权调换方式，被拆迁人取得所调换房屋，又支付部分货币的，所调换房屋原值为《房屋拆迁补偿安置协议》注明的价款，加上所支付的货币及交纳的相关税费。

2. 转让住房过程中缴纳的税金

是指纳税人在转让住房时实际缴纳的营业税、城市维护建设税、教育费附加、土地增值税、印花税等税金。

3. 合理费用

是指纳税人按照规定实际支付的住房装修费用、住房贷款利息、手续费、公证费等费用。

（1）支付的住房装修费用。纳税人能提供实际支付装修费用的税务统一发票，并且发票上所列付款人姓名与转让房屋产权人一致的，经税务机关审核，其转让的住房在转让前实际发生的装修费用，可在以下规定比例内扣除：①已购公有住房、经济适用房：最高扣除限额为房屋原值的 15%；②商品房及其他住房：最高扣除限额为房屋原值的 10%。

纳税人原购房为装修房，即合同注明房价款中含有装修费（铺装了地板，装配了洁具、厨具等）的，不得再重复扣除装修费用。

（2）支付的住房贷款利息。纳税人出售以按揭贷款方式购置的住房的，其向贷款银行实际支付的住房贷款利息，凭贷款银行出具的有效证明据实扣除。

（3）纳税人按照有关规定实际支付的手续费、公证费等，凭有关部门出具的有效证明据实扣除。

纳税人未提供完整、准确的房屋原值凭证，不能正确计算房屋原值和应纳税额的，税务机关可根据《税收征收管理法》的规定，对其实行核定征税，即按纳税人住房转让收入的一定比例核定应纳个人所得税额。具体比例由省级地方税务局或者省级地方税务局授权的地市级地方税务局根据纳税人出售住房的所处区域、地理位置、建造时间、房屋类型、住房平均价格水平等因素，在住房转让收入1%～3%的幅度内确定。

（十）偶然所得应纳税额的计算

应纳税额＝每次收入×20%

（十一）其他所得应纳税额的计算

应纳税额＝每次收入×20%

（十二）应纳税额计算中的特殊处理

1. 个人取得全年一次性奖金征税问题

全年一次性奖金是指行政机关、企事业单位等扣缴义务人根据其全年经济效益和对雇员全年工作业绩的综合考核情况，向雇员发放的一次性奖金。上述全年一次性奖金也包括年终加薪、实行年薪制和绩效工资办法的单位根据考核情况兑现的年薪和绩效工资。

纳税人取得全年一次性奖金，单独作为1个月工资、薪金所得计算纳税，并按以下计税办法，由扣缴义务人发放时代扣代缴：

先将雇员当月内取得的全年一次性奖金，除以12个月，按其商数确定适用税率和速算扣除数。如果在发放年终一次性奖金的当月，雇员当月工资薪金所得低于税法规定的费用扣除额，应将全年一次性奖金减除“雇员当月工资薪金所得与费用扣除额的差额”后的余额，按上述办法确定全年一次性奖金的适用税率和速算扣除数。

将雇员个人当月内取得的全年一次性奖金，按确定的适用税率和速算扣除数计算征税，计算公式为

如果雇员当月工资薪金所得高于（或等于）税法规定的费用扣除额的，适用公式为

应纳税额＝雇员当月取得全年一次性奖金×适用税率－速算扣除数

如果雇员当月工资薪金所得低于税法规定的费用扣除额的，适用公式为

应纳税额＝(雇员当月取得全年一次性奖金－雇员当月工资薪金所得与费用扣除额的差额）×适用税率－速算扣除数

在一个纳税年度内，对每一个纳税人，全年一次性奖金的计税办法只允许采用一次。实行年薪制和绩效工资的单位，个人取得年终兑现的年薪和绩效工资也按上述计算办法执行。如果个人所取得的全年一次性奖金是不含税的，则要换算成含税所得，再按上述方法计征个人所得税。

2. 对在中国境内无住所的个人一次取得数月奖金或年终加薪、劳动分红（以下简称奖金，不包括应按月支付的奖金）的计税方法

上述个人取得的奖金，可单独作为一个月的工资、薪金所得计算纳税。由于对每月

的工资、薪金所得计税时已按月扣除了费用，因此，对上述奖金不再减除费用，全额作为应纳税所得额直接按适用税率计算应纳税款，并且不再按居住天数进行划分计算。上述个人应在取得奖金月份的次月 7 日内申报纳税。

3. 特定行业职工取得的工资、薪金所得的计税方法

采掘业、远洋运输业、远洋捕捞业易受季节、产量等因素的影响，其职工工资、薪金所得呈现大幅度波动，为此规定，对这三个特定行业的职工取得的工资、薪金所得，可按月预缴，年度终了后 30 日内，合计其全年工资、薪金所得，再按 12 个月平均并计算实际应纳的个人所得税税款，多退少补。计算公式为

应纳个人所得税税额=[(全年工资薪金所得÷12)×适用税率－速算扣除数]×12

4. 取得不含税全年一次性奖金收入个人所得税的计算方法

按照不含税的全年一次性奖金收入除以 12 的商数，查找相应适用税率 A 和速算扣除数 A。

含税的全年一次性奖金收入=(不含税的全年一次性奖金－速算扣除数 A)
÷(1－适用税率 A)

按含税全年一次性奖金收入除以 12 的商数，重新查找相应适用税率 B 和速算扣除数 B。

全年一次性奖金应纳税额=含税的全年一次性奖金收入×适用税率 B
－速算扣除数 B

如果纳税人取得不含税全年一次性奖金收入的当月工资薪金所得，低于税法规定的费用扣除额，应先将不含税全年一次性奖金减去当月工资薪金所得低于税法规定费用扣除额的差额部分后，再按照上述规定处理。

【例题】

某职工年终取得不含税全年一次性奖金 10 825 元，请问该项收入应纳多少个人所得税？

【参考答案】

10 825÷12≈902（元）适用 10%的税率，速算扣除数为 25 元。

含税的全年一次性奖金收入：(10 825－25)÷(1－10%)=12 000（元）

12 000÷12=1 000（元）适用 10%的税率，速算扣除数为 25 元。

全年一次性奖金应纳税额=12 000×10%－25=1 175（元）

【讨论】 以上规定的计算方法存在一定的缺陷。试分析下面的例子。

例如，某职工年终得到不含税的一次性奖金为 21 545 元。

按照规定的算法为：21 545÷12≈1 795（元）适用 10%的税率，速算扣除数为 25 元。

含税的全年一次性奖金收入：(21 545－25)÷(1－10%)≈23 911（元）

23 911÷12≈1 992（元）适用 10%的税率，速算扣除数为 25 元。

全年一次性奖金应纳税额：23 911×10%－25≈2 366（元）

参照例：

某职工年终得到（含税的）一次性奖金为 25 200 元。

25 200÷12＝2 100（元）适用 15％的税率，速算扣除数为 125 元。

全年一次性奖金应纳税额：25 200×15％－125＝3 655（元）

该职工年终取得的不含税一次性奖金为：25 200－3 655＝21 545（元）

同样是取得不含税一次性年终奖金，前者缴纳个人所得税为 2 366 元，后者为 3 655元。产生不同的结果，这是不应该的。

【建议】

造成上述不同结果的原因，经分析，当初有关部门设计这个规定时，对于工资薪金 9 级中可能跨越每级应纳税所得额时没有考虑进去。不含税的年终一次性奖金除以 12 后的所处级别与含税的年终一次性奖金计算时所处的级别不一致。

因此，建议修改不含税的年终一次性奖金还原成含税的年终一次性奖金的方法。

建议的还原方法和计算方法为：

第一步：先大致找出这个不含税的全年一次性奖金可能所处的应纳税所得额的级别。

不含税的全年一次性奖金收入÷12＝商数，根据这个商数在 9 级超额累进税率表中查找暂时适用的税率 A_1 和速算扣除数 A_1。

如果这个商数与所处级的上限应纳税所得额相差较大，其相差的百分比在该级的适用税率以上者，则就可直接还原。

含税的全年一次性奖金收入＝（不含税的全年一次性奖金－速算扣除数 A_1）÷（1－速算扣除数 A_1）

全年一次性奖金应纳税额＝含税的全年一次性奖金收入×适用税率 A_1－速算扣除数 A_1

如果这个商数与所处级的上限应纳税所得额相差较小，其相差的百分比在该级的适用税率接近者，则进入第二步计算。

第二步：先大致找出这个不含税的全年一次性奖金可能所处的应纳税所得额的级别。

不含税的全年一次性奖金收入÷12＝商数，根据这个商数在九级超额累进税率表中查找暂时适用的税率 A_1 和速算扣除数 A_1。

因为商数与 A_1 税率所处级的应纳税所得额相差不大，所以，其所适用的高一级的税率 A_2 和速算扣除数 A_2。

含税的全年一次性奖金收入

＝（不含税的全年一次性奖金－速算扣除数 A_2）÷（1－税率 A_2）

全年一次性奖金应纳税额＝含税的全年一次性奖金收入×适用税率 A_2－速算扣除数 A_2

第三步：不含税全年一次性奖金收入除以 12 后所得出的商数与所处级的上限应纳税所得额相差不大时，可以不进行第二步运算，直接进行第三步计算。

不含税的全年一次性奖金收入÷12＝商数，根据这个商数在九级超额累进税率表中查找暂时适用的税率 A_1 和速算扣除数 A_1。

先算出在这个级的含税全年一次性奖金收入

＝（不含税的全年一次性奖金－速算扣除数 A_1）÷（1－税率 A_1）

再算出比 A_1 级高一级 A_2 的含税全年一次性奖金收入

＝（不含税的全年一次性奖金－速算扣除数 A_2）÷（1－税率 A_2）

算出后，两者不一致，则采用高一级的含税全年一次性奖金，从而算出应纳个人所得税。

【举例】

例一：某职工的不含税年终一次性奖金为 16 225 元，请问，该项收入应缴纳多少个人所得税？

16 225÷12≈1 350（元），适用 10％的税率，速算扣除数为 25 元。

而 1350 元与适用适用 10％的税率的第 2 级的应纳税所得额的上限 2 000 元相差较大，因此直接计算应缴纳的个人所得税。

含税的全年一次性奖金收入：（16 225－25）÷（1－10％）＝18 000（元）

全年一次性奖金应纳税额：18 000×10％－25＝1 175（元）

例二：某职工的不含税年终一次性奖金为 21 545 元，请问，该项收入应缴纳多少个人所得税？

21 545÷12≈1 795（元）适用 10％的税率，速算扣除数为 25 元。

这个商数与 10％的税率所处第 2 级中的应纳税所得额的上限 2 000 元接近。

因此，就选择高一级的适用税率和速算扣除数。

含税的全年一次性奖金收入：（21 545－125）÷（1－15％）＝25 200（元）

全年一次性奖金应纳税额：25 200×15％－125＝3 655（元）

例三：某职工的不含税年终一次性奖金为 57 975 元，请问，该项收入应缴纳多少个人所得税？

先算出大致所适用的税率和速算扣除数。

57 975÷12≈4 831（元）适用 15％的税率，速算扣除数为 125 元。

高一级的税率为 20％，速算扣除数为 375 元。

先算出在 15％级的含税全年一次性奖金收入：

（57 975－125）÷（1－15％）≈68 058（元）

再算出比 A_1 级高一级 A_2 的含税全年一次性奖金收入：

（57 975－125）÷（1－20％）＝72 000（元）

所得出的含税全年一次性奖金收入，两者不一致，则采用高一级的数。

全年一次性奖金应纳税额：72 000×20％－375＝14 025（元）

5. 个人股票期权所得个人所得税的征税方法

员工行权时，从企业取得股票的实际购买价（施价权）低于购买日公平市场的差额，是因员工在企业的表现和业绩情况而取得的与任职、受雇有关的所得，应按“工资、薪金所得”项目适用的规定计算缴纳个人所得税。

第六节　个人所得税税收优惠的规定

个人所得税减免规定有免征、减征与暂免征三个方面。

一、免纳个人所得税的规定

下列各项个人所得，免纳个人所得税：

（1）省级人民政府、国务院部委和中国人民解放军军以上单位，以及外国组织、国际组织颁发的科学、教育、技术、文化、卫生、体育、环境保护等方面的奖金。

（2）国债和国家发行的金融债券利息。

（3）按照国家统一规定发给的补贴、津贴。

（4）福利费、抚恤金、救济金。

（5）保险赔款。

（6）军人的转业费、复员费。

（7）按照国家统一规定发给干部、职工的安家费、退职费、退休工资、离休工资、离休生活补助费。

（8）依照我国有关法律规定应予免税的各国驻华使馆、领事馆的外交代表、领事官员和其他人员的所得。

（9）中国政府参加的国际公约、签订的协议中规定免税的所得。

（10）个人因与用人单位解除劳动关系而取得的一次性补偿收入（包括用人单位发放的经济补偿金、生活补助费和其他补助费用），其收入在当地上年职工平均工资 3 倍数额以内的部分，免征个人所得税。这里需说明的是，个人领取一次性补偿收入时按照国家和地方政府规定的比例实际缴纳的住房公积金、医疗保险费、基本养老保险费、失业保险费，可以在计征其一次性补偿收入的个人所得税时予以扣除。

（11）企业依照国家有关法律规定宣告破产，企业职工从该破产企业取得的一次性安置费收入，免征个人所得税。

（12）城镇企业事业单位及其职工个人按照《失业保险条例》（1999 年 1 月 22 日国务院令第 258 号）规定的比例，实际缴付的失业保险费，均不计入职工个人当期的工资、薪金收入，免予、征收个人所得税。超过上述规定的比例缴付失业保险费的，应将其超过规定比例缴付的部分计入职工个人当期的工资、薪金收入，依法计征个人所得税。

（13）具备《失业保险条例》规定条件的失业人员，领取的失业保险金，免予征收个人所得税。

（14）符合规定的见义勇为奖金。

（15）企业和个人按省级以上人民政府规定比例提取并缴付的住房公积金、医疗保险金、基本养老保险金、失业保险金，不计入个人当期的工资、薪金收入，免征个人所得税；但超过规定比例缴付的部分不予免税。

（16）个人取得的教育储蓄存款利息所得、国务院财政部门确定的其他专项储蓄或储蓄性专项基金存款的利息所得，免征个人所得税。

(17) 经国务院财政部门批准免税的所得。

(18) 在中国境内无住所，但是在一个纳税年度中在中国境内连续或者累计居住不超过90日的个人，其来源于中国境内的所得，由境外雇主支付并且不由该雇主在中国境内的机构、场所负担的部分，免予缴纳个人所得税。

(19) 教育部组织评选颁发的第一届高等学校教学名师奖奖金免予征收个人所得税。

(20) 企事业单位按照国家或省（自治区、直辖市）人民政府规定的缴费比例或办法实际缴付的基本养老保险费、基本医疗保险费和失业保险费，免征个人所得税；个人按照国家或省（自治区、直辖市）人民政府规定的缴费比例或办法实际缴付的基本养老保险费、基本医疗保险费和失业保险费，允许在个人应纳税所得额中扣除。

企事业单位和个人超过规定的比例和标准缴付的基本养老保险费、基本医疗保险费和失业保险费，应将超过部分并入个人当期的工资、薪金收入，计征个人所得税。

单位和个人分别在不超过职工本人上一年度月平均工资12%的幅度内，其实际缴存的住房公积金，允许在个人应纳税所得额中扣除。单位和职工个人缴存住房公积金的月平均工资不得超过职工工作地所在设区城市上一年度职工月平均工资的3倍，具体标准按照各地有关规定执行。

单位和个人超过上述规定比例和标准缴付的住房公积金，应将超过部分并入个人当期的工资、薪金收入，计征个人所得税。

个人实际领（支）取原提存的基本养老保险金、基本医疗保险金、失业保险金和住房公积金时，免征个人所得税。

企业以现金形式发给个人的住房补贴、医疗补助费，应全额计入领取人的当期工资、薪金收入计征个人所得税。但对外籍个人以实报实销形式取得的住房补贴暂免征收个人所得税。

(21) 科研机构、高等学校转化职务科技成果以股份或出资比例等股权形式给予科技人员个人奖励，经主管税务机关审核后，暂不征收个人所得税。

上述高等学校是指全日制普通高等学校（包括大学、专门学院和高等专科学校），享受上述优惠政策的科技人员必须是科研机构和高等学校的在编正式职工。

在获奖人按股份、出资比例获得分红时，对其所得按“利息、股息、红利所得”应税项目征收个人所得税。获奖人转让股权、出资比例，对其所得按“财产转让所得”应税项目征收个人所得税，财产原值为零。

二、经批准可免征的个人所得税

减征项目有：①残疾、孤老人员和烈属的所得；②因严重自然灾害造成重大损失的；③其他经国务院财政部门批准减税的。

根据规定，经省级人民政府批准可减征个人所得税的残疾、孤老人员和烈属的所得仅限于劳动所得，具体所得项目为：工资、薪金所得；个体工商户的生产经营所得；对企事业单位的承包经营、承租经营所得；劳务报酬所得；稿酬所得；特许权使用费所得。其他各项所得不属减征照顾的范围。

三、暂免征收个人所得税的规定

（1）外籍个人以非现金形式或实报实销形式取得的住房补贴、伙食补贴、搬迁费、洗衣费。

（2）外籍个人按合理标准取得的境内、外出差补贴。

（3）外籍个人取得的探亲费、语言训练费、子女教育费等，经当地税务机关审核批准为合理的部分。

（4）个人举报、协查各种违法、犯罪行为而获得的奖金。

（5）个人办理代扣代缴税款手续，按规定取得的扣缴手续费。

（6）个人转让自用达 5 年以上、并且是唯一的家庭生活用房取得的所得。

四、对在中国境内无住所，但在境内居住 1 年以上、不到 5 年的纳税人的减免税优惠

在中国境内无住所，但是居住 1 年以上 5 年以下的个人，其来源于中国境外的所得，经主管税务机关批准，可以只就由中国境内公司、企业以及其他经济组织或者个人支付的部分缴纳个人所得税；居住超过 5 年的个人，从第六年起，应当就其来源于中国境外的全部所得缴纳个人所得税。5 年期限是指，个人在中国境内连续居住满 5 年，即在连续 5 年中的每一纳税年度内均居住满 1 年。个人在中国境内居住超过 5 年后，从第六年起的以后年度，凡在我国境内居住满 1 年的，应当就其来源于境内、境外的所得申报纳税；凡在境内居住不满 1 年的，则仅就该年内来源于中国境内的所得申报纳税。

五、对在中国境内无住所，但在一个纳税年度中在中国境内居住不超过 90 日的纳税人的减免税优惠

关于工资、薪金所得来源地的确定。属于来源于中国境内的工资薪金所得应为个人实际在中国境内工作期间取得的工资薪金，即：个人实际在中国境内工作期间取得的工资薪金，不论是由中国境内还是境外企业或个人雇主支付的，均属来源于中国境内的所得；个人实际在中国境外工作期间取得的工资薪金，不论是由中国境内还是境外企业或个人雇主支付的，均属于来源于中国境外的所得。

关于在中国境内无住所而在一个纳税年度中在中国境内连续或累计居住不超过 90 日或在税收协定规定的期间中在中国境内连续或累计居住不超过 183 日的个人纳税义务的确定。根据税法第一条第二款和实施条例第七条以及税收协定的有关规定，在中国境内无住所而在一个纳税年度中在中国境内连续或累计工作不超过 90 日或在税收协定规定的期间中在中国境内连续或累计居住不超过 183 日的个人，由中国境外雇主支付并且不是由该雇主的中国境内机构负担的工资薪金，免于申报缴纳个人所得税。对前述个人应仅就其实际在中国境内工作期间由中国境内企业或个人雇主支付或者由中国境内机构负担的工资薪金所得申报纳税。

自 2004 年 7 月 1 日起，在中国境内无住所而在一个纳税年度中在中国境内连续或累计居住不超过 90 日或在税收协定规定的期间在中国境内连续或累计居住不超过 183

日的个人，负有纳税义务的，应适用下述公式：

应纳税额＝（当月境内外工资薪金应纳税所得额×适用税率－速算扣除数）×当月境内支付工资/当月境内外支付工资总额×当月境内工作天数/当月天数

在中国境内无住所而在一个纳税年度中在中国境内连续或累计居住超过90日或在税收协定规定的期间在中国境内连续或累计居住超过183日但不满一年的个人，负有纳税义务的，应适用下述公式

应纳税额＝（当月境内外工资薪金应纳税所得额×适用税率－速算扣除数）×当月境内工作天数/当月天数

在中国境内无住所但在境内居住满一年而不超过五年的个人，其在中国境内工作期间取得的由中国境内企业或个人雇主支付和由中国境外企业或个人雇主支付的工资薪金，均应申报缴纳个人所得税d其在实施条例第三条所说临时离境工作期间的工资薪金所得，仅就由中国境内企业或个人雇主支付的部分申报纳税，凡是该中国境内企业、机构属于采取核定利润方法计征企业所得税或没有营业收入而不征收企业所得税的，在该中国境内企业、机构任职，受雇的个人取得的工资薪金，不论是否在中国境内企业、机构会计账簿中有记载，均应视为由其任职的中国境内企业、机构支付。

上述个人，在一个月中既有在中国境内工作期间的工资薪金所得，也有在临时离境期间由境内企业或个人雇主支付的工资薪金所得的，应合并计算当月应纳税款，并按税法规定的期限申报缴纳。在中国境内无住所但在境内居住满一年而不超过五年的个人，负有纳税义务的应适用下述公式：

应纳税额＝（当月境内外工资薪金应纳税所得额×适用税率－速算扣除数）×（1－当月境外支付工资/当月境内外支付工资总额×当月境外工作天数/当月天数）

如果上款所述各类个人取得的是日工资薪金或者不满一个月工资薪金，仍应以日工资薪金乘以当月天数换算成月工资薪金后，按照上述公式计算其应纳税额。

六、减免审核原则

在纳税人享受减免个人所得税优惠政策时，是否须经税务机关审核或批准，应按照以下原则执行：

（1）税收法律、行政法规、部门规章和规范性文件中未明确规定纳税人享受减免税必须经税务机关审批的，且纳税人取得的所得完全符合减免税条件的，无须经主管税务机关审批，纳税人可自行享受减免税；

（2）税收法律、行政法规、部门规章和规范性文件中明确规定纳税人享受减免税必须经税务机关审批的，或者纳税人无法准确判断其取得的所得是否应享受个人所得税减免的，必须经主管税务机关按照有关规定审核或批准后，方可减免个人所得税；

（3）纳税人有个人所得税法第5条规定情形之一的，必须经主管税务机关批准，方可减征个人所得税。

第七节　个人所得税境外所得已纳税额的扣除

纳税义务人从中国境外取得的所得，准予其在应纳税额中扣除已在境外缴纳的个人所得税税额。但扣除额不得超过该纳税义务人境外所得依照本法规定计算的应纳税额。这就是个人所得税抵免规定，又称境外所得的税额扣除。实际上这也是一种税收优惠。这里所说的已在境外缴纳的个人所得税税额，是指纳税义务人从中国境外取得的所得，依照该所得来源国家或者地区的法律应当缴纳并且实际已经缴纳的税额。

在进行抵免操作中要注意如下几点：

（1）应纳税额的计算。凡是纳税义务人从中国境外取得的所得，区别不同国家或者地区和不同应税项目，依照税法规定的费用减除标准和适用税率计算的应纳税额。

（2）扣除限额的确定。同一国家或者地区内不同应税项目的应纳税额之和，为该国家或者地区的扣除限额。

（3）扣除方法与扣除期限。纳税义务人在中国境外一个国家或者地区实际已经缴纳的个人所得税税额，低于依照规定计算出的该国家或者地区扣除限额的，应当在中国缴纳差额部分的税款；超过该国家或者地区扣除限额的，其超过部分不得在本纳税年度的应纳税额中扣除，但是可以在以后纳税年度的该国家或者地区扣除限额的余额中补扣，补扣期限最长不得超过5年。

（4）纳税义务人依照税法规定申请扣除已在境外缴纳的个人所得税税额时，应当提供境外税务机关填发的完税凭证原件。

在所得税中，《企业所得税法》和《个人所得税法》分别对不同纳税人的不同所得缴纳所得税作出规定。现将三者汇总在表17-5。

表17-5　不同纳税人对不同所得的纳税规定

规范文件	征税主体	境内所得	境外所得
企业所得税法	企业	缴纳	缴纳
	外商投资企业	缴纳	缴纳
	外国企业	缴纳	不缴纳
个人所得税法	居民纳税人	缴纳	缴纳
	非居民纳税人	缴纳	不缴纳

境外所得税款抵扣举例

某纳税人1994年1月至12月在A国取得工薪收入60 000元（人民币，下同），特许权使用费收入7 000元；同时，又在B国取得利息收入1 000元。该纳税人已分别按A国和B国税法规定，缴纳了个人所得税1 150元和250元。其抵扣计算方法如下：

（1）在A国所得缴纳税款的抵扣

①工资，薪金所得按我国税法规定计算的应纳税额：

[(60 000÷12－4 000)×税率－速算扣除数] ×12（月份数）

＝（1 000×10%－25)×12＝900（元）

②特许权使用费所得按我国税法规定计算的应纳税额：

7 000×(1－20%)×20%（税率）＝1 120（元）

③抵扣限额：900＋1 120＝2 020（元）

④该纳税人在A国所得缴纳个人所得税1 150元，低于抵扣限额。因此，可全额抵扣，并需在中国补缴税款2 020－1 150＝870（元）。

（2）在B国所得缴纳税款的抵扣

其在B国取得的利息所得按我国税法规定计算的应纳税额，即抵扣限额：1000×20%（税率）＝200（元）

该纳税人在B国实际缴纳的税款超出了抵扣限额，因此，只能在限额内抵扣200元，不用补缴税款。

（3）在A、B两国所得缴纳税款抵扣结果

根据上述计算结果，该纳税人当年度的境外所得应在中国补缴个人所得税870元，B国缴纳税款未抵扣完的50元，可在以后5年内该纳税人从B国取得的所得中的征税抵扣限额有余额时补扣。

第八节　个人所得税征收管理

个人所得税的纳税办法分为自行申报与代扣代缴两种。

一、自行申报纳税

请参见第九节“个人所得税自行纳税申报办法”。

二、代扣代缴纳税

代扣代缴是指按照税法有关规定负有扣缴税款义务的单位或个人，在向个人支付应纳税所得时，应计算该应税所得的纳税数额，从其所得中扣除并上缴国库，同时按期向税务机关报送扣缴个人所得税报告表。

（一）扣缴义务人

凡支付个人应纳税所得的企业（公司）事业单位、机关、社团组织、军队、驻华机构、个体户等单位或个人，为个人所得税的扣缴义务人。

利息、股息、红利所得实行源泉扣缴的征收方式，其扣缴义务人应是直接向纳税义务人支付利息、股息、红利的单位。

扣缴义务人向个人支付应纳税所得（包括现金、实物和有价证券）时，不论纳税人是否属于本单位人员，均应代扣代缴其应纳的个人所得税税款。这里所说的支付，包括现金支付、汇拨支付、转账支付和以有价证券、实物以及其他形式的支付。

提缴义务人应扣未扣、应收未收税款的，由扣缴义务缴纳应扣未扣、应收未收税款以及相应的滞纳金或罚款。

（二）代扣代缴范围

扣缴义务人向个人支付下列所得，应代扣代缴个人所得税：①工资、薪金所得；②对企事业单位的承包经营、承租经营所得；③劳务报酬所得；④稿酬所得；⑤特许权使用费所得；⑥利息、股息、红利所得；⑦财产租赁所得；⑧财产转让所得；⑨偶然所得；⑩经国务院财政部门确定征税的其他所得。

（三）代扣代缴期限

扣缴义务人每月所扣的税款，应当在次月 7 日内缴入国库，并向主管税务机关报送《扣缴个人所得税报告表》、代扣代收税款凭证和包括每一纳税人姓名、单位、职务、收入、税款等内容的支付个人收入明细表以及税务机关要求报送的其他有关资料。

扣缴义务人因有特殊困难不能按期报送《扣缴个人所得税报告表》及其他有关资料的，经县级税务机关批准，可以延期申报。

（四）扣缴义务人的义务和责任

（1）扣缴义务人应指定支付应纳税所得的财务会计部门或其他有关部门的人员为办税人员，由办税人员具体办理个人所得税的代扣代缴工作。代扣代缴义务人的有关领导要对代扣代缴工作提供便利，支持办税人员履行义务；确定办税人员或办税人员发生变动时，应将名单及时报告主管税务机关。

（2）扣缴义务人的法人代表（或单位主要负责人）、财会部门的负责人及具体办理代扣代缴税款的有关人员，共同对依法履行代扣代缴义务负有法律责任。

（3）同一扣缴义务人的不同部门支付应纳税所得时，应报办税人员汇总。

（4）扣缴义务人在代扣税款时，必须向纳税人开具税务机关统一印制的代扣代收税款凭证，并详细注明纳税人姓名、工作单位、家庭住址和居民身份证或护照号码（无上述证件的，可用其他能有效证明身份的证件）等个人情况。对工资、奖金所得和利息、股息、红利所得等，因纳税人数众多、不便一一开具代扣代收税款凭证的，经主管税务机关同意，可不开具代扣代收税款凭证，但应通过一定形式告知纳税人已扣缴税款。纳税人为持有完税依据而向扣缴义务人索取代扣代收税款凭证的，扣缴义务人不得拒绝。扣缴义务人应主动向税务机关申领代扣代收税款凭证，据以向纳税人扣税。非正式扣税凭证，纳税人可以拒收。

（5）扣缴义务人依法履行代扣代缴税款义务时，纳税人不得拒绝。纳税人拒绝的，扣缴义务人应及时报告税务机关处理，并暂时停止支付其应纳税所得。否则，纳税人应缴纳的税款由扣缴义务人负担。扣缴义务人应扣未扣、应收未收税款的，由扣缴义务人缴纳应扣未扣、应收未收税款以及相应的滞纳金或罚款。

（6）扣缴义务人应设立代扣代缴税款账簿，正确反映个人所得税的扣缴情况，并如实填写《扣缴个人所得税报告表》及其他有关资料。扣缴义务人违反有关规定，不报送或者报送虚假纳税资料的，一经查实，其未在支付个人收入明细表中反映的向个人支付的款项，在计算扣缴义务人应纳税所得额时不得作为成本费用扣除。

（五）个人所得税全员全额扣缴申报管理

请查看“个人所得税全员全额扣缴申报管理”相关内容。

三、核定征收的方法

见第五节“个人所得税应纳税额的计算”中相关内容。

四、个人所得税的管理

请查看第十节“个人所得税的管理”相关内容。

第九节　个人所得税自行纳税申报办法

一、概述

凡依据个人所得税法负有纳税义务的纳税人，有下列情形之一的，应当按照《个人所得税自行纳税申报办法》（以下简称《申报办法》）的规定办理纳税申报：①年所得12万元以上的；②从中国境内两处或者两处以上取得工资、薪金所得的；③从中国境外取得所得的；④取得应税所得，没有扣缴义务人的；⑤国务院规定的其他情形。

上述第一项年所得12万元以上的纳税人（不包括在中国境内无住所，且在一个纳税年度中在中国境内居住不满1年的个人），无论取得的各项所得是否已足额缴纳了个人所得税，均应当按照《申报办法》的规定，于纳税年度终了后向主管税务机关办理纳税申报。上述第二项至第四项情形的纳税人（第三项所称从中国境外取得所得的纳税人，是指在中国境内有住所，或者无住所而在一个纳税年度中在中国境内居住满1年的个人），均应当按照《申报办法》的规定，于取得所得后向主管税务机关办理纳税申报。

二、申报内容

年所得12万元以上的纳税人，在纳税年度终了后，应当填写《个人所得税纳税申报表（适用于年所得12万元以上的纳税人申报）》，并在办理纳税申报时报送主管税务机关，同时报送个人有效身份证件复印件，以及主管税务机关要求报送的其他有关资料。有效身份证件，包括纳税人的身份证、护照、回乡证、军人身份证件等。

《申报办法》所称年所得12万元以上，是指纳税人在一个纳税年度取得以下各项所得的合计数额达到12万元：①工资、薪金所得；②个体工商户的生产、经营所得；③对企事业单位的承包经营、承租经营所得；④劳务报酬所得；⑤稿酬所得；⑥特许权使用费所得；⑦利息、股息、红利所得；⑧财产租赁所得；⑨财产转让所得；⑩偶然所得；⑪经国务院财政部门确定征税的其他所得。

《申报办法》所称年所得12万元以上定的所得不含以下所得：

（1）个人所得税法所规定的免税所得，即：①省级人民政府、国务院部委、中国人民解放军军以上单位、以及外国组织、国际组织颁发的科学、教育、技术、文化、卫生、体育、环境保护等方面的奖金；②国债和国家发行的金融债券利息；③按照国家统一规定发给的补贴、津贴，即个人所得税法实施条例规定的按照国务院规定发放的政府特殊津贴、院士津贴、资深院士津贴以及国务院规定免纳个人所得税的其他补贴、津贴；④福利费、抚恤金、救济金；⑤保险赔款；⑥军人的转业费、复员费；⑦按照国家统一规定发给干部、职工的安家费、退职费、退休工资、离休工资、离休生活补助费；⑧依照我国有关法律规定应予免税的各国驻华使馆、领事馆的外交代表、领事官员和其他人员的所得；⑨中国政府参加的国际公约、签订的协议中规定免税的所得。

（2）个人所得税法实施条例规定可以免税的来源于中国境外的所得。

（3）个人所得税法实施条例规定的按照国家规定单位为个人缴付和个人缴付的基本养老保险费、基本医疗保险费、失业保险费、住房公积金。

各项所得的年所得按照下列方法计算：

（1）工资、薪金所得，按照未减除费用（每月 2000 元）及附加减除费用（每月 2800 元）的收入额计算。

（2）个体工商户的生产、经营所得，按照应纳税所得额计算。实行查账征收的，按照每一纳税年度的收入总额减除成本、费用以及损失后的余额计算；实行定期定额征收的，按照纳税人自行申报的年度应纳税所得额计算，或者按照其自行申报的年度应纳税经营额乘以应税所得率计算。

（3）对企事业单位的承包经营、承租经营所得，按照每一纳税年度的收入总额计算，即按照承包经营、承租经营者实际取得的经营利润，加上从承包、承租的企事业单位中取得的工资、薪金性质的所得计算。

（4）劳务报酬所得，稿酬所得，特许权使用费所得，按照未减除费用（每次 800 元或者每次收入的 20%）的收入额计算。

（5）财产租赁所得，按照未减除费用（每次 800 元或者每次收入的 20%）和修缮费用的收入额计算。

（6）财产转让所得，按照应纳税所得额计算，即按照以转让财产的收入额减除财产原值和转让财产过程中缴纳的税金及有关合理费用后的余额计算。

（7）利息、股息、红利所得，偶然所得和其他所得，按照收入额全额计算。

纳税人取得从中国境内两处或者两处以上取得工资、薪金所得的；从中国境外取得所得的；取得应税所得，没有扣缴义务人的；国务院规定的其他情形等的所得，应当按规定填写并向主管税务机关报送相应的纳税申报表，同时报送主管税务机关要求报送的其他有关资料。

三、申报地点

年所得 12 万元以上的纳税人，纳税申报地点分别为：①在中国境内有任职、受雇单位的，向任职、受雇单位所在地主管税务机关申报；②在中国境内有两处或者两处以上任职、受雇单位的，选择并固定向其中一处单位所在地主管税务机关申报；③在中国境内无任职、受雇单位，年所得项目中有个体工商户的生产、经营所得或者对企事业单位的承包经营、承租经营所得（以下统称生产、经营所得）的，向其中一处实际经营所在地主管税务机关申报；④在中国境内无任职、受雇单位，年所得项目中无生产、经营所得的，向户籍所在地主管税务机关申报。在中国境内有户籍，但户籍所在地与中国境内经常居住地不一致的，选择并固定向其中一地主管税务机关申报。在中国境内没有户籍的，向中国境内经常居住地主管税务机关申报。

从两处或者两处以上取得工资、薪金所得的，选择并固定向其中一处单位所在地主管税务机关申报。

从中国境外取得所得的，向中国境内户籍所在地主管税务机关申报。在中国境内有户籍，但户籍所在地与中国境内经常居住地不一致的，选择并固定向其中一地主管税务机关申报。在中国境内没有户籍的，向中国境内经常居住地主管税务机关申报。

取得应税所得，没有扣缴义务人的：个体工商户向实际经营所在地主管税务机关申报。个人独资、合伙企业投资者兴办两个或两个以上企业的，区分不同情形确定纳税申报地点：①兴办的企业全部是个人独资性质的，分别向各企业的实际经营管理所在地主管税务机关申报。②兴办的企业中含有合伙性质的，向经常居住地主管税务机关申报。③兴办的企业中含有合伙性质，个人投资者经常居住地与其兴办企业的经营管理所在地不一致的，选择并固定向其参与兴办的某一合伙企业的经营管理所在地主管税务机关申报（除特殊情况外，5 年以内不得变更）。

除以上情形外，纳税人应当向取得所得所在地主管税务机关申报。纳税人不得随意变更纳税申报地点，因特殊情况变更纳税申报地点的，须报原主管税务机关备案。

《申报办法》所称经常居住地，是指纳税人离开户籍所在地最后连续居住 1 年以上的地方。

四、申报期限

年所得 12 万元以上的纳税人，在纳税年度终了后 3 个月内向主管税务机关办理纳税申报。个体工商户和个人独资、合伙企业投资者取得的生产、经营所得应纳的税款，分月预缴的，纳税人在每月终了后 7 日内办理纳税申报；分季预缴的，纳税人在每个季度终了后 7 日内办理纳税申报。纳税年度终了后，纳税人在 3 个月内进行汇算清缴。纳税人年终一次性取得对企事业单位的承包经营、承租经营所得的，自取得所得之日起 30 日内办理纳税申报；在 1 个纳税年度内分次取得承包经营、承租经营所得的，在每次取得所得后的次月 7 日内申报预缴，纳税年度终了后 3 个月内汇算清缴。从中国境外取得所得的纳税人，在纳税年度终了后 30 日内向中国境内主管税务机关办理纳税申报。除上述规定的情形外，纳税人取得其他各项所得须申报纳税的，在取得所得的次月 7 日内向主管税务机关办理纳税申报。

纳税人不能按照规定的期限办理纳税申报，需要延期的，按照税收征收管理法和税收征收管理法实施细则有关的规定办理。

五、申报方式

纳税人可以采取数据电文、邮寄等方式申报，也可以直接到主管税务机关申报，或者采取符合主管税务机关规定的其他方式申报。纳税人采取数据电文方式申报的，应当按照税务机关规定的期限和要求保存有关纸质资料。

纳税人采取邮寄方式申报的，以邮政部门挂号信函收据作为申报凭据，以寄出的邮戳日期为实际申报日期。

纳税人可以委托有税务代理资质的中介机构或者他人代为办理纳税申报。

六、申报管理

主管税务机关应当将各类申报表登载到税务机关的网站上，或者摆放到税务机关受理纳税申报的办税服务厅，免费供纳税人随时下载或取用。

主管税务机关应当在每年法定申报期间，通过适当方式，提醒年所得 12 万元以上的纳税人办理自行纳税申报。

受理纳税申报的主管税务机关根据纳税人的申报情况，按照规定办理税款的征、补、退、抵手续。

主管税务机关按照规定为已经办理纳税申报并缴纳税款的纳税人开具完税凭证；依法为纳税人的纳税申报信息保密。

纳税人变更纳税申报地点，并报原主管税务机关备案的，原主管税务机关应当及时将纳税人变更纳税申报地点的信息传递给新的主管税务机关。

主管税务机关对已办理纳税申报的纳税人建立纳税档案，实施动态管理。

第十节　个人所得税的管理

一、解缴时间

扣缴义务人每月所扣的税款，自行申报纳税人每月应纳的税款，都应当在次月 7 日内缴入国库，并向税务机关报送纳税申报表。

工资、薪金所得应纳的税款，按月计征，由扣缴义务人或者纳税义务人在次月 7 日内缴入国库，并向税务机关报送纳税申报表。特定行业的工资、薪金所得应纳的税款，可以实行按年计算、分月预缴的方式计征，具体办法由国务院规定。上述所说的特定行业，是指采掘业、远洋运输业、远洋捕捞业以及财政部确定的其他行业。所说的按年计算、分月预缴的计征方式，是指条例第 38 条所列的特定行业职工的工资、薪金所得应纳的税款，按月预缴，自年度终了之日起 30 日内，合计其全年工资、薪金所得，再按 12 个月平均并计算实际应纳的税款，多退少补。

个体工商户的生产、经营所得应纳的税款，按年计算，分月预缴，由纳税义务人在次月 7 日内预缴，年度终了后 3 个月内汇算清缴，多退少补。

对企事业单位的承包经营、承租经营所得应纳的税款，按年计算，由纳税义务人在年度终了后 30 日内缴入国库，并向税务机关报送纳税申报表。纳税义务人在 1 年内分次取得承包经营、承租经营所得的，应当在取得每次所得后的 7 日内预缴，年度终了后 3 个月内汇算清缴，多退少补。这里所说的由纳税义务人在年度终了后 30 日内将应纳的税款缴入国库，是指在年终一次性取得承包经营、承租经营所得的纳税义务人，自取得收入之日起 30 日内将应纳的税款缴入国库。

从中国境外取得所得的纳税义务人，应当在年度终了后30日内，将应纳的税款缴入国库，并向税务机关报送纳税申报表。

对试行年薪制的企业经营者取得的工资，薪金所得应纳的税款，可以实行按年计算，分月预缴的方式计征，即企业经营者按月领取的基本收入，应在减除800元的费用后，按适用税率计算应纳税款并预缴，年度终了领取效益收入后，合计其全年基本收入和效益收入，再按12个月平均计算实际应纳的税款。用公式表示为：

应纳税额=[（全年基本收入和效益收入÷12－费用扣除标准）×税率－速算扣除数]×12

扣缴义务人在向个人支付应税款项时，应当依照税法规定代扣税款，按时缴库，并专项记载备查。所说的支付，包括现金支付、汇拨支付、转账支付和以有价证券、实物以及其他形式的支付。

二、纳税地点

自行申报的纳税义务人，应当向取得所得的当地主管税务机关申报纳税。从中国境外取得所得，以及在中国境内两处或者两处以上取得所得的，可以由纳税义务人选择一地申报纳税；纳税义务人变更申报纳税地点的，应当经原主管税务机关批准。

在几地工作或提供劳务的临时来华人员，应以税法所规定的申报纳税的日期为准，在某一地达到申报纳税的日期，即在该地申报纳税。但准予其提出申请，经批准后，也可固定在一地申报纳税。

凡由在华企业或办事机构发放工资、薪金的外籍纳税人，由在华企业或办事机构集中向当地税务机关申报纳税。

三、折合率、手续费和纳税年度

各项所得的计算，以人民币为单位。所得为外国货币的，按照国家外汇管理机关规定的外汇牌价折合成人民币缴纳税款。所得为外国货币的，应当按照填开完税凭证的上一月最后一日中国人民银行公布的外汇牌价，折合成人民币计算应纳税所得额。依照税法规定，在年度终了后汇算清缴的，对已经按月或者按次预缴税款的外国货币所得，不再重新折算；对应当补缴税款的所得部分，按照上一纳税年度最后一日中国人民银行公布的外汇牌价，折合成人民币计算应纳税所得额。

对扣缴义务人按照所扣缴的税款，付给2%的手续费。税务机关按照规定付给扣缴义务人手续费时，应当按月填开收入退还书发给扣缴义务人。扣缴义务人持收入退还书向指定的银行办理退库手续。

个人所得税的纳税年度，自公历1月1日起至12月31日止。

四、雇主为其雇员负担个人所得税税款的处理

对于雇主全额为其雇员负担税款的，直接将雇员取得的不含税收入换算成应纳税所得额后，计算企业应代为缴纳的个人所得税税款。

雇主为其雇员负担部分税款的，按下列办法处理：

(1) 雇主为其雇员定额负担税款的，应将雇员取得的工资薪金所得换算成应纳税所得额后，计算征收个人所得税。工资薪金收入换算成应纳税所得额的计算公式为：

应纳税所得额＝雇员取得的工资＋雇主代雇员负担的税款－费用扣除标准

(2) 雇主为其雇员负担一定比例的工资应纳的税款或者负担一定比例的实际应纳税款的，以其未含雇主负担税款的收入额换算成应纳税所得额，并计算应纳税款。即：

应纳税所得额＝(未含雇主负担的税款的收入额－费用扣除标准－速算扣除数×负担比例) ÷ (1－税率×负担比例)

应纳税额＝应纳税所得额适用税率－速算扣除数

举例说明：某人月工资、薪金收入人民币 12 000 元，雇主负担其工资、薪金所得 30％部分的应纳税款，其当月应纳税款计算如下：

应纳税所得额＝(12 000－4 000－375×30％)÷(1－20％×30％)＝8 390.96(元)

应纳税额＝8 390.96×20％－375＝1 303.19 (元)

有些外商投资企业和外国企业在华的机构场所，为其受派到中国境内工作的雇员负担超过原居住国的税款，例如：雇员在华应纳税额中相当于按其在原居住国税法计算的应纳税额部分（以下称原居住国税额），仍由雇员负担并由雇主在支付雇员工资时从工资中扣除，代为缴税；若按中国税法计算的税款超过雇员原居住国税额的，超过部分另外由其雇主负担。对此类情况，应按下列原则处理：将雇员取得的不含税工资（即扣除了原居住国税额的工资），换算成应纳税所得额，计算征收个人所得税；如果计算出的应纳税所得额小于按该雇员的实际工资、薪金收入（即未扣除原居住国税额的工资）计算的应纳税所得额的，应按其雇员的实际工资薪金收入计算征收个人所得税。

个人所得税例题

一、单项选择题

【例题 17-1】 因单位减员增效，距离法定退休年龄尚有 3 年零 4 个月的王某；于 2006 年 6 月办理了内部退养手续，当月领取工资 1 800 元和一次性补偿收入 60 000 元。王某 6 月份应缴纳个人所得税（　　）

A. 5 985 元　　B. 5 995 元　　C. 6 145 元　　D. 6 155 元

（2007 年注册会计师考试单项选择题）

【分析】 根据规定，实行内部退养的个人在其办理内部退养手续后至法定离退休年龄之间从原任职单位取得的工资、薪金，不属于离退休工资，应按《工资、薪金所得》项目计征个人所得税。

60 000÷40＋1 800－1 600＝1 700 元，适用税率 10％、速算扣除数为 25 元

应纳税额＝(60 000＋1 800－1 600)×10％－25＝5 995 (元)

【参考答案】 B

【例题 17-2】 2006 年 8 月，李某出版小说一本取得稿酬 80 000 元，从中拿出 20 000元通过国家机关捐赠给受灾地区。李某 8 月份应缴纳个人所得税（　　）

A. 6 160 元　　B. 6 272 元　　C. 8 400 元　　D. 8 960 元

（2007 年注册会计师考试单项选择题）

【分析】 捐赠扣除限额＝80 000×(1－20％)×30％＝19 200 元，实际发生 20 000 元，应纳税所得额可扣除 19 200 元。

李某 8 月份应缴纳个人所得税＝[80 000×(1－20％)－19 200]×20％×(1－30％)＝6 272（元）

【参考答案】 B

【例题 17-3】 王某持有某上市公司的股票 10000 股，该上市公司 2007 年度的利润方案为每 10 股送 3 股，并于 2008 年 6 月份实施，该股票的面值为每股 1 元。上市公司应扣缴王某的个人所得税（　　）

A. 300 元　　B. 600 元　　C. 1500 元　　D. 3000 元

（2008 年注册会计师考试单项选择题）

【分析】 对个人投资者从上市公司取得的股息、红利所得，自 2005 年 6 月 13 日起暂减按 50％计入个人应纳税所得额，依照现行税法规定计征个人所得税。个人所得税＝10000÷10×3×1×20％×50％＝300(元)

【参考答案】 A

【例题 17-4】 作家马某 2007 年 2 月初在杂志上发表一篇小说，取得稿酬 3800 元，自 2 月 15 日起又将该小说在晚报上连载 10 天，每天稿酬 450 元。马某当月需缴纳个人所得税（　　）

A. 420 元　　B. 924 元　　C. 929.6 元　　D. 1320 元

（2008 年注册会计师考试单项选择题）

【分析】 根据规定：同一作品先在报刊上连载，然后再出版，或者先出版，再在报刊上连载的，应视为两次稿酬所得征税，即连载作为一次，出版作为一次；

马某当月需缴纳个人所得税：(3800－800)×20％×(1－30％)＋450×10×(1－20％)×20％×(1－30％)＝924(元)

【参考答案】 B

【例题 17-5】 下列关于个人所得税的表述中，正确的是（　　）。

A. 扣缴义务人对纳税人的应扣未扣税款应由扣缴义务人予以补缴

B. 外籍个人从外商投资企业取得的股息、红利所得应缴纳个人所得税

C. 在判断个人所得来源地时对不动产转让所得以不动产座落地为所得来源地

D. 个人取得兼职收入应并入当月“工资、薪金所得”应税项目计征个人所得税

（2010 年注册会计师考试单项选择题）

【分析】 根据《税收征收管理法》规定，扣缴义务人对纳税人的应扣未扣税款应由纳税人予以补缴，故选项 A 错误；选项 B：外籍个人从外商投资企业取得的股息、红利所得暂免征收个人所得税；选项 D：个人取得兼职收入不并入当月“工资、薪金所得”，应该按照“劳务报酬所得”应税项目计征个人所得税。

【参考答案】 C

【例题 17-6】 作家李先生从 2010 年 3 月 1 日起在某报刊连载一小说，每期取得报

社支付的收入 300 元，共连载 110 期（其中 3 月份 30 期）。9 月份将连载的小说结集出版，取得稿酬 48600 元。下列各项关于李先生取得上述收入缴纳个人所得税的表述中，正确的是（　　）。

A. 小说连载每期取得的收入应由报社按劳务报酬所得代扣代缴个人所得税 60 元

B. 小说连载取得收入应合并为一次，取报社按稿酬所得代扣代缴人人所得税 3696 元

C. 3 月份取得的小说连载收入应由报社按稿酬所得于当月代扣缴个人所得税 1800 元

D. 出版小说取得的稿酬缴纳个人所得税时允许抵扣其中报刊连载时已缴纳的个人所得税

（2011 年注册会计师考试单项选择题）

【分析】 同一作品分别在报刊上连载和出版的，无论其先后次序如何，应视为两次稿酬所得征税。也即连载作为一次，出版作为另一次。在报刊上连载取得收入的，以连载完成后取得的所有收入合并为一次，计征个人所得税。

连载应缴纳的个人所得税税额＝300×110×（1－20%）×20%×（1－30%）＝3696（元）

【参考答案】 B

二、多项选择题

【例题 17-7】 下列各项中，计算个人所得税自行申报的年所得时允许扣除的项目有（　　）

A. 财产保险赔款　　B. 国家发行的金融债券利息

C. 国际组织颁发的环境保护奖金　　D. 商场购物取得的中奖所得

（2008 年注册会计师考试多项选择题）

【分析】 其中商场购物取得的中奖所得应当按偶然所得征税，不属于允许扣除项目。

【参考答案】 A B C

【例题 17-8】 下列各项中，纳税人应当自行申报缴纳个人所得税的有（　　）

A. 年所得 12 万元以上的

B. 从中国境外取得所得的

C. 取得应税所得没有扣缴义务人的

D. 从中国境内两处或者两处以上取得工资，薪金所得的

（2009 年注册会计师考试多项选择题）

【分析】 根据税法规定，以上选项均属于需要自行申报的情况。

【参考答案】 A B C D

【例题 17-9】 下列关于个人所得税的表述中，正确的有（　　）。

A. 在中国境内无住所，且一个纳税年度内在中国境内居住满 365 天的个人，为居民纳税人

B. 连续或累计在中国境内居住不超过 90 天的非居民纳税人，其所取得的中国境内所得并由境内支付的部分免税

C. 在中国境内无住所，且一个纳税年度内在中国境内一次居住不超过 30 天的个人，为非居民纳税人

D. 在中国境内无住所，但在中国境内居住超过五年的个人，从第六年起的以后年度中，凡在境内居住满一年的，就来源于中国境内外的全部所得缴纳个人所得税

（2010 年注册会计师考试多项选择题）

【分析】 根据规定，所称在境内居住满 1 年，是指在一个纳税年度（即公历 1 月 1 日起至 12 月 31 日止，下同）内，在中国境内居住满 365 日，故选项 A 当选。'中国境内的机构、场所负担的部分，' 而不能免税，故选项 B 不正确。根据规定，选项 C 也不正确。

【参考答案】 A D

【例题 17-10】 张某因工作调动于 2010 年 8 月将一套 80m^2 的唯一家庭住房出售，售价 100 万元该住房于 2004 年 3 月以 60 万元的价格购入。下列各项中关于该房屋出售行为税务处理的表述中，正确的有（　　）。

A. 张某免予缴纳营业税　　B. 张某免予缴纳个人所得税

C. 张某免予缴纳土地增值税　　D. 张某免予缴纳契税

（2011 年注册会计师考试多项选择题）

【分析】 根据《关于调整个人住房转让营业税政策的通知》财税［2009］157 号规定，自 2010 年 1 月 1 日起，个人将购买超过 5 年（含 5 年）的普通住房对外销售的，免征营业税。个人因工作调动或改善居住条件而转让原自用住房，经向税务机关申报核准，凡居住满 5 年或 5 年以上的，免予征收土地增值税。个人转让自用达 5 年以上并且是唯一的家庭居住用房取得的所得，免征个人所得税。

【参考答案】 A C

【例题 17-11】 下列个人应按税法规定的期限自行申报缴纳个人所得税的有（　　）。

A. 从境内两处取得工资的中国公民　B. 2010 年取得年收入 15 万元的中国公民

C. 从法国获得特许权使用费收入的中国公民

D. 从事汽车修理、修配业务取得收入的个体工商户

（2011 年注册会计师考试多项选择题）

【分析】 自行申报纳税的纳税义务人：1）年个人所得 12 万元以上的；2）从中国境内两处或者两处以上取得工资、薪金所得的；3）从中国境外取得所得的；4）取得应税所得，没有扣缴义务人的；5）国务院规定的其他情形。所以正确答案是 ABCD。

【参考答案】 A B C D

三、计算题

【例题 17-12】 张某在市区内开办了一家餐馆和一个副食加工店，均为个人独资。2007 年初，自行核算餐馆 2006 年度销售收入为 400 000 元，支出合计 360 000 元，副食加工店 2006 年度销售收入为 800 000 元，支出合计 650 000 元。后经聘请的会计师事

务所审计，餐馆核算无误，发现副食加工店下列各项未按税法规定处理：

(1) 将加工的零售价为 52 000 元的副食品用于儿子婚宴；成本已列入支出总额，未确认收入；

(2) 6 月份购置一台税控收款机，取得普通发票注明价款 3 510 元。当月开始使用，但未做任何账务处理；

(3) 支出总额中列支广告费用 20 000 元，业务宣传费 10 000 元；

(4) 支出总额中列支了张某的工资费用 40 000 元。

其他相关资料：①副食加工店为增值税小规模纳税人；②税控收款机经税务机关核准的使用年限为 3 年，无残值。

要求：根据上述资料，按下列序号问题，每问需计算出合计数。

(1) 计算 2006 年副食加工店应补缴的增值税；

(2) 计算 2006 年副食加工店应补缴的城市维护建设税和教育费附加；

(3) 计算 2006 年副食加工店应调整的收入；

(4) 计算 2006 年副食加工店购置税控收款机应调整的税前扣除额；

(5) 计算 2006 年副食加工店广告费用和业务宣传费用应调整的扣除额；

(6) 计算 2006 年副食加工店张某工资应调整的税前扣除额（不考虑工资附加三费）；

(7) 计算 2006 年副食加工店缴纳个人所得税的应纳税所得额；

(8) 计算 2006 年餐馆和副食加工店经营所得应缴纳的个人所得税。

（2007 年注册会计师考试计算题）

【分析】 将加工的副食品用于儿子婚宴也应确认收入。购进税控收款机准予作进项抵扣，估计本题分三年扣除购进成本。

【参考答案】

(1) 2006 年副食加工店应补缴的增值税＝52 000÷(1＋6%)×6%－3 510÷(1＋17%)×17%＝2 433.40（元）

(2) 2006 年副食加工店应补缴的城建税和教育费附加＝2 433.40×(7%＋3%)＝243.34（元）

(3) 2006 年副食加工店应调整的收入＝52 000÷(1＋6%)＝49 056.60（元）

(4) 2006 年副食加工店购置税控收款机税前准予扣除额＝3 510÷(1＋17%)/(12×3)×6＝500（元）

(5) 2006 年副食加工店广告费用和业务宣传费用应调增应纳税所得额＝20 000＋10 000－[800 000＋52 000÷(1＋6%)]×2%＝13 018.87（元）

(6) 2006 年副食加工店张某工资应调增＝40 000 元

(7) 2006 年副食加工店缴纳个人所得税的应纳税所得额＝800 000－650 000＋49 056.60－243.34－500＋13 018.87＋40 000＝251 332.13（元）

(8) 2006 年餐馆和副食加工点经营所得应缴纳的个人所得税＝(251 332.13＋400 000－360 000－1 600×12)＝272 132.13（元）

适用 35%的税率，速算扣除数为 6 750 元

272 132.13×35%－6 750＝88 496.25（元）

【例题 17-13】 居住在市区的中国居民李某，为一中外合资企业的职员，2007 年取得以下所得：

（1）每月取得合资企业支付的工资薪金 9 800 元；

（2）2 月份，为某企业提供技术服务，取得报酬 30 000 元，与其报酬相关的个人所得税由该企业承担；

（3）3 月份，从 A 国取得特许权使用费折合人民币 15 000 元，已按 A 国税法规定缴纳个人所得税折合人民币 1 500 元并取得完税凭证；

（4）4 月 1 日～6 月 30 日，前往 B 国参加培训，利用业余时间为当地三所中文学校授课，取得课酬折合人民币各 10 000 元，未扣缴税款；出国期间将其国内自己的小汽车出租给他人使用，每月取得租金 5 000 元；

（5）7 月份，与同事杰克（外籍）合作出版了一本中外文化差异的书籍，共获得稿酬 56 000 元，李某与杰克事先约定按 6∶4 比例分配稿酬；

（6）10 月份，取得 3 年期国债利息收入 3 888 元；10 月 30 日取得于 7 月 30 日存入的三个月定期存款 90 000 元的利息（银行按年利率 1.71%结息）；

（7）11 月份，以每份 218 元的价格转让 2006 年申购的企业债券 500 份，发生相关税费 870 元；该债券申购价每份 200 元，申购时共支付相关税费 350 元；转让 A 股股票取得所得 24 000 元；

（8）1～12 月份，与 4 个朋友合伙经营一个酒吧，年底酒吧将 30 万元生产经营所得在合伙人进行平均分配。

（其他相关资料：银行定期存款自存款当日计息、到期日不计息，全年按 365 天计算。）

要求：根据上述资料，按下列序号计算回答问题，每问需计算出合计数：

（1）计算李某全年工资薪金应缴纳的个人所得税；

（2）计算某企业为李某支付技术服务报酬应代付的个人所得税；

（3）计算李某从 A 国取得特许权使用费所得应补缴的个人所得税；

（4）计算李某从 B 国取得课酬所得应缴纳的个人所得税；

（5）计算李某出租小汽车应缴纳的营业税、城市维护建设税和教育费附加；

（6）计算李某小汽车租金收入应缴纳的个人所得税；

（7）计算李某稿酬所得应缴纳的个人所得税；

（8）计算银行应扣缴李某利息所得的个人所得税；

（9）计算李某转让有价证券所得应缴纳的个人所得税；

（10）计算李某分得的生产经营所得应缴纳的个人所得税。

（2008 年注册会计师考试综合题）

【分析】 ①本题考的是 2007 年的个人所得税缴纳情况，因此，该年的工资薪金扣除费用为 1 600 元；②居住在市区的城建税税率为 7%；③国债利息收入所得免税；④从2007 年 8 月 15 日起，个人储蓄存款所孳生的利息，按 5%比例税率征收个人所得税。

【参考答案】

（1）全年工资薪金应纳的个人所得税

月应纳税所得额＝(9 800－1 600)＝8 200(元)

全年应纳税＝(8 200×20％－375)×12＝1 265×12＝15 180(元)

（2）某企业为李某支付技术服务报酬应代付的个人所得税

① 应纳税所得额＝(不含税收入额－费用扣除标准－速算扣除数)÷(1－税率)

② 应纳税额＝应纳税所得额×适用税率－速算扣除数

30 000 元大于 21 000 元，小于 49 500 元，故适用 30％税率，速算扣除数为2 000元。

应纳税所得额＝(30 000－2 000)×(1－20％)÷[1－30％×(1－20％)]≈29 473.68(元)

某企业为李某支付技术服务报酬应代付的个人所得税＝29 473. 68×30％－2 000≈6 842.10（元）

（3）李某从 A 国取得特许权使用费所得应补缴的个人所得税

扣除限额＝15 000×(1－20％)×20％＝2 400(元)

应补缴个人所得税税额＝2 400－1 500＝900（元）

（4）李某从 B 国取得课酬所得应缴纳的个人所得税

10 000×(1－20％)×20％×3＝4 800(元)

（5）李某出租小汽车应缴纳的营业税、城市维护建设税和教育费附加＝5 000×3×5％×(1＋7％＋3％)＝750×(1＋7％＋3％)＝825(元)

（6）李某小汽车租金收入应缴纳的个人所得税＝(5 000－825/3)×(1－20％)×20％×3＝756×3＝2 268(元)

财产租赁所得可按顺序扣除各项税费、法定扣除项目；财产租赁所得税率 20％

（7）李某稿酬所得应缴纳的个人所得税＝56 000×6÷(4＋6)×(1－20％)×20％×(1－30％)＝33 600×(1－20％)×20％×(1－30％)＝3 763.2(元)

(8)存款利息应纳税＝90 000×1. 71％÷365×16×20％＋90 000×1. 71％÷365×(92－16)×5％＝13. 49＋16. 02≈29. 52(元)

（9）李某转让有价证券所得应缴纳的个人所得税＝[218×500－200×500－(870＋350)]×20％＝7 780×20％＝1 556(元)

转让 A 股股票所得暂免征税。

（10）李某分得的生产经营所得应缴纳的个人所得税

李某分得：300 000÷5＝60 000(元)

李某应纳个人所得税＝60 000×35％－6 750＝14 250(元)

【例题 17-14】 我国公民张先生为国内某企业高级技术人员，2008 年 3～12 月收入情况如下：

（1）每月取得工薪收入 8 400 元。

（2）3 月转让 2006 年购买的三居室精装修房屋一套，售价 230 万元，转让过程中支付的相关税费 13.8 万元。该套房屋的购进价为 100 万元，购房过程中支付的相关税费为 3 万元。所有税费支出均取得合法凭证。

(3) 6 月因提供重要线索，协助公安部门侦破某重大经济案件，获得公安部门奖金 2 万元，已取得公安部门提供的获奖证明材料。

(4) 9 月在参加某商场组织的有奖销售活动中，中奖所得共计价值 30 000 元。将其中的 10 000 元通过市教育局用于公益性捐赠。

(5) 10 月将自有的一项非职务专利技术提供给境外某公司使用，一次性取得特许权。

使用费收入 60 000 元，该项收入已在境外缴纳个人所得税 7 800 元。

附：工资、薪金所得个人所得税税率表（略）

要求：根据上述资料，按照下列序号计算回答问题，每问需计算出合计数。

(1) 计算 3～12 月工薪收入应缴纳的个人所得税。

(2) 计算转让房屋所得应缴纳的个人所得税。

(3) 计算从公安部门获得的奖金应缴纳的个人所得税。

(4) 计算中奖所得应缴纳的个人所得税。

(5) 计算从境外取得的特许权使用费在我国缴纳个人所得税时可以扣除的税收限额。

(6) 计算从境外取得的特许权使用费在我国实际应缴纳的个人所得税。

（2009 年注册会计师考试计算题）

【参考答案】

(1) 3～12 月工薪收入应缴纳的个人所得税＝[(8 400－2 000)×20%－375]×10＝9 050(元)

(2) 转让房屋所得应缴纳的个人所得税＝(230－100－13.8－3)×20%＝22.64(元)

(3) 从公安部门获得的奖金免征个人所得税。

(4) 公益捐赠扣除限额＝30 000×30%＝9 000(元)

中奖所得应缴纳的个人所得税＝(30 000－9 000)×20%＝4 200(元)

(5) 从境外取得的特许权使用费在我国缴纳个人所得税时可以扣除的税收限额＝60 000×(1－20%)×20%＝9 600(元)

(6) 从境外取得的特许权使用费在我国实际应缴纳的个人所得税＝9 600－7 800＝1 800(元)

【例题 17-15】 某高校退休教师钟某，2010 年 10 月与他人合资成立公司制的税务师事务所，注册资本 50 万元，钟老师占股 60%，另约定股东对开办初期的运营设施不足有筹措义务。钟老师准备将自己拥有的一辆二手车和一套门面房注资或协议出租给事务所，可供选择的方案有以下两种：

方案 1：二手车作价 30 万元作为注册资本投入，门面房以年租金 3 万元出租给事务所使用。

方案 2：门面房作价 30 万元作为注册资本投入，二手车以年租金 3 万元出租给事务所使用。

要求：根据上述资料，按序号回答下列问题（无需计算金额）

(1) 方案 1 中，钟老师二手车注资行为是否需要纳增值税（营业税）？简要说明理由。

（2）方案 1 中，钟老师门面房出租行为应缴纳哪些税费。

（3）方案 2 中，钟老师门面房注资行为是否需要纳增值税（营业税）？简要说明理由。

（4）方案 2 中，钟老师二手车出租行为应缴纳哪些税费。

（2011 年注册会计师考试计算回答题）

【参考答案】

（1）【分析】根据税法规定，个人销售自己使用过的物品，免征增值税。

【参考答案】 不交增值税。

（2）【参考答案】要交营业税，城建税，教育费附加，房产税，印花税、城镇土地使用税和个人所得税。

（3）【分析】以不动产投资入股，参与接受投资方利润分配、共同承担投资风险的行为，不征营业税。【参考答案】不交营业税。

（4）【参考答案】要交营业税，城建税，教育费附加，印花税，个人所得税。

【例题 17-16】 中国公民张先生是某民营非上市公司的个人大股东，同时也是一位作家。2011 年 5 月取得的部分实物或现金收入如下：

（1）公司为其购买了一辆轿车并将车辆所有权办到其名下，该车购买价为 35 万元。经当地主管税务机关核定，公司在代扣个人所得税税款时允许税前减除的数额为 7 万元。

（2）将本人一部长篇小说手稿的著作权拍卖取得收入 5 万元，同时拍卖一幅名人书法作品取得收入 35 万元。经税务机关确认，所拍卖的书法作品原值及相关费用为 20 万元。

（3）受邀为某企业家培训班讲课两天，取得讲课费 3 万元。

（4）当月转让上月购入的境内某上市公司股票，扣除印花税和交易手续费等，净盈利 5320.56 元。同时因持有该上市公司的股票取得公司分配的 2010 年度红利 2000 元。

（5）因有一张购物发票中奖得 1000 元奖金。

要求：根据上述资料，按序号回答下列问题，如有计算，每问需计算出合计数。

（1）计算公司为张先生购买轿车应代扣代缴的个人所得税。

（2）计算长篇小说手稿著作权拍卖收入应缴纳的个人所得税。

（3）计算书法作品拍卖所得应缴纳的个人所得税。

（4）计算讲课费收入应缴纳的个人所得税。

（5）计算销售股票净盈利和取得的股票红利共应缴纳的个人所得税。

（6）计算发票中奖收入应缴纳的个人所得税。

（2011 年注册会计师考试计算回答题）

（1）【参考答案】应代扣代缴的个人所得税＝（350000－70000）×20％＝56000（元）

（2）【参考答案】著作权拍卖收入应缴纳的个人所得税＝50000×（1－20％）×20％＝8000（元）

（3）【参考答案】书法作品拍卖所得应缴纳的个人所得税＝（350000－200000）×

20%＝30000（元）

（4）【分析】为劳务报酬。对个人从上市公司取得的红利所得暂按50%计入个人应纳税所得额。

【参考答案】 讲课费收入应缴纳的个人所得税＝30000×（1－20%）×30%－2000＝5200（元）

（5）【分析】对股票转让所得暂不征收个人所得税。

【参考答案】

销售股票净盈利和取得的股票红利共应缴纳的个人所得税＝2000×50%×20%＝200（元）

（6）【分析】不减除任何费用。

【参考答案】 发票中奖收入应缴纳的个人所得税＝1000×20%＝200（元）

四、综合题

【例题 17-17】 中国公民王某就职于国内A上市公司，2010年收入情况如下：

（1）1月1日起将其位于市区的一套公寓住房按市价出租，每月收取租金3 800元。1月因卫生间漏水发生修缮费用1 200元，已取得合法有效的支出凭证。

（2）在国内另一家公司担任独立董事，3月取得该公司支付的上年度独立董事津贴35 000元。

（3）3月取得国内B上市公司分配的红利18 000元。

（4）4月取得上年度奖金36 000元，王某当月的工资为4 500元。

（5）5月赴国外进行技术交流期间，在甲国演讲取得收入折合人民币12000元，在乙国取得专利转让收入折合人民币60000元，分别按照收入来源国的税法规定缴纳了个人所得税折合人民币1 800元和12 000元。

（6）5月在业余时间为一家民营企业开发了一项技术，取得收入40 000元。适逢该民营企业通过中国红十字会开展向玉树地震灾区捐款活动，当即从中捐赠20000元，同时通过有关政府部门向某地农村义务教育捐款8 000元，均取得了相关捐赠证明。

（7）6月与一家培训机构签订了半年的劳务合同，合同规定从6月起每周六为该培训中心授课1次，每次报酬为1 200元。6月份为培训中心授课4次。

（8）7月转让国内C上市公司股票，取得转让净所得15 320.60元，同月转让在香港证券交易所上市的某境外上市公司股票，取得转让净所得折合人民币180000元，在境外未缴纳税款。

（9）8月开始被A上市公司派遣到所属的某外商投资企业工作，合同期内作为该外商投资企业雇员，每月从该外商投资企业取得薪金18 000元，同时每月取得派遣公司发给的工资4 500元。

（10）A上市公司于2010年11月与王某签订了解除劳动关系协议，A上市公司支付已在本公司任职8年的王某经济补偿金115 000元（A上市公司所在地上年职工平均工资25 000元）。

要求：根据以上资料，按照下列序号计算回答问题，每问需计算合计数。

(1) 计算王某1、2月出租房屋应缴纳的个人所得税（不考虑其他税费）。

(2) 计算王某3月取得的独立董事津贴应缴纳的个人所得税。

(3) 计算王某3月取得的红利应缴纳的个人所得税。

(4) 计算王某4月取得全年奖金应当缴纳的个人所得税。

(5) 计算王某5月从国外取得收入应在国内补缴的个人所得税。

(6) 计算某民营企业5月支付王某技术开发费应代扣代缴的个人所得税。

(7) 计算培训中心6月支付王某授课费应代扣代缴的个人所得税。

(8) 计算王某7月转让境内和境外上市公司股票应缴纳的个人所得税。

(9) 计算王某8月从外资企业取得收入时应由外资企业扣缴的个人所得税。

(10) 计算王某8月从派遣单位取得工资收入时应由派遣单位扣缴的个人所得税。

(11) 计算公司11月支付王某经济补偿金应代扣代缴的个人所得税。

工资薪金所得个人所得税税率表（略）

（2010年注册会计师考试综合题）

【参考答案】

(1) 计算王某1.2月出租房屋应缴纳的个人所得税（不考虑其他税费）。

【分析】 修缮费用每月最多减除800元。

(3800－800－800)×10%＋(3800－400－800)×10%＝220＋260＝480(元)

(2) 计算王某3月取得的独立董事津贴应缴纳的个人所得税。

【分析】 个人由于担任董事职务所取得的董事费收入，属于劳务报酬所得性质，按照劳务报酬所得项目征收个人所得税。

35000×(1－20%)×30%－2000＝6400(元)

(3) 计算王某3月取得的红利应缴纳的个人所得税。

【分析】 对个人投资者从上市公司取得的股息红利所得，暂减按50%计入个人应纳税所得额，依照现行税法规定计征个人所得税。

18000×50%×20%＝1800(元)

(4) 计算王某4月取得全年奖金应当缴纳的个人所得税。

【分析】 当月工资大于3000元。

36000÷12＝3000(元)；适用15%的税率；速算扣除数125元，

36000×15%－125＝5275(元)

(5) 计算王某5月从国外取得收入应在国内补缴的个人所得税。

甲国限额＝12000×(1－20%)×20%＝1920(元)，1920－1800＝120(元)，应补缴120元。

乙国限额＝60000×(1－20%)×20%＝9600(元)，9600＜12000，不必补缴。

(6) 计算某民营企业5月支付王某技术开发费应代扣代缴的个人所得税。

【分析】 《关于支持玉树地震灾后恢复重建有关税收政策问题的通知》规定，自2010年4月14日起，对受灾地区个人接受捐赠的款项、取得的各级政府发放的救灾款项，以及参与抗震救灾一线人员，按照地方各级政府及其部门规定标准取得的与抗震救灾有关的补贴收人，免征个人所得税。故其捐赠的20000元可全额扣除。而，通过有关政府部门向某地农村义务教育捐款 8 000 元，根据规定可全额扣除。

[40000×(1－20%)－(20000＋8000)]×20%＝4000×20%＝800(元)

【分析】 因为通过红十字会向玉树灾区捐款是一项应急措施，为此，也可以用下面的方法做，虽然答案不一样，但也算做正确的。其中，通过政府部门向农村义务教育捐赠可全额扣除。

[40000×(1－20%)－8000)]×30%＝7200(元)

20000－7200＝12800(元)该部分要缴纳个人所得税。

[40000×(1－20%)－8000－7200)]×20%＝3360(元)

(7) 计算培训中心 6 月支付王某授课费应代扣代缴的个人所得税。

【分析】 授课算是劳务收入。

1200×4×(1－20%)×20%＝768(元)

(8) 计算王某 7 月转让境内和境外上市公司股票应缴纳的个人所得税。

【分析】 转让境内上市公司股票净所得暂免个人所得税；转让境外上市公司股票所得按照财产转让所得缴纳个人所得税。180000×20%＝36000(元)

(9) 计算王某 8 月从外资企业取得收入时应由外资企业扣缴的个人所得税。

(18000－2000)×20%－375＝2825(元)

(10) 计算王某 8 月从派遣单位取得工资收入时应由派遣单位扣缴的个人所得税。

4500×15%－125＝550(元)

(11) 计算公司 11 月支付王某经济补偿金应代扣代缴的个人所得税。

【分析】 一次性补偿收入（包括用人单位发放的经济补偿金、生活补助费和其他补助费用），其收入在当地上年职工平均工资 3 倍数额以内的部分，免征个人所得税。

应纳税所得额＝115000－25000×3＝40000(元)

[(40000÷8－2000)×15%－125]×8＝325×8＝2600(元)

第十八章　国际税收协定

国际税收是指主权国家或地区各自基于自己的课税主权，对跨国纳税人所得或财产进行重叠交叉课税，以及由此所形成的国家之间的税收分配关系。

相对于国际税收来讲，还有一个更基础的概念——国家税收。国家税收与国际税收既有相同的特征，也有显著区别。

从税收的起源与本质来考察，税收属于社会财富再分配范畴，其基本概念是：税收是国家凭借其政治权力，按照税收法律规定，对一部分社会产品进行无偿再分配，以取得国家财政收入的一种形式，体现着以国家为主体的特定分配关系。

从上述国家税收这一概念出发，可以概括出其基本法律特征：

（1）国家税收是以国家为权利主体的一种特殊社会财富再分配过程。税收不可能脱离国家而独立存在，税收是随着国家政权的出现而产生的，国家一定是征税的主体。同时，税收是为了维持国家机器正常运转的需要而进行的征收行为，国家不存在，税收也就无存在的必要。

（2）国家税收是以国家强制力为基础所进行的特殊分配。

（3）国家税收是在一个国家政治权力管辖范围内的征纳关系。该特征说明国家税收的征税范围为国家主权范围内。税收的权利主体是国家，所依据的是国家强制力，一国政府不可能超越自己的强制力管辖范围去向别国政府管辖下的纳税人进行征税。因此，一国政治权力行使范围只能局限于本国的管辖范围，即本国的国民和本国国土。

国际税收也属于税收范畴，同样也具备国家税收上述三个基本特征。然而，国际税收作为一种跨国的特殊税收现象，又与一国的国家税收有着显著区别。

（1）国际税收作为税收的一个分支，它与国家税收一样，都是国家凭借国家强制力所进行的一种再分配。然而，国际税收与国家税收是有区别的，两者不能等同。国家税收是一国的政府凭借其政治权力对其所管辖范围之内的纳税人进行的课征。它没有超越一个国家的疆界。国际税收是两个或两个以上的国家政府，对同一跨国纳税人的跨国所得或财产进行重叠交叉课税的结果。一方面，任何一个主权独立国家，都不会屈从于其他国家政治权力，接收他国的税收管辖；另一方面，世界上不存在一个在各国之上的超国家的政治权力，能在国际范围内课征税收。从两个国家政府来讲，它们都是凭借各自的政治权力对同一跨国纳税人进行征税，两国政府重交叉征税的结果形成了国家之间的税收分配关系。所以，国际税收不能脱离国家政治权力而单独存在，只能在各国政治权力机构的协调下进行课征。

（2）国际税收仍然具有税收的诸要素，但其纳税人应是从事跨国经济活动的单位和个人，其征税对象主要是跨国所得和一般财产价值。其所涉及的跨国所得是指有关国家政府之间重叠交叉征税的所得，范围比较广泛。这不仅明确了国际税收是有特定范围的，而且把国际税收同国家税收区别开来。

(3) 国际税收的实质仍然是一种再分配关系，但它不能等同于国家税收这种再分配关系，而是涉及国家与国家之间的税收再分配关系。国际税收涉及的纳税人是跨国的纳税人，跨国纳税人的经济活动跨出国界，并负有对有关国家政府的纳税义务，才使相关国家之间发生税收分配方面的国际关系。这种国家之间的税收关系所引起的国家之间的财权利益关系，不可能由一国政府单独来解决，必须由有关国家通过谈判、协商，制定有关国际税收的协定条约来解决。

国际税收有一个重要概念：税收管辖权。税收管辖权属于国家主权在税收领域中的体现，是一个主权国家在税收方面的主权体现。税收管辖权的划分，其原则有属地原则和属人原则两种。属地原则是以纳税义务人的所得来源地或经济活动所在地为标准，确定国家行使税收管辖权范围的一种原则；属人原则是以纳税义务人的国籍和住所地为标准，确定国家行使税收管辖权范围的一种原则。

目前，世界上税收管辖权大致可分为居民管辖权、地域管辖权和公民管辖权三种。

居民管辖权是指一个国家对凡本国居民取得的全世界范围内的一切所得行使征税权利。一般而言，发展中国家为了自身的税收利益在选择税收管辖权时一般倾向于采用居民管辖权。

地域管辖权，也即所得来源地管辖权，是指一个国家对发生于其领土范围内的一切应税活动和来源于或视为来源于其境内的全部所得行使征税权利。

公民管辖权是指一个国家对凡属于本国居民所取得的来自世界范围内的全部所得行使的征税权利。

由于属地原则和属人原则之间所在的矛盾，必然会导致税收管辖权的纷争，无法避免地在居民管辖权、地域管辖权和公民管辖权三种税收征收中的重叠和交叉。围绕纳税义务人的同一项所得，就会有国际税收问题的产生和操作。

第一节　国际重复征税及其产生

一、国际重复征税的概念

国际重复征税就是指主权国家或地区各自基于自己课税主权，在对跨国纳税人所得或财产进行重叠交叉课税，又称双重征税。国际重复征税一般可以分为法律性国际重复征税、经济性国际重复征税和税制性国际重复征税三种类型。

法律性国际重复征税是指不同国家在法律上对纳税义务人采取不同的征税原则，从而产生税收管辖权的重叠，造成重复征税。这是因为不同国家在法律上对同一纳税人采取不同征税原则，产生税收管辖权的重叠，从而造成了重复征税。

经济性国际重复征税是指不同的征税主体（即不同的国家或地区）对不同的纳税人的同一税源进行重复征税。经济性国际重复征税一般是由于股份公司经济组织形式所引起的结果。股份公司的公司利润和产生的股息红利所得属于同源所得，在对这二者同时征税的情况下，必然会带来重复征税。

税制性国际重复征税是指由于各国或各地区在税收制度上普遍实行复合税制度所引

起的重复征税。这是因为在复合税制度下，一国或一地区对同一征税对象可能征收不同的税种。

目前，国际税收中所指的国际重复征税一般属于法律性国际重复征税。

二、国际重复征税的产生

（一）国际重复征税产生条件和原因

纳税人跨国的所得和收益，以及各国各地区普遍实行所得税制度是产生国际重复征税的前提条件。同时，国际经济交往的发展与纳税人收入的国际化是国际税收形成的经济前提。

各国（或地区）政府为维护其本身利益，会在不同程度上以收入来源地原则、居民原则和公民原则为基础来行使其税收管辖权，这种情况下，税收管辖权的重叠就不可避免。这是产生国际重复征税的根本原因。

（二）国际重复征税产生的形式

税收管辖权主要有居民管辖权与地域管辖权。由于这两者的重叠，造成了国际重复征税。重叠有居民管辖权与地域管辖权的重叠，居民管辖权与居民管辖权的重叠，以及地域管辖权与地域管辖权的重叠等三种。

（1）居民管辖权与地域管辖权的重叠。在税收管辖权原则的选择上，世界各国在行使税收管辖权时，既可以对本国居民中的跨国纳税人来源于国内和国外的全部所得按照属人原则行使税收管辖权，也可以对跨国纳税人发生在本国境内的所得按照属地原则行使所得来源地税收管辖权。这就不可避免地造成有关国家对同一跨国纳税人的同一笔所得在税收管辖权上冲突，从而产生国际重复征税。

（2）居民管辖权与居民管辖权的重叠。由于世界各国对居民身份的标准各不相同，对跨国纳税人的跨国所得统一行使居民管辖权时，往往会导致各国在某一跨国纳税人的居民身份归属上执行自己的标准。一旦跨国纳税人居民身份归属问题不能完全清晰的话，就有可能对同一纳税人的同一笔跨国所得进行进行国际重复征税。这就是说，同一跨国纳税人可能同时被有关国家确认其不同国家的居民身份。而居民纳税人对于该国是不可避免要征税的。

（3）地域管辖权与地域管辖权的重叠。由于世界各国对收入来源地的确认标准也有可能各不相同，对跨国纳税人的跨国所得统一行使地域管辖权时，往往会导致各国在对不同跨国收入确认有自己国家的标准。一旦跨国纳税人收放来源地问题不能完全清晰的话，就有可能对同一纳税人的同一笔跨国所得进行进行国际重复征税。

三、国际重复征税的经济影响

由于国际重复征税的存在，对国际经济交往、国际间的投资者对外投资、税负公平原则以及国家间税收权益等方面无疑会产生各种不同的消极影响。这些消极影响主要表现如下：

（一）阻碍国际经济交往

从目前来讲，经济全球化是一种大趋势，是生产力发展到一定水平所作出的必然选择。但国际重复征税加重了跨国纳税人的税负，从而严重阻碍国际间的资金、技术、商品及人才的自由流动。从世界经济角度来看，这种阻碍作用会造成全球的综合资源浪费，其损失不仅是某个国家和地区，或者是某类国家和地区，从长远观点来看，受损失的将是全球经济和资源，长期阻碍国际经济的持续发展。

（二）加重跨国纳税人的税负，影响国际间的投资者的对外投资积极性

国际重复征税会造成跨国纳税人需要向两个以至于两个以上国家纳税，无形中加重了跨国纳税人的税负。无论对直接投资者还是金融（证券）投资者来讲，都会加大其成本和投资风险，从而削弱了跨国纳税人在国际经济竞争中的竞争地位。

（三）违背税负公平原则

根据经济规律的客观要求，等量资本就应当获得等量利润。资本投资国际间，所承受的风险要远大于其国内的风险，因此，国际间的资本投资就需要获得更多的利润。但由于国际重复征税，影响了税收公平原则，加重了跨国投资者的税收负担，有失公平。

（四）影响国家间税收权益

由于国际重复征税，从而会引起国际间的税收权利和利益的正面冲突。一国认为有权对某些跨国纳税人行使所得税征税，而另一国则认为对方国家的征税是对自己国家权利和利益的侵犯。当这些冲突互不相让无法正确协调时，不可避免会引发利益冲突。也有可能，重复征税引起学生税负，这些国际重复征税承受者就会想尽办法，利用国际间税收管辖权的摩擦和税制的差异，去规避其自身的纳税义务，以减轻或消除其自身在有关国家的纳税义务。这就会引发国家间税收矛盾的产生。

第二节　国际重复征税消除的主要方法

一、免税法

免税法又称豁免法，是指居住国政府对其居民就其来源于非居住国的所得，在一定条件下放弃行使居民管辖权，免于课税。由于免税法使纳税人只需要或主要负担所得来源国的税负，因此可以有效地消除国际重复征税。《联合国关于发达国家与发展中国家间避免双重征税的协定范本》等文件将免税法列为避免国际重复征税的推荐方法之一。

免税法主要有两种具体做法：一是全额免税法，二是累进免税法。前者是指居住国政府对其居民纳税人来自国外的所得全部免予征税，只对其国内所得征收所得额。在计算其所得税税率时，不考虑其已被免予征税的国外所得。后者是指居住国政府对其居民来自国外的所得不征税，只对其居民的国内所得征税，但在决定对其居民的国内所得征税所适用的税率时，有权将免于征税的国外所得与国内所得汇总一并综合加以考虑。累

进免税法的计算公式如下：

居住国应征所得税额＝居民的总所得×适用税率×（国内所得/国内外总所得）

二、抵免法

抵免法是指行使居民税收管辖权的国家对纳税人国内、外的全部所得征税时，允许其将在国外已缴纳的所得税额从应向本国缴纳的税额中抵扣。抵免法的计算公式如下：

居住国应征收的所得税税额＝居民国内外全部所得×居住国税率－允许抵免的已缴纳的来源国税额

抵免法是以承认收入来源地管辖权优先地位为前提条件的，但不是绝对的。对跨国纳税人的同一笔所得，来源国政府可以对其征税，居住国政府也可以对之征税，而来源国政府可以先于居住国政府行使税收管辖权。当这笔所得汇回居住国时，居住国政府方可对之课税，并采取抵免的方法来解决避免双重征税。由于采取抵免，因此抵免法可以有效地免除国际重复征税。

抵免法既承认所得来源国的优先征税地位，又不要求居住国放弃对本国居民国（境）外所得的征税权，这样可以维护各国的税收权益，从而受到世界许多国家的普遍采用。我国的《企业所得税法》和《个人所得税法》都规定了境外所得进行抵免的规定。

即使是一些采用免税法解决双重征税的欧洲大陆国家，对其不适用于免税法的所得也办理税收抵免，以消除这些所得的中国重复征税。例如，《中华人民共和国政府和爱沙尼亚共和国政府关于对所得避免双重征税和防止偷漏税的协定》第 23 条消除双重征税方法规定：爱沙尼亚居民取得的所得，按照本协定的规定可以在中国征税时，除其国内法提供更优惠的规定外，爱沙尼亚应允许从对该居民的所得征收的税额中扣除等于在中国缴纳的所得税数额。

但是，该项扣除在任何情况下，应不超过可以在中国征税的所得在扣除前计算的那部分爱沙尼亚所得税数额。

在抵免法的实际应用中，可以有直接抵免和间接抵免两种具体的运作方式。

（一）直接抵免

直接抵免是指居住国纳税人用其直接缴纳的国外税额冲抵应在本国缴纳的税额。这些可以冲抵的税额包括：自然人居民在国外从事经济活动取得收入而向来源国政府所缴纳的税款，居住国总公司设在国外的分公司（两者在法律上属于同一法人实体）取得收入而向来源国政府所缴纳的税款，也可以是居住国母公司从国外子公司取得收入而向来源国政府所缴纳的税款。

上述直接抵免法中的“允许抵免的已缴纳的来源国税额”的计算方法的不同，可以把直接抵免法分为全额抵免和限额抵免两种。

全额抵免是指居住国政府对跨国纳税人征税时，允许纳税人将其在收入来源国缴纳的所得税，在本国应缴纳的税款中全部给予抵免。其计算公式为：

居住国应征收的所得税税额＝居民国内外全部所得×居住国税率－已缴纳的来源国所得税税额

（二）间接抵免

间接抵免是对跨国纳税人在非居住国非直接缴纳的税款，允许部分冲抵其居住国纳税义务，适用于中国母子公司之间的税收抵免。

居住国母公司的外国子公司所缴纳的外国政府所得税，由于子公司和母公司是两个不同的经济实体，所以这部分外国所得税不能视为母公司直接缴纳的，不可以从母公司应缴居住国政府所得税中直接抵免，而只能给予间接抵免。间接抵免一般可分为一层间接抵免和多层间接抵免两种方法。

1. 一层间接抵免法

一层间接抵免适用于母公司与子公司之间的外国税收抵免，用来处理母公司与子公司因股息分配所形成的重复征税问题。这种方法中，母公司只能按其从子公司取得的股息所含税款还原数，间接推算相应的利润与税收抵免额。母公司从国外子公司取得的股息收入的相应利润，即还原的那部分国外子公司所得，就是母公司来自国外子公司的所得，从而与母公司的其他所得合并计算来缴纳税款。其计算公司如下：

母公司来自于子公司的所得＝母公司取得的股息＋子公司所得税×母公司股息/子公司税后所得

2. 多层间接抵免法

如果母公司有通过子公司来自其外国孙公司，以及外国孙公司下属的外国重孙公司、曾孙公司等多层外国附属公司的股息所应承担的外国政府所得税，为解决子公司以下各层“母子公司”的重复征税问题，就需要多层间接抵免方法。

多层间接抵免方法的计算与一层间接抵免方法基本相同，可以类推。现以两层“母子公司”为例，按照母公司、子公司、孙公司股息收入发生的顺序，其多层间接抵免的计算公式如下：

（1）由外国孙公司支付一部分股息给予子公司，子公司收到这部分股息，应该承担孙公司缴纳的外国所得税的计算公式为：

子公司应承担孙公司所得税＝孙公司所得税×母公司股息/子公司税后所得

子公司用其来自外国孙公司的股息加上这部分股息应分摊的孙公司所得税，即为这部分股息的相应利润（用股息来还原出的孙公司税前所得），也就是子公司来自孙公司的所得，其计算公式为：

子公司来自于孙公司的所得＝子公司取得的股息＋孙公司所得税×子公司股息/孙公司税后所得

（2）子公司用其自身（国内）的所得，加上来自外国的所得，为子公司总的所得，再扣除缴纳当地政府的所得税（其中已包括外国孙公司所得税的抵免），从其税后所得中按照股份份额或比例分配一部分股息给母公司，母公司收到子公司的股息，应该承担子公司和孙公司缴纳的外国所得税的计算公式为：

母公司应承担子、孙公司所得税＝(子公司所得税＋子公司承担的孙公司的所

得税）×母公司股息/子公司税后所得

当然，上述母公司境外所得可以进行企业所得税的抵免。母公司在计算自身所得税时，应将其来自子、孙公司的所得合并计算。

母公司来自子、孙公司的所得＝母公司股息＋母公司应承担的子、孙公司所得税

第三节 国际避税与反避税

国际重复征税是要尽量避免和消除。同时，各国政府也会采取措施防范跨国纳税人的国际避税。

一、国际避税和国际避税地的产生

（一）国际避税概念

避税是指纳税人通过人为安排，利用税法的漏洞、特例和缺陷，规避、减轻或延迟其自身的纳税义务的行为。其中，税法漏洞是指由于各种原因而在税法规定上有遗漏的规定或规定的不完善之处；税法特例是指规范的税法里因政策等需要针对某种特殊情形才做出的某种规定；税法缺陷是指税法规定的错误之处。所谓避税就是纳税人利用税法的这些漏洞特例或缺陷，来规避或减少纳税义务的一种不违法行为。

国际避税是指纳税人利用两个或两个以国家或地区的税法和国家之间的税收协定的漏洞、特例和缺陷，规避或减轻其全球整体纳税义务的行为。其中，税法漏洞是指一些国家和一些国家间双边税收协定有遗漏的规定或规定的不完善之处；税法特例是指一些国家和一些国家间双边税收协定中针对某种极为特殊情形才做出的并不规范的规定；税法缺陷是指一些国家和一些国家间双边税收协定中规定的错误之处。

1. 国际避税与国际逃税的区别

所谓国际逃税是指跨国纳税人采取虚报、谎报、隐瞒或伪造等各种非法的跨国税收欺诈手段，逃脱或减少其总体纳税义务的违法行为。国际避税与国际逃税的区别在于：国际避税是采用不违法手段，而国际逃税则采用非法手段，属于违法行为。

由于国际避税与国际逃税的性质不同，对两者的处理方法也不一样。

对于国际避税，有关国家一般只是要求纳税人必须对其行为的合理性进行解释和举证，对其不合理的收入和费用分配进行强制性调整，并要求其补缴规避的税款，为防止国际避税的再次发生，有关国家主要是通过加强国际合作，修改和完善有关的国内税法和国际间税收协定，制定反避税法律、法规及有关条款，杜绝税法漏洞。但对于国际逃税，则一般要根据国内税法追究其法律责任，对不构成刑事犯罪的依照税法追缴其税款，加处罚款，直至冻结其银行账户，查封或扣押其财产，对构成刑事犯罪的则还要根据刑法追究其刑事责任，按刑事处罚规定对逃税者进行刑事处罚，其中包括执行有关限制人身自由处罚。

2. 国际避税的主要方法

在国际经济活动中，跨国纳税人利用各国税收的差异进行国际避税的手法有多种多样。主要有：可以通过迁出或虚假迁出或不迁出高税国，进行人员流动，以避免税收管辖；通过把资金、货物或劳务转移或不转移出高税国，进行课税客体的流动，以实现国际避税；利用有关国家或国际税收协定关于避免国际重复征税的方法进行国际避税；利用国际避税地进行避税等等。

具体的避税手法有：①采取人员流动避税。②通过资金或货物流动避税。③选择有利的企业组织形式避税。④利用转让定价避税。⑤不合理保留利润来避税。⑥不正常借款来避税。⑦利用税境差异来避税。⑧运用国际重复征税的免除方法来避税。⑨利用避税地来避税。⑩利用税收优惠来避税。

（二）国际避税地

一般来讲，国际避税地是指国际上税负较轻的甚至于没有税负的场所。国际避税地的另一种解释是，外国人可以在这个场所取得收入或拥有资产，而不必支付高税率高税款的地方。国际避税地的存在是跨国纳税人得以进行国际避税活动的重要前提条件。

当然，国际避税地可以是一个国家，也可以是一个国家的某个地区，如港口、岛屿、沿海地区、交通方便的城市等。某些场合还包括自由港、自由贸易区、自由关税区等。

国际避税地分为三种类型：

第一种类型国际避税地，是指不征收所得税和一般财产税的国家和地区。也即不征收个人所得税、公司所得税和资本利得税，也不征收财产净值税、继承税、遗产税和赠与税的地方。

第二种类型国际避税地，是指虽然开征某些所得税和一般财产税，但其税负远低于国际一般负担水平的国家和地区。这类避税地中，许多国家和地区对境外来源的所得和营业活动提供某些优惠的税收政策。或者，对境外来源所得免税，只对来源于境内的收入按较低的税率征税。

第三种类型国际避税地，是指制定正常税制并以此作为征税的法律，但同时也提供特殊情况下的税收优惠待遇的国家和地区。这类避税地的特点是，正常征收税收时，对于某些投资经营者给予特殊的税收优惠政策。

国际避税中地形成的条件有以下几个：①能提供具有特色的避税条件；②有与本避税地特色相符合的地理位置；③该地的社会基础设施完善；④本地区政局稳定。

二、国际反避税的措施

有避税就有反避税。虽然避税并不是一种违法行为，但避税会给有关政府的财政收入造成一定的不良后果，在这方面，避税和非法偷税的后果是一样的。因此，世界范围内都提出了反国际避税的要求。

（一）国际反避税的一般方法

多年来，许多国家已经形成较为完整的反国际避税的方法和措施。归结起来有以下几个方面。

（1）在税法中制定反避税条款。一是在税法一般条款中，尽量准确使用有关的文字，堵塞税收漏洞；二是制定特殊的反避税条款，不留避税漏洞；三是制定适用于所有税种税法的综合性反避税条款；四是制定针对国际避税中习惯做法的反避税条款，例如，对关联企业内部转让定价做出特殊规定的条款，对避税地所得规定特殊课税办法的条款等。

（2）以法律形式规定纳税人的特殊义务和责任。强化这种特殊义务和责任的通常包括四个方面：明确纳税人有延伸提供税收情报的义务；规定纳税人的某些交易行为有事先取得政府同意的义务；明确纳税人的举证责任；规定纳税人某些活动须获得税收裁定，例如，有关纳税人所发生的业务能否享受优惠待遇，须经税务当局裁定。

（3）加强税收征管工作。为了有效地防范跨国纳税人的国际避税，除上述工作外，还必须加强税务征收管理工作。提高涉外税务人员的业务素质；加强跨国纳税人经营活动情况的调查，掌握充分的经营情况的第一手资料；加强税务审计，提高对纳税人监督检查的有效性；积极主动争取银行的配合与合作，通过对企业银行账户的掌握，全面了解企业的经营活动，有效防范跨国纳税人的避税活动。

（4）开展国际间反避税合作。针对形式多样的国际避税新手段，各国应想法设法寻求更多的机会并采取各种方式的双边或多边合作，以达到交换相关的税收信息。

（二）完善转让定价的税制立法

利用转让定价在中国关联企业之间进行收入和费用的分配以及利润的转移是中国公司进行国际避税是常用的手段之一。各国为了加强对转让定价的监控，防止跨国关联企业向境外转移利润，大多制定了转让定价税制和相应的法律措施。

（三）应对避税地避税的对策

应对避税地采取的法规主要体现在反延期纳税或受控外国公司这方面的法规。主要处理本国居民控制的外国公司实体所取得并积累起来的所得。但对于什么是受控外国公司，应该如何征税谁应该被征税，什么是应税收入等，各国存在较大的差异，但这些规则大体构成了应对避税地法规的基本内容。

（四）国际税收协定滥用的防范措施

第三国居民滥用其他两国之间的税收协定，主要是为了规避有关国家的预提所得税。世界上绝大多数国家都把滥用税收协定的行为视作为一种不正当行为。并主张加以制止。为了防止本国与他国签订的税收协定被第三国居民用于避税以及不把本国的税收优惠提供给企业避税的第三国居民，一些国家已开始采取防止税收协定被滥用的措施。主要包括：制定防止税收协定滥用的国内法规；在双边税收协定中加进滥用条款；严格对协定受益人资格的审查程序。

（五）限制资本弱化法规

资本弱化是指跨国公司为了减少税额，采取贷款方式替代募股方式进行的投资或融资。当跨国公司考虑跨国投资并须确定新建企业的资本结构时，往往会通过在贷款和发行股票之间的选择，来达到使税收负担最小化。

资本弱化税制是一些国家系列化反避税税制的又一重要组成部分。对付资本弱化有以下两种方法：①正常交易方法。即在确定贷款或募股资金时，要看关联方的贷款条件是否与非关联方的贷款条件相同，如果不同，则关联方的贷款可能被视为隐蔽的募股，要按有关法规对利息征税；②固定比率方法。如果公司资本结构比率超过特定的债务权益率，则超过的利息不允许税前扣除，并对超过的利息视同股息征税。

（六）限制避税性移居

跨国纳税人进行国际避税的手段之一，就是从高税国移居到低税国或避税地，以摆脱高税国的居民身份，免除向高税国政府所负的无限纳税义务。许多国家采取一些立法措施，对移居加以限制。这些立法措施有限制自然人移居的措施和限制法人移居的措施。

（七）限制利用改变公司组织形式避税

跨国公司国际避税的方式之一，是适时地改变国外附属机构的组织形式。例如，当其国外分公司开始盈利时，即将其重组为子公司。为防止跨国公司利用这种方式避税，一些国家在法律上也采取了一些防范措施。

（八）加强防范国际避税的行政管理

为了有效防止跨国纳税人进行国际避税，还必须加强反避税工作的行政管理，这些行政管理包括：加强本国的税务行政管理，严格实施各项反避税的法规，积极开展反避税的国际税务合作等。

第四节　国际税收协定

国际税收协定是指 2 个或 2 个以上国家为了协调相互间的税收分配关系和解决重复征税问题，在平等协商谈判基础上所缔结的一种书面协议或条约。正常情况下，这种协议或条约都要经缔约方立法机构批准，并通过外资途径交换批准文件后才能生效。在国际税收协定有效期间内，缔约各方都必须对协定中的一切条款承担义务；在有效期间届满后，任何缔约一方经由外资途径发出协定中止通知，该协定即行失效。

一、国际税收协定的产生和发展

世界上最早的国际税收协定是比利时和法国政府于 1843 年签订的。而随着跨国投资的增多，以及中国所得和财产的国际重复征税问题日益增多，参与缔结国际税收协定的国家和地区也开始增加。二战后，缔结国际税收协定达到了高峰期。

但早期的国际税收协定内容都是根据缔结协定的国家自身税制情况和可以接受的征税原则相互协商，将双方一致的条款写进协定中。由于世界上并无范本可遵循，因此，国际税收协定相互间存在较大的差异。

为了统一和规范国际税收协定的内容，简化国际税收协定的签订过程，国际性组织和一些国家开始研究和制定国际税收协定的范本。

20 世纪六十年代初到七十年代末，经过很多专家、学者、工作人员的努力，世界上产生了两种国际税收协定的范本。即经济合作与发展组织制定的《关于所得和财产避免双重征税协定范本》和联合国专家小组制定的《关于发达国家与发展中国家间避免双重征税协定范本》。（以下简称《经济合作组织范本》和《联合国范本》）这两个范本提供了国际税收活动共同的规范和准则，基本起到了国际税收公约的作用。各有关国家在处理相互间税收问题时有了可参照的标准和依据。它标志着国际税收活动在深度、广度及规范化、标准化方面的飞跃，使国际税收的发展向前大大地推进了一步。以上两个范本的公布，也标志着国际税收的发展进入了较成熟的阶段，它作为国际间处理国际税收关系经验的总结，虽然对世界各国并没有任何法律约束力，但对于协调国际税收关系却起着重要的指导作用。

20 世纪八十年代，以美国为首的经济发达国家提出的"降低税率，扩大税基"的税制改革，变成了世界各国税制改革的共同趋势，推动了国际税收的进一步发展。

目前国际税收协定保持着良好的发展势头，呈现出以下几个发展趋势。一是国际税收协定网络不断发展；二是两个国际性税收协定范本趋于同方向发展；三是国际税收情报交换日益显得重要。

二、两个国际税收协定范本

《经济合作组织范本》草案有两个基本前提，一是居住国应通过抵免法或免税法消除双重征税；二是来源国应力求缩减收入来源管辖权的征税范围，并且大幅度降低税率。《经济合作组织 1977 范本》对于指导国际税收协定的签订发挥了重要作用，但也存在许多不足之处，因此，1992 年又提出了税收协定新范本，全称为《经济合作与发展组织关于避免对所得和财产双重征税的协定范本》。最新文本是 2003 年修订的，主要是增加了征税协助条款、转让股权产生的财产收益征税条款、有关反有害税收竞争的条款及有关电子商务的征税规则等内容。

《经济合作组织范本》倾向于发达国家的利益，许多发展中国家很难据此维护自身的利益，于是广大发展中国家迫切要求制定一部能反映自身利益的国际税收协定范本。联合国经济与社会理事会于 1967 年成立了一个由发达国家和发展中国家代表组成的专家小组，负责组织起草发达国家与发展中国家的税收协定范本。经过多次起草，1979 年审查通过了范本草案，将此称为《联合国范本》，作为联合国用来协调发达国家与发展中国家税务关系的正式参考文件。目前的文本为 2001 年出台的，主要在居民条款、常设机构条款、连属企业条款、财产所得条款以及独立个人劳务条款等五个方面作了变化。

《经济合作组织范本》和《联合国范本》在结构上基本一致，但也存在一些差异。主要为：

《联合国范本》	《经济合作组织范本》
较为注重扩大收入来源国的税收管辖权，主要目的在于促进发达国家和发展中国家之间双边税收协定的签订，同时也促进发展中国家相互间双边税收协定的签订。	虽然也在某些特殊方面承认收入来源国的优先征税权，但其主导思想强调的是居民税收管辖权原则，主要是为了促进经济合作组织成员国之间双边税收协定的签订。

就收入来源国征税的权利而言，《联合国范本》强调收入来源国对国际资本收入的征税应当考虑以下三个方面：①考虑为取得这些收入所应分担的费用，以保证对这种收入按其净值征税；②税率不宜过高，以免挫伤投资积极性；③考虑同提供资金的国家适当地分享税收收入，尤其是对来源国产生的即将汇出境的股息、利息和特许权使用费所生疏的预提所得税，以及对国际运输的船运利润所征收的税款，应体现税收分享原则。注重收入来源国税收管辖权的同时兼顾了缔约国双方利益，比较容易被发展中国家所接受，所以发展中国家谈判和缔结双边税收协定时较多地参照了《联合国范本》。

三、国际税收协定的目标和主要内容

签订国际税收协定的目标，首先是要妥善处理国家之间的双重征税问题，这也是签订国际税收协定的基本任务。各种税收协定的主要条款，都是围绕解决这一问题而签订的。即通过采取一定的措施，如免税法、抵免法等来有效地处理对跨国所得和一般财产价值的双重征税问题；其次是要实行平等负担的原则，取消税收差别待遇；最后是要互相交换税收情报，防止或减少国际避税和国际偷漏税的发生。

国际税收协定的主要内容有：①协定的适用范围；②基本用语的定义；③对所得和财产的课税；④避免双重征税的办法；⑤税收无差别待遇；⑥防止国际偷漏税和国际避税。

就相互交换情报来说，它包括交换为实施协定所需的情报，与协定有关税种的国内法律资料，防止税收欺诈、偷税、漏税以及反国际避税的情报等。这是绝大多数国家之间签订税收协定中的一项特别条款。

四、我国参与或签订的国际税收协定

1983 年我国同日本签订了避免双重征税协定。到目前为止，我国已经与世界上九十多个国家缔结了避免双重征税协定。此外，中央政府还同香港、澳门两个特别行政区签署了《内地与香港对所得避免双重征税的安排》和《内地与澳门对所得避免双重征税的安排》。这些税收协定和的安排的签订，对加强缔约双方间经贸往来，尤其在吸引外资和促进我国企业走出去战略的实施等方面发挥了重要作用。

（一）我国对外税收协定工作文本

我国参考《经济合作组织范本》和《联合国范本》两个通行的国际税收协定范本，

拟定了一个对外缔结避免双重征税税收协定的工作文本，其全称为《中华人民共和国和××国政府关于对所得避免双重征税和防止偷税漏税的协定》。该文本的作用在于同其他国家政府进行谈判时，作为我方的意见提交双方商议。这个文本只是对外谈判税收协定做出的原则性规定。在具体对外谈判税收协定中，仍要视对方国家的不同情况，做到因国而异，有所侧重，提出既能适合我国国情，维护我国的经济利益，又要能为对方国所接受的意见。并不是局限于某一种谈判格局。

（二）我国对外税收协定所遵循的原则

我国与外国谈判和签订税收协定，既要尊重国际惯例，又要坚持一定的原则；既要有利于维护我国的主权和利益，又要有利于吸引外资和引进技术，并促进本国企业走向世界；既要坚持原则，又要友好协商；对有争议的问题，既要据理力争，又要争之有理，让之适度，提高签约的效率。具体来讲，包括坚持所得地域税收管辖权的征税原则；坚持平等互利原则；税收饶让原则。

（三）我国对外税收协定发展的新趋势

我国目前正在和一些与我国已经签订税收协定的国家进行谈判，协商修改已经签订的税收协定，以弥补协定所存在的漏洞，防止国际避税者利用我国与其他国家所签订的税收协定来进行国际避税。这些谈判主要是在新修订的国际税收协定中增加反避税内容及反滥用协定条款。

国际税收协定例题

一、单项选择题

【例题 18-1】 A 国甲居民公司在 B 国设有一分公司。2010 年甲公司在 A 国取得应纳税所得额为 100 万元适用企业所得税税率为 30%。分公司在 B 国取得应纳税所得额 30 万元，适用企业所得税税率 40%。两国计算应纳税所得额的口径一致，A 国税务机构对甲公司征收的 2010 年企业所得税税额为：（100＋30）×30%－30×40%＝27 万元。则 A 国对甲公司采用的消除国际重复征税的方法是（　　）。

A. 全额免税法　　B. 直接抵免法中的全额抵免法

C. 累进免税法　　D. 直接抵免法中的限额抵免法

（2011 年注册会计师考试单项选择题）

【分析】 全额免税法，是指国外取得的投资收益全部免税，只针对国内取得的所得额计征企业所得税。直接抵免法中的全额抵免法，是针对国外分回的投资收益按我国法定税率计算应纳税额再减去国外已纳的企业所得税，国外部分不计算抵免限额，全部可以抵免。为此，请注意对两者的区分。

【参考答案】 B

【例题 18-2】 企业下列行为中，属于避税的是（　　）。

A. 企业虚增当期计税成本，少交企业所得税

B. 企业不申报通过现金形式取得的收入，少交营业税

C. 企业在税收减免期提前确认收入，以减少正常纳税期的应纳税所得额

D. 企业通过向国际避税地支付高额特许权使用费，降低其所在国的应纳税所得额

（2011 年注册会计师考试单项选择题）

【分析】 避税是指纳税人通过人为安排，采取非违法的手段，利用税法的漏洞、特例和缺陷，规避、减轻或延迟其自身的纳税义务的行为。

而逃税是纳税人故意违反税收法律法规，采取欺骗、隐瞒等方式，逃避纳税的行为。逃税是指“纳税人伪造（设立虚假的账簿、记账凭证）、变造（对账簿、记账凭证进行挖补、涂改等）、隐匿、擅自销毁账簿、记账凭证，或者在账簿上多列支出（以冲抵或减少实际收入）或者不列、少列收入，或者经税务机关通知申报仍然拒不申报或者进行虚假的纳税申报，不缴或者少缴应纳税款的”行为。显然选项 A、B 和 C 都是属于逃税的行为。

【参考答案】 C

二、多项选择题

【例题 18-3】 行使居民管辖权的国家在确定纳税人是否具有居民身份时，可以采用的判定标准有（　　）

A. 住所标准　　B. 户籍标准　　C. 时间标准　　D. 意愿标准

（2009 年注册会计师考试多项选择题）

【参考答案】 A C

【例题 18-4】 下列关于转让定价和转让定价税制的表述中，正确的有（　　）。

A. 利用转让定价在跨国关联企业之间进行收入费用分配以及利润的转移是跨国公司国际避税最常用的手段之一

B. 世界转让定价税制发展的一个重要趋势是从事先约定向事后调整延伸，预约定价协议的实施范围开始缩小

C. 转让定价税制适用于国内公司与国外关联公司间的商品交易、资产转让、提供劳务和贷款等行为，不适用于个人

D. 转让定价税制不仅适用于国内母公司或子公司同它设立在国外的子、母公司间的交易，也适用于形式上通过第三者中介，而实质上是关联公司间的交易

（2010 年注册会计师考试多项选择题）

【分析】 所谓转让定价（Transfer Pricing），是指跨国关联企业内部基于共同利益的需要，通过人为安排而形成的不同于正常交易市场价格的内部交易价格和费用标准。简言之，就是跨国公司集团内部交易往来的定价。转让定价税制是一国政府为了防止跨国公司利用转让定价经营策略进行关联企业内部交易，侵犯本国税收利益，而按照一定的原则，通过法律形式规定的对转让定价进行调整的制度、方法和措施等。世界转让定价税制发展的一个重要趋势是从事后调整向事先约定延伸，预约定价协议开始大范围实施。故选项 B 不选。

【参考答案】 A C D

第十九章　税收征收管理法

税收征收管理法（law on the management of tax revenue collection）是指国家制定的规范和调整税收征收管理关系的法律规范总称。除 2001 年 5 月 1 日起实施的新的《中华人民共和国税收征收管理法》（以下简称《税收征管法》）以及 2002 年 10 月 15 日起实施的《中华人民共和国税收征收管理法实施细则》（以下简称《税收征管法实施细则》）外，国务院、财政部、国家税务总局、国家海关总署制定的行政法规和部颁规章，以及地方经授权所制定的税收征收管理地方性法规和地方规章也是税收征收管理法的组成部分。税务管理方面有《税收票证管理办法》、《邮寄纳税申报办法》、《个体工商户定期定额管理暂行办法》等；税款征收、税务检查方面有《税务违法案件举报奖励办法》、《税务稽查案件复查暂行办法》、《税收执法过错责任追究办法（试行）》等。

第一节　税收征收管理法概述

一、《税收征管法》立法目的

《税收征管法》是我国第一部以法律形式对国内税收和涉外税收作出统一规定的税收征收管理法，属于我国税收法律体系中的程序法。立法目的是为了加强税收征收管理，规范税收征收和缴纳行为，保障国家税收收入，保护纳税人的合法权益，促进经济和社会发展。

二、税收征收管理法的适用范围

凡依法由税务机关征收的各种税收的征收管理，均适用《税收征管法》以及《税收征管法实施细则》；《税收征管法》以及《税收征管法实施细则》没有规定的，依照其他有关税收法律、行政法规的规定执行。

我国税收的征收机关有税务、海关和财政部门，税务机关征收各种工商税收，海关征收关税。因此《税收征管法》只适用于由税务机关征收的各种税收的征收管理。

海关征收的关税及代征的增值税、消费税适用其他法律、法规的规定。我国目前还有一些费是由税务机关征收，如教育费附加等。这些费的征收也不适用《税收征管法》，不能采取《税收征管法》规定的有关措施，只能用各种费的条例和规章来规范。

任何部门、单位和个人作出的与税收法律、行政法规相抵触的决定一律无效，税务机关不得执行，并应当向上级税务机关告。纳税人应当依照税收法律、行政法规的规定履行纳税义务；其签订的合同、协议等与税收法律、行政法规相抵触的，一律无效。

三、税收征收管理法的遵守主体

（一）税务行政主体——税务机关

国务院税务主管部门主管全国税收征收管理工作。各地国家税务局和地方税务局应当按照国务院规定的税收征收管理范围分别进行征收管理。

（二）税务行政管理相对人——纳税人、扣缴义务人和其他有关单位

法律、行政法规规定负有纳税义务的单位和个人为纳税人。法律、行政法规规定负有代扣代缴、代收代缴税款义务的单位和个人为扣缴义务人。纳税人、扣缴义务人必须依照法律、行政法规的规定缴纳税款、代扣代缴、代收代缴税款。

纳税人、扣缴义务人和其他有关单位应当按照国家有关规定如实向税务机关提供与纳税和代扣代缴、代收代缴税款有关的信息。

（三）有关单位和部门

地方各级人民政府应当依法加强对本行政区域内税收征收管理工作的领导或者协调，支持税务机关依法执行职务，依照法定税率计算税额，依法征收税款。各有关部门和单位应当支持、协助税务机关依法执行职务。

四、税收征收管理法权利和义务的设定

（一）税务机关和税务人员的权利和义务

其中，权利主要包括：国家税务总局负责制定全国税务系统信息化建设的总体规划、技术标准、技术方案与实施办法；各级税务机关应当按照国家税务总局的总体规划、技术标准、技术方案与实施办法，做好本地区税务系统信息化建设的具体工作。负责税收征收管理工作；税务机关依法执行职务，任何单位和个人不得阻挠。

义务主要包括：按照国务院规定设立是指省以下税务局的稽查局，并向社会公告。稽查局专司偷税、逃避追缴欠税、骗税、抗税案件的查处。国家税务总局应当明确划分税务局和稽查局的职责，避免职责交叉。国家税务总局应当制定税务人员行为准则和服务规范。上级税务机关发现下级税务机关的税收违法行为，应当及时予以纠正；下级税务机关应当按照上级税务机关的决定及时改正。下级税务机关发现上级税务机关的税收违法行为，应当向上级税务机关或者有关部门报告。税务机关应当广泛宣传税收法律、行政法规，普及纳税知识，无偿地为纳税人提供纳税咨询服务；税务机关应当加强队伍建设，提高税务人员的政治业务素质；税务机关、税务人员必须秉公执法、忠于职守、清正廉洁、礼貌待人、文明服务，尊重和保护纳税人、扣缴义务人的权利，依法接受监督；税务机关根据检举人的贡献大小给予相应的奖励；税务人员不得索贿受贿、徇私舞弊、玩忽职守、不征或者少征应征税款；不得滥用职权多征税款或者故意刁难纳税人和扣缴义务人；各级税务机关应当建立、健全内部制约和监督管理制度；上级税务机关应当对下级税务机关的执法活动依法进行监督；各级税务机关应当对其工作人员执行法

律、行政法规和廉洁自律准则的情况进行监督检查；税务机关应当依法为纳税人、扣缴义务人的情况保密（这里所称为纳税人、扣缴义务人保密的情况，是指纳税人、扣缴义务人的商业秘密及个人隐私）；税务机关负责征收、管理、稽查、行政复议的人员的职责应当明确，并相互分离、相互制约；收到检举的机关和负责查处的机关应当为检举人保密；税务机关应当按照规定给予奖励；税务人员征收税款和查处税收违法案件，与纳税人、扣缴义务人或者税收违法案件有利害关系的，应当回避。税务人员应在核定纳税额、调整税收定额、进行税务检查、实施税务行政处罚、办理税务行政复议时，与纳税人、扣缴义务人或者其法定代表人、直接责任人有下列关系之一的，应当回避：①夫妻关系；②直系血亲关系；③三代以内旁系血亲关系；④近姻亲关系；⑤可能影响公正执法的其他利害关系。

（二）纳税人、扣缴义务人的权利和义务

纳税人、扣缴义务人的权利有以下方面：

（1）了解国家税收法律、行政法规规定的权利。纳税人、扣缴义务人有权向税务机关了解国家税收法律、行政法规的规定以及与纳税程序有关的情况。

（2）要求保守秘密的权利。纳税人、扣缴义务人有权要求税务机关为纳税人、扣缴义务人的情况保密。税务机关应当依法为纳税人、扣缴义务人的情况保密。这里所称为纳税人、扣缴义务人保密的情况，是指纳税人、扣缴义务人的商业秘密及个人隐私。纳税人、扣缴义务人的税收违法行为不属于保密范围。

（3）申请减、免、退税的权利。纳税人依法享有申请减税、免税、退税的权利。

（4）享有陈述、申辩、申请行政复议、提起行政诉讼、请求国家赔偿的权利。纳税人、扣缴义务人对税务机关所作出的决定，享有陈述权、申辩权；依法享有申请行政复议、提起行政诉讼、请求国家赔偿等权利。

（5）控告和检举的权利。纳税人、扣缴义务人有权控告和检举税务机关、税务人员的违法违纪行为。

（6）受尊重的权利。税务机关、税务人员必须秉公执法，忠于职守，清正廉洁，礼貌待人，文明服务，尊重和保护纳税人、扣缴义务人的权利，依法接受监督。

（7）基本生活得到保障的权利。税务机关采取税收保全措施和强制执行措施必须依照法定的权限和程序进行，不得查封、扣押纳税人个人及其扶养的家属维持生活必需的住房和用品。

（8）申请延期申报和延期缴纳税款的权利。纳税人、扣缴义务人不能按期办理纳税申报或者报送代扣代缴、代收代缴税款报告表的，经税务机关核准，可以延期申报。纳税人因有特殊困难，不能按期缴纳税款的，经省、自治区、直辖市国家税务局、地方税务局批准，可以延期缴纳税款，但是最长不得超过 3 个月。

（9）依法申请收回多缴税款并受补偿的权利。纳税人超过应纳税额缴纳的税款，税务机关发现后应当立即退还；纳税人自结算缴纳税款之日起 3 年内发现的，可以向税务机关要求退还多缴的税款并加算银行同期存款利息，税务机关及时查实后应当立即退还；涉及从国库中退库的，依照法律、行政法规有关国库管理的规定退还。

(10) 有依法拒绝检查的权利。税务机关派出的人员进行税务检查时，应当出示税务检查证和税务检查通知书，并有责任为被检查人保守秘密；未出示税务检查证和税务检查通知书的，被检查人有权拒绝检查。

(11) 有依法拒绝履行代扣、代收税款义务的权利。对法律、行政法规没有规定负有代扣、代收税款义务的单位和个人，税务机关不得要求其履行代扣、代收税款义务。

(12) 国家法律、行政法规规定的其他权利。

纳税人、扣缴义务人的义务包括有：纳税人、扣缴义务人必须依照法律、行政法规的规定缴纳税款、代扣代缴、代收代缴税款；纳税人、扣缴义务人和其他有关单位应当按照国家有关规定如实向税务机关提供与纳税和代扣代缴、代收代缴税款有关的信息；以及必须接受税务机关依法进行的税务检查，如实反映情况，提供有关资料，不得拒绝、隐瞒。

(三) 地方各级政府、有关部门和单位的权利和义务

权利有：地方各级人民政府应当依法加强对本行政区域内税收征收管理工作的领导或者协调，支持税务机关依法执行职务，依照法定税率计算税额，依法征收税款。任何单位和个人都有权检举违反税收法律、行政法规的行为。

义务有：地方各级人民政府应当积极支持税务系统信息化建设，并组织有关部门实现相关信息的共享。各有关部门和单位应当支持、协助税务机关依法执行职务。任何机关、单位和个人不得违反法律、行政法规的规定，擅自作出税收开征、停征以及减税、免税、退税、补税和其他同税收法律、行政法规相抵触的决定。收到违反税收法律、行政法规的行为检举的机关和负责查处的机关应当为检举人保密。

五、税务机关的服务理念

税收征收管理不光是税务机关对纳税人及应纳税款的征收管理问题，而且是税务机关服务社会服务纳税人的问题。为了规范税收征收和缴纳行为，保护纳税人的合法权益，努力为纳税人依法纳税提供全方位和高水平的服务，提高纳税遵从度和税收征管效率，创建良好的税收秩序，国家税务总局专门发出通知，对此提出了10点要求。这10点要求分别是：

(1) 转变服务理念，创新工作思路。

(2) 建立宣传制度，完善沟通机制。

(3) 创新申报方式，拓宽缴税渠道。

(4) 规范服务行为，简化办税程序。

(5) 开展文明服务，实行公开办税。

(6) 倡导诚信纳税，推进依法治税。

(7) 定期征询意见，搞好服务监督。

(8) 运用现代科技，创新服务手段。

(9) 加强部门配合，形成服务合力。

(10) 切实加强领导，明确工作职责。

国家税务总局成立了纳税服务处，其职责是：依照《税收征管法》制定纳税服务工作制度和办法；负责对纳税人税收法规的辅导、咨询工作；规范税务机关和税务干部纳税服务的行政行为，促进纳税人依法自觉纳税；建立并组织实施纳税信誉等级管理办法；规范并推广多元化申报纳税方式；规范办税服务厅；推广应用全国税务系统特服电话“12366”。各省、自治区、直辖市及计划单列市国家税务局、地方税务局要在征管处内设置专门工作人员分管纳税服务工作，以保证纳税服务工作的顺利进行。

第二节　税 务 管 理

企业、企业在外地设立的分支机构和从事生产、经营的场所，个体工商户和从事生产、经营的事业单位，均应当按照《税收征管法》及《税收征管法实施细则》和《税务登记管理办法》的规定办理税务登记。《税务登记管理办法》规定以外的纳税人，除国家机关、个人和无固定生产、经营场所的流动性农村小商贩外，也应当按照《税收征管法》及《税收征管法实施细则》和《税务登记管理办法》的规定办理税务登记。

根据税收法律、行政法规的规定负有扣缴税款义务的扣缴义务人（国家机关除外），应当按照《税收征管法》及《税收征管法实施细则》和《税务登记管理办法》的规定办理扣缴税款登记。

县以上（含本级，下同）国家税务局（分局）、地方税务局（分局）是税务登记的主管税务机关，负责税务登记的设立登记、变更登记、注销登记和税务登记证验证、换证以及非正常户处理、报验登记等有关事项。

税务登记证件包括税务登记证及其副本、临时税务登记证及其副本。扣缴税款登记证件包括扣缴税款登记证及其副本。

国家税务局（分局）、地方税务局（分局）按照国务院规定的税收征收管理范围，实施属地管理，采取联合登记或分别登记的方式办理税务登记。有条件的城市，国家税务局（分局）、地方税务局（分局）可以按照“各区分散受理、全市集中处理”的原则办理税务登记。国家税务局（分局）、地方税务局（分局）联合办理税务登记的，应当对同一纳税人核发同一份加盖国家税务局（分局）、地方税务局（分局）印章的税务登记证。国家税务局（分局）、地方税务局（分局）之间对纳税人税务登记的主管税务机关发生争议的，由其上一级国家税务局、地方税务局共同协商解决。

国家税务局（分局）、地方税务局（分局）执行统一税务登记代码。税务登记代码由省级国家税务局、地方税务局联合编制，统一下发各地执行。

“同一代码”是指国家税务局、地方税务局在发放税务登记证件时，对同一个纳税人赋予同一个税务登记代码。为确保税务登记代码的同一性和唯一性，单位纳税人（含个体加油站）的税务登记代码由 15 位数组成，其中前 6 位为区域码，由省、自治区、直辖市国家税务局、地方税务局共同编排联合下发（开发区、新技术园区等未赋予行政区域码的可重新赋码，其他的按行政区域码编排），后 9 位为国家质量监督检验检疫总局赋予的组织机构统一代码。市（州）以下国家税务局、地方税务局根据省、自治区、直辖市国家税务局、地方税务局制定的编码编制税务登记代码。

纳税人办理下列事项时，必须提供税务登记证件：①开立银行账户；②领购发票。纳税人办理其他税务事项时，应当出示税务登记证件，经税务机关核准相关信息后办理手续。

一、税务登记管理

税务登记分为开业税务登记、变更登记、注销登记和停业、复业登记等 4 种。

国家税务局、地方税务局对同一纳税人的税务登记应当采用同一代码，信息共享。各级工商行政管理机关应当向同级国家税务局和地方税务局定期通报办理开业、变更、注销登记以及吊销营业执照的情况。

税务机关应当加强税务登记证件的管理，采取实地调查、上门验证等方法，或者结合税务部门和工商部门之间，以及国家税务局（分局）、地方税务局（分局）之间的信息交换比对进行税务登记证件的管理。

纳税人、扣缴义务人遗失税务登记证件的，应当自遗失税务登记证件之日起 15 日内，书面报告主管税务机关，如实填写《税务登记证件遗失报告表》，并将纳税人的名称、遗失税务登记证件名称、税务登记证件号码、税务登记证件有效期、发证机关名称在税务机关认可的报刊上作遗失声明，凭报刊上刊登的遗失声明向主管税务机关申请补办税务登记证件。

（一）开业税务登记

开业税务登记适用对象为两类：一是领取营业执照从事生产经营活动的纳税人；二是其他纳税人。

企业、企业在外地设立的分支机构和从事生产、经营的场所，个体工商户和从事生产、经营的事业单位（以下统称从事生产、经营的纳税人），向生产、经营所在地税务机关申报办理税务登记：①从事生产、经营的纳税人领取工商营业执照（含临时工商营业执照）的，应当自领取工商营业执照之日起 30 日内申报办理税务登记，税务机关核发税务登记证及副本（纳税人领取临时工商营业执照的，税务机关核发临时税务登记证及副本）；②从事生产、经营的纳税人未办理工商营业执照但经有关部门批准设立的，应当自有关部门批准设立之日起 30 日内申报办理税务登记，税务机关核发税务登记证及副本；③从事生产、经营的纳税人未办理工商营业执照也未经有关部门批准设立的，应当自纳税义务发生之日起 30 日内申报办理税务登记，税务机关核发临时税务登记证及副本；④有独立的生产经营权、在财务上独立核算并定期向发包人或者出租人上交承包费或租金的承包承租人，应当自承包承租合同签订之日起 30 日内，向其承包承租业务发生地税务机关申报办理税务登记，税务机关核发临时税务登记证及副本；⑤从事生产、经营的纳税人外出经营，自其在同一县（市）实际经营或提供劳务之日起，在连续的 12 个月内累计超过 180 天的，应当自期满之日起 30 日内，向生产、经营所在地税务机关申报办理税务登记，税务机关核发临时税务登记证及副本；⑥境外企业在中国境内承包建筑、安装、装配、勘探工程和提供劳务的，应当自项目合同或协议签订之日起 30 日内，向项目所在地税务机关申报办理税务登记，税务机关核发临时税务登记证及副本。

以上规定以外的其他纳税人，除国家机关、个人和无固定生产、经营场所的流动性农村小商贩外，均应当自纳税义务发生之日起 30 日内，向纳税义务发生地税务机关申报办理税务登记，税务机关核发税务登记证及副本。

虽然不从事生产活动，但依照法律规定有纳税义务的单位和个人，除临时取得应税收入或发生应税行为以及只缴纳个人所得税、车船税的外，也应按规定向税务机关办理税务登记。

纳税人在申报办理税务登记时，应当根据不同情况向税务机关如实提供以下证件和资料：①工商营业执照或其他核准执业证件；②有关合同、章程、协议书；③组织机构统一代码证书；④法定代表人或负责人或业主的居民身份证、护照或者其他合法证件。其他需要提供的有关证件、资料，由省、自治区、直辖市税务机关确定。

纳税人在申报办理税务登记时，应当如实填写税务登记表。税务登记表的主要内容包括：①单位名称、法定代表人或者业主姓名及其居民身份证、护照或者其他合法证件的号码；②住所、经营地点；③登记类型；④核算方式；⑤生产经营方式；⑥生产经营范围；⑦注册资金（资本）、投资总额；⑧生产经营期限；⑨财务负责人、联系电话；⑩国家税务总局确定的其他有关事项。

纳税人提交的证件和资料齐全且税务登记表的填写内容符合规定的，税务机关应及时发放税务登记证件。纳税人提交的证件和资料不齐全或税务登记表的填写内容不符合规定的，税务机关应当场通知其补正或重新填报。纳税人提交的证件和资料明显有疑点的，税务机关应进行实地调查，核实后予以发放税务登记证件。

税务登记证件主要内容包括：纳税人名称、税务登记代码、法定代表人或负责人、生产经营地址、登记类型、核算方式、生产经营范围（主营、兼营）、发证日期、证件有效期等。

已办理税务登记的扣缴义务人应当自扣缴义务发生之日起 30 日内，向税务登记地税务机关申报办理扣缴税款登记。税务机关在其税务登记证件上登记扣缴税款事项，税务机关不再发给扣缴税款登记证件。

根据税收法律、行政法规的规定可不办理税务登记的扣缴义务人，应当自扣缴义务发生之日起 30 日内，向机构所在地税务机关申报办理扣缴税款登记。税务机关核发扣缴税款登记证件。

从事生产、经营的纳税人应当按照国家有关规定，持税务登记证件，在银行或者其他金融机构开立基本存款账户和其他存款账户，并将其全部账号向税务机关报告。

银行和其他金融机构应当在从事生产、经营的纳税人的账户中登录税务登记证件号码，并在税务登记证件中登录从事生产、经营的纳税人的账户账号。

税务机关依法查询从事生产、经营的纳税人开立账户的情况时，有关银行和其他金融机构应当予以协助。

纳税人按照国务院税务主管部门的规定使用税务登记证件。税务登记证件不得转借、涂改、损毁、买卖或者伪造。

扣缴义务人应当自扣缴义务发生之日起 30 日内，向所在地的主管税务机关申报办理扣缴税款登记，领取扣缴税款登记证件；税务机关对已办理税务登记的扣缴义务人，可以只在其税务登记证件上登记扣缴税款事项，不再发给扣缴税款登记证件。

除按照规定不需要发给税务登记证件的外，纳税人办理下列事项时，必须持税务登记证件：①开立银行账户；②申请减税、免税、退税；③申请办理延期申报、延期缴纳税款；④领购发票；⑤申请开具外出经营活动税收管理证明；⑥办理停业、歇业；⑦其他有关税务事项。

从事生产、经营的纳税人应当自开立基本存款账户或者其他存款账户之日起 15 日内，向主管税务机关书面报告其全部账号；发生变化的，应当自变化之日起 15 日内，向主管税务机关书面报告。

纳税人应当将税务登记证件正本在其生产、经营场所或者办公场所公开悬挂，接受税务机关检查。纳税人遗失税务登记证件的，应当在 15 日内书面报告主管税务机关，并登报声明作废。税务机关对税务登记证件实行定期验证和换证制度。纳税人应当在规定的期限内持有关证件到主管税务机关办理验证或者换证手续。

外出经营报验登记。从事生产、经营的纳税人到外县（市）临时从事生产、经营活动的，应当在外出生产经营以前，持税务登记证向主管税务机关申请开具《外出经营活动税收管理证明》（以下简称《外管证》）。税务机关按照一地一证的原则，核发《外管证》，《外管证》的有效期限一般为 30 日，最长不得超过 180 天。

纳税人应当在《外管证》注明地进行生产经营前向经营地或提供劳务地税务机关报验登记，接受税务管理，并提交下列证件、资料：①税务登记证件副本；②《外管证》。纳税人在《外管证》注明地销售货物的，除提交以上证件、资料外，应如实填写《外出经营货物报验单》，申报查验货物。

从事生产、经营的纳税人外出经营，在同一地累计超过 180 天的，应当在营业地办理税务登记手续。纳税人外出经营活动结束，应当向经营地税务机关填报《外出经营活动情况申报表》，并结清税款、缴销发票。纳税人应当在《外管证》有效期届满后 10 日内，持《外管证》回原税务登记地税务机关办理《外管证》缴销手续。这里所称“从事生产、经营的纳税人外出经营，在同一地累计超过 180 天的”，应当是以纳税人在同一县（市）实际经营或提供劳务之日起，在连续的 12 个月内累计超过 180 天。

（二）变更税务登记

从事生产、经营的纳税人税务登记内容发生变化的，应当自工商行政管理机关或者其他机关办理变更登记之日起 30 日内，持有关证件向原税务登记机关申报办理变更税务登记。纳税人税务登记内容发生变化，不需要到工商行政管理机关或者其他机关办理变更登记的，应当自发生变化之日起 30 日内，持有关证件向原税务登记机关申报办理变更税务登记。

纳税人因住所、经营地点变动，涉及改变税务登记机关的，应当在向工商行政管理机关或者其他机关申请办理变更或者注销登记前或者住所、经营地点变动前，向原税务登记机关申报办理注销税务登记，并在 30 日内向迁达地税务机关申报办理税务登记。

纳税人已在工商行政管理机关办理变更登记的，应当自工商行政管理机关变更登记之日起30日内，向原税务登记机关如实提供下列证件、资料，申报办理变更税务登记：①工商登记变更表及工商营业执照；②纳税人变更登记内容的有关证明文件；③税务机关发放的原税务登记证件（登记证正、副本和登记表等）；④其他有关资料。

纳税人按照规定不需要在工商行政管理机关办理变更登记，或者其变更登记的内容与工商登记内容无关的，应当自税务登记内容实际发生变化之日起30日内，或者自有关机关批准或者宣布变更之日起30日内，持下列证件到原税务登记机关申报办理变更税务登记：①纳税人变更登记内容的有关证明文件；②税务机关发放的原税务登记证件（登记证正、副本和税务登记表等）；③其他有关资料。

纳税人提交的有关变更登记的证件、资料齐全的，应如实填写税务登记变更表，经税务机关审核，符合规定的，税务机关应予以受理；不符合规定的，税务机关应通知其补正。

税务机关应当自受理之日起30日内，审核办理变更税务登记。纳税人税务登记表和税务登记证中的内容都发生变更的，税务机关按变更后的内容重新核发税务登记证件；纳税人税务登记表的内容发生变更而税务登记证中的内容未发生变更的，税务机关不重新核发税务登记证件。

（三）注销税务登记

纳税人发生解散、破产、撤销以及其他情形，依法终止纳税义务的，应当在向工商行政管理机关或者其他机关办理注销登记前，持有关证件向原税务登记机关申报办理注销税务登记；按照规定不需要在工商行政管理机关或者其他机关办理注册登记的，应当自有关机关批准或者宣告终止之日起15日内，持有关证件向原税务登记机关申报办理注销税务登记。

纳税人被工商行政管理机关吊销营业执照或者被其他机关予以撤销登记的，应当自营业执照被吊销或者被撤销登记之日起15日内，向原税务登记机关申报办理注销税务登记。

纳税人因住所、经营地点变动，涉及改变税务登记机关的，应当在向工商行政管理机关或者其他机关申请办理变更、注销登记前，或者住所、经营地点变动前，持有关证件和资料，向原税务登记机关申报办理注销税务登记，并自注销税务登记之日起30日内向迁达地税务机关申报办理税务登记。

境外企业在中国境内承包建筑、安装、装配、勘探工程和提供劳务的，应当在项目完工、离开中国前15日内，持有关证件和资料，向原税务登记机关申报办理注销税务登记。

纳税人办理注销税务登记前，应当向税务机关提交相关证明文件和资料，结清应纳税款、多退（免）税款、滞纳金和罚款，缴销发票、税务登记证件和其他税务证件，经税务机关核准后，办理注销税务登记手续。

（四）停业、复业登记

实行定期定额征收方式的纳税人在营业执照核准的经营期限内需停业的，应向税务机关办理停业登记；恢复生产、经营之前，向税务机关办理复业登记。实行定期定额征收方式的个体工商户需要停业的，应当在停业前向税务机关申报办理停业登记。纳税人的停业期限不得超过 1 年。

纳税人在申报办理停业登记时，应如实填写停业申请登记表，说明停业理由、停业期限、停业前的纳税情况和发票的领、用、存情况，并结清应纳税款、滞纳金、罚款。税务机关应收存其税务登记证件及副本、发票领购簿、未使用完的发票和其他税务证件。

纳税人在停业期间发生纳税义务的，应当按照税收法律、行政法规的规定申报缴纳税款。

纳税人应当于恢复生产经营之前，向税务机关申报办理复业登记，如实填写《停、复业报告书》，领回并启用税务登记证件、发票领购簿及其停业前领购的发票。

纳税人停业期满不能及时恢复生产经营的，应当在停业期满前向税务机关提出延长停业登记申请，并如实填写《停、复业报告书》。

二、账簿、凭证管理

账簿、记账凭证、报表、完税凭证、发票、出口凭证以及其他有关涉税资料应当合法、真实、完整。账簿、会计凭证和报表，应当使用中文。民族自治地方可以同时使用当地通用的一种民族文字。外商投资企业和外国企业可以同时使用一种外国文字。

（一）账簿凭证管理

纳税人应当按照税务机关的要求安装、使用税控装置，并按照税务机关的规定报送有关数据和资料。

1. 设置账簿

从事生产、经营的纳税人应当自领取营业执照或者发生纳税义务之日起 15 日内，按照有关法律、行政法规和国务院财政、税务主管部门的规定设置账簿，根据合法、有效凭证记账，进行核算。账簿是指总账、明细账、日记账以及其他辅助性账簿。总账、日记账应当采用订本式。

生产、经营规模小又确无建账能力的纳税人，可以聘请经批准从事会计代理记账业务的专业机构或者经税务机关认可的财会人员代为建账和办理账务；聘请上述机构或者人员有实际困难的，经县以上税务机关批准，可以按照税务机关的规定，建立收支凭证粘贴簿、进货销货登记簿或者使用税控装置。

扣缴义务人应当自税收法律、行政法规规定的扣缴义务发生之日起 10 日内，按照所代扣、代收的税种，分别设置代扣代缴、代收代缴税款账簿。

纳税人、扣缴义务人会计制度健全，能够通过计算机正确、完整计算其收入和所得或者代扣代缴、代收代缴税款情况的，其计算机输出的完整的书面会计记录，可视同会计账簿。纳税人、扣缴义务人会计制度不健全，不能通过计算机正确、完整计算其收入和所得或者代扣代缴、代收代缴税款情况的，应当建立总账及与纳税或者代扣代缴、代收代缴税款有关的其他账簿。

2. 报送备案

从事生产、经营的纳税人应当自领取税务登记证件之日起 15 日内，将其财务、会计制度或者财务、会计处理办法报送主管税务机关备案。

纳税人使用计算机记账的，应当在使用前将会计电算化系统的会计核算软件、使用说明书及有关资料报送主管税务机关备案。纳税人建立的会计电算化系统应当符合国家有关规定，并能正确、完整核算其收入或者所得。从事生产、经营的纳税人的财务、会计制度或者财务、会计处理办法和会计核算软件，应当报送税务机关备案。

纳税人、扣缴义务人的财务、会计制度或者财务、会计处理办法与国务院或者国务院财政、税务主管部门有关税收的规定抵触的，依照国务院或者国务院财政、税务主管部门有关税收的规定计算应纳税款、代扣代缴和代收代缴税款。

3. 账簿凭证保存

从事生产、经营的纳税人、扣缴义务人必须按照国务院财政、税务主管部门规定的保管期限保管账簿、记账凭证、完税凭证及其他有关资料。账簿、记账凭证、完税凭证及其他有关资料不得伪造、变造或者擅自损毁。除法律行政法规另有规定的外，账簿、会计凭证、报表、完税凭证、发票、出口凭证及其他有关涉税资料应当保存 10 年。

（二）发票的使用和管理

1. 发票的印制

税务机关是发票的主管机关，负责发票印制、领购、开具、取得、保管、缴销的管理和监督。增值税专用发票由国务院税务主管部门指定的企业印制；其他发票，分别由省、自治区、直辖市国家税务局、地方税务局指定企业印制。

2. 发票的领购

依法办理税务登记的单位和个人，在领取税务登记证后向主管税务机关申请领取发票。

3. 发票的使用

单位、个人在购销商品、提供或者接受经营服务以及从事其他经营活动中，应当按照规定开具、使用、取得发票。

4. 税控管理

国家根据税收征收管理的需要，积极推广使用税控装置。纳税人应当按照规定安装、使用税控装置，不得损毁或者擅自改动税控装置。

三、纳税申报管理

税务机关应当建立、健全纳税人自行申报纳税制度。

（一）申报人和申报资料

纳税人和扣缴义务人必须依照法律、行政法规规定或者税务机关依照法律、行政法规的规定确定的申报期限、申报内容，分别如实办理纳税申报，报送纳税申报表、财务会计报表以及税务机关根据实际需要要求纳税人报送的其他纳税资料；报送代扣代缴、代收代缴税款报告表以及税务机关根据实际需要要求扣缴义务人报送的其他有关资料。纳税人享受减税、免税待遇的，在减税、免税期间应当按照规定办理纳税申报。纳税人在纳税期内没有应纳税款的，也应当按照规定办理纳税申报。

纳税人、扣缴义务人的纳税申报或者代扣代缴、代收代缴税款报告表的主要内容包括：税种、税目，应纳税项目或者应代扣代缴、代收代缴税款项目，计税依据，扣除项目及标准，适用税率或者单位税额，应退税项目及税额、应减免税项目及税额，应纳税额或者应代扣代缴、代收代缴税额，税款所属期限、延期缴纳税款、欠税、滞纳金等。

纳税人办理纳税申报时，应当如实填写纳税申报表，并根据不同的情况相应报送下列有关证件、资料：①财务会计报表及其说明材料；②与纳税有关的合同、协议书及凭证；③税控装置的电子报税资料；④外出经营活动税收管理证明和异地完税凭证；⑤境内或者境外公证机构出具的有关证明文件；⑥税务机关规定应当报送的其他有关证件、资料。

扣缴义务人办理代扣代缴、代收代缴税款报告时，应当如实填写代扣代缴、代收代缴税款报告表，并报送代扣代缴、代收代缴税款的合法凭证以及税务机关规定的其他有关证件、资料。

（二）申报方式

纳税人、扣缴义务人可以直接到税务机关办理纳税申报或者报送代扣代缴、代收代缴税款报告表。经税务机关批准，纳税人、扣缴义务人可以采取邮寄、数据电文方式或者其他方式办理纳税申报或者报送代扣代缴、代收代缴税款报告表。数据电文方式是指税务机关确定的电话语音、电子数据交换和网络传输等电子方式。

实行定期定额缴纳税款的纳税人，可以实行简易申报、简并征期等申报纳税方式。这里所称“简易申报”是指实行定期定额缴纳税款的纳税人在法律、行政法规规定的期限或者在税务机关依照法律、行政法规的规定确定的期限内缴纳税款的，税务机关可以视同申报；“简并征期”是指实行定期定额缴纳税款的纳税人，经税务机关批准，可以采取将纳税期限合并为按季、半年、年的方式缴纳税款，具体期限由省级税务机关根据具体情况确定。

纳税人采取邮寄方式办理纳税申报的，应当使用统一的纳税申报专用信封，并以邮政部门收据作为申报凭据。邮寄申报以寄出的邮戳日期为实际申报日期。纳税人采取电子方式办理纳税申报的，应当按照税务机关规定的期限和要求保存有关资料，并定期书面报送主管税务机关。经税务机关批准，纳税人、扣缴义务人采取数据电文方式办理纳税申报的，其申报日期以税务机关计算机网络系统收到该数据电文的时间为准。采取数据电文方式办理纳税申报的纳税人、扣缴义务人，其与数据电文相对应的纸质申报资料的报送期限由主管税务机关确定。

（三）延期申报管理

纳税人、扣缴义务人不能按期办理纳税申报或者报送代扣代缴、代收代缴税款报告表的，经税务机关核准，可以延期申报。经核准延期办理前款规定的申报、报送事项的，应当在纳税期内按照上期实际缴纳的税额或者税务机关核定的税额预缴税款，并在核准的延期内办理税款结算。

纳税人、扣缴义务人按照规定的期限办理纳税申报或者报送代扣代缴、代收代缴税款报告表确有困难，需要延期的，应当在规定的期限内向税务机关提出书面延期申请，经税务机关核准，在核准的期限内办理。

纳税人、扣缴义务人因不可抗力，不能按期办理纳税申报或者报送代扣代缴、代收代缴税款报告表的，可以延期办理；但是，应当在不可抗力情形消除后立即向税务机关报告。税务机关应当查明事实，予以核准。

（四）非正常户处理

已办理税务登记的纳税人未按照规定的期限申报纳税，在税务机关责令其限期改正后，逾期不改正的，税务机关应当派员实地检查，查无下落并且无法强制其履行纳税义务的，由检查人员制作非正常户认定书，存入纳税人档案，税务机关暂停其税务登记证件、发票领购簿和发票的使用。纳税人被列入非正常户超过 3 个月的，税务机关可以宣布其税务登记证件失效，其应纳税款的追征仍按《税收征管法》及《税收征管法实施细则》的规定执行。

第三节　税款征收、税务检查和法律责任

一、税款征收

税款征收是国家税务机关等主体依照税收法律、法规规定将纳税人应当缴纳的税款组织征收入库的一系列活动的总称，是税收征收管理工作中的中心环节，是全部税收征收管理工作的目的和归宿。其主要内容包括税款征收的方式、程序，减免税的核报，核定税额工作，税收保全措施及税收强制执行措施的设置和运用等。

纳税人有解散、撤销、破产情形的，在清算前应当向其主管税务机关报告；未结清税款的，由其主管税务机关参加清算。

（一）税款征收的原则

税务机关依照法律、行政法规的规定征收税款，不得违反法律、行政法规的规定开征、停征、多征、少征、提前征收、延缓征收或者摊派税款。除税务机关、税务人员以

及经税务机关依照法律、行政法规委托的单位和人员外，任何单位和个人不得进行税款征收活动。

扣缴义务人依照法律、行政法规的规定履行代扣、代收税款的义务。对法律、行政法规没有规定负有代扣、代收税款义务的单位和个人，税务机关不得要求其履行代扣、代收税款义务。扣缴义务人依法履行代扣、代收税款义务时，纳税人不得拒绝。纳税人拒绝的，扣缴义务人应当及时报告税务机关处理。税务机关按照规定付给扣缴义务人代扣、代收手续费。

负有代扣代缴义务的单位和个人，在支付款项时应按照规定，将取得款项的纳税人应缴纳的税款代为扣缴，对纳税人拒绝扣缴税款的，扣缴义务人应暂停支付相当于纳税人应纳税款的款项，并在 1 日之内报告主管税务机关。

负有代收代缴义务的单位和个人，在收取款项时应按照规定，将支付款项的纳税人应缴纳的税款代为收缴，对纳税人拒绝给付的，扣缴义务人应在 1 日之内报告主管税务机关。

扣缴义务人违反规定应扣未扣、应收未收税款的，税务机关除按有关规定对其给予处罚外，应当责成扣缴义务人限期将应扣未扣、应收未收的税款补扣或补收。

承包人或者承租人有独立的生产经营权，在财务上独立核算，并定期向发包人或者出租人上缴承包费或者租金的，承包人或者承租人应当就其生产、经营收入和所得纳税，并接受税务管理；但是，法律、行政法规另有规定的除外。发包人或者出租人应当自发包或者出租之日起 30 日内将承包人或者承租人的有关情况向主管税务机关报告。发包人或者出租人不报告的，发包人或者出租人与承包人或者承租人承担纳税连带责任。

（二）税款征收的方式

税款征收方式主要有以下几种。

1. 查账征收

查账征收是指税务机关按照纳税人提供的账表所反映的经营情况，依照适用税率计算缴纳税款的方式。适用于账簿、凭证、会计等核算制度比较健全，能够据以如实核算生产经营情况，正确计算应纳税款的纳税人。

2. 核定征收

核定征收是指税务机关对不能完整、准确提供纳税资料的纳税人采用特定方法确定其应纳税收入或应纳税额，纳税人据以缴纳税款的一种征收方式。核定征收税款的规定，适用于单位纳税人和个人纳税人。对个人纳税人的核定征收办法，国家税务总局将另行制定。

纳税人有下列情形之一的，税务机关有权核定其应纳税额：①依照法律、行政法规的规定可以不设置账簿的；②依照法律、行政法规的规定应当设置账簿但未设置的；③擅自销毁账簿或者拒不提供纳税资料的；④虽设置账簿，但账目混乱或者成本资料、收入凭证、费用凭证残缺不全，难以查账的；⑤发生纳税义务，未按照规定的期限办理纳税申报，经税务机关责令限期申报，逾期仍不申报的；⑥纳税人申报的计税依据明显偏低，又无正当理由的。

对未按照规定办理税务登记的从事生产、经营的纳税人以及临时从事经营的纳税人，由税务机关核定其应纳税额，责令缴纳。这里所称未按照规定办理税务登记从事生产、经营的纳税人，包括到外县（市）从事生产、经营而未向营业地税务机关报验登记的纳税人。

纳税人有上述需要核定征收所列情形之一的，税务机关有权采用下列任何一种方法核定其应纳税额：①参照当地同类行业或者类似行业中经营规模和收入水平相近的纳税人的税负水平核定；②按照营业收入或者成本加合理的费用和利润的方法核定；③按照耗用的原材料、燃料、动力等推算或者测算核定；④按照其他合理方法核定。采用以上所列一种方法不足以正确核定应纳税额时，可以同时采用 2 种以上的方法核定。纳税人对税务机关采取本条规定的方法核定的应纳税额有异议的，应当提供相关证据，经税务机关认定后，调整应纳税额。

核定征收具体可分为：

（1）查定征收。是指税务机关根据纳税人的从业人员、生产设备、采用原材料等因素，在正常生产经营条件下，对其生产经营的应税产品查实核定产量、销售额并据以征收税款的一种方式。适用于生产规模较小、账册不健全、产品零星、税源分散的小型厂矿和作坊。

（2）查验征收。是指税务机关对纳税人应税商品，通过查验数量，按市场一般销售单价计算其销售收入并据以征税的方式。适用于城乡集贸市场的临时经营和机场、码头等场外经销商品的征税。

（3）定期定额征收。是指对一些营业额、所得额不能准确计算的小型工商户，经过自报评议，由税务机关核定一定时期的营业额和所得税附征率，实行多税种合并征收的一种征收方式。

3. 代扣代缴、代收代缴征收

代扣代缴是指持有纳税人收入的单位和个人从持有的纳税人收入中扣缴其应纳税款并向税务机关解缴的行为；代收代缴是指与纳税人有经济往来关系的单位和个人借助经济往来关系向纳税人收取其应纳税款并向税务机关解缴的行为。适用于税源分散、不易控管的纳税人。

除此之外，征收方式还有委托征收、邮寄申报纳税等方式。例如，税务机关根据有利于税收控管和方便纳税的原则，可以按照国家有关规定委托有关单位和人员代征零星分散和异地缴纳的税收，并发给委托代征证书。受托单位和人员按照代征证书的要求，以税务机关的名义依法征收税款，纳税人不得拒绝；纳税人拒绝的，受托代征单位和人员应当及时报告税务机关。

（三）税款征收制度的规定

税款征收制度主要有：代扣代缴、代收代缴税款制度，延期缴纳税款制度，税收滞纳金征收制度，减免税收制度，税额核定和税收调整制度，未办理税务登记和临时从事生产、经营纳税人的税款征收制度，税收保全措施，税收强制执行措施，欠税清缴制度，税款退还和追征制度和税款入库制度。本部分主要介绍税收保全措施和强制执行措施。

1. 税收保全措施

对未按照规定办理税务登记的从事生产、经营的纳税人以及临时从事经营的纳税人，由税务机关核定其应纳税额，责令缴纳；不缴纳的，税务机关可以扣押其价值相当于应纳税款的商品、货物。扣押后缴纳应纳税款的，税务机关必须立即解除扣押，并归还所扣押的商品、货物；扣押后仍不缴纳应纳税款的，经县以上税务局（分局）局长批准，依法拍卖或者变卖所扣押的商品、货物，以拍卖或者变卖所得抵缴税款。税务机关依照规定，扣押纳税人商品、货物的，纳税人应当自扣押之日起 15 日内缴纳税款。对扣押的鲜活、易腐烂变质或者易失效的商品、货物，税务机关根据被扣押物品的保质期，可以缩短规定的扣押期限。

税务机关有根据认为从事生产、经营的纳税人有逃避纳税义务行为的，可以在规定的纳税期之前，责令限期缴纳应纳税款；在限期内发现纳税人有明显的转移、隐匿其应纳税的商品、货物以及其他财产或者应纳税的收入的迹象的，税务机关可以责成纳税人提供纳税担保。如果纳税人不能提供纳税担保，经县以上税务局（分局）局长批准，税务机关可以采取下列税收保全措施：①书面通知纳税人开户银行或者其他金融机构冻结纳税人的金额相当于应纳税款的存款；②扣押、查封纳税人的价值相当于应纳税款的商品、货物或者其他财产。这里所称其他财产，包括纳税人的房地产、现金、有价证券等不动产和动产。如，机动车辆、金银饰品、古玩字画、豪华住宅或者一处以外的住房等不属于个人及其所扶养家属维持生活必需的住房和用品。

扣押、查封价值相当于应纳税款的商品、货物或者其他财产时，参照同类商品的市场价、出厂价或者评估价估算。税务机关按照规定方法确定应扣押、查封的商品、货物或者其他财产的价值时，还应当包括滞纳金和扣押、查封、保管、拍卖、变卖所发生的费用。

税务机关执行扣押、查封商品、货物或者其他财产时，应当由 2 名以上税务人员执行，并通知被执行人。被执行人是自然人的，应当通知被执行人本人或者其成年家属到场；被执行人是法人或者其他组织的，应当通知其法定代表人或者主要负责人到场；拒不到场的，不影响执行。

对查封的商品、货物或者其他财产，税务机关可以指令被执行人负责保管，保管责任由被执行人承担。继续使用被查封的财产不会减少其价值的，税务机关可以允许被执行人继续使用；因被执行人保管或者使用的过错造成的损失，由被执行人承担。

纳税人在税务机关采取税收保全措施后，按照税务机关规定的期限缴纳税款的，税务机关必须自收到税款或者银行转回的完税凭证之日起 1 日内解除税收保全。限期期满仍未缴纳税款的，经县以上税务局（分局）局长批准，税务机关可以书面通知纳税人开户银行或者其他金融机构从其冻结的存款中扣缴税款，或者依法拍卖或者变卖所扣押、查封的商品、货物或者其他财产，以拍卖或者变卖所得抵缴税款。

对价值超过应纳税额且不可分割的商品、货物或者其他财产，税务机关在纳税人、扣缴义务人或者纳税担保人无其他可供强制执行的财产的情况下，可以整体扣押、查封、拍卖，以拍卖所得抵缴税款、滞纳金、罚款以及扣押、查封、保管、拍卖等费用。

税务机关将扣押、查封的商品、货物或者其他财产变价抵缴税款时，应当交由依法成立的拍卖机构拍卖；无法委托拍卖或者不适于拍卖的，可以交由当地商业企业代为销售，也可以责令纳税人限期处理；无法委托商业企业销售，纳税人也无法处理的，可以由税务机关变价处理，具体办法由国家税务总局规定。国家禁止自由买卖的商品，应当交由有关单位按照国家规定的价格收购。拍卖或者变卖所得抵缴税款、滞纳金、罚款以及扣押、查封、保管、拍卖、变卖等费用后，剩余部分应当在3日内退还被执行人。

2. 强制执行措施

从事生产、经营的纳税人、扣缴义务人未按照规定的期限缴纳或者解缴税款，纳税担保人未按照规定的期限缴纳所担保的税款，由税务机关发出限期缴纳税款通知书，责令缴纳或者解缴税款的最长期限不得超过15日。逾期仍未缴纳的，经县以上税务局（分局）局长批准，税务机关可以采取下列强制执行措施：①书面通知其开户银行或者其他金融机构从其存款中扣缴税款；②扣押、查封、依法拍卖或者变卖其价值相当于应纳税款的商品、货物或者其他财产，以拍卖或者变卖所得抵缴税款。这里所称其他财产，包括纳税人的房地产、现金、有价证券等不动产和动产。

税务机关采取强制执行措施时，对涉及的纳税人、扣缴义务人、纳税担保人未缴纳的滞纳金同时强制执行。对纳税人已缴纳税款，但拒不缴纳滞纳金的，税务机关可以单独对纳税人应缴未缴的滞纳金采取强制执行措施。

3. 执行时的注意事项

个人及其所扶养家属维持生活必需的住房和用品，不在税收保全措施和强制执行措施的范围之内。但机动车辆、金银饰品、古玩字画、豪华住宅或者一处以外的住房不属于这里所称个人及其所扶养家属维持生活必需的住房和用品。

纳税人在限期内已缴纳税款，税务机关未立即解除税收保全措施，使纳税人的合法利益遭受损失的，税务机关应当承担赔偿责任。

实施扣押、查封时，对有产权证件的动产或者不动产，税务机关可以责令当事人将产权证件交税务机关保管，同时可以向有关机关发出协助执行通知书，有关机关在扣押、查封期间不再办理该动产或者不动产的过户手续。

采取税收保全措施、强制执行措施的权力，不得由法定的税务机关以外的单位和个人行使。税务机关采取税收保全措施和强制执行措施必须依照法定权限和法定程序，不得查封、扣押纳税人个人及其所扶养家属维持生活必需的住房和用品。

税务机关滥用职权违法采取税收保全措施、强制执行措施，或者采取税收保全措施、强制执行措施不当，使纳税人、扣缴义务人或者纳税担保人的合法权益遭受损失的，应当依法承担赔偿责任。

（四）与税款征收有关的其他问题

纳税人未按照规定期限缴纳税款的，扣缴义务人未按照规定期限解缴税款的，税务机关除责令限期缴纳外，从滞纳税款之日起，按日加收滞纳税款0.5‰的滞纳金。对纳税人未按照法律、行政法规规定的期限或者未按照税务机关依照法律、行政法规的规定确定的期限向税务机关缴纳的税款，滞纳金的计算从纳税人应缴纳税款的期限届满之次日起至纳税人、扣缴义务人实际缴纳或者解缴税款之日止。

纳税人可以依照法律、行政法规的规定书面申请减税、免税。减税、免税的申请须经法律、行政法规规定的减税、免税审查批准机关审批。地方各级人民政府、各级人民政府主管部门、单位和个人违反法律、行政法规规定，擅自作出的减税、免税决定无效，税务机关不得执行，并向上级税务机关报告。

法律、行政法规规定或者经法定的审批机关批准减税、免税的纳税人，应当持有关文件到主管税务机关办理减税、免税手续。减税、免税期满，应当自期满次日起恢复纳税。

享受减税、免税优惠的纳税人，减税、免税条件发生变化的，应当自发生变化之日起15日内向税务机关报告；不再符合减税、免税条件的，应当依法履行纳税义务；未依法纳税的，税务机关应当予以追缴。除法律、行政法规规定不需要经税务机关审批的减免税外，纳税人享受减税、免税的应当向主管税务机关提出书面申请，并按照主管税务机关的要求附送有关资料，经税务机关审核，按照减免税的审批程序经由法律、行政法规授权的机关批准后，方可享受减税、免税。

税务机关收到税款后，必须给纳税人开具完税凭证。纳税人通过银行缴纳税款的，税务机关可以委托银行开具完税凭证。扣缴义务人代扣、代收税款时，纳税人要求扣缴义务人开具代扣、代收税款凭证的，扣缴义务人应当开具。这里所称完税凭证，是指各种完税证、缴款书、印花税票、扣（收）税凭证以及其他完税证明。未经税务机关指定，任何单位、个人不得印制完税凭证。完税凭证不得转借、倒卖、变造或者伪造。完税凭证的式样及管理办法由国家税务总局制定。

企业或者外国企业在中国境内设立的从事生产、经营的机构、场所与其关联企业之间的业务往来，应当按照独立企业之间的业务往来收取或者支付价款、费用；不按照独立企业之间的业务往来收取或者支付价款、费用，而减少其应纳税的收入或者所得额的，税务机关有权进行合理调整。这里所称独立企业之间的业务往来，是指没有关联关系的企业之间按照公平成交价格和营业常规所进行的业务往来。所称关联企业，是指有下列关系之一的公司、企业和其他经济组织：①在资金、经营、购销等方面，存在直接或者间接的拥有或者控制关系；②直接或者间接地同为第三者所拥有或者控制；③在利益上具有相关联的其他关系。纳税人有义务就其与关联企业之间的业务往来，向当地税务机关提供有关的价格、费用标准等资料。

纳税人可以向主管税务机关提出与其关联企业之间业务往来的定价原则和计算方法，主管税务机关审核、批准后，与纳税人预先约定有关定价事项，监督纳税人执行。

纳税人与其关联企业之间的业务往来有下列情形之一的，税务机关可以调整其应纳税额：①购销业务未按照独立企业之间的业务往来作价；②融通资金所支付或者收取的利息超过或者低于没有关联关系的企业之间所能同意的数额，或者利率超过或者低于同类业务的正常利率；③提供劳务，未按照独立企业之间业务往来收取或者支付劳务费用；④转让财产、提供财产使用权等业务往来，未按照独立企业之间业务往来作价或者收取、支付费用；⑤未按照独立企业之间业务往来作价的其他情形。

纳税人有上述所列情形之一的，税务机关可以按照下列方法调整计税收入额或者所得额：①按照独立企业之间进行的相同或者类似业务活动的价格；②按照再销售给无关联关系的第三者的价格所应取得的收入和利润水平；③按照成本加合理的费用和利润；④按照其他合理的方法。

纳税人与其关联企业未按照独立企业之间的业务往来支付价款、费用的，税务机关自该业务往来发生的纳税年度起 3 年内进行调整；有特殊情况的，可以自该业务往来发生的纳税年度起 10 年内进行调整。这里所称“特殊情况”是指纳税人有下列情形之一：①纳税人在以前年度与其关联企业间的业务往来累计达到或超过 10 万元人民币的；②经税务机关案头审计分析，纳税人在以前年度与其关联企业间的业务往来，预计需调增其应纳税收入或所得额达到或超过 50 万元人民币的；③纳税人在以前年度与设在避税地的关联企业有业务往来的；④纳税人在以前年度未按规定进行关联企业间业务往来年度申报，或者经税务机关审查核实，关联企业间业务往来年度申报内容不实，以及不履行提供有关价格、费用标准等资料义务的。

欠缴税款的纳税人或者他的法定代表人需要出境的，应当在出境前向税务机关结清应纳税款、滞纳金或者提供担保。未结清税款、滞纳金，又不提供担保的，税务机关可以通知出境管理机关阻止其出境。欠缴税款的纳税人或者其法定代表人在出境前未按照规定结清应纳税款、滞纳金或者提供纳税担保的，税务机关可以通知出入境管理机关阻止其出境。

税务机关征收税款，税收优先于无担保债权，法律另有规定的除外；纳税人欠缴的税款发生在纳税人以其财产设定抵押、质押或者纳税人的财产被留置之前的，税收应当先于抵押权、质权、留置权执行。纳税人欠缴税款，同时又被行政机关决定处以罚款、没收违法所得的，税收优先于罚款、没收违法所得。欠缴的税款是纳税人发生纳税义务，但未按照法律、行政法规规定的期限或者未按照税务机关依照法律、行政法规的规定确定的期限向税务机关申报缴纳的税款或者少缴的税款，纳税人应缴纳税款的期限届满之次日即是纳税人欠缴税款的发生时间。

税务机关应当对纳税人欠缴税款的情况定期予以公告。县级以上各级税务机关应当将纳税人的欠税情况，在办税场所或者广播、电视、报纸、期刊、网络等新闻媒体上定期公告。国家税务总局要求各地要采取各种形式向纳税人宣传欠税要予以公告的法律规定和所要担负的法律责任；对已有欠税发生的纳税人要专门发函告知欠税要予以公告的法律规定，并对其欠税金额予以确认。

纳税人有欠税情形而以其财产设定抵押、质押的，应当向抵押权人、质权人说明其欠税情况。抵押权人、质权人可以请求税务机关提供有关的欠税情况。

税务机关扣押商品、货物或者其他财产时，必须开付收据；查封商品、货物或者其他财产时，必须开付清单。

纳税人有合并、分立情形的，应当向税务机关报告，并依法缴清税款。纳税人合并时未缴清税款的，应当由合并后的纳税人继续履行未履行的纳税义务；纳税人分立时未缴清税款的，分立后的纳税人对未履行的纳税义务应当承担连带责任。

欠缴税款数额较大的纳税人在处理其不动产或者大额资产之前，应当向税务机关报告。这里所称欠缴税款数额较大，是指欠缴税款5万元以上。

欠缴税款的纳税人因怠于行使到期债权，或者放弃到期债权，或者无偿转让财产，或者以明显不合理的低价转让财产而受让人知道该情形，对国家税收造成损害的，税务机关可以依照合同法有关规定行使代位权、撤销权。税务机关依照规定行使代位权、撤销权的，不免除欠缴税款的纳税人尚未履行的纳税义务和应承担的法律责任。

纳税人超过应纳税额缴纳的税款，税务机关发现后应当立即退还；纳税人自结算缴纳税款之日起3年内发现的，可以向税务机关要求退还多缴的税款并加算银行同期存款利息，税务机关及时查实后应当立即退还；涉及从国库中退库的，依照法律、行政法规有关国库管理的规定退还。税务机关发现纳税人多缴税款的，应当自发现之日起10日内办理退还手续；纳税人发现多缴税款，要求退还的，税务机关应当自接到纳税人退还申请之日起30日内查实并办理退还手续。这里的加算银行同期存款利息的多缴税款退税，不包括依法预缴税款形成的结算退税、出口退税和各种减免退税。退税利息按照税务机关办理退税手续当天中国人民银行规定的活期存款利率计算。当纳税人既有应退税款又有欠缴税款的，税务机关可以将应退税款和利息先抵扣欠缴税款；抵扣后有余额的，退还纳税人。

纳税人、扣缴义务人按照法律、行政法规规定或者税务机关依照法律、行政法规的规定确定的期限，缴纳或者解缴税款。纳税人因有特殊困难，不能按期缴纳税款的，经省、自治区、直辖市国家税务局、地方税务局批准，可以延期缴纳税款，但是最长不得超过3个月。纳税人有下列情形之一的，属于《税收征管法》所称特殊困难：①因不可抗力，导致纳税人发生较大损失，正常生产经营活动受到较大影响的；②当期货币资金在扣除应付职工工资、社会保险费后，不足以缴纳税款的。

纳税人需要延期缴纳税款的，应当在缴纳税款期限届满前提出申请，并报送下列材料：申请延期缴纳税款报告，当期货币资金余额情况及所有银行存款账户的对账单，资产负债表，应付职工工资和社会保险费等税务机关要求提供的支出预算。税务机关应当自收到申请延期缴纳税款报告之日起20日内作出批准或者不予批准的决定；不予批准的，从缴纳税款期限届满之日起加收滞纳金。计划单列市国家税务局、地方税务局可以参照《税收征管法》有关规定的批准权限，审批纳税人延期缴纳税款。

因税务机关的责任，致使纳税人、扣缴义务人未缴或者少缴税款的，税务机关在3年内可以要求纳税人、扣缴义务人补缴税款，但是不得加收滞纳金。这里所称税务机关的责任，是指税务机关适用税收法律、行政法规不当或者执法行为违法。

因纳税人、扣缴义务人计算错误等失误，未缴或者少缴税款的，税务机关在3年内可以追征税款、滞纳金；有特殊情况的，追征期可以延长到5年。这里所称纳税人、扣缴义务人计算错误等失误，是指非主观故意的计算公式运用错误以及明显的笔误。所称特殊情况，是指纳税人或者扣缴义务人因计算错误等失误，未缴或者少缴、未扣或者少扣、未收或者少收税款，累计数额在10万元以上的。

以上缴和追征税款、滞纳金的期限，自纳税人、扣缴义务人应缴未缴或者少缴税款之日起计算。对偷税、抗税、骗税的，税务机关追征其未缴或者少缴的税款、滞纳金或者所骗取的税款，不受上述规定期限的限制。

国家税务局和地方税务局应当按照国家规定的税收征收管理范围和税款入库预算级次，将征收的税款缴入国库。

对审计机关、财政机关依法查出的税收违法行为，税务机关应当根据有关机关的决定、意见书，依法将应收的税款、滞纳金按照税款入库预算级次缴入国库，并将结果及时回复有关机关。

审计机关、财政机关依法进行审计、检查时，对税务机关的税收违法行为作出的决定，税务机关应当执行；发现被审计、检查单位有税收违法行为的，向被审计、检查单位下达决定、意见书，责成被审计、检查单位向税务机关缴纳应当缴纳的税款、滞纳金。税务机关应当根据有关机关的决定、意见书，依照税收法律、行政法规的规定，将应收的税款、滞纳金按照国家规定的税收征收管理范围和税款入库预算级次缴入国库。税务机关应当自收到审计机关、财政机关的决定、意见书之日起30日内将执行情况书面回复审计机关、财政机关。有关机关不得将其履行职责过程中发现的税款、滞纳金自行征收入库或者以其他款项的名义自行处理、占压。

二、税务检查

（一）税务检查的形式和方法

税务检查的形式有：重点检查，分类计划检查，集中性检查，临时性检查和专项检查。

税务检查的方法有：全查法，抽查法，顺查法，逆查法，现场检查法，调账检查法，比较分析法，控制计算法，审阅法，核对法，观察法，外调法，盘存法和交叉稽核法。

（二）税务检查的职责

税务机关和税务人员应当依照规定行使税务检查职权。税务人员进行税务检查时，应当出示税务检查证和税务检查通知书；无税务检查证和税务检查通知书的，纳税人、扣缴义务人及其他当事人有权拒绝检查。税务机关对集贸市场及集中经营业户进行检查时，可以使用统一的税务检查通知书。

税务机关有权进行下列税务检查：①检查纳税人的账簿、记账凭证、报表和有关资料，检查扣缴义务人代扣代缴、代收代缴税款账簿、记账凭证和有关资料；②到纳税人的生产、经营场所和货物存放地检查纳税人应纳税的商品、货物或者其他财产，检查扣缴义务人与代扣代缴、代收代缴税款有关的经营情况；③责成纳税人、扣缴义务人提供与纳税或者代扣代缴、代收代缴税款有关的文件、证明材料和有关资料；④询问纳税人、扣缴义务人与纳税或者代扣代缴、代收代缴税款有关的问题和情况；⑤到车站、码头、机场、邮政企业及其分支机构检查纳税人托运、邮寄应纳税商品、货物或者其他财产的有关单据、凭证和有关资料；⑥经县以上税务局（分局）局长批准，凭全国统一格式的检查存款账户许可证明，查询从事生产、经营的纳税人、扣缴义务人在银行或者其他金融机构的存款账户。税务机关在调查税收违法案件时，经设区的市、自治州以上税务局（分局）局长批准，可以查询案件涉嫌人员的储蓄存款。税务机关查询所获得的资料，不得用于税收以外的用途。

对采用电算化会计系统的纳税人，税务机关有权对其会计电算化系统进行查验；对纳税人会计电算化系统处理、储存的会计记录以及其他有关的纳税资料，税务机关有权进入其电算化系统进行检查，并可复制与纳税有关的电子数据作为证据。税务机关进入纳税人电算化系统进行检查时，有责任保证纳税人会计电算化系统的安全性，并保守纳税人的商业秘密。

税务机关对从事生产、经营的纳税人以前纳税期的纳税情况依法进行税务检查时，发现纳税人有逃避纳税义务行为，并有明显的转移、隐匿其应纳税的商品、货物以及其他财产或者应纳税的收入的迹象的，可以按照规定的批准权限采取税收保全措施或者强制执行措施。税务机关采取税收保全措施的期限一般不得超过 6 个月；重大案件需要延长的，应当报国家税务总局批准。

纳税人、扣缴义务人必须接受税务机关依法进行的税务检查，如实反映情况，提供有关资料，不得拒绝、隐瞒。

税务机关依法进行税务检查时，有权向有关单位和个人调查纳税人、扣缴义务人和其他当事人与纳税或者代扣代缴、代收代缴税款有关的情况，有关单位和个人有义务向税务机关如实提供有关资料及证明材料。

税务机关调查税务违法案件时，对与案件有关的情况和资料，可以记录、录音、录像、照相和复制。

税务机关派出的人员进行税务检查时，应当出示税务检查证和税务检查通知书，并有责任为被检查人保守秘密；未出示税务检查证和税务检查通知书的，被检查人有权拒绝检查。

三、法律责任

1. 违反税务管理基本规定行为的处罚

（1）纳税人有下列行为之一的，由税务机关责令限期改正，可以处 2 000 元以下的罚款；情节严重的，处 2 000 元以上 10 000 元以下的罚款：①未按照规定的期限申报办理税务登记、变更或者注销登记的；②未按照规定设置、保管账簿或者保管记账凭证和有关资料的；③未按照规定将财务、会计制度或者财务、会计处理办法和会计核算软件报送税务机关备查的；④未按照规定将其全部银行账号向税务机关报告的；⑤未按照规定安装、使用税控装置，或者损毁或者擅自改动税控装置的；⑥纳税人未按照规定办理税务登记证件或者换证手续的。

需说明的是《中华人民共和国会计法》（以下简称《会计法》）第22条规定："会计记录的文字应当使用中文。"对于外商投资企业、外国企业的会计记录不使用中文的，按照上述"未按照规定设置、保管账簿或者保管记账凭证和有关资料"的规定处理。

(2) 纳税人不办理税务登记的，由税务机关责令限期改正；逾期不改正的，经税务机关提请，由工商行政管理机关吊销其营业执照。

(3) 纳税人未按照规定使用税务登记证件，或者转借、涂改、损毁、买卖、伪造税务登记证件的，处2 000元以上10 000元以下的罚款；情节严重的，处10 000元以上50 000元以下的罚款。

2. 扣缴义务人违反账簿、凭证管理的处罚

扣缴义务人未按照规定设置、保管代扣代缴、代收代缴税款账簿或者保管代扣代缴、代收代缴税款记账凭证及有关资料的，由税务机关责令限期改正，可以处2 000元以下的罚款；情节严重的，处2 000元以上5 000元以下的罚款。

3. 纳税人、扣缴义务人未按规定进行纳税申报的法律责任

纳税人未按照规定的期限办理纳税申报和报送纳税资料的，或者扣缴义务人未按照规定的期限向税务机关报送代扣代缴、代收代缴税款报告表和有关资料的，由税务机关责令限期改正，可以处2 000元以下的罚款；情节严重的，可以处2 000元以上10 000元以下的罚款。

4. 对偷税的认定及其法律责任

纳税人伪造、变造、隐匿、擅自销毁账簿、记账凭证，或者在账簿上多列支出或者不列、少列收入，或者经税务机关通知申报而拒不申报或者进行虚假的纳税申报，不缴或者少缴应纳税款的，是偷税。对纳税人偷税的，由税务机关追缴其不缴或者少缴的税款、滞纳金，并处不缴或者少缴的税款50%以上5倍以下的罚款；构成犯罪的，依法追究其刑事责任。

扣缴义务人采取上述所列手段，不缴或者少缴已扣、已收税款，由税务机关追缴其不缴或者少缴的税款、滞纳金，并处不缴或者少缴的税款50%以上5倍以下的罚款；构成犯罪的，依法追究刑事责任。

根据我国《刑法》第201条第1款的规定，纳税人或扣缴义务人实施下列行为之一，①伪造、变造、隐匿、擅自销毁账簿、记账凭证；②在账簿上多列支出或者不列、少列收入；③经税务机关通知申报而拒不申报纳税；④进行虚假纳税申报；⑤缴纳税款后，以假报出口或者其他欺骗手段，骗取所缴纳的税款。不缴或者少缴应纳税款，偷税数额占应纳税额的10%以上且偷税数额在1万元以上的，处3年以下有期徒刑或者拘役，并处偷税数额1倍以上5倍以下罚金；偷税数额占应纳税额的30%以上并且偷税数额在10万元以上的，处3年以上7年以下有期徒刑，并处偷税数额1倍以上5倍以下罚金。

需说明的是，纳税人或扣缴义务人多次犯有上述偷税行为，未经处理的，按照累计

数额计算。这里所说的"未经处理"，是指纳税人或者扣缴义务人在5年内多次实施偷税行为，但每次偷税数额均未达到《刑法》第201条规定的构成犯罪的数额标准，且未受行政处罚的情形。扣缴义务人书面承诺代纳税人支付税款的，应当认定扣缴义务人"已扣、已收税款"。

纳税人或扣缴义务人实施上述行为，偷税数额在5万元以下，纳税人或者扣缴义务人在公安机关立案侦查以前已经足额补缴应纳税款和滞纳金，犯罪情节轻微，不需要判处刑罚的，可以免予刑事处罚。

纳税人伪造、变造、隐匿、擅自销毁用于记账的发票等原始凭证的行为，应当认定为《刑法》第201条第1款规定的伪造、变造、隐匿、擅自销毁记账凭证的行为。

偷税行为跨越若干个纳税年度，只要其中一个纳税年度的偷税数额及百分比达到上述标准，即构成偷税罪。各纳税年度的偷税数额应当累计计算，偷税百分比应当按照最高的百分比确定。2年内因偷税受过2次行政处罚，又偷税且数额在1万元以上的，应当以偷税罪定罪处罚。

5. 进行虚假申报或不进行申报行为的法律责任

纳税人、扣缴义务人编造虚假计税依据的，由税务机关责令限期改正，并处5万元以下的罚款。纳税人不进行纳税申报，不缴或者少缴应纳税款的，由税务机关追缴其不缴或者少缴的税款、滞纳金，并处不缴或者少缴的税款50%以上5倍以下的罚款。

6. 逃避追缴欠税的法律责任

纳税人欠缴应纳税款，采取转移或者隐匿财产的手段，妨碍税务机关追缴欠缴的税款的，由税务机关追缴欠缴的税款、滞纳金，并处欠缴税款50%以上5倍以下的罚款；构成犯罪的，依法追究刑事责任。

根据我国《刑法》第203条的规定，纳税人欠缴应纳税款，采取转移或者隐匿财产的手段，致使税务机关无法追缴欠缴的税款，数额在1万元以上不满10万元的，处3年以下有期徒刑或者拘役，并处或者单处欠缴税款1倍以上5倍以下罚金；数额在10万元以上的，处3年以上7年以下有期徒刑，并处欠缴税款1倍以上5倍以下罚金。

7. 骗取出口退税的法律责任

以假报出口或者其他欺骗手段，骗取国家出口退税款的，由税务机关追缴其骗取的退税款，并处骗取税款1倍以上5倍以下的罚款；构成犯罪的，依法追究刑事责任。对骗取国家出口退税款的，税务机关可以在规定期间内停止为其办理出口退税。

根据我国《刑法》第204条的规定，以假报出口或者其他欺骗手段，骗取国家出口退税款，数额较大的，处五年以下有期徒刑或者拘役，并处骗取税款1倍以上5倍以下罚金；数额巨大或者有其他严重情节的，处5年以上10年以下有期徒刑，并处骗取税款1倍以上5倍以下罚金；数额特别巨大或者有其他特别严重情节的，处10年以上有期徒刑或者无期徒刑，并处骗取税款1倍以上5倍以下罚金或者没收财产。

8. 抗税的法律责任

以暴力、威胁方法拒不缴纳税款的，是抗税，除由税务机关追缴其拒缴的税款、滞纳金外，依法追究刑事责任。情节轻微，未构成犯罪的，由税务机关追缴其拒缴的税款、滞纳金，并处拒缴税款1倍以上5倍以下的罚款。

根据我国《刑法》第202条的规定：以暴力、威胁方法拒不缴纳税款的，处3年以下有期徒刑或者拘役，并处拒缴税款1倍以上5倍以下罚金；情节严重的，处3年以上7年以下有期徒刑，并处拒缴税款1倍以上5倍以下罚金。

实施抗税行为具有下列情形之一的，属于上述规定的“情节严重”：①聚众抗税的首要分子；②抗税数额在10万元以上的；③多次抗税的；④故意伤害致人轻伤的；⑤具有其他严重情节。

需说明的是，实施抗税行为致人重伤、死亡，构成故意伤害罪、故意杀人罪的，分别依照《刑法》第234条第2款、第232条的规定定罪处罚。与纳税人或者扣缴义务人共同实施抗税行为的，以抗税罪的共犯依法处罚。

9. 在规定期限内不缴或者少缴税款的法律责任

纳税人、扣缴义务人在规定期限内不缴或者少缴应纳或者应解缴的税款，经税务机关责令限期缴纳，逾期仍未缴纳的，税务机关除依照规定采取强制执行措施追缴其不缴或者少缴的税款外，可以处不缴或者少缴的税款50%以上5倍以下的罚款。

10. 扣缴义务人不履行扣缴义务的法律责任

扣缴义务人应扣未扣、应收而不收税款的，由税务机关向纳税人追缴税款，对扣缴义务人处应扣未扣、应收未收税款50%以上3倍以下的罚款。

11. 不配合税务机关依法检查的法律责任

纳税人、扣缴义务人有下列情形之一的，①提供虚假资料，不如实反映情况，或者拒绝提供有关资料的；②拒绝或者阻止税务机关记录、录音、录像、照相和复制与案件有关的情况和资料的；③在检查期间，纳税人、扣缴义务人转移、隐匿、销毁有关资料的；④有不依法接受税务检查的其他情形的。纳税人、扣缴义务人据此来逃避、拒绝或者以其他方式阻挠税务机关检查的，由税务机关责令改正，可以处1万元以下的罚款；情节严重的，处1万元以上5万元以下的罚款。

税务机关依照税收征管法有关的规定，到车站、码头、机场、邮政企业及其分支机构检查纳税人托运、邮寄应纳税商品、货物或者其他财产的有关单据、凭证和有关资料。有关单位拒绝的，由税务机关责令改正，可以处1万元以下的罚款；情节严重的，处1万元以上5万元以下的罚款。

12. 非法印制发票的法律责任

违反规定，非法印制发票的，由税务机关销毁非法印制的发票，没收违法所得和作案工具，并处 1 万元以上 5 万元以下的罚款；构成犯罪的，依法追究刑事责任。

根据我国《刑法》第 206 条的规定，伪造或者出售伪造的增值税专用发票的，处 3 年以下有期徒刑、拘役或者管制，并处 2 万元以上 20 万元以下罚金；数量较大或者有其他严重情节的，处 3 年以上 10 年以下有期徒刑，并处 5 万元以上 50 万元以下罚金；数量巨大或者有其他特别严重情节的，处 10 年以上有期徒刑或者无期徒刑，并处 5 万元以上 50 万元以下罚金或者没收财产。伪造并出售伪造的增值税专用发票，数量特别巨大，情节特别严重，严重破坏经济秩序的，处无期徒刑或者死刑，并处没收财产。

单位犯伪造、出售伪造的增值税专用发票罪的，对单位判处罚金，并对其直接负责的主管人员和其他直接责任人员，处 3 年以下有期徒刑、拘役或者管制；数量较大或者有其他严重情节的，处 3 年以上 10 年以下有期徒刑；数量巨大或者有其他特别严重情节的，处 10 年以上有期徒刑或者无期徒刑。

根据我国《刑法》第 209 条的规定，伪造、擅自制造或者出售伪造、擅自制造的可以用于骗取出口退税、抵扣税款的其他发票的，处 3 年以下有期徒刑、拘役或者管制，并处 2 万元以上 20 万元以下罚金；数量巨大的，处 3 年以上 7 年以下有期徒刑，并处 5 万元以上 50 万元以下罚金；数量特别巨大的，处 7 年以上有期徒刑，并处 5 万元以上 50 万元以下罚金或者没收财产。

伪造、擅自制造或者出售伪造、擅自制造的上述规定以外的其他发票的，处 2 年以下有期徒刑、拘役或者管制，并处或者单处 1 万元以上 5 万元以下罚金；情节严重的，处 2 年以上 7 年以下有期徒刑，并处 5 万元以上 50 万元以下罚金。

非法印制、转借、倒卖、变造或者伪造完税凭证的，由税务机关责令改正，处 2 000元以上 1 万元以下的罚款；情节严重的，处 1 万元以上 5 万元以下的罚款；构成犯罪的，依法追究刑事责任。

13. 有税收违法行为而拒不接受税务机关处理的法律责任

从事生产、经营的纳税人、扣缴义务人有本法规定的税收违法行为，拒不接受税务机关处理的，税务机关可以收缴其发票或者停止向其发售发票。

14. 银行及其他金融机构拒绝配合税务机关依法执行职务的法律责任

银行和其他金融机构未依照税收征管法的规定在从事生产、经营的纳税人的账户中登录税务登记证件号码，或者未按规定在税务登记证件中登录从事生产、经营的纳税人的账户账号的，由税务机关责令其限期改正，处 2 000 元以上 2 万元以下的罚款；情节严重的，处 2 万元以上 5 万元以下的罚款。

为纳税人、扣缴义务人非法提供银行账户、发票、证明或者其他方便，导致未缴、少缴税款或者骗取国家出口退税款的，税务机关除没收其违法所得外，可以处未缴、少缴或者骗取的税款 1 倍以下的罚款。

纳税人、扣缴义务人的开户银行或者其他金融机构拒绝接受税务机关依法检查纳税人、扣缴义务人存款账户，或者拒绝执行税务机关作出的冻结存款或者扣缴税款的决定，或者在接到税务机关的书面通知后帮助纳税人、扣缴义务人转移存款，造成税款流失的，由税务机关处 10 万元以上 50 万元以下的罚款，对直接负责的主管人员和其他直接责任人员处 1 000 元以上 1 万元以下的罚款。

15. 擅自改变税收征收管理范围的法律责任

税务机关违反规定擅自改变税收征收管理范围和税款入库预算级次的，责令限期改正，对直接负责的主管人员和其他直接责任人员依法给予降级或者撤职的行政处分。

16. 不移送的法律责任

纳税人、扣缴义务人有《税收征管法》规定的行为涉嫌犯罪的，税务机关应当依法移交司法机关追究刑事责任。税务人员徇私舞弊，对依法应当移交司法机关追究刑事责任的不移交，情节严重的，依法追究刑事责任。

17. 税务人员不依法行政的法律责任

税务人员与纳税人、扣缴义务人勾结，唆使或者协助纳税人、扣缴义务人有《税收征管法》规定的行为，构成犯罪的，依法追究刑事责任；尚不构成犯罪的，依法给予行政处分。

税务人员私分扣押、查封的商品、货物或者其他财产，情节严重，构成犯罪的，依法追究刑事责任；尚不构成犯罪的，依法给予行政处分。

18. 渎职行为

税务人员利用职务上的便利，收受或者索取纳税人、扣缴义务人财物或者谋取其他不正当利益，构成犯罪的，依法追究刑事责任；尚不构成犯罪的，依法给予行政处分。

税务人员徇私舞弊或者玩忽职守，不征或者少征应征税款，致使国家税收遭受重大损失，构成犯罪的，依法追究刑事责任；尚不构成犯罪的，依法给予行政处分。

税务人员滥用职权，故意刁难纳税人、扣缴义务人的，调离税收工作岗位，并依法给予行政处分。

税务人员对控告、检举税收违法违纪行为的纳税人、扣缴义务人以及其他检举人进行打击报复的，依法给予行政处分；构成犯罪的，依法追究刑事责任。

税务机关、税务人员查封、扣押纳税人个人及其所扶养家属维持生活必需的住房和用品的，责令退还，依法给予行政处分；构成犯罪的，依法追究刑事责任。

税务人员在征收税款或者查处税收违法案件时，未按照规定进行回避的，对直接负责的主管人员和其他直接责任人员，依法给予行政处分。

未按照本法规定为纳税人、扣缴义务人、检举人保密的，对直接负责的主管人员和其他直接责任人员，由所在单位或者有关单位依法给予行政处分。

未经税务机关依法委托征收税款的，责令退还收取的财物，依法给予行政处分或者行政处罚；致使他人合法权益受到损失的，依法承担赔偿责任；构成犯罪的，依法追究刑事责任。

根据我国《刑法》第 404 条的规定，税务机关的工作人员徇私舞弊，不征或者少征应征税款，致使国家税收遭受重大损失的，处5年以下有期徒刑或者拘役；造成特别重大损失的，处5年以上有期徒刑。

根据我国《刑法》第405条的规定，税务机关的工作人员违反法律、行政法规的规定，在办理发售发票、抵扣税款、出口退税工作中，徇私舞弊，致使国家利益遭受重大损失的，处5年以下有期徒刑或者拘役；致使国家利益遭受特别重大损失的，处5年以上有期徒刑。

19. 不按规定征收税款的法律责任

违反法律、行政法规的规定提前征收、延缓征收或者摊派税款的，由其上级机关或者行政监察机关责令改正，对直接负责的主管人员和其他直接责任人员依法给予行政处分。

违反法律、行政法规的规定，擅自作出税收的开征、停征或者减税、免税、退税、补税以及其他同税收法律、行政法规相抵触的决定的，除依照本法规定撤销其擅自作出的决定外，补征应征未征税款，退还不应征收而征收的税款，并由上级机关追究直接负责的主管人员和其他直接责任人员的行政责任；构成犯罪的，依法追究刑事责任。

20. 违反税务代理的法律责任

税务代理人违反税收法律、行政法规，造成纳税人未缴或者少缴税款的，除由纳税人缴纳或者补缴应纳税款、滞纳金外，对税务代理人处纳税人未缴或者少缴税款50%以上3倍以下的罚款。

21. 虚开增值税专用发票、用于骗取出口退税、抵押税款发票罪

虚开增值税专用发票或者虚开用于骗取出口退税、抵扣税款的其他发票的，处3年以下有期徒刑或者拘役，并处2万元以上20万元以下罚金；虚开的税款数额较大或者有其他严重情节的，处3年以上10年以下有期徒刑，并处5万元以上50万元以下罚金；虚开的税款数额巨大或者有其他特别严重情节的，处10年以上有期徒刑或者无期徒刑，并处5万元以上50万元以下罚金或者没收财产。

有上述行为骗取国家税款，数额特别巨大，情节特别严重，给国家利益造成特别重大损失的，处无期徒刑或者死刑，并处没收财产。

单位犯虚开增值税专用发票、用于骗取出口退税、抵押税款发票罪的，对单位判处罚金，并对其直接负责的主管人员和其他直接责任人员，处3年以下有期徒刑或者拘役；虚开的税款数额较大或者有其他严重情节的，处3年以上10年以下有期徒刑；虚开的税款数额巨大或者有其他特别严重情节的，处10年以上有期徒刑或者无期徒刑。

这里所说的虚开增值税专用发票或者虚开用于骗取出口退税、抵扣税款的其他发票，是指有为他人虚开、为自己虚开、让他人为自己虚开、介绍他人虚开行为之一的。

所谓单位犯罪是指公司、企业、事业单位、机关、团体实施的危害社会的行为，法律规定为单位犯罪的，应当负刑事责任。单位犯罪的，对单位判处罚金，并对其直接负责的主管人员和其他直接责任人员判处刑罚。《刑法》分则和其他法律另有规定的，依

照规定。

在审理单位故意犯罪案件时，对其直接负责的主管人员和其他直接责任人员，可不区分主犯、从犯，按照其在单位犯罪中所起的作用判处刑罚。

22. 非法出售增值税专用发票罪

非法出售增值税专用发票的，处 3 年以下有期徒刑、拘役或者管制，并处 2 万元以上 20 万元以下罚金；数量较大的，处 3 年以上 10 年以下有期徒刑，并处 5 万元以上 50 万元以下罚金；数量巨大的，处 10 年以上有期徒刑或者无期徒刑，并处 5 万元以上 50 万元以下罚金或者没收财产。

23. 非法购买增值税专用发票、购买伪造的增值税专用发票罪

非法购买增值税专用发票或者购买伪造的增值税专用发票的，处 5 年以下有期徒刑或者拘役，并处或者单处 2 万元以上 20 万元以下罚金。

非法购买增值税专用发票或者购买伪造的增值税专用发票又虚开或者出售的，分别依照我国《刑法》有关条款规定定罪，数罪并罚。

24. 非法出售用于骗取出口退税、抵扣税款发票罪

非法出售可以用于骗取出口退税、抵扣税款的其他发票的，处 3 年以下有期徒刑、拘役或者管制，并处 2 万元以上 20 万元以下罚金；数量巨大的，处 3 年以上 7 年以下有期徒刑，并处 5 万元以上 50 万元以下罚金；数量特别巨大的，处 7 年以上有期徒刑，并处 5 万元以上 50 万元以下罚金或者没收财产。

非法出售可以用于骗取出口退税、抵扣税款的其他发票以外的其他发票的，处 2 年以下有期徒刑、拘役或者管制，并处或者单处 1 万元以上 5 万元以下罚金；情节严重的，处 2 年以上 7 年以下有期徒刑，并处 5 万元以上 50 万元以下罚金。

上述“其他发票”如：非法出售机动车有关发票的，或者伪造、擅自制造或者出售伪造、擅自制造的机动车有关发票。

25. 盗窃罪和诈骗罪

盗窃增值税专用发票或者可以用于骗取出口退税、抵扣税款的其他发票的，依照我国《刑法》第 264 条规定的盗窃罪规定定罪处罚。

使用欺骗手段骗取增值税专用发票或者可以用于骗取出口退税、抵扣税款的其他发票的，依照我国《刑法》第 266 条规定的诈骗罪定罪处罚。

第四节　纳税评估管理办法

纳税评估是指税务机关运用数据信息对比分析的方法，对纳税人和扣缴义务人（以下简称纳税人）纳税申报（包括减免缓抵退税申请，下同）情况的真实性和准确性作出定性和定量的判断，并采取进一步征管措施的管理行为。纳税评估工作遵循强化管理、

优化服务；分类实施、因地制宜；人机结合、简便易行的原则。

纳税评估工作主要由基层税务机关的税源管理部门及其税收管理员负责，重点税源和重大事项的纳税评估也可由上级税务机关负责。这里所称基层税务机关是指直接面向纳税人负责税收征收管理的税务机关；税源管理部门是指基层税务机关所属的税务分局、税务所或内设的税源管理科（股）。

对汇总合并缴纳企业所得税企业的纳税评估，由其汇总合并纳税企业申报所在地税务机关实施，对汇总合并纳税成员企业的纳税评估，由其监管的当地税务机关实施；对合并申报缴纳外商投资和外国企业所得税企业分支机构的纳税评估，由总机构所在地的主管税务机关实施。

开展纳税评估工作原则上在纳税申报到期之后进行，评估的期限以纳税申报的税款所属当期为主，特殊情况可以延伸到往期或以往年度。

纳税评估主要工作内容包括：根据宏观税收分析和行业税负监控结果以及相关数据设立评估指标及其预警值；综合运用各类对比分析方法筛选评估对象；对所筛选出的异常情况进行深入分析并作出定性和定量的判断；对评估分析中发现的问题分别采取税务约谈、调查核实、处理处罚、提出管理建议、移交稽查部门查处等方法进行处理；维护更新税源管理数据，为税收宏观分析和行业税负监控提供基础信息等。

一、纳税评估指标

纳税评估指标是税务机关筛选评估对象、进行重点分析时所选用的主要指标，分为通用分析指标和特定分析指标两大类，使用时可结合评估工作实际不断细化和完善。

纳税评估指标的功能、计算公式及其分析使用方法参照《纳税评估通用分析指标及其使用方法》、《纳税评估分税种特定分析指标及其使用方法》。

纳税评估分析时，要综合运用各类指标，并参照评估指标预警值进行配比分析。评估指标预警值是税务机关根据宏观税收分析、行业税负监控、纳税人生产经营和财务会计核算情况以及内外部相关信息，运用数学方法测算出的算术、加权平均值及其合理变动范围。测算预警值，应综合考虑地区、规模、类型、生产经营季节、税种等因素，考虑同行业、同规模、同类型纳税人各类相关指标的若干年度的平均水平，以使预警值更加真实、准确和具有可比性。纳税评估指标预警值由各地税务机关根据实际情况自行确定。

二、纳税评估对象

纳税评估的对象为主管税务机关负责管理的所有纳税人及其应纳所有税种。

纳税评估对象可采用计算机自动筛选、人工分析筛选和重点抽样筛选等方法。筛选纳税评估对象，要依据税收宏观分析、行业税负监控结果等数据，结合各项评估指标及其预警值和税收管理员掌握的纳税人实际情况，参照纳税人所属行业、经济类型、经营规模、信用等级等因素进行全面、综合的审核对比分析。

综合审核对比分析中发现有问题或疑点的纳税人要作为重点评估分析对象；重点税源户、特殊行业的重点企业、税负异常变化、长时间零税负和负税负申报、纳税信用等级低下、日常管理和税务检查中发现较多问题的纳税人要列为纳税评估的重点分析对象。

三、纳税评估方法

纳税评估工作根据国家税收法律、行政法规、部门规章和其他相关经济法规的规定，按照属地管理原则和管户责任开展；对同一纳税人申报缴纳的各个税种的纳税评估要相互结合、统一进行，避免多头重复评估。

纳税评估的主要依据及数据来源包括："一户式"存储的纳税人各类纳税信息资料，主要包括：纳税人税务登记的基本情况，各项核定、认定、减免缓抵退税审批事项的结果，纳税人申报纳税资料，财务会计报表以及税务机关要求纳税人提供的其他相关资料，增值税交叉稽核系统各类票证比对结果等。

税收管理员通过日常管理所掌握的纳税人生产经营实际情况，主要包括：生产经营规模、产销量、工艺流程、成本、费用、能耗、物耗情况等各类与税收相关的数据信息。

上级税务机关发布的宏观税收分析数据，行业税负的监控数据，各类评估指标的预警值；本地区的主要经济指标、产业和行业的相关指标数据，外部交换信息，以及与纳税人申报纳税相关的其他信息。

纳税评估可根据所辖税源和纳税人的不同情况采取灵活多样的评估分析方法，主要有：对纳税人申报纳税资料进行案头的初步审核比对，以确定进一步评估分析的方向和重点；通过各项指标与相关数据的测算，设置相应的预警值，将纳税人的申报数据与预警值相比较；将纳税人申报数据与财务会计报表数据进行比较、与同行业相关数据或类似行业同期相关数据进行横向比较；将纳税人申报数据与历史同期相关数据进行纵向比较；根据不同税种之间的关联性和钩稽关系，参照相关预警值进行税种之间的关联性分析，分析纳税人应纳相关税种的异常变化；应用税收管理员日常管理中所掌握的情况和积累的经验，将纳税人申报情况与其生产经营实际情况相对照，分析其合理性，以确定纳税人申报纳税中存在的问题及其原因；通过对纳税人生产经营结构，主要产品能耗、物耗等生产经营要素的当期数据、历史平均数据、同行业平均数据以及其他相关经济指标进行比较，推测纳税人实际纳税能力。

对实行定期定额（定率）征收税款的纳税人以及未达起征点的个体工商户，可参照其生产经营情况，利用相关评估指标定期进行分析，以判断定额（定率）的合理性和是否已经达到起征点并恢复征税。

四、评估结果处理

对纳税评估中发现的计算和填写错误、政策和程序理解偏差等一般性问题，或存在的疑点问题经约谈、举证、调查核实等程序认定事实清楚，不具有偷税等违法嫌疑，无需立案查处的，可提请纳税人自行改正。需要纳税人自行补充的纳税资料，以及需要纳税人自行补正申报、补缴税款、调整账目的，税务机关应督促纳税人按照税法规定逐项落实。

对纳税评估中发现的需要提请纳税人进行陈述说明、补充提供举证资料等问题，应由主管税务机关约谈纳税人。税务约谈要经所在税源管理部门批准并事先发出《税务约谈通知书》，提前通知纳税人。税务约谈的对象主要是企业财务会计人员。因评估工作需要，必须约谈企业其他相关人员的，应经税源管理部门批准并通过企业财务部门进行安排。纳税人因特殊困难不能按时接受税务约谈的，可向税务机关说明情况，经批准后延期进行。纳税人可以委托具有执业资格的税务代理人进行税务约谈。税务代理人代表纳税人进行税务约谈时，应向税务机关提交纳税人委托代理合法证明。

对评估分析和税务约谈中发现的必须到生产经营现场了解情况、审核账目凭证的，应经所在税源管理部门批准，由税收管理员进行实地调查核实。对调查核实的情况，要作认真记录。需要处理处罚的，要严格按照规定的权限和程序执行。发现纳税人有偷税、逃避追缴欠税、骗取出口退税、抗税或其他需要立案查处的税收违法行为嫌疑的，要移交税务稽查部门处理。对税源管理部门移交稽查部门处理的案件，税务稽查部门要将处理结果定期向税源管理部门反馈。发现外商投资和外国企业与其关联企业之间的业务往来不按照独立企业业务往来收取或支付价款、费用，需要调查、核实的，应移交上级税务机关国际税收管理部门（或有关部门）处理。

对纳税评估工作中发现的问题要作出评估分析报告，提出进一步加强征管工作的建议，并将评估工作内容、过程、证据、依据和结论等记入纳税评估工作底稿。纳税评估分析报告和纳税评估工作底稿是税务机关内部资料，不发纳税人，不作为行政复议和诉讼依据。

五、评估工作管理

基层税务机关及其税源管理部门要根据所辖税源的规模、管户的数量等工作实际情况，结合自身纳税评估的工作能力，制定评估工作计划，合理确定纳税评估工作量，对重点税源户，要保证每年至少重点评估分析一次。

基层税务机关及其税源管理部门要充分利用现代化信息手段，广泛收集和积累纳税人各类涉税信息，不断提高评估工作水平；要经常对评估结果进行分析研究，提出加强征管工作的建议；要做好评估资料整理工作，本着“简便、实用”的原则，建立纳税评估档案，妥善保管纳税人报送的各类资料，并注重保护纳税人的商业秘密和个人隐私；要建立健全纳税评估工作岗位责任制、岗位轮换制、评估复查制和责任追究制等各项制度，加强对纳税评估工作的日常检查与考核；要加强对从事纳税评估工作人员的培训，不断提高纳税评估工作人员的综合素质和评估能力。

各级税务机关的征管部门负责纳税评估工作的组织协调工作，制定纳税评估工作业务规程，建立健全纳税评估规章制度和反馈机制，指导基层税务机关开展纳税评估工作，明确纳税评估工作职责分工并定期对评估工作开展情况进行总结和交流；各级税务机关的计划统计部门负责对税收完成情况、税收与经济的对应规律、总体税源和税负的增减变化等情况进行定期的宏观分析，为基层税务机关开展纳税评估提供依据和指导；各级税务机关的专业管理部门（包括各税种、国际税收、出口退税管理部门以及县级税务机关的综合业务部门）负责进行行业税负监控、建立各税种的纳税评估指标体系、测算指标预警值、制定分税种的具体评估方法，为基层税务机关开展纳税评估工作提供依据和指导。

从事纳税评估的工作人员，在纳税评估工作中徇私舞弊或者滥用职权，或为有涉嫌税收违法行为的纳税人通风报信致使其逃避查处的，或瞒报评估真实结果、应移交案件不移交的，或致使纳税评估结果失真、给纳税人造成损失的，不构成犯罪的，由税务机关按照有关规定给予行政处分；构成犯罪的，要依法追究刑事责任。

六、纳税评估通用分析指标及其使用方法

（一）通用指标及功能

1. 收入类评估分析指标及其计算公式和指标功能

主营业务收入变动率＝(本期主营业务收入－基期主营业务收入)÷基期主营业务收入×100％

如主营业务收入变动率超出预警值范围，可能存在少计收入问题和多列成本等问题，运用其他指标进一步分析。

2. 成本类评估分析指标及其计算公式和功能

单位产成品原材料耗用率＝本期投入原材料÷本期产成品成本×100％

分析单位产品当期耗用原材料与当期产出的产成品成本比率，判断纳税人是否存在账外销售问题、是否错误使用存货计价方法、是否人为调整产成品成本或应纳所得额等问题。

主营业务成本变动率＝(本期主营业务成本－基期主营业务成本)÷基期主营业务成本×100％

其中，主营业务成本率＝主营业务成本÷主营业务收入

主营业务成本变动率超出预警值范围，可能存在销售未计收入、多列成本费用、扩大税前扣除范围等问题。

3. 费用类评估分析指标及其计算公式和指标功能

主营业务费用变动率＝(本期主营业务费用－基期主营业务费用)÷基期主营业务费用×100％

其中，主营业务费用率＝(主营业务费用÷主营业务收入)×100％

与预警值相比，如相差较大，可能存在多列费用问题。

营业（管理、财务）费用变动率＝［本期营业（管理、财务）费用－基期营业（管理、财务）费用］÷基期营业（管理、财务）费用×100％

如果营业（管理、财务）费用变动率与前期相差较大，可能存在税前多列支营业（管理、财务）费用问题。

成本费用率＝(本期营业费用＋本期管理费用＋本期财务费用)÷本期主营业务成本×100％

分析纳税人期间费用与销售成本之间关系，与预警值相比较，如相差较大，企业可能存在多列期间费用问题。

成本费用利润率＝利润总额÷成本费用总额×100%

其中，成本费用总额＝主营业务成本总额＋费用总额

与预警值比较，如果企业本期成本费用利润率异常，可能存在多列成本、费用等问题。

上述税前列支费用评估分析指标包括：工资扣除限额、“三费”（职工福利费、工会经费、职工教育经费）扣除限额、交际应酬费列支限额（业务招待费扣除限额）、公益救济性捐赠扣除限额、开办费摊销额、技术开发费加计扣除额、广告费扣除限额、业务宣传费扣除限额、财产损失扣除限额、呆（坏）账损失扣除限额、总机构管理费扣除限额、社会保险费扣除限额、无形资产摊销额、递延资产摊销额等。

如果申报扣除（摊销）额超过允许扣除（摊销）标准，可能存在未按规定进行纳税调整，擅自扩大扣除（摊销）基数等问题。

4. 利润类评估分析指标及其计算公式和指标功能

主营业务利润变动率＝(本期主营业务利润－基期主营业务利润)÷基期主营业务利润×100%

其他业务利润变动率＝(本期其他业务利润－基期其他业务利润)÷基期其他业务利润×100%

上述指标若与预警值相比相差较大，可能存在多结转成本或不计、少计收入问题。

税前弥补亏损扣除限额。按税法规定审核分析允许弥补的亏损数额。如申报弥补亏损额大于税前弥补亏损扣除限额，可能存在未按规定申报税前弥补等问题。

营业外收支增减额。营业外收入增减额与基期相比减少较多，可能存在隐瞒营业外收入问题。营业外支出增减额与基期相比支出增加较多，可能存在将不符合规定支出列入营业外支出。

5. 资产类评估分析指标及其计算公式和指标功能

净资产收益率＝净利润÷平均净资产×100%

分析纳税人资产综合利用情况。如指标与预警值相差较大，可能存在隐瞒收入，或闲置未用资产计提折旧问题。

总资产周转率＝（利润总额＋利息支出）÷平均总资产×100%

存货周转率＝主营业务成本÷[(期初存货成本＋期末存货成本)÷2]×100%

分析总资产和存货周转情况，推测销售能力，如总资产周转率或存货周转率加快，而应纳税税额减少，可能存在隐瞒收入、虚增成本的问题。

应收（付）账款变动率＝(期末应收（付）账款－期初应收（付）账款)÷期初应收（付）账款×100%

分析纳税人应收（付）账款增减变动情况，判断其销售实现和可能发生坏账情况。如应收（付）账款增长率增高，而销售收入减少，可能存在隐瞒收入、虚增成本的

问题。

固定资产综合折旧率＝基期固定资产折旧总额÷基期固定资产原值总额×100％

固定资产综合折旧率高于与基期标准值，可能存在税前多列支固定资产折旧额问题。要求企业提供各类固定资产的折旧计算情况，分析固定资产综合折旧率变化的原因。

资产负债率＝负债总额÷资产总额×100％

其中，负债总额＝流动负债＋长期负债，资产总额是扣除累计折旧后的净额。

分析纳税人经营活力，判断其偿债能力。如果资产负债率与预警值相差较大，则企业偿债能力有问题，要考虑由此对税收收入产生的影响。

（二）指标的配比分析

1. 主营业务收入变动率与主营业务利润变动率配比分析

正常情况下，二者基本同步增长。①当比值＜1，且相差较大，二者都为负时，可能存在企业多列成本费用、扩大税前扣除范围问题。②当比值＞1 且相差较大、二者都为正时，可能存在企业多列成本费用、扩大税前扣除范围等题。③当比值为负数，且前者为正后者为负时，可能存在企业多列成本费用、扩大税前扣除范围等问题。

对产生疑点的纳税人可从以下 3 方面进行分析：①结合“主营业务利润率”指标进行分析，了解企业历年主营业务利润率的变动情况；②对“主营业务利润率”指标也异常的企业，应通过年度申报表及附表分析企业收入构成情况，以判断是否存在少计收入问题；③结合《资产负债表》中“应付账款”、“预收账款”和“其他应付款”等科目的期初、期末数进行分析，如出现“应付账款”和“其他应付账款”红字和“预收账款”期末大幅度增长等情况，应判断存在少计收入问题。

2. 主营业务收入变动率与主营业务成本变动率配比分析

正常情况下二者基本同步增长，比值接近 1。①当比值＜1，且相差较大，二者都为负时，可能存在企业多列成本费用、扩大税前扣除范围等问题；②当比值＞1 且相差较大，二者都为正时，可能存在企业多列成本费用、扩大税前扣除范围等问题；③当比值为负数，且前者为正后者为负时，可能存在企业多列成本费用、扩大税前扣除范围等问题。

对产生本疑点的纳税人可以从以下 3 个方面进行分析：①结合“主营业务收入变动率”指标，对企业主营业务收入情况进行分析，通过分析企业年度申报表及附表《营业收入表》，了解企业收入的构成情况，判断是否存在少计收入的情况；②结合《资产负债表》中“应付账款”、“预收账款”和“其他应付账款”等科目的期初、期末数额进行分析，如“应付账款”和“其他应付账款”出现红字和“预收账款”期末大幅度增长情况，应判断存在少计收入问题；③结合主营业务成本率对年度申报表及附表进行分析，了解企业成本的结转情况，分析是否存在改变成本结转方法、少计存货（含产成品、在产品和材料）等问题。

3. 主营业务收入变动率与主营业务费用变动率配比分析

正常情况下，二者基本同步增长。①当比值<1 且相差较大，二者都为负时，可能存在企业多列成本费用、扩大税前扣除范围等问题；②当比值>1 且相差较大，二者都为正时，可能企业存在多列成本费用、扩大税前扣除范围等问题；③当比值为负数，且前者为正后者为负时，可能存在企业多列成本费用、扩大税前扣除范围等问题。

对产生疑点的纳税人可从以下 3 个方面进行分析：①结合《资产负债表》中“应付账款”、“预收账款”和“其他应付账款”等科目的期初、期末数进行分析。如“应付账款”和“其他应付账款”出现红字和“预收账款”期末大幅度增长等情况，应判断存在少计收入问题；结合主营业务成本，通过年度申报表及附表分析企业成本的结转情况，以判断是否存在改变成本结转方法、少计存货（含产成品、在产品和材料）等问题；②结合“主营业务费用率”、“主营业务费用变动率”两项指标进行分析，与同行业的水平比较；③通过《损益表》对营业费用、财务费用、管理费用的若干年度数据分析三项费用中增长较多的费用项目，对财务费用增长较多的，结合《资产负债表》中短期借款、长期借款的期初、期末数进行分析，以判断财务费用增长是否合理，是否存在基建贷款利息列入当期财务费用等问题。

4. 主营业务成本变动率与主营业务利润变动率配比分析

当两者比值大于 1，都为正时，可能存在多列成本的问题；前者为正，后者为负时，视为异常，可能存在多列成本、扩大税前扣除范围等问题。

5. 资产利润率、总资产周转率、销售利润率配比分析

综合分析本期资产利润率与上年同期资产利润率，本期销售利润率与上年同期销售利润率，本期总资产周转率与上年同期总资产周转率。如本期总资产周转率－上年同期总资产周转率>0，本期销售利润率－上年同期销售利润率≤0，而本期资产利润率－上年同期资产利润率≤0 时，说明本期的资产使用效率提高，但收益不足以抵补销售利润率下降造成的损失，可能存在隐匿销售收入、多列成本费用等问题。如本期总资产周转率－上年同期总资产周转率≤0，本期销售利润率－上年同期销售利润率>0，而本期资产利润率－上年同期资产利润率≤0 时，说明资产使用效率降低，导致资产利润率降低，可能存在隐匿销售收入问题。

6. 存货变动率、资产利润率、总资产周转率配比分析

比较分析本期资产利润率与上年同期资产利润率，本期总资产周转率与上年同期总资产周转率。若本期存货增加不大，即存货变动率≤0，本期总资产周转率－上年同期总资产周转率≤0，可能存在隐匿销售收入问题。

第五节 纳税担保试行办法

自 2005 年 7 月 1 日起施行的《纳税担保试行办法》所称纳税担保，是指经税务机关同意或确认，纳税人或其他自然人、法人、经济组织以保证、抵押、质押的方式，为纳税人应当缴纳的税款及滞纳金提供担保的行为。纳税担保文书由国家税务总局统一制定。

其中，纳税担保人包括以保证方式为纳税人提供纳税担保的纳税保证人和其他以未设置或者未全部设置担保物权的财产为纳税人提供纳税担保的第三人。

纳税人有下列情况之一的，适用纳税担保：①税务机关有根据认为从事生产、经营的纳税人有逃避纳税义务行为，在规定的纳税期之前经责令其限期缴纳应纳税款，在限期内发现纳税人有明显的转移、隐匿其应纳税的商品、货物以及其他财产或者应纳税收入的迹象，责成纳税人提供纳税担保的；②欠缴税款、滞纳金的纳税人或者其法定代表人需要出境的；③纳税人同税务机关在纳税上发生争议而未缴清税款，需要申请行政复议的；④税收法律、行政法规规定可以提供纳税担保的其他情形。

扣缴义务人、纳税担保人同税务机关在纳税上发生争议时，按照《税收征管法》规定需要提供纳税担保的，应当按照《纳税担保试行办法》规定的抵押、质押方式，以其财产提供纳税担保；纳税担保人已经以其财产为纳税人向税务机关提供担保的，不再需要提供新的担保。

纳税担保范围包括税款、滞纳金和实现税款、滞纳金的费用。费用包括抵押、质押登记费用，质押保管费用，以及保管、拍卖、变卖担保财产等相关费用支出。

用于纳税担保的财产、权利的价值不得低于应当缴纳的税款、滞纳金，并考虑相关的费用。纳税担保的财产价值不足以抵缴税款、滞纳金的，税务机关应当向提供担保的纳税人或纳税担保人继续追缴。

用于纳税担保的财产、权利的价格估算，除法律、行政法规另有规定外，由税务机关按照税收征管法实施细则规定的方式，参照同类商品的市场价、出厂价或者评估价估算。

一、纳税保证

纳税保证，是指纳税保证人向税务机关保证，当纳税人未按照税收法律、行政法规规定或者税务机关确定的期限缴清税款、滞纳金时，由纳税保证人按照约定履行缴纳税款及滞纳金的行为。税务机关认可的，保证成立；税务机关不认可的，保证不成立。这里所称纳税保证为连带责任保证，纳税人和纳税保证人对所担保的税款及滞纳金承担连带责任。当纳税人在税收法律、行政法规或税务机关确定的期限届满未缴清税款及滞纳金的，税务机关即可要求纳税保证人在其担保范围内承担保证责任，缴纳担保的税款及滞纳金。

纳税保证人，是指在中国境内具有纳税担保能力的自然人、法人或者其他经济组织。法人或其他经济组织财务报表资产净值超过需要担保的税额及滞纳金 2 倍以上的，自然人、法人或其他经济组织所拥有或者依法可以处分的未设置担保的财产的价值超过需要担保的税额及滞纳金的，为具有纳税担保能力。

国家机关，学校、幼儿园、医院等事业单位、社会团体不得作为纳税保证人。企业法人的职能部门不得为纳税保证人。企业法人的分支机构有法人书面授权的，可以在授权范围内提供纳税担保。

有以下情形之一的，不得作为纳税保证人：①有偷税、抗税、骗税、逃避追缴欠税行为被税务机关、司法机关追究过法律责任未满 2 年的；②因有税收违法行为正在被税务机关立案处理或涉嫌刑事犯罪被司法机关立案侦查的；③纳税信誉等级被评为 C 级以下的；④在主管税务机关所在地的市（地、州）没有住所的自然人或税务登记不在本市（地、州）的企业；⑤无民事行为能力或限制民事行为能力的自然人；⑥与纳税人存在担保关联关系的；⑦有欠税行为的。

纳税保证人同意为纳税人提供纳税担保的，应当填写纳税担保书。纳税担保书应当包括以下内容：①纳税人应缴纳的税款及滞纳金数额、所属期间、税种、税目名称；②纳税人应当履行缴纳税款及滞纳金的期限；③保证担保范围及担保责任；④保证期间和履行保证责任的期限；⑤保证人的存款账号或者开户银行及其账号；⑥税务机关认为需要说明的其他事项。

纳税担保书须经纳税人、纳税保证人签字盖章并经税务机关签字盖章同意方为有效。纳税担保从税务机关在纳税担保书签字盖章之日起生效。

保证期间为纳税人应缴纳税款期限届满之日起 60 日，即税务机关自纳税人应缴纳税款的期限届满之日起 60 日内有权要求纳税保证人承担保证责任，缴纳税款、滞纳金。

履行保证责任的期限为 15 日，即纳税保证人应当自收到税务机关的纳税通知书之日起 15 日内履行保证责任，缴纳税款及滞纳金。

纳税保证期间内税务机关未通知纳税保证人缴纳税款及滞纳金以承担担保责任的，纳税保证人免除担保责任。

纳税人在规定的期限届满未缴清税款及滞纳金，税务机关在保证期限内书面通知纳税保证人的，纳税保证人应按照纳税担保书约定的范围，自收到纳税通知书之日起 15 日内缴纳税款及滞纳金，履行担保责任。

纳税保证人未按照规定的履行保证责任的期限缴纳税款及滞纳金的，由税务机关发出责令限期缴纳通知书，责令纳税保证人在限期 15 日内缴纳；逾期仍未缴纳的，经县以上税务局（分局）局长批准，对纳税保证人采取强制执行措施，通知其开户银行或其他金融机构从其存款中扣缴所担保的纳税人应缴纳的税款、滞纳金，或扣押、查封、拍卖、变卖其价值相当于所担保的纳税人应缴纳的税款、滞纳金的商品、货物或者其他财产，以拍卖、变卖所得抵缴担保的税款、滞纳金。

二、纳税抵押

纳税抵押，是指纳税人或纳税担保人不转移抵押物的占有，将该财产作为税款及滞纳金的担保。纳税人逾期未缴清税款及滞纳金的，税务机关有权依法处置该财产以抵缴税款及滞纳金。纳税人或者纳税担保人为抵押人，税务机关为抵押权人，提供担保的财产为抵押物。

下列财产可以抵押：①抵押人所有的房屋和其他地上定着物；②抵押人所有的机器、交通运输工具和其他财产；③抵押人依法有权处分的国有的房屋和其他地上定着物；④抵押人依法有权处分的国有的机器、交通运输工具和其他财产；⑤经设区的市、自治州以上税务机关确认的其他可以抵押的合法财产。

以依法取得的国有土地上的房屋抵押的，该房屋占用范围内的国有土地使用权同时抵押。以乡（镇）、村企业的厂房等建筑物抵押的，其占用范围内的土地使用权同时抵押。

下列财产不得抵押：①土地所有权；②土地使用权，但《纳税担保试行办法》第16条规定的除外；③学校、幼儿园、医院等以公益为目的的事业单位、社会团体、民办非企业单位的教育设施、医疗卫生设施和其他社会公益设施；④所有权、使用权不明或者有争议的财产；⑤依法被查封、扣押、监管的财产；⑥依法定程序确认为违法、违章的建筑物；⑦法律、行政法规规定禁止流通的财产或者不可转让的财产；⑧经设区的市、自治州以上税务机关确认的其他不予抵押的财产。

学校、幼儿园、医院等以公益为目的事业单位、社会团体，可以其教育设施、医疗卫生设施和其他社会公益设施以外的财产为其应缴纳的税款及滞纳金提供抵押。

纳税人提供抵押担保的，应当填写纳税担保书和纳税担保财产清单。纳税担保书应当包括以下内容：①担保的纳税人应缴纳的税款及滞纳金数额、所属期间、税种名称、税目；②纳税人履行应缴纳税款及滞纳金的期限；③抵押物的名称、数量、质量、状况、所在地、所有权权属或者使用权权属；④抵押担保的范围及担保责任；⑤税务机关认为需要说明的其他事项。

纳税担保财产清单应当写明财产价值以及相关事项。纳税担保书和纳税担保财产清单须经纳税人签字盖章并经税务机关确认。

纳税抵押财产应当办理抵押物登记。纳税抵押自抵押物登记之日起生效。纳税人应向税务机关提供由以下部门出具的抵押登记的证明及其复印件（以下简称证明材料）：①以城市房地产或者乡（镇）、村企业的厂房等建筑物抵押的，提供县级以上地方人民政府规定部门出具的证明材料；②以船舶、车辆抵押的，提供运输工具的登记部门出具的证明材料；③以企业的设备和其他动产抵押的，提供财产所在地的工商行政管理部门出具的证明材料或者纳税人所在地的公证部门出具的证明材料。

抵押期间，经税务机关同意，纳税人可以转让已办理登记的抵押物，并告知受让人转让物已经抵押的情况。

纳税人转让抵押物所得的价款，应当向税务机关提前缴纳所担保的税款、滞纳金。超过部分，归纳税人所有，不足部分由纳税人缴纳或提供相应的担保。

在抵押物灭失、毁损或者被征用的情况下，税务机关应该就该抵押物的保险金、赔偿金或者补偿金要求优先受偿，抵缴税款、滞纳金。

抵押物灭失、毁损或者被征用的情况下，抵押权所担保的纳税义务履行期未满的，税务机关可以要求将保险金、赔偿金或补偿金等作为担保财产。

纳税人在规定的期限内未缴清税款、滞纳金的，税务机关应当依法拍卖、变卖抵押物，变价抵缴税款、滞纳金。

纳税担保人以其财产为纳税人提供纳税抵押担保的，按照纳税人提供抵押担保的规定执行；纳税担保书和纳税担保财产清单须经纳税人、纳税担保人签字盖章并经税务机关确认。

纳税人在规定的期限届满未缴清税款、滞纳金的，税务机关应当在期限届满之日起15日内书面通知纳税担保人自收到纳税通知书之日起15日内缴纳担保的税款、滞纳金。

纳税担保人未按照规定的期限缴纳所担保的税款、滞纳金的，由税务机关责令限期在15日内缴纳；逾期仍未缴纳的，经县以上税务局（分局）局长批准，税务机关依法拍卖、变卖抵押物，抵缴税款、滞纳金。

三、纳税质押

纳税质押，是指经税务机关同意，纳税人或纳税担保人将其动产或权利凭证移交税务机关占有，将该动产或权利凭证作为税款及滞纳金的担保。纳税人逾期未缴清税款及滞纳金的，税务机关有权依法处置该动产或权利凭证以抵缴税款及滞纳金。纳税质押分为动产质押和权利质押。

动产质押包括现金以及其他除不动产以外的财产提供的质押。汇票、支票、本票、债券、存款单等权利凭证可以质押。对于实际价值波动很大的动产或权利凭证，经设区的市、自治州以上税务机关确认，税务机关可以不接受其作为纳税质押。

纳税人提供质押担保的，应当填写纳税担保书和纳税担保财产清单并签字盖章。纳税担保书应当包括以下内容：①担保的税款及滞纳金数额、所属期间、税种名称、税目；②纳税人履行应缴纳税款、滞纳金的期限；③质物的名称、数量、质量、价值、状况、移交前所在地、所有权权属或者使用权权属；④质押担保的范围及担保责任；⑤纳税担保财产价值；⑥税务机关认为需要说明的其他事项。

纳税担保财产清单应当写明财产价值及相关事项。纳税质押自纳税担保书和纳税担保财产清单经税务机关确认和质物移交之日起生效。

以汇票、支票、本票、公司债券出质的，税务机关应当与纳税人背书清单记载“质押”字样。以存款单出质的，应由签发的金融机构核押。

以载明兑现或者提货日期的汇票、支票、本票、债券、存款单出质的，汇票、支票、本票、债券、存款单兑现日期先于纳税义务履行期或者担保期的，税务机关与纳税人约定将兑现的价款用于缴纳或者抵缴所担保的税款及滞纳金。

纳税人在规定的期限内缴清税款及滞纳金的，税务机关应当自纳税人缴清税款及滞纳金之日起3个工作日内返还质物，解除质押关系。

纳税人在规定的期限内未缴清税款、滞纳金的，税务机关应当依法拍卖、变卖质物，抵缴税款、滞纳金。

纳税担保人以其动产或财产权利为纳税人提供纳税质押担保的，按照纳税人提供质押担保的规定执行；纳税担保书和纳税担保财产清单须经纳税人、纳税担保人签字盖章并经税务机关确认。

纳税人在规定的期限内缴清税款、滞纳金的，税务机关应当在3个工作日内将质物返还给纳税担保人，解除质押关系。

纳税人在规定的期限内未缴清税款、滞纳金的，税务机关应当在期限届满之日起15日内书面通知纳税担保人自收到纳税通知书之日起15日内缴纳担保的税款、滞纳金。

纳税担保人未按照前款规定的期限缴纳所担保的税款、滞纳金，由税务机关责令限期在15日内缴纳；缴清税款、滞纳金的，税务机关自纳税担保人缴清税款及滞纳金之日起3个工作日内返还质物、解除质押关系；逾期仍未缴纳的，经县以上税务局（分局）局长批准，税务机关依法拍卖、变卖质物，抵缴税款、滞纳金。

四、法律责任

纳税人、纳税担保人采取欺骗、隐瞒等手段提供担保的，由税务机关处以1 000元以下的罚款；属于经营行为的，处以10 000元以下的罚款。

非法为纳税人、纳税担保人实施虚假纳税担保提供方便的，由税务机关处以1 000元以下的罚款。

纳税人采取欺骗、隐瞒等手段提供担保，造成应缴税款损失的，由税务机关按照《税收征管法》规定处以未缴、少缴税款50%以上5倍以下的罚款。

税务机关负有妥善保管质物的义务。因保管不善致使质物灭失或者毁损，或未经纳税人同意擅自使用、出租、处分质物而给纳税人造成损失的，税务机关应当对直接损失承担赔偿责任。

纳税义务期限届满或担保期间，纳税人或者纳税担保人请求税务机关及时行使权力，而税务机关怠于行使权力致使质物价格下跌造成损失的，税务机关应当对直接损失承担赔偿责任。

税务机关工作人员有下列情形之一的，根据情节轻重给予行政处分：①违反规定，对符合担保条件的纳税担保，不予同意或故意刁难的；②违反规定，对不符合担保条件的纳税担保，予以批准，致使国家税款及滞纳金遭受损失的；③私分、挪用、占用、擅自处分担保财物的；④其他违法情形。

税收征收管理例题

一、单项选择题

【例题 19-1】 下列各项中，不符合《税收征收管理法》有关规定的是（　　）

A. 采取税收保全措施时，冻结的存款以纳税人应纳税款的数额为限

B. 采取税收强制执行的措施时，被执行人未缴纳的滞纳金必须同时执行

C. 税收强制执行的适用范围不仅限于从事生产经营的纳税人，也包括扣缴义务人

D. 税收保全措施的适用范围不仅限于从事生产经营的纳税人，也包括扣缴义务人

（2006年注册会计师考试单项选择题）

【分析】 根据规定，税收保全措施仅限于对纳税人采取，不包括扣缴义务人。

【参考答案】 D

【例题 19-2】 根据《税收征收管理法》规定，扣缴义务人应扣未扣、应收未收税款的，由税务机关向纳税人追缴税款，对扣缴义务人一定数额的罚款。其罚款限额是（　　）

A. 2000 元以下　　B. 200 元以上 5000 元以下

C. 应扣未扣、应收未收税款 50%以上 3 倍以下

D. 应扣未扣、应收未收税款 50%以上 5 倍以下

（2007 年注册会计师考试单项选择题）

【分析】 根据规定，扣缴义务人应扣未扣、应收而不收税款的，由税务机关向纳税人追缴税款，对扣缴义务人处应扣未扣、应收未收税款 50%以上 3 倍以下的罚款。

【参考答案】 C

【例题 19-3】 下列关于税收强制执行措施的表述中，正确的是（　　）

A. 税收强制执行措施不适用于扣缴义务人

B. 作为家庭唯一代步工具的轿车，不在税收强制执行的范围之内

C. 税务机关采取强制执行措施时，可对纳税人未缴纳的滞纳金同时强制执行

D. 税务机关可对未按期缴纳工薪收入个人所得税的个人实施税收强制执行措施

（2009 年注册会计师考试单项选择题）

【分析】 税收强制执行适用所有纳税义务人，其中包括适用于纳税人也适用于扣缴义务人；机动车辆、金银饰品、古玩字画、豪华住宅或者一处以外的住房不属于这里所称个人及其所扶养家属维持生活必需的住房和用品在税收保全措施和强制执行措施的范围之内；工薪收入不在实施税收强制执行措施范围之内。

【参考答案】 C

【例题 19-4】 根据税收征收管理法及其他相关规定，对税务机关的征税行为提起诉讼，必须先经过复议，对复议决定不服的，可以在接到复议决定书之日起的一定时限内向人民法院起诉。下列各项中，符合上述时限规定的是（　　）

A. 15 日　　B. 30 日　　C. 60 日　　D. 90 日

（2008 年注册会计师考试单项选择题）

【分析】 我国《行政诉讼法》第 38 条规定：申请人不服复议决定的，可以在收到复议决定书之日起 15 日内向人民法院提起诉讼。复议机关逾期不作出决定的，申请人可以在复议期满之日起 15 日内向人民法院提起诉讼。法律另有规定的除外。

【参考答案】 A

【例题 19-5】 下列关于税款追征的表述中，正确的是（　　）。

A. 因税务机关责任，致使纳税人少缴税款的，税务机关在 3 年内可要求纳税人补缴税款，但不加收滞纳金

B. 因税务机关责任，致使纳税人少缴税款的，税务机关在 3 年内可要求纳税人补缴税款并按银行同期利率加收滞纳金

C. 对于纳税人偷税、抗税和骗取税款的，税务机关在 20 年内可以追征税款、滞纳金；有特殊情况的，追征期可延长到 30 年

D. 因纳税人计算等失误，未缴或者少缴税款的，税务机关在 3 年内可以追征税款、

滞纳金；有特殊情况的，追征期可延长到10年

（2010年注册会计师考试单项选择题）

【分析】 因税务机关责任，致使纳税人、扣缴义务人未缴或者少缴税款的，税务机关在3年内可要求纳税人、扣缴义务人补缴税款，但是不得加收滞纳金。故选项A正确。

【参考答案】 A

【例题19-6】 下列各项关于纳税申报管理的表述中，正确的是（　　）。

A. 扣缴人不得采取邮寄申报的方式

B. 纳税人在纳税期内没有应纳税款的，不必办理纳税申报

C. 实行定期定额缴纳税款的纳税人可以实行简易申报、简并征期等申报纳税方式

D. 主管税务机关根据纳税人实际情况及其所纳税种确定的纳税申报期限不具有法律效力

（2011年注册会计师考试单项选择题）

【分析】 扣缴人可以采取邮寄申报，选项A错。纳税人在纳税期内没有应纳税款的，也应当按照规定办理纳税申报，纳税人享受减税、免税待遇的，在减税、免税期间应当按照规定办理纳税申报。选项B错。而主管税务机关根据纳税人实际情况及其所纳税种确认的纳税申报期限一定是具有法律效力。选项D错。

【参考答案】 C

二、多项选择题

【例题19-7】 根据《税收征收管理法》的规定，下列各项中税务机关有权核定其应纳税额的有（　　）

A. 未办税务登记临时从事生产经营的

B. 依照法律行为法规的规定可以不设置账簿的

C. 纳税人申报的计税明显偏低，又无正当理由的

D. 依照法律行政的规定应当设置但未设置账簿的

（2005年注册会计师考试多项选择题）

【分析】 请查看第二节“税务登记”中相关内容。有关规定中没有“未办税务登记临时从事生产经营的”税务机关有权核定纳税人应纳税额的情形。

【参考答案】 B C D

【例题19-8】 下列各项中，符合《税收征收管理法》规定的征税方式有（　　）

A. 税务机关通过典型调查，逐户确定营业额和所得额

B. 税务机关按照纳税人提供的账表所反映的经营情况，依照适用税率计算缴纳税款的方式

C. 税务机关对纳税人应税商品，通过查验数量，按市场一般销售单价计算其销售收入并据以征税的方式

D. 税务机关根据纳税人的从业人员、生产设备、采用原材料等因素，对其生产经营的应税产品查实核定产量、销售额并据以征税的方式

（2006年注册会计师考试多项选择题）

【分析】 请查看本章第三节“税款征收”中的相关内容。

【参考答案】 A B C D

【例题 19-9】 下列表述中，符合《税收征收管理法》规定的有（　　）

A. 税收强制措施是指税务当事人不履行税收法律、行政法规规定的义务，有关税务机关采用法定的强制手段，强迫当事人履行义务的行为

B. 纳税评估是指税务机关运用数据信息对比分析的方法，对纳税人纳税申报情况的真实性和准确性作出定性和定量的判断，并据此征收税款的行为

C. 税款征收方式是指税务机关根据各税种的不同特点、征纳双方的具体条件而确定的计算征收税款的方法和形式，主要包括查账征收、定期定额征收、委托代征等方式

D. 税款滞纳金征收制度是指，纳税人或者扣缴义务人未按照规定期限缴纳或者解缴税款的，税务机关除责令限期缴纳外，从滞纳税款之日起按日加收滞纳税款万分之五的滞纳金的制度

（2007 年注册会计师考试多项选择题）

【分析】 也可以实行税收强制措施，不光有税务机关，还有人民法院。纳税评估只是采取进一步征管措施的管理行为。

【参考答案】 C D

【例题 19-10】 下列各项中，属于法定税务登记事项的有（　　）

A. 开业税务登记　　B. 注销税务登记

C. 停业税务登记　　D. 临时经营税务登记

（2007 年注册会计师考试多项选择题）

【分析】 《税收征收管理法》就是这么规定的。

【参考答案】 A B C D

【例题 19-11】 根据《税收征收管理法》和《税务登记管理办法》的有关规定，下列各项中应当进行税务登记的有（　　）

A. 从事生产经营的事业单位

B. 企业在境内其他城市设立的分支机构

C. 不从事生产经营只缴纳车船税的社会团体

D. 有来源于中国境内所得但未在中国境内设立机构、场所的非居民企业

（2008 年注册会计师考试多项选择题）

【分析】 不从事生产经营的纳税人，除临时取得应税收入或发生应税行为以及只缴纳个人所得税、车船使用税的外，都应该申报办理税务登记。选项 C 属于只缴纳个人所得税、车船使用税的纳税人，不需要办理税务登记。

【参考答案】 A B

【例题 19-12】 下列关于税务机关行使税务检查权的表述中，符合税法规定的有（　　）

A. 到纳税人的住所检查应纳税的商品，货物和其他财产

B. 责成纳税人提供与纳税有关的文件，证明材料和有关资料

C. 到车站检查纳税人托运货物或者其他财产的有关单据，凭证和资料

D. 经县税务局长批准，凭统一格式的检查存款账户许可证，查询案件涉嫌人员的储蓄存款

（2009 年注册会计师考试多项选择题）

【分析】 税务机关不能到纳税人住所检查应纳税的商品、货物和其他财产；税务机关不能查询涉嫌人员的储蓄存款账户。

【参考答案】 B C

【例题 19-13】 下列关于税务机关实施税收保全措施的表述中，正确的有（　　）。

A. 税收保全措施仅限于从事生产、经营的纳税人

B. 只有在事实全部查清，取得充分证据的前提下才能进行

C. 冻结纳税人的存款时，其数额要以相当于纳税人应纳税款的数额为限

D. 个人及其抚养家属维持生活必需的住房和用品，不在税收保全措施的范围之内

（2010 年注册会计师考试多项选择题）

【分析】 税收保全措施是针对纳税人即将转移、隐匿应税的商品、货物或其他财产的紧急情况下采取的一种紧急处理措施。不可能做到‘事实全部查清’，故选项 B 错误。

【参考答案】 A C D

【例题 19-14】 下列纳税人中，税务机关有权核定其应纳税额的有（　　）。

A. 虽设置账簿，但账目混乱，难以查账的纳税人

B. 虽设置账簿，但会计报表编制格式有问题的纳税人

C. 依照法律、行政法规的规定可以不设置账簿的纳税人

D. 依照法律、行政法规的规定应当设置但未设置账簿的纳税人

（2010 年注册会计师考试多项选择题）

【分析】 虽设置账簿，但会计报表编制格式有问题的纳税人，不属于税务机关有权核定应按税额的范围。故选项 B 错误。

【参考答案】 A C D

第二十章　税务行政法制

行政法制包括5个方面：①行政许可规范；②行政处罚规范；③行政复议规范；④行政诉讼规范；⑤国家赔偿规范。主要法律有《中华人民共和国行政许可法》、《中华人民共和国行政处罚法》、《中华人民共和国行政复议法》、《中华人民共和国行政诉讼法》和《中华人民共和国国家赔偿法》。而税务行政法制是整个行政法制的重要组成部分，因此税务行政法制也包括5个方面，税务行政许可、税务行政处罚、税务行政复议、税务行政诉讼和税务行政国家赔偿。

税务行政法制是指国家制定的调整税务行政法律关系中有关主体权利义务的法律规范总称。除上述行政法制的五部普通法以外，还有许多行政法规规章。财政部、国家税务总局、国家海关总署等税务主管部门制定的部颁规章也是税务行政法制的组成部分。其中如《税务行政复议规则（试行）》、《税务行政处罚听证程序实施办法（试行）》、《国家税务总局关于税务行政处罚有关问题的通知》、《偷税案件行政处罚标准（试行）》等。

第一节　地方税务行政许可实施办法介绍

《行政许可法》自2004年7月1日起施行以来，国家税务总局于2004年6月22日发出了一个通知《国家税务总局关于实施税务行政许可若干问题的通知》，国家税务总局公布2007年全国税收工作要点中指出："推进依法行政。落实行政许可法，深化税务行政审批制度改革，完善税务行政许可实施办法，确保正确实施各项税务行政许可。"近来，我国地方制定了不少税务行政许可实施办法，如《江西省国税系统税务行政许可实施办法》、《深圳市地方税务局行政许可实施办法》、《山东省国税系统税务行政许可实施办法》等。本节介绍山东实施办法。

一、概述

为规范山东省国税机关实施税务行政许可，保护公民、法人和其他组织的合法权益，保障和监督国税机关依法有效实施行政管理职能，根据《行政许可法》和有关法律、法规，山东省国税局制定了《山东省国税系统税务行政许可实施办法》（简称山东办法），自2007年1月1日起施行。

税务行政许可项目由有设定权限的国家立法机关或国务院等设定，各级国税机关及其内设机构、下属的事业单位不得设定税务行政许可项目。

各级国税机关实施税务行政许可，应当依照法定的范围、权限、条件和程序，在规定的时限内办结税务行政许可事项。各级国税机关的内设机构和下属的事业单位不得以自己的名义实施行政许可，也不得委托其他机关实施行政许可。

实施税务行政许可必须以事实为依据，以法律为准绳，应当遵循公开、公平、公正、便民、效率的原则。

各级国税机关应当遵循“统一受理、统一送达”的原则，指定一个内设机构或者设置固定窗口，统一负责受理行政许可申请、送达行政许可决定。

实施税务行政许可不得收取任何费用。

二、税务行政许可项目和实施机关

省级国家税务局有权实施的税务行政许可项目：①指定企业印制普通发票（由国家税务总局监制的增值税普通发票除外）；②对增值税防伪税控系统最高开票限额为百万元版以上的审批。

地市级国家税务局实施的税务行政许可项目：①印制有本单位名称的发票的许可；②携带、邮寄、运输空白发票的许可；③对增值税防伪税控系统最高开票限额为十万元版的审批。

县级国家税务局及其所属税务分局（所）有权实施的税务行政许可项目：①申请使用经营地发票的许可；②使用计算机开票的许可；③拆本使用发票的许可；④对发票领购资格的审核；⑤对增值税防伪税控系统最高开票限额为万元版以下的审批（只能由县级国税机关实施）；⑥建立收支凭证粘贴簿、进货销货登记簿或者使用税控装置的审批。

三、税务行政许可的实施程序

税务行政许可的实施程序分为申请和受理、审查和决定 2 个阶段。

公民、法人或其他组织需要取得税务行政许可的，应当按照法律、法规、规章和本办法的规定向实施税务行政许可的国税机关或主管国税机关提出申请，填写《税务行政许可申请表》，并按照规定要求提交全部申请材料。

《税务行政许可申请表》和申请材料需要采用格式文本的，国税机关应当向申请人提供行政许可格式文本。格式文本中不得包含与申请行政许可事项没有直接关系的内容。国税机关不得要求申请人提交与其申请的行政许可事项无关的技术资料和其他材料。

申请人可以委托代理人提出申请。委托代理人办理受托事项时，应当出具有效身份证明和委托证明。

申请人可以通过信函、电报、电传、传真、电子数据交换、电子邮件等方式提出申请，同时按照国税机关的要求提交申请材料。

各级国税机关应当将税务行政许可事项、有关税务行政许可的依据、条件、数量、程序、期限、实施机关、需要提交的全部材料的目录、申请书示范文本以及作出的准予行政许可决定等在办税服务厅、纳税服务热线、税务网站或其他办公场所公示，并通过税法公告、解答纳税咨询等途径和形式进行广泛宣传。

国税机关受理人员接到行政许可申请后，应当根据不同情况分别作出以下处理意见：①不受理。如果申请事项属于税务机关管辖范围，但不需要取得税务行政许可，应当即时告知申请人不受理，同时告知其解决的途径；②不予受理。申请事项依法不属于本机关职权范围的，应当当场书面作出不予受理的决定，并告知申请人向有关行政机关申请；③要求补正材料。申请人申请材料存在可以当场更正的错误的，应当告知并允许申请人当场更正；申请材料不齐全或者不符合法定形式的，应当当场或者在五日内一次告知申请人需要补正的全部内容，逾期不告知的，自收到申请材料之日起即为受理；④受理。申请事项属于本级国税机关职权范围，申请材料齐全、符合法定形式，或者申请人按照国税机关的要求提交全部补正申请材料的，国税机关应当受理行政许可申请。

上述第③项所称申请材料不齐全是指申请材料的数量、种类没有达到法定要求。申请材料不符合形式是指申请材料在形式上不符合法定要求。申请人可以当场更正材料中的错误，不影响对申请材料进行审查的，国税机关工作人员应当允许其当场更正。

税务机关作出的不予受理或受理行政许可决定书及告知补正通知书，应当加盖本税务机关印章（或许可专用章）和注明日期。

指定企业印制普通发票的许可申请实行数量限制，并公开招标确定。对发票使用和管理具体项目的许可，由纳税人根据需要办理的项目分次申请、办理许可。

国税机关审查税务行政许可申请，应当以书面审查为原则，即审查申请材料是否齐全，是否符合法定形式。按规定需要对申请材料进行实质审查的，国税机关不仅应当对申请材料是否具备形式要件进行审查，还要对申请材料的实质内容是否符合条件进行审查。按规定需要进行实地核实的，应当指派二名以上国税机关工作人员进行核查。国税机关工作人员进行实地核实时，应当按规定向申请人或其他有关人员送达有关税务文书，出示合法工作证件。

受理国税机关自行实地核查时，可以要求当地国税机关予以配合。当地国税机关应当积极配合。国税机关在审查税务行政许可申请过程中发现许可事项直接关系他人重大利益的，应当告知利害关系人。申请人、利害关系人有权进行陈述和申辩，并有权要求听证。对申请人、利害关系人的陈述和申辩，国税机关应当认真听取；对申请人、利害关系人的听证申请，国税机关应当依法组织听证。国税机关在审查税务行政许可申请过程中，对有下列情形之一的，应当依法告知听证：①法律、法规、规章规定实施税务行政许可应当听证的事项；②国税机关认为需要听证的其他涉及公共利益的税务行政许可事项；③税务行政许可直接涉及申请人与他人之间重大利益关系的。

对普通发票领购资格和建立收支凭证粘贴簿、进货销货登记簿的税务行政许可，申请人提交的申请材料齐全、符合法定形式，国税机关可以当场作出税务行政许可决定。

有下列情形之一的，不得当场作出行政许可决定：①申请行政许可的事项需经现场核查后方可决定是否予以许可的；②对利害关系人影响较大或利害关系人提出异议的；③法律、法规、规章规定需要经过一定程序方可作出行政许可决定；④其他不能当场作出行政许可决定的情形。

除法律、法规已经明确了许可期限和可以当场作出许可决定的事项外，国税机关应当自受理行政许可申请之日起 20 日内作出行政许可决定。20 日内不能作出决定的，经本级国税机关负责人批准，可以延长 10 日，并应当将延长时限的理由书面告知申请人。

国税机关对行政许可申请进行审查后，依法准予许可的，应当作出书面的行政许可决定，并自作出决定之日起 10 日内，向申请人颁发、送达有关的行政许可证件。国税机关审查申请人的申请后依法作出不予行政许可决定的，决定书应当载明不予许可的理由，并告知申请人依法享有申请行政复议或者提起行政诉讼的权利。税务行政许可只在作出批准决定的国税机关管辖范围内有效。

四、税务行政许可的变更和延续

行政许可所依据的法律、法规、规章修改或废止，或者准予行政许可所依据的客观情况发生变化的，为了公共利益的需要，国税机关可以依法变更或者撤回已经生效的行政许可。

被许可人要求变更行政许可事项的，应当向作出行政许可决定的国税机关提出申请，填制《变更税务行政许可申请书》。

主管国税机关应当按照规定进行审查，并在20日内作出是否准予变更的决定，准予变更的，制作《准予变更税务行政许可决定书》，送达被许可人，并将《准予变更税务行政许可决定书》进行公告。

需要变更税务行政许可证件的，国税机关应当收回原来核发的许可证件，按规定核发新的许可证件（或在原许可证件上变更相应内容）。

国税机关不同意变更申请的，应当制作《不予变更税务行政许可决定书》，决定书应当载明不予变更的理由，并告知申请人依法享有申请行政复议或者提起行政诉讼的权利。

被许可人因生产经营情况变化或国税机关因征收管理需要进行发票换版，需要改变领购发票的种类、版式或数量的，由被许可人提出变更申请，主管国税机关直接核实办理，不需再重新许可。

申请人取得增值税防伪税控最高开票限额的税务行政许可后，需要变更最高开票限额的，应当按照本办法的规定向有权国税机关重新申请许可。

对有期限的许可，被许可人需要延续依法取得的税务行政许可的，应当在该行政许可有效期届满前30日向作出行政许可决定的国税机关提出申请。但是，法律、法规、规章另有规定的，依照其规定执行。

国税机关应当根据被许可人的申请，在该行政许可有效期届满前作出是否准予延续的决定，制作并送达《准予税务行政许可延续决定书》或《不予税务行政许可延续决定书》送达被许可人；逾期未作决定的，视为准予延续。

五、税务行政许可的监督检查

各级国税机关应当建立健全税务行政许可的监督制度。国税机关要加强对被许可人从事税务行政许可事项活动的监督，上级国税机关要加强对下级国税机关实施税务行政许可行为的监督。

国税机关应当依法对被许可人实施有效监督，定期或不定期核查被许可人从事税务行政许可事项活动情况的有关材料或进行实地监督检查，并将监督检查的情况和处理结果予以记录，由监督检查人员签字后归档。

国税机关依法对被许可人从事税务行政许可事项的活动进行实地监督检查时，应当由两名以上税务人员进行，并不得妨碍被许可人正常的生产经营活动。

被许可人应当积极配合国税机关进行监督检查，并如实提供反映其从事税务行政许可事项活动情况的材料。

各级国税机关应当建立健全税务行政许可的内部监督制度。政策法规部门要加强对本级国税机关其他职能部门税务行政许可受理、审查和决定的监督；上级国税机关要通过专项检查、执法检查等形式加强对下级国税机关实施税务行政许可的监督检查，及时纠正违法行为。

有下列情形之一的，作出税务行政许可决定的国税机关或者其上级国税机关，根据利害关系人的请求或者依据职权，撤销税务行政许可：①国税机关工作人员滥用职权、玩忽职守作出准予税务行政许可决定的；②超越法定职权作出准予税务行政许可决定的；③违反法定程序作出准予税务行政许可决定的；④对不具备申请资格或者不符合法定条件的申请人准予税务行政许可的；⑤ 被许可人取得税务行政许可的条件发生变化，不再具备法定条件；⑥被许可人以欺骗、贿赂等不正当手段取得税务行政许可的，应当予以撤销；⑦依法可以撤销税务行政许可的其他情形。

有下列情形之一的，国税机关应当依法办理有关税务行政许可的注销手续，收回税务行政许可证件：①税务行政许可有效期届满未延续的；②被许可人被国税机关注销税务登记证件的；③取得税务行政许可的个人死亡或者丧失行为能力的；④取得税务行政许可的法人或其他组织依法终止的；⑤税务行政许可被依法被撤销、撤回的。

第二节　税务行政处罚

一、税务行政处罚的定义和原则

税务行政处罚（tax administrative punishment，TAP）是指公民、法人或者其他组织有违反税收征收管理秩序的违法行为，尚未构成犯罪，依法应当承担税务行政责任的，由税务机关给予行政处罚。

其法律特征是：①当事人违反了税收法律规范，侵犯了税收征收管理秩序客体，依法应当承担税务行政责任。②只要有违法行为存在，并有法律依据，就要承担税务行政责任，应当给予行政处罚，无论当事人是主观故意或是过失。③尚未构成犯罪的，根据《刑法》及有关法律规定，如要承担刑事责任的，就不实施税务行政处罚。④税务行政处罚的实施主体只能是税务机关。

税务行政处罚应遵循的原则是：①处罚法定原则；②处罚公正公开原则；③处罚与教育相结合原则；④被处罚人的权利和义务相一致原则；⑤监督与制约原则。

二、税务行政处罚的设定和种类

根据《行政处罚法》的规定，包括税务行政处罚在内的所有行政处罚只能由法律、法规或者规章设定。全国人民代表大会及其常务委员会可以通过法律的形式设定各种税务行政处罚；国务院可以通过行政法规的形式设定除限制人身自由以外的税务行政处罚；国家税务总局可以通过部颁规章设定警告和罚款的税务行政处罚，但罚款的幅度不得超出法律法规有关规定。省和省以下各级税务机关不得以任何形式设定税务行政处罚，但可在法律、法规、规章规定给予税务行政处罚的行为、种类和幅度范围内作出具体规定。这些具体规定是对税收法律、法规、规章的执行行为，不是对税务行政处罚的设定，因而是有效的，可以执行的。

税务行政处罚的种类有：①罚款；②没收非法所得；③停止出口退税权等。

三、税务行政处罚的主体与管辖

税务行政处罚的实施主体是县级及县级以上的税务机关。这里所说的税务机关是指能够独立行使税收征收管理职权，具有法人资格的行政机关。

目前我国税务机关组织包括国家税务总局省、自治区、直辖市国家税务局、地方税务局，地、市、自治州、盟国家税务局、地方税务局，县、县级市、自治旗国家税务局、地方税务局。这四级税务机关都具有税务行政处罚主体资格。

税务行政处罚由当事人税收违法行为发生地的县、县级市、自治旗以上税务机关管辖。作为各级税务机关的内设机构、派出机构不具有处罚主体资格，不能以自己的名义实施税务行政处罚。但罚款额在 2 000 元以下的，可以由税务所决定。

四、税务行政处罚的简易程序

税务行政处罚的简易程序是指税务机关及其热法人员对于公民、法人或者其他组织违反税收征收管理秩序的行为，当场作出税务行政处罚决定的行政处罚程序。简易程序适用案情简单、事实清楚、违法后果比较轻微且有法定依据应当给予处罚的违法行为。简易程序所决定的处罚较轻，仅适用于对公民处以 50 元以下和对法人或者其他组织处以 1 000 元以下罚款的违法案件。

简易程序的步骤分为：①向当事人出示税务行政执法身份证件；②告知当事人受到税务行政处罚的违法事实、依据和陈述申辩权；③听取当事人陈述申辩意见；④填写具有预定格式、编有号码的税务行政处罚决定书，并当场交付当事人。

税务行政处罚决定书应当包括下列事项：①税务机关名称；②编码；③当事人姓名（名称）、住址等；④税务违法行为事实、依据；⑤税务行政处罚种类、罚款数额；⑥作出税务行政处罚决定的时间、地点；⑦罚款代收机构名称、地址；⑧缴纳罚款期限；⑨当事人逾期缴纳罚款是否加处罚款；⑩当事人不服税务行政处罚的复议权和起诉权；⑪税务行政执法人员签字或者盖章。

税务行政执法人员当场制作的税务行政处罚决定书，应当报所属税务机关备案。

五、税务行政处罚的一般程序

除了适用简易程序的税务违法案件外，一般税务违法案件适用税务行政处罚的一般程序。一般程序包括立案、调查取证（有的案件还要举行听证）、审查、决定、执行等阶段。

1. 调查

对税务违法案件的调查取证由税务机关内部设立的调查机构负责。调查机构进行调查取证后，对依法应当给予行政处罚的，应及时提出处罚建议，以税务机关的名义制作《税务行政处罚事项告知书》并送达当事人，告知当事人作出处罚建议的事实、理由和依据，以及当事人依法享有的陈述申辩或要求听证的权利。调查终结，调查机构应当制作调查报告，并及时将调查报告连同所有案卷材料移交审查机构审查。

2. 听证

听证是指税务机关在对当事人某些违法行为作出税务行政处罚决定之前，按照一定形式听取调查人员和当事人意见的一种法律程序。税务行政处罚听证的适用范围是对公民作出 2 000 元以上或者对法人或其他组织作出 10 000 元以上罚款的案件。税务行政处罚听证主持人应由税务机关内设的非本案调查机构的人员担任。

税务行政处罚听证程序：

（1）作出行政处罚之前，应当向当事人送达《税务行政处罚事项告知书》，告知当事人已经查明的违法事实、证据、行政处罚的法律依据和拟将给予的行政处罚，并告知有要求举行听证的权利。

（2）要求听证的当事人，应当在《税务行政处罚事项告知书》送达后 3 日内向税务机关书面提出听证；逾期不提出的，视为放弃听证权利。

（3）税务机关应当在收到当事人听证要求后 15 日内举行听证，并在举行听证的 7 日前将《税务行政处罚听证通知书》送达当事人，通知当事人举行听证的时间、地点、听证主持人的姓名及有关事项。

（4）税务行政处罚听证应当公开进行。但是涉及国家秘密，商业秘密或者个人隐私的，听证不公开进行。对公开听证的案件，应当先期公告当事人和本案调查人员的姓名、案由和听证的时间、地点。公开进行的听证，应当允许群众旁听。经听证主持人许可，旁听群众可以发表意见。对不公开听证的案件，应当宣布不公开听证的理由。

（5）听证开始时，听证主持人应当首先声明并出示税务机关负责人授权主持听证的决定，然后查明当事人或者其代理人，本案调查人员，证人及其他有关人员是否到场，宣布案由；宣布听证会的组成人员名单；告知当事人有关的权利义务。记录员宣读听证会场纪律。

（6）听证过程中，先由本案调查人员就当事人的违法行为予以指控，并出示事实证据材料，提出行政处罚建议。当事人或者其代理人可以就所指控的事实及相关问题进行申辩和质证。

听证主持人可以对本案所及事实进行询问，保障控辩双方充分陈述事实，发表意见，并就各自出示的证据的合法性、真实性进行辩论。辩论先由本案调查人员发言，再由当事人或者其代理人答辩，然后双方相互辩论。

辩论终结，听证主持人可以再就本案的事实、证据及有关问题向当事人或者其代理人，本案调查人员征求意见。当事人或者其代理人有最后陈述的权利。

（7）听证的全部活动，应当由记录员写成笔录，经听证主持人审阅并由听证主持人和记录员签名后，封卷上交税务机关负责人审阅。

（8）完成听证任务或有听证终止情形发生时，听证主持人宣布终止听证。

3. 作出决定

审查机构作出审查意见并报送税务机关负责人审批后，应当在收到审批意见之日起3日内，根据不同情况分别制作以下不同类型的处理决定书再报税务机关负责人签发：①有应受税务行政处罚的违法行为的，根据情节轻重及具体情况予以处罚；②违法行为轻微，依法可以不予以行政处罚的不予行政处罚；③违法事实不能成立，不得予以行政处罚；④违法行为已构成犯罪的，移送公安机关。

税务机关作出行政处罚决定的行政处罚决定书应当载明罚款代收机构的名称、地址和当事人应当缴纳罚款的数额、期限等，并明确当事人逾期缴纳是否加处罚款。

六、税务行政处罚的执行

税务行政处罚的执行是指履行税务机关依法作出的税务行政处罚决定的活动。税务机关作出税务行政处罚决定后，应当按照送达有关规定将决定书送达当事人执行。当事人应当在行政处罚决定规定的的期限内，予以履行。在规定期限内又不履行的，并且当事人在法定期限内不申请税务行政复议又不起诉的，税务机关可以申请人民法院强制执行。

如果税务机关对当事人作出的是罚款行政处罚决定的，当事人应当在收到行政处罚决定书之日起15日内缴纳罚款，到期不缴纳的，税务机关可以当事人每日按罚款数额的3%加处罚款。

第三节　税务行政复议

一、税务行政复议的概念和特点

税务行政复议（tax administrative reconsideration，TAR）是指纳税人（包括扣缴义务人、纳税人、担保人等）对税务机关及其工作人员的具体行政行为不服，依法向上一级税务机关提出申诉，请求上一级税务机关予以纠正；上一级税务机关根据纳税人的申请，对引起争议的下级机关的具体行政行为进行审议，并依法作出维持、变更、撤销原具体行政行为或者责令下级税务机关纠正，限期履行和重新作出具体行政行为等裁决的行政司法活动。

我国税务行政复议的特点为：①税务行政复议是以当事人不服税务机关及其工作人员作出的税务具体行政行为为前提；②税务行政复议因当事人的申请而产生；③税务行政复议案件的审理一般由原作出具体税务行政行为的税务机关的上一级税务机关进行；④作为许多税务行政案件，税务行政复议是税务行政诉讼的必经前置程序，未经复议不能向法院提起税务行政诉讼。

二、税务行政复议受案范围

复议机关受理申请人对下列具体行政行为不服提出的行政复议申请：

（1）税务机关作出的征税行为：①征收税款，加收滞纳金；②扣缴义务人，受税务机关委托征收的单位作出的代扣代缴，代收代缴行为。

（2）税务机关作出的责令纳税人提供纳税担保行为。

（3）税务机关作出的税收保全措施：①书面通知银行或者其他金融机构暂停支付存款；②扣押、查封商品、货物或其他财产。

（4）税务机关未及时解除税收保全措施，使纳税人等合法权益遭受损失的行为。

（5）税务机关作出的税收强制执行措施：①书面通知银行或者其他金融机构从其存款中扣缴税款；②拍卖扣押、查封的商品、货物或其他财产。

（6）税务机关作出的税务行政处罚行为：①罚款；②没收非法所得；③停止出口退税权。

（7）税务机关不予依法办理或答复的行为：①不予审批减免税或出口退税；②不予抵扣税款；③不予退还税款；④不予颁发税务登记证，发售发票；⑤不予开具完税凭证和出具票据；⑥不予认定为增值税一般纳税人；⑦不予核准延期申报，批准延期缴纳税款。

（8）税务机关作出的取消增值税一般纳税人资格的行为。

（9）税务机关作出的通知出境管理机关阻止出境行为。

（10）税务机关作出的其他税务具体行政行为。

纳税人和其他税务当事人认为税务机关的具体行政行为所依据的下列规定不合法，在对具体行政行为申请行政复议时，可一并向复议机关提出对该规定的审查申请：①国家税务总局和国务院其他部门的规定；②其他各级税务机关的规定；③县级以上地方各级人民政府及其工作部门的规定；④乡、镇人民政府的规定。

上述规定不含国务院各部、委员会和地方人民政府制定的规章，以及国家税务总局制定的具有规章效力的规范性文件。

三、税务行政复议的管辖

对省级以下各级国家税务局作出的税务具体行政行为不服的，向其上一级机关申请行政复议；对省级国家税务局作出的具体行政行为不服的，向国家税务总局申请行政复议。

对省级以下各级地方税务局作出的税务具体行政行为不服的，向上一级机关申请复议；对省级地方税务局作出的具体行政行为不服的，向国家税务总局或省级人民政府申请复议。

对国家税务总局作出的具体行政行为不服的，向国家税务总局申请行政复议。对行政复议决定不服，申请人可以向人民法院提起行政诉讼；也可以向国务院申请裁决，国务院的裁决为终局裁决。

向国务院申请裁决，只适用于由国家税务总局直接作出的具体税务行政行为的情况，而对于纳税人不服省级国税机关、地税机关具体作出的税务行政行为，而向国家税务总局申请复议，并且对总局的复议决定不服的，申请人不能向国务院申请裁决，只能向人民法院起诉。

上述规定以外的其他机关，组织等作出的税务具体行政行为不服的，按照下列规定申请行政复议：①对税务机关依法设立的派出机构，依照法律、法规或者规章的规定，以自己名义作出的税务具体行政行为不服的，向设立该派出机构的税务机关申请行政复议。②对扣缴义务人作出的扣缴税款行为不服的，向主管该扣缴义务人的税务机关的上一级税务机关申请复议；对受税务机关委托的单位作出的代征税款行为不服的，向委托税务机关的上一级税务机关申请复议。③对国家税务局和地方税务局共同作出的具体行政行为不服的，向国家税务总局申请复议；对税务机关与其他机关共同作出的具体行政行为不服的，向其共同上一级行政机关申请复议。④对被撤销的税务机关在撤销前所作出的具体行政行为不服的，向继续行使其职权的税务机关的上一级税务机关申请行政复议。

有上述所列情形之一的，申请人也可以向具体行政行为发生地的县级地方人民政府提出行政复议申请，由接受申请的县级地方人民政府依法进行转送。

四、税务行政复议申请人和被申请人

依法提起行政复议的纳税人或其他税务当事人为税务行政复议申请人，具体是指纳税义务人、扣缴义务人、纳税担保人和其他税务当事人。有权申请行政复议的公民死亡的，其近亲属可以申请行政复议；有权申请行政复议的公民为无行为能力人或者限制行为能力人，其法定代理人可以代理申请行政复议。有权申请行政复议的法人或者其他组织发生合并、分立或终止的，承受其权利的法人或其他组织可以申请行政复议。与申请行政复议的具体行政行为有利害关系的其他公民、法人或者其他组织，可以作为第三人参加行政复议。

申请人、第三人可以委托代理人代为参加行政复议；被申请人不得委托代理人代为参加行政复议。

纳税人或其他税务当事人对税务机关的具体行政行为不服申请行政复议的，作出具体行政行为的税务机关是被申请人。

五、税务行政复议的受理

复议机关收到行政复议申请后，应当在5日内进行审查，对不符合规定的行政复议申请，决定不予受理，并书面告知申请人；对符合规定，但是不属于本机关受理的行政复议申请，应当告知申请人向有关行政复议机关提出申请。对符合规定的行政复议申请，自复议机关法制工作机构收到之日起即为受理；受理行政复议申请，应书面告知申请人。

对应当先向复议机关申请行政复议，对行政复议决定不服再向人民法院提起行政诉讼的具体行政行为，复议机关决定不予受理或者受理后超过复议期限不作答复的，纳税人和其他税务当事人可以自收到不予受理决定书之日起或者行政复议期满之日起15日内，依法向人民法院提起行政诉讼。

纳税人及其他税务当事人依法提出行政复议申请，复议机关无正当理由不予受理且申请人没有向人民法院提起行政诉讼的，上级税务机关应当责令其受理；必要时，上级税务机关也可以直接受理。

行政复议期间税务具体行政行为不停止执行；但是，有下列情形之一的，可以停止执行：①被申请人认为需要停止执行的；②复议机关认为需要停止执行的；③申请人申请停止执行，复议机关认为其要求合理，决定停止执行的；④法律规定停止执行的。

六、税务行政复议审查

税务行政复议的程序一般分为：形式审查、实质审查和作出复议决定。

行政复议原则上采用书面审查的办法，但是申请人提出要求或者法制工作机构认为有必要时，应当听取申请人，被申请人和第三人的意见，并可以向有关组织和人员调查了解情况。

复议机关应当对被申请人作出的具体行政行为进行合法性与适当性审查，提出意见，经复议机关负责人同意，按照下列规定作出行政复议决定：

（1）具体行政行为认定事实清楚、证据确凿、适用依据正确、程序合法、内容适当的，决定维持。

（2）被申请人不履行法定职责的，决定其在一定期限内履行。

（3）具体行政行为有下列情形之一的，决定撤销、变更或者确认该具体行政行为违法；决定撤销或者确认该具体行政行为违法的，可以责令被申请人在一定期限内重新作出具体行政行为：①事实不清、证据不足的；②适用依据错误的；③违反法定程序的；④超越或者滥用职权的；⑤具体行政行为明显不当的。

复议机关责令被申请人重新作出具体行政行为的，被申请人不得以同一的事实和理由作出与原具体行政行为相同或者基本相同的具体行政行为。

七、税务行政复议决定

被申请人应当履行行政复议决定。被申请人不履行或者无正当理由拖延履行行政复议决定的，复议机关或者有关上级行政机关应当责令其限期履行。

申请人逾期不起诉又不履行行政复议决定的，或者不履行最终裁决的行政复议决定的，按照下列规定分别处理：①维持具体行政行为的行政复议决定，由作出具体行政行为的行政机关依法强制执行，或者申请人民法院强制执行；②变更具体行政行为的行政复议决定，由复议机关依法强制执行，或者申请人民法院强制执行。

第四节　税务行政诉讼

一、税务行政诉讼概念

税务行政诉讼（tax administrative litigation，TAL）是指公民、法人、其他组织、外国人、无国籍人和其他外国组织认为税务机关的具体行政行为违法或不当，即侵犯其合法权益时，依照行政诉讼法和其他法律、法规的规定向人民法院提起诉讼，由人民法院进行审理，并对税务机关的具体行政行为的合法性和适当性作出裁决的一种诉讼活动。

税务行政诉讼所适用的法律除税法有关规定之外，应以《行政诉讼法》作为进行诉讼活动的主要法律依据。

二、税务行政诉讼的原则

根据《行政诉讼法》规定，税务行政诉讼和其他行政诉讼一样，应当遵循如下原则：①特定主管原则，即人民法院只能受理因具体行政行为引起的税务行政案件；②不适用调解原则；③合法性审查原则；④起诉不停止执行原则；⑤税务机关为国家赔偿主体。

三、税务行政诉讼管辖

根据《行政诉讼法》的规定，税务行政诉讼和管辖分为：级别管辖、地域管辖和裁定管辖。

1. 级别管辖

基层人民法院管辖第一审税务行政案件。中高级人民法院管辖本辖区内重大、复杂的税务行政案件。最高人民法院管辖全国范围内重大复杂的税务行政诉讼案件。

2. 地域管辖

（1）一般地域管辖。以最初作出具体税务行政行为的税务机关所在地来确定管辖法院。

（2）经过复议的税务行政诉讼案件，复议机关改变原具体行政行为的，由原告选择最初作出具体行政行为的税务机关所在地人民法院管辖或者复议机关所在地人民法院管辖。

3. 裁定管辖

裁定管辖是指人民法院依法自行裁定的管辖，包括移送管辖，指定管辖及管辖权的转移3种情形。

（1）移送管辖。指人民法院将已经受理的案件，移送给有管辖权的人民法院审理。移送管辖必须具备3个条件：①移送的人民法院已经受理的税务行政案件；②移送的人民法院发现自己对该案件没有管辖权；③接受移送的人民法院必须对该案件确有管辖权。

（2）指定管辖。指上级人民法院以裁定的方式指定下级人民法院管辖的案件。

（3）管辖权的转移。上级人民法院有权审理下级人民法院管辖的第一审税务行政案件；也可以将自己管辖的第一审税务行政案件移交下级人民法院管辖。

四、税务行政诉讼受案范围

税务行政诉讼的受案范围和税务行政复议是一致的。除此之外，税务当事人对税务行政复议机关作出的复议决定不服的税务案件也在税务行政诉讼范围之内。具体包括：复议机关改变了原具体行政行为和税务行政复议受理与否期限届满，税务复议机关不予答复的。

值得注意的是：对具体税务行政行为发生争议，应先申请复议，对复议决定不服，再提起行政诉讼。但对税务行政处罚决定、税务强制执行措施或者税收保全措施不服，既可申请复议，也可直接提起行政诉讼。

五、税务行政诉讼起诉条件

（1）原告是认为具体税务行政行为侵犯其合法权益的公民、法人和其他组织。

（2）有明确的被告，即原告起诉需明确指出实施具体行政行为的行政机关，法律、法规授权的组织的名称，即税务机关的名称。

（3）有具体的诉讼请求和事实根据。

（4）属于人民法院受案范围和受诉法院管辖。

六、税务行政诉讼的受理和审理

（1）受理。受理是指人民法院对公民、法人或其他组织的起诉进行审查，认为符合法律规定的起诉条件而决定立案并予审理的诉讼行为。

（2）审查内容包括：被诉的税务具体行政行为是否合法；即作出该行为的税务机关是否依法享有该税务行政管理权；该行为是否依据一定的事实和法律规定作出的；税务机关作出该行为是否遵守法定的程序。

七、税务行政诉讼的判决

人民法院对受理的税务行政案件，经过调查、收集证据、开庭审理之后，分别作出如下判决：

（1）维持判决。适用于具体税务行政行为证据确凿，适用法律法规正确，符合法定程序的案件。

（2）撤销判决。被诉的具体税务行政行为证据不足，适用法律法规错误，违反法定程序，或者超越职权、滥用职权，人民法院应判决撤销或部分撤销，同时可判决税务机关重新作出具体税务行政行为。

（3）履行判决。税务机关不履行或拖延履行法定职责的，判决其在一定期限内履行。

（4）变更判决。税务行政行为处罚显失公正的，可以判决变更。

对一审人民法院的判决不服，当事人可以上诉。对发生法律效力的判决，当事人必须执行，否则人民法院有权依据对方当事人的申请予以强制执行。

第五节　税务行政国家赔偿

一、税务行政国家赔偿概述

国家赔偿是指国家机关和国家机关工作人员违法行使职权侵犯公民、法人和其他组织的合法权益造成损害的，受害人有依照《国家赔偿法》取得国家赔偿的权利的法律制度。国家赔偿分为行政赔偿和司法赔偿。税务行政国家赔偿就是行政赔偿中的一种。

税务行政国家赔偿（tax administrative indemnification，TAI）是指税务机关及其工作人员违法行使职权，造成税务行政相对人（纳税人及税务行政当事人）合法权益损害的，该税务机关代表国家予以赔偿。

二、税务行政国家赔偿的构成要件

（1）税务机关或者其工作人员的职务违法行为。这是构成税务行政国家赔偿的核心要件。也是税务行政国家赔偿责任存在的前提。

（2）存在对纳税人和其他税务当事人合法权益造成损害的事实。这是构成税务行政国家赔偿责任的必备要件。

（3）税务机关及其工作人员的职务违法行为与现实发生的损害事实之间存在因果关系。

三、税务行政国家赔偿请求人

税务行政国家赔偿请求人是指税务机关及其工作人员违法行使职权侵犯其合法权益造成损害的公民、法人和其他组织。受害的公民死亡，其继承人和其他有扶养关系的亲属有权要求赔偿。受害的法人或者其他组织终止，承受其权利的法人或者其他组织有权要求赔偿。

四、税务行政国家赔偿义务机关

（1）原则上哪个税务行政机关及其工作人员行使行政职权侵犯公民、法人和其他组织的合法权益造成损害的，则该税务行政机关为赔偿义务机关。

（2）2 个以上税务行政机关共同行使行政职权时侵犯公民、法人和其他组织的合法权益造成损害的，共同行使行政职权的税务行政机关为共同赔偿义务机关。税务行政国家赔偿请求人有权对其中任何一个行政赔偿义务机关提出国家赔偿请求。

（3）经税务行政复议机关复议的，最初造成侵权行为的税务行政机关为赔偿义务机关，但税务行政复议机关的复议决定加重损害的，该复议机关对加重的部分履行赔偿义务。

（4）税务行政国家赔偿义务机关被撤销的，继续行使其职权的税务行政机关为税务行政国家赔偿义务机关；没有继续行使其职权的行政机关的，撤销该税务行政国家赔偿义务机关的行政机关为税务行政国家赔偿义务机关。

五、税务行政国家赔偿范围与请求赔偿的时效

税务行政国家赔偿范围包括税务行政机关及其工作人员在行使行政职权时侵犯纳税人和其他税务当事人的人身权和财产权。

根据《国家赔偿法》规定，税务行政国家赔偿请求人国家赔偿的时效为 2 年；自国家机关及其工作人员行使职权时的行为被依法确认违法之日起计算，但被羁押期间不计算在内。赔偿请求人在赔偿请求时效的最后 6 个月内因不抗拒或者其他障碍不能行使请求权的，时效中止。从中止时效的原因消除之日起，赔偿请求时效继续计算。

六、税务行政国家赔偿程序

税务行政国家赔偿的程序可分为两个程序，一是税务行政复议阶段的赔偿程序，这

是税务行政赔偿的必经程序；二是税务行政诉讼阶段的赔偿程序。

在税务行政复议阶段，税务行政国家赔偿请求人可以同时提出税务行政国家赔偿。按照《国家赔偿法》的规定，税务行政国家赔偿请求人请求税务行政国家赔偿应当递交申请书。申请书应当载明下列事项：①受害人的姓名、性别、年龄、工作单位和住所，法人或者其他单位组织的名称、住所和法定代表人或者主要负责人的姓名、职务；②具体的赔偿要求、事实根据和理由；③申请的年月日。

七、税务行政国家赔偿方式与费用标准

税务行政国家赔偿以支付赔偿金为主要方式，如果税务行政国家赔偿义务机关能够通过返还财产或者恢复原状实施税务行政国家赔偿的，应当返还财产或者恢复原状。

税务行政法制例题

一、单项选择题

【例题 20-1】 下列案件中，属于税务行政处罚听证范围的是（　　）。

A. 对法人做出 1 万元以上罚款的案件　　B. 对公民做出 1 000 元以上罚款的案件

C. 对法人做出没收非法所得处罚的案件　D. 对法人做出停止出口退税权处罚的案件

（2011 年注册会计师考试单项选择题）

【分析】 税务行政处罚听证的范围是针对公民作出 2 000 元以上，或者对法人或其他组织作出 1 万元以上罚款的案件。所以选项 B 正确。

【参考答案】 A

二、多项选择题

【例题 20-2】 下列关于税务行政处罚设定的表述中，正确的有（　　）。

A. 国家税务总局对非经营活动中的违法行为，设定罚款不得超过 1000 元

B. 国家税务总局对非经营活动中有违法所得的违法行为，设定罚款不得超过5 000元

C. 国家税务总局对经营活动中没有违法所得的违法行为，设定罚款不得超过10 000元

D. 国家税务总局对经营活动中有违法所得的违法行为，设定罚款不得超过违法所得的 3 倍且最高不得超过 30 000 元

（2010 年注册会计师考试多项选择题）

【分析】

国务院《关于贯彻实施＜中华人民共和国行政处罚法＞的通知》(国务院国发［1996］13 号）第二条第二款规定，对非经营活动中的违法行为设定罚款不得超过 1 000 元；对经营活动中的违法行为，有违法所得的，设定罚款不得超过违法所得的 3 倍，但最高不得超过 30 000 元，没有违法所得的，设定罚款不得超过 10 000 元；超过限额的，应当报国务院批准。故选项 B 错误。

【参考答案】 A C D

第二十一章 税务代理

代理是指代理人在代理权范围内，以被代理人的名义独立与第三人进行的法律行为，由此产生的法律效果直接归属于被代理人的法律制度。在代理制度中，以他人名义为他人实施法律行为的人，称为代理人；其名义被他人使用，被他人代为实施法律行为的人，叫作被代理人，也称本人；与代理人实施法律行为的人，叫第三人。在代理人之使命为代订合同的情况下，代理中必然涉及两个合同、三种关系。两个合同是被代理人与代理人之间签订的委托合同，以及代理人受被代理人的委托与第三人签订的合同，该合同的法律效果归属于被代理人。结合税务代理，就是纳税人、扣缴义务人委托税务代理机构代理税务事项，这个代理关系属于法律关系。

代理依产生的根据不同分为委托代理、法定代理和指定代理。其中，委托代理是指基于被代理人的委托授权而发生代理权的代理。委托代理授权的形式，一般以不要式行为授权。根据民法通则第 65 条的规定，可以用书面形式，也可以用口头形式。法律规定用书面形式的，应当用书面形式。不按法律规定的方式授权的，授权无效。结合税务代理，就是纳税人、扣缴义务人委托税务代理机构代理税务事项所签订的税务代理委托协议或合同。

代理制度主要概念的图解说明

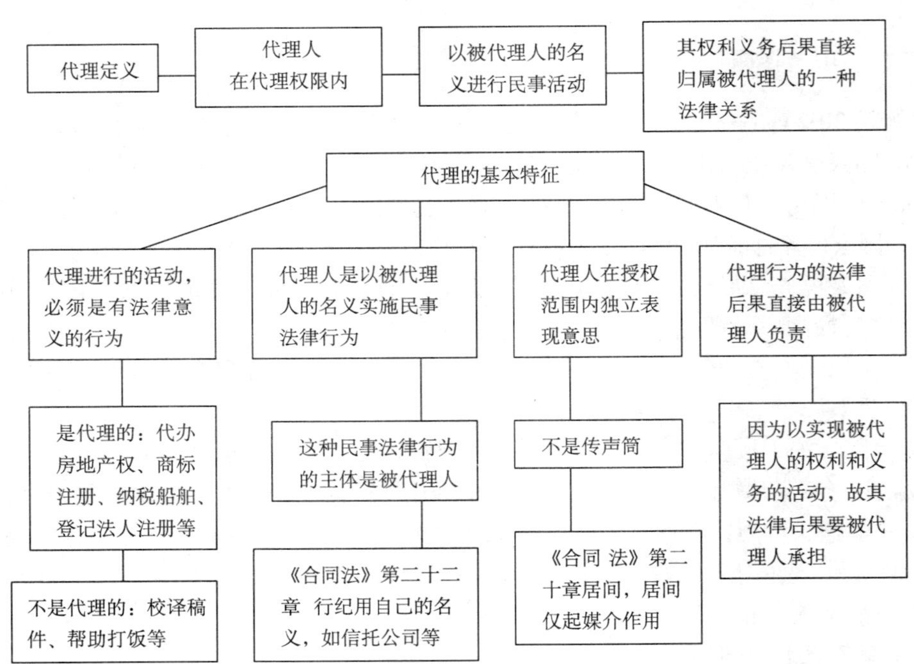

第一节　税务代理的一般理论

一、税务代理的概念

（一）税务代理概念

税务代理是指税务代理人在规定的代理范围内，受纳税义务人、扣缴义务人的委托，代为办理税务事宜的各项行为的总称。

我国《民法通则》第64条规定，代理包括委托代理、法定代理和指定代理。其中，委托代理人按照被代理人的委托行使代理权，法定代理人依照法律的规定行使代理权，指定代理人按照人民法院或者指定单位的指定行使代理权。

我国税务代理也是代理中的一种，具有一般代理所涵盖的共性，它属于民事代理中委托代理。根据税务代理权限范围的不同，税务代理又可分为全面代理、专项代理和临时代理。

我国《税收征收管理法》第89条规定，纳税人、扣缴义务人可以委托税务代理人代为办理税务事宜。我国应积极推行和规范税务代理制度，按照国际通用操作方法，实行税务师事务所、会计师事务所和律师事务所等社会中介机构的代理税务制度。

（二）税务代理特点

税务代理作为民事代理中的委托代理，其特点有以下几个方面：

（1）公正性。税务代理机构是纳税人与征税机关之间的中介机构，它不是税务行政机关，因此，税务代理机构只能站在公正的立场上，客观评价被代理人的经济行为；同时税务代理人也必须在法律范围内为被代理人办理税收有关事宜，独立、公正地执行税务代理业务。保护委托人的合法权益，又维护国家公共利益。

（2）自愿性。税务代理都应当建立在双方自愿的基础上。税务代理人实施税务代理行为，以纳税人、扣缴义务自愿委托和自愿选择为前提。

（3）有偿性。税务代理机构作为一个税务代理的中介机构，它并不是国家税务机关的附属单位，它是一个企业，实行的是服务职能的代理事务，实行有偿服务，通过代理费取得收入。

（4）独立性。税务代理机构与国家税务行政机关、纳税人和扣缴义务人等没有行政上的隶属关系，既不受税务行政部门的干预，又不应受纳税义务人所左右，独立地进行税务代理工作。

（5）确定性。税务代理人的税务代理业务范围，是以行政法律法规规章的内容来确定的。因此，税务代理人不得超越规定的内容来从事税务代理活动。除税务机关按照税务行政法律法规规定委托其代理外，代理人不得代理应由税务机关行使的行政职权。

二、税务代理制度的产生和发展

（一）国外税务代理制度的产生和发展

日本是最先实行税务代理制度的国家，韩国也于1961年实行税务代理制度。从世界各国推行税务代理制度的具体情况来看，税务代理的基本模式有两种：一是以美国和加拿大等国的松散型代理模式。这种模式，从事税务代理的人员分散在会计师事务所、律师事务所等中介机构。政府有关职能部门不对税务代理人进行集中管理，不进行专门的资格认定，也不要求有相关的行业协会。二是以日本等国的集中型代理模式。这种模式对从事税务代理人员进行专门的法律管理，对税务代理的业务范围、资格认定、代理人的权利和义务都有严格的规定，同时还要求成立专门的协会。

（二）我国税务代理制度的产生和发展

我国税务代理制度的产生和发展大体可分为四个阶段：税务咨询阶段，税务代理启动阶段，税务代理全面推广阶段和税务代理制度规范管理阶段。期间，出台了许多有关的税务行政法规和规章。

三、税务代理制度在税收征纳关系中的作用

税务代理机构是纳税人扣缴义务人与税务征收管理机关的桥梁，可以便利于纳税人的依法纳税，也有利于税收征收管理机关的征税工作的顺利进行，也有利于国家税收政策的实施。

四、税务代理的范围和法律关系

（一）税务代理的范围

根据《税务代理试行办法》的规定，税务代理人可以接受纳税人、扣缴义务人的委托从事下列范围内的业务代理：①办理税务登记、变更税务登记和注销税务登记；②办理发票领购手续；③办理纳税申报或扣缴税款报告；④办理缴纳税款和申请退税；⑤制作涉税文书；⑥审查纳税情况；⑦建账建制、办理账务；⑧开展税务咨询、受聘税务顾问；⑨申请税务行政复议或税务行政诉讼；⑩国家税务总局规定的其他业务。

纳税人、扣缴义务人可以根据需要委托税务代理人进行全面代理、单项代理或临时代理、常年代理。

税务代理人不能代理应由税务机关行使的行政职权（税务机关按照法律、行政法规规定委托其代理的除外）。

（二）税务代理法律关系

税务代理法律关系是指纳税义务人、扣缴义务人委托具有税务代理资格的税务代理人，办理税务事宜而产生的委托人与代理人之间的权利、义务的法律关系。

税务代理人实施税务代理行为，应当以纳税人、扣缴义务人自愿委托和自愿选择为前提，以国家税收法律、行政法规为依据，独立、公正执行业务，维护国家利益，保护委托人的合法权益。税务代理实行有偿服务。其中，税务代理人是指具有丰富的税收实务工作经验和较高的税收、会计专业理论知识以及法律基础知识，经国家税务总局及其省、自治区、直辖市国家税务局批准，从事税务代理的专门人员及其工作机构。税务师

必须加入税务代理机构，才能从事税务代理业务。

（1）税务代理法律关系的成立。税务师承办代理业务，由其所在的税务代理机构统一受理，并与被代理人签订委托代理协议书。委托代理协议书应当载明代理人、被代理人名称、代理事项、代理权限、代理期限以及其他应明确的内容，并由税务师及其所在的税务代理机构和被代理人签名盖章。

（2）税务代理关系的变更。税务代理人应按委托协议书约定的代理内容和代理权限、期限进行税务代理。超出协议书约定范围的业务需代理时，必须先修订协议书。

委托代理项目发生变化的，也需要变更税务代理协议。代理人发生变化的，也需要变更税务代理协议。代理期限发生变化的，也需要变更税务代理协议。

（3）税务代理关系的终止。税务代理期限届满，委托协议书届时失效，税务代理关系自然终止。

有下列情形之一的，被代理人在代理期限内可单方终止代理行为：①税务师已死亡；②税务代理人被注销其资格；③税务代理人未按委托代理协议书的规定办理代理业务；④税务代理机构已破产、解体或被解散。

有下列情形之一的，税务代理人在委托期限内可单方终止代理行为：①被代理人死亡或解体；②被代理人授意税务代理人实施违反国家法律、行政法规的行为，经劝告仍不停止其违法活动的；③被代理人提供虚假的生产、经营情况和财务会计报表，造成代理业务错误或被代理人自己实施违反国家法律、行政法规的行为。

被代理人或税务代理人按规定单方终止委托代理关系的，终止方应及时通知另一方，并向当地税务机关报告，同时公布终止决定。

委托关系存续期间，一方如遇特殊情况需要终止代理行为的，提出终止的一方应及时通知另一方，并向当地主管税务机关报告，终止的具体事项由双方协商解决。

（4）税务代理人的权利和义务。税务代理人有权依照税务代理的有关法律法规规章的规定代理由纳税人、扣缴义务人委托的税务事宜。

税务代理人依法履行职责，受国家法律保护，任何机关、团体、单位和个人不得非法干预。

税务代理人有权根据代理业务需要，查阅被代理人的有关财务会计资料和文件，查看业务现场和设施。被代理人应当向代理人提供真实的经营情况和财务会计资料。

税务代理人可向当地税务机关订购或查询税务政策、法律、法规和有关资料。

税务代理人对税务机关的行政决定不服的，可依法向税务机关申请行政复议或向人民法院起诉。

税务代理人在办理代理业务时，必须向有关的税务工作人员出示税务师执业证书，按照主管税务机关的要求，如实提供有关资料，不得隐瞒、谎报，并在税务文书上署名盖章。

税务代理人对被代理人偷税、骗取减税、免税和退税的行为，应予以制止，并及时报告税务机关。

税务代理人在从事代理业务期间和停止代理业务以后，都不得泄漏因代理业务而得知的秘密。

税务代理人应当建立税务代理档案，如实记载各项代理业务的始末和保存计税资料及涉税文书。税务代理档案至少保存5年。

（5）税务代理人的法律责任。税务代理人未按照委托代理协议书的规定进行代理或违反税收法律、行政法规的规定进行代理的，由县以上国家税务局处以2 000元以下的罚款。

税务代理人在一个会计年度内违反规定从事代理行为二次以上的，由省、自治区、直辖市国家税务局注销税务代理人登记，收回税务代理人执业证书，停止其从事税务代理业务2年。

税务代理人知道被委托代理的事项违法仍进行代理活动或知道自身的代理行为违法仍进行的，由省、自治区、直辖市国家税务局吊销其税务代理人执业证书，禁止从事税务代理业务。

税务代理人触犯刑律，构成犯罪的，由司法机关依法惩处。

税务代理机构违反规定的，由县以上国家税务局根据情节轻重，给予警告、处以2 000元以下罚款、停业整顿、责令解散等处分。

税务代理人、税务代理机构从事地方税代理业务时违反规定的，由县以上地方税务局根据的规定给予警告、处以2 000元以下的罚款或提请省、自治区、直辖市国家税务局处理。

税务机关对税务代理人和税务代理机构进行惩戒处分时，应当制作文书，通知当事人，并予以公布。

第二节　企业涉税基础工作的代理

一、企业税务登记代理

企业税务登记的范围主要包括：企业及其设在外地的分支机构和从事生活经营场所、个体工商户和从事生产经营的事业单位的税务登记；企业特定税种、纳税事项的税务登记。代理企业税务登记的相应事项有：税务登记代理、变更税务登记代理、停业和复业登记代理、注销税务登记代理和纳税事项税务登记代理等。税务代理机构按照《税收征收管理法》的规定，进行企业税务登记代理。

二、发票领购代理

税务代理人代理发票领购事宜，首先要了解发票的种类和适用范围，税务机关有关发票的管理权限的划分，发票领购管理制度等各项规定，根据纳税人和扣缴义务适用的发票种类和领购发票的方式，代理发票领购事宜。

发票领购事宜包括，代理自制发票审批业务和代统印发票的领购事宜。

三、建账记账代理

（一）代理建账建制

一般企业或事业单位都会建有自己的账册账户。而且许多规模不大的企业或事业单位也会委托税务代理人建账建制，以更好地节省开支和提高效率。个体、私营业户可自行建账，也可以聘请作为社会中介机构的税务代理机构代理建账、记账。

代理建账建制的基本内容有：①代建个体、私营业户会计制度；②代建个体、私营业户简易会计制度；③代建个体、私营业户财务制度。

（二）代理记账

税务代理人代理记账的，应购领统一格式的账簿凭证，启用账簿时送主管税务机关审验盖章。账簿和凭证要按发生时间先后顺序填写、装订或粘贴，凭证和账簿不得涂改、销毁、挖补。对各种账簿、凭证、表格必须保存 10 年以上，销毁时须经主管税务机关审验和批准。

代理记账主要工作为：审核原始凭证，代制记账凭证等。

（三）代理编制会计账簿

代理简易账的记账工作是以收支方式记录、反映生产情况并进行简易会计核算，在编制记账凭证后根据业务内容按照时间顺序记入相关账户，实际上就是俗称的流水账。代记复式账的操作应根据会计账户的特点进行。

（四）代为编制会计报表

税务代理人按照代理账户的类型，代为编制会计报表。设置简易账的仅要求编报应税所得表；而设置复式账的账户要编报资产负债表、应税所得表和留存利润表。

（五）代理纳税申报

税务代理人代理建账记账和编制会计报表的同时，可代理纳税申报事宜，填制相应申报表连同附报资料报送主管税务机关。

第三节　主要税种申报的代理

代理各种税种的申报，不光是主要税种，一些特殊税种的申报工作也相当重要。但作为税务代理人，纳税申报是一项基础性工作，不具有难度，故本节内容从略。

一、增值税代理申报

二、消费税代理申报

三、营业税代理申报

四、企业所得税代理申报

五、个人所得税代理申报

第四节 其他税务代理业务

一、减免税政策申请代理

（一）减免税概述

减免税是关系到纳税人切身利益的大事。这项代理工作十分重要，并且时间上要求比较严格。做好这项工作又要严格按照税收法律法规的规定来进行的。

税务代理人在代理减免税申请时，要特别注意以下事项：①我国的税收优惠条款是在不同的税种法律法规中规定的，不同的税种减免规定有所不同。税务代理人应根据纳税人、扣缴义务人的实际经营范围和不同的情况，熟悉相关税种的税收优惠情况。进行减免税申请。②根据《税收减免管理办法（试行）》规定，减免税的审批权限会有不同。税务代理人应依不同的审批权限来进行减免税申请。③减免税还有期限规定，不同税种的减免税都有具体的时限规定，税务代理人应在规定的时限内代理提出申请。

（二）减免税申请代理操作规范

税务代理人：①要查验纳税人出示的有关证件是否真实有效；②核查企业减免税政策的有关依据和审批文件，确定减免税的具体经营项目，适用的减免税幅度和期限。准备在规定的减免税期限内报送有关材料：减免税申请报告，列明减免税理由、依据、范围、期限、数量、金额等；财务会计报表、纳税申报表；有关部门出具的证明材料；③税务机关要求提供的其他资料。进行审核所有资料；④代理填制纳税人的减免税申请表。进行上报。

二、涉税文书填报代理

（一）涉税文书概述

涉税文书是根据税收管理规程的要求，征纳双方为处理税务事宜所使用的具有固定格式的文表。税务代理人为纳税人、扣缴义务人填报的各类涉税文书是应当由纳税人、扣缴义务人制作的涉税文书。

涉税文书具有自身的特点：具有特定的目的；具有固定的格式；具有较强的时限规定；具有较强的约束力。因此，在代理填报中应严格按照有关规定进行。

涉税文书在代理填制中应当做到：记录情况真实；涉税文书制作要符合税收法律法规和办税程序；数据要准备无误；附件资料要完整真实。

代理填制的涉税文书都是由税收法律法规确定的各种税务专用文书。

（二）涉税文书填报代理

税务代理人代理填报涉税文书，要做到以下几点：搜集整理原始资料；规范填写涉税文书；交由纳税人、扣缴义务人审验签收；按规定时限报送主管税务机关。

三、税务行政复议代理

（一）税务行政复议代理的基本前提

税务行政复议是纳税人、扣缴义务人或者其他当事人认为税务机关的具体行政行为侵犯其合法权益，而依法请求上一级税务机关或者法定复议机关依照行政复议程序重新审查原具体税务行政行为是否合法、适当，并由该复议机关作出裁决的司法救济活动。因此，税务代理人应当了解解决税务争议的途径，熟练掌握有关税务行政复议的基本知识和操作程序。

（二）税务行政复议代理的操作规程

以代理人的身份代为行政复议申请人（纳税人、扣缴义务人）进行《行政复议法》及《税务行政复议规则》所规定的操作程序进行操作。

税务代理例题

一、单项选择题

【例题 21-1】 下列各项中，属于涉税鉴证业务范围的是（　　）。

A. 外汇收支鉴证　　B. 银行储蓄存款鉴证

C. 企业会计报表鉴证　　D. 企业所得税财产损失鉴证

（2010 年注册会计师考试单项选择题）

【分析】 除此之外，涉税签证业务范围包括：(1) 企业所得税汇算清缴纳税申报签证；(2) 企业所得税税前弥补亏损和财产损失的签证；(3) 国家税务总局和省税务局规定的其他涉税签证业务。故选项 D 正确。

【参考答案】 D

二、多项选择题

【例题 21-2】 下列各项中，税务代理机构在代理期限内可单方面终止税务代理行为的有（　　）。

A. 委托人要求降低税务代理费用，税务代理机构认为无法承受的

B. 委托人提供虚假的生产、经营情况和财务会计报表，造成代理错误的

C. 委托人投资方发生重大变化，税务代理机构认为税务代理关系无法继续的

D. 委托人授意税务代理执业人员实施违反国家法律、行政法规的行为，经劝告仍不停止其违法活动的

（2010 年注册会计师考试多项选择题）

【分析】 有下列情况之一的，代理人及其代理机构在委托期限内也可单方面终止代理行为：①委托方死亡或解体；②委托方授意代理人实施违反国家法律、行政法规的行为，经劝告仍不停止其违法活动的；③委托方提供虚假的生产、经营情况和财务会报表，造成代理错误或代理人自己实施违反国家法律、行政法规的行为。故选项 AC 错误。

【参考答案】 B D

第二十二章　税务咨询和税务筹划

第一节　税务咨询

一、税务咨询的概念

（一）税务咨询概念

税务咨询是指具有税务代理从业资格的人员运用税收相关知识，通过不同方式，为纳税义务人、扣缴义务人以及其他单位和个人提供他们需要提供和帮助的咨询活动。税务咨询也是税务代理范围内容之一。咨询内容主要有税收政策、办理纳税程序等一些涉税事项。

税务咨询类似于技术咨询，是一项知识性服务工作。因此，要求提供税务咨询的专业人员具有较高的税务专业知识和技能。

一般地讲，税务咨询服务机构除了专业的税务师事务所，会计师事务所和律师事务所等专业咨询服务机构之外，还包括税务机关。根据我国《税收征收管理法》第 7 条规定，税务机关应当广泛宣传税收法律、行政法规，普及纳税知识，无偿地为纳税人提供纳税咨询服务。

（二）税务咨询形式

税务咨询形式有口头咨询、书面咨询、网络咨询和税务顾问。

其中，口头咨询包括电话咨询、中介机构场所咨询、委托方现场咨询和专场咨询会咨询等；书面咨询是指以书面的形式释疑解难，要求制作的书面咨询文书题目明确、解答清楚、证据充分、准确引用法律法规；网络咨询是以专业咨询网站为载体，多由专家学者型人员进行有关的咨询；常年税务顾问是指税务咨询人员依照与委托人的约定，在约定的期限内，为委托人提供专门的税务咨询服务或其他相关税务服务。

（三）税务咨询内容

税务咨询的内容大体包括以下几个方面：税收法律法规和政策规定的咨询；税收法律法规和政策运用方面的咨询；纳税操作规程的咨询和涉税会计处理咨询。

二、税务咨询的业务流程

（一）税务咨询业务流程规则

税务咨询业务流程规则是税务咨询人员自接洽税务咨询业务开始到税务咨询方案执行完毕为止，所有过程中的要求。

税务咨询流程规则主要有：①签署税务咨询协议。②委派专人。③制定税务咨询计划。④调查研究。⑤谨慎执业。⑥税务咨询人员以服务为宗旨。

（二）税务咨询的业务流程

税务咨询业务主要有以下步骤：①由委托人提出书面或口头委托意向；②税务咨询机构对委托人的咨询项目进行初步评价，认为有合作意向的，确定咨询问题，初步提交项目建议书；③双方取得一致意见后，签订税务咨询协议书；④税务咨询机构委派专人或成立项目组，通过调查研究，批评订方案；⑤在征求委托方意见后，出具税务咨询报告书；⑥完成委托事项，结清费用，移交委托咨询的相关文件资料；⑦跟踪服务，指导实施，并对实施效果进行评价；⑧及时听取反馈信息，并从中改进服务，提出补充建议。

三、税务咨询的技术要点和操作规范

（一）税务咨询人员的素质要求

税务咨询是一项综合性的工作，因此，税务咨询人员必须具有较高的税法、会计、财务管理的理论知识和良好的职业修养及娴熟的实践经验，熟悉企业运作、市场情况，灵活使用相关咨询技术方法，能够综合运用各科知识与技能，可以借助成熟的咨询经验与有关方面进行沟通，能全面收集、调查所需资料、数据，并对调查收集到的情况和资料进行整理、归纳、分析，作出合理的推理和证明，得出科学、合理、合法、有用的结论。

（二）税务咨询的技术规则

税务咨询的技术规则是咨询人员进行税务咨询所应遵守的专业活动技术准则。要求做到科学、合理、实用、效率、整体和超前。

（三）税务咨询的操作规范

税务咨询的操作包括四个方面：制定咨询计划；收集信息资料；论证咨询结论；后续跟踪服务。

第二节　税务筹划

一、税务筹划的概念

（一）税务筹划概念

税务筹划是指在税法规定的范围内，通过对经营、投资、理财等活动的事先筹划和安排，为企业合情合理地缴纳税款，降低税负所作的一种筹划。它是税务代理机构可从事的不具有鉴证功能的业务之一。

税务筹划是纳税人的一项基本权利，纳税人可在法律允许或不违反税法的前提下，进行纳税筹划，其筹划的结果，属于法律允许的。

（二）税务筹划特点

税务筹划是在税法规定范围内进行的，它具有合法性、筹划性和目的性等特点。

合法性。合法性是指税务筹划是在税法规定的范围内进行的。这种合法性包括：一是遵守税法规定；二是不违反税法规定。合法是税务筹划的大前提。当存在多种可选择的纳税方案时，纳税人可以利用对税法的掌握，作出最优化的纳税选择，以降低税负。

筹划性。筹划性是指在纳税行为发生前，对经济事项进行规划、设计和安排。以达到减轻税负的目的。例如，税法规定了纳税期限，把正常的纳税日期尽可能往后进行，就是一种最简单的税务筹划。

目的性。税务筹划的直接目的就是降低税负。例如，在资金动作上，做到提前收款延缓支付，就可达到降低税负的目的。

（三）税务筹划相关概念

和税务筹划相关的概念有节税、避税、逃税。但税务筹划和这三者是不同的，税务筹划不仅仅是表面上的节税，更不是用非违法的手段进行避税，而是作为企业经营管理中的一个十分重要的环节，为企业提升服务和价值最大化的一种合理运作。

二、税务筹划基本方法

（一）税务筹划概念

税务筹划是利用客观存在的税法政策空间进行的。它体现在不同税种上，不同的税收优惠上、不同的纳税人身份上。以及影响纳税数额的基本税制要素上。

税务筹划首先要选择税务筹划空间较大的税种作为切入点，把对决策有重大影响的和税同弹性较大的税种作为税务筹划的重点。

税负弹性较大还取决于税种的构成要素。构成要素包括税基、扣除项目、税率和税收优惠。

有时，也以税收优惠政策作为切入点。但在选择税收优惠更生作为税务筹划突破口时，要注意两个问题：不得滥用税收优惠，还要按规定程序进行税收优惠的申请，避免程序不当失去纳税人应有的权益。

又可以以纳税人构成为切入点。如果纳税人不属于某税种的纳税人，就不需要缴纳该项税收。如增值税和营业税纳税人的转换就体现这一点。

有时也可按照应纳税额的计算公式进行税务筹划。一般应以纳税额为计税依据乘以税率。因此，降低计税依据，和选择低税率的税目就是这种考虑。

也可根据财务管理的不同阶段，如筹资管理、投资管理、资金运营管理和收益分配管理来进行税务筹划。例如，贷款购买设备和融资租赁，就会有筹划空间。

（二）利用税收优惠政策的筹划方法

这种方法是指纳税人凭借国家税法规定的优惠政策进行筹划。税收优惠在每一个税种都会有。根据特定的纳税人、特定的征税对象、特定的行业、特定的地区，税法规定了减免税收的规定。为此，有以下几种方法：

直接利用筹划方法。例如，对国家的特定政策所鼓励和支持的产业、投资，以减少企业的税负。

地点流动筹划方法。企业向国家规定的免税区、经济开发区等低税率和减免税负的地区流动，以减少税负。

创造条件筹划方法。例如，国家鼓励吸纳残疾人员就业，可以在企业所得税前加计扣除残疾人员实际支付的工资薪金。那多吸纳残疾人员就是创造了这样的条件。

另外，还有利用免税、减税、税率差异、分劈技术（在合法的情况下将所得、财产等在多个纳税人之间进行分劈）、税收扣除、税收抵免、退税等方面的筹划方法。

（三）利用转让定价筹划方法

转让定价筹划方法是指通过关联企业不符合营业常规的交易形式进行的税务筹划。这种方法广泛应用于国际国内税务筹划。

所谓转让定价，是指在经济活动中，有经济联系的企业各方为了转移收入、均摊利润或转移利润而在不依照市场规则和市场价格所进行的货物交易（交换）。在转让定价交易中，产品的转让价格可高于或低于市场供求关系所决定的价格，以减少税基，达到少缴纳税款的目的。

（四）利用税法漏洞筹划方法

税法无论制定得如何考究，都或多或少有漏洞。这种筹划方法就是利用税法文字上的疏忽或税收实务中征管方大大小小的漏洞所进行的筹划方法。这种筹划方法包括：利用税法中的矛盾规定来进行筹划；利用税务机构设置不科学来进行筹划；利用税收管辖权交叉来进行筹划。这种方法所进行的税务筹划或叫避税，应注意的问题有：一是需要有精通财务与税务的专业化人才；二是税务筹划操作人员应具有一定的纳税操作经验；三是要有严格的财会纪律和保密措施；还要对这种筹划进行风险-效益分析。

（五）利用会计处理方法的筹划方法

我们知道，同一经济事项有时存在着不同的会计处理方法，而不同的会计处理方法又对企业的财务状况有着不同的影响，同时这些不同的会计处理方法又都得到税法的承认。

例如，存货计价方法的选择。存货计价有先进先出法、加权平均法、移动平均法、零售价法等。而不同的计价方法会对期末库存成本、销售成本有不同的影响，继而对当期应税所得额的大小产生影响。例如，在物价持续下跌的情况下，采用先进先出法时的税负就会降低。

还有固定资产折旧的税务筹划方法。固定资产价值是通过折旧形式转移到成本费用中去的，而折旧额的多少又取决于固定资产的计价、折旧年限和折旧方法。我们可以利用固定资产的计价、折旧年限和折旧方法来进行这方面的税务筹划。

当然，以上这些方法许多时候都可以综合起来进行税务筹划，以达到更大的筹划空间。例如，享受税收优惠的企业，在优惠期内，由于各种费用的增加，导致应纳税所得额减少，这时，可以多购买些固定资产，尽可能将相关费用计入固定资产原值中，以便将折旧费用在更长周期内摊销。

第三节 税务咨询和税务筹划的风险控制

一、税务咨询和税务筹划的执业风险

税务咨询和税务筹划是税务代理业务范围内的一项主要服务内容，属于代理机构业务范围内不具有鉴证功能的业务。税务咨询和税务筹划的执业风险是指税务代理人员和税务代理机构未能完成代理事项和履行代理职责所承担的法律责任。产生风险的原因不外乎代理人和被代理人（委托人）两个方面，即来自代理人员及其代理机构，纳税人和扣缴义务人。

（一）委托人所产生的风险因素

（1）委托人（纳税人和扣缴义务人）的纳税意识。因为委托人的纳税意识不同，委托的税务咨询和税务筹划的初衷不同，对代理人的执业风险就会不同。

（2）委托人的委托意向与合作态度。委托人的纳税意识并不差，但其委托意向与税收法律法规和主管税务机关的要求有偏差。将没有在委托协议书是约定的条款作为要求提出，如业务变动时的税收征管归属，纳税地点的变动等未能有效地进行表达，以为委托就可以将有关的税务问题统统解决。在这样的缺乏有效配合的情形下，代理人员的违约风险增加。

（3）委托人的财务核算基础。纳税义务人的税务筹划是建立在该纳税人的会计核算制度健全基础上的。如果纳税人的财务核算资料不能准确、客观、全面地反映其生产经营的完整情况，在咨询有关纳税负担，进行税务筹划时，就容易得出错误的咨询意见和错误的税务筹划，使代理风险加大。

（二）执业人员及其机构所产生的风险因素

税务咨询和税务筹划是属于知识型的服务行业，要求税务咨询和税务筹划是执业人员具有一定的专业知识水平和专业操作技能，同时也要求遵守职业道德，提高服务质量。如果执业人员不充分具备专业工作能力，不能把握实际操作规范，其执业风险随时发生。

（1）执业人员的职业首先水平。执业人员的职业首先水平直接影响其工作态度和服务质量。坚持执业准则，可减少诱发执业风险的因素；不坚持或无原则坚持，则会带来代理违约或代理失败风险。

（2）执业人员的专业知识水平。既要求执业人员具有专业知识水平、技能和经验，又要求执业人员能够经济地、行之有效地完成客户委托的代理业务。因此，一个合格的税务咨询和税务筹划执业人员要充分认识自己的专业知识水平，不仅要对自身充满信

心，也要求不能承接自身不能承接的业务，在工作中提高自身的业务水平。如果承接了自身不能承接的业务，就会导致难以控制的执业风险。

（3）税务代理机构的质量控制程度。导致税务咨询和税务筹划执业风险因素，还有一个就是代理机构的质量控制体系。只有税务代理机构严格按照税务代理业务堆积的要求，结合自身实际情况制定切实有效的有关工作底稿、档案管理、报告审核等质量控制制度，才能有效地控制风险。

二、税务咨询和税务筹划的风险控制

（一）税务代理人员的业务素质

（1）税务代理人员业务素质的基本要求。税务咨询和税务筹划人员首先应具备注册税务师、注册会计师和律师等相应的执业资格，并在此基础上，提高自身的税收政策水平和对税收政策深层次的加工能力。在获取真实、可靠、完整的财务信息资料的基础上，选准咨询和策划切入点，提供准确有效的税务咨询和税务筹划服务。

（2）税务代理人员知识的更新。我国的税收政策时时在变化，这就要求税务代理人员时刻关注税收政策的变化趋势，及时、全面、准确、系统地把握变化了的税收政策，从而避免因税收政策变动所造成的执业风险。

（二）税务咨询和税务筹划的风险控制

风险控制包括三个方面：①提高进行税务咨询和税务筹划的风险意识。税务代理机构要树立从事税务咨询和税务筹划的风险意识，立足于事先防范。②建立税务筹划风险评估机制。③建立完善的税务咨询和税务筹划质量控制体系。

（三）税务代理业的监督管理

（1）制定规章制度来规范税务代理业的代理行为。财政部和国家税务总局先后制定了《税务代理试行办法》、《注册税务师管理暂行办法》等，规定了代理责任等强制性条款。

（2）制定税务代理执业准则。我国已经先后制定和颁发了《税务代理业务规程（试行）》、《税务代理从业人员守则（试行）》、《注册税务师执业准则（试行）》等行业准则，但尚未制定具体的税务代理执业准则。税务代理业可以参照注册会计师执业准则来执行。

（3）规范税务代理机构内部运行机制。健全税务代理机构内部治理结构，提高科学管理水平。

（4）加大对税务代理行业自律的管理。实施同业复核制度，充分发挥行业自律的力量。行业协会除履行服务、协调等职能外，重点是充实管理职能，制定行规行约，加强行业自律管理。

税务咨询和税务筹划例题

一、单项选择题

【例题 22-1】 下列关于税务咨询报告的表述中，正确的是（　　）。

A. 税务咨询报告对委托人的纳税起决定性的作用

B. 税务咨询报告对委托人的纳税起指导和参考的作用

C. 税务咨询报告对税务机关的决策起举足轻重的作用

D. 税务咨询报告对税务机关执法力度的掌握起关键的作用

（2010 年注册会计师考试单项选择题）

【分析】 税务咨询报告对税务咨询委托人的申报纳税只起指导和参考的作用，并不起决定性的作用；同时，一般也不对外产生作用，即不直接涉及第三方，为此，税务咨询的结果对税务机关也不会直接产生影响。

【参考答案】 B

二、多项选择题

【例题 22-2】 某企业开业初期，还未聘用到合适的财务人员，拟将下列业务委托当地的一家会计师事务所代理。按照有关规定，该会计师事务所能够承接的业务有（　　）。

A. 建账建制和办理账务　　B. 办理增值税专用发票领购手续

C. 办理纳税和减免税申报　　D. 税收咨询、税收筹划业务

（2011 年注册会计师考试多项选择题）

【分析】 代理人可以接受纳税人、扣缴义务人的委托，从事下列范围内的业务代理：1. 办理税务登记、变更税务登记和注销税务登记手续；2. 办理纳税、退税和减免税申报；3. 建账建制，办理账务；4. 办理除增值税专用发票外的发票领购手续；5. 办理纳税申报或扣缴税款报告；6. 制作涉税文书；7. 开展税务咨询（顾问）、税收筹划、涉税培训等涉税服务业务；8. 税务行政复议手续；9. 审查纳税情况；10. 办理增值税一般纳税人资格认定申请；11. 利用主机共享服务系统为增值税一般纳税人代开增值税专用发票；12. 国家税务总局规定的其他业务。从上述规定可知，B 选项没有。

【参考答案】 A C D

三、综合题

【例题 22-3】 某百货商场为增值税一般纳税人，经营销售家用电器、珠宝首饰、办公用品、酒及食品。2011 年 7 月，该商场有财务总监张先生向其常年税务顾问发送了一封电子邮件，就发生的业务问题征询税务意见，相关业务如下：

（1）本月从国营农场购进免税农产品，取得的销售发票上注明价款 100 000 元；运输农产品支付运费 10 000 元、装卸费 2 0000 元，并取得运费发票，该批农产品的 60%用于商场内的餐饮中心，40%用于对外销售。

（2）本月以一批金银首饰抵偿 6 个月以前购进的某批洗衣机的欠款。所欠款项价税

合计 234 000 元。该批金银首饰的成本为 140 000 元，若按同类商品的平均价格计算，该批金银首饰的不含税价格为 190 000 元；若按同类产品的最高销售价格计算，该批首饰的不含税价格为 220 000 元。

（3）6 个月前收取一餐厅啤酒包装物押金 10 000 元，月初到期，餐厅未返还包装物，按照销售时的约定，这部分押金即收归商场所有，百货商场的账务处理为：

借：其他应付款——押金　　10 000

　贷：其他业务收入　　10 000

（4）受托代销某品牌公文包，本月取得代销收入 117 000 元（含税零售价格），本月即与委托方进行结算，从委托方取得的增值税专用发票上注明的增值税税额为 15 300 元。

（5）百货商场最近正在积极筹划开展部分商品的促销活动。目前有三种方案可以选择：方案一是，商品八折销售；方案二是，购物满 1 000 元者赠送价值 200 元的商品（购进价为 150 元）；方案三是，购物满 1 000 元者返还现金 200 元。（以上销售价格及购进价格均为增值税专用发票上注明的价税合计数。假定商品销售利润率为 25%，即销售 1 000 元的商品，其购进价为 750 元。）

要求：根据上述相关业务，假定您为常年税务顾问，请按序号回答下列问题，如有计算，每问需计算出合计数。

（1）针对业务（1），计算百货商场可抵扣的增值税进项税额。

（2）针对业务（2），指出百货商场是否需要计算增值税或消费税。如果需要计算，计算增值税的销项税额，并计算消费税的应交税金。

（3）针对业务（3），判断百货商场账务处理和相关税务处理是否正确。如果不正确，列出正确的处理方式。

（4）针对业务（4），计算百货商场应缴纳的增值税。

（5）针对业务（5），假如消费者同样是购买一件价值 1000 元的商品，就目前可选择的三种方案，分别计算百货商场应纳增值税额及毛利率；并从毛利率角度，指出百货商场可以选择的最好方案，并简要说明理由。（不考虑城市维护建设税、教育费附加及个人所得税）

（2011 年注册会计师考试综合题）

【分析】

【参考答案】

（1）**【分析】**装卸费不包括。

【参考答案】业务 1 可以抵扣的进项税额为：（100000×13%＋10000×7%）×40%＝5480（元）

（2）**【分析】**以金银首饰抵偿债务，需要视同销售计算增值税和消费税，且以同类消费品的最高销售价格作为计税。

【参考答案】　应纳增值税＝190000×17%＝32300（元）

应纳消费税＝220000×5%＝11000（元）

（3）**【分析】**商场的账务处理和税务处理不正确，啤酒逾期的包装物押金要缴纳增值税的。

【参考答案】 应纳增值税＝10000÷(1＋17％)×17％＝1452.99（元）

借：其他应付款-押金　　　　　　　　　　10000

　贷：其他业务收入　　　　　　　　　　8547.01

　　　应交税费-应交增值税（销项税）　　1452.99

（4）**【分析】**代销某品牌公文包应纳增值税税额＝117 000÷(1＋17％)×17％＝17000（元）**【参考答案】**百货商场应缴纳的增值税＝17000－15300＝1700（元）

（5）**【分析】**

【参考答案】

方案一：

商品八折销售，这是销售折扣，按减去折扣额后的金额确认销售收入。

销项税额＝1000×80％÷（1＋17％）×17％＝116.24（元）

进项税额＝750÷（1＋17％）×17％＝108.97（元）

应纳增值税＝116.24－108.97＝7.27（元）

毛利率＝销售毛利÷销售收入＝(1000×80％÷(1＋17％)－750÷(1＋17％))÷(1000×80％÷(1＋17％))＝6.25％

方案二：

应纳增值税＝1000÷(1＋17％)×17％＋200÷(1＋17％)×17％－750÷(1＋17％)×17％－150÷(1＋17％)×17％＝43.59(元)

毛利率＝(1000÷(1＋17％)－750÷(1＋17％)－150÷(1＋17％)－200÷(1＋17％)×17％)÷(1000÷(1＋17％))＝6.6％

方案三：

应纳增值税＝1000÷(1＋17％)×17％－750÷(1＋17％)×17％＝36.32（元）

毛利率＝(1000÷(1＋17％)－750÷(1＋17％)－200)÷(1000÷(1＋17％))＝1.60％

因为第二方案的毛利率最高，所以百货商场应选用第二方案。